Daniel Cohen éditeur
www.editionsorizons.fr
Universités
Collection dirigée par Peter Schnyder
www.orizons-universites.com

Conseillers scientifiques : Jacqueline Bel, Université du Littoral – Côte d'Opale, Boulogne-sur-Mer • Peter André Bloch, Université de Haute-Alsace, Mulhouse • Jean Bollack, Paris • Jad Hatem, Université Saint-Joseph, Beyrouth • Éric Marty, Université de Paris 7 • Jean-Pierre Thomas, Université York, Toronto, Ontario • Erika Tunner, Université de Paris 12.

La collection *Universités* poursuit les buts suivants : *favoriser* la recherche universitaire et académique de qualité ; *valoriser* cette recherche par la publication régulière d'ouvrages ; *permettre* à des spécialistes, qu'ils soient chercheurs reconnus ou jeunes docteurs, de développer leurs points de vue ; *mettre* à portée de main du public intéressé de grandes synthèses sur des thématiques littéraires générales.

Elle cherche à *accroître* l'échange des idées dans le domaine de la critique littéraire ; *promouvoir* la connaissance des écrivains anciens et modernes ; *familiariser* le public avec des auteurs peu ou pas encore connus.

La finalité de sa démarche est de contribuer à *dynamiser* la réflexion sur les littératures européennes et ainsi *témoigner* de la vitalité du domaine littéraire et de la transmission des savoirs.

ISBN : 978-2-296-08801-5
© Orizons, 2011

Autour de la retraduction

Perspectives littéraires européennes

Dans la même collection

Sous la direction de Peter Schnyder :
L'Homme-livre. Des hommes et des livres – de l'Antiquité au XXe siècle, 2007.
Temps et Roman. Évolutions de la temporalité dans le roman européen du XXe siècle, 2007.
Métamorphoses du mythe. Réécritures anciennes et modernes des mythes antiques, 2008.
Sous la direction d'Anne Bandry-Scubbi, *Éducation – Culture – Littérature*, 2008.
Sous la direction de Tania Collani et Peter Schnyder :
Seuils et rites, Littérature et culture, 2009.
Critique littéraire et littérature européenne, 2009.
Sous la direction de Luc Fraisse, Gilbert Schrenck et Michel Stanesco†,
Tradition et modernité en Littérature, 2009.
Sous la direction de Georges Frédéric Manche, *Désirs énigmatiques, Attirances combattues, Répulsions douloureuses, Dédains fabriqués*, 2009.
Sous la direction d'Éric Lysøe, *Signes de feu*, 2009.
Sous la direction de Régine Battiston et Philippe Weigel, *Autour de Serge Doubrovsky*, 2010.

Anne Prouteau, *Albert Camus ou le présent impérissable*, 2008.
Roberto Poma, *Magie et guérison*, 2009.
Frédérique Toudoire-Surlapierre – Nicolas Surlapierre,
Edvard Munch – Francis Bacon, images du corps, 2009.
Michel Arouimi, *Arthur Rimbaud à la lumière de C.F. Ramuz et d'Henry Bosco*, 2009.
François Labbé, *Querelle du Français à Berlin avant la Révolution française*, 2009.
Gianfranco Stroppini de Focara, *L'Amour chez Virgile : Les Bucoliques*, 2009.
Greta Komur-Thilloy, *Presse écrite et discours rapporté*, 2009.
Régine Battiston, *Lectures de l'identité narrative*, 2009.
Radu Ciobotea, *Le Mot vécu*, 2010.
Nayla Tamraz, *Proust Portrait Peinture*, 2010.
Philippe Wellnitz, *Botho Strauß en dialogue avec le théâtre*, 2010.
François Labbé, *Berlin, le Paris de l'Allemagne ?*, 2011
Hadj Dahmane, *Le Théâtre algérien*, 2011.

D'autres titres sont en préparation.

Sous la direction de
Enrico Monti et Peter Schnyder

Autour de la retraduction

Perspectives littéraires européennes

Avec un texte inédit de Jean-René Ladmiral

2011

Contributions choisies du
Colloque international et pluridisciplinaire
organisé par l'Institut de Recherche
en langues et littératures européennes (ILLE – EA 4363)
à l'Université de Haute-Alsace, Mulhouse
du 2 au 5 décembre 2009

Quinzièmes Rencontres du Réseau thématique international
de recherche et de formation à la recherche
« La traduction comme moyen de communication interculturelle.
Questions de socio-pragmatique du discours interculturel »,
Université de Haute-Alsace – Université Jagellonne de Cracovie –
Université de Lille 3 – Université de Wrocław

Cet ouvrage est publié avec le concours de l'ILLE, des Conseils
scientifiques de la FLSH et de l'UHA, du Master Erasmus Mundus CLE
(Cultures Littéraires Européennes), du Conseil Général du Haut-Rhin, du
Conseil Régional d'Alsace, du Consulat Général de Suisse à Strasbourg, du
Canton de Soleure, de l'Association pour la promotion d'échanges et
d'études franco-suisses (APEFS).

Avant-propos

Cet ouvrage se propose d'examiner, dans une perspective résolument européenne, la théorie et la pratique de la retraduction littéraire au XXe siècle et au début du XXIe siècle. La retraduction – dans le sens de nouvelle traduction d'un texte déjà traduit dans une même langue – est une pratique acquise depuis longtemps en Europe et étroitement liée à l'établissement d'une « Bibliothèque idéale ». Le présent volume essaie d'ouvrir quelques voies et de tracer de nouveaux cheminements dans un domaine complexe et ramifié, en analysant les motivations, les modalités et les effets d'une pratique de plus en plus reconnue dans la littérature et la culture européennes.

Dans cet objectif, ce livre pose à nouveau quelques questions fondamentales, à commencer par la quête des ressorts explicites et implicites qui animent tout travail de retraduction : l'actualisation, l'amélioration, la correction, ou encore la recréation d'une œuvre ne sont-elles pas autant de raisons pour expliquer la présence de ces multiples déclinaisons d'un même texte-source dans la langue et la culture d'arrivée ? À la base de ce désir de retraduire, on retrouve une « insatisfaction » herméneutique qui semble être particulièrement accentuée dans le domaine de la littérature. De traduction en retraduction, des étapes sont franchies, des aspects du texte-source dévoilés et des perspectives nouvelles ouvertes – dans l'espoir de voir se réaliser un jour le vœu d'Antoine Berman[1].

---

1. « C'est seulement aux *retraductions* qu'il incombe d'atteindre – de temps en temps – l'inaccompli » (Antoine Berman, « La retraduction comme espace de la traduction », *Palimpsestes*, n° 4, p. 1 ; c'est nous qui soulignons).

Une autre problématique dans ce contexte concerne l'âge d'une traduction, puisqu'il est entendu qu'à l'opposé du texte original, tout texte traduit vieillit, selon les cas, relativement vite. Une autre question s'impose également : toute retraduction pousserait-elle plus loin le « dépaysement » de l'original dans la mesure où la « naturalisation » aurait déjà été entreprise par les traductions antérieures ? Ces déplacements entre l'un et l'autre pôle à l'œuvre dans les retraductions successives offrent à leur tour matière à réflexion.

Autre aspect du problème : quel lien y a-t-il entre une retraduction littéraire et les événements historiques, les idéologies ou les positions philosophiques qui ont traversé l'Europe tout au long du XXe siècle ? S'y ajoutent bien entendu d'autres facteurs, tel le rôle joué par les différents acteurs impliqués dans le processus de traduction, de celui des éditeurs aux aspects commerciaux et financiers liés à cette activité.

Les vingt-sept contributions réunies dans ce volume se proposent d'enrichir le débat traductologique dans ce domaine, à travers une pluralité de points de vue – historique, littéraire, linguistique et sociologique –, en alternant des considérations générales avec l'étude de problèmes spécifiques tels qu'ils se rencontrent dans les divers genres littéraires, sans négliger l'approche particulière qu'exige chaque langue, dans notre cas l'anglais, l'allemand, l'espagnol, le français, l'italien et le polonais.

Toute retraduction éveille la curiosité : elle propose une relecture de l'œuvre qui est souvent une découverte et toujours une ouverture. Dans son lien dialectique avec la traduction, elle tend vers un nouvel accomplissement de l'œuvre littéraire et permet, à ce titre, de définir et de redéfinir les canons littéraires européens. C'est dans cette visée que se situe ce volume aux déploiements multiples, que nous invitons le lecteur à découvrir.

Enrico Monti et *Peter Schnyder*

Introduction
La retraduction, un état des lieux

ENRICO MONTI

Résumé
Si la retraduction est une pratique de plus en plus importante dans l'espace littéraire européen, au niveau théorique elle demeure encore peu étudiée dans ses multiples spécificités. En ouvrant la voie aux nouvelles perspectives offertes par les articles ici réunis, cet essai introductif, et la bibliographie finale du volume, visent à fournir un état des lieux du débat scientifique autour de cette thématique. Les motivations qui nous poussent à retraduire, la notion du vieillissement des traductions, les implications idéologiques et poétiques des retraductions, leur fréquence, ainsi que ce qu'on définit comme l'« hypothèse de la retraduction » sont autant de pistes communes parcourues par les différentes études qui composent le présent volume. Emblématique de l'état éphémère de toute traduction, la retraduction porte cependant une attention toute particulière sur l'acte du traduire et sur son rôle dans la formation d'un canon littéraire.

Abstract
Retranslation is an activity of the utmost importance in the European literary system, and one that still has not been analysed in its manifold implications. This introduction, together with the bibliography at the end of the volume, offers a state-of-the-art of the scholarly debate on this issue, opening up the way to the new perspectives offered by the following papers. The reasons behind retranslations, the notion of « ageing », the ideological and poetical implications of retranslations, their frequency, and the so-called « retranslation hypothesis » are some of the issues explored in the various contributions of this volume. Retranslation is symbolic of the ephemeral nature of translation, but at the same time it foregrounds the importance of translation as an essential tool in canon formation.

Définition du domaine de recherche

La vaste diffusion de la pratique de la retraduction au sein de l'espace littéraire européen demeure encore peu explorée dans ses multiples enjeux. Le présent volume se propose donc d'essayer d'approfondir cette thématique, en partant notamment de la définition des limites terminologiques et théoriques de la question, pour ensuite enchaîner avec un aperçu sur la casuistique littéraire.

La pratique consistant à retraduire des œuvres déjà traduites est très ancienne et répandue, et elle nous éclaire sur l'historicité de tout acte de traduction. Cependant, la spécificité de cette opération a été longtemps négligée dans les études de traductologie. Il est significatif par exemple que l'entrée « retraduction » soit absente du *Dictionary of Translation Studies* de 1997, comme de la première édition de la *Routledge Encyclopedia of Translation Studies* (quitte à être intégrée dans la deuxième édition, de 2004)[1]. Il suffit de jeter un coup d'œil au débat autour de la retraduction – dont le lecteur trouvera une synthèse bibliographique à la fin de ce volume – pour comprendre que l'intérêt pour ce phénomène « ancien, fréquent et polymorphe »[2] est assez récent : si l'on exclut les quelques études pionnières de Paul Bensimon et Antoine Berman (1990) et d'Yves Gambier (1994), on remarque une présence très faible de contributions antérieures à l'an 2000. Toutefois, ces dernières années, on constate un regain d'intérêt autour de cette question, en réponse notamment à l'appel des quelques

---

1. À vrai dire, on trouve l'entrée « retranslation » dans le *Dictionary of Translation Studies*, mais seulement avec l'acception de « relay translation », entrée à laquelle on est renvoyé pour une définition (éds. Mark Shuttleworth et Moira Cowie, Manchester, St. Jerome, 1997). Toute mention explicite du concept de « retraduction » est également absente du récent *Oxford Handbook of Translation Studies* (éds. Kirsten Malmkjær et Kevin Windle, Oxford, Oxford University Press, 2011), et des « key concepts » de *The Routledge Companion to Translation Studies* (éd. Jeremy Munday, London / New York, Routledge, 2009). Parmi les ouvrages de référence, on remarque au contraire la présence de l'entrée « retranslation » dans le premier volume du *Handbook of Translation Studies* (éds. Yves Gambier et Luc Van Doorslaer, Amsterdam / Philadelphia, John Benjamins, 2010).
2. Annie Brisset, « Retraduire ou le corps changeant de la connaissance : Sur l'historicité de la traduction », *Palimpsestes*, n° 15, 2004, p. 41.

traductologues qui se sont occupés du sujet et ont dénoncé le manque d'études dans ce domaine³. Au-delà du désir de montrer la nouveauté et l'intérêt de son domaine de recherche, qu'on pourrait entrevoir derrière ces invocations, il est indéniable que la retraduction est une activité qui s'impose du point de vue quantitatif et qualitatif dans la plupart des systèmes littéraires.

L'acte de retraduire est ici pris dans le sens de « traduire de nouveau »[4], qui est d'ailleurs la première occurrence du terme en français, que le *Trésor de la langue française* fait remonter à une lettre de Charles Fontaine, retraducteur d'Ovide, datée de 1556. Le mot prend aussi, comme Jean-René Ladmiral et Yves Gambier le rappellent dans leurs essais, le sens de « traduction d'un texte qui est lui-même une traduction », et donc de « traduction par relais », ou « traduction indirecte », signification attestée en français à partir du XVIIe siècle. En anglais, d'après l'*Oxford English Dictionary*, nous trouvons également (et uniquement) la définition de retraduction (*retranslation*) comme « nouvelle traduction » (« a new transla-

---

3. Nous citons entre autres : « Le concept de retraduction reste à approfondir », « Un travail sur corpus reste à faire pour mieux cerner le concept de retraduction » (Yves Gambier, « La retraduction, retour et détour », *Meta*, vol. XXXIX, n° 3, 1994, p. 414, 416) ; « On peut s'étonner que le phénomène si fréquent de la retraduction ait donné lieu à une réflexion critique somme toute assez mince. Cette carence reflète, semble-t-il, l'absence d'une réflexion sur le *travail de l'histoire* (au sens de Gadamer) dans le champ propre de la traductologie » (Annie Brisset, « Retraduire ou le corps changeant de la connaissance : Sur l'historicité de la traduction », *loc. cit.*, p. 41) ; « [La ritraduzione è un fenomeno] ancora da scandagliare e offre interessanti spunti di ricerca » (Patrizia Pierini, « La ritraduzione in prospettiva teorica e pratica », in *L'atto del tradurre. Aspetti teorici e pratici della traduzione*, Roma, Bulzoni, 1999, p. 53) ; « Currently, there is no detailed or systematic study on retranslations *per se* » (Şebnem Susam-Sarajeva, « Multiple-entry visa to travelling theory : Retranslations of literary and cultural theories », *Target*, vol. XV, n° 1, 2003, p. 2) ; « Hemos partido de la constatación de que el concepto de "retraducción" ha sido poco explorado en Traductología » (Juan Jesús Zaro Vera, « En torno al concepto de Retraducción », *in* Juan Jesús Zaro Vera et Francisco Ruiz Noguera (éds.), *Retraducir : una nueva mirada. La retraduccion de textos literarios y audiovisuales*, Málaga, Miguel Ángel Gómez Ediciones, 2007, p. 9).
4. « *Retraduire* : a) 1556 « traduire de nouveau » (FONTAINE, tr. OVIDE, Epistre ds HUG.); b) 1672 « traduire un texte qui est lui-même une traduction » (CHAPELAIN, Lettres, éd. Ph. Tamizey de Larroque, t. 2, p. 770) », *Trésor de la Langue Française en ligne* (http://atilf.atilf.fr, consulté le 28/9/2011).

tion »⁵) ; la signification de « traduction par relais » (*relay translation*) est pourtant attestée dans le *Dictionary of Translation Studies*. Cette deuxième définition de « traduction d'une traduction » n'a pas été prise en compte dans ce volume. En effet, bien que s'agissant d'une pratique sans doute importante dans l'histoire littéraire (surtout pour ce qui concerne l'accessibilité et l'importation de textes entre langues dites minoritaires), la traduction par relais pose des problématiques complètement différentes par rapport au concept de « nouvelle traduction » sur lequel nous nous sommes concentrés⁶. Si le terme de retraduction (ou *retranslation*) est donc aujourd'hui relativement fréquent parmi les traductologues, force est de constater que le monde éditorial fuit cette définition, en lui préférant de manière systématique l'expression « nouvelle traduction », dans la volonté manifeste de souligner la nouveauté de l'opération, plutôt que la répétition implicite de l'acte⁷.

La retraduction étant une thématique potentiellement très vaste, le présent volume a délibérément imposé à ses collaborateurs un domaine (la littérature), ainsi que des limites géographiques et culturelles (la production européenne) et chronologiques (le XXe siècle), dans le but d'éviter toute dispersion théorique et analytique.

Pour ce qui est de la contrainte générique, nous avons décidé de limiter notre analyse au texte littéraire, avec la conviction que la littérature est le domaine où la retraduction trouve son expression la plus vitale. Cela n'empêche que l'on retraduise, de façon plus ou moins intensive, également dans d'autres domaines : philosophie, sciences humaines et sociales, etc. Toutefois, c'est seulement en littérature que la fonction esthétique du langage est évoquée à son degré maximal et que l'insatisfaction herméneutique, qui déclenche souvent une retraduction, se manifeste le plus claire-

---

5. Voici la définition de l'édition en ligne de l'*Oxford English Dictionary* : « *Retranslation* : 1. The action or an act of RETRANSLATE *v.*; *esp.* the action or an act of translating a text, word, etc., again or in a new way ; 2. A text, or piece of text, that has been translated again or in a new way; a new translation » (http://www.oed.com, consulté le 28/9/2011).
6. Des références ponctuelles à la traduction indirecte sont faites dans les textes de Jean-René Ladmiral, Yves Gambier et Tania Collani.
7. Pour une analyse des implications terminologiques du préfixe *re-* dans le terme retraduction, on renvoie à Philippe Marty, « Le "re" de "retraduire" : La communauté des traductions (*meinen* dans un vers de Rilke : *Sonnets à Orphée*, I, 4) », *in* Robert Kahn et Catriona Seth (éds.), *La Retraduction*, Rouen, Publications des Universités de Rouen et du Havre, 2010, p. 33-45.

ment. La littérature est une « langue chargée de sens »[8], disait Ezra Pound dans son *ABC of Reading* ; et c'est justement cette *surcharge* de sens qui peut déclencher la pluralité d'interprétations à l'origine des multiples retraductions d'une œuvre.

Le choix de limiter notre *corpus* à la littérature européenne se nourrit de la conviction qu'il y a une cohérence épistémologique et historique dans cette « limitation ». L'Europe littéraire est un champ d'investigation dont la validité et la résistance ont été prouvées par plusieurs spécialistes de la critique littéraire : Ernst Robert Curtius avant tout le monde, mais aussi Jean-Louis Backès, Béatrice Didier, Pascal Dethurens et János Szávai[9]. Et Henri Meschonnic s'est également exprimé sur la validité d'un *corpus* et d'un réseau de traductions historiquement et géographiquement enracinés dans l'espace européen[10].

En ce qui concerne la contrainte temporelle, nous avons choisi de nous limiter au XXe siècle (avec parfois quelques débordements sur le XXIe) parce que, pendant ce siècle, la retraduction a acquis une importance croissante. Même si, à ce jour, nous ne disposons pas de statistiques comparant la quantité de traductions et de retraductions publiées, le nombre de retraductions grandit sans cesse. Isabelle Collombat prévoit ainsi pour le XXIe siècle un « âge de la retraduction » : « Depuis les années 1990 on assiste à une vague de retraductions – notamment vers le français, mais aussi vers

---

8. « Literature is language charged with meaning » (Ezra Pound, ABC *of Reading*, New York, New Directions, 1934, p. 28).
9. Par ordre chronologique : Ernst Robert Curtius, *La Littérature européenne et le Moyen Âge latin* [*Europäische Literatur und lateinisches Mittelalter*, 1948], tr. Jean Bréjoux, Paris, PUF, 1956 ; Jean-Louis Backès, *La Littérature européenne*, Paris, Belin, « Belin sup. Lettres », 1996 ; Béatrice Didier (éd.), *Précis de littérature européenne*, Paris, PUF, 1998 ; Pascal Dethurens, *De l'Europe en littérature. Création littéraire et culture européenne au temps de la crise de l'esprit (1918-1939)*, Genève, Droz, 2002 ; János Szávai, *Problématique de la littérature européenne*, Paris / Budapest / Torino, L'Harmattan, 2005.
10. Cf. Henri Meschonnic, « Les grandes traductions européennes, leur rôle, leurs limites. Problématique de la traduction », *in* Béatrice Didier (éd.), *Précis de littérature européenne*, Paris, PUF, 1998, p. 221-239 ; Henri Meschonnic, « L'Europe des traductions est d'abord l'Europe de l'effacement des traductions », *Poétique du traduire*, Paris, Verdier, 1999, p. 32-57 ; Henri Meschonnic, « L'Europe du traduire », *Éthique et politique du traduire*, Paris, Verdier, 2007, p. 175-185.

d'autres langues – d'une ampleur et d'une soudaineté extraordinaire »[11]. Malheureusement, l'absence d'études statistiques en diachronie[12] ne nous permet pas de corroborer l'idée d'une accélération de ce phénomène depuis les années 1990, et donc depuis la chute du mur qui coupait l'Europe de la libre circulation des langues et des littératures. Néanmoins, certaines études de ce volume semblent confirmer cette hypothèse : nous pensons notamment à la prolifération étonnante des retraductions en polonais de Baudelaire et Saint-Exupéry remarquée par Jerzy Brzozowski et Natalia Paprocka à partir de cette période, ou encore à la vague de retraductions du *Quijote* en France analysées par Ana Pano Alamán.

Les motivations derrière une retraduction : l'insatisfaction à l'égard des traductions existantes

Quelles sont les raisons qui nous poussent à retraduire, à refaire ce qui a été déjà fait, lorsqu'on est loin d'avoir tout traduit[13] ? Évidemment il y a plusieurs raisons possibles ; cependant, l'une des plus fréquentes est l'insatisfaction vis-à-vis des traductions existantes, ce qui, à son tour, peut être justifié de plusieurs façons.

Une traduction peut être insatisfaisante, par exemple, en raison d'omissions ou de modifications dans les traductions précédentes. La retraduction sera donc déterminée, dans ce cas, par la volonté de restaurer l'intégralité du texte. L'histoire de l'Europe au XXe siècle nous offre plusieurs exemples de censure idéologico-politique, ou encore de cette censure morale qui édulcore, voire efface, dans les traductions, les éléments

---

11. Isabelle Collombat, « Le XXIe siècle : L'âge de la retraduction », *Translations Studies in the New Millenium : An International Journal of Translation and Interpreting*, vol. II, 2004, p. 1.
12. Les premiers chercheurs à avoir essayé une étude de ce type (limitée à la Finlande) sont Kaisa Koskinen et Outi Paloposki. Cf. Kaisa Koskinen et Outi Paloposki, « Retranslation in the age of digital reproduction », *Cadernos de tradução*, n° 11, 2003, p. 19-38 ; Outi Paloposki et Kaisa Koskinen, « Reprocessing texts : The fine line between retranslating and revising », *Across Languages and Cultures*, vol. XI, n° 1, 2010, p. 34 s.
13. Voir à ce propos la liste, publiée par le Centre National du Livre en France, des œuvres littéraires étrangères dont on souhaite une traduction française : http://www.centre-nationaldulivre.fr/IMG/pdf/2009.04.Lacunes_LIE.pdf (consulté le 28/9/2011).

contraires à la morale dominante[14]. Parfois, c'est le texte de départ qui change, par exemple lorsqu'une édition critique de l'œuvre établit une nouvelle version de référence : dans ce cas aussi, la retraduction peut être animée par un souci d'adhérence philologique pour ce que l'on envisage comme l'intégralité du texte – dans le présent volume, Peter Schnyder analyse la prise en compte des variantes du texte de départ dans la retraduction des poèmes de Georg Trakl.

La retraduction peut aussi être motivée par la volonté de recouvrer un rapport direct avec le texte-source, rapport qui pouvait être absent dans la traduction précédente : il s'agit des traductions relais ou des traductions d'une traduction que nous avons évoquées plus haut. Si les traductions littéraires de ce type sont de moins en moins fréquentes, plusieurs œuvres traduites à partir d'une traduction sont encore en circulation : un exemple nous vient de la récente retraduction italienne du roman de Nikos Kazantzakīs, *Vios kai politeia tou Alexī Zormpa* (fr. *Alexis Zorba*), qui est annoncée comme la première traduction intégrale de l'ouvrage à partir du grec moderne, vu que la précédente traduction avait été faite en 1955 à partir de la version anglaise, *Zorba the Greek*. Dans cette catégorie des traductions indirectes on peut inclure également les traductions faites par des traducteurs-écrivains (évoquées par Jean-René Ladmiral dans son essai), où la figure de « relais » ou « pivot » est jouée par un traducteur, qui met au service desdits écrivains ses compétences linguistiques, en leur offrant le « service » d'une version littérale du texte de départ. Gide, Pound et Vittorini, entre autres, ont eu recours, en différentes mesures, à cette pratique[15].

Cependant, la plus forte raison justifiant l'insatisfaction vis-à-vis d'une traduction existante est sans doute le fait que les traductions « vieillissent ». Certes, les textes de départ vieillissent aussi, mais pas de la même manière que leurs traductions, au moins aux yeux du public. Là où ceux

---

14. Par exemple, lors de notre travail de retraduction du roman de Richard Brautigan, *A Confederate General from Big Sur* (1964), nous avons remarqué que la première traduction italienne (datant de 1967) censurait les quelques références sexuelles présentes dans le texte de départ.
15. On pense au travail d'André Gide sur *Typhoon* de Joseph Conrad à partir de la version de Marie-Thérèse Müller, aux traductions du chinois d'Ezra Pound faites à partir des versions d'Ernest Fenollosa, ou encore à la figure de Lucia Rodocanachi, longtemps la « nègre » des écrivains-traducteurs italiens Elio Vittorini, Eugenio Montale et Carlo Emilio Gadda.

que l'on définit comme des textes « originaux » prennent des rides qui les rendent encore plus charmants, les imperfections dues à l'âge des traductions ont une propension toute particulière à les rendre grotesques. Cette série de causes et d'effets peut s'expliquer par le fait que le statut des traductions n'atteint jamais l'autorité des textes « originaux ». En tant que méta-textes, les traductions ne sont qu'une interprétation possible du texte de départ et, par conséquent, elles n'ont pas l'unicité de ce dernier. Cela expliquerait aussi pourquoi on publie assez rarement des retraductions intralinguistiques de textes qui font partie de notre patrimoine culturel, même si la compréhension des lecteurs modernes est souvent déficitaire, voire faussée[16]. On se trouve donc dans une situation où la grande majorité des lecteurs anglais, par exemple, n'accepterait pas de lire Shakespeare dans une traduction en anglais contemporain, alors que très peu de leurs homologues non-anglophones accepteraient de lire du Shakespeare dans une traduction du XVIIe siècle.

Ce n'est pas seulement la langue qui change, mais également les moyens mis à disposition des traducteurs : l'amélioration des outils lexicographiques et de recherche offre aux traducteurs contemporains des ressources incomparables par rapport aux moyens de travail des « anciens » traducteurs ; sans compter la meilleure compétence linguistique qui a suivi généralement la professionnalisation de leur métier. Si le progrès généralisé des moyens et des compétences n'implique pas automatiquement une meilleure traduction, il est évident qu'il peut contribuer, tout comme une analyse critique plus approfondie de l'œuvre, à une meilleure compréhension du texte de départ. Finalement, les normes traductives, ces contraintes socioculturelles qui influencent profondément l'activité de traduction et ses résultats, jouent un rôle fondamental dans l'évolution de la pratique de la traduction et de la retraduction. En effet, la professionnalisation de la traduction au cours de ces dernières décennies a souvent fait basculer l'approche traductive des textes littéraires du pôle de l'*acceptability* vers le

---

16. À ce propos Gianfranco Contini souligne de quelle façon la lecture de quelques célèbres vers de Dante par des Italiens contemporains est souvent imparfaite, voire erronée, car parfois les mots ont pris une signification au cours des siècles (cité dans Umberto Eco, *Dire quasi la stessa cosa : Esperienze di traduzione*, Milano, Bompiani, 2003, p. 163).

pôle de l'*adequacy* (pour reprendre la terminologie de Gideon Toury[17]), même s'il s'agit d'une tendance qui n'est pas généralisable à tout le contexte européen. À simple titre d'exemple, la domestication-adaptation des noms propres dans les romans, telle qu'on la retrouve dans les traductions littéraires de plusieurs pays européens jusqu'au XXe siècle, est aujourd'hui une pratique obsolète dans la plupart des cas et dérangeante pour un lecteur contemporain.

D'autres raisons pour retraduire

D'autres raisons peuvent être à la base du travail de retraduction, tout en n'impliquant pas nécessairement une insatisfaction à l'égard des traductions existantes.

Avant tout, il y a la volonté de donner une nouvelle perspective au texte. Certes, l'insatisfaction est souvent latente, cachée derrière la conviction que certaines perspectives ou dimensions du texte de départ n'ont pas été suffisamment prises en compte dans les traductions précédentes. Par exemple, lorsque Henri Meschonnic a proposé sa retraduction de la Bible, il avait en tête l'impératif du rythme (et donc la poésie) du texte sacré, qu'il voulait restaurer après toute une série de traductions qui l'avait sacrifié en faveur du sens. Son opération avait donc pour but de donner à ses lecteurs une perspective qui avait jusque-là été mise au deuxième plan et qu'il jugeait essentielle dans sa propre lecture de la Bible. Dans d'autres cas, un *skopos* différent de la traduction peut déterminer des retraductions-adaptations d'œuvres canoniques (pour la lecture d'un jeune public, par exemple), ou peut donner lieu à une réécriture avec une idéologie militante (on renvoie, par exemple, à l'étude de Martine Hennard Dutheil de la Rochère sur les retraductions des contes de Perrault par Angela Carter).

Ensuite, des raisons d'ordre économique et/ou éditorial peuvent être à l'origine de la pratique de la retraduction : une nouvelle traduction peut être par exemple justifiée parce que l'opération s'avère plus rentable que la réédition d'une traduction existante. Lorsque l'ouvrage est dans le domaine public, la commande d'une nouvelle traduction peut revenir moins

---

17. Gideon Toury, *Descriptive Translation Studies and Beyond*, Amsterdam / Philadelphia, John Benjamins, 1995, p. 53 s.

chère à un éditeur que l'achat des droits d'une traduction existante. D'ailleurs, selon une pratique « dénoncée » par Jean-Pierre Lefebvre, les retraducteurs seraient souvent moins bien payés que les traducteurs, du fait que leur travail serait « facilité » par les traductions déjà existantes[18] et peut-être aussi en raison du prestige qu'il y a à devenir la nouvelle voix d'une œuvre canonique – perspective alléchante pour quelques spécialistes universitaires, en vue surtout d'une édition critique, enrichie de notes et commentaires. En même temps, une retraduction – ou mieux une « nouvelle traduction » dans la terminologie éditoriale – se révèle souvent plus attractive aux yeux des lecteurs / critiques qu'une ancienne traduction rééditée, et par conséquent plus rentable pour les éditeurs[19]. Les stratégies commerciales de ces derniers, en effet, visent souvent à souligner la nouveauté et l'actualité de l'opération de retraduction[20], de façon à convaincre les lecteurs qu'ils se trouvent devant une traduction plus « authentique » que les précédentes et devant un texte, au bout du compte, « nouveau ».

Quel délai pour la retraduction ? Un regard sur les séries traductives

Selon John Michael Cohen, traducteur anglais du *Don Quijote*, « chaque grand livre demande à être retraduit une fois par siècle »[21]. On peut dire qu'« une fois par siècle » ne correspond vraiment pas au rythme auquel l'Europe retraduit aujourd'hui et, si l'on en croit un éditeur français (Ivan Nabokov, ancien responsable de la littérature étrangère chez Plon), il fau-

---

18. Jean-Pierre Lefebvre, « Retraduire », *Traduire*, n° 218, 2008, p. 12.
19. Pour les différences entre retraductions et révisions / rééditions du point de vue de leur rentabilité et impact sur le public, cf. Outi Paloposki et Kaisa Koskinen, « Reprocessing texts : The fine line between retranslating and revising », *loc. cit.*, p. 29-49.
20. On remarque par exemple que très souvent les livres sont présentés en librairie avec des bandes publicitaires qui affichent la « nouvelle traduction ».
21. « Every great book demands to be re-translated once in a century » (John Michael Cohen, *English Translators and Translations*, London, Longmans, 1962, p. 9, cité d'après Michel Ballard, « In search of the foreign : A study of three English translations of Camus's *L'Étranger* », *in* Myriam Salama-Carr (éd.), *On Translating French Literature and Film* II, Amsterdam, Rodopi, 2000, p. 19).

drait retraduire les œuvres classiques tous les 20 ans[22], ce qui nous donne un aperçu de la vitesse que la pratique semble avoir connue parmi les professionnels de l'édition. Cependant, si on se fie aux études ici réunies, force est de constater que la cadence des retraductions ne montre que très rarement un parcours régulier. Il en résulte qu'il est difficile de généraliser la fréquence de retraduction, tout simplement en raison de multiples facteurs (pas seulement temporels) qui influencent cette pratique. Dans la plupart des cas, il s'agit d'une série traductive soumise à des sauts et à des accélérations plus ou moins prévisibles, liés à la conjoncture socio-économique et/ou à des données culturelles qui ont déterminé la production de nouvelles traductions : une réévaluation critique de l'œuvre, une recrudescence de l'intérêt autour de son auteur ou de sa thématique, une adaptation cinématographique, l'expiration des droits d'auteur, etc.

Le cas le plus éclatant qu'on peut observer est probablement l'accélération des retraductions d'ouvrages canoniques lorsqu'ils tombent dans le domaine public, une fois écoulés les 70 ans suivant la mort de leur auteur. On assiste alors à une prolifération assez étonnante de retraductions[23] : pour reprendre les mots de Lawrence Venuti à propos de la traduction des classiques, « les éditeurs se disputent pour transformer le capital culturel que ces textes ont acquis en capital économique »[24]. Les enjeux économiques et éditoriaux liés à la retraduction sont abordés dans plusieurs contributions du volume, notamment dans les textes de Natalia Paprocka et Joanna Gornikiewicz sur les traductions polonaises du *Petit Prince* et de *À*

---

22. Propos recueillis dans un dossier monographique du magazine *Lire*, intitulé « Faut-il tout retraduire ? », février 1997, p. 39.
23. L'année 2011 a été marquée, par exemple, par une explosion de retraductions des œuvres de Francis Scott Fitzgerald et notamment de *The Great Gatsby* qui, seulement dans ce début d'année a connu, entre autres, 6 retraductions en italien, 3 en allemand, 2 en espagnol, 1 en français, ce qui nous donne un aperçu de l'importance des facteurs économiques dans ces choix. Les exemples en ce sens sont nombreux : entre 1997 et 1999, on trouve au moins cinq nouvelles traductions des *Duineser Elegien* de Rilke en anglais – Rilke est mort en 1926. On peut déjà s'attendre, dans les prochains mois, à une augmentation des retraductions des œuvres de James Joyce et Virginia Woolf, vu qu'ils sont décédés en 1941 – sans doute plusieurs retraducteurs partout en Europe et ailleurs sont déjà à l'œuvre...
24. Lawrence Venuti, « Translation, interpretation, canon formation », *in* Alexandra Lianeri et Vanda Zajko (éds.), *Translation and the Classic*, Oxford, Oxford University Press, 2008, p. 27 (notre traduction).

la Recherche du temps perdu, et de Fabio Regattin sur les traductions italiennes du *Cyrano de Bergerac*.

Sur l'« hypothèse de la retraduction »

Après ces quelques considérations sur les motivations et le délai des retraductions, nous voudrions maintenant apporter quelques réflexions sur la modalité des retraductions, à partir de ce qu'on définit comme « hypothèse de la retraduction » (*retranslation hypothesis*). Il s'agit d'une hypothèse avancée par Paul Bensimon et Antoine Berman en 1990, mais qui remonte à la vision cyclique des traductions proposée par Goethe[25]. Si on voulait la résumer, « l'hypothèse de la retraduction » serait un mouvement progressif de chaque retraduction vers le texte-source : la première traduction est tendanciellement une traduction-introduction, avec une acclimatation de l'œuvre à la langue et à la culture de départ, alors que les traductions successives sont généralement plus portées à afficher l'étrangeté du texte. L'hypothèse a suscité un important débat, qui a vu prévaloir les réfutations, même si elle a été reprise par quelques études[26]. Cette hypothèse trouve bien évidemment quelques confirmations, surtout dans les séries traductives du XXe siècle, dues notamment à une progressive professionnalisation de la traduction, à l'amélioration des ressources lexicographiques et à un basculement des normes de traduction vers le pôle de l'*accuracy*, ce qui pourrait déterminer, en l'absence d'autres motivations contrastantes, le susdit mouvement vers le texte-source prévu par cette hypothèse. Néanmoins, il est évident que ces quelques cas ne permettent pas d'en tirer une

---

25. Cf. Paul Bensimon, « Introduction » et Antoine Berman, « La retraduction comme espace de la traduction », *Palimpsestes*, n° 4, 1990, p. IX-XIII, 1-7. Le terme de « retranslation hypothesis » a été introduit par Andrew Chesterman dans : « A causal model for translation studies », *in* Maeve Olohan (éd.), *Intercultural Faultlines. Research Models in Translation Studies 1 : Textual and Cognitive Aspects*, Manchester, St. Jerome, 2000, p. 15-27.
26. Entre autres, l'entrée « Re-Translation » d'Isabelle Vanderschelden accepte cette hypothèse, en portant à titre d'exemple le cas des œuvres de Dostoïevski en français et en anglais (p. 1155). Cependant plusieurs chercheurs (tels que Gambier, Paloposki et Koskinen, Skibińska et Susam-Sarajeva *et alii*) ont montré les limites de la généralisation d'une telle vision, qui, tout en trouvant des confirmations dans quelques études de cas (voir par exemple les cas analysés par Tania Collani et Cristina Vignali dans ce volume) semble difficilement généralisable.

généralisation, étant donné que très souvent les motivations derrière une retraduction sont multiformes et que cette hypothèse semble être assez réductrice par rapport à la complexité du phénomène (voir aussi l'article d'Yves Gambier dans le présent volume).

La visibilité de la retraduction

Tout bien pesé, on peut affirmer qu'au XXe siècle, la retraduction met souvent l'accent sur elle-même et qu'elle est rarement invisible. Si Henri Meschonnic évoquait l'effacement de la traduction comme étant à l'origine des littératures européennes[27], on peut aujourd'hui affirmer qu'après s'être nourrie de cet effacement, l'Europe semble avoir pris une certaine conscience de son multilinguisme.

Les retraductions ont une visibilité particulière qui leur vient de leur statut et qui est, généralement, affichée dans les paratextes du volume (de la bande publicitaire à la couverture, de la préface à la postface, en passant par la note des retraducteurs). L'impression qu'on a à la lecture des articles ici rassemblés, c'est que les retraducteurs du XXe siècle sont généralement plus verbeux que les « simples » traducteurs ; ils ont une tendance à oublier la *sprezzatura* dont leurs prédécesseurs ont fait souvent preuve pour rappeler aux lecteurs qu'ils sont en train de lire non seulement une traduction, mais une nouvelle traduction, avec tout ce que cela implique. Pour cette raison, l'étude des péritextes est souvent révélatrice et peut nous offrir un regard privilégié sur la tâche de la retraduction.

Cette visibilité du retraducteur a pour effet d'attirer l'attention de la critique et des lecteurs sur l'aspect souvent négligé de la traduction. Les magazines littéraires présentent assez fréquemment des comptes rendus de nouvelles traductions[28] et, souvent, ils ont la particularité – dans un con-

---

27. Cf. Henri Meschonnic, « L'Europe des traductions est d'abord l'Europe de l'effacement des traductions », *loc. cit.*
28. La récente vague de retraductions de *The Great Gatsby* (voir note 23) a eu des échos importants dans la presse culturelle européenne en 2011, notamment avec des entretiens avec les retraducteurs (*Le Monde des Livres*) ou des analyses comparées des différentes traductions (*Il Domenicale – Sole 24 ore, Deutschlandradio Kultur*). On peut dire la même chose des récentes retraductions anglaise et française de *Die Blechtrommel* de Günther Grass, ou encore de la nouvelle traduction italienne de *Der Zauberberg* de Thomas Mann, sortie en 2010 avec le nouveau titre de *La montagna magica* (au lieu du

texte habituellement peu attentif à l'aspect de la traduction – de nous conduire dans les « arrières-cuisines » de la traduction littéraire évoquées par Jean-René Ladmiral dans sa nouvelle introduction à *Traduire* de 1997[29]. Les entretiens avec les traducteurs et les analyses comparées des traductions sont plus fréquents que jamais lorsque la presse culturelle s'attache à une retraduction : avec sa surcharge de « visibilité », celle-ci a la capacité unique de solliciter une réflexion sur la traduction.

Au fond, la retraduction, plus encore que la traduction, est une opération consciente (même si elle est commissionnée par un éditeur et non pas due à l'initiative du traducteur), car elle présuppose une prise en compte et une revisitation de l'acte du traduire. Pour reprendre les mots de Meschonnic : « Retraduire suppose sans doute plus fortement encore une théorie d'ensemble que traduire ce qui n'a encore jamais été traduit »[30]. En plus, la retraduction est souvent un ménage à trois, quatre, cinq, etc., où il faudrait prendre en compte non seulement un texte de départ, mais aussi une série, plus ou moins longue, de textes d'arrivée. Le retraducteur peut s'imposer de ne pas regarder cette série dans un premier temps, pour ne pas être influencé ; mais ensuite il a en quelque sorte le devoir de connaître les autres lectures du texte – tout comme les lectures critiques de l'œuvre – ne serait-ce seulement que pour éviter des fautes de compréhension, qui sont généralement moins tolérables lors d'une retraduction. De ce point de vue, nous sommes persuadés que l'appropriation d'un texte passe aussi par l'expérience des interprétations précédentes (s'agit-il de lectures critiques ou de traductions). L'une des raisons de la réticence envers cette forme de lecture multiple et érudite[31], au-delà du compréhensible manque de temps,

---

titre désormais canonique *La montagna incantata*). Le changement de titre dans ce dernier cas a eu plusieurs échos dans la presse et chez le public, ce qui rappelle la situation de dépaysement de la grand-mère de Proust vis-à-vis d'*Ulysse*, devenu pendant son existence *Odysseus* en raison d'une nouvelle traduction (situation évoquée par Susan Bassnett et André Lefevere dans leur introduction à *Translation, History and Culture*, London / New York, Pinter, 1990).

29. Jean-René Ladmiral, *Traduire : Théorèmes pour la traduction*, 2ᵉ édition, Paris, Gallimard, « Tel », 1994, p. XVI.
30. « Retraduire suppose sans doute plus fortement encore une théorie d'ensemble que traduire ce qui n'a encore jamais été traduit » (Henri Meschonnic, « Traduire : Écrire ou désécrire », in *Éthique et politique du traduire*, Paris, Verdier, 2007, p. 70).
31. Jean-Pierre Lefebvre par exemple, refuse de consulter les traductions précédentes, car il juge cela comme une « perte de temps et de liberté » (Jean-Pierre Lefebvre, « Retraduire », *loc. cit.*, p. 11).

pourrait se situer dans une forme d'angoisse de plagiat qui agace une grande partie des retraducteurs ; en effet, après avoir examiné les traductions existantes, le retraducteur pourrait être poussé à se différencier de ses prédécesseurs jusqu'à introduire des changements forcés, par peur d'être accusé d'avoir copié la traduction existante. Une autre source d'inquiétude pour le retraducteur concerne ses illustres prédécesseurs, qui ont laissé une traduction devenue canonique : qu'ils soient des écrivains ou des traducteurs célèbres, ces prédécesseurs ont parfois la capacité de retarder, voire de bloquer, le processus de retraduction, comme le montre Elżbieta Skibińska dans son étude sur Tadeusz « Boy » Żeleński.

L'infinitude de la série traductive : limites et opportunités

Étant donné que l'équivalence parfaite entre deux langues-cultures n'existe pas, il va de soi qu'aucune traduction ne pourra jamais se considérer comme définitive. Toute traduction est une interprétation possible du texte-source liée au contexte socio-historique de sa production, et donc rien n'empêche qu'on puisse donner une nouvelle interprétation du texte et que l'on puisse avoir une pluralité de traductions (tant en diachronie, qu'en synchronie). Cela est particulièrement évident pour le texte littéraire, qui se nourrit de sa pluralité de signifiés et de sa « charge » de sens. Le retraducteur contemporain se demande déjà, comme le fait Bernard Hœpffner dans le présent volume, ce qu'il en sera de son œuvre lorsqu'une nouvelle traduction paraîtra. Le destin de toute traduction (ou presque), comme Jean-René Ladmiral nous le rappelle dans son essai, est d'être mortelle, et d'être donc un jour refaite, pour un autre public, pour un autre temps, selon d'autres modes de traduction, dans une langue qui n'est plus la même et à partir d'un texte qui, lui aussi, n'est plus le même. Le phénomène de la retraduction expose cruellement les limites de tout acte de traduction et l'état éphémère de cette activité. En même temps, il nous offre l'opportunité d'une relecture incessante des textes canoniques qui, grâce aux retraductions, continuent à nous parler de façon directe, vive, ouverte.

Le plan du volume

Nous avons évoqué dans ces pages quelques-unes des questions et des problématiques qui ont été soulevées dans le débat récent autour de la retraduction. Il en reste bien d'autres que les vingt-six contributions de ce volume sauront articuler à leur tour selon des approches et des perspectives différentes, pour essayer de cerner de plus près cette « pulsion » vers la retraduction.

L'ouvrage est organisé en quatre sections : la première, intitulée « Théorie et histoire de la retraduction », offre une reprise et un approfondissement du débat théorique sur la thématique, et elle comporte les études de deux illustres traductologues, Jean-René Ladmiral et Yves Gambier, ainsi qu'une réflexion historique sur le rapport entre écriture, traduction et retraduction de l'helléniste André Hurst.

La deuxième section donne la parole aux retraducteurs, qui réfléchissent, à différent titre, sur les motivations de leur travail, leur rapport avec les traductions précédentes, et les spécificités du processus de retraduction. Les quatre contributions ici rassemblées touchent à la retraduction de quelques auteurs canoniques de la littérature européenne : Charlotte Brontë (Véronique Béghain), James Joyce (Bernard Hœpffner), Gustave Flaubert (Ida Porfido) et Samuel Beckett (Chiara Montini).

La partie centrale du volume se compose de quinze contributions qui, selon des approches diverses, nous offrent des analyses de plusieurs cas de retraduction, qui croisent les différentes langues et littératures européennes. Ces contributions ont été reparties en deux sections, intitulées « Prose » et « Poésie & Théâtre », et elles concernent, pour la presque totalité des cas, des classiques du XIXe et du XXe siècle traduits au XXe et au XXIe siècle. La section « Prose » nous offre des études de cas qui vont du *Vathek* de William Beckford (Tania Collani) aux réécritures de la littérature de jeunesse dans le monde anglophone (Martine Hennard Dutheil de la Rochère), de *À la Recherche du temps perdu* (Joanna Górnikiewicz) à des romanciers contemporains tels que Marguerite Duras (Joanna Jakubowska-Cichoń) et Miguel Delibes (Felipe Aparicio Nevado), en passant par les contes de Buzzati (Cristina Vignali), le roman féministe *Una donna* de Sibilla Aleramo (Rotraud von Kulessa) et trois différentes traductions d'*Effi Briest* de Theodor Fontane en français (Françoise Wuilmart).

La section « Poésie et Théâtre » part de la poésie de Georg Trakl (Peter Schnyder), Baudelaire (Jerzy Brzozowski) et Apollinaire (Franca Bruera) dans ses multiples déclinaisons respectivement françaises, polonaises et italiennes, pour arriver à nos jours avec deux figures d'écrivains re-traducteurs : Philippe Jaccottet (Adriane Luethi) et André Weckmann (Peter André Bloch). La retraduction théâtrale occupe Justyna Lukaszewicz dans son étude d'*Ubu roi* d'Alfred Jarry en polonais, et Fabio Regattin dans son analyse des destins italiens du *Cyrano* de Rostand.

Une dernière section a été consacrée aux enjeux sociologiques de la retraduction et elle nous offre des approches qui éclairent les dynamiques socioculturelles à la base du processus de retraduction. Le lecteur y trouvera un aperçu de la pauvreté des (re)traductions pour les littératures dites mineures (Maryla Laurent), de la difficulté de retraduire après une grande figure de traducteur comme l'a été Tadeusz « Boy » Żeleński pour la littérature polonaise (Elżbieta Skibińska), ou encore une étude des enjeux socio-économiques dans l'accaparement d'un best-seller tel que le *Petit Prince* dans le marché éditorial polonais (Natalia Paprocka), et enfin les errances du *Quijote* à travers un siècle de retraductions françaises (Ana Pano Alamán).

Le lecteur trouvera à la fin du présent volume un index des noms, qui lui permettra également un regard transversal sur l'ouvrage, ainsi qu'une bibliographie critique, qui pourra offrir d'autres sources d'inspiration pour l'exploration des multiples enjeux de la retraduction.

Université de Bologne
*ILLE – **Institut de Recherche en langues et littératures européennes***

Théorie et histoire de la retraduction

Nous autres traductions, nous savons maintenant que nous sommes mortelles...

Jean-René Ladmiral

Résumé
Cet essai se propose d'esquisser les multiples enjeux d'ordre terminologique et conceptuel, phénoménologique et ontologique, liés à une possible définition de la retraduction. L'étude revisite les raisons à l'œuvre derrière la retraduction, ainsi que la notion de « vieillissement » des traductions et l'hypothèse des rapprochements progressifs avec le texte-source à la base des études de Bensimon et Berman, ce qui offre une reprise de la longue querelle entre sourciers et ciblistes. En s'inscrivant dans le cadre d'une réflexion d'ensemble sur la traduction, cette étude fait apparaître la cohérence d'une œuvre traductologique de longue haleine.

Abstract
This essay sets out to investigate the terminological, conceptual, phenomenological and ontological issues connected to a definition of retranslation. The paper reconsiders the reasons behind retranslation, as well as the notion of « ageing », and the hypothesis of a progressive movement towards the source text suggested by Bensimon and Berman, thus reprising the long debate between *sourciers* et *ciblistes*. Inscribed as it is within a comprehensive reflection on translation, this essay also shows the coherence of its author's extensive body of work in the domain of translation studies.

À Paul Bensimon

I

À première vue, la retraduction fait figure de paradoxe : pourquoi refaire ce qui a déjà été fait ? N'y a-t-il pas là quelque chose de compulsif, un peu comme un automatisme de répétition (*Wiederholungszwang*) ? Dans la mesure où il existait une première traduction, la retraduction apparaît superfétatoire. À moins qu'inversement ce ne soit la première traduction qui se trouverait invalidée par la retraduction. Ainsi semblent en user certains bibliothécaires, qui allègent leurs fonds de « vieilles » traductions au profit des « nouvelles traductions » qui viennent de paraître – et ce, au grand dam de ceux qui étudient l'histoire des traductions. Or il se développe effectivement depuis quelque temps tout un ensemble de recherches prenant l'histoire de la traduction pour objet[1] ; et il apparaît que les retraductions y occupent une place plus importante qu'on aurait cru, au point qu'elles tendent à constituer pour elles-mêmes un objet d'étude spécifique, comme en fait foi notamment le colloque dont c'est ici la publication[2] ; il arrive même que le phénomène prenne une ampleur considérable, proprement incroyable. C'est ainsi qu'il n'y a pas moins d'une centaine de traductions en coréen de *Madame Bovary* ! Ce qui implique quantité de retraductions, quand bien même bon nombre de ces « traductions » ne font que se recopier les unes les autres…[3]

---

1. Il y a là d'ores et déjà tout un domaine de recherche : ainsi pourra-t-on consulter les travaux de Michel Ballard, de Christian Balliu, de Lieven D'Hulst, etc. ; et *last but not least* on attend surtout la publication sur laquelle débouchera prochainement le monumental projet d'une *Histoire des traductions de langue française* (HTLF) dirigé par Yves Chevrel et Jean-Yves Masson. Pour une introduction méthodologique concernant ce projet de recherche, voir notamment Jean-Yves Masson, « Pour une "histoire des traductions de langue française" », *Romanistische Zeitschrift für Literaturgeschiche / Cahiers d'Histoire des Littératures Romanes*, n° 1-2, 2006, p. 11-23.
2. Voir la bibliographie substantielle sur la retraduction que donne Enrico Monti dans le présent volume.
3. À ce propos et plus généralement, on pourra consulter les nombreux travaux menés au sein de l'Institut d'études de traduction et de rhétorique de l'Université Korea, à Séoul ; et notamment Sunheui Park et Sung-Gi Jon, « L'évaluation des traductions coréennes du style indirect libre dans *Madame Bovary* », *in* Tatiana Milliaressi (éd.), *De*

Sans que ce soit la règle, il est quand même clair que la retraduction n'est pas l'exception. À la question de savoir comment il se fait qu'il y ait tant de retraductions, il est assez généralement répondu que cela tient au fait que les traductions « vieillissent ». Mais on pourra marquer quelque réticence envers une telle réponse, pour autant que ce ne soit qu'une analogie métaphorique qui appelle l'herméneutique d'une analyse conceptuelle[4]. De fait, ce n'est pas tant la traduction elle-même qui vieillit que notre rapport à elle, c'est-à-dire la lecture qui en est faite, pour de multiples raisons, que c'est notre propos de mettre en évidence ici.

Au reste, compte tenu de la polysémie du préfixe verbal re- (ou r...), le terme de retraduction peut prendre trois ou quatre sens différents, qu'il convient de récapituler rapidement[5]. 1°) Il peut s'agir d'une pure et simple *itération* : redire, c'est répéter ; et retraduire, c'est donc bien refaire une traduction (Tt') du même texte original (To), dont il existe déjà une première traduction (Tt). 2°) Mais il peut en outre s'attacher à ce phénomène de répétition une connotation très marquée de rectification critique : la retraduction rejoint alors la révision et elle débouche sur une « nouvelle traduction » qui s'affiche comme meilleure que la (ou les) précédente(s), dont elle entend avoir *corrigé* les défauts. D'ailleurs, c'est souvent un argument de vente mis en avant par l'éditeur. C'est, pour l'essentiel, à l'articulation de ce double sens du concept que sont appelées à se situer les analyses rassemblées ici.

3°) Pour mémoire, on mentionnera aussi le cas où on a affaire à une inversion de sens du processus : il s'agira de re-traduire le texte d'une traduction (Tt) dans la langue de l'original (Lo). Sans doute sera-t-il préférable de parler plus explicitement de *rétro-traduction* (*Rückübersetzung* en alle-

---

la linguistique à la traductologie. Interpréter / traduire, Villeneuve d'Ascq, Presses Universitaires du Septentrion, « Philosophie & linguistique », 2011, p. 289-307.

4. Sur ce point et sur bien d'autres, cf. Yves Gambier, « La retraduction : Retour et détour », *Meta*, vol. XXXIX, n° 3, 1994, p. 413-417. Cet article, bref et un peu « impressionniste » (à l'anglo-saxonne), est proprement séminal et fondateur : l'auteur y pressent l'essentiel et on peut dire qu'il préfigure déjà notre colloque de Mulhouse...

5. Cf. Sarah de Vogüé, « Construction d'une valeur référentielle : entités, qualités, figures », *Travaux linguistiques du Cerlico*, n° 12, 1999, p. 77-106. Dans le cadre de cette étude linguistique d'inspiration culiolienne, l'auteur débouche sur l'exemplarisation de sa problématique en traitant de re-/r... et de ses allomorphes.

mand) plutôt que de « retraduction », pour éviter l'ambiguïté. Le phénomène est assez rare, pour ainsi dire exceptionnel, et tient à des circonstances tout à fait particulières. Ainsi a-t-on pu envisager la « retraduction » en français du *Neveu de Rameau* de Diderot à partir de la traduction allemande qu'en avait donnée Goethe, parce que l'original avait été perdu pour un temps. Mais, comme on sait, ce texte de Diderot a finalement été retrouvé ; et c'est particulièrement heureux dans la mesure où je considère que ce dialogue, assez bref, mérite de figurer au tout premier rang des œuvres de la littérature française, comme l'avait bien vu l'immense Goethe. Il a pu se faire aussi qu'on ait recours à la retraduction comme dispositif censé permettre de s'assurer de l'authenticité d'un texte original perdu. Ainsi s'est-on hasardé à retraduire en grec telle traduction arabe supposée de textes aristotéliciens, pour voir ce qu'il en était, avec un résultat négatif mais tout compte fait incertain[6]. En somme, la rétro-traduction constitue un exercice relativement artificiel, pour ne pas dire aberrant, qui pourra être utilisé pour des finalités spécifiques : qu'il s'agisse d'enseignement des langues, de contrôle critique de traductions, de modalités particulières de didactique de la traduction, d'ateliers d'écriture, d'investigation philologique, etc. Mais il ne s'agira pas en l'espèce de traduction au sens plein, donnant réellement accès à des œuvres de langue étrangère.

4°) Enfin, la retraduction peut être entendue au sens d'une traduction de traduction, c'est-à-dire de la traduction ($T_3 = T_{tt}$) d'un texte original ($T_1 = T_o$) à partir de sa traduction déjà effectuée ($T_2 = T_t$) dans une langue qu'on pourra dire intermédiaire en l'occurrence. On pourra appeler cette forme de *méta-traduction* une « traduction-pivot », par référence au

6. Plus généralement, on touche là à la problématique d'une hypothétique transmission des grands textes de l'Antiquité grecque en Occident par la médiation de traductions arabes. Dans une très large mesure, il semble bien que ce soit finalement une légende, dont a contribué à faire litière un livre récent : Sylvain Gouguenheim, *Aristote au Mont-Saint-Michel : Les racines grecques de l'Europe chrétienne*, Paris, Seuil, « L'Univers historique », 2008. La publication de cet ouvrage a déclenché une véhémente polémique, dans la mesure où il remettait en cause un des dogmes de l'idéologie récente de l'historiquement-correct qui fait chorus au politiquement-correct de la pensée unique. Toujours est-il qu'on peut dire que maintenant « la messe est dite » sur ce sujet, avec la parution d'un ouvrage monumental : Guy Rachet, *Les Racines de notre Europe sont-elles chrétiennes et musulmanes ?*, Paris, Jean Picollec, 2011. Faisant fond sur son érudition impressionnante, et pour ainsi dire sans réplique, Guy Rachet en vient notamment à valider le point de vue défendu par Sylvain Gouguenheim, en le resituant dans une perspective fondamentale et plus générale.

jargon de la traduction automatique, voire dans une perspective didactique[7].

Au-delà de ces deux domaines, qui se situent aux confins de la traduction au sens propre, il faut faire une place à une modalité de cette intermédiation traductive telle qu'elle se pratique couramment dans le monde des interprètes de conférence. Quand il convient d'assurer la communication entre deux langues peu répandues, il est tout à fait improbable qu'il se trouve des interprètes présents en cabine qui maîtrisent précisément ces deux langues-là : il leur faudra en passer par le relais d'une langue de plus grande diffusion. Dans le jargon pratiqué par ces praticiens de haut niveau, ils devront « prendre » le hongrois, le coréen, l'estonien... « sur » la cabine anglaise ou française par exemple.

Pour des raisons analogues, il arrive qu'on en use de même en traduction *stricto sensu* et, qui plus est, dans le domaine de ce qu'Antoine Berman appelle la « traduction des œuvres » ; alors qu'on aurait pu penser qu'il devrait être possible de trouver un traducteur maîtrisant cette langue « rare » dans laquelle a été rédigé tel chef d'œuvre littéraire, dans la mesure où il n'y a pas là une situation d'urgence comparable à la conjoncture à laquelle se trouve confrontée l'interprétation de conférence « en temps réel ». Il n'en reste pas moins que c'est une pratique relativement courante. Ainsi verra-t-on tel texte chinois (To = T1) traduit en espagnol (Ttt = T3) à partir d'une première traduction en français ou en anglais (Tt = T2) ; et on pourrait multiplier les exemples à l'envi. Là, nous sommes tout à fait dans le sujet, même si cette thématique n'a guère été abordée lors du colloque.

En restant dans le prolongement de cette logique de la traduction-relais, il y a lieu d'évoquer les cas où est mise en place une sorte de dédoublement de la fonction traductive : « le » traducteur fait place à un binôme associant deux personnes distinctes sur la base d'une dissociation des deux versants de la compétence d'un bon traducteur. Concrètement, certains grands textes écrits dans une langue difficile, rare ou lointaine, ou autre, feront l'objet d'une traduction en deux temps : d'abord, un traducteur maîtrisant la langue de l'original propose une première traduction, fidèle au sens du texte

---

7. À dire vrai, c'est dans l'un de ces sens tout à fait particuliers que j'ai employé cette dernière expression : comme dispositif pédagogique faisant fond sur l'utilisation d'une interlangue au service de l'enseignement de la traduction. Cf. Jean-René Ladmiral, « Pour la traduction dans l'enseignement des langues : "Version" moderne des Humanités », *Les Langues modernes*, n° 1, 1987, p. 9-21, *speciatim* p. 18 s.

et plus ou moins littérale ; puis un écrivain réécrit (ou récrit...) cette dernière pour en faire un texte proprement littéraire. Au demeurant, c'est en règle générale l'écrivain qui apparaît comme l'« auteur » de cette retraduction qu'est finalement l'œuvre ainsi traduite. On notera que cette seconde phase de ladite retraduction tend à rejoindre le deuxième sens mentionné plus haut qui l'identifierait à une révision. De fait, c'est là une pratique plus répandue qu'on aurait pu le croire. Une Marguerite Yourcenar n'a pas craint de s'y prêter, pour « traduire » Cavafy... Là encore, il serait possible de mentionner bien d'autres exemples.

Mais autant on peut comprendre qu'on ait recours à cette pratique contestable pour des textes littéraires, puisqu'aussi bien l'enjeu essentiel n'en est que le bonheur esthétique que peut apporter la lecture d'un beau texte, autant il est surprenant et notablement plus problématique qu'on en use ainsi au regard d'un Texte sacré. Comment ne pas s'étonner de constater qu'il n'est pas rare que ce soit une procédure adoptée pour la traduction des textes bibliques ? On ne peut qu'être porté à souscrire à l'irritation que suscite chez Meschonnic une telle façon de faire : « Si vous ne savez pas l'hébreu, traduisez autre chose » ! encore que le même Meschonnic montre une indulgence particulière envers une entreprise de ce genre menée chez Bayard, décidant d'y voir un travail d'ordre littéraire... Pour ma part, mieux encore que d'irritation, je serais enclin à parler à ce propos d'une « sainte colère » – plus encore que Meschonnic, qui ne voyait quant à lui dans la Bible que des textes poétiques et non pas le Texte sacré annonciateur de la Révélation[8]...

Pour être complet, j'entends signaler un autre cas de dissociation de la fonction traductive : celui de la retraduction des « *Œuvres complètes* de Freud : Psychanalyse » (OCF.P). Le propos affiché d'entrée de jeu renvoie lui aussi au deuxième sens évoqué plus haut : il s'agit d'une nouvelle traduction qui entend clairement rectifier les traductions antérieures, jugées un peu trop littéraires et approximatives, et même fallacieuses concernant certains points de terminologie conceptuelle. Le projet est de publier un *corpus* rédigé en un « français freudien » qui respecte la scientificité et la

---

8. Sans développer ici cette vaste problématique, je poserai la question de savoir si c'est là une façon de *traduire le style* ou si on a seulement rajouté un « supplément d'âme » littéraire adventice, indépendamment de ce que pouvait être le texte original : cf. Jean-René Ladmiral, *Traduire : Théorèmes pour la traduction*, 4ᵉ édition, Paris, Gallimard, « Tel », 2010, p. 119-129, *speciatim* p. 27 s.

rigueur terminologique dont est créditée l'œuvre de Freud. Pour l'ensemble de ce vaste travail de traduction, Jean Laplanche avait décidé, avec son équipe de direction, que tous ces textes seraient confiés chacun à un binôme réunissant un traducteur-germaniste et un psychanalyste-freudologue. En sorte qu'on est très proche des cas de traduction-relais « à double détente » qui viennent d'être évoqués – ce qui correspond au quatrième sens que peut prendre le concept de retraduction. Sauf qu'ici les deux moments de la traduction ne correspondent plus à deux phases chronologiquement différentes, mais coïncident dans une interaction simultanée, à savoir : une traduction exacte du sens linguistique et sa mise aux normes de la scientificité terminologique propre à la psychanalyse. Il y aurait beaucoup à dire sur la glaciation terminologique que cela entraîne et sur la « scientification » que cela fait subir à l'œuvre de Freud ; mais cela nous éloignerait par trop de notre sujet[9].

II

À travers les différentes acceptions qu'il peut revêtir, et qui parfois tendent à se rejoindre, le concept de traduction fait problème ; et la question qui a été posée d'emblée est la suivante : pourquoi retraduit-on ? À vrai dire, il peut y avoir bien des raisons.

D'abord, très souvent, on retraduit parce qu'on est insatisfait de la (ou des) traduction(s) existante(s) d'un texte qu'on aime. La retraduction est alors une traduction-contre. C'est une des possibilités qu'a envisagée Enrico Monti dans le bilan qu'il a esquissé de la question qui nous occupe.

Jean-Yves Masson fournit une illustration magistrale de cet aspect des choses en nous proposant une phénoménologie littéraire de la traduction prenant appui sur une lecture commentée du Fragment 68 des *Cahiers de*

---

9. Cf. Georges Kassai et Jean-René Ladmiral, *Traduction et psychanalyse* (Actes du colloque : Paris, 8 décembre 1984), paru en revue *Le Coq-Héron*, n° 105, 1988 et *Traduire Freud : La langue, le style, la pensée*, Journée organisée par Céline Zins et Jean-René Ladmiral, et présidée par Marc de Launay, *Actes des Cinquièmes assises de la traduction littéraire (Arles 1988)*, Arles, Actes Sud / ATLAS, 1989. Pour la discussion de quelques exemples de traduction des concepts freudiens, cf. Jean-René Ladmiral, « La question du littéralisme en traduction : Sourciers et ciblistes », *Idioma. Revue de linguistique et de traductologie*, n° 11, 1999, p. 13-22.

Malte Laurids Brigge de Rilke. Ce fragment met en scène un vieil homme qui entend retraduire la poétesse Sapphô (une femme, donc) pour des jeunes filles. Comme ce n'est ni un traducteur professionnel, ni même un universitaire, on est au plus près de la pulsion de traduire : dans une perspective qui a à voir avec la séduction, et sans doute plus encore avec une idéalisation de l'amour des femmes (au sens d'un génitif subjectif) qui, pour Rilke, peut atteindre à une dimension d'infini où l'Éros rejoint la mystique.

À un niveau plus immédiat, le vieil homme aime passionnément le texte grec de Sapphô et il veut le retraduire parce que les traductions existantes ne sont pas à la mesure de l'émotion que lui inspire l'original. Pour lui, c'est comme si le texte n'avait jamais été traduit, jamais été compris. Comme si sa retraduction était une première lecture, la vraie lecture du texte. Dans cet esprit, le traducteur récrit le texte comme s'il en était l'auteur et la traduction prend une valeur d'absolu qui rejoint la convergence de l'érotisme et de la mystique qui vient d'être évoquée. On touche là aux limites de la traduction. Par excès, c'est l'utopie d'une traduction absolue, qui reste nécessairement asymptotique et qui débouche finalement sur une logique de l'intraduisibilité – à moins qu'il fallût se contenter, au mieux, d'un ressassement éternel du texte original lui-même – et ce, après avoir éprouvé les limites de la traduction par défaut, dans l'insatisfaction éprouvée du fait des traductions jugées insuffisantes[10]... Sans aller jusque-là, la retraduction peut s'autoriser de la lecture littéraire plus ambitieuse qu'elle revendique d'une œuvre : ainsi pour *La Confession impudique* de Tanizaki, qui a été retraduite sous le titre *La Clef*[11].

Mais ce n'est pas toujours aussi simple : la retraduction ne relève pas toujours d'un « travail du négatif », dirais-je en paraphrasant Hegel. Il arrive au contraire qu'on ait le désir de retraduire en vertu d'une identification positive aux traducteurs qui nous ont précédés.

---

10. Cf. Jean-René Ladmiral, *Della traduzione : Dall'estetica all'epistemologia*, éd. Antonio Lavieri, Modena, Mucchi, « Strumenti », 2009, p. 84 s.
11. Pour une analyse comparative de ces deux traductions, dans la perspective d'un « protocole de lecture », cf. Danielle Risterucci-Roudnicky, *Introduction à l'analyse des œuvres traduites*, Paris, Armand Colin, « Cursus », 2008, p. 189-200.

C'est ainsi que j'ai accepté, pour ma part, de retraduire la troisième *Critique* de Kant (*Kritik der Urteilskraft*) pour la Pléiade, non pas parce que j'aurais eu la prétention de trouver insuffisante la traduction d'Alexis Philonenko, dont j'avais été l'élève à la Sorbonne[12]. Je n'avais que l'ambition modeste de tenter de le surpasser en prenant appui sur lui, pour parvenir à proposer des formulations un peu moins difficiles et compliquées, une lecture un peu plus aisée. Mais il m'a fallu déchanter. S'il m'est arrivé certes d'aboutir çà et là à quelques améliorations, c'est au prix d'un travail laborieux et tout à fait disproportionné pour les quelques gains de lisibilité que j'avais obtenus à la marge. Quant à purger la traduction de quelques contresens, ce qui constitue très généralement l'ambition et l'intérêt de la retraduction des textes philosophiques, il n'y fallait pas songer compte tenu de la qualité du travail d'Alexis Philonenko. C'est l'une des raisons qui m'ont amené à faire appel à la précieuse collaboration de Marc B. de Launay et de Jean-Marie Vaysse pour achever ce chantier très important ; et je m'en suis tenu quant à moi au texte fondateur de l'*Analytique du beau*[13].

Bien évidemment, c'est plus encore par rapport à l'auteur du texte original qu'est mise en jeu cette identification positive qui est à l'œuvre dans la pulsion de traduire. Dans cette perspective, le traducteur désire assimiler le texte-source, le prendre en lui et le faire sien. Ce désir de traduire pourra donner lieu à diverses analogies métaphoriques. On pourra penser à la métaphore du cannibalisme dont a usé Haroldo de Campos : c'est un peu comme dans la relation amoureuse ; et d'ailleurs on pourrait aussi filer cette seconde métaphore. En quelque sorte, le traducteur est la femme de son auteur, qu'il couche en lui, et le fruit de cette pénétration est le texte-cible de sa traduction qu'il engendre au terme d'un « travail » comparable à celui d'un accouchement[14]... Cela dit, il est vrai que ces dernières re-

---

12. Emmanuel Kant, *Critique de la faculté de juger*, 4ᵉ édition, tr. Alexis Philonenko, Paris, Vrin, « Bibliothèque des textes philosophiques », 1979.
13. Emmanuel Kant, *Œuvres philosophiques*, éd. Ferdinand Alquié, t. II, Paris, Gallimard, « Bibliothèque de la Pléiade », 1985, p. 957-1009. Parallèlement, les éditions Gallimard ont publié cette nouvelle traduction de la *Critique de la faculté dé juger* en « poche », dans leur collection folio / essais (n° 134).
14. Je ne développe pas ici cette isotopie que j'ai évoquée dans mon étude « La traduction entre en philosophie », *in* Antonio Lavieri (éd.), *La traduzione fra filosofia e letteratura / La Traduction entre philosophie et littérature*, Torino, L'Harmattan Italia, 2004, p. 24-65, *speciatim* p. 60 s.

marques concernent la traduction en général, autant et plus que la retraduction.

Pour en revenir à la retraduction, on s'accordera à reconnaître *a contrario* que les « grandes traductions » n'ont pas besoin, elles, d'être retraduites : par leur qualité littéralement exceptionnelle, elles « transcendent leur propre historicité »[15] et elles découragent toute entreprise de retraduction. C'est un point sur lequel insiste Antoine Berman[16].

Il n'en reste pas moins vrai que paradoxalement, comme il a été indiqué, les retraductions sont nombreuses et constituent finalement un phénomène assez répandu pour qu'il y ait lieu de poser la question : pourquoi retraduire ? D'une façon générale, la raison couramment invoquée est que les traductions « vieillissent » – objectivement et non pas seulement pour les raisons subjectives invoquées plus haut, parce que tel ou tel éprouve subjectivement une insatisfaction devant certaine traduction ou qu'au contraire quelqu'un veuille mesurer sa subjectivité de traducteur au défi d'un travail de qualité.

Avec d'autres, j'ai déjà marqué mes réticences à l'endroit de cette analogie métaphorique du « vieillissement » des traductions (cf. *sup.*). Je n'y reviens pas et je me contenterai d'y faire écho en citant le premier tercet d'un sonnet des *Amours* de Ronsard :

> Le temps s'en va, le temps s'en va, Madame.
> Las ! le temps non, mais nous nous en allons,
> Et tôt serons étendus sous la lame.

Néanmoins il reste que cette métaphore est passée dans les mœurs. Pour y parer, il suffira de n'en user qu'avec parcimonie et avec la restriction mentale d'une conscience critique qu'appelle au demeurant toute métaphore, tant il est vrai que comparaison n'est pas raison et qu'il faudra se garder de prendre subrepticement trop à la lettre ces métaphores dont il est difficile de se passer, y compris dans un discours rationnel d'analyse littéraire, traductologique ou autre... Au reste, l'intitulé que j'ai choisi pour la présente étude se situe dans une isotopie apparentée, puisqu'on y aura re-

---

15. Yves Gambier, « La retraduction, retour et détour », *loc. cit.*, p. 415.
16. Antoine Berman, « La retraduction comme espace de la traduction », *Palimpsestes*, n° 4, 1990, p. 1-7.

connu une allusion à la formule bien connue de Valéry : « Nous autres civilisations, nous savons maintenant que nous sommes mortelles »[17].

Quoi qu'il en soit, il y a lieu de définir la sémantique de cette métaphore, c'est-à-dire de déterminer quels peuvent être les éléments de connaissance qu'elle recèle, quel peut en être le contenu de vérité (son *Wahrheitsgehalt* pour reprendre une formulation allemande que je trouve heureuse). Sans prétendre être exhaustif, touchant une matière riche et délicate, j'en distinguerai quelques-unes.

Il y a d'abord à cela des raisons qui tiennent à la diachronie des langues. Encore une fois, ce n'est pas la traduction qui a « vieilli » ; ce n'est même pas la langue (Lt) dans laquelle elle a été rédigée : ce sont nos usages linguistiques contemporains qui s'en sont éloignés et qui font que ce texte traduit (Tt) nous paraît suranné, plus ou moins malaisément lisible dans l'état de langue où il a été rédigé (Lt). Il y a en outre une histoire de nos canons de la littérarité : notre sensibilité littéraire a évolué, comme aussi les implicites culturels dont elle est porteuse et l'intertextualité tacite qui la sous-tend. Tout cela est inséparable de la langue. Cela fait partie de ce que j'ai conceptualisé en tant que *périlangue*[18] pour désigner tout un ensemble de non-dits qui sont pour ainsi dire coextensifs à la mise en œuvre de la langue elle-même, tant dans la pragmatique de la communication orale que dans les écrits qui jalonnent son histoire et, par contrecoup, s'y sédimentent, constituant ainsi l'héritage d'une tradition qui obéit à une temporalité propre. Tout cela vient nourrir ce que j'ai pu appeler « la chair des langues »[19].

Or, s'il est vrai que ces histoires parallèles entretiennent des rapports multiples et substantiels, intriquées qu'elles sont au sein d'une même langue-culture, il est aussi vrai que deux langues-cultures différentes même assez proches, vont connaître des évolutions différentes, et souvent divergentes. Il en résulte que les facteurs diachroniques, historiques et culturels qui viennent d'être mentionnés y feront l'objet de redistributions différentielles qui tendront nécessairement à invalider les conditions dans les-

---

17. C'est l'incipit de sa 1re Lettre dans la *Crise de l'esprit*.
18. Jean-René Ladmiral, *Traduire : Théorèmes pour la traduction*, op. cit., p. 61, 178 et *passim*.
19. Cf. Jean-René Ladmiral et Edmond Marc Lipiansky, *La Communication interculturelle*, Paris, Armand Colin, « Bibliothèque européenne des sciences de l'éducation », 1989 (rééd. 1991 et 1995), p. 77-94.

quelles ont pu être établies les équivalences délicates entre un texte-source (To) enchâssé dans sa langue-culture d'origine (LCo) et le texte-cible de ses traductions (Tt) au sein de la langue-culture qui l'accueille (LCt). Concrètement, en effet, les traductions sont directement tributaires des *états de langue* au sein desquels elles s'attachent à mettre en œuvre leur médiation et ces derniers se trouvent en aval des différentes déterminations qui viennent d'être évoquées, et de quelques autres encore[20].

Ainsi conviendra-t-il d'y ajouter notamment les mutations importantes qu'a connues l'évolution des modes de traduire. C'est massivement évident entre le Moyen Âge ou l'Antiquité et notre époque par exemple[21]. Mais cela n'est pas moins vrai dans tout le cours de notre longue histoire, où il est intervenu divers changements que l'on connaît en partie déjà et que contribueront à mettre plus clairement en lumière les recherches menées en histoire de la traduction (cf. *sup.*). Il n'est que de penser à la façon de traduire qui était celle de l'époque classique…

À ces éléments d'explication de l'idée que les traductions « vieillissent », il semblerait qu'on pût opposer certains contre-exemples. D'abord, une remarque qui pourra paraître mineure, voire excentrique, mais qui est éclairante. Daniel Bilous note que les pastiches, eux, ne vieillissent pas ! Alors qu'on est fondé à y voir une sorte de « traduction » intralinguistique (*lato sensu*), paraphrasant l'original des œuvres littéraires ou, éventuellement, de certains textes marquants sur le plan idéologique par exemple. Comment s'expliquer cette exception bizarre ? Si l'on en croit Daniel Bilous, c'est que d'une façon générale « les règles de l'imitation sont transhistoriques »[22].

---

20. J'aborde cette question dans mon étude : « La traduction : Entre la linguistique et l'esthétique littéraire », *in* Tatiana Milliaressi (éd.), *De la linguistique à la traductologie. Interpréter / traduire*, op. cit., p. 45-52, *speciatim* p. 48 s.
21. Voir notamment la richesse des problèmes posés lors d'un colloque qui s'est tenu à l'Université de Paris-X-Nanterre les 7 et 8 juin 2007 et dont les Actes ont été publiés : *Traduire Transposer Transmettre dans l'Antiquité gréco-romaine*, éd. Bernard Bortolussi *et al.*, Paris, Picard, « Textes, histoire et monuments de l'Antiquité au Moyen Âge », 2009.
22. Plus généralement, en effet, c'est la problématique des diverses modalités de l'écriture mimétique qui est en cause, au-delà de cette question très particulière et un peu cocasse des pastiches qui a retenu l'attention aussi cultivée que facétieuse de Daniel Bilous. Cf. son étude sur « La mimécriture : Règles d'un art », *in* Daniel Bilous (éd.), *L'Écriture mimétique*, t. I, Toulon, éditions des Dauphins, 2009 (= *Modèles linguistiques*, t. XXX, n° 60, 2009, p. 29-53).

Je me permettrai d'esquisser une approche un peu différente, assez terre à terre. Et si les pastiches étaient tout simplement de l'ordre de la citation ? Plus précisément, je dirai que ce sont des *quasi-citations* : outre quelques citations proprement dites, il y a surtout la reprise de mots, de tournures de phrases, de rythmes syntaxiques, etc. directement empruntés à l'auteur pastiché, dont j'ai envie de dire que le pastiche est empreinté... Cela constitue ce que je me suis plu à appeler des « citations ponctuelles », en philosophie notamment, à propos de Heidegger. Dès lors, la continuité linguistique des signifiants est maintenue, tant sur le plan diachronique qu'au niveau dialinguistique des états de langue concernés, au demeurant marqués en partie par l'auteur lui-même. Ainsi le pastiche ne se trouve-t-il pas confronté aux clivages linguistiques et interculturels qui sont engagés dans une histoire différentielle de deux langues-cultures et que la traduction s'attache à surmonter, mais qui du même coup l'entachent de finitude temporelle (comme il vient d'être indiqué).

À l'idée que les traductions « vieillissent » et aux explications qu'on peut s'efforcer d'en donner, on pourra aussi objecter le contre-exemple des « grandes traductions » qui, elles, ne vieillissent pas. Avec Antoine Berman, on pourra citer le Plutarque d'Amyot, la *Vulgate* de saint Jérôme et la Bible de Luther, le Poe de Baudelaire et le Baudelaire de Stefan George, sans doute le Milton de Chateaubriand, et plusieurs autres. Dans l'immédiat, je n'entends pas entrer dans le fond du débat, dont la logique me conduira à m'opposer aux thèses défendues par Berman et Meschonnic.

À mes yeux, l'essentiel tient en peu de mots. S'il est de grandes traductions qui défient le temps, c'est qu'elles ont acquis un statut de texte original. Elles sont devenues des références en elles-mêmes, indépendamment des textes originaux dont elles sont la traduction : elles font tradition dans la langue-culture au sein de laquelle elles sont apparues et dont elles sont devenues dans le même temps un moment-clef. Il arrive même qu'il y ait une grande traduction d'un texte original de moindre prestige : c'est ce que nous dit Ezra Pound à propos d'Ovide pour la littérature anglaise.

Ce statut de *quasi-original* qu'acquièrent ainsi quelques rares grandes traductions me paraît tenir à la rencontre de deux choses. Cela tient d'abord, bien sûr, au talent de cet « auteur » qu'est devenu le grand traducteur, c'est-à-dire à la maîtrise littéraire de son écriture, plus encore qu'à l'exactitude philologique de la « fidélité » dont sa traduction fait preuve envers l'original. Cela tient aussi au *kaïros* de la coïncidence qui advient entre cette traduction et une conjoncture qui lui était favorable au moment où elle survient au sein d'une tradition littéraire et de l'état de langue qui est le sien. Comme si elle y était « attendue »...

Plus fondamentalement encore ; est-ce que les œuvres originales ne « vieillissent » pas elles-mêmes ? Bien évidemment : oui ! Mais ce vieillissement est connoté positivement : c'est la « patine du temps », qui leur confère « la beauté des choses passées »... Elles sont devenues canoniques, ne fût-ce qu'en vertu d'un renversement de perspective au terme duquel elles ne sont plus seulement la mise en œuvre d'un état de langue avec la périlangue qu'elle véhicule : elles contribuent à surdéterminer la norme de la langue-culture où elles feront tradition. Sur le plan linguistique, il y a entre la langue et la parole (au sens saussurien) un double mouvement d'application et de transgression qui met en jeu toute une dialectique du langage où vient s'engouffrer la temporalité de notre « être-au-monde »[23].

À vrai dire, cela recoupe très largement ce que je me suis attaché à mettre en évidence pour ce qui est des grandes traductions : c'était même le sens des réflexions que j'ai proposées. J'entends seulement pousser maintenant l'analyse un peu plus loin, la faire avancer d'un cran. Mais alors on peut se demander s'il reste une différence entre une œuvre originale et une grande traduction !

Il y a quand même une différence de degré dans le talent et sans doute aussi touchant le *kaïros* du moment. Il y a surtout une différence de nature, qui réside dans la *légitimité auctoriale* de l'original. La traduction reste fondamentalement entachée d'un déficit *ontologique* à cet égard, quand bien même une grande traduction peut parvenir à nous le faire oublier. C'est même cet impensé qui fait retour dans le littéralisme affiché par mes adversaires en traduction (et en traductologie) que sont les « sourciers », sous la forme d'une sacralisation du texte original et de ses diverses instances[24]. Comme s'ils tentaient le simulacre désespéré de dépasser leur

---

23. Cf. *Traduire : Théorèmes pour la traduction*, *op. cit.*, p. 202. C'est à Heidegger que j'emprunte ce concept d'*être-au-monde*, quitte à le tordre dans mon sens...
24. Pour ces deux concepts que j'ai « lancés » à Londres, le 18 juin... 1983, et qui ont connu d'emblée une fortune inespérée, ne fût-ce que par les polémiques qu'ils ont contribué à déclencher : Jean-René Ladmiral, « Sourciers et ciblistes », *Revue d'esthétique*, n° 12, 1986, p. 33-42. Ce premier texte a connu plusieurs rééditions et je pourrais multiplier les références *ad libitum*. Je veux seulement mentionner la dernière étude que j'ai publiée sur cette thématique, où je me suis efforcé d'esquisser un bilan : « Sourciers et ciblistes revisités », *in* Nadia D'Amelio (éd.), *Au-delà de la lettre et de*

illégitimité de traducteurs dans une sorte d'identification à la littéralité du texte-source, prétendant ainsi à une prédation totale du sens et de la littérarité, alors qu'il faut n'y voir qu'une dénégation et la négation frontale de cette littérarité, ainsi que de leur propre statut de traducteurs !

III

Comme cela arrive trop souvent, il ne m'est guère possible de traiter dans son ensemble la problématique qui fait l'objet de la présente étude en raison des limites nécessairement imparties à un article, alors qu'il y faudrait sans doute tout un livre. Je vais donc devoir maintenant « conclure » de façon *programmatique* en ne faisant qu'indiquer brièvement quelques-unes des perspectives sur lesquelles débouchaient les réflexions qui précèdent – et ce, même s'il m'a été possible d'en évoquer quelques aspects lors de ma présentation orale du 3 décembre 2009[25]...

1°) Je commencerai par une remarque triviale (au sens qu'a le mot dans la langue classique et en philosophie). Parmi les différentes raisons dont procède la retraduction, il en est une que je n'ai pas encore mentionnée ici : derrière une retraduction, il arrive qu'il y ait des raisons banalement éditoriales. Je prendrai deux exemples qui viennent compléter ce qui en a été dit plus haut. S'il m'a été donné de retraduire la *Critique de la faculté de juger*, c'est essentiellement parce que les éditions Gallimard voulaient posséder les droits de publication pleins et entiers pour les *Œuvres* de Kant à

---

l'esprit : Pour une redéfinition des concepts de source et de cible (Actes du Colloque Traduction / Traductologie, UMH-ULB, 27-28/10/2006), Mons, éditions du CIPA, 2007, p. 7-25. Quant à la sacralisation du texte-source, c'est un diagnostic que j'ai formulé il y a déjà longtemps et c'est une problématique que j'évoque dans plusieurs de mes travaux. J'en citerai deux : « Pour une théologie de la traduction », TTR. *Traduction, Terminologie, Rédaction*, vol. XI, n° 2, 1990, p. 121-138 ; ainsi que *Della traduzione : Dall'estetica all'epistemologia*, op. cit., p. 71-86.

25. Il y a en effet une grande différence dans l'économie de la communication entre l'écrit et l'oral, comme je me suis attaché à le souligner dans plusieurs de mes articles : dans « Traduction et philosophie », *in* Florence Lautel-Ribstein (éd.), *Traduction et philosophie du langage. Actes du colloque SEPTET (Université de Strasbourg 2, 9-10 mars 2007) = Des mots aux actes 2*, Perros-Guirec, éditions Anagrammes, 2009, p. 47-70, *speciatim* p. 63 s ; ainsi que dans « Esthétiques de la traduction », *in* Georgiana Lungu-Badea *et al.* (éds.), *(En)Jeux esthétiques de la traduction. Éthique(s) et pratiques traductionnelles*, Timisoara, Editura Universitatii de Vest, 2010, p. 9-21, *speciatim* p. 3 s.

paraître dans leur prestigieuse collection de la Pléiade. C'est aussi une raison qui a joué pour les retraductions dans l'édition des *Œuvres complètes* de Freud (OCF.P). Outre le projet « scientifique » de Jean Laplanche auquel j'ai fait écho plus haut, les Presses Universitaires de France avaient dû négocier avec Gallimard et avec Payot afin de posséder les droits pour la totalité des retraductions, alors que Gallimard et Payot gardaient la possibilité de continuer à publier les anciennes traductions dont elles sont dépositaires.

2°) Beaucoup plus intéressant est le problème délicat de la retraduction de traductions canoniques. S'agissant de textes fondateurs en littérature ou en philosophie, voire en matière religieuse ou politique, la retraduction pourra faire figure de transgression d'un tabou. Outre la question parfois épineuse de l'auctorialité, il peut y avoir des problèmes idéologiques plus ou moins brûlants. Plus simplement : une traduction, même fautive, a pu devenir une traduction canonique au sein de la tradition de la culture-cible où elle a vu le jour (LCt). La « nouvelle traduction » sur laquelle débouche la retraduction fait alors problème dans la mesure où elle risque de brouiller les cartes de l'intertextualité sous-jacente à la tradition littéraire qui s'est nourrie de la première traduction, quels qu'en soient par ailleurs les défauts. C'est vrai sur le plan religieux, sur le plan philosophique et idéologique ; et c'est aussi un problème auquel la littérature comparée est parfois confrontée[26].

3°) Mais peut-être la problématique la plus importante est-elle celle qui va à conjuguer la question de la retraduction qui nous occupe ici avec la querelle du littéralisme en traduction qui oppose sourciers et ciblistes. Paul Bensimon nous y renvoie d'entrée de jeu, faisant écho aux positions défendues par Berman et Meschonnic en la matière, dans une des toutes premières publications importantes sur la retraduction qu'a constituée la quatrième livraison de la revue *Palimpsestes* qu'il dirigeait. C'est l'une des raisons pour lesquelles j'ai voulu lui rendre hommage en lui dédiant la présente étude, même si nous ne sommes pas tout à fait du même avis sur cette question. Pour aller vite, je reconstitue très schématiquement l'argumentation. « La première traduction vise généralement à acclimater

---

26. Il arrive que le tabou soit assez fort pour faire attendre très longtemps sa transgression par une retraduction, ainsi que je l'ai évoqué dans mon étude : « La traduction entre en philosophie », *loc. cit.*, p. 24-65, *speciatim* p. 56 s. Il y a là toute une problématique que je ne fais qu'indiquer ici et qui méritera de faire l'objet d'une prochaine étude.

l'œuvre étrangère en la soumettant à des impératifs socio-culturels qui privilégient le destinataire de l'œuvre traduite »[27]. En somme, c'est une traduction cibliste ! Au contraire, la retraduction « ne refuse pas le dépaysement culturel », elle respecte l' « irréductible étrangeté » de l'œuvre, son « exotisme »[28] ; ce sera donc une traduction sourcière !

Il y a plus : on a là un *trivium* problématique. Non seulement, donc, la question de la retraduction entre en phase avec le clivage opposant sourciers et ciblistes, mais encore cette double problématique rejoint celle qu'implique le *topos* des « grandes traductions ». Je n'ai fait qu'y faire allusion plus haut. Je me suis notamment abstenu d'examiner de plus près cette idée mise en avant par Antoine Berman et qu'il y a peut-être lieu de remettre en cause. Au reste, on aura noté que les dites grandes traductions, telles que définies par Meschonnic et Berman, sont forcément des retraductions et que, du coup, il n'a pas lieu de retraduire après elles. En sorte qu'on rejoint un quatrième problème, qui est celui de la transgression du tabou que représente la retraduction des traductions canoniques...

Si j'ai renoncé à en traiter ici, ce n'est pas seulement parce que je ne voudrais pas être devenu « Monsieur sourciers / ciblistes *ad vitam æternam* », c'est aussi parce qu'il en a été déjà assez largement question ici et là, mais c'est surtout parce qu'on a là la complexité d'une triple et même d'une quadruple problématique, vaste et fondamentale, qui exigerait le développement tout au long d'une réflexion approfondie. Cela fera l'objet d'un prochain ouvrage.

4°) Il est encore une autre thématique à laquelle je tiens et qui s'inscrit dans le prolongement du parallèle que j'ai coutume d'établir entre la traduction littéraire et la traduction philosophique. Si je renonce à la problématiser ici, alors que j'y ai fait référence lors de ma présentation du 3 décembre 2009, ce n'est pas parce que ce serait un sujet rebattu comme celui dont il vient d'être question, mais au contraire parce qu'il en est beaucoup moins couramment traité. Dans le contexte du colloque de Mulhouse,

---

27. Paul Bensimon, « Présentation », *Palimpsestes*, n° 4, 1990, p. IX.
28. *Ibid.* – Je renonce à entamer ici ce vaste débat : j'ai en partie répondu à une telle prise de position, finalement plus répandue qu'on ne croirait, dans le cadre d'un texte que j'ai publié dans la même revue : « Lever de rideau théorique : Quelques esquisses conceptuelles », *Palimpsestes*, n° 16, 2004, p. 14-30. Cf. Jean-René Ladmiral, « La traduction : Entre la linguistique et l'esthétique littéraire », *in* Tatiana Milliaressi (éd.), *De la linguistique à la traductologie, op. cit.*, p. 45-52, *speciatim* p. 51.

l'accent était mis sur la retraduction des œuvres littéraires, à juste titre. La littérature est en effet le terrain privilégié où se manifestent l'insatisfaction devant les traductions existantes, ainsi que la subjectivité d'interprétations multiples et différentes.

Encore que la lecture et la traduction des Textes sacrés posent sans doute encore plus de problèmes, à tout le moins dans la logique d'ouverture propre à la tradition judéo-chrétienne et dans l'esprit des profondeurs de l'herméneutique dont elle est porteuse... Mais mon propos n'est pas tant là que dans la problématique de la traduction philosophique, qui m'est chère en raison de ma formation et, plus encore, du fait de mon expérience de traducteur. En deux mots, dans le contexte qui nous occupe, je dirai qu'il y aura lieu de distinguer une Logique de la retraduction philosophique et une Esthétique de la retraduction littéraire[29]. Il n'est que trop évident qu'il y a là ample matière à réflexion et que donc, en raison des limites imparties, il ne m'est guère possible d'y consacrer les développements qu'il faudrait, au-delà des quelques remarques que j'ai pu exposer çà et là[30].

5°) Enfin, pour conclure cette conclusion programmatique – en boucle, comme le veut une certaine tradition rhétorique – je voudrais revenir sur ce qu'avait été l'intitulé de ma présentation au colloque de Mulhouse (et que, donc, j'ai modifié pour ma présente contribution à cette publication). « La retraduction comme paradigme de la traductologie » : en proposant ce titre, j'avais en tête une approche théorique générale, pour ainsi dire prolégoménale au colloque lui-même, lequel privilégiait la littérature. Dans cet esprit, je m'étais surtout attaché à présenter une esthétique de la traduction et de la retraduction, dans le prolongement de mes précédents travaux sur ces questions[31]. Dans la présente étude, je me suis efforcé de re-

---

29. C'est un point que j'ai abordé dans mon étude : « Pour une philosophie de la traduction », *Revue de métaphysique et de morale*, n° 1, 1989, p. 5-22, *speciatim* p. 18 s.
30. Voir, entre autres, mes « Éléments de traduction philosophique », *Langue française*, n° 51, septembre 1981, p. 19-34, *speciatim* p. 30 s. Plus généralement, c'est aussi le problème d'une typologie de la traduction qui se trouve posé. Sur cette question, cf. Katharina Reiss, *Problématiques de la traduction : Les conférences de Vienne*, tr. Catherine A. Bocquet, Paris, Anthropos / Economica, « Bibliothèque de traductologie », 2009, p. 107-142 ; ainsi que la réception critique que j'en avais faite dans mes « Éléments de traduction philosophique », *loc. cit.*, p. 19-23.
31. Voir les diverses études que j'ai déjà citées dans mes notes précédentes – à quoi on pourra ajouter notamment « L'Esthétique de la traduction et ses prémisses musicales »,

centrer plus spécifiquement mon propos sur la retraduction et certains de ses aspects.

Je voudrais maintenant ouvrir ma conclusion (en me permettant cet oxymore d'étymologie) sur une perspective évoquée par Marcel Proust : « Pour écrire ce livre essentiel, le seul livre vrai, un grand écrivain n'a pas, dans le sens courant à l'inventer, puisqu'il existe déjà en chacun de nous, mais à le traduire. Le devoir et la tâche d'un écrivain sont ceux d'un traducteur »[32]. Partant de la généralité embrassée par mon intitulé initial, je prolongerai cette analogie proustienne, en hasardant l'idée que si tant est qu'en ce sens l'écriture soit déjà une « traduction », alors toute traduction (*stricto sensu*) n'est-elle pas d'emblée une retraduction ? Et la retraduction apparaît proprement paradigmatique...

Post-Scriptum : On voudra bien excuser le caractère abrupt de cette non-conclusion en forme de catalogue programmatique. Pour les mêmes raisons, j'ai dû citer plusieurs de mes propres travaux, conformément à un usage de plus en plus répandu dans les publications en sciences humaines (et qu'on peut trouver agaçant). La présente étude s'inscrit en effet dans le cadre d'une réflexion d'ensemble, dont c'était l'occasion de faire apparaître la cohérence et avec laquelle il ne m'a pas semblé inutile de marquer certains points de contact. En n'indiquant certaines perspectives restées implicites que sous la forme de renvois à d'autres publications, ce m'était aussi une façon d'alléger cette même étude qui menaçait de prendre une ampleur excessive. Et puis, je suis quant à moi reconnaissant aux auteurs que je lis quand ils me fournissent des indications de cette nature, qui me permettent d'approfondir tel ou tel point. Enfin, ce m'a été souvent l'occasion de mentionner quelques numéros spéciaux de revues et autres publications collectives consacrés aux thèmes abordés, dont le lecteur pourrait n'avoir pas eu connaissance. En revanche, pour ce qui est des

---

in Gottfried Marschall (éd.), *La Traduction des livrets. Aspects théoriques, historiques et pragmatiques*, Paris, Presses de l'Université Paris-Sorbonne, « Musiques / Écritures », 2004, p. 29-41.
32. Dans *Le Temps retrouvé* II, chap. 3. Cf. *Traduire : Théorèmes pour la traduction, op. cit.*, p. 233.

données bibliographiques en général, je me suis limité à celles auxquelles j'ai fait très explicitement référence, conscient que je suis par ailleurs que la plupart d'entre elles auront été mentionnées dans les autres contributions du présent volume.

ISIT & *Université de Paris 10*

La retraduction : Ambiguïtés et défis

Yves Gambier

Résumé
La retraduction n'a guère fait l'objet d'analyses systématiques. On a certes d'assez nombreuses études de cas, marquées souvent par l' « hypothèse de la retraduction » (les traductions les plus récentes tendraient à être toujours plus sourcières). Le présupposé de l'hypothèse (l'histoire comme progression chronologique linéaire) est aujourd'hui remis en cause : les retraductions justifient une recherche plus diversifiée, reconnaissant la place des variables sociologiques et textuelles comme motivation pour retraduire. Nous traiterons des orientations qui tentent d'expliquer le phénomène, à partir de certains auteurs (notamment A. Berman) et de divers exemples. Nous essaierons ainsi de reconceptualiser la tension entre traduction et retraduction(s).

Abstract
There are no systematic studies on retranslation. However, we have quite a few case studies which are very often based on the « retranslation hypothesis » (the most recent translations would be closer to the source text). The assumption of this hypothesis (history as linear progress) is today challenged: retranslations deserve a more appropriate approach, acknowledging the role of different sociological and textual variables in the motives for retranslating. Several explicative directions will be dealt with, referring especially to A. Berman and using different types of examples. Our objective is to thoroughly study the concept, namely the tension between translation and retranslations.

Nombre de termes dans leur usage quotidien ne semblent pas poser de problème : il en va ainsi de « traduction », de « localisation », d'« adaptation », de « retraduction ». Mais dès qu'on cherche à circonscrire l'extension des concepts qu'ils désignent, le doute s'installe et le trouble s'amplifie. Derrière les apparences de la retraduction – soulignées par le préfixe « re- » : on refait des traductions périodiquement (comme on se refait une beauté ?) – il y aurait comme une évidence, marquée du bon sens. Avec le temps, les attentes, les besoins, les connaissances, les perceptions, la langue changent et donc rendraient nécessaire de réactualiser une traduction déjà établie. Simple mise à jour par conséquent qui serait due à l'usage qui se modifie, sinon à l'usure. Mais repeindre une façade ne fait pas une maison neuve. Une retraduction est-elle une nouvelle traduction ?

1. Un phénomène d'actualité toujours ambigu

Milan Kundera a été un des rares écrivains contemporains à rendre publique sa critique des traductions de certains de ses livres. Ainsi *La Plaisanterie* (original de 1967) aurait donné lieu à des traductions rapides, commandées par les actualités non-littéraires, pour être retraduite dans les années 1980 en se focalisant davantage sur les spécificités littéraires du texte. La première traduction adaptative en français (1968) a été suivie en 1980 par une autre « révisée » par Claude Courtot et l'auteur, puis par une troisième en 1985, « définitive ». On notera le très court laps de temps écoulé entre la première traduction et les suivantes, dont l'une se présente comme « révision ».

En 2008, l'ensemble classique confucéen intitulé *Mencius* a été retraduit du Chinois vers le Néerlandais : cette cinquième traduction est la seule complète, les précédentes de 1862, 1931, 1941 et 1971 n'étant que des versions partielles. Les traductions de 1931 et de 2008, similaires dans leur visée (éduquer le lecteur néerlandophone) et dans leurs ambitions explicatives (avec longue introduction, notes, comparaisons avec les autres versions) diffèrent dans leur registre – l'orthographe de la langue par exemple ayant été simplifiée en 1934, 1947 puis 2006 (rendant certains choix du traducteur de 1931 anachroniques aujourd'hui, même si sa version est sans doute plus cohérente que celle de 2008 où se sont glissés des archaïsmes)[1].

Le Rouge et le Noir de Stendhal a été plusieurs fois retraduit en Corée, entre 1950 et 2000, comme nombre de travaux occidentaux en sciences, en philosophie, en sciences politiques ont été retraduits au tout début du XXe siècle du japonais en chinois : dans le premier cas, une doctorante (Lim Soonjeung, Université Féminine Ewha) se penche sur les diverses versions successives du français vers le coréen tandis que, dans le second cas, plusieurs universitaires de Pékin s'attachent à démontrer l'importance de la traduction-relais pour introduire de nouvelles idées. Il s'agit avec ces exemples de souligner que notre problématique ne concerne pas seulement les échanges littéraires canoniques entre langues indo-européennes et de mettre aussi en avant l'importance des efforts actuels de jeunes chercheurs, ici et là, pour aller plus loin dans la systématisation. Comme par exemple aussi Kieran O'Driscoll, qui vient d'achever (2009) sa thèse, à Dublin, sur les causes et influences des retraductions de Jules Verne en anglais durant ces 130 dernières années. D'autres références similaires existent, par exemple sur les retraductions de Hans Christian Andersen, de William Faulkner, de James Joyce, de Selma Lägerlof, etc[2].

Du point de vue éditorial, des retraductions récentes vers le français valent la peine d'être mentionnées, parce qu'elles obligent à se réinterroger sur le concept, comme celle de *Don Quichotte*[3] (« traduction nouvelle » par Jean-Raymond Fanlo en 2008), celle d'*Alice au pays des merveilles* (bien des fois traduit entre 1869, par Henry Bué, et 2009, par Laurent Bury), celle de *Berlin Alexanderplatz* d'Alfred Döblin (2009), éloignée de la première traduction de 1933 – ethnocentrique, expurgée de l'inventivité orale de l'original, amputée de fragments entiers, recomposée dans sa typographie. Des écrivains sont aussi retraduits, comme Fédor Dostoïevski, Virginia

---

1. Audrey Heijns, « Mencius moving with the times », *in* Hasuria Che Omar *et al.* (éds.), *The Sustainability of the Translation Field*, Kuala-Lumpur, Persatuan Penterjemah Malaysian, 2009, p. 172-178.
2. Cf. Isabelle Desmidt, « (Re)translation revisited », *Meta*, vol. LIV, n° 4, 2009, p. 669-682.
3. L'étude de Clara Foz sur les retraductions du *Quijote* s'arrête à la traduction de 2001, publiée dans la Pléiade. Cf. Clara Foz, « (Re)traduction(s), (re)présentation(s) : Première et dernière sorties du *Quijote* en français », *Cadernos de tradução*, n° 11, 2003, p. 39-57.

Woolf, Herman Melville, Arthur Conan Doyle (« édition intégrale bilingue », « nouvelle traduction », 2005), Dashiell Hammett, etc.

Le *corpus* à étudier s'élargit donc sans cesse et donne des moyens d'approfondir la « retraduction », à la fois à partir de ce qu'en disent les éditeurs, les critiques, les traducteurs eux-mêmes (préfaces, correspondances, interviews) et à partir de l'analyse des textes. Ce *corpus* littéraire n'est pas, bien sûr, exclusivement composé de traductions vers le français : on vient par exemple de retraduire en finnois (mais aussi en français), en 2009, *Die Blectrommel* de Gunther Grass (*Le Tambour*, 1959), la première traduction datant de 1961, sans oublier les nouvelles parutions de « classiques » (Shakespeare, Dickens, Sterne, Defoe, E. Brontë).

À ce tableau, on doit ajouter les retraductions récentes vers le français de textes philosophiques comme ceux de Descartes[4], Schopenhauer, ou de textes religieux comme le Coran, retraduit en 2009 par Malek Chebel, ou encore saint Augustin, ou des textes scientifiques, comme ceux de Darwin et de Freud.

Ainsi donc, la retraduction est toujours d'actualité et toujours ambiguë – dans sa teneur, dans sa visée, dans ses ambitions. De fait, elle peut être comprise de différentes manières[5] :

- soit comme retour à l'original (rétroversion ou rétrotraduction) dans certains exercices, par exemple pour vérifier les transformations dues au transfert ;

- soit comme traduction d'une autre traduction faite en une langue différente de celle de l'original : cette traduction intermédiaire, ou pivot, qui semble se répandre avec les langues peu diffusées, permet donc de relayer l'original à une troisième langue-culture, selon un processus indirect. Le relais existe aussi en interprétation, en traduction audiovisuelle, notam-

---

4. Michel Beyssade et Jean-Marie Beyssade, « Des *Méditations métaphysiques* aux *Méditations de philosophie première*. Pourquoi retraduire Descartes ? », *Revue de Métaphysique et de Morale*, n° 1, 1989, p. 23-36.
5. Yves Gambier, « La retraduction : Retour et détour », *Meta*, vol. XXXIX, n° 3, 1994, p. 413-417. Nous laissons de côté ici la retraduction comprise comme traduction intersémiotique ou passage d'un écrit (littéraire) à l'écran – sens qu'on trouve par exemple dans Juan Jesús Zaro Vera et Francisco Ruiz Noguera (éds.), *Retraducir : una nueva mirada. La retraduccion de textos literarios y audiovisuales*, Málaga, Miguel Ángel Gómez Ediciones, 2007.

ment entre des langues peu répandues, par exemple finnois-français-tchèque ou grec-anglais-portugais[6] ;

- soit comme traduction dans une même langue d'un même texte de départ, réalisée après une autre traduction. C'est ce concept qui nous intéresse ici. Le retraducteur ne lit pas forcément les versions antérieures, d'autant moins accessibles qu'elles sont plus éloignées dans le temps. La retraduction ne concerne pas seulement les textes légitimés dans un système littéraire (textes canoniques ou pas, comme les bandes dessinées, les romans policiers, les livres d'enfants[7]), mais aussi des textes philosophiques, religieux, dramatiques, communautaires (de l'Union européenne), scientifiques (ouvrages de sciences exactes ou essais de sciences sociales[8]). Dans certains cas, elle est donnée comme quasi inévitable (par exemple pour une nouvelle mise en scène d'une pièce[9]) ; dans d'autres, elle est perçue comme répétition inutile[10].

On ne peut nier aussi que la retraduction dans ce troisième sens établit un rapport avec « version révisée », « revue et corrigée » (suffisamment pour ne pas être accusée de plagiat d'une traduction antérieure), c'est-à-dire, de fait, se focalise sur l'état d'un texte[11] qui peut être un argument commercial, la « nouvelle traduction » étant supposée plus appropriée aux goûts, aux préférences et à l'état de langue des lecteurs ciblés. C'est cette

---

6. Yves Gambier, « Working with relay : An old story and a new challenge », *in* Luis Pérez-González (éd.), *Speaking in Tongues. Language Across Contexts and Users*, Valencia, PUV, 2003, p. 57-59.
7. Cf. Miryam Du-Nour, « Retranslation of children's books as evidence of changes of norms », *Target*, vol. VII, n° 2, 1995, p. 327-346.
8. Cf. Şebnem Susam-Sarajeva, « Multiple entry visa to travelling story. Retranslations of literary and cultural theories », *Target*, vol. XV, n° 1, 2003, p. 1-36 ; cf. aussi : *Traduire*, n° 218, « De traduction en retraduction », 2008.
9. Sirkku Aaltonen, « Retranslation in the Finnish theatre », *Caderno de tradução*, n° 11, 2003, p. 141-159 ; Christine Zurbach, « Traduction(s) et retraduction(s) portugaises de l'*École des Femmes* de Molière », *Caderno de tradução*, n° 11, 2003, p. 161-192.
10. Xu Jianzhong, « Retranslation : Necessary or unnecessary ? », *Babel*, vol. XLIX, n° 3, 2003, p. 193-202.
11. Une réédition peut être un changement d'éditeur, de collection ou la réimpression d'un ouvrage épuisé, retraduit ou pas, souvent libre de droits. Une nouvelle édition peut impliquer un changement de titre, une traduction révisée, une nouvelle traduction.

perspective qui justifie sans doute les premières approches traductologiques de la retraduction[12].

2. Une hypothèse simpliste

C'est sans doute Antoine Berman qui, le premier en 1990, a posé explicitement le problème de la retraduction comme « espace d'accomplissement » :

> Il faut retraduire parce que les traductions vieillissent et parce qu'aucune n'est *la* traduction : par où l'on voit que traduire est une activité soumise au temps, et une activité qui possède une temporalité propre : celle de la caducité et de l'inachèvement[13].

Les retraductions ne sont pas les diverses étapes d'une traduction par un même traducteur (dimension génétique) mais un ensemble d'efforts souvent successifs, pour arriver si possible à une « grande traduction », à la fois événement dans la langue d'arrivée, et systématique dans son rapport à la langue de départ, à savoir sourcière[14]. L'explication historique est donc plus que la simple réactualisation d'un texte déjà traduit et considéré comme « vieilli ». Il faudrait retraduire aussi parce qu'une première traduction (naturalisante, cibliste) n'intégrerait que très partiellement la culture de départ. Elle est ou serait une introduction, une acclimatation, soumise à des impératifs socioculturels, soucieuse de complaire aux récepteurs[15], plutôt que de mettre en avant l'étrangéité, la lettre, la singularité du texte original, de lui restituer toute sa signifiance, en forçant la langue traduisante.

---

12. On ne traitera pas ici de l'aspect légal de la retraduction (droits moraux, intellectuels, financiers), même si l'accessibilité des retraductions sur le Net peut être liée à cet aspect et surtout même si une retraduction, libre de droits, peut retrouver une nouvelle diffusion.
13. Antoine Berman, « La retraduction comme espace de la traduction », *Palimpsestes*, n° 4, 1990, p. 1.
14. *Ibid.*, p. 2-3.
15. Cf. Lawrence Venuti sur les causes et effets d'une traduction fluide, masquée par la « fluency », c'est-à-dire les normes et conventions de lisibilité de la culture d'arrivée (Lawrence Venuti, *The Translator's Invisibility*, London / New York, Routledge, 1995).

La suite des (re)traductions d'un même texte tendrait toujours plus à se rapprocher de l'original ; elle serait une amélioration dans la mesure où justement elle réduit la distance vis-à-vis de l'original, tout en facilitant le travail du « deuil de la traduction parfaite »[16]. Car les traductions sont imprégnées par la « défaillance » et le « *kairos* »[17]. La défaillance présumée, « c'est-à-dire simultanément l'incapacité de traduire et la résistance au traduire », serait à son comble dans la première traduction : il y a une « temporalité aussi bien psychologique que culturelle et linguistique » dans tout acte de traduction. « La retraduction surgit de la nécessité non certes de supprimer mais au moins de réduire la défaillance originelle »[18].

Avec les retraductions, on passe progressivement d'un discours sur la perte en traduction à un discours de l'abondance : « richesse de la langue, richesse du rapport à la langue de l'original, richesse textuelle, richesse signifiante, etc. »[19]. Et cette abondance suppose le « *kairos* », moment favorable – celui où est « suspendue la résistance qui engendre la défaillance »[20] – et aussi « occasion personnifiée »[21], puisque « seuls les traducteurs dominés par la *pulsion de traduire* ne reculent pas devant l'acte de traduire »[22]. Les retraductions seraient donc doublement marquées par l'histoire : ce n'est qu'après divers efforts qu'arrive ce moment où « il devient possible d'inscrire la signifiance d'une œuvre dans notre espace langagier »[23].

Inspiré par les trois modes-époques du traduire de Goethe (1819)[24], Berman ira plus loin dans son dernier ouvrage (1995) où il compare quatre traductions (1924, 1962, 1969 et 1971) d'une élégie de John Donne à partir de la « position traductive » des traducteurs, de leur « projet de traduction » et de leur « horizon »[25]. Il proposera en effet sept étapes pour la « transla-

---

16. Paul Ricœur, « Cultures, du deuil à la traduction », *Le Monde*, 24 mai 2004.
17. Antoine Berman, « La retraduction comme espace de la traduction », *loc. cit.*, p. 5-6.
18. *Ibid.*, p. 5.
19. *Ibid.*
20. *Ibid.*, p. 6.
21. Anatole Bailly, *Dictionnaire Grec-Français* (1901), Paris, Hachette, 1950, p. 1001.
22. Antoine Berman, « La retraduction comme espace de la traduction », *loc. cit.*, p. 6.
23. *Ibid.*
24. Ces trois modes sont la traduction plutôt mot à mot, assimilatrice, la traduction cibliste (appropriation) et la traduction littérale qui reproduit les particularités culturelles, textuelles de l'original.
25. Antoine Berman, *Pour une critique des traductions : John Donne*, Paris, Gallimard, 1995, p. 74-83.

tion » littéraire ou le passage d'une œuvre d'une langue-culture à une autre[26]. Cette œuvre est d'abord lue, puis signalée (dans une anthologie ou un cours), publiée sous une forme « adaptée », introduite « sans prétention littéraire », ensuite on a la première traduction (souvent abrégée, partielle), suivie de retraductions dont l'une, canonique, pourra suspendre pour longtemps le cycle des traductions. Chacune de ces étapes est accompagnée de critiques « productives »[27] et évaluatives et de diverses transformations (textuelles ou non) : la « translation » n'advient donc pas qu'avec des traductions. Par ailleurs, il faut noter ici que toute traduction qui vient après une autre, fût-elle dans une autre langue étrangère, est *ipso facto* une retraduction[28] – ce qui élargit bien évidemment la notion, les retraductions n'impliquant pas nécessairement étalement dans le temps. Ce qui permet à Anthony Pym[29] de distinguer entre deux types de retraduction :

- celles actives, effectuées par un même traducteur ou pas, en un temps plus ou moins rapproché, pour un même commanditaire ou pas, mais qui remplissent des fonctions différentes dans une même culture,

- et celles passives, éloignées dans le temps et l'espace.

Tandis que les premières (des multi-traductions) s'expliquent par des décisions plus immédiates (de politique (inter)culturelle) et personnelles (de l'éditeur, du client, du traducteur, de lecteurs ciblés) et sont plus susceptibles d'éclairer les stratégies et la position du traducteur, les secondes tendent à (in)former sur les changements dans les normes de la culture réceptrice. Nous suggérons de distinguer parmi ces retraductions passives :

- celles qui sont délibérées, produites contre une traduction antérieure considérée comme vieillie, mauvaise, lacunaire, tronquée : par exemple *Le Deuxième Sexe* de Simone de Beauvoir retraduit en anglais en 2009 comme critique ouverte contre la traduction précédente de 1953 ;

- et celles qui sont des réinterprétations, sans que nécessairement l'éditeur ou le traducteur n'ait connaissance ou n'ait accès à la traduction antérieure.

---

26. *Ibid.*, p. 56-57.
27. *Ibid.*, p. 96.
28. *Ibid.*, p. 85.
29. Anthony Pym, *Method in Translation History*, Manchester, St. Jerome, 1998, p. 82-83.

Que retenir de cette hypothèse bermanienne de la retraduction ?

Elle a au moins le mérite de se situer dans un paradigme explicite, au contraire de nombreuses études de cas qui se placent d'emblée dans la perspective de l'âge des traductions, sans en souligner les contraintes ni les limites, en comparant formellement original et traductions et en valorisant l'une ou l'autre des versions.

Elle poursuit les réflexions de Walter Benjamin (1923) sur le littéralisme et sur la « survie » (*Fortleben*) accordée à une œuvre dans le devenir pluriel de ses traductions, dans la visée du « pur langage »[30]. Elle devance aussi les réflexions de Homi Bhabha, à propos des traductions post-coloniales, sur la qualité intraduisible des traductions (*untranslatable quality of translations*) comme point de résistance, négation d'une complète assimilation, et sur les traductions comme « prolongeant la vie de l'original »[31].

Il n'empêche que certains des concepts de Berman, par exemple « grande traduction », « pulsion de traduire », « *kairos* », restent trop vagues pour emporter une complète adhésion. En tout cas, l'obsolescence d'une traduction ne peut se réduire au seul « vieillissement » de sa langue. D'autres causes interviennent (voir section 3). Surtout, un des présupposés de l'hypothèse apparaît comme une de ses faiblesses majeures : elle présuppose en effet que l'histoire est une progression chronologique linéaire, synonyme de progrès. Les productions passées seraient tâtonnements, hésitations, parfois même aveuglements[32] vers toujours une meilleure performance. Une telle perspective téléologique de la retraduction est basée sur une compréhension évolutionniste de l'histoire – vision elle-même légitimée par une perception des « âges » d'un texte et de son « vieillissement » possible (avec son corollaire : si des traductions vieillissent, des originaux restent à jamais jeunes, inchangés). La métaphore biologique continue telle celle qui s'attache aux langues (vivantes, mortes), sauf que si des traduc-

---

30. Walter Benjamin, « Die Aufgabe des Übersetzers », *in* Charles Baudelaire, *Tableaux Parisiens. Deutsche Übertragung mit einem Vorwort über die Aufgabe des Übersetzers von Walter Benjamin*, Heidelberg, Weisbach, 1923. Traduit en français en 1971 par Maurice de Gandillac, puis en 1991 par Martine Proda, et enfin en 1997 par Alexis Nouss et Laurent Lamy (*TTR. Traduction, Terminologie, Rédaction*, vol. X, n° 2).
31. Homi Bhabha, *The Location of Culture*, London / New York, Routledge, 2004. Traduit en français par Françoise Bouillot, *Lieux de la culture : Une théorie postcoloniale*, Paris, Payot, 2007.
32. Antoine Berman, « La retraduction comme espace de la traduction », *loc. cit.*, p. 5.

tions vieillissent, meurent (disparaissent des catalogues d'éditeurs mais pas de ceux des bibliothèques), d'autres peuvent être rajeunissantes. Cette évolution présupposée ne correspond-elle pas aussi au concept de traduction comme transfert linéaire, spatial entre deux langues-cultures (de départ et d'arrivée) ? Mais d'autres perceptions existent qui font par exemple de la traduction une réincarnation, une métempsycose. L'ambiguïté des réflexions de Berman reflète la difficulté de passer d'un discours métaphorique à un discours conceptuel.

L'anthropologie d'un Claude Lévi-Strauss et la sociologie de la production culturelle d'un Pierre Bourdieu remettent en cause une telle approche de la retraduction comme réponse au vieillissement textuel : le rapport entre les premières traductions et les retraductions ne se pose pas en terme de fidélité aux textes-sources ni même en terme d'accommodation aux besoins des récepteurs, mais plutôt en terme d'innovation et de modèle dominant.

La datation (ou âge) des traductions ne relève pas d'une remontée mécanique dans le temps : elle est le résultat de la tension entre les traducteurs attachés à la continuité, à la reproduction des normes de traduction, et ceux qui travaillent la rupture, la différence avec ces normes. Les traductions et les traducteurs, comme l'a démontré l'approche polysystémique[33], ne sont pas figés dans des positions qui se déplaceraient graduellement selon l'axe du temps. Elles et ils sont le résultat d'un jeu complexe de facteurs où les positions (centrale, dominante, prestigieuse / périphérique ; primaire, innovatrice / secondaire, conservatrice)[34] font sens par rapport aux autres, dans un changement constant, fait de poussée, de lutte, de renversement, d'abandon[35].

L'hypothèse de Berman implique donc une vision téléologique des retraductions (avec des premières traductions toujours défectueuses, ci-

---

33. Cf. Itamar Even-Zohar, « Polysystem Studies », *Poetics Today*, vol. XI, n° 1 (special issue), 1990.
34. C'est également une vision littéro-centrée, comme chez nombre d'autres chercheurs qui s'accrochent aux seuls textes littéraires (canoniques), supposés toujours capital symbolique.
35. La traduction des *Mille et une nuits* par Galland (début XVIIIe siècle), considérée comme « grande traduction », a donné lieu à d'autres traductions, tantôt ciblistes, tantôt littérales, sans qu'on puisse tracer une trajectoire linéaire allant d'une traduction adaptative à une « grande traduction ».

blistes), une vision aussi logocentrique (même s'il y a allusion au traducteur, c'est l'état des textes qui demeure central) et une vision immanente du sens – comme si les traducteurs pouvaient se débarrasser ou faire fi des interprétations postérieures à l'œuvre même, comme s'ils pouvaient faire une lecture non idéologique, non culturelle d'un sens, d'un style, prétendument stables.

La retraduction ne peut pas être un retour direct toujours au plus près du texte-source (toujours plus sourcière) : elle est interprétation, à la fois parce que l'original peut être publié dans une nouvelle édition et parce que l'écriture de cet original a pris une nouvelle place dans le système récepteur. Traduire Proust en anglais dans les années 1960 et dans les années 2000, c'est admettre que le polysystème anglais a changé, que la compréhension de l'œuvre n'est plus la même.

Poser comme finalité – et arrêt de l'histoire ? – les « grandes traductions » demeure aussi problématique que cette conception événementielle de l'histoire qui définit des « grandes » dates, des « grands » hommes et qui croit que l'accumulation de ces grandeurs comptables suffit à faire sens.

L'hypothèse bermanienne de la retraduction n'explique pas tout : elle est fondée sur la distance chronologique (éloignement dans le temps), sur des exemples en nombre restreint portant sur des écrivains canoniques et sur un regard micro-textuel ignorant des conditions socioculturelles qui sont à la source des retraductions. Elle reste une hypothèse pour un problème complexe qui a été récemment repris par divers chercheurs, lesquels remettent en cause non pas tant l'hypothèse que sa domination comme seule explication possible des retraductions.

3. Une remise en cause fondée

Une des prémisses de l'hypothèse est contestée : celle d'une première traduction forcément naturalisante, assimilatrice, comme si la domestication était la stratégie de départ obligée, inévitable. Par ailleurs, chaque traduction ne s'élabore pas à partir de la ou des précédentes, mais selon un mouvement de va-et-vient.

Ainsi par exemple selon Kaisa Koskinen et Outi Paloposki[36], la première traduction en finnois (1859) de *The Vicar of Wakefield* d'Oliver Goldsmith (1766) a été plutôt littérale, plus proche de l'original au niveau stylistique et lexical que la seconde traduction (1905)[37]. Elles contestent donc que l'ordre de publication des traductions irait inéluctablement de la stratégie assimilatrice à la stratégie sourcière, tout en soulignant la difficulté de mesurer la proximité à l'original. À propos des différentes versions en finnois d'*Alice's Adventures in Wonderland* (1865), elles semblent cependant corroborer l'hypothèse bermanienne[38] : la première traduction (1906) domestique le texte de départ, tandis que les deux suivantes (1972 et 1995) l'étrangéifient. Mais en 2000, une nouvelle traduction semblait revenir en arrière, optant pour une finnisation poussée. En cinq ans, deux traducteurs choisissaient donc deux orientations différentes alors que les versions de 1973 et de 1906 étaient réimprimées respectivement en 1996 et 2001. En outre, le même éditeur sortait à la fois la version de 1995 (plutôt sourcière) et la réédition de 2001 (plutôt cibliste). En fait, les quatre traductions de l'œuvre de Lewis Carroll non seulement étaient quasi coexistantes sur le marché du livre, mais offraient aussi des degrés variables de domestication.

Ainsi les retraductions ne posent pas simplement la question de successions datées : l'hypothèse de Berman ne suffit pas pour décrire toutes les retraductions. D'autres facteurs (politique éditoriale, lecteurs ciblés, personnalité du traducteur, type de collection et d'illustration, mode de reproduction du livre, etc.) permettent de les appréhender – revenant à affirmer que chaque traduction doit être étudiée dans son propre contexte historique, plutôt que par rapport à ses prédécesseurs[39]. Le tropisme des universitaires les pousse cependant à retomber toujours dans le texte, à

---

36. Kaisa Koskinen et Outi Paloposki, « Thousand and one translations. Revisiting retranslation », *in* Gyde Hansen *et al.* (éds.), *Claims, Changes and Challenges in Translation Studies*, Amsterdam / Philadelphia, John Benjamins, 2004, p. 29-30.
37. Sur les six traductions en français entre 1767 et 1803, cf. Annie Cointre, « Les traductions françaises de *The Vicar of Wakefield* », *in* Annie Cointre *et al.* (éds.), *La Traduction romanesque au XVIIIe siècle*, Arras, Artois Presses Université, 2003, p. 267-284.
38. Kaisa Koskinen et Outi Paloposki, « Thousand and one translations. Revisiting retranslation », *loc. cit.*, p. 33-34.
39. Annie Brisset, « Retraduire ou le corps changeant de la connaissance : Sur l'historicité de la traduction », *Palimpsestes*, n° 15, 2004, p. 39-68.

s'en délecter (avec souvent un jugement de valeur), oubliant que la littérature est à la fois littérarité et *business*.

Ce qu'on peut retenir de l'article de Koskinen et Paloposki, c'est d'abord que toute hypothèse doit être validée (ou pas) par des preuves empiriques avant d'être divulguée, diffusée comme si elle était une évidence ; ensuite que la chaine éditoriale, avec tous ses acteurs et ses relations de pouvoir, mériterait d'être davantage décrite pour mieux en comprendre les mécanismes de décision et les stratégies[40]. Même si certains cas confirment l'hypothèse, d'autres la contredisent : l'histoire des retraductions est plus complexe que la causalité présupposée par Berman. Plus qu'une suite accumulatrice, la retraduction serait davantage le résultat de besoins se transformant et de perceptions changeantes, sans négliger les moyens techniques de production et de reproduction qui aujourd'hui modifient nos rapports à l'écrit. On peut citer ici, à la suite de Koskinen et Paloposki[41], les outils d'aide à la traduction, comme les logiciels de mémoire de traduction, et les contraintes financières qui favorisent la traduction « anonyme, collective, standardisée et rentable »[42], telle que pratiquée par exemple dans les services de traduction de l'Union européenne : les traductions juxtalinéaires sont mises à jour et révisées au moindre coût. Autres exemples : les rapports annuels d'entreprise et les livres pratiques (de jardinage, de diététique, de gastronomie, etc.). On ajoutera les (re)traductions – ou traductions en constante transformation - faites collectivement (*crowdsourcing*) sur le Net[43]. Ces changements dans la production même et la diffusion des traductions ne sont pas sans affecter les maisons d'édition – que ce soit pour la littérature canonique ou la littérature de gare : les réimpressions, les nouvelles éditions, les éditions de clubs de livres, la mise à disposition numérique de livres anciens ou récents, méta-

---

40. Hélène Buzelin, « Independent publisher in the networks of translation », *TTR. Traduction, Terminologie, Rédaction*, vol. XIX, n° 1, 2006, p. 135-173 ; « Translators "in the making" », *in* Michaela Wolf et Alexandra Fukari (éds.), *Constructing a Sociology of Translation*, Amsterdam / Philadelphia, John Benjamins, 2007, p. 135-169.
41. Kaisa Koskinen et Outi Paloposki, « Retranslation in the age of digital reproduction », *Cadernos de tradução*, n° 11, 2003, p. 19-38.
42. *Ibid.*, p. 25.
43. Yves Gambier, « Vers de nouvelles perspectives traductionnelles et traductologiques », *in* Hasan Anamur *et al.* (éds.), *Translation in All its Aspects : With Focus on International Dialogue*, Istanbul, Çeviri Derneği, 2009, p. 32-47.

morphosent l'industrie du livre, avec ses différents types d'éditeurs, et par conséquent notre perception des retraductions[44].

Aux facteurs externes, liés aux choix des commanditaires, des éditeurs, aux moyens de reproduction et de diffusion, s'ajoutent des facteurs internes – non pas tant fixés sur le vieillissement ressenti de la langue que dans les modes d'interprétation de l'original, suite à une nouvelle édition, ou à l'étude génétique de ses brouillons, ou à l'appréhension de sa réception.

La traduction est un acte daté, historicisé, à la fois dans les décisions du traducteur et dans les normes d'acceptabilité, avec une résistance plus ou moins forte ou une ouverture plus ou moins grande envers la langue de départ. Elle est lieu et moment d'interprétation où la subjectivité, l'idéologie, les connaissances du traducteur, sinon ses préférences, interfèrent avec les directives du client, les contraintes linguistique, stylistique, rhétorique, culturelle qui pèsent sur l'acte de traduire[45]. Cette subjectivité à l'étape de la compréhension est aussi active à l'étape de la recontextualisation, de la reformulation, de la re-création.

Deux traducteurs, travaillant sur un même texte de départ, choisissent des stratégies, font des options qui peuvent se différencier : certes l'éditeur peut imposer ses exigences (par exemple rendre en prose un texte versifié, ne pas traduire les noms propres, etc.) mais au niveau micro-structurel, le choix des mots avec leur sonorité, la manière de rendre les éléments culturels (translittération, emprunt, calque, explication, glose, néologisme, etc.), la façon de reproduire le rythme, les variations sociolectales et idiolectales, l'écho ou les rappels d'autres énoncés (dialogisme interdiscursif), le moyen de restituer les citations, le sous-texte (c'est-à-dire les allusions, les présupposés, les implicites), la ponctuation, l'ordre des informations, font que chaque traduction est unique ré-énonciation.

Les traductions multiples d'un texte reflètent la lecture plurielle qu'on peut faire de ce texte. Leur motivation, quand elle n'est pas éditoriale, est

---

44. Kaisa Koskinen et Outi Paloposki, « Retranslation in the age of digital reproduction », *loc. cit.*, p. 26-32.
45. Cf. Louise von Flotow, « This time "the translation is beautiful, smooth, and true" : Theorizing retranslation with the help of Beauvoir », *French Literature Series*, vol. XXVI, 2009, p. 35-49.

herméneutique, ou compréhension inédite de l'original[46]. Ce n'est pas toujours, ni surtout, parce qu'une traduction est « désuète » qu'on retraduit. Simplement comme un metteur en scène propose un nouveau spectacle, un musicien une nouvelle interprétation d'un morceau[47], un traducteur peut avancer une interprétation autre d'un texte déjà interprété. Mais on ne parle pas de redramaturgie d'une pièce, de recomposition musicale, tout au plus de nouvelle performance, de nouvelle interprétation.

La retraduction est donc moins à considérer dans la comparaison des différentes traductions existantes que dans le rapport que chaque traducteur entretient avec le texte de départ.

Les raisons de retraduire sont ainsi diverses – depuis le statut du texte original, qui est rarement intangible aux choix du traducteur-interprète, depuis la demande d'un éditeur à la curiosité d'un nouveau lectorat, sans oublier les erreurs lexicales, sémantiques, syntaxiques d'une traduction particulière, ni l'évolution des langues (en particulier de leur lexique, ou de leur registre)[48]. Ces deux derniers paramètres ne suffisent pas néanmoins à retraduire. Cette liste serait incomplète sans l'écriture de traduction, avec les simplifications, explications, neutralisations… mises à jour dans les travaux sur *corpus* : ces « universaux » confortent et reflètent à la fois que la traduction est bien une interprétation.

Aux retraductions actives et passives suggérées par Pym (cf. section 2), je propose donc d'ajouter une autre distinction:

- les retraductions endogénétiques, fondées sur les fluctuations linguistiques entre les versions et aussi par rapport à l'original (traductions passives délibérées)

---

46. Cf. Valérie Cossy à propos des cinq traductions de *Sense and Sensibility* (1811) de Jane Austen en français : 1815 – réédité en 1996 et 2006, 1945, 1948 (deux traductions) et 2000 (Valérie Cossy, « Traduire et retraduire *Sense and Sensibility*, ou comment faire aimer Austen en français », *Traduire*, n° 218, 2008, p. 43-64).
47. Irina Mavrodin, « Retraduire Dickens », table ronde, *Actes des Septièmes assises de la traduction littéraire (Arles 1990)*, Arles, Actes Sud / ATLAS, 1991, p. 77.
48. Cf. Robert Thornberry, « On the "built-in obsolescence" of literary translation », *in* Geoffrey T. Harris (éd.), *Translating French Literature and Film*, Amsterdam, Rodopi, 1996, p. 145-160. Insistons donc sur le fait qu'une retraduction ne peut pas avoir lieu seulement après constat des défauts des traductions antérieures, même si par exemple la place accordée aujourd'hui à l'oralité, à l'oralisation, explique en partie la retraduction de Hegel, de Dostoïevski, etc.

– et les retraductions exogénétiques (actives et passives comme réinterprétations), stimulées par des critères éditoriaux, commerciaux, culturels[49]. Ainsi, selon le degré d'éloignement dans le temps, les fonctions remplies par chaque traduction dans le polysystème récepteur et le niveau d'analyse, les retraductions peuvent être perçues différemment et se voir attribuer une signification et une causalité variables. Avec cette complexité, peut-on affirmer qu'il y a des périodes plus retraductrices que d'autres, dans un polysystème donné, comme le laissent entendre certains qui parlent de cycle de 30-40 ans ? Il n'y pas encore suffisamment d'études systématiques pour répondre à cette question.

4. En guise de synthèse et de conclusion

Entre le colloque de Paris (2000) : *Pourquoi retraduire?*, celui de Rouen[50] et celui-ci (2009) : *La Retraduction. Les belles revisitées dans la littérature européenne au XXe siècle*, on doit d'abord constater que le sujet est devenu source d'un nombre accru d'exposés, portant souvent sur un auteur exclusif ou une œuvre particulière. On doit aussi constater que l'hypothèse bermanienne, implicitement ou explicitement reprise, est souvent caricaturée, réduite à une question d'âge des traductions, comme si les avatars d'un texte de départ obéissaient à une simple règle d'apprivoisement progressif, linéaire. Berman a un paradigme plus ambitieux ; certes, parfois son cadre est trop allusif et manque d'approfondissement conceptuel, mais remarquons, sans le dédouaner, que le métalangage en traductologie demeure en général très souvent flou, encore aujourd'hui[51].

Suite à notre tour d'horizon, on peut dire qu'on ne retraduit pas (pas seulement – et pas surtout ?) au sens de répétition périodique, avec corrections, rectifications et mises au goût du jour – ce qui ne serait finalement que de la révision ou du *rewriting* – mais au sens de traduction nouvelle comme relecture, interprétation autre, pour Berman, ces relectures visant

---

49. Il ne s'agit pas d'une opposition binaire mais d'une catégorisation pour aider à l'analyse.
50. Robert Kahn et Catriona Seth (éds.), *La Retraduction*, Rouen, Publications des Universités de Rouen et du Havre, 2010.
51. Il serait intéressant d'analyser les retraductions de textes traductologiques, comme justement celui de Benjamin (1923) ou d'autres (Hans Vermeer, par exemple).

toujours plus à dire l'étrangéité de l'original, à nous libérer des évidences ou dogmes interprétatifs transmis par les traductions successives. De fait, il peut y avoir des « modèles textuels »[52] qui s'établissent (sont-ils pour autant des « grandes traductions » ?) : ainsi les six traductions de *Macbeth* en finnois (1834, 1864, 1885, 1936, 1984 et 2004) se sont contraintes de l'une à l'autre jusqu'à pouvoir parler d'une tradition finlandaise de traduire Shakespeare, notamment sous l'influence de Paavo Cajander dont les traductions des pièces shakespeariennes (1879-1912) ont toujours une position dominante, entretenue par les éditeurs[53]. On peut également penser à Żeleński-Boy comme traducteur de référence en Pologne.

Quoi qu'il en soit, l'hypothèse de Berman ne suffit pas à justifier toutes les retraductions. Parmi les facteurs les favorisant, on a retenu pêle-mêle :

- les normes de lisibilité (en fonction des lecteurs visés) ;

- les outils d'aide à la traduction ;

- le contexte et les contraintes idéologiques d'une époque donnée – voir encore par exemple l'analyse par Pekka Kujamäki[54] (2001, 2006), des huit retraductions en allemand de *Seitsemän Veljästä* (1870, les Sept frères) d'Alexis Kivi, pièce fondatrice du théâtre finlandais, retraduite, c'est-à-dire réinterprétée, recontextualisée en 1921, 1935, 1942, 1947, 1950, 1961, 1962 et 1989, en fonction d'une situation socio-idéologique et de visées éditoriales toujours particulières ;

- les politiques éditoriales, intégrant l'ensemble des acteurs de la chaine éditoriale, y compris les modes de production et de distribution des livres ;

---

52. Théo Hermans, « Norms and the determination of translation. A theoretical framework », *in* Román Álvarez et M. Carmen-África Vidal (éds.), *Translation, Power, Subversion*, Clevedon, Multilingual Matters, 1996, p. 28.
53. Thèse en cours de Nestori Siponkoski sur la désintégration de l'auteur dans les retraductions finnoises contemporaines de Shakespeare (Université de Vasa, Finlande). Voir pour le néerlandais : Jan Willem Mathijssen, *The Breach and the Observance. Theatre retranslation as a strategy of artistic differentiation, with special reference to retranslations of Shakespeare's Hamlet* (1777-2001), 2007, http://www.dehamlet.nl/BreachandObservance.pdf (consulté le 10/1/2011).
54. Pekka Kujamäki, « Finnish comet in German skies. Translation, retranslation and norms », *Target*, vol. XIII, n° 1, 2001, p. 45-70 ; « "Of course Germans have a certain interest in Finland but..." : Openness to Finnish literature in Germany in the 1920s and the 1930s », *in* Anthony Pym *et al.* (éds.), *Sociocultural Aspects of Translation and Interpreting*, Amsterdam / Philadelphia, John Benjamins, 2006, p. 40-52.

- les interprétations du traducteur et ses choix, ou stratégies, conséquentes ;

- la perception changeante des registres de langue ;

- et les caractéristiques de l'écriture traductive.

Comme on l'a dit, des analyses plus systématiques restent à faire pour confirmer le poids relatif de tel ou tel facteur, pour mieux mettre en perspective l'approche de Berman, afin de ne pas jeter le bébé avec l'eau du bain. L'élargissement des *corpus* (électroniques), notamment à d'autres littératures non européennes mais aussi à d'autres productions culturelles, comme les remakes cinématographiques, donnerait également un autre relief au concept : refaire ne revient pas toujours au même.

Finalement, il n'y a jamais eu un avant ni un après Babel, mais les deux conjointement : la tour s'est construite en s'écroulant, comme toute traduction s'élabore en faisant déjà de la place pour d'autres

Université de Turku

Les langues et les lettres anciennes face au monde moderne :
Une question de « traduction » ?

André Hurst

Résumé
Notre situation par rapport aux textes transmis dans les langues anciennes est le résultat d'un double geste de « traduction » dans le sens de « transmission ». Le premier est la mise par écrit de ce qui était charrié par la tradition orale, une opération assimilable à une forme de traduction. Le deuxième est la traduction à proprement parler, mais qui implique, dans la rencontre avec le lecteur, une appropriation du contenu qui en fasse un « savoir au présent ».

Abstract
Our relation to the « classics » depends on two circumstances, both of which can be considered as a particular form of « translation ». The first one is the writing down of texts previously transmitted by oral tradition, which is close to a form of translation. The second one is their translation in the ordinary sense of the word, which may imply an appropriation that makes ancient texts part of present knowledge.

Le passage de l'oral à l'écrit comme forme première de traduction

Selon Roman Jakobson, traduire est une opération qui se subdivise, au niveau linguistique, en deux éléments constitutifs[1] : la traduction interlinguale, qui permet de passer de l'un à l'autre des systèmes reconnus comme des « langues » différentes, et la traduction intralinguale, qui prend l'énoncé ainsi obtenu pour le reformuler dans la langue d'arrivée de la traduction.

Une illustration simple de cette constatation peut se trouver dans le passage d'une phrase simple de l'anglais au français. Soit la phrase : « I swim across the river ». Au niveau de la traduction interlinguale, on obtient : « Je nage à travers la rivière ». Il saute alors aux yeux que ce n'est pas exactement ce que dit la phrase originale, laquelle implique un résultat visé, à savoir atteindre l'autre rive. C'est alors qu'on passe à la phase intralinguale pour reformuler la première traduction, et l'on obtient : « Je traverse la rivière à la nage ».

On observe ici que la traduction intralinguale implique à la fois la « connaissance de soi », au sens du fonctionnement de la langue d'arrivée (« comment dirions-nous cela ? »), et la connaissance de l'autre, sans laquelle il n'existe pas de première étape du processus (« que signifie ce qu'il dit ? »).

Ce processus de transposition, étymologiquement lié au latin *tra-ducere*, « faire passer », d'où « traduire », est proche du processus de la « tradition » (latin *tra-dere*, « transmettre »). Dans l'un et l'autre cas, il s'agit de faire passer au-delà, qu'il s'agisse de la frontière linguistique ou de la frontière temporelle, voire, à l'occasion, l'une et l'autre. Or, l'un des moments-clés de la transmission, et par conséquent une étape proche de la traduc-

---

1. Roman Jakobson, « Aspects linguistiques de la traduction » [« On linguistic aspects of translation » (1959)], *Essais de linguistique générale*, tr. Nicolas Ruwet, Paris, Minuit, 1963, p. 78-86. Le troisième aspect, la « traduction intersémiotique », recourt à des systèmes de signes « non linguistiques » (p. 79).

tion, est constitué par la première mise par écrit d'informations jusque-là transmises par voie orale[2].

Il est généralement admis que l'invention de l'écriture répond à des besoins d'ordre administratif. De fait, les textes les plus anciens de diverses cultures sont majoritairement de nature pratique : comptes, inventaires, voire calendriers d'activités en rapport avec l'exercice du pouvoir, notamment des relevés d'impôts. C'est justement le cas, dans un domaine qui nous est proche, des textes en écriture dite « linéaire B », déchiffrés en 1952 par Michael Ventris sur la base des travaux préparatoires déterminants d'Alice Kober. On y lit la plus ancienne forme attestée du grec (XIIIe siècle avant notre ère) ; le support de l'écriture est en l'occurrence formé de tablettes de terre cuite ; il semblerait que la cuisson soit accidentelle (incendie ?) et que la tablette de terre ne servait que de brouillon avant la transcription sur un support de papyrus. Même si l'un des ensembles de ces tablettes (la série comportant le mot *o-ka*[3]) peut faire songer à un catalogue de vaisseaux et, par conséquent, à un passage célèbre du deuxième chant de l'*Iliade*, il a bien fallu se résoudre à constater que les Grecs de ce temps-là n'avaient pas choisi de confier à l'écriture la mémoire de textes autres que ceux qui étaient purement destinés à gérer la vie pratique.

On connaît ailleurs dans le monde des peuples qui ont disposé de l'écriture et qui ont cependant choisi d'en limiter l'usage à la vie pratique, considérant que ce qui relève du domaine infiniment plus important de ce qu'on pourrait appeler « culture », et qui comporte l'ensemble des savoirs permettant d'interroger ou d'expliquer la vie, tels les mythes ou les légendes, ne saurait être confié qu'à la mémoire humaine. Ainsi en alla-t-il des Gaulois : selon Jules César, ils écrivaient leurs textes administratifs en utilisant les caractères grecs (*Guerre des Gaules*, 1.29), cependant que leurs « druides », dépositaires du savoir, passaient jusqu'à vingt ans à le mémoriser (*Ibid.*, 6.14).

Nous savons par César que les Helvètes, tribu gauloise, charriaient avec eux des inventaires écrits en lettres grecques lorsqu'ils se présentèrent en 58 avant notre ère à Genève pour demander à passer par le territoire des

---

2. Pour plus de détails, cf. André Hurst, « Conserver l'information », 2001, http://hypatie.ge.ch/4DCGI/Fichiers/Articles/Art462_25102001.pdf (consulté le 15/11/2010).
3. Il s'agit d'une série de tablettes trouvées dans les archives du palais de Pylos (au sud du Péloponnèse) et qui comporte les tablettes PY An 657, 519, 654, 656, 661.

Allobroges (permission que le même Jules César leur refusa) ; mais, alors même qu'ils savaient écrire, les Helvètes n'ont laissé aucun document écrit qui permettrait de savoir quels motifs les animaient. Un faible indice : on a retrouvé au Mont Vully, près de Morat, les restes d'un oppidum celtique qui pourrait avoir été l'une de leurs principales localités. Il s'y trouve une couche attestant un incendie : cette trace viendrait confirmer le récit de César lorsqu'il nous dit que les Helvètes avaient mis le feu à leurs habitations avant de quitter la région, devenue par la suite le plateau suisse. Pourquoi ces incendies ? Pourquoi cette migration qui se solda par un échec ? Nous n'en savons rien, car cela restait dans la mémoire des hommes et n'était pas confié à l'écriture, mais nous savons aussi que cela relevait en l'occurrence d'un choix délibéré.

Il existe donc des sociétés dans lesquelles on distingue soigneusement entre une mise par écrit réservée au stockage d'informations de type administratif et, par ailleurs, la conservation d'informations perçues comme plus essentielles et qui a lieu dans les mémoires humaines.

Cette séparation, cependant, ne semble pas avoir été totale. En effet, on peut sans peine faire l'hypothèse que ceux qui savent écrire sont au moins pour une part les mêmes que ceux qui ont pour vocation de conserver les autres formes de savoir dans leurs mémoires. Jusqu'à un certain point, on peut le démontrer : c'est le cas lorsque dans une tablette en linéaire B de Pylos[4], un groupe de rameurs est défini en trois mots (« rameurs se rendant à Pleurôn ») qui revêtent la forme d'une fin d'hexamètre homérique (ερεται Πλευρωναδ(ε) ιοντες : $\cup\cup- --\cup\cup - x$). Ainsi le cas des Grecs de l'époque « mycénienne » pourrait-il s'apparenter à celui des Gaulois : nous avons la preuve qu'ils disposent de l'écriture, nous n'avons aucun texte autre qu'administratif sur les tablettes de terre, mais on peut y lire des tournures qui semblent sortir tout droit du formulaire de l'épopée, transmise par la mémoire. Inversement, il existe des formules homériques dont la métrique, étrange aux yeux des anciens déjà, ne devient correcte que si l'on reconstitue la forme ancienne, en l'occurrence le « vêtement mycénien » (Il.16.857 est un cas célèbre). Nous sommes du reste familiers de ce genre de survivances orales, nous qui prononçons sans broncher la formule « tire la bobinette et la chevillette cherra » lorsque nous racontons le conte du *Petit Chaperon rouge* à des enfants qui ne sauront jamais mieux que nous ce

4. PY An 1.

qu'est une bobinette ou une chevillette, et qui, pas plus que nous, n'utiliseront le futur du verbe « choir ».

La transmission orale de l'épopée pendant de nombreuses générations ne saurait d'ailleurs être mise en doute sérieusement. Si nous disons « Odyssée » mais que nous nommons le héros « Ulysse »[5], c'est que le nom de ce personnage ne faisait pas l'unanimité parmi les Grecs pour sa forme. Certains le nommaient certes « Odysseus », et c'est la version qui a triomphé en fin de compte, mais d'autres formes circulaient : « Olyxeus », « Oulyxès », etc. Par l'intermédiaire des Grecs d'Italie méridionale, c'est la forme « Oulyxès » qui a passé en latin pour devenir notre « Ulysse », cependant que le poème gardait le titre d'« Odyssée ». L'alternance en début de nom d'une perception /od-/ et d'une perception /ol-/ indique clairement que le nom original de cette figure de légende comportait une consonne qui pouvait pour les Grecs être entendue de l'une ou de l'autre des deux manières – un son qui n'était ni /d/ ni /l/. Le son intermédiaire entre /d/ et /l/ est défini par les linguistes comme un « battu apico-alvéolaire ». C'est un son que la langue grecque n'utilise pas. Donc le nom d'« Ulysse » nous est transmis à partir d'une langue qui n'est pas le grec, qui l'a sans doute précédé sur le territoire occupé par les Grecs à partir du deuxième millénaire avant notre ère, la langue d'un peuple dont les Grecs eux-mêmes nous disent qu'ils les ont précédés et qu'ils appelaient « Lélèges »[6], « Pélasge », « Cariens »[7]. La transmission, comme le nom d'*Ulysse* en regard du titre de l'*Odyssée* le montre, s'est donc nécessairement effectuée oralement sur la base de savoirs mémorisés.

Un mot sur les procédures de cette mémorisation avant d'en venir à la « traduction » vers l'écriture. Sur la base des travaux effectués par les slavisants, Milman Parry (1902-1935) s'est intéressé au formulaire homérique. Il constate que les poèmes homériques tels qu'ils nous sont parvenus recourent à une série de « formules », qui devaient permettre l'« improvisation » sur des sujets connus. On a pu comparer cette manière de faire aux procédures de l'improvisation en musique, principalement en jazz, mais pas uniquement. Toute improvisation musicale s'appuie sur un formulaire. La transmission orale de l'information utilisait les formules pour assurer tout à

---

5. Et non « Odysse » pour le grec « Odysseus », ce qui serait logique dès lors que nous disons « Achille » pour le grec « Achilleus ».
6. Hérodote, 1.171.
7. Thucydide, 1.3-4.

la fois la souplesse qui rendait possible l'expression de savoirs divers et la garantie de la bonne conservation, par l'utilisation de cet agent conservateur que constitue la versification. Les sujets eux-mêmes, telle l'histoire d'Ulysse ou le récit des origines, étaient l'objet de la mémorisation, le formulaire était l'instrument permettant de les exprimer et tout à la fois l'adjuvant de la mémorisation.

Le moment critique de la mise par écrit n'est cependant pas aussi simple qu'on pourrait l'imaginer. D'une certaine manière, confier à l'écriture ce qui était supposé se trouver dans la mémoire vivante des humains revient à se priver d'un pouvoir, et les adversaires de la mise par écrit n'ont pas manqué. Platon mentionne même dans le *Phèdre* la légende du roi Thamous qui refuse d'adopter l'écriture, invention que lui propose le dieu Theuth. L'écriture est selon cette légende une invention qui « produira l'oubli » et rendra ceux qui la pratiquent « savants d'illusion » (274b-275b).

Cette résistance a pu être observée plus récemment chez la population des Tivs du Nigéria. L'administration britannique de l'époque précédant l'indépendance (donc avant 1960) avait eu maille à partir avec des procès dont l'enjeu reposait sur des généalogies mémorisées de quatorze à dix-sept générations séparant les Tivs vivants de leur ancêtre commun (il s'agissait d'une population de huit cent mille personnes environ). En bons disciples des classiques, les administrateurs britanniques procèdent alors à la mise par écrit des divers savoirs généalogiques mémorisés, certains de pouvoir désormais renvoyer les Tivs à leur propre culture en cas de difficulté. Espoir déçu : au bout d'une génération seulement, les Tivs qui étaient demeurés illettrés ne reconnaissaient déjà plus la légitimité des versions mises par écrit. L'écriture livrait une sorte de photographie instantanée du savoir généalogique, la mémoire évoluait avec le temps. Pour reprendre l'expression de Marcel Détienne, le mémorable n'est pas du « passé enregistré », mais bien un « savoir au présent »[8].

L'anecdote fait apparaître le mécanisme qui oppose les tenants d'un savoir en mouvement et ceux qui souhaitent disposer d'un réservoir du savoir accessible à tous dans les mêmes conditions. Chacun des deux camps se trouve ici devant des effets négatifs du transfert, les uns constatant que la mise par écrit n'a pas eu les effets escomptés, les autres se voyant trahis

---

8. Marcel Détienne, *L'Invention de la mythologie*, Paris, Gallimard, 1981, p. 78-79.

par un blocage écrit d'une information tenue naturellement pour mouvante. Il existe cependant une autre face de la médaille. Aussi, du côté des effets bénéfiques, on n'est pas étonné de trouver d'abord le domaine des lois : c'est Solon, à Athènes (fin du VIIe siècle et début du VIe siècle avant notre ère) qui publie des lois écrites[9] et, semble-t-il à la même époque, le roi Josias qui, selon la Bible, donne lecture publique des lois dont il aurait trouvé un texte écrit[10]. L'effet que l'on recherche dans les deux cas est celui de la publication, d'une retombée sur la vie sociale de la solidification que l'écriture confère à des savoirs jusque-là confiés aux circonvolutions souples de mémoires humaines. Bientôt naîtra la prose, qui ouvrira la porte à une expression critique vis-à-vis de la tradition orale, et qui permettra justement à des penseurs comme Platon d'exprimer leurs doutes quant à l'usage de l'écriture : pour cet élève de Socrate – Socrate qui, faut-il le rappeler, n'a jamais mis par écrit son enseignement –, rien de sérieux ne se confie à l'écrit, car ce serait justement tomber ainsi dans le domaine public[11].

Ainsi, la « première traduction » que constitue la mise par écrit a pour objectif avoué la publication du texte, sa rencontre avec des « lecteurs » qui pendant longtemps ont été des auditeurs de lectures données en public, comme celle du roi Josias[12].

9. Plutarque, *Vie de Solon*, 25.
10. Cf. VT Rois, 2.23, 2-3 et Israël Finkelstein et Neil Ascher Silberman, *La Bible dévoilée : Les nouvelles révélations de l'archéologie* [*The Bible Unearthed, Archaeology's New Vision of Ancient Israel and the Origins of Its Sacred Texts*, 2001], tr. Patrice Ghirardi, Paris, Bayard, 2002, p. 408-411. Au moment de la mise par écrit des poèmes homériques, on peut observer une conscience de la transition dans la thématique de la mémoire, comme l'observe David Bouvier dans *Le Sceptre et la lyre. L'Iliade ou les héros de la mémoire*, Grenoble, Jérôme Million, 2002, p. 436-452.
11. Platon, *Lettres* 7.344c-d.
12. Par rapport à l'histoire de notre espèce, le recours à l'écriture constitue un phénomène relativement récent. Si l'on constitue un « calendrier de l'espèce », à l'image du « calendrier cosmique » (les événements connus depuis le « big bang » répartis sur une année de calendrier), on voit apparaître les chiffres suivants : quatre millions d'années pour les plus anciens hominidés (un point discuté, mais on l'admettra comme la limite la plus basse actuellement en circulation), cinq mille ans d'usage de l'écriture (approximativement) ; donc, chaque journée du calendrier fictif vaudrait 10 960 ans et l'usage de l'écriture se situerait par conséquent, sur un tel calendrier, au 31 décembre en début d'après-midi. Ainsi, des savoirs d'importance majeure pour l'évolution de l'espèce (technologie des instruments de chasse au paléolithique, agriculture et gestion des sociétés sédentaires au néolithique) ont été véhiculés par voie orale durant des

Conservation de l'acquis :
La lecture comme « traduction » en fonction du présent

Cette rencontre avec les lecteurs va désormais former un nouveau volet de la « traduction-transmission ». En effet, procéder à la mise par écrit implique bien la connaissance de l'original et celle du destinataire et l'on peut les mettre en parallèle avec les opérations de traduction interlinguale et intralinguale. Cependant, la réception de la tradition devenue écrite comportera elle aussi un double volet. Il y aura l'acte de comprendre le texte (et dans le cas du passage d'une langue à l'autre, ce sera la « simple » traduction), mais il y aura aussi celui de se l'approprier en fonction du présent vécu par les lecteurs.

Une illustration que l'on pourrait donner de cette situation se trouve dans un document publié à la fin du siècle dernier : le *Codex des Visions* de la Bibliotheca Bodmeriana (Cologny-Genève)[13]. Le *codex* comporte des poèmes grecs en vers « homériques » sur des sujets chrétiens. On y trouve notamment un court poème intitulé « Adresse à Abraham » qui reprend en vers homériques l'épisode biblique du sacrifice d'Isaac. La première démarche est ici formée par le passage de l'écriture épique (forme lexicale et métrique de l'épopée homérique) vers la thématique biblique[14]. Techniquement parlant, on ne passe pas d'une première langue vers une seconde,

---

millénaires, la « tra-duction » vers l'écrit constituant une étape pour l'instant assez brève encore.

13. Le *Codex des Visions* est publié en trois volumes, indiqués ici dans l'ordre qui correspond à celui des textes dans le *codex* : PAPYRUS BODMER XXXVIII *Erma, Il Pastore (Ia-IIIa visione)*, éd. Antonio Carlini (avec la collaboration de Luigi Giaccone). En appendice : Nouvelle description du *Codex des Visions* par Rodolphe Kasser, avec la collaboration de Guglielmo Cavallo et Joseph van Haelst, Cologny-Genève, Fondation Martin Bodmer, 1991. PAPYRUS BODMER XXIX *Vision de Dorothéos*, éds. André Hurst, Olivier Reverdin et Jean Rudhardt. En appendice : Description et datation du *Codex des Visions* par Rodolphe Kasser et Guglielmo Cavallo (cette description du *codex* est désormais remplacée par celle de 1991), Cologny-Genève, Fondation Martin Bodmer, 1984. PAPYRI BODMER XXX-XXXVII « *Codex des Visions* ». *Poèmes divers*, éds. André Hurst et Jean Rudhardt, München, K.G. Saur, 1999.

14. Un père de l'Église, Grégoire de Nazianze (IVe siècle), s'est expliqué sur l'intérêt des chrétiens à se revêtir ainsi des habits de la poésie classique : au premier rang, on trouve un désir de prouver que le Christianisme peut offrir une source d'inspiration de nature à rivaliser avec la grande poésie de la tradition païenne (cf. son « Adresse aux poèmes », écrite en vers iambiques, dans *Patrologia Graeca*, t. XXXVII, 1329-1336).

puisqu'on reste à l'intérieur du grec. Il s'agit cependant du passage d'une langue littéraire vers un usage détourné de cette même langue littéraire. On assiste à la « traduction » vers une culture différente, désireuse de s'assimiler les pouvoirs et les modes d'expression de ce qui est transmis. Cependant, la culture biblique est bien présente et va conditionner la matière de ce qui est dit au travers du parler homérique, quitte à bousculer le texte biblique lui-même en introduisant des variantes (par exemple, Isaac sait ce qui va lui arriver et s'en montre très heureux), quitte à raffiner sur la forme en faisant de ce poème un acrostiche de l'alphabet. L'écriture en tant que telle se voit donc en quelque sorte sacralisée dans ses éléments premiers que sont les lettres.

Et pourtant cet exemple de raffinement littéraire nous reconduit, paradoxalement, vers la situation des Tivs : la tradition est tenue pour vivante dans la mesure où elle est passible d'un traitement qui en transforme régulièrement les données en fonction du présent. En l'occurrence, la foi chrétienne de l'auteur de ce petit poème le pousse à présenter à des lecteurs qui, selon toute probabilité, partagent ses convictions, un texte « homérique » qui dépasse le champ de ce que serait une traduction de l'épopée. C'est Homère désormais amalgamé à une culture nouvelle.

On peut illustrer la diversité des situations au travers de trois exemples emblématiques choisis dans trois directions : la recherche d'expression des émotions ; l'action politique ; les hypothèses scientifiques.

Grâce à une citation du *Traité du sublime* (Ier siècle de notre ère), complétée par une trouvaille papyrologique, nous possédons un poème de Sapphô qui fut considéré dans l'Antiquité comme le modèle par excellence de l'expression du sentiment amoureux. C'est le plus célèbre des fragments de cette poétesse du VIIe-VIe siècle avant notre ère[15]. En voici une traduction aussi littérale que possible :

> Il me semble l'égal des dieux
> Cet homme assis en face de toi, et qui entend ta douce voix,
>
> Qui te voit sourire. Et moi, j'ai le cœur qui s'affole dans ma poitrine.
> Oui, quand je te regarde, un seul coup d'œil et je n'ai plus de voix.

---

15. C'est le n° 31 de nos collections modernes des fragments de Sapphô (Page, Voigt).

> Ma langue est brisée, un feu subtil court sous ma peau
> Mes yeux sont obscurcis, mes oreilles bourdonnent.
>
> Je suis couverte de sueur et je tremble de la tête aux pieds
> Je suis plus verte que l'herbe. Je crois, ou presque, que je suis morte.

Nous n'entrerons pas ici dans l'interprétation, par endroits délicate, du détail de ce poème, mais on notera la présence d'un « troisième homme » : celui qui est assis en face de la belle, et qui n'est pas assimilable à la personne qui parle ensuite. En effet, les formes grammaticales sont sans appel : c'est une femme qui parle.

Nous avons la chance de posséder pour ce poème une « traduction » de Catulle en latin. Au premier siècle avant notre ère, le grand poète de l'amour reprend ainsi le texte grec :

> Il me semble être l'égal d'un dieu, il me semble, si c'est possible, surpasser les dieux celui qui, assis en face de toi, peut souvent te contempler et t'entendre,
> Doucement souriante, bonheur qui ravit à ma pauvre âme l'usage de tous mes sens ; car à peine t'ai-je aperçue, Lesbie, que ma voix expire dans ma bouche,
> Ma langue est paralysée, un feu subtil court dans mes membres, un bourdonnement intérieur fait tinter mes oreilles et une double nuit s'étend sur mes yeux
> L'oisiveté, Catulle, t'est funeste ; l'oisiveté fait naître en toi trop de transports et d'excitation ; c'est l'oisiveté qui, avant toi, a perdu tant de rois et de villes florissantes[16].

La « survie » du poème est assurée non seulement par sa traduction dans une langue nouvelle, ici le latin, mais par une appropriation de l'ensemble de la thématique, qui se trouve en quelque sorte réinjectée dans un présent personnel du poète romain. Réduit à la dimension d'une généralité initiale, on voit disparaître le « troisième homme » qui rend le poème de Sapphô si difficile d'interprétation, et ne restent que le poète donné pour locuteur du texte et sa belle Lesbie. Puis surgit le contexte « romain » : le rappel de ce que devrait être la vertu mise en péril par l'oisiveté, mère de tels sentiments (par avance, on peut songer à Virgile lorsqu'il nous

---

16. Catulle, poème 51, tr. Georges Lafaye, Paris, Les Belles Lettres, 1958.

montre Énée quittant Didon, délaissant l'amour pour obéir à sa vocation politique).

Quelques siècles plus tard, le *Traité du sublime* est traduit en français par Nicolas Boileau (1674), ce qui assure à ce texte une notoriété européenne et porte à la connaissance d'un plus large public le poème de Sapphô qu'il véhicule. Parmi les lecteurs : Jean Racine. On sait que Racine était en mesure de lire l'original grec du traité (et donc du poème de Sapphô), mais on ne peut s'empêcher de penser que, la traduction de Boileau ayant remis en vogue le traité, cette dernière flotte à l'arrière-plan des vers suivants, tirés de la *Phèdre* de Racine, tragédie parue en 1677, peu après la publication du traité traduit par Boileau :

> Acte I scène 3 (Phèdre à Œnone)
>
> Mon mal vient de plus loin. À peine au fils d'Égée
> Sous les lois de l'hymen je m'étais engagée,
> Mon repos, mon bonheur semblait être affermi ;
> Athènes me montra mon superbe ennemi ;
> Je le vis, je rougis, je pâlis à sa vue ;
> Un trouble s'éleva dans mon âme éperdue ;
> Mes yeux ne voyaient plus, je ne pouvais parler ;
> Je sentis tout mon corps et transir et brûler ;
> Je reconnus Vénus et ses feux redoutables […]

Transposée à la scène sous Louis XIV, l'expression de l'émotion amoureuse s'efforce de plaire au public. L'objet du sentiment est un prince irrésistible (et qui, sur le moment, ne songe à faire le rapprochement avec le monarque, même si la suite de la trame ne saurait s'appliquer à son règne ?), la forme littéraire au travers de laquelle il s'exprime fait résonner un texte qui venait de conquérir la célébrité.

Une nouvelle fois, la « traduction », celle qui assure la survie du texte, consiste en une forme d'appropriation. On est attentif non seulement à ce que le texte signifie, mais à ce qu'il signifie *hic et nunc*, donc de manière sciemment éphémère.

On peut retrouver cette situation dans le domaine de textes qui visent à l'action politique. La tragédie grecque est présentée en son siècle comme une « école des adultes »[17], et il est clair que les spectacles présentés aux

---

17. Aristophane, *Les Grenouilles*, 1054-1055.

fêtes de Dionysos dans l'Athènes de l'époque classique se proposent d'influer sur la vie des citoyens. Dans un contexte historique où la cité d'Athènes était engagée dans une guerre contre Sparte, en 415 avant notre ère, Euripide fait représenter *Les Troyennes*, une pièce qui dénonce les horreurs de la guerre, et tout particulièrement en ce qui concerne les victimes féminines. La pièce débute par un dialogue entre deux divinités protectrices d'Athènes : Poséidon et Athéna. Outrée de ce qu'Ajax a violé Cassandre dans son sanctuaire, Athéna demande l'aide de Poséidon pour se venger. Ensemble, ils vont détruire la flotte des Grecs lorsque ces derniers quitteront Troie après leur victoire. À la fin du prologue, lorsque l'action débute, le spectateur est au clair : les vainqueurs d'aujourd'hui sont les victimes de demain. Voici en effet les paroles que le poète met dans la bouche de Poséidon à la fin du prologue :

> Il est fou le mortel qui saccage les villes
> Et qui change en désert les temples, les tombeaux,
> Lieux sacrés du repos : c'est lui qui périt pour finir[18].

Les événements dramatiques auxquels on assistera dans la suite de la représentation montreront par conséquent, sous les traits de l'oppresseur, des guerriers dans lesquels le spectateur est convié à voir par avance de futures victimes. Dans un contexte historique où les Athéniens s'engageaient dans des expéditions de conquête (guerre de Sicile), l'avertissement du poète devait résonner comme une sérieuse mise en garde et la volonté d'influer sur le cours des événements était claire.

Lorsque Jean-Paul Sartre adapte cette tragédie d'Euripide[19], la perspective est tout aussi claire. L'adaptation des *Troyennes* fut écrite par Sartre à Rome en 1964, la première eut lieu à Paris en 1965 dans une mise en scène de Michel Cacoyannis et la publication sous forme de livre date de la même année (aux éditions Gallimard). Se présentant comme très proche du texte d'Euripide, l'adaptation de Sartre incline très nettement la tragédie d'Euripide vers le contexte des années au cours desquelles on avait as-

---

18. Vers 95-97, *Tragiques grecs*, tr. Marie Delcourt-Curvers, Paris, Gallimard, « Bibliothèque de la Pléiade », 1962.
19. Le parallèle entre Euripide et Sartre est développé complètement dans la thèse de Camelia Chişu, *Hécube, une barbare sacrifiée. Les Troyennes, une lecture parallèle : Euripide et Jean-Paul Sartre*, Thèse de l'Université de Genève, 2008.

sisté à la fin de la guerre d'Algérie (1954-1962)[20], mais aussi à la poursuite de la guerre du Vietnam, « deuxième guerre d'Indochine », débutée en 1959 et qui n'allait s'achever qu'en 1975.

Comme chez Euripide, Poséidon annonce que la guerre frappe tout le monde. À la différence d'Euripide, il le dit à la fin de la pièce, et non au début. Sartre fait de cette prophétie menaçante de Poséidon le « mot de la fin »[21] :

> À présent, vous allez payer.
> Faites la guerre, mortels imbéciles,
> Ravagez les champs et les villes,
> Violez les temples, les tombes,
> Et torturez les vaincus.
> Vous en crèverez
> Tous.

C'est en quelque sorte une « bombe » qui est ainsi lâchée sur le public en fin de représentation, et ce n'est certainement pas un hasard si la disposition typographique du texte évoque justement sur le papier la forme même d'une bombe.

Enfin, après ces deux exemples choisis dans les domaines du sentiment et de l'action, on peut encore se tourner vers le domaine du savoir. Récemment, nos astrophysiciens, dont Carl Sagan parmi les premiers pour le grand public, ont popularisé le concept de « big bang », cette explosion dont résultent tout à la fois l'univers et le temps dans lequel il évolue. C'est le passage violent et quasi instantané de la singularité à la pluralité.

Au Ve siècle avant notre ère, Empédocle d'Agrigente professait une théorie « de toutes choses » selon laquelle le monde s'expliquait par la présence des « quatre éléments » fondamentaux (air, terre, eau, feu), dont les agrégats divers constituent toute la diversité des êtres grâce à l'action de deux forces qui s'opposent : une force de dissociation et une force d'assemblage, auxquelles il donne les noms figurés de « haine » et « amour ». Voici l'un des fragments conservés de ce savant qui s'exprimait en vers

---

20. Sartre s'était engagé contre cette guerre notamment dans sa préface à *La Question* d'Henri Alleg.
21. Peut-être sur le modèle de Brecht qui, dans *La Résistible ascension d'Arturo Ui* (1941), termine la pièce sur la prophétie menaçante d'un futur Hitler toujours possible (« le ventre est encore fécond, d'où est sortie la bête immonde »).

« homériques », selon l'usage suivi par beaucoup à l'époque dans le sillage d'« Homère » :

> [...]
> tantôt par l'Amour ensemble ils [les quatre éléments] constituent
> Une unique ordonnance, tantôt chacun d'entre eux
> Se trouve séparé par la Haine ennemie,
> Jusqu'à ce qu'au rebours en un Un ils s'assemblent
> Et en se soumettant donnent naissance au Tout.
> Et il en va ainsi, dans la mesure où l'Un
> A appris comment naître à partir du Multiple.
> Et lorsque de nouveau, de l'Un dissocié
> Le Multiple surgit, là les choses renaissent
> Pour une vie précaire ; et dans la mesure où
> Elles pourvoient sans cesse à leur mutuel échange,
> Elles demeurent ainsi, en cercle, immobiles[22].

On est confronté à l'intuition d'un vaste et double mouvement alternatif du monde allant tantôt de l'un au multiple, tantôt du multiple vers l'un pour recommencer indéfiniment. À l'évidence, Empédocle ne disposait d'aucun appareil scientifique qui lui aurait permis de vérifier cette hypothèse, et c'est en quoi justement notre situation actuelle diffère de la sienne. La traduction mot à mot du fragment, passant du grec au français ou à n'importe quelle langue d'aujourd'hui, nous donne au mieux le sens de ce qu'Empédocle a voulu dire, mais la « traduction » au sens de la transmission, de l'inclusion dans notre actualité des savoirs, est en fait constituée par la manière dont l'intuition géniale s'intègre à la théorie du « big bang ». En effet, si l'on nous livre des informations « grand public » selon lesquelles l'univers (en tous cas celui que nous pouvons observer) est dans une phase d'expansion, on n'en suppose pas moins qu'un « big crunch » interviendra qui renversera le mouvement. La « traduction » d'Empédocle, ici aussi, est complète, comme dans les cas de Sapphô et d'Euripide. Nous avons les mots du texte ancien, nous avons la traduction « interlinguale » dans le rendement du mot à mot original en un mot à mot actuel, et nous avons la traduction « intralinguale », ou son équivalent, dans l'intégration de son hypothèse aux données de l'astrophysique contemporaine telle que le public non spécialisé peut la saisir. Cette

---

22. Empédocle, Fragment 26 D.-K., *Les Présocratiques*, tr. Jean-Paul Dumont, Paris, Gallimard, « Bibliothèque de la Pléiade », 1988.

dernière précision a son importance : l'héritage n'est vraiment transmis que si les héritiers l'acceptent.

Pour conclure, on dira que la position des langues anciennes face au monde moderne relève bel et bien d'une série d'opérations assimilables à des formes de traduction. Non seulement le passage à l'écriture a mobilisé des compétences de translation qui impliquent une révision complète de la donnée orale et une vive conscience des intérêts du public à l'intention duquel on allait ainsi fixer dans l'écriture ce qui risquait de cesser d'être mouvant, mais la transmission de la donnée écrite relève à son tour d'une opération d'assimilation qui dépasse la simple traduction mot à mot. Toutes ces opérations peuvent être situées dans la ligne d'une observation de Jean Piaget[23], selon laquelle le savoir ne procède pas par addition d'éléments successifs, mais par révision continuelle de l'ensemble des savoirs lorsque des connaissances nouvelles surgissent. Ainsi, la volonté de « conserver » et de « traduire » les textes du passé transmis dans les langues anciennes répond à un projet dynamique : se donner les moyens d'identifier la nouveauté, se donner les moyens de se l'approprier. Contrairement à ce que pouvaient craindre les adversaires de l'écriture, c'est une victoire du mouvement. L'amnésie d'une société, s'il est possible de l'imaginer, mènerait cette société à l'immobilisme d'un continuel recommencement des erreurs commises. L'écriture, ainsi que les bases de données informatiques, constituent au contraire des adjuvants d'une mémoire sans laquelle il n'est pas de nouveauté possible. Et l'on constate que la traduction au sens noble du terme, la traduction-transmission, celle qui fait du mémorable un « savoir au présent », est une condition de son bon usage.

Université de Genève

---

23. Cf. Jean Piaget, *Le Structuralisme*, Paris, PUF, « Que sais-je ? », 1968.

Retraducteurs à l'œuvre

« A dress of French gray » :
Retraduire *Villette* de Charlotte Brontë, au risque du grisonnement

VÉRONIQUE BÉGHAIN

Résumé
S'appuyant sur l'examen comparé de deux traductions du *Villette* de Charlotte Brontë, cet article se propose de mettre en évidence l'apport d'une retraduction contemporaine du roman, nécessairement inscrite dans le renouveau critique bienvenu dont fait l'objet l'œuvre de Brontë. La retraduction permet notamment de restituer le plurilinguisme et la polyphonie du texte, étroitement articulés dans ce roman et témoins cruciaux, avec l'intertextualité et l'écholalie du texte, de la réflexivité d'une œuvre qui met en scène l'accession à l'écriture en la représentant comme l'émergence d'une langue singulière dans l'interlangue de son époque. Les formes hybrides de discours rapporté, au cœur de cette entreprise comparatiste, constituent ainsi un *corpus* de choix pour aborder la réflexion sur la diversité linguistique et sur la traduction qu'entreprend *Villette* à bien des égards.

Abstract
Relying on a comparative study of two translations of Charlotte Brontë's *Villette*, this article aims at pointing out the relevance of a contemporary retranslation of the novel, inevitably framed within the welcome critical renewal surrounding Brontë's works. Retranslation allows for an accurate restitution of the plurilingual and polyphonic dimension of the text, which, along with intertextuality and echolalia, crucially testifies to the reflexive character of a work staging the access to writing while representing it as the emergence of a specific language within the « interlanguage » of its time. The hybrid forms of reported speech which this comparative examination focuses upon thus constitute a choice *corpus* to approach the reflection on linguistic diversity and translation which *Villette* undertakes in multiple ways.

Peut-on traduire *Villette* ? Peut-on traduire un texte qui témoigne, de diverses manières, de la défiance de son auteur à l'endroit de la traduction ? On en prendra pour première illustration ce commentaire de la narratrice, Lucy Snowe, tandis qu'elle écoute le professeur Paul Emanuel lisant Shakespeare à ses élèves : « Of course, the translation being French, was very inefficient ; nor did I make any particular effort to conceal the contempt which some of its forlorn lapses were calculated to excite »[1]. La traduction de Shakespeare, « étant en français », laisse donc « grandement à désirer »… Certes, c'est la narratrice qui s'exprime là, et non l'auteur, si inspirée la vie de Lucy Snowe soit-elle de celle de Charlotte Brontë. Mais ce passage signale peut-être d'emblée à sa manière la défiance propre à Brontë, même si l'essentiel de son ambivalence à l'égard de la traduction se manifeste ailleurs, comme on va le voir. Pourquoi, dès lors et *a fortiori*, retraduire *Villette* ? Ce n'est pas au premier chef au traducteur qu'il appartient de répondre à ce genre de question, la décision de faire retraduire une œuvre appartenant pour l'essentiel aux éditeurs, tandis que les traducteurs ne jouent que ponctuellement le rôle de prescripteurs. C'est toutefois à cette question que je m'efforcerai de répondre ici.

Il existe à ce jour, à ma connaissance, trois traductions et une adaptation littéraire de *Villette*, sans parler d'une adaptation cinématographique pour la télévision (BBC 2) datant de 1970 : la traduction d'Albine Loisy et Brian Telford, parue en 1932, rééditée en 1979 chez Gallimard, épuisée ; celle de Gaston Baccara, parue en 1958 chez Marabout, rééditée en 1990 dans la collection Bouquins chez Robert Laffont ; la mienne, à paraître dans la Pléiade, chez Gallimard, en 2012 ; et, pour finir, une adaptation non datée, mais vraisemblablement de 1950[2], que l'on doit à un(e) certain(e) R. Villemin, parue dans la collection « L'éventail », aux éditions Marguerat. Dans le cadre du présent travail, j'ai choisi de m'intéresser exclusivement à la traduction de Baccara, la seule qui soit véritablement disponible à l'heure actuelle. Il m'a paru plus pertinent, par ailleurs, compte tenu de l'espace limité dont je disposais pour la démonstration présente, de m'arrêter sur un éventail significatif de questions et d'illustrations puisées

---

1. Charlotte Brontë, *Villette* [1853], Oxford, Oxford University Press, « Oxford World's Classics », 2000, p. 330. Dorénavant [Brontë 1853].
2. L'impression est datée de 1950.

dans le même *corpus* plutôt que de balayer, nécessairement trop hâtivement, les *corpus* propres aux diverses traductions, dont les partis pris singuliers apparaîtraient moins nettement. J'ai ainsi choisi de présenter mon entreprise comparatiste en la déclinant selon plusieurs axes, avant d'esquisser en conclusion un argumentaire plaidant en faveur de la retraduction de *Villette*. Tout en insistant principalement sur le traitement du discours rapporté et du français, j'aborderai en outre, pour éclairer cette réflexion centrée sur la traduction de la polyphonie et du polylinguisme, les références culturelles, la dimension réflexive du roman et le binarisme lexical. Une remarque pour clore cette introduction : par nécessité, j'attribue à Baccara des choix qui ne sont peut-être pas entièrement les siens, la part du travail éditorial étant, comme toujours, difficilement mesurable.

Les références culturelles

Le texte de *Villette* se nourrit, parfois à saturation, de références à d'autres textes : de John Milton à Robert Burns, en passant par Mrs. Barbauld et la mythologie gréco-latine, Lucy Snowe ne cesse de renvoyer son « lecteur » à d'autres lectures. Les œuvres de Shakespeare et la Bible se taillent une place de choix dans cette bibliothèque vers laquelle *Villette* redirige ses lecteurs à intervalles réguliers, à la façon d'une page Web truffée de liens hypertextuels vers autant d'ouvrages virtuels, que l'utilisateur peut choisir d'ignorer ou d'explorer.

Or, il n'est pas rare que la traduction de Baccara déleste *Villette* de l'indexation ponctuelle qu'opèrent les comparaisons ou métaphores renvoyant à cette bibliothèque virtuelle. On trouvera ci-dessous quelques exemples frappants d'omission pure et simple de la référence :

> 1
> But now at last I had him: there he was – the very *brownie* himself ; […] Provoked at this particular, and yet pleased to surprise him – pleased, that is, with the mixed feeling of the housewife who discovers at last *her strange elfin ally busy in the dairy at the untimely churn* – I softly stole forward, stood behind him, bent with precaution over his shoulder. [Brontë 1853, p. 343 ; sauf indication contraire, c'est moi qui souligne]

Cette fois je le tenais, lui, en chair et en os ! [...] Cette découverte m'irrita plutôt, je l'avoue. Mais cependant, ravie de pouvoir le surprendre – et je dois dire que j'éprouvais un sentiment analogue à celui d'une maîtresse de maison qui découvrirait enfin *le gamin du voisinage qui venait toujours, en cachette, fouiller chez elle à des heures indues* –, je m'avançai sur la pointe des pieds, m'arrêtai derrière lui et me penchai prudemment par-dessus son épaule[3].

Mais je le tenais enfin, à présent : il était là, le *farfadet* en personne, [...]. Agacée par ce détail, mais éprouvant malgré tout du plaisir à le surprendre – éprouvant, à vrai dire, le plaisir partagé de la ménagère qui découvre enfin *l'étrange elfe qu'elle a pour allié occupé à la laiterie à baratter le lait de manière intempestive* –, je m'approchai sans bruit, me postai derrière lui, me penchai avec circonspection par-dessus son épaule[4].

2
I had a sudden feeling as if I, who had never yet truly lived, were at last about to taste life : in that morning my soul *grew as fast as Jonah's gourd*. [Brontë 1853, p. 48]

[...] et moi, qui n'avais jamais vraiment vécu jusqu'ici, j'eus soudain la sensation que j'allais enfin goûter à la vie : à cet instant, mon âme *prit conscience d'elle-même*. [Baccara 1958, p. 470]

[...] j'eus tout à coup le sentiment que, moi qui n'avais encore jamais vraiment vécu, j'étais enfin sur le point de goûter à la vie. Ce matin-là, mon âme *grandit aussi vite que le ricin de Jonas*. [Béghain 2012]

3
Did I, do you suppose, reader, contemplate venturing again within that worthy priest's reach ? As soon should I have thought of walking *into a Babylonish furnace*. [Brontë 1853, p. 162-163]

Croyez-vous, lecteur, que j'aie songé un seul instant à m'aventurer une fois encore à portée de ce prêtre, tout digne qu'il fût ? Pas plus que je ne me serais décidée à me jeter *dans le feu*. [Baccara 1958, p. 576]

3. Charlotte Brontë, *Villette*, tr. Gaston Baccara, Paris, Robert Laffont, « Bouquins », 1990 [1958], p. 741. Dorénavant [Baccara 1958] ; sauf indication contraire, c'est moi qui souligne.
4. Charlotte Brontë, *Villette*, tr. Véronique Béghain, Paris, Gallimard, « Bibliothèque de la Pléiade », à paraître en 2012. Dorénavant [Béghain 2012]. Sauf indication contraire, c'est moi qui souligne.

Croyez-vous, lecteur, que je songeai à me risquer de nouveau à proximité de ce brave curé ? Autant me précipiter *dans une fournaise babylonienne*. [Béghain 2012]

4
[...] my dear letters (most dear still, *though Ichabod was written on their covers*) might be consumed by vermin [...]. [Brontë 1853, p. 295]

Ces lettres si chères – plus chères encore, *parce que du « passé »* – courraient le risque d'être détruites par la vermine [...]. [Baccara 1958, p. 699]

[...] mes précieuses lettres (toujours aussi précieuses, *même si elles étaient marquées au sceau d'Ikabod*) pourraient être mangées par les rongeurs [...]. [Béghain 2012]

Dans le cas des allusions au *Songe d'une nuit d'été* (exemple 1), le traducteur était vraisemblablement dépourvu d'une familiarité suffisante avec l'œuvre de Shakespeare pour en repérer la rémanence dans le texte de Brontë – ce qui n'explique pas, pour autant, la substitution du « gamin du voisinage » à l'elfe du texte original...

L'effacement d'un certain nombre de références bibliques par Gaston Baccara (exemples 2, 3, 4) est, quant à lui, d'autant plus frappant que l'on peine à imaginer que Baccara ne les ait pas identifiées, d'autant plus que, par ailleurs, le texte biblique constitue un intertexte majeur de *Villette*. En l'absence de commentaire disponible de Baccara sur sa propre traduction, on ne peut que se livrer à des conjectures concernant cette stratégie de traduction récurrente. Sans doute peut-on y voir, au premier chef, la manifestation d'un rapport différencié au texte biblique dans les cultures catholique et protestante, l'histoire littéraire fournissant de nombreux exemples de ce que le texte biblique, mieux connu des protestants que des catholiques, informe les littératures issues des cultures protestantes beaucoup plus que celles issues du monde catholique. Dès lors, on peut supposer que Baccara (ou son éditeur) a cherché à adapter l'œuvre à un public francophone majoritairement catholique, afin de la rendre en quelque sorte plus « digeste ».

La dimension réflexive du roman : l'écriture d'une écriture

Concernant les effets de cette occultation ponctuelle des renvois à la Bible dans le texte produit par Baccara, il convient sans doute de les considérer sous l'angle plus large de la minimisation des « effets de texte » voulus par Brontë. La convocation récurrente d'intertextes divers par l'auteur participe de l'accentuation du caractère livresque du récit de Lucy, ce que Baccara paraît rechigner à prendre en compte.

Ainsi sa traduction efface-t-elle parallèlement, en plusieurs endroits, les indices d'une mise en relief par Brontë de la dimension littéraire du récit de Lucy Snowe. On en prendra pour preuve les deux extraits suivants.

> 1
> *Till the date at which the last chapter closes*, M. Paul had not been my professor – he had not given me lessons [...]. [Brontë 1853, p. 350]
>
> M. Paul n'avait jamais été mon professeur, c'est-à-dire qu'il ne m'avait jamais donné de leçons proprement dites. [Baccara 1958, p. 748]
>
> *Avant la date sur laquelle se referme le chapitre précédent*, M. Paul n'avait encore jamais été mon professeur et ne m'avait encore jamais donné de cours [...]. [Béghain 2012]
>
> 2
> I liked her. It is not a declaration I have often made concerning my acquaintance, *in the course of this book* ; the reader will bear with it for once. [Brontë 1853, p. 371]
>
> Je l'aimais bien. Je n'en ai pas dit autant de beaucoup de mes connaissances, *le lecteur en conviendra*. Il m'excusera donc : je l'aimais bien ! [Baccara 1958, p. 766]
>
> Je l'aimais bien. Ce n'est pas le genre de déclaration que j'aie fréquemment faite dans le cours de ce livre ; le lecteur voudra bien s'en accommoder, pour une fois. [Béghain 2012]

La suppression par Baccara de la mention du « chapitre » (exemple 1) et du « livre » (exemple 2) signale vraisemblablement sa résistance à l'idée de laisser affleurer, comme le fait Brontë dans le texte original, le pan scriptorial, sinon auctorial, du personnage de Lucy Snowe. En gommant ces renvois au livre, il minimise tout ensemble la mise en exergue par Lucy de son propre travail d'écriture et de re-construction, la dimension rétrospective de son texte, mais aussi le caractère réflexif du roman de Brontë, qui n'est pas exempt d'une dimension métatextuelle, lisible notamment dans le traitement qu'elle fait de la polyphonie, que je vais aborder à présent.

La polyphonie : le discours rapporté

C'est peut-être au premier chef parce qu'ils relèvent de ce que Jean-Jacques Lecercle appelle « monstres de la langue » ou « constructions illicites »[5] et qu'en eux se trouve concentrée une grande part des enjeux propres à l'écriture romanesque et à *Villette* que j'ai souhaité réserver aux formes hybrides de discours rapporté une place de choix dans cet examen comparé de deux traductions de *Villette*. Par ailleurs, comme le souligne Laurence Rosier, « le plurilinguisme [...] se pose déjà, dans la question du discours rapporté, lorsqu'on a affaire à des énonciations fortement marquées du point de vue idiolectal et sociolectal », ajoutant que « les pratiques plurilingues peuvent aisément être considérées comme des pratiques dialogiques ou polyphoniques, à côté de celles, plus communément admises, du discours rapporté »[6]. Or, plurilinguisme et polyphonie se trouvent, de manière symptomatique, étroitement articulés dans *Villette*, roman en anglais largement parasité par le français.

> 1
> [...] By and by, he again accosted me.
> « Had I not been ill ? » he wished to know : « he understood I had. »
> « Yes, but I was now quite well. »
> « Where had I spent the vacation? »
> « Chiefly in the Rue Fossette ; partly with Madame Bretton. »
> « He had heard that I was left alone in the Rue Fossette ; was that so ? »
> « Not quite alone : Marie Broc » (the crétin) « was with me. » [Brontë 1853, p. 202]

---

5. Cité par Monique De Mattia-Viviès, « De la porosité des formes du discours rapporté aux cas de déconnection forme / sens dans l'univers du récit », *in* Catherine Delesse (éd.), *Discours rapporté(s). Approche(s) linguistique(s) et/ou traductologiques*, Arras, Artois Presses Université, 2006, p. 48.
6. Laurence Rosier, « Discours rapporté et diversité des langues : quelques problèmes relatifs à la polyphonie et au plurilinguisme », *in* Catherine Delesse (éd.), *Discours rapporté(s). Approche(s) linguistique(s) et/ou traductologiques*, op. cit., p. 13.

[…] Il revint bientôt vers moi et me demanda « si je n'avais pas été malade ; qu'on le lui avait raconté ».
– En effet, mais je suis tout à fait remise, maintenant.
– Où avez-vous passé vos vacances ?
– À la rue Fossette et, en partie, chez Mme Bretton.
– On m'a dit que vous étiez restée seule, rue Fossette, est-ce vrai ?
– Pas tout à fait seule : Marie Broc (l'innocente) y était avec moi. [Baccara 1958, p. 613]

[…] Il ne tarda pas à m'entreprendre de nouveau. N'avais-je pas été souffrante ? Il avait cru comprendre que je l'avais été. En effet, mais je me portais très bien à présent. Où avais-je passé les vacances ? Principalement rue Fossette ; en partie, chez Madame Bretton. Il avait entendu dire que j'étais restée seule rue Fossette ; était-ce exact ? Pas tout à fait seule : Marie Broc (la *crétine**)[7] se trouvait avec moi. [Béghain 2012, italiques dans le texte]

2
I know not whether I was more amused or provoked, by his stepping up to me one morning and whispering solemnly that he « had his eye on me […]. On his faith, he believed I went out six days in the seven. »
  I said, « Monsieur exaggerated. I certainly had enjoyed the advantage of a little change lately, but not before it had become necessary ; and the privilege was by no means exercised in excess. »
  « Necessary ! How was it necessary ? I was well enough, he supposed ? Change necessary ! He would recommend me to look at the Catholic "religieuses," and study *their* lives. *They* asked no change. » [Brontë 1853, p. 302, italiques dans le texte]

Je ne sais ce que je fus davantage – amusée ou irritée – quand il vint vers moi un matin et me déclara avec mystère « qu'il avait l'œil sur moi […]. Sa parole ! J'étais dehors six jours sur sept ! »

---

7. Le texte original de *Villette* comportant de nombreux termes, expressions et passages en français, on a choisi des stratégies différenciées pour signaler leur présence. Les termes français lexicalisés en anglais apparaissent sans signe distinctif. Les termes qui apparaissent dans des passages narratifs sans être particulièrement mis en valeur par Brontë apparaissent dans la traduction en italiques avec un astérisque. Ceux qui apparaissent entre guillemets dans le texte original apparaissent également entre guillemets dans la traduction, en italiques, mais sans astérisque, de manière à alléger la typographie. Ceux qui sont prêtés aux personnages dans des dialogues et apparaissent dans les dialogues originaux en italiques sont reproduits tels quels, en italiques et sans astérisque.

> Je dis que : « Monsieur exagérait. J'avais certes joui d'un peu de liberté et bénéficié, dans les derniers temps, d'un peu de variété dans mon existence, mais pas avant que la nécessité ne s'en fût fait sentir, et je n'en avais absolument pas abusé ».
> « La nécessité ! Comment ça, la nécessité ? Il supposait que je me portais bien… alors ? La nécessité d'un changement ! Il me conseillait vivement de songer aux *religieuses* catholiques et d'étudier leurs vies. Avaient-elles besoin de changement, elles ? » [Baccara 1958, p. 705, italiques dans le texte]

> Je ne sais ce qui l'emporta de l'amusement ou de l'agacement lorsque je le vis, un matin, s'approcher de moi pour me chuchoter gravement à l'oreille qu'il m'avait à l'œil […]. En toute bonne foi, il lui semblait bien que je sortais six jours sur sept.
> Je répondis que Monsieur exagérait. J'avais sans aucun doute pu profiter d'un petit changement dernièrement, mais pas avant que cela ne fût devenu nécessaire ; et je n'abusais en rien de ce privilège.
> Nécessaire ! En quoi était-ce nécessaire ? Il imaginait que je me portais fort bien. Un changement nécessaire ! Il me recommandait de prendre exemple sur les « *religieuses** » catholiques et de m'inspirer de leur vie à elles. Elles ne réclamaient pas de changement, elles. [Béghain 2012, italiques dans le texte]

Dans l'exemple 1, Lucy dialogue avec M. Paul et Brontë utilise du discours indirect libre encadré cependant par des guillemets ; Baccara choisit du discours direct, tandis que j'ai choisi du discours indirect libre sans guillemets. Dans l'exemple 2, Baccara calque ses choix sur ceux de Brontë (discours indirect libre encadré par des guillemets) tandis que je maintiens le choix fait précédemment (discours indirect libre sans guillemets).

M'interrogeant sur les raisons pour lesquelles Brontë optait ponctuellement pour ces formes hybrides de discours rapporté et ne me trouvant pas satisfaite par la possibilité de n'y voir que la seule manifestation d'un désir de varier les formes, j'ai été amenée à repérer des constantes dans leurs modalités d'apparition dans le texte de *Villette*. Ces formes hybrides apparaissent principalement lorsque la narratrice rapporte des propos tenus par le professeur Paul Emanuel. On note, en outre, qu'elles sont le plus souvent encadrées par des dialogues rapportés au discours direct, qui incluent pour tout ou partie des phrases ou mots en Français. Enfin, dans la plupart des cas, Lucy Snowe y a recours lorsque les propos rapportés du professeur témoignent d'une grande dureté à son endroit et/ou qu'elle s'amuse de lui.

Il faut dire, ou redire, toute l'ambiguïté dont sont affectés, de manière générale, les marqueurs d'oralisation dans le récit, parmi lesquels les guillemets. Ceux-ci agissent en effet selon une double polarité, étant d'un côté le signe même d'un détachement du discours rapporté par rapport à la source qu'est le narrateur, de l'autre le témoin, comme le dit Claire Pégon à propos des « marques d'oralisation – phoniques et prosodiques – », de ce que « l'emprise en coulisse du narrateur-scripteur se resserre »[8].

Par ailleurs, la critique, féministe notamment, a régulièrement insisté sur le traitement particulier de la voix des femmes dans l'œuvre de Brontë[9], et notamment dans *Villette*, mettant en évidence les stratégies employées par Brontë pour rendre compte du silence auquel ses héroïnes sont souvent réduites. Parallèlement, certains critiques ont souligné le fait que Brontë donnait à Lucy Snowe la maîtrise de son récit en la plaçant, à l'échelle globale du roman, en position de narratrice-scripteur. Le recours à du discours indirect libre encadré par des guillemets, lorsque Lucy rapporte ses échanges avec M. Paul, parangon de la tyrannie masculine exercée sur le discours féminin, paraît ainsi avoir pour vertu de mettre en relief la maîtrise dont Lucy Snowe jouit malgré tout, puisque c'est filtré par elle, ironisé par là même, que le discours autoritaire, non dénué de perversité, de M. Paul nous est restitué. Une mise à distance s'opère, qui sert la visée ironique de Brontë. Le discours indirect libre présenté comme du discours direct s'apparente à une métalepse, puisqu'il conjugue un « faire » (la citation des propos de M. Paul) et un « dire » (la circonscription par Lucy de cette citation à l'intérieur de son propre paysage mental). Cette hybridité opère ainsi comme un marqueur de l'autonomisation de Lucy et du contrôle croissant qu'elle exerce sur les agressions verbales asphyxiantes dont elle est victime, grâce à quoi elle finit par acquérir le statut d'un scripteur, maître de son récit. Il n'est pas anodin, à ce titre, que le choix de cette forme hybride dans les dialogues confrontant M. Paul et Lucy soit concomitant de l'accession du personnage de Lucy à une forme de liberté et d'émancipation du joug de ce dernier, émancipation que favorise notam-

---

8. Cité dans Monique De Mattia-Viviès, « De la porosité des formes du discours rapporté aux cas de déconnection forme / sens dans l'univers du récit », *loc. cit.*, p. 31.
9. Cf. Gaïane Hanser, « Women's Voices in Charlotte Brontë's Novels », *Nexilis*, vol. II, 2009, http://www.revuenexilis.org/Issue%202/GaianeHanserNexilis.pdf (consulté le 15/5/2010).

ment le retour des Bretton sur le devant de la scène et les échappées hors du pensionnat qui en résultent.

Aussi m'arrêterai-je sur un dernier exemple, révélateur à mon sens de ce qui sous-tend les stratégies discursives de Brontë :

3
« Not exactly. I am ignorant, monsieur, in the knowledge you ascribe to me, but I *sometimes*, not *always*, feel a knowledge of my own. »
« What did I mean ? » he inquired, sharply. [Brontë 1853, p. 355, italiques dans le texte]

– Pas exactement, monsieur. J'ignore tout des choses dont vous m'attribuez la connaissance, mais *parfois*…, pas *toujours*…, j'ai l'impression de savoir quelque chose.
– Comment l'entendez-vous ? demanda-t-il vivement. [Baccara 1958, p. 752, italiques dans le texte]

« Pas tout à fait. Je ne possède pas, *monsieur**, le savoir que vous me prêtez, mais, parfois, pas toujours, mes sentiments me donnent un savoir qui m'est propre. »
Que voulais-je dire ? me demanda-t-il, sur un ton sec. [Béghain 2012, italiques dans le texte]

Brontë a choisi de conjuguer du discours direct pour Lucy et du discours indirect libre pour M. Paul, ce que j'ai reproduit, sans les guillemets toutefois, tandis que Baccara uniformise les formes du discours rapporté, choisissant pour les deux locuteurs du discours direct. Alors que l'enjeu de cette conversation est, de manière non incidente me semble-t-il, le savoir et l'ignorance, la mixité choisie par Brontë peut paraître révélatrice de l'autonomisation de Lucy à ce stade, de son accession à l'indépendance que donne justement le savoir, de son éclosion à sa propre parole et de la relégation concomitante de la parole de M. Paul à un simple écho, médiatisé par le discours indirect libre. Les guillemets peuvent également, dans tous ces exemples, être envisagés à l'aune de la réflexion sur la diversité linguistique et sur la traduction qu'entreprend *Villette* à bien des égards. On peut ainsi tenir que les guillemets encadrant le discours indirect libre ont notamment pour fonction de signaler discrètement que la narratrice traduit les propos de M. Paul pour le bénéfice du lecteur, cette marque de ponctuation traditionnellement utilisée comme marqueur privilégié d'un effet de citation devenant une manière de signalétique apte à rendre compte d'un effet de translation et d'une distance entre l'original et sa traduction, témoin de l'opération traductive que Brontë et sa narratrice, sans la pointer du doigt, cherchent néanmoins à faire voir, à représenter.

C'est dans cette perspective que l'on comprendra ma propre stratégie d'effacement des guillemets, ce marquage de l'opération traductive perdant de sa lisibilité dans le texte traduit en français. Mais cet effacement résulte également d'une volonté d'accorder mes choix de traduction avec le respect des formes canoniques de discours rapporté en français et de fonder mes stratégies sur l'observation statistique de ce qui se pratique dans l'une et l'autre langue. On sait que la porosité des frontières entre les différentes formes de discours rapporté est plus grande en anglais qu'en français et, si pareille hybridité n'a en anglais rien d'exceptionnel, elle peut être considérée en français comme un phénomène remarquable. Monique De Mattia-Viviès souligne ainsi que « le français offr[e] moins de latitude que l'anglais en matière de porosité »[10]. Le choix que fait Gaston Baccara de maintenir ces guillemets entre d'ailleurs étonnamment en discordance, sur ce point, avec l'approche globalement et résolument « cibliste » qui paraît être la sienne.

Le traitement du français

Sur un point au moins, les différentes traductions se rejoignent : l'inclusion occasionnelle par Brontë de traductions de termes ou expressions en français, se donnant explicitement pour telles, ne peut donner lieu à une quelconque traduction :

> « [...] They have rung the bell for the second déjeuner » (*i.e.*, luncheon). [Brontë 1853, p. 355]
> On a sonné la cloche du *déjeuner**. [Béghain 2012, italiques dans le texte]
>
> I had been vaguely told that she was a « filleule, » or god-daughter, of M. Emanuel's [...]. [Brontë 1853, p. 359]
> On m'avait vaguement dit qu'elle était une « *filleule** » de M. Emanuel [...]. [Béghain 2012, italiques dans le texte]

---

10. Monique De Mattia-Viviès, « De la porosité des formes du discours rapporté aux cas de déconnection forme / sens dans l'univers du récit », *loc. cit.*, p. 49.

La traduction en français de ces segments de traduction à visée explicative formulés en anglais conduit nécessairement à leur effacement, puisque non seulement le lectorat visé, francophone, peut se dispenser de ces incises, mais, en outre, leur traduction ne saurait être que redondance absurde. Ici, seuls les italiques et l'astérisque conventionnels signalent, comme ailleurs, du reste, que Brontë a recours au français, sans pour autant que soit restituée sa démarche de traductrice. On peut le regretter car ces passages participent d'une stratégie générale visant à mettre le plurilinguisme au cœur du texte, aussi bien qu'à mettre en scène la réflexion de l'auteur sur la langue, les langues. Lucy Snowe s'arrête ainsi, au chapitre XXVII, sur les connotations différentes des termes « mon ami » et « my friend » :

> Now, « my friend » had rather another sound and significancy than « *mon ami*, » it did not breathe the same sense of domestic and intimate affection : « *mon ami* » I could *not* say to M. Paul ; « my friend, » I could, and did say without difficulty. This distinction existed not for him, however, and he was quite satisfied with the English phrase. [Brontë 1853, p. 321, italiques dans le texte]

> Or, « my friend » avait un son et un sens assez différents de ceux de « *mon ami** » ; le mot n'était pas chargé des mêmes connotations affectueuses, privées et intimes. Il m'était absolument impossible de dire « *mon ami** » à M. Paul ; « my friend », c'était possible et je le lui dis sans difficulté. Il n'y avait pas de différence à ses yeux, quoi qu'il en soit, et l'expression anglaise lui agréa tout à fait. [Béghain 2012, italiques dans le texte]

Lucy aborde ici comme incidemment, au-delà du contexte diégétique où vient se loger ce passage réflexif, la question du rapport à la langue maternelle, celle du non-recouvrement des champs sémantiques d'une langue à l'autre, produisant ainsi un discours métadiscursif qui témoigne de ce que *Villette* réfléchit et réfléchit *sur* les problématiques de traduction.

Le lexique de la traduction lui-même n'est d'ailleurs pas absent du roman, contaminant les réseaux métaphoriques du texte ici et là, comme l'atteste l'exemple suivant où la voix est en réalité le vent, dans lequel Miss Marchmont va reconnaître l'annonce d'une mort prochaine : « One February night – I remember it well – there came a voice near Miss Marchmont's house, heard by every inmate, but translated, perhaps, only by one » [Brontë 1853, p. 38].

Nombreux, cependant, sont les passages en français ne faisant l'objet d'aucune traduction de la part de l'auteur anglophone s'adressant pour l'essentiel à un lectorat anglophone – témoins d'un plurilinguisme étonnant[11]. Il n'est pas absurde de penser que Brontë choisissait délibérément, ce faisant, de confronter un peu brutalement son lectorat à la diversité des langues, quand bien même le lectorat de l'époque pouvait avoir une certaine connaissance du français. L'historien de la traduction Peter France rappelle : « In the earlier part of the century, at least, there was clearly a large section of the educated public capable of reading French novels in the original »[12]. Paru en 1853, *Villette*, dont le « monolinguisme dominant » était mâtiné de nombreuses « échappées plurilingues »[13], pour reprendre une image de Laurence Rosier, restait accessible au lectorat de l'époque. Dans une perspective historique toujours, il convient de rappeler que le littéralisme dominait à l'époque dans les pratiques traductives. Or, comme le souligne encore Peter France, « "literalism" is a slippery term in the discussion of translation. It may mean simply the desire to render the "meaning" of a text as accurately as possible. But it can also involve the deliberate choice of foreign-seeming words, expressions and constructions to suggest in the target language something of the otherness of the source language »[14]. Les nombreux emprunts opérés par Brontë, son esthétique du « décentrement culturel »[15], de la « transparence »[16], son rejet de l'« ethnocentrisme »[17], se comprennent dans un contexte aussi favorable à la diversité langagière dans les pratiques de traduction elles-mêmes ; mais *Villette* va plus loin, postulant un lectorat plurilingue, sauf à penser que

---

11. Cf. Véronique Béghain, « How do you translate French into French ? Charlotte Brontë's *Villette* as a borderline case in translatability », *Interculturality & Translation : International Review*, n° 2, 2006, p. 41-64.
12. Peter France, « Translation and its institutions in 19th century Britain », *in* Richard Trim et Sophie Alatorre (éds.), *Through Other Eyes : The Translation of Anglophone Literature in Europe*, Newcastle, Cambridge Scholars, 2007, p. 162.
13. Laurence Rosier, « Discours rapporté et diversité des langues : Quelques problèmes relatifs à la polyphonie et au plurilinguisme », *loc. cit.*, p. 26-27.
14. Peter France, « Translation and its institutions in 19th century Britain », *loc. cit.*, p. 168.
15. Henri Meschonnic, « Poétique de la traduction », *Pour la poétique II*, Paris, Gallimard, 1973, p. 309.
16. Jean-René Ladmiral, « Le prisme interculturel de la traduction », *Palimpsestes*, n° 11, 1998, p. 23-24.
17. Antoine Berman, *La Traduction et la lettre, ou l'auberge du lointain* [1985], Paris, Seuil, 1999, p. 29.

Brontë ne se souciait pas de la réception de son roman en Angleterre ou, du moins, qu'une large diffusion de son œuvre et sa compréhension exhaustive ne constituaient pas pour elle des priorités. Au-delà de ces questions de réception, toutefois, c'est un véritable choix esthétique qui est ici en jeu, puisant notamment dans un substrat autobiographique, sur lequel je ne m'attarderai pas ici[18].

En dehors des italiques susmentionnés, aucune stratégie de traduction ne peut rendre compte de manière satisfaisante de ce plurilinguisme fondateur, d'où ce « risque du grisonnement » que j'évoque dans mon titre : « a dress of French gray » [Brontë 1853, p. 110] recouvre et uniformise nécessairement, dans sa traduction française, quelle qu'elle soit, ce roman aux teintes linguistiques à l'origine beaucoup plus contrastées.

Du reste, à l'instar de ce « French gray », de nombreux objets dans *Villette* sont indexés du qualificatif « French » (« French bed », « French pantoufles »), dont on peine à restituer la « francitude ». Si « lit à la française » existe, il est en revanche difficile d'opter pour « pantoufles françaises » ou « gris français », quand bien même l'on souhaiterait faire entendre ces références constantes à la France et à sa civilisation.

Certains passages de plurilinguisme actualisé dans le discours rapporté (exemple 1) ou d'autres reposant sur la mise en scène de la dimension polylectale (exemple 2) posent, eux aussi, de sérieux problèmes de traduction.

> 1
> Then, with a certain stern politeness (I suppose he thought I had not caught the drift of his previous uncivil mutterings), *and in a jargon the most execrable that ever was heard, « Meess – play you must : I am planted there. »* [Brontë 1853, p. 133]
>
> Et froidement, mais avec une certaine politesse – peut-être croyait-il que je n'avais pas saisi toute la portée des observations qu'il venait de faire – il m'adressa la parole :
> – Mademoiselle... vous devez jouer : on m'a laissé tomber.
> Son anglais était détestable, le plus exécrable jargon qu'on pût imaginer. [Baccara 1958, p. 548]

---

18. Cf. Véronique Béghain, « How do you translate French into French ? Charlotte Brontë's *Villette* as a borderline case in translatability », *loc. cit.*, p. 49-50.

> Puis, avec une sorte de rigidité polie (j'imagine qu'il pensait que je n'avais pas compris la teneur des propos discourtois qu'il venait de grommeler) et *dans le charabia le plus détestable qu'on ait jamais entendu :*
> « *Miisse, jouer vous devez. Je suis planté ici.* [...] » [Béghain 2012]

2
I only know three phrases of English, and a few words : par exemple, de sonn, de mone, de stare – est-ce bien dit ? [Brontë 1853, p. 155]

Je ne connais que trois phrases d'anglais, et quelques mots (qu'il prononçait bien mal !), par exemple : le soleil, la lune, l'étoile... *est-ce bien dit ?* [Baccara 1958, p. 569, italiques dans le texte]

Je ne connais que trois expressions en anglais et quelques mots : *par exemple**, de seun, de moun, de staire. Est-ce bien dit ?** [Béghain 2012, italiques dans le texte]

Dans l'exemple 1, j'ai choisi un français bancal, maladroit, improbable, en quelque sorte, parce que la réplique de M. Paul était qualifiée de « charabia » (« jargon ») et qu'il convenait de rendre au premier chef, à mon sens, l'anglais hybride, métissé de français, que désignait ainsi Lucy. Baccara a lissé la réplique, la restituant dans un français correct, ce qui crée un décalage entre la réplique elle-même et le commentaire qu'en donne Lucy. Dans l'exemple 2, j'ai cherché des équivalences phoniques, audibles par un lectorat français, pour rendre la prononciation imparfaite de M. Paul. Baccara, de son côté, opte pour un ajout en lieu et place de la stratégie mimétique adoptée par Brontë, d'où l'insertion de l'incise « qu'il prononçait bien mal ! ». Impossible, quoi qu'il en soit, de conserver les termes du discours rapporté d'origine, puisqu'ils ne font sens à l'oreille que si on se les représente lus et prononcés par un anglophone : « de stare », par exemple, serait lu par un francophone sans la diphtongue ; or, sans la diphtongue, il n'y a pas de marquage de l'erreur de prononciation commise par M. Paul, d'où le choix de « de staire » dans la version française.

Le binarisme lexical

Les rythmes binaires sont, dans *Villette*, une autre manifestation du dialogue constitutif qui préside à la composition du roman, notamment sous l'avatar spécifique qu'en est le dialogue anglais-français. Ce binarisme peut s'exprimer sous une forme bi-polarisée, tandis que se trouvent opposés des notions ou des termes tels que « raison » et « passion ». Mais il repose aussi sur des redites, le même sémantisme se trouvant porté par deux termes, deux syntagmes, qui plus est coordonnés, de telle sorte que s'énonce un sens d'apparence double quand il est, en réalité, univoque : « tax and trial », « wasting and wearing » [Brontë 1853, p. 158], par exemple. Alors que le traducteur français se trouve ponctuellement handicapé par le manque de variété disponible dans tel ou tel champ lexical, j'ai choisi, pour ma part, de ne pas recourir à une stratégie d'évitement ou d'arasement de ces doublons.

1
[...] I was sitting on the hidden seat reclaimed *from fungi and mould* [...]. [Brontë 1853, p. 108]

[...] j'étais assise sur le banc dissimulé, arraché *à la moisissure et aux champignons* [...]. [Béghain 2012]

2
I awoke next morning *with courage revived and spirits refreshed* [...]. [Brontë 1853, p. 59]

Le jour suivant, je me réveillai *l'esprit tout ravigoté et pleine d'un nouveau courage* [...]. [Baccara 1958, p. 480]

Au réveil, le lendemain, *j'avais repris courage et retrouvé ma vaillance* [...]. [Béghain 2012]

Dans l'exemple 2, on note que Baccara a reculé devant la redite synonymique, lui préférant une variation plus franche, appuyée sur une lecture à mon sens erronée de « spirits », tout en se dispensant par ailleurs du parallélisme syntaxique.

Le désir de symétrie, doublé d'une inclination pour la redite, m'a paru, quant à moi, indissociable du projet d'ensemble de *Villette*. La narratrice du roman se donne en effet à voir comme une sorte de traductrice, tandis qu'elle met en scène, par ces reprises et ces symétries, les hésitations de tout traducteur face à un choix entre des synonymes, tandis encore que, ce faisant, elle exhibe ce qui apparente l'écriture à une opération de traduction, la tension entre des multiples, le jeu des équivalences, ce « dire presque la même chose » d'Umberto Eco[19] dont on peut reconnaître un possible reflet textuel dans cette écholalie du texte.

En outre, on voit régulièrement Lucy Snowe user de doublets où se font écho un terme à l'étymologie latine et un synonyme à l'étymologie anglo-saxonne : « strait » (dérivé de *strictus* < *stringere* = serrer) et « narrow », dans « this strait and narrow path » [Brontë 1853, p. 108], adjectifs que j'ai traduits, faute de mieux, par « étroit » et « étranglé », compensant la perte nécessaire de la double étymologie par un jeu allitératif sur les sonorités, tout en m'efforçant de préserver la redite et de singer le choix d'un rythme syllabique ascendant. Baccara rechigne, là encore, à opter pour des synonymes et préfère verser dans le faux-sens en traduisant « chemin étroit et négligé » [Baccara 1958, p. 525]. L'oscillation entre deux champs étymologiques, deux sphères linguistiques donc, ici exhibées côte à côte et coordonnées qui plus est, m'apparaît comme un symptôme du plurilinguisme affiché et programmatique de *Villette*.

Il se dessine à présent un argumentaire plaidant en faveur d'une retraduction de *Villette*. On peut ainsi arguer que *Villette* méritait d'être retraduit au premier chef parce la traduction de Baccara ne donne pas la pleine mesure du caractère réflexif du roman. Par « réflexif », j'entends que ce roman est tout ensemble le lieu d'une réflexion sur l'accession à l'écriture, sur le rapport à la langue et aux langues, maternelle et étrangère, et l'espace d'une re-création de l'expérience de l'étranger sur le mode du reflet, à travers l'utilisation singulière que Brontë fait du français notamment. Ce faisant, Lucy peut nous apparaître comme une incarnation du traducteur, aussi invisible que lui, quoique pas moins maîtresse du jeu qu'il ne l'est : en témoignent ses multiples stratégies de traduction, plus ou moins manifestes. Mais elle est aussi, à sa manière, en croisade contre la traduction. Entre les deux pôles que pourraient être, dans la mise en scène du plurilinguisme, « polylinguisme militant » et « polyphonie », Lucy, et avec elle Brontë, choisit peut-être plus ostensiblement le premier, jouant plus fréquemment de « la diversité langagière » que de « l'ambiguïté polypho-

---

19. Umberto Eco, *Dire presque la même chose. Expériences de traduction* [*Dire quasi la stessa cosa : Esperienze di traduzione*, 2003], tr. Myriem Bouzaher, Paris, Grasset, 2006.

nique »[20]. Lucy Snowe, *alter ego* romanesque de l'auteur, nous tend la figure captivante d'un écrivain non seulement conscient de ce que l'entreprise de l'écrivain consiste toujours à faire émerger une langue singulière de « l'interlangue »[21] de son époque, mais aussi déterminé à souligner, jusque dans le refus de traduire, l'irréductible altérité où puise toute écriture véritablement neuve.

Université Bordeaux 3

---

20. Cf. Laurence Rosier, « Discours rapporté et diversité des langues : Quelques problèmes relatifs à la polyphonie et au plurilinguisme », *loc. cit.*, p. 19.
21. J'emprunte ici le terme à Dominique Maingueneau : « Les relations dans une conjoncture donnée, entre les variétés de la même langue, mais aussi entre cette langue et les autres, passées ou contemporaines » (cité par Laurence Rosier, « Discours rapporté et diversité des langues : Quelques problèmes relatifs à la polyphonie et au plurilinguisme », *loc. cit.*, p. 20).

Les errances d'*Ulysse*, ou *Ulysses* Astray

Bernard Hœpffner

Résumé
Fallait-il retraduire *Ulysses* de Joyce en 2004, soixante-quinze ans après sa première traduction par Auguste Morel ? Fallait-il rassembler huit (ou neuf) traducteurs pour ce faire ? Comment ont procédé ces huit (ou neuf) traducteurs ? Pourquoi retraduit-on sans cesse les classiques ? Un texte traduit existe-t-il davantage qu'un texte non traduit ? Et un texte retraduit ? Pourquoi les traductions vieillissent-elles plus vite que les originaux ? La première traduction n'est-elle qu'un débroussaillage ? Comment éviter les langues de feu pentecostales ?

Abstract
Why retranslate James Joyce's *Ulysses* into French in 2004, seventy-five years after its first translation by Auguste Morel ? Was it necessary to bring together eight (or nine) translators for this task ? How did these eight (or nine) translators proceed ? Why are the classics permanently retranslated ? Does a translated text exist more than an untranslated text ? What about a retranslated text ? Why do translations age so much faster than the originals ? Is the first translation simply a clearing of the ground ? How can one avoid the Pentecostal tongues of fire ?

> *Les compagnons d'Ulysse enfin se sont offerts ;*
> *Ils ont force pareils en ce bas univers,*
> *Gens à qui j'impose pour peine*
> *Votre censure et votre haine.*
> La Fontaine, Fables, XII, 1

Depuis le 2 juin 2004, une question est sans cesse posée aux huit traducteurs de la nouvelle version du roman de James Joyce : Pourquoi avoir voulu retraduire *Ulysses* ? Le livre avait déjà été si bien traduit de l'anglais en 1929 par Auguste Morel assisté par Stuart Gilbert, une traduction entièrement revue par Valery Larbaud, avec la collaboration du calemblouseur en personne.

La question subsidiaire est : Pourquoi en équipe, et comment vous y êtes-vous pris ?

Répondre à la première question revient à se demander pourquoi on retraduit les classiques : le poète Joseph Brodsky aurait dit que plus un texte est traduit, plus il existe, et un texte qui ne pourrait être lu que dans sa formulation originale n'aurait pas vraiment d'existence entière. Il semblerait donc qu'un texte, à mesure qu'il est traduit en diverses langues, puis retraduit, tend vers un autre « texte », suit une asymptote vers un avenir inconnu (une conclusion borgésienne pourrait être aussi que tous les textes tendent de la sorte vers un seul et ultime texte, conclusion mallarméenne assez tentante par sa sphéricité). La *Bible*, l'*Iliade* et l'*Odyssée*, la *Divine Comédie*, *Madame Bovary* ont donc une existence forte, étant donné le nombre de versions différentes qui ont été élaborées de ces œuvres, tandis que l'*Histoire du Monde* de Walter Raleigh n'en a que peu, pas plus que n'en ont les innombrables livres de Joseph Justus Scaliger, puisqu'ils n'ont jamais été traduits. *Ulysses* existerait donc un tout petit peu plus depuis 2004.

Il faut cependant se demander si ces œuvres ont de l'existence parce qu'elles sont traduites ou si elles sont traduites parce qu'elles ont de l'existence. George Steiner a pu dire que l'on reconnaît le génie d'une œuvre à ce que celui-ci transparaît même dans une mauvaise traduction[1].

---

1. Conversation entre George Steiner et Cécile Ladjali à France Culture.

Ulysses est un livre célèbre parce qu'il est traduit, mais on peut tout aussi bien dire qu'il est traduit et retraduit parce qu'il est célèbre.

Donc, deux traductions d'*Ulysses* en France, bien davantage dans d'autres pays ; mais en fait une seule aujourd'hui en France puisque, contrairement à ce à quoi Antoine Gallimard s'était engagé, ce qui nous a tous désolés, la traduction de Morel a presque entièrement disparu, la sortie de la nôtre en poche ayant fait disparaître la sienne, que l'on ne trouve plus aujourd'hui qu'en Pléiade (à 74,70 euros). Mais n'oublions pas qu'il existe également trois (au moins) versions différentes d'*Ulysses* en anglais aujourd'hui : une dans le domaine public, une continuant à rapporter des droits d'auteur à la famille Joyce et une troisième réécrite dans un anglais tristement simplifié par Danis Rose.

Et donc, la retraduction d'*Ulysses*, est également une histoire d'argent : le livre tombe dans le domaine public en France en 2011, soixante-dix ans après la mort de Joyce, et sans doute était-il important pour Stephen Joyce, le petit-fils, ainsi que pour Gallimard, d'avoir une nouvelle version bien établie sur le marché avant qu'un grand nombre de traducteurs décident de se mesurer à ce texte et à le retraduire, quand il ne sera plus nécessaire d'acheter les droits. Plus de 50 000 exemplaires de la nouvelle traduction ont été vendus à ce jour — et, malheureusement, on pourrait aisément dire qu'il s'agit du plus célèbre livre jamais lu, car j'ai pu me rendre compte que seulement cinq à dix pour cent des acheteurs l'ont réellement lu.

Cependant, si l'on relit la traduction de Morel, et si l'on écarte la nostalgie qui entoure nos premières lectures de ce livre (de même que les traductions de Kafka par Alexandre Vialatte, même fautives, ont nourri notre imaginaire en France), on ne peut que constater qu'elle a vieilli, cette traduction, qu'elle est parfois incompréhensible, alors que l'original de Joyce, s'il peut parfois être considéré par certains comme incompréhensible, lui, n'a pas vieilli le moins du monde, au contraire.

Il existe aujourd'hui un désir réel chez les éditeurs – qu'il soit lié à des questions financières ou dû à l'enthousiasme – de republier les classiques dans une nouvelle traduction : *Don Quichotte*, Dostoïevski, saint Augustin, etc. Ainsi, moins d'un an après la publication de ma traduction de *Tom Sawyer* et *Huck Finn*, voilà que L'Œil d'Or sort une nouvelle traduction par Freddy Michalski, et six ans après ma traduction de l'*Anatomie de la mélancolie* est parue une nouvelle traduction en Folio (des extraits).

Nous avons longuement réfléchi, lors des réunions mensuelles de l'équipe de traducteurs, à la différence qui pouvait exister entre une première traduction et les suivantes : qu'en est-il des traductions de Faulkner par Maurice Edgar Coindreau, de celle de l'*Attrape-Cœur* par Jean-Baptiste Rossi (plus connu sous le pseudonyme de Sébastien Japrisot) puis de celle qu'en a fait Annie Saumont trente ans plus tard, de celle de *Bartleby* par Pierre Leyris ? En quoi la nôtre différerait-elle de celle de Morel ? Sans doute une première traduction, faite plus ou moins au moment où l'œuvre originale est publiée, doit-elle être considérée comme un débroussaillage.

Débroussaillage, donc, d'un texte, d'un style encore peu analysé, mal compris ; et puis il y a chez le premier traducteur un désir évident de faire connaître l'œuvre dans sa langue à lui, de la faire « passer », et pour ce faire, il aura souvent tendance (je parle de textes dits « difficiles ») à faire « passer » l'œuvre originale sous les fourches caudines de la langue-cible – ce n'est plus saint Jérôme, c'est saint Antoine –, peut-être à oublier un peu en quoi le texte prenait la langue-source à rebrousse-poil (Larbaud, à propos de la traduction de Morel, parle de leurs efforts de « franciser jusqu'à la gauche »). Des années plus tard, après de nombreuses explications, exégèses, gloses, lectures, traductions, les traducteurs n'ont plus ce besoin, ils ont gagné une liberté d'action, le texte est déjà reconnu et ils peuvent se concentrer sur « l'ombilicalité » (terme emprunté à Thomas Browne), c'est-à-dire qu'ils ne traduisent pas vraiment de l'anglais, ils traduisent du Joyce. Ils ne demandent plus au texte de Joyce de pénétrer, bon gré mal gré, dans le moule de la langue française (on parlait autrefois du génie de la langue) ; au contraire, ils demandent aux lecteurs français de faire cet effort, d'aller vers Joyce au lieu d'attendre que Joyce fasse l'effort de venir à eux (l'ancienne distinction de Schleiermacher entre *dolmetschen* et *übersetzen* a toujours toute sa valeur).

Voilà pourquoi il faut retraduire les classiques ! N'oublions pas, toutefois, que les traducteurs ont besoin de vivre, qu'ils ont aussi envie et besoin de s'attaquer et de se confronter aux textes qu'ils aiment.

Quant à la seconde question, pourquoi huit traducteurs ? Nous étions douze autour de la table lors de la première réunion chez Gallimard, quatre sont partis rapidement (du fait des quelques remarques peu aimables de Stephen Joyce lors d'un colloque). En fait, nous avons été neuf.

Le roman est fait de seize épisodes, tous écrits dans un style différent : il était donc possible, sinon nécessaire, d'avoir seize traducteurs. En fin de compte, chacun d'entre nous a choisi les épisodes qu'il ou elle préférait. Pour moi, c'était Ithaque, Circé et Éole, et personne ne me les a disputés. Pour Tiphaine Samoyaut, c'était Pénélope, Les Lestrygons, Les Sirènes et Le Cyclope. Nous avons laissé à Auguste Morel, le neuvième traducteur, Les Bœufs du Soleil : comme il s'agit de l'épisode qui raconte l'histoire de la langue anglaise (et puisque personne ne tenait vraiment à s'y atteler) nous avions ainsi, en poupée russe, l'histoire de la traduction du livre.

Nous nous sommes réunis à Lyon tous les mois pendant trois ans, sous la direction exemplaire du maître d'œuvre, Jacques Aubert, qui avait passé quarante ans à travailler sur James Joyce et préparé l'édition en Pléiade. Chacun lisait la traduction des autres ; chacun argumentait ses désaccords et ses propositions ; chacun proposait des solutions pour les échos qui étaient parsemés d'un épisode à l'autre, et qui se retrouvaient tous, ou presque, dans Circé.

À titre d'exemple, j'ai essayé, pendant deux ans, de trouver, pour la devinette proposée par Lenehan dans Éole (« What opera is like a railway line ? » « *The Rose of Castille*. See the wheeze ? Rows of cast steel ») de trouver une solution différente de la magnifique trouvaille de Morel (que l'on trouve toujours dans les Bœufs du Soleil) : « Quel est l'opéra qui ressemble à une filature ? » « *L'Étoile du Nord*. Vous y êtes ? Les Toiles du Nord ». Tiphaine me disait avoir besoin de « Castille » pour les Sirènes (« A jumping rose on satiny breasts of satin, rose of Castille »). Elle a cependant fini par accepter que j'utilise ma solution dans Éole et Circé, laquelle a l'avantage de ramener à Homère, quoiqu'elle élimine six échos dans les Sirènes et un dans le Cyclope, comme c'était aussi le cas, d'ailleurs, chez Morel) : « Quel opéra fait penser à la tonte des moutons ? » « *L'Enlèvement d'Hélène*. Vous voyez le truc ? L'enlèvement des laines »[2]. Malheureusement, nous ne pouvions pas utiliser la traduction du jeu de mots par Morel, parce que c'était une merveilleuse trouvaille et la reprendre aurait été l'équivalent d'un plagiat.

En septembre 2002, Michel Cusin, en lacanien, propose le « re-mors de l'inextimé » pour traduire « agenbite of inwit », ce qu'accepte Jacques

---

2. J'en profite pour mentionner l'immense utilité du *Bouquet* de Claude Duneton et Sylvie Claval tout au long de cette traduction.

Aubert pour les Rochers errants. Mais il faudra attendre novembre 2003 pour que Sylvie Doizelet veuille bien les suivre dans Charybde et Scylla.

Quelques exemples de nos emails :

> « Tu trouves "chiasse" trop fort. Que dirais-tu de "Merdasse" ? »
> « Je veux bien remplacer "mamelles" par "tétons". Les "gros tétons doux qui pendaient" ont de quoi réjouir Patrick par leur allitération. Qu'en pense Jacques ? »
> « Tsouintsouin ok (Circé 483). »
> « Je conserve le blaireau de la blenno. » (Lestrygons)
> B. Hœpffner : « Si l'accusé était capable de parler il aurait tout loisir de narrer une histoire » (Circé-Lestrygons). T. Samoyault : « Je ne comprends pas quel type d'écho tu cherches ici, avec quoi ? » BH : « (p. 155, §3) : "Jack Power could a tale unfold" ». TS : « "Jack Power pourrait en dire long : son père, un poulet." Mais je peux peut-être changer. Dis-moi dans quel sens. » BH : « En tout cas, moi je ne peux pas vraiment changer, à cause de la suite, où il s'agit vraiment d'une histoire racontée ou narrée. » TS : « D'accord : j'ai mis : "pourrait raconter toute une histoire" (je préfère raconter à narrer, moins littéraire dans ce contexte). » BH : « Donc, pour moi : "Si l'accusé était capable de parler il aurait tout loisir de raconter une histoire." »

Le problème posé par « Throwaway », qui apparaît dix-neuf fois dans *Ulysses* (parfois c'est le nom d'un cheval de course, parfois il a le sens de « prospectus », parfois il est un verbe), et sur lequel nous réfléchissons depuis le début, est apparemment insoluble. Pascal, vers la fin, propose de traduire le nom par « Jetsam », ce qui permet de jouer sur « jette ça », quand l'objet devient un « prospectus ». L'écho a été divisé en deux. Proposition acceptée.

J'ajoute qu'il semblerait que les noms des membres de l'équipe ont tous pu être intégrés au texte grâce à des jeux de mots ; personne, cependant n'a pu le vérifier puisqu'ils ont, pour la plupart, été rajoutés par chacun sur épreuve et chaque fois par quelqu'un d'autre.

Encore faut-il préciser que chaque traducteur ou traductrice était uniquement responsable du texte français de son ou ses épisodes. Ce qui était d'une grande importance afin d'éviter le phénomène de langue de feu pentecostal, du traducteur collectif, ce travail de groupe qui n'aboutit le plus souvent qu'à une sorte de consensus mou, de texte sans style – voilà pourquoi seul *Ulysses* pouvait être travaillé en équipe.

Nous étions tous passionnés et, contrairement aux collaborateurs de la première traduction – qui finirent par ne plus se parler –, l'équipe aurait voulu poursuivre un travail aussi nourrissant en traduisant une autre œuvre du même type – il n'y en avait pas.

Pour conclure, je dirais que si la retraduction n'est pas une brosse à reluire, ni même à relire (peut-être une brosse à relier diverses époques de la littérature française : une analyse de toutes les retraductions d'une même œuvre, comme George Steiner l'a fait en anglais avec Homère, devient une histoire de la langue[3]), elle est la réintroduction nécessaire d'une œuvre, toujours vivante dans son pays d'origine, dans une langue où elle était soit morte, soit sur le point de mourir – parce que les traductions vieillissent. Publier Dickens aujourd'hui, comme on l'a fait dans la Pléiade, en retravaillant des traductions du XIXe siècle pour les remettre au goût du jour est une aberration absolue. J'ai traduit Robert Burton et retraduit Thomas Browne pour que les lecteurs français puissent comprendre d'où vient le style baroque de Melville, à qui il a emprunté ses longues phrases sinueuses ; j'ai retraduit *Ulysses* en équipe parce que nous voulions retrouver la vivacité d'invention et de distorsion qui est encore aujourd'hui celle de Joyce dans le texte original, pour faire la nique à la langue française comme il l'avait fait avec l'anglais ; j'ai retraduit *Bartleby*, ce texte fondamental, parce que je n'acceptais pas que « I would prefer not to », à la suite des erreurs imbéciles de Deleuze à ce sujet, puisse rester éternellement cette bêtise qu'est « je préfère ne pas » ; j'ai retraduit les *Sonnets* de Shakespeare, pour tenter de rendre un peu de sa rhétorique. Mais avant tout, il s'agit pour le traducteur de faire, pendant quelque temps, semblant d'être l'auteur qu'il traduit, de mettre ses pieds, comme a pu le dire Coleridge, sur les traces de pas qu'ils ont laissées. Pour citer Burton citant Diego de Estella qui lui-même cite Bernard de Chartres : « Un nain qui monte sur les épaules d'un géant peut voir plus loin que le géant lui-même »[4]. Car une nouvelle traduction s'intègre au *continuum* de toutes les traductions d'une œuvre dans toutes les langues, chaque retraduction étant, quoi qu'on y fasse, sinon un commentaire, du moins un compte

---

3. George Steiner, *Homer in English*, London, Penguin, 1996 (ensemble de diverses traductions en anglais de toutes les époques rassemblées par G. Steiner).
4. Robert Burton, *Anatomie de la mélancolie* [*The Anatomy of Melancholy*, 1621], tr. Bernard Hœpffner, Paris, Corti, 2000, p. 32.

rendu, et en tout cas un état des lieux de la langue-cible à un moment donné, de la connaissance d'un auteur à un moment donné (idéalement, chaque génération devrait retraduire ses classiques, disait Ezra Pound). Ma retraduction de *Huck Finn* est la première en France après la publication de *Zazie dans le métro* (ce qui signifie – juste retour des choses – que Queneau qui, comme Roubaud, a été influencé par Mark Twain, influence à son tour la nouvelle traduction de *Huck* en français – nous pourrions presque dire que le texte de Twain s'en trouve enrichi). Chez Joyce, c'est l'oralité qui prime : il a réellement écouté comment parlaient les gens et a tenté de transcrire leurs langages dans des styles tels que personne n'en avait encore jamais lu de pareil. C'est cette oralité, cette « ombilicalité », cette « corp-oralité » que nous nous sommes efforcés de recouvrer – cette corp-oralité qui semblait manquer désormais au texte de Morel, soit du fait des années passées, soit parce qu'il était trop engoncé dans les difficultés de compréhension du texte pour se laisser aller, pour y parvenir.

Lors de la retraduction d'une œuvre connue, célèbre et abondamment étudiée, il est possible de la voir de plus haut, beaucoup de choses ont été débroussaillées par les chercheurs et par la première traduction, et il est donc possible de se rapprocher davantage de l'activité créatrice de l'auteur. À quelles merveilles aboutiront dans cinquante ans les retraducteurs de Gilbert Sorrentino ou de Robert Coover, œuvres dont je suis en ce moment le débroussailleur, est une question que je me pose souvent.

Traducteur littéraire

Lalla Romano traductrice de Flaubert :
Un cas particulier de retraduction

IDA PORFIDO

Résumé
Traduire l'œuvre d'un écrivain représente souvent, pour un confrère, l'occasion d'une réflexion biaisée sur la littérature et ses enjeux. C'est sans doute ce qui a poussé nombre d'auteurs italiens à participer à l'une des aventures éditoriales les plus intéressantes et méritoires du XXe siècle : « Scrittori tradotti da scrittori », une collection publiée chez Einaudi, de 1985 à 2000. Nous avons choisi de comparer la version d'*Un Cœur simple* de Lalla Romano (Einaudi, 1994) à une traduction de la même œuvre publiée par Mondadori (1990), car ces deux traductions occupent des positions en quelque sorte antagoniques. La première se distingue par sa « désinvolture » envers l'original, tandis que la seconde semble adhérer bien davantage au texte de départ.

Abstract
For a writer, translating the work of another writer often offers a chance to reflect on the meaning of literature and its issues. This is probably what convinced many renowned Italian authors to participate in one of the most interesting and praiseworthy editorial adventures of the 20th century : the collection « Scrittori tradotti da scrittori » (« Writers translated by writers ») published by Einaudi from 1985 to 2000. In this paper, we chose to compare the version of Flaubert's *Un Cœur simple* by Lalla Romano (Einaudi, 1994) to a translation of the same work published by Mondadori (1990). It seems that these two translations are somehow antagonistic. The first shows a degree of « casualness » in regard to the source text ; the second, by contrast, seems much more source-oriented.

Traduire l'œuvre d'un écrivain représente souvent, pour un confrère, une expérience créatrice aussi bien qu'une rencontre avec un univers plus ou moins proche, et l'occasion d'une réflexion biaisée sur la littérature et ses enjeux. C'est sans doute ce qui a poussé nombre d'auteurs italiens très connus (Natalia Ginzburg, Italo Calvino, Sandro Penna, etc.) à participer à l'une des aventures éditoriales les plus intéressantes et méritoires du XXe siècle. Nous nous référons ici à la célèbre collection « Scrittori tradotti da scrittori » (« Écrivains traduits par des écrivains »), abrégée en « Sts », publiée chez Einaudi de 1985 à 2000. Conçue par le fondateur même de la maison, Giulio Einaudi, cette collection avait pour but principal de mettre à l'honneur l'art de la traduction, conformément à la politique de l'entreprise turinoise depuis ses origines, et d'apporter du sang neuf à la réception des grands classiques par le public italien cultivé. De plus, une série trilingue est née en 1993, confiée aux bons soins de Valerio Magrelli, poète et traducteur de poésie (notamment de Valéry, Mallarmé et Verlaine), ainsi que professeur de Littérature française aux Universités de Pise et de Cassino, dans l'intention de présenter quelques cas notables de rencontre entre deux langues et cultures étrangères. Magrelli écrit à ce sujet que l'intérêt majeur de l'expérience résidait dans une sorte de « lecture active » que le voyage entre différents réseaux textuels était censé provoquer[1].

Pour ce qui est du domaine français, la collection compte parmi les titres répertoriés vingt-neuf traductions du français et sept traductions d'auteurs-traducteurs français du calibre de Gide, Valéry, Artaud, Beckett, Bataille, Baudelaire et Bonnefoy. Ce résultat paraît aussi surprenant que remarquable, car il témoigne d'une sensibilité très marquée en Italie – du moins à l'époque – vis-à-vis de la culture française, d'autant plus que les traductions de l'anglo-américain, en proportion, s'élèvent presque au même chiffre, vingt-huit, et que les écrivains anglophones sollicités en tant que traducteurs ne sont que trois : Pound, Beckett et Joyce.

1. Valerio Magrelli, « Per una biodiversità linguistica », *L'Indice dei libri del mese*, dossier n° 7, *L'artefice aggiunto. Trenta scritti sulla traduzione*, maggio 2001, p. VIII : « Si è cominciato con *Humpty Dumpty* di Lewis Carroll tradotto da Antonin Artaud [...], e con *Tifone* di Conrad recato in francese da André Gide [...]. Il primo titolo si è imposto per la violenza dei cortocircuiti attivati : basti considerare la distanza tra il delicato mondo vittoriano del reverendo Carroll e lo sconvolto universo psichico artaudiano [...]. Rispetto a questo estremo caso di collisione linguistica, la versione gidiana di *Tifone* si raccomanda invece per la fittissima trama di relazioni biografiche e riflessioni teoriche che la sottende ».

Or, nous estimons qu'une analyse pointue d'un livre né au sein de cette expérience éditoriale sans égale, à notre connaissance, en Europe – à savoir les *Trois Contes* de Flaubert, dans la version de Lalla Romano (belle figure de femme poète, peintre, journaliste, critique d'art, écrivain du siècle dernier[2]) –, pourrait s'avérer essentielle pour notre réflexion sur les mobiles, mécanismes et objectifs de la retraduction. En particulier, afin de mieux illustrer ce « Flaubert italien », qui représente à nos yeux un « cas d'étude » emblématique d'une sensibilité artistique propre à un milieu culturel bien défini (parmi les amis de jeunesse de Lalla Romano figurent, entre autres, des hommes de lettres et des intellectuels tels que Mario Soldati et Cesare Pavese[3]), nous proposons de passer par la célèbre lecture de Flaubert par Proust au début du siècle dernier, véritable modèle d'appréhension de l'objet artistique[4].

Dans quelques pages fulgurantes consacrées au « génie grammatical » de son prédécesseur, Proust fournit une définition non intentionnelle de la

---

2. Graziella Romano (connue sous son diminutif Lalla) a traversé le XXe siècle puisqu'elle est née le 11 novembre 1906 à Demonte, dans le Piémont, et morte le 26 juin 2001 à Milan. Après des études littéraires et artistiques à Turin, elle a enseigné l'histoire de l'art dans des lycées jusqu'en 1959. Peintre, elle ne s'est vraiment imposée comme écrivaine qu'après la guerre (pendant laquelle elle a adhéré au Partito d'Azione et participé à la lutte partisane), tout en collaborant avec le quotidien *Il Giorno*. En particulier, elle est l'auteur de nombreux romans publiés chez Einaudi, dont *Tetto murato* (1957) pour lequel on lui a décerné le Prix Pavese, *La penombra che abbiamo attraversato* (1964) qui l'a révélée au grand public, *Le parole tra noi leggere* (1969) qui a obtenu le Prix Strega et le titre de best-seller de l'année, et *Un sogno del Nord* (1989) lauréat du prix Procida-Isola d'Arturo / Elsa Morante. D'autres livres témoignent de son intérêt pour la photographie (*Lettura di un'immagine*, de 1975, a été augmenté et réédité en 1986 sous le titre *Romanzo di figure*, devenant, en 1997, *Nuovo romanzo di figure*) et la poésie (*Giovane è il tempo*, 1974, Prix Sebeto).
3. Comme l'a récemment écrit Massimo Novelli, dans un article paru dans *La Repubblica* du 10/10/2009, p. 51 : « Torino, soprattutto. Nel secolo grande e terribile, il Nove-cento. Al centro un gruppo straordinario di maestri, di allievi, di compagni e di amici che si muove in prevalenza tra le due aule del liceo classico Massimo D'Azeglio, l'Università, la casa editrice Einaudi, e che sarà disperso, in qualche caso cancellato e infine riunito dal regime mussoliniano, dalla guerra, dalla Resistenza ».
4. Cf. Marcel Proust, « À propos du style de Flaubert », article publié le 1/1/1920 dans la *Nouvelle Revue Française*, en réponse à l'article d'Albert Thibaudet, « Une querelle littéraire sur le style de Flaubert », paru un mois plus tôt dans la même revue. Les deux écrits, ainsi que la réponse de Thibaudet à Proust, ont été réédités dans : Marcel Proust, *Sur Baudelaire, Flaubert et Morand*, Paris, Complexe, « Le Regard littéraire », 1987.

posture du traducteur littéraire, à savoir de celui qui, des jours durant, dans un silence intime et vigilant, s'éduque soi-même à l'écoute de l'autre avant de s'apprêter à lui donner une voix dans sa propre langue. L'illustre exégète écrit : « Notre voix intérieure a été disciplinée pendant toute la durée de la lecture à suivre le rythme d'un Balzac, d'un Flaubert, et voudrait continuer à parler comme eux »[5]. En se disposant à interpréter-jouer ces partitions, le traducteur de littérature s'efforce de les déchiffrer dans le détail, de façon à mieux restituer leur mélodie intime, leur vision secrète du monde. À ses yeux, *lettre* et *esprit* ont la même valeur. Voilà pourquoi, au sein de l'immense réservoir de signes que représente son idiome, il sélectionne ceux qui lui permettront de dire (presque) la même chose que l'original[6].

Or s'il est vrai qu'une traduction ne consiste jamais en une opération neutre et indépendante – elle est toujours le produit d'un processus décisionnel, le résultat d'une conjecture interprétative, l'issue d'un pari – l'aspect le plus problématique du texte littéraire semble résider justement dans sa *littérarité*, notion aussi incontournable que difficile (impossible ?) à cerner, et qui renvoie aux singularités stylistiques, aux qualités formelles du texte lui-même. À force de traquer et d'étudier ces traits distinctifs dans une œuvre, le traducteur finit donc par considérer les écarts par rapport à la norme linguistique comme des noyaux d'originalité à part entière, des foyers de créativité, les chiffres d'une écriture…

Proust a par exemple réussi non seulement à identifier les principaux procédés qui rendent unique, et foncièrement « révolutionnaire », le système expressif mis en place par Flaubert, mais aussi à saisir leur portée métaphysique. Il suffit à cet égard de relire le célèbre *incipit* de son essai, où l'emploi flaubertien de quelques structures linguistiques est comparé à la nouveauté inouïe apportée par la théorie kantienne de la connaissance dans l'histoire de la pensée humaine.

---

5. Marcel Proust, *Essais et articles*, Paris, Gallimard, « Folio Essais », 1994, p. 290. Ce n'est pas donc un hasard si l'essai se termine par une sorte de mise en garde mâtinée de tristesse : « Si j'écris tout cela pour la défense (au sens où Joachim du Bellay l'entend) de Flaubert, que je n'aime pas beaucoup, si je me sens si privé de ne pas écrire sur bien d'autres que je préfère, c'est que j'ai l'impression que nous ne savons plus lire » (*Ibid.*, p. 291-292).
6. Nous faisons ici référence au livre d'Umberto Eco consacré à la traduction : *Dire quasi la stessa cosa : Esperienze di traduzione*, Milano, Bompiani, 2003.

Selon Proust, les idiosyncrasies majeures de Flaubert sont au nombre de cinq : 1) le retour de la conjonction *et* qui, chez lui, introduit toujours une proposition secondaire et ne termine presque jamais une énumération, visant ainsi à créer un effet de ralentissement ; 2) l'emploi, destiné à devenir très célèbre, des temps verbaux, à savoir un entrelacement très singulier d'« éternel imparfait », de passé simple et de présent qui, uni à la prédilection de l'écrivain pour les formes verbales passives, participiales ou pronominales, engendre une dislocation de la voix du narrateur aussi bien qu'un nivellement des personnes et des objets ; 3) la prolifération des propositions à l'intérieur de la même phrase, ayant pour but de rendre le déroulement du discours lent et laborieux ; 4) le recours aux lourds adverbes en *-ment* qui, placés en fin de phrase notamment, amplifient cet effet ; 5) l'usage, parfois abusif, de pronoms en fonction anaphorique pour suturer les passages logiques et diégétiques de la phrase, jusqu'à obtenir une certaine cohésion qui n'est pourtant pas exempte d'une occasionnelle et déconcertante ellipticité.

À la lumière de ces considérations autour de la notion de style, il nous paraît donc légitime de nous demander quel sort a été réservé à ces *idiotismes* – capables de rendre, même aujourd'hui, l'écriture de Flaubert « étrange » et « difficile » aux yeux des Français[7] – lors du passage dans une langue et une culture voisines. Ainsi, pour répondre à cette question, avons-nous choisi de comparer la version d'*Un Cœur simple* de Lalla Romano à une traduction de la même œuvre publiée par Mondadori quelques années plus tôt. Nous croyons, en fait, que ces deux traductions occupent des positions en quelque sorte antagonistes : la première, de 1944 mais rééditée telle quelle jusqu'en 1994, se distingue par sa « désinvolture » envers l'original tandis que la seconde, de 1990, abstraction faite des noms des personnages, qui ont été italianisés, semble adhérer bien davantage au texte de départ. Et c'est ainsi que réapparaît, en filigrane, l'ancien débat traductologique sur la fidélité…

D'un point de vue méthodologique, le fait de partir des traductions publiées permet de deviner les démarches susceptibles d'avoir décidé de l'aspect final de la traduction, mais aussi de mettre en lumière les conditionnements, plus ou moins forts, exercés sur le traducteur par les normes

---

7. Raymonde Debray-Genette, « Du mode narratif dans les *Trois Contes* », in *Travail de Flaubert*, Paris, Seuil, 1983, p. 138.

en vigueur dans la langue d'arrivée. Les textes traduits, en effet, ainsi que leurs éléments constitutifs, sont des réalités observables, c'est-à-dire sujettes à l'analyse, on peut donc les considérer comme une sorte de « boîte noire » dont la structure intérieure peut être reconstituée rétrospectivement, sous forme d'hypothèse.

Pour les besoins de notre analyse, nous avons choisi un court extrait d'*Un Cœur simple*, qui semble contenir, tel une sorte de condensé du style flaubertien, presque toutes les particularités linguistiques auxquelles nous avons fait allusion (à l'exception des formes verbales passives, participiales et des adverbes). Dans le passage choisi, dont l'architecture est assez travaillée, la servante Félicité, fermement décidée à saluer pour la dernière fois son neveu adoré en partance pour l'Amérique, arrive de nuit dans le port où le navire de Victor est en train d'appareiller.

> Quand elle fut devant le Calvaire, au lieu de prendre à gauche, elle prit à droite, se perdit dans des chantiers, revint sur ses pas ; des gens qu'elle accosta l'engagèrent à se hâter. Elle fit le tour du bassin rempli de navires, se heurtait contre des amarres ; puis le terrain s'abaissa, des lumières s'entrecroisèrent, et elle se crut folle, en apercevant des chevaux dans le ciel.
> Au bord du quai, d'autres hennissaient, effrayés par la mer. Un palan qui les enlevait les descendait dans un bateau, où des voyageurs se bousculaient entre les barriques de cidre, les paniers de fromage, les sacs de grain ; on entendait chanter des poules, le capitaine jurait ; et un mousse restait accoudé sur le bossoir, indifférent à tout cela. Félicité, qui ne l'avait pas reconnu, criait : « Victor ! » ; il leva la tête ; elle s'élançait, quand on retira l'échelle tout à coup.
> Le paquebot, que des femmes halaient en chantant, sortit du port. Sa membrure craquait, les vagues pesantes fouettaient sa proue. La voile avait tourné, on ne vit plus personne ; - et, sur la mer argentée par la lune, il faisait une tache noire qui pâlissait toujours, s'enfonça, disparut[8].

Nous recopions ci-dessous le texte de l'édition Einaudi, traduit par Lalla Romano (1994), suivi du texte de Mondadori, traduit par Roberta Maccagnani (1990), tout en signalant en italique les interventions traduc-

---

8. Gustave Flaubert, « Un Cœur simple / Un cuore semplice », *Tre Racconti*, édition bilingue, tr. Ida Porfido, intr. Marie-Thérèse Jacquet, Bari, B.A. Graphis, 2008, p. 48-50.

tionnelles, si microscopiques fussent-elles, sur lesquelles portera notre commentaire :

> Quando fu davanti al Calvario, invece di prendere a sinistra, voltò a destra, *e* si smarrì tra i cantieri; ritornò sui suoi passi, *e* le persone alle quali si rivolse la esortarono ad affrettarsi. Fece il giro del bacino pieno di navi, *urtò* contro le gomene, poi il terreno si andò abbassando *e* si incrociarono *tanti* lumi. Félicité credette di impazzire quando vide dei cavalli contro il cielo. Altri *cavalli* nitrivano, sulla banchina, atterriti *dalla vista* del mare. Un paranco li sollevava e li deponeva su un battello, dove *i* viaggiatori si pigiavano tra i barili di sidro, le ceste di formaggio, i sacchi di *grano*. Si sentiva *chiocciare le* galline, il capitano *bestemmiare* ; e, indifferente a tutto *quel trambusto*, un mozzo se ne stava appoggiato con i gomiti sul parapetto. Félicité non lo *riconobbe, e* gridava : – Victor! – Lui alzò la testa e allora lei gli si *slanciò* incontro, ma fu improvvisamente ritirata la scala. Il battello, che le donne cantando trascinavano dalla riva, uscì dal porto. La sua struttura scricchiolava, le onde investivano *pesantemente* la prua. *Quando* la vela ebbe virato, non si vide più nessuno*,* e sul mare illuminato dalla luna *fu* una macchia nera che impallidiva sempre più *; poi* sprofondò, disparve[9].

> Quando fu davanti al Calvario, invece di prendere a sinistra, prese a destra, si smarrì nei cantieri, ritornò sui suoi passi ; le persone alle quali si rivolse le consigliarono di affrettarsi. Fece il giro del bacino gremito di navi, *urtò* delle gomene; poi il terreno s'abbassò, delle luci *s'incrociavano*, e pensò d'essere impazzita quando vide dei cavalli in cielo.
> Sul bordo della banchina altri nitrivano, spaventati dal mare. Un paranco li sollevava, *poi* li calava in un battello dove *i* passeggeri s'urtavano tra barili di sidro, ceste di formaggio e sacchi di *grano* ; s'udivano *chiocciare* delle galline, il capitano bestemmiava ; e un mozzo se ne stava appoggiato con i gomiti alla gru *di capone*, indifferente a tutto ciò. *Felicita*, che non l'aveva riconosciuto, gridava : – *Vittorio* ! ; lui alzò la testa ; lei *fece* per gettarglisi incontro, ma di colpo la scaletta fu ritirata.
> La nave, rimorchiata da donne che cantavano, uscì dal porto. La sua ossatura scricchiolava, le onde pesanti ne spazzavano la prua. La vela aveva virato, *e* non si vedeva più nessuno*,* e sul mare inargentato dalla luna era una macchia nera sempre più pallida *;* sprofondò, scomparve[10].

---

9. Gustave Flaubert, « Un cuore semplice », *Tre racconti*, tr. Lalla Romano, Torino, Einaudi, 1994, p. 23.
10. Gustave Flaubert, « Un cuore semplice », *Tre racconti*, tr. Roberta Maccagnani, Milano, Mondadori, 1990, p. 27.

Si on les compare aux autres éditions disponibles sur le marché, les deux traductions retenues se situent en quelque sorte, disions-nous, aux antipodes : l'auteur de la première, qui figure à juste titre dans la collection « Scrittori tradotti da scrittori » (il n'aurait pu en être autrement), subvertit ponctuation et syntaxe flaubertiennes, rétablit la concordance des temps traditionnelle, ajoute des connecteurs logiques, introduit nombre d'explicitations et d'amplifications ; la deuxième traductrice, en revanche, s'efforce de rester au plus près du texte de départ. Non seulement, en fait, elle respecte la division de la « microscène » flaubertienne en trois blocs de texte séparés – représentant autant d'espaces et de moments narratifs bien délimités, de véritables séquences narratives – mais elle essaie d'en reproduire la coordination asyndétique, c'est-à-dire celle qui repose sur des segments infratextuels scandés par nombre de points et de points virgule (sans l'intervention d'éléments charnières tels que la conjonction *e* et l'adverbe *poi*), ce qui lui permet, en définitive, de recréer le rythme haché, la texture trouée, les focalisations internes propres à l'écriture de Flaubert.

Les deux versions, cependant, semblent négliger quelques particularités importantes du texte de départ, à savoir l'usage savant des déterminants et l'emploi peu orthodoxe de certains temps verbaux.

Le deuxième paragraphe surtout est caractérisé par la présence alternée d'articles définis et indéfinis, selon ce que Félicité (regard-guide du lecteur) réussit à voir distinctement, et donc à reconnaître (les barriques, les paniers, les sacs) ou bien ne perçoit que de manière confuse (un navire, quelques passagers, des poules présentes bien que non localisées avec précision). Petit à petit, cette modulation de la vision se fait évidente jusqu'à opposer explicitement *le* capitaine (qui demeure bien reconnaissable, sans doute grâce à l'uniforme qu'il porte, ou à l'attitude autoritaire qu'il affiche) et *un* mousse (très vraisemblablement le neveu Victor, même si le narrateur préfère confier l'identification du personnage à un pronom masculin assez ambigu, ainsi qu'à la réaction à peine esquissée de sa tante angoissée). L'effet d'ensemble est subtilement dramatique : le retard dans la reconnaissance de l'être aimé empêche Félicité de lui rendre le dernier hommage et donc décrète sa perte irrémédiable (d'autant plus que cet épisode fait écho, dans la mémoire du lecteur, à la rupture des fiançailles de Félicité avec Théodore et, dans une moindre mesure, à sa séparation d'avec Virginie, sa fille de substitution). Malgré cela, le drame reste très contenu et le ton froid, comme si Flaubert avait pris soin d'évacuer préalablement tout sentimentalisme en pratiquant dans le texte d'innombrables incisions d'où faire ruisseler les larmes et le sang[11].

À ce résultat participe aussi, et de manière décisive, l'emploi de deux temps verbaux : le passé simple pour les actions ponctuelles et l'imparfait pour les actions réitérées ou dilatées. En principe, le choix du passé défini (prétérit) ou de l'imparfait permet au narrateur de fournir une conceptualisation tour à tour globale et condensée, ou bien spécifique et éparpillée, du même événement, autrement dit une vision de l'intérieur et provisoirement figée ou, au contraire, une vision de l'extérieur, à partir du présent et se développant dans le temps. Comme il est aisé de le deviner, ce n'est pas tant le degré de réalité de l'événement qui en détermine la représentation, c'est-à-dire qui le modèle et lui attribue une durée, mais le choix stylistique d'un temps verbal ou de l'autre. C'est pourquoi l'élan affectif de Félicité, son potentiel cinétique suggéré par Flaubert (« elle s'élançait ») se trouve grammaticalement étouffé, voire anéanti, entre la presque immobilité muette du destinataire de son geste (« il leva la tête ») et l'impossibilité objective de le rejoindre (« on retira l'échelle », ce qui revient, en fait, à couper le dernier fil métaphorique reliant la servante à l'objet de son amour). La rupture est là mais, encore une fois, elle a lieu dans le non-dit, confiée comme elle l'est à un rythme syncopé, défait[12], et à une technique de vision-récit en focalisation interne.

Le final orchestré par Flaubert a – comme tout moment topique, surtout s'il est ostensiblement théâtral, comme c'est ici le cas – son accompagnement musical (par ailleurs explicité par Lalla Romano au moyen du terme « trambusto », branle-bas, alors que Flaubert préfère une notation beaucoup plus abstraite et neutre, « tout cela »), qui résulte de l'addition de tous les cris des hommes et des animaux (chants, hurlements, hennissements, piaillements), aussi bien que de l'évocation des bruits du bateau

---

11. Voir l'édition critique des *Trois Contes* de Flaubert établie par Giovanni Bonaccorso (*Corpus Flaubertianum. Édition diplomatique et génétique des manuscrits*, Messina, Sicania, 1995). En plus des nombreux élagages, ratures et élisions, l'examen des manuscrits révèle la facilité avec laquelle l'écrivain renonçait à des constructions syntaxiques trop régulières, calculées et peut-être même banales, au profit de structures plus fragmentées, âpres, concises, censées alimenter la dimension implicite du texte qui lui tenait plus à cœur.
12. Selon Julien Gracq, la lecture des pages de Flaubert est « toujours saccadée de petites ruptures, comme dans le glissement d'un rapide passage d'un rail à l'autre » (*Lettrines*, Paris, José Corti, 1988, p. 103).

dans l'eau (craquements, clapotis). Or, parmi tous les sons inscrits dans le texte français, la répétition de « chanter », à notre sens, saute aux yeux : le verbe se réfère d'abord aux poules à bord du navire, puis aux femmes effectuant les manœuvres nécessaires pour éloigner le bateau du point d'attache. Flaubert a-t-il voulu suggérer par là une sorte d'affinité, de communauté éloignée, entre ces deux engeances qu'il placerait, subrepticement, sous le signe de ce qu'il déteste le plus, la bêtise (l'étymologie du mot est déjà assez parlante) ? Et même si cette supposition était sans fondement, pourquoi effacer la répétition du verbe « chanter » dans les deux versions italiennes ? Pourquoi « grain » a-t-il été traduit par « grano » ? Pourquoi ajouter un signe de ponctuation, sinon une « béquille » temporelle, pour expliciter le lien existant entre les faits évoqués dans les propositions finales, de façon à modifier une conclusion qui se veut, dans le texte de départ, marquée par une progression implicite inexorable vers le néant ? En définitive, le lecteur italien ne connaissant pas le français et souhaitant faire ses premiers pas dans l'univers flaubertien, lit-il du Flaubert ou bien une version immanquablement édulcorée ?

Toutes ces interrogations soulèvent des problèmes de deux ordres : d'une part, elles font ressortir le lien très étroit qui existe entre la traduction littéraire et l'analyse de texte, plus précisément, elles montrent que la traduction est la voie réservée, sinon la voie royale, par laquelle passe l'interprétation d'une écriture ; d'autre part, elles révèlent que les traducteurs sont souvent victimes d'une optique *orthonymique*, c'est-à-dire qu'ils ont tendance à reproduire une représentation largement consensuelle du monde, à normaliser la réalité sortant de la plume d'un auteur, tout en créant de véritables « figures de traduction ». Comme le disent bien Jean-Claude Chevalier et Marie-France Delport :

> Il s'agissait de mettre face à face les séquences linguistiques dont on était parti et celles où l'on était parvenu. Et d'en déduire quelques opérations simples que rien, dans ce passage, ne rendait obligatoires mais dont la probabilité peu à peu, l'observation s'étendant, se diversifiant, se révélait très forte. Ceci pouvait ne pas être retranché, cela n'être pas ajouté, telle autre chose n'appelait pas son inversion, son déplacement ou son commentaire. On en trouvait la preuve dans d'autres ouvrages, dans les dictionnaires, dans sa propre compétence linguistique. L'ajout, le retranchement, l'inversion, le déplacement, le commentaire, pourtant étaient là. Et avec une fréquence si haute, si écrasante, qu'il ne pouvait pas être question d'en appeler au hasard. On change de texte ; on change de traducteur ; on change de langue. Et les mêmes phénomènes

se retrouvent. Ils sont là comme les figures de rhétorique dans tout discours. On ne sait parler, on ne sait écrire sans elles. Très visiblement on ne parvient qu'avec peine à traduire sans ce que l'on peut bien appeler des « figures de traduction ». [...] Et c'est ici que se dévoile ce qui pèse le plus communément sur l'esprit du traducteur et le conduit : la représentation ordinaire qu'il se forge du monde, de la « réalité » dont on lui parle. [...] la conviction que, dans tous les cas, il y a une façon « droite », « directe », moins « travaillée », de dire le monde, ses choses et ses événements. Une façon plus que toutes les autres déliée de celui qui y recourt, plus « objective » donc. On a nommé l'*orthonymie*, la diction *orthonymique*[13].

Bien que les deux linguistes ne parlent jamais d'une tyrannie de la tentation orthonymique, d'une emprise de la *doxa* sur l'esprit du traducteur, les conclusions auxquelles ils arrivent, dans leur analyse comparée de quelques textes littéraires écrits en plusieurs langues européennes, rejoignent l'opinion commune selon laquelle les traducteurs littéraires travaillent avant tout pour la langue et la culture d'arrivée, en mettant ainsi entre parenthèses la langue et la culture de départ. Même les deux traducteurs auxquels nous avons fait référence, chacun à sa façon et plus ou moins consciemment, ont cherché à arrondir les aspérités de la langue de Flaubert, à recoudre les mailles brisées de son écriture et donc, inévitablement, à estomper l'originalité de sa vision du monde. Seraient-ils coupables de haute trahison ?

En réalité, et bien heureusement d'ailleurs, le sens et la valeur de la notion de « fidélité » demeurent, même aujourd'hui, un point très controversé et ouvert à la discussion. Il existe désormais différents degrés d'« approximation » à l'Autre et les professionnels de la traduction penchent de plus en plus vers la possibilité de concilier, dans leur pratique, exactitude et élégance, mimétisme et orthodoxie, de façon à ne compromettre ni l'èthos mental à l'origine de toute création littéraire[14] ni le plaisir de la lecture.

Demeure en revanche sans solution la question liée à l'« élasticité » d'une langue, à sa capacité de déformation en fonction de son désir

---

13. Jean-Claude Chevalier et Marie-France Delport, *Problèmes linguistiques de la traduction. L'horlogerie de saint Jérôme*, Paris, L'Harmattan, 1995, p. 8.
14. Cf. Susan Sontag, *Tradurre letteratura* [« The world as India », 2007], tr. Paolo Dilonardo, Milano, Archinto, 2004, p. 41.

d'accueillir l'Autre. À notre avis, d'ailleurs, il ne saurait en être autrement car le problème de l'hospitalité se pose pour tout auteur « qui travaille souvent contre sa propre langue afin de créer sa langue propre. Comment restituer cette démarche singulière [...] sans tenter de faire résonner chaque terme comme un nom commun à tous, un mot quelconque, dans son indiscutable évidence, mais aussi comme un nom, neuf et rechargé de sens, indéfiniment retenu ? »[15]. Combien de « forcements », en fait, peut endurer une langue qui se veut très sensible à la diversité avant de devenir irrecevable, inintelligible, aux yeux du lecteur ? Voilà le grand défi du traducteur. Toutes les fois qu'il se frotte à un texte d'auteur, en fait, il est bien obligé de recaler ses délicates balances de précision[16] et, tel un Arlequin contemporain, de renégocier son contrat de servage avec ses terribles maîtres.

Dans le cas de notre traduction des *Trois Contes* de Flaubert, par exemple – sortie l'année dernière dans une collection universitaire à visée pédagogique[17] –, nous avons suivi le parcours contraire à celui que nous avons tenté d'illustrer dans les pages précédentes. Non seulement il s'agissait d'une édition bilingue des textes flaubertiens (ce qui pouvait s'avérer une arme à double tranchant, comme on peut aisément l'imaginer) mais aussi, après avoir longuement médité sur la lecture de Flaubert faite par Proust, nous sommes arrivés à la conclusion qu'il était impossible de traduire les *Trois Contes* sans faire quelques entorses à la syntaxe italienne, à notre concordance des temps, voire à nos règles de ponctuation. Toute traduction, en fait, demeure une manipulation, et sans manipulation il n'y aurait pas de traduction.

Cependant, la crainte que le texte traduit oblige le lecteur à faire trop d'efforts peut parfois pousser le traducteur à transformer plus qu'il ne faut, à gommer l'altérité propre au texte de départ mais aussi à simplifier et normaliser le texte d'arrivée[18]. Faute du texte en regard, chaque étrangeté pourrait en fait être imputée à son ignorance ou à son incapacité, et le

---

15. Sylvie Durastanti, *Éloge de la trahison. Notes du traducteur*, Paris / New York, Le Passage, 2002, p. 10-11.
16. Cf. Valery Larbaud, *Sous l'invocation de saint Jérôme*, Paris, Gallimard, 1946, p. 82.
17. Gustave Flaubert, *Tre Racconti*, édition bilingue, tr. Ida Porfido, intr. Marie-Thérèse Jacquet, Bari, B.A. Graphis, 2008.
18. Cf. Massimiliano Morini, *La traduzione. Teorie, strumenti, pratiche*, Milano, Sironi, 2007, p. 31-33.

chemin le plus sûr est toujours celui que le lecteur trouve le moins accidenté. Nous voudrions par là soulever l'une des questions les moins discutées dans le domaine traductologique, en dépit de son importance : l'« autorité » du traducteur. Toute traduction étant dévalorisée *a priori* (en tant qu'écriture seconde, non originale), on assiste alors, dans le monde de l'édition, à des tentatives pour lui conférer un certain « poids ». Par exemple, elle est confiée à un poète ou à un écrivain-traducteur qui, faisant appel à son propre prestige, réverbère un tant soit peu son aura sur le poète ou l'écrivain traduit. La même autorité est censée donner au traducteur plus de liberté d'interprétation et de manœuvre dans le « rendu », ce qui justifie l'existence, du moins en Italie, de certains précis de normes typographiques astreignant les correcteurs d'épreuves à respecter fidèlement les choix traductionnels faits par l'auteur réputé (« di chiara fama »). Or nous croyons que le traducteur d'aujourd'hui peut désormais faire usage de stratégies « foreignizing », afin de laisser une trace dans le texte d'arrivée de ces caractéristiques du texte de départ qu'il juge fondamentales. Il convient donc, en général, de ne pas choisir *a priori* des méthodes, mais de se donner toujours la possibilité d'adopter des techniques et des stratégies différentes selon les situations offertes par le texte et les décisions de principe prises au départ.

Nous souhaitons donc conclure ces quelques réflexions sur la traduction littéraire en proposant notre propre version du passage flaubertien susmentionné, ne fût-ce que pour ne pas avoir l'air de nous dérober au jugement du lecteur. Dans le jeu (inévitable) des pertes et des gains sur lequel se fonde toute opération traductionnelle, le sacrifice de certains traits distinctifs de notre langue standard a été compensé – c'est du moins ce que nous espérons – par les efforts que nous avons faits pour faire résonner les accents de la voix de Flaubert en italien, bref par nos tentatives visant à aboutir à une « acclimatation tempérée d'excentricité », pour citer une expression heureuse de Sylvie Durastanti[19].

> Quando giunse davanti al Calvario, invece di prendere a sinistra, prese a destra, si perse in cantieri, tornò sui suoi passi ; alcune persone cui si rivolse la esortarono ad affrettarsi. Félicité fece il giro del bacino pieno di navi, urtava contro ormeggi ; poi il terreno si abbassò, alcune luci

---

19. Sylvie Durastanti, *Éloge de la trahison. Notes du traducteur, op. cit.*, p. 18.

s'incrociarono, e lei credette di essere impazzita, scorgendo dei cavalli in cielo.
Sul bordo della banchina, altri nitrivano, spaventati dal mare. Un paranco li sollevava e li depositava all'interno di un'imbarcazione, dove alcuni viaggiatori si spintonavano tra i barili di sidro, le ceste di formaggio, i sacchi di granaglie ; si udivano galline cantare, il capitano bestemmiava ; e un mozzo se ne stava appoggiato con i gomiti alla gru, indifferente a tutto. Félicité, che non lo aveva riconosciuto, gridava : « Victor ! » ; lui alzò la testa ; lei già si slanciava, quando di colpo la scaletta fu ritirata.
Il piroscafo, che alcune donne alavano cantando, uscì dal porto. La sua membratura scricchiolava, le onde pesanti gli sferzavano la prua. La vela aveva virato, non si vide più nessuno ; – e, sul mare inargentato dalla luna, l'imbarcazione formava una macchia nera che via via impallidiva, affondò, scomparve[20].

Université de Bari

---

20. Gustave Flaubert, *Tre racconti*, tr. Ida Porfido, *op. cit.*, p. 49-51.

Influences néfastes :
Le « cas Beckett » et la retraduction nécessaire

Chiara Montini

Résumé
Cet article analyse la réception de l'œuvre de Beckett en Italie, accueillie avec méfiance par la critique. Les traductions, qui semblent ne pas avoir été précédées par un véritable travail d'interprétation et qui parfois témoignent de l'ignorance, voulue ou prétendue, du bilinguisme et de l'œuvre de l'auteur sont le résultat de cette méfiance. Heureusement, depuis une douzaine d'années, les retraductions commencent à paraître et à s'imposer. Elles « militent », à proprement parler, pour que l'auteur bilingue trouve sa juste place dans le lectorat italien. Ainsi, elles sont un bel exemple de celle que Ricœur définit comme « la pulsion de traduction entretenue par l'insatisfaction à l'égard des traductions existantes ».

Abstract
This article analyses Beckett's reception in Italy. The reaction of the Italian critique testifies to a sort of suspicion about his innovative writing. The first translations into Italian of Beckett's works reflect that same suspicion, while at the same time misunderstanding, or ignoring, his bilingualism. In the last ten years, Beckett's works have undergone a serious process of retranslation in Italy, and the new translations are granting the bilingual author his deserved place among Italian readers. Such retranslations are a perfect example of Ricœur's compulsion toward translation as a result of one's dissatisfaction with existing translations.

> *« Heavenly Father, the creature was bilingual ! »*[1]
>
> *« Le côté le plus faible de tout livre classique, c'est qu'il est trop écrit dans la langue maternelle de son auteur. »*[2]

Les traductions de l'œuvre de Samuel Beckett en Italie montrent comment l'opinion intellectuelle dominante d'un pays influence non seulement la réception auprès du public, mais aussi la façon de traduire. Dans le cas des traductions de l'œuvre de Beckett, elles reflètent la réticence de la classe intellectuelle dominante à son égard. En effet, ses textes représentent l'effondrement de toute certitude, et c'est pour cela qu'ils ont été mal reçus en Italie (et pas seulement en Italie), tout en étant reconnus comme incontournables. Ainsi a-t-on commencé à les traduire très rapidement, mais en affichant une certaine superficialité : les premiers traducteurs ont été peu attentifs à la poétique de l'auteur, comme nous le verrons. Cela est confirmé par les introductions, les préfaces et tout le paratexte des éditions italiennes.

Aujourd'hui, les retraductions, plus respectueuses (dans le sens bermanien, éthiquement et esthétiquement) des textes de Beckett, s'imposent pour enfin mettre à mal des préjugés bien ancrés. Point d'observation privilégié pour étudier ce que Paul Ricœur définit comme « la pulsion de traduction entretenue par l'insatisfaction à l'égard des traductions existantes »[3], les retraductions sont aussi le signe d'une ouverture nouvelle et souhaitée.

Nous nous intéresserons au contexte dans lequel les retraducteurs de Beckett, et plus particulièrement Aldo Tagliaferri et Gabriele Frasca, ont dû « militer » pour que l'auteur trouve en Italie la place qu'il mérite et qu'il a déjà conquise internationalement. Nous verrons comment ils ont dû agir à contre-courant et convaincre éditeurs et intellectuels du bien-fondé de leur démarche, en dénonçant parfois les défauts des traductions existantes.

---

1. Samuel Beckett, *More Pricks than Kicks*, New York, Grove Press, 1972, p. 164.
2. Friedrich Nietzsche, *Le Voyageur et son ombre*, in *Humain trop humain* [*Menschliches Allzumenschliches*, 1878], vol. II, tr. Alexandre-Marie Desrousseaux et Henri Albert, Paris, Hachette, 1988, § 132.
3. Paul Ricœur, *Sur la traduction*, Paris, Bayard, 2004, p. 15.

« Le cas Beckett »

On peut parler d'un « cas Beckett » en Italie, en empruntant à Tommaso Landolfi le titre de son article sur l'auteur contemporain, paru en 1953. Si pour Landolfi le terme « cas » est utilisé dans son acception psychiatrique, je voudrais ici traiter du « cas littéraire ». En effet, l'article de Landolfi démontre, comme le dira Gabriele Frasca (un des retraducteurs), que Samuel Beckett fut accueilli en Italie comme « la cosa dallo spazio profondo »[4], comme un ovni, un objet inconnu, effrayant, voire dégoûtant, qui était représenté seulement par la soumission coutumière des Italiens aux cousins français[5].

Mais Landolfi n'était pas soumis aux opinions de ses cousins et il fut le premier et le seul écrivain italien d'envergure de sa génération à écrire quelques pages sur Beckett. La lecture de *L'Innommable* lui inspire une critique sans appel et si sévère qu'elle vaut la peine d'être citée :

> Il y a des livres ennuyeux, illisibles, dispersifs, délirants, énervants, massacrants, et chacun, surtout de nos jours, a pu en faire l'expérience : nous avouons ne pas en avoir rencontré, à ce jour, un seul semblable à celui dont nous voudrions à présent parler : un livre qui met à rude épreuve la bonne volonté, la résistance à l'ennui, l'équilibre nerveux, ou n'importe quelle haute qualité du recenseur honnête[6].

Et Landolfi de continuer à critiquer celui qu'il appelle « mostriciattolo » (petit monstre), jusqu'à sa conclusion : la lecture de Beckett peut être intéressante, mais seulement dans le cadre d'une étude psychiatrique. Pour résumer, Landolfi attaque Beckett sur trois points fondamentaux : d'abord, il utilise la littérature comme « acquaio delle angosce » (évier des

---

4. Gabriele Frasca dans l'entretien « La voce che s'intrude. Intervista a Gabriele Frasca », *in* Gianfranco Alfano et Andrea Cortellessa (éds.), *Tegole dal cielo*, vol. I, *L'« effetto Beckett » nella cultura italiana*, Roma, Edup, 2006, p. 253.
5. *Ibid.* Je traduis la citation de Gabriele Frasca.
6. « Ci sono libri noiosi, illeggibili, svagati, farneticanti, incresciosi, massacranti, e ciascuno, specie col vento che tira, ne ha qualche esperienza: confessiamo di non esserci fin qui imbattuti in uno come questo di cui si vorrebbe ora parlare; uno che ponga a più dura prova la buona volontà, la resistenza al tedio, l'equilibrio nervoso, o qualsivoglia alta qualità del recensore onesto » (Tommaso Landolfi, « Il caso Beckett », in *Gogol' a Roma*, Milano, Adelphi, 2002, p. 13-17). Sauf indication contraire, c'est nous qui traduisons toutes les citations de l'italien.

angoisses) ; ensuite, il ne « maîtrise » pas son « expression » ; enfin il ne « cause de rien »[7]. Ce qui est curieux c'est que la lecture de *L'Innommable* semble influencer Landolfi, qui écrit une trilogie autobiographique (*LA BIERE DU PECHEUR*, en majuscules pour entretenir l'ambiguïté du jeu de mots, *Rien va* et *Des mois*[8] – titres en français dans l'original italien) où il avoue vouloir recourir à un style plus spontané et personnel (donc non maîtrisé), tout en commençant à se servir de la première personne, qu'il définit à nouveau comme « l'évier des angoisses », et en cédant à la tentation d'une écriture qui ne « parle de rien »[9]. Ces trois points, que l'auteur italien, plus traditionnel, n'avait pas creusés jusqu'alors, s'imposent avec la même virulence que celle avec laquelle il les avait critiqués chez son homologue irlandais[10]. Ne s'agit-il pas d'une véritable « angoisse de l'influence », dans l'acception d'Harold Bloom ?

L'article de Landolfi ne marque que le début d'une lecture aveugle, qui a empoisonné la réception de l'œuvre de Beckett en Italie. Quand l'auteur se fait mieux connaître, grâce notamment aux traductions de Carlo Fruttero, dont nous reparlerons, son solipsisme, son égotisme et son nihilisme sont condamnés par les porte-paroles d'une intelligentsia qui se veut quasi unanime[11]. Italo Calvino lui-même écrit des commentaires assez négatifs sur Beckett, avant d'en faire l'apologie à la fin de sa carrière, au point que sa dernière « leçon américaine » aurait porté sur Beckett si elle avait eu lieu. Même si la rétractation de sa dernière leçon s'appuie sur un malentendu, car il affirme que *Ohio Impromptu* finit par un cri d'espoir : « Little is left to tell », là où Beckett conclut « Nothing is left to tell », Calvino rend ici un véritable hommage à l'auteur irlandais, avec lequel il avait d'abord pris ses distances, notamment en raison du pessimisme de son œuvre[12]. Nous sommes en 1986, c'est-à-dire loin du temps où Landolfi découvrait l'auteur, qui avait entre-temps influencé les avant-gardes italiennes (notamment les écrivains du groupe '63) et Calvino lui-même, mal-

---

7. *Ibid.*
8. Je renvoie, à ce sujet, à mon article « Il caso Beckett. Da Landolfi a Calvino », *in* Chiara Sandrin (éd.), *L'acuto del presente*, Alessandria, Editore dell'Orso, 2009, p. 239-254.
9. Tommaso Landolfi, *LA BIERE DU PECHEUR* (1953), Milano, Adelphi, 1999, p. 53.
10. Je renvoie, à ce sujet, à mon article « Il caso Beckett. Da Landolfi a Calvino », *loc. cit.*
11. Cf. Renato Barilli, « Nichilismo retorico di Beckett », in *L'azione e l'estasi. Le neoavanguardie negli anni '60*, Torino, Testo & Immagine, 1999.
12. Italo Calvino, « Cominciare e finire », in *Saggi*, Torino, Einaudi, 1995, p. 753.

gré eux[13]. Encore une fois, l'« angoisse de l'influence » joue un mauvais tour à notre grand écrivain.

Cet acharnement à l'encontre de Beckett est le résultat d'un véritable blocage des intellectuels italiens qui, d'après Alfano, Tagliaferri et beaucoup d'autres, se manifeste par leur impossibilité à accepter la crise des valeurs telle qu'elle est représentée par l'écriture parodique, provocatrice et destructrice de toute position positiviste qui caractérise l'œuvre de Beckett. Tagliaferri illustre ainsi cette problématique :

> L'utilisation acharnée de l'inversion parodique à laquelle sont soumis les *topoi* canoniques (littéraires, théologiques, philosophiques) auxquels Beckett se réfère, acquiert un sens spécifique parce que, tout en ridiculisant la notion de système, il élabore une dénonciation des limites intrinsèques de la parole. Parole illusoirement tendue à saisir le réel en l'objectivant définitivement. Il met donc en œuvre une poétique qui déconcerta une grande partie de la soi-disant critique militante (pas qu'en Italie, à vrai dire), habituée à ne pas mettre en question ses propres préjugés. D'où l'embrouille dans les cercles des bien-informés quand, en 1969, l'écrivain irlandais recevra le prix Nobel[14].

Nous voyons bien que la réception de Beckett par la critique a quelque chose de paradoxal, et le premier traducteur italien, Franco Fruttero, qui proposa à Einaudi de publier ce jeune écrivain émergeant, ajoutera encore à ce paradoxe.

---

13. Cf. Gianfranco Alfano et Andrea Cortellessa (éds.), *Tegole dal Cielo*, vol. II, *La letteratura italiana nell'opera di Beckett*, Roma, Edup, 2006, p. 9-20.
14. « L'uso accanito dell'inversione parodistica alla quale sono sottoposti i *topoi* canonici (letterari, teologici, filosofici) ai quali Beckett si riferisce, acquista un senso specifico in quanto, mentre ridicolizza la nozione di sistema, elabora una serrata denuncia dei limiti intrinseci della parola, illusoriamente tesa a cogliere il reale oggettivandolo definitivamente, e dunque mette in atto la poetica che spiazzò gran parte della cosidetta critica militante (per la verità non solo quella italiana), adusa a non mettere in discussione i propri presupposti. Donde l'annaspare dei circoli dei bene informati quando, nel 1969, allo scrittore irlandese venne assegnato il premio Nobel » (Aldo Tagliaferri, « Cronachetta italiana intorno a Beckett », *in* Andrea Inglese et Chiara Montini (éds.), *Testo a fronte*, n° 35, « Per il centenario di Samuel Beckett », 2006, p. 165).

Le premier traducteur

Loin de se détacher de cette critique « conformiste », à laquelle il contribue involontairement, sans doute, Fruttero propose à l'éditeur Einaudi la traduction d'*En attendant Godot*, qui sera publiée en 1956, trois années après l'âpre article de Landolfi. L'introduction du traducteur a de quoi décourager le lectorat italien. En effet, Fruttero y parle d'un auteur qui se désintéresse du lecteur, et qui vide ses « angoisses » (nous reprenons l'expression de Landolfi) sur celui-ci, sans méthode ni contenu : « Ses romans, écrits en anglais ou en français, n'apparaissaient pas tellement "difficiles" [...], mais plutôt, au contraire, informes, débordés et parfaitement immobiles [...] »[15]. « C'est une caricature de l'introspection », continue le traducteur, « celui qui lit ne veut pas croire que tout est là »[16]. De plus, les histoires de Beckett sont comparées à une composition d'élève de sixième ; elles sont qualifiées de « plates », et le monde qu'il représente est considéré comme « désespérément négatif ». Beckett n'aurait pas de rigueur, ni assez de détachement et d'objectivité pour mener à bien son projet poétique. Aucun jugement positif sur les nouvelles et les romans de l'auteur ; aucun effort pour aller creuser dans le monde décrit et le stoïcisme des personnages/narrateurs ; aucune référence au bilinguisme, et, surtout, aucune tentative de comprendre que le « je » si encombrant qui occupe sa fiction n'est pas celui de Samuel Beckett lui-même. Aucune allusion à l'humour, ni au style si particulier de la trilogie romanesque. Fruttero ne va pas au-delà d'une lecture superficielle d'un écrivain qui est, contrairement à ce qu'il affirme, effectivement « difficile ».

Ce n'est que quand il parle d'*En Attendant Godot* que Fruttero reconnaît quelque qualité à l'auteur (et pour cause, car c'est lui qui a proposé la publication de la pièce). Mais sans exagérer. « C'est au théâtre », écrit-il, qui n'est « ni plus ni moins mauvais que ses écrits en prose », que Beckett arrive à « l'objectivation de l'absurde ». Objectivation qu'il avait déjà essayé d'atteindre dans ses romans, mais en vain, écrit encore Fruttero dans son introduction. C'est toujours le théâtre qui lui permettrait de se distinguer, grâce au détachement rendu possible par la scène. Finalement, le traducteur de *Godot* admet tout de même que la pièce exerce une « fascina-

---

15. Tommaso Landolfi, « Il caso Beckett », *loc. cit.*, p. 15.
16. *Ibid.*, p. 16.

tion » sur son public : « *En Attendant Godot* est la première pièce qui se déroule à l'intérieur d'un temps congelé, d'une pause énorme ; [...] c'est cela qui explique la fascination qu'elle exerce »[17]. En 2006, Fruttero ne semble pas avoir changé d'avis, à en croire son entretien avec Giancarlo Alfano, où il renvoie à l'introduction citée en affirmant qu'elle n'avait sans doute pas plu à Beckett, car il est rare qu'un traducteur dise « du mal des œuvres de son écrivain »[18].

Par ailleurs, le traducteur de *Godot* avoue que, ayant envoyé ses traductions à Beckett, il en reçut des commentaires et des corrections qu'il trouva pertinents, mais qui révèlent, en même temps, qu'il n'avait pas saisi les caractéristiques fondamentales de l'œuvre traduite. Parmi les corrections de l'auteur :

> Il y avait des choses matérielles, comme un verbe au subjonctif que j'avais pris pour un indicatif. Ensuite il y avait des choses qui concernaient d'autres choix. Par exemple, j'avais tout bêtement fait des modifications, des changements lexicaux. Je n'avais pas vu que les répétitions étaient voulues, et lui, en revanche, il écrivit tout à nouveau de la même façon parce qu'il voulait ces répliques précises, et corrigea ainsi mon erreur stupide[19].

Si Fruttero avoue humblement sa maladresse « stupide », et s'il eut la chance de pouvoir profiter des lectures et corrections de Beckett, les autres traducteurs n'eurent pas ce privilège. En effet, à partir d'un certain moment, Beckett refusa de lire les traductions italiennes qu'il jugeait « trop décevantes »[20]. On ne peut donc pas négliger le projet poétique d'un auteur, l'interpréter en se servant d'une opinion dominante, et, ce faisant, bien le traduire.

---

17. *Ibid.*, p. 10.
18. « L'opera interminabile. Intervista a Aldo Tagliaferri », in *Tegole dal Cielo*, vol. I, *op. cit.*, p. 246-252.
19. *Ibid.*
20. Ce sont les mots de Beckett que me reporta un jour Ludovic Janvier, critique et co-traducteur de *Watt* et *From an Abandoned Work*.

Les autres traducteurs.
La méconnaissance du projet poétique

La réticence de la critique et du premier traducteur – qui a ensuite traduit presque toute l'œuvre théâtrale de Beckett – mise à part, c'est la méconnaissance de la part de la majorité de ses premiers traducteurs italiens du projet poétique, des renvois textuels et du bilinguisme comme s'inscrivant dans cette visée poétique qui a fait de la retraduction une démarche nécessaire. Dans la majorité des cas, par exemple, le bilinguisme de l'auteur n'était aucunement pris en compte. Il faut dire cependant que, parfois, les auto-traductions n'étaient pas encore disponibles lors de la première traduction en italien (c'est le cas de *Mercier et Camier* que je suis en train de retraduire) ; toutefois, à l'époque où on commence à traduire Beckett en Italie (à partir donc de 1956, date de la traduction d'*En attendant Godot*), il était clair que le bilinguisme faisait partie intégrante de sa poétique. Se référant à l'œuvre « bicéphale » de Beckett, Brian T. Fitch parle d'intra-intertextualité[21]. L'intra-intertextualité définit en effet la caractéristique de l'écriture beckettienne : renvoyer l'un de ses textes à un autre dans une sorte de mise en abîme où chaque œuvre est liée à la précédente par la répétition et la variation, et par des renvois constants. Pensons, par exemple, à *Mercier et Camier*, où, à la fin du roman, apparaissent Murphy et Watt, les protagonistes de deux romans précédents, ou bien à la « galerie de crevés » dans *Malone meurt*, où le narrateur cite un par un les protagonistes des autres écrits. La répétition, la variation et notamment l'auto-traduction sont ainsi des renvois à l'intérieur du texte et entre les textes. Ils montrent le caractère circulaire de l'œuvre, l'auto-référentialité du langage et renforcent la destruction des certains canons. Et c'est aussi cela qui dérange la critique. On voit bien alors que l'auto-traduction est aussi une façon de semer le doute quant au concept d'original, car on est face à un double original, que le traducteur dans une langue tierce ne peut ignorer[22].

Il est évident que si on ne veut pas reconnaître les nombreux facteurs dérangeants de l'œuvre de Beckett, on aura aussi du mal à la traduire. Cela

---

21. Brian T. Fitch développe ce concept notamment dans *Beckett and Babel : An Investigation into the Status of the Bilingual Work*, Toronto, University of Toronto Press, 1988.
22. Cf. Chiara Montini, « Traduire le bilinguisme. L'exemple de Beckett », *Littérature*, n° 141, 2006.

confirme que la traduction est aussi interprétation. Les premières traductions en italien sont ainsi truffées d'erreurs graves qui rendent parfois absurdes des phrases entières. De même que Fruttero, les traducteurs tendent à négliger la répétition, si importante dans l'écriture beckettienne. Aldo Tagliaferri dénonce aussi d'autres erreurs. Pour ne citer que quelques exemples, outre les 150 coquilles qu'il a repérées dans la traduction de la trilogie romanesque, il y a des phrases entières oubliées ou censurées, et des erreurs d'interprétation assez gauches : « sans pépins sérieux », qui signifie « senza un malanno serio », est traduit à la lettre « senza semi seri », ou bien « quel vague détestable »[23], littéralement « che detestabile indeterminatezza » devient « che detestabile vagabondo »[24] (où « vagabondo » signifie « clochard »). De mon côté, en retraduisant *Mercier et Camier*, je me suis aperçue que, dans la première traduction, la majorité des jeux de mots sont traduits à la lettre et donnent ainsi l'impression d'une écriture absurde. Par exemple, quand Camier demande à Mercier « À quoi acquiesces-tu ? », Mercier répond « À quoi à qui est-ce tu ? Tu perds le nord Camier ». Buffarini traduit : « A chi acconsenti ? » et « A che che cosa ? »[25] en perdant le jeu de mots.

Ces erreurs sont la manifestation d'une incompréhension et parfois d'un manque d'attention envers une œuvre qui était considérée comme importante plus parce qu'elle avait du succès en France que par la reconnaissance de sa valeur véritable.

De plus, la trilogie romanesque fut publiée avec une introduction de Theodor Adorno que Beckett avait contestée et, qui plus est, qui traitait de *Fin de partie* et n'avait donc rien à voir avec les ouvrages proposés. Adorno était un nom suffisamment important pour que le livre se vende. Et c'est avec les paroles de Aldo Tagliaferri que je conclus l'enchaînement de négligences et de malentendus qui ont caractérisé la réception de Beckett en Italie : « Les traductions et les hésitations de l'éditeur Einaudi, qui a acheté tous les droits de l'œuvre, ne font que confirmer la mauvaise réception de Beckett en Italie »[26]. En effet, Einaudi avait chargé Tagliaferri de traduire (et, dans certains cas, de retraduire) toutes les proses courtes, mais ce projet fut abandonné sans que le traducteur en fût informé. Einaudi avait fait

---

23. « L'opera interminabile. Intervista a Aldo Tagliaferri », *loc. cit.*, p. 245 s.
24. Aldo Tagliaferri, « Mal letto mal tradotto », *Alfabeta*, n° 95, 1987.
25. Samuel Beckett, *Mercier e Camier*, tr. Luigi Buffarini, Varese, SugarCo, 1988, p. 111.
26. « L'opera interminabile. Intervista a Aldo Tagliaferri », *loc. cit.*

un choix commercial : Beckett ne se vendait pas. Il ne se vendait pas tout particulièrement en Italie à cause de sa renommée ambiguë et à cause des traductions, qui n'étaient que le reflet de la situation du pays, incapable de se confronter à un auteur si « dérangeant ». C'est ainsi que les traductions ont contribué à créer un préjudice dont il est toujours difficile de se débarrasser.

La retraduction nécessaire. Conclusions

On voit bien, dans ce cas, que la retraduction est nécessaire. Nécessaire à deux niveaux : à un niveau général, qui prône une meilleure diffusion et une meilleure réception de l'œuvre de Beckett, capables d'ouvrir de nouveaux horizons culturels, et au niveau individuel, qui concerne le traducteur, sa subjectivité et sa relation à l'œuvre.

Sur le plan général, la retraduction des textes de Beckett dénonce le niveau d'insatisfaction à l'égard des traductions existantes qui, sans doute à cause de celles que Judith Schlanger définit comme les « images de la connaissance, qui sont déterminées socialement »[27], ont subi une influence néfaste dévoilant la méfiance et la négligence par rapport à l'œuvre. La retraduction se révèle alors nécessaire afin de modifier ces images de la connaissance que l'original avait déjà modifiées et que la traduction n'avait pu reconnaître et reconstituer. Ainsi, la retraduction permet de re-proposer un texte qui va à l'encontre de « constellations discursives communes »[28] en puisant dans le texte et non pas dans les préjugés ambiants. Aldo Tagliaferri, qui a retraduit, entre autres, la trilogie, s'est battu surtout à ce niveau général en dénonçant « la résistance contre l'idée novatrice »[29] que représente la réception de Beckett en Italie.

Sur le plan subjectif, Gabriele Frasca explique de façon exemplaire ce qui l'a poussé à retraduire Beckett. Il énumère trois « pulsions » qui l'ont mené à se lancer dans cette entreprise : d'abord, la possibilité de se rapprocher de façon de plus en plus intime de l'œuvre et notamment « la pos-

---

27. Judith Schlanger, *L'Invention intellectuelle*, Paris, Fayard, 1983, p. 142. Elle parle aussi de la présence d'une « condition culturelle de la pensée » (*Ibid.*, p. 143).
28. Annie Brisset, « Retraduire ou le corps changeant de la connaissance », *Palimpsestes*, n° 15, 2004, p. 48.
29. *Ibid.*

sibilité d'un rapport direct avec Beckett » ; ensuite, le fait que les traductions existantes « ne le convainquent pas » ; et, finalement, la prise de conscience que l'écriture de Beckett était une partition pour la voix, *sa voix en tant que lecteur*, (« ma voix »[30]). C'est effectivement dans un processus d'identification à l'œuvre de l'auteur irlandais, à sa voix en tant que lecteur, que Frasca se lance dans ses belles retraductions.

Le « cas Beckett » est exemplaire d'une situation où la retraduction devient nécessaire non seulement pour faire connaître un auteur d'une façon plus authentique, c'est-à-dire plus proche de l'*intentio operis*, mais aussi pour militer contre certains préjugés culturels et politiques qui pèsent souvent sur la culture, en déterminant de façon aléatoire des critères esthétiques parfois dépassés ou figés. La retraduction offre ainsi une nouvelle opportunité pour qu'une œuvre méconnue puisse être revisitée et éventuellement réévaluée.

Traductrice littéraire et chercheuse

---

30. « Ritradussi *Cascando* (la poesia del '36) appunto, perché la traduzione non mi convinceva, e una *mirlintonnade* (cercando di rendere giustizia del ritmo), ma quella piccola gemma di *roudelay* era del tutto inedita. Mancava. Certo a tradurre mi spingeva anche la possibilità di un rapporto diretto con Beckett – rapporto che in verità era cominciato prima per motivi legati alla critica. […] Nel momento in cui ho realizzato che avevo a che fare con delle grandi partiture per voce, per la *mia* voce (*mia* in quanto lettore), mi è diventato più chiaro sia analizzare criticamente l'autore sia tradurlo » (« La voce che s'intrude. Intervista a Gabriele Frasca », *loc. cit.*, p. 255-256).

Roman et nouvelle

La traduction d'une retraduction :
Le *Vathek* de William Beckford au XXe siècle

Tania Collani

Résumé
Le *Vathek* (1786-1787) de William Beckford, œuvre européenne à tous les égards, est publiée à distance de deux ans à Londres, Lausanne et Paris. À cheval entre le conte oriental et le récit fantastique, entre l'anglais et le français, entre l'écriture et la réécriture, tout le processus créatif du conte est impliqué avec la traduction et la retraduction. Après une étude synthétique de l'histoire éditoriale de *Vathek*, le présent article s'attardera sur l'analyse des retraductions du récit au XXe siècle en Europe, avec une analyse ponctuelle des trois éditions italiennes de *Vathek*, celles de Giaime Pintor, Aldo Camerino et Giovanni Paoletti. On démontrera de cette manière qu'il y a un mouvement dans la retraduction, consistant en un retour vers le texte-source et vers la littéralité du texte (ou *des textes*) source(s).

Abstract
William Beckford's *Vathek*, a European work to all effects, was published between 1786 and 1787 in London, Lausanne and Paris. Suspended between the oriental fairy tale and the fantastic genre, between English and French, between writing and rewriting, its entire creative process is tightly related to translation and retranslation. After a quick overview of *Vathek*'s publishing history, this essay focuses on its retranslations in Europe in the 20th century, with an *ad hoc* analysis of three Italian editions by Giaime Pintor, Aldo Camerino and Giovanni Paoletti. We will demonstrate that a movement can be detected in this retranslation process, consisting in a progressive return to the source text (or *texts*, in this case).

Le *Vathek* de William Beckford est à considérer comme une véritable œuvre européenne, si l'on reprend la belle réflexion menée par Henri Meschonnic dans sa *Poétique du traduire*, lorsqu'il écrit que « l'Europe ne s'est fondée que sur des traductions »[1] et que « seule l'Europe est un continent de traduction, au sens où les grands textes fondateurs sont des traductions »[2]. Certes, Meschonnic se référait aux *grands* Textes sacrés, et une comparaison entre la Bible et un conte oriental ou fantastique serait certainement audacieuse. Toutefois, l'expédient de la traduction se retrouve aussi dans les différentes étapes du processus créatif du conte de Beckford, ce qui encourage le chercheur à une étude dans ce sens. Après avoir parcouru synthétiquement l'histoire éditoriale de *Vathek*, le présent article s'attardera donc sur l'analyse des retraductions de *Vathek* au XXe siècle en Europe. On pourra de cette manière apprécier l'histoire de la diffusion de ce livre et les enjeux de la réception alternée de ce texte dans les rayons de la littérature anglaise et française. L'analyse de trois cas de traductions et retraductions – les trois éditions italiennes de *Vathek*, celles de Giaime Pintor, Aldo Camerino et Giovanni Paoletti –, conclura la présente réflexion, en démontrant que, pour les cas analysés, il y a un même mouvement dans la retraduction, qui consiste en un retour vers le texte-source et vers la littéralité du texte (ou *des textes*) source(s).

La (re)traduction de *Vathek* : Existe-t-il une édition originale ?

L'histoire éditoriale de *Vathek* a fasciné plusieurs chercheurs et écrivains : de Mallarmé à Borges, d'André Parreaux à Kenneth Graham. Nous nous appuierons donc sur leurs contributions pour dessiner un tableau synthétique et efficace de la genèse et des enjeux littéraires du récit de Beckford.

William Beckford (1760-1844) était le « fils le plus opulent d'Angleterre », selon l'expression de Lord Byron, fils d'un père immensément riche, propriétaire de plantations en Jamaïque. Il était connu pour son ouverture à toutes les cultures, notamment aux cultures orientales (arabe et persane), comme cela semble évident dans son récit sur le Calife Vathek. Il composa

---

1. Henri Meschonnic, *Poétique du traduire*, Paris, Verdier, 1999, p. 32.
2. *Ibid.*, p. 33.

Vathek dans le château de Fonthill, pendant les vacances de Noël 1781 ; le conte, quant à lui, se situe entre la tradition du conte arabe, d'une part, et du conte gothique, d'autre part, d'où un premier problème d'ordre générique : *Vathek* serait-il à considérer comme un récit qui va dans le sens de la tradition du gothique anglais (Walpole, Maturin, Radcliffe, etc.), ou reprend-il plutôt la mode de l'Orient français, très en vogue à l'époque – il suffit de penser à la *Bibliothèque orientale* (1697) de D'Herbelot, aux contes du début du XVIIIe siècle de Thomas Gueullette ou aux *Lettres persanes* (1721) de Montesquieu ? Il s'agit là d'une question cruciale pour les problèmes inhérents à la traduction et la retraduction, comme nous le verrons par la suite.

Si nous nous plongeons dans la passionnante histoire de l'édition de *Vathek*, on ne peut que prendre acte du fait que le récit fut originairement rédigé en français. Pour le traduire en anglais, Beckford eut recours au révérend Samuel Henley, un enseignant épris comme lui de culture orientale, qui fit publier en 1786 à Londres la traduction anglaise de *Vathek* sans l'accord préalable de Beckford : non seulement le nom de Beckford n'était pas mentionné, mais dans son introduction, Henley laissait entendre qu'il s'agissait de la traduction d'un manuscrit arabe anonyme. Nous avons donc affaire à une « pseudo-traduction » (et pourtant il s'agit effectivement d'une traduction !), ou bien à une *fictitious translation*, selon la définition de Gideon Toury[3]. Beckford fut donc contraint de hâter la publication de la version française afin de prouver sa paternité et, à la fin de 1786, la première édition parut à Lausanne (mais avec la date de 1787) ; ensuite à Paris, en 1787, paraît une nouvelle édition française avec des remaniements. Dans l'« Avis » de l'édition de Lausanne nous pouvons lire :

> L'ouvrage que nous présentons au public a été composé en François, par M. Beckford. L'indiscrétion d'un homme de Lettres à qui le manuscrit avoit été confié, il y a trois ans, en a fait connoître la traduction angloise avant la publication de l'original[4].

---

3. Cf. Gideon Toury, « Enhancing Cultural Changes by Means of Fictitious Translations », in Eva Hung (éd.), *Translation and Cultural Change : Studies in History, Norms, and Image Projection*, Amsterdam / Philadelphia, John Benjamins, 2005, p. 3-17.
4. William Beckford, « Avis », in *Vathek*, Lausanne, Isaac Hignou & Comp., 1787 [1786], s.p.

Beckford enrichit par la suite le conte avec trois épisodes, qui ne furent jamais publiés de son vivant, et qui ne feront pas l'objet du présent article.

En 1815, Beckford fit paraître une nouvelle édition en français, à Londres, avec très peu de variantes par rapport à l'édition de 1787 et, seulement en 1816, parut la nouvelle édition anglaise dans laquelle Beckford intervint, pour la faire concorder avec les choix faits dans l'édition française.

Vathek présente donc une dizaine d'éditions approuvées et/ou connues par l'auteur[5]. Tous ces textes, sauf celui de Henley, ont été au fond approuvés par l'auctorialité de Beckford et, de ce point de vue, nous pouvons conclure avec la réflexion que Michaël Oustinoff fait à propos de *Vathek*, dans son livre consacré au bilinguisme et à l'auto-traduction : « Fondamentalement une telle difficulté à désigner – aussi bien en français qu'en anglais – un texte "définitif" s'explique donc par l'autorité dont jouit la traduction du fait de son auctorialité »[6].

Traductions et retraductions du *Vathek* en Europe : Le XXe siècle

Après avoir croisé plusieurs sources pour mener la présente recherche sur l'histoire européenne de la traduction de *Vathek* – l'*Index Translationum*, *The European Library* et les différents catalogues dispo-nibles en ligne –,

---

5. Outre l'édition de Lausanne, en ce qui concerne les éditions françaises : *Vathek, Conte arabe*, Paris, Poinçot, 1787 ; *Les Caprices et les Malheurs du Calife Vathek*, traduit de l'arabe, Londres, 1791 [édition vraisemblablement méconnue par Beckford – cf. Didier Girard, « Totem : À la mémoire d'un manuscrit », Postface à *Vathek et ses Épisodes*, Paris, Corti, 2003, p. 446] ; *Vathek*, Londres, Clarke, 1815 ; *Histoire du Calife Vathek*, Paris, Boucher, 1819 [retraduction en français de la version anglaise de Henley]. Quant aux éditions anglaises : *Vathek, An Arabian Tale,* from an unpublished manuscript : with notes critical and explanatory by Samuel Henley, London, J. Jonson, 1786 ; *Vathek, An Arabian Tale*, from an unpublished manuscript, London, Clarke, 1809 [même pagination que la précédente] ; *Vathek*, translated from the original French, 3rd edition, revised and corrected, London, Clarke, 1816 ; *Vathek*, translated from the original French, 4th edition, revised and corrected, London, Clarke, 1823 [« Texte pratiquement identique à celui de l'édition de 1816 ; frontispice différent » – cf. André Parreaux, *William Beckford auteur de Vathek (1760-1844) : Étude de la création littéraire*, Paris, Nizet, 1960, p. 544].
6. Michaël Oustinoff, *Bilinguisme d'écriture et auto-traduction. Julien Green, Samuel Beckett, Vladimir Nabokov*, Paris, L'Harmattan, 2001, p. 92.

nous avons découvert que la confusion qui caractérise l'édition du conte de Beckord affecte aussi ses traductions. Cette confusion est évidente surtout au niveau de la langue-source de la traduction (qui est rarement explicitée dans les notices bibliographiques ou dans les différentes éditions publiées) et de la traduction du titre qui, comme d'habitude, est guidée par les règles commerciales de l'édition plus que par le respect philologique du texte-source.

Nous voudrions avant tout souligner la précocité des traductions vers l'allemand : à partir de 1788, une année à peine après les deux publications de *Vathek* en français, trois éditions allemandes paraissent – la première reprend le texte de Lausanne, alors que les deux autres se basent sur le texte de Paris 1787[7]. Et, en ce qui concerne plus spécifiquement les traductions faites et publiées au XXe siècle, la première traduction en allemand, celle de Franz Blei, qui a pris comme texte de départ celui de Paris 1787, présente déjà des choix éditoriaux intéressants. En effet, dans son avant-propos à l'édition de 1907, Franz Blei écrit que Henley publie le livre en anglais en 1784 (au lieu de 1786) et que la première édition anglaise éditée par Beckford date de 1820 (alors qu'elle date de 1816)[8]. Tout cela démontre évidemment qu'à l'époque de la traduction de Blei, les études sur la genèse du texte de Beckford faisaient encore défaut. Et, en tous cas, la (re)traduction de Franz Blei, privée du paratexte de 1907, a été largement exploitée par les maisons d'édition allemandes – que l'on pense seulement que Suhrkamp a réédité la traduction de Blei revue par Robert Picht avec la préface de Mallarmé encore en 1999.

---

7. Les trois premières traductions en allemand : 1) *Der Thurm von Samarah. Eine warnende Geschichte für Astrologen, Zeichendeuter, Magier, und alle Liebhaber geheimer Wissenschaften, Aus dem Arabischen*, tr. Georg Schatz, Leipzig, Verlage des Dykischen Buchhandlung, 1788 [édition Lausanne 1787 selon André Parreaux, *William Beckford auteur de Vathek (1760-1844) : Étude de la création littéraire, op. cit.*, p. 544] ; 2) *Vathek, eine arabische Erzälung, aus dem Französischen übersezt*, Wien, 1788 [édition Paris 1787 selon André Parreaux, *op. cit.*, p. 544] ; 3) *Vathek, eine arabische Erzälung, aus dem Französischen übersezt*, tr. Georg Christian Römer, Mannheim, 1788 [édition Paris 1787 – vérifié par nos soins].
8. William Beckford, *Vathek*, Leipzig, Zeitler, 1907, p. I : « Das Manuskript wurde ohne Wissen Beckfords ins Englische übersetzt und erschien als Buch 1784. Die französische Originalausgabe kam erst drei Jahre später heraus : *Vathek, Conte Arabe. À Paris, Chez Poinçot, Librairie, rue de la Harpe, près Saint Côme, No. 135. 1787*. Im Jahre 1820 hat Beckford selber eine englische Übersetzung gemacht und hereaugegeben ».

Pour ce qui est des autres traductions allemandes de *Vathek* au XXe siècle, nous observons qu'après une première période marquée par la prolifération de retraductions faites à partir de l'original français, les retraductions à partir de l'anglais se font de plus en plus nombreuses, ce qui crée un cadre général d'alternance entre rééditions des (re)traductions de l'anglais et du français[9].

Il s'agit d'une situation similaire à ce qui se passe dans le reste de l'Europe, où les (re)traductions des éditions anglaise et française de *Vathek* se font souvent de manière indifférenciée et alternée, en accord avec les considérations faites sur l'original.

En ce qui concerne l'espagnol, par exemple, la première traduction se fait seulement en 1969, par les soins du poète Guillermo Carnero, qui semble reprendre le texte original anglais, tout en décidant d'introduire son édition avec la préface de Mallarmé[10] ; alors que les autres retraductions privilégient le français comme langue de départ[11]. Que la question de l'édition originale soit loin d'être résolue est évident aussi à l'analyse de l'étude des notices bibliographiques disponibles dans l'*Index translationum*[12]. Pour ce qui est de la situation italienne des traductions et retraductions de *Vathek*, nous disposons de trois éditions, toutes concen-

---

9. En considérant seulement les traductions (*vs* éditions) : 1) *Vathek*, tr. Karl Toth, Zürich / Wien / Leipzig, Amalthea Verlag, 1921 ; 2) *Vathek : Eine arabische Erzälung*, tr. Hans Schiebelhuth, Berlin, F. Gurlitt, 1924 ; 3) *Kalif Vathek : Eine orientalische Erzählung*, tr. Albert Hess, Menziken (Aargau), Kolumbus Verlag, 1947 ; 4) *Vathek : Eine orientalische Erzählung*, tr. Gottfried Helnwein, Bayreuth, Bear Press, 1985 ; 5) *Vathek : Eine orientalische Erzählung*, tr. Wolfram Benda, München, Winkler, 1987.
10. William Beckford, *Vathek : Cuento árabe*, tr. Guillermo Carnero, Barcelona, Seix Barral, 1969.
11. *Vathek : Cuento árabe*, tr. Manuel Serrat Crespo, Barcelona, Bruguera, 1982 ; *Los episodios de Vathek ; Historia del Príncipe Alasi y de la princesa Firuzkah*, tr. Claudia Monfils, Madrid, Valdemar, 1991 ; *Vathek, cuento árabe : Con sus tres episodios*, tr. Javier Martín Lalanda, Madrid, Alianza Editorial, 1993.
12. Dans les cas des traductions russe et grecque, l'*Index* fait mention des deux langues sources ([French] et [English]) après l'indication du ou des titres originaux : *Vatek* [russe], tr. Boris Zajcev, Moscou, Moskovskij universitet, 1992, *Vathek, conte arabe* [French] [English] ; *Vathek* [grec moderne], tr. Nikos Lampropoulos, Athènes, Printa, 2004, *Vathek* [French] *Vathek* [English].

trées au XXᵉ siècle (1946, 1966, 1996), qui feront l'objet de l'analyse de la prochaine sous-partie[13].

À la lumière d'un examen des traductions européennes ici présentées[14], nous pouvons affirmer que pour le français, l'édition de Paris 1787 a été privilégiée comme texte de départ ; alors que pour l'anglais, il y a une alternance entre le texte de Londres 1786 (la traduction de Henley) et celui de Londres 1816 (le texte revu par Beckford). À notre avis, ces choix ne peuvent être justifiés qu'en ayant recours à l'œuvre critique de Mallarmé et Borges : les deux poètes sont en effet souvent associés ou cités dans les préfaces pour justifier l'un ou l'autre choix. Par exemple, l'édition de Paris 1787 n'aurait peut-être pas connu le même succès sans la préface de Mallarmé en 1876, dans laquelle le poète français souligne l'importance de cette édition, qu'il qualifie d'édition « originale » de *Vathek* : « Faite sur un exemplaire de l'Édition française originale puis feuille à feuille collectionnée par le signataire de la Préface, la Réimpression se conforme de tout point au texte de 1787. Rien n'a été pris dans l'Édition postérieure de Londres... »[15].

Borges, au contraire, se fait le porte-voix de l'édition/traduction anglaise de Henley, et il en arrive au célèbre paradoxe selon lequel les traductions peuvent facilement dépasser la valeur de l'original. En effet, il écrit que l'histoire tragique du Calife fut écrite par Beckford en français ; qu'Henley l'a traduite en anglais en 1785 et que l'original est infidèle à la

---

13. *Vathek* [1946], tr. Giaime Pintor, intr. Alberto Moravia, Torino, Einaudi, 1973 ; *Vathek e gli episodi* [1966], tr. Aldo Camerino (pour *Vathek*) et Ruggero Savinio (pour les épisodes), préf. Salvatore Rosati, Milano, Bompiani, 2003 ; *Vathek. Racconto arabo*, tr. Giovanni Paoletti, intr. Francesco Orlando, Venezia, Marsilio, 1996.
14. Nous nous limitons à une mention purement bibliographique des suivantes traductions européennes de *Vathek* au XXᵉ siècle : *Vathek* [slovaque], tr. Adela Príhodová, Bratislava, Slov. Spisovateľ, 1978 ; *História do califa Vathek* [português], tr. Mario Cláudio, Porto, Afrontamento, 1982 ; *Vathek kalifa története* [hongrois], tr. Júlia Képes, Budapest, Holnap, 1991 ; *Vatek* [russe], tr. Boris Zajcev, Moscou, Moskovskij Universitet, 1992 ; *Vathek* [catalan], tr. Carles Urritz, Barcelona, Laertes, 1995 ; *Vathek : Arabska zgodba* [slovène], tr. Tomo Rebolj, Ljubljana, Dolenc, 1998 ; *Vathek* [grec moderne], tr. Nikos Lampropoulos, Athènes, Printa, 2004.
15. Stéphane Mallarmé, « Préface » à William Beckford, *Vathek*, réimprimé sur l'édition française originale, Paris, Adolphe Labitte, libraire de la Bibliothèque Nationale, 1876, section « Variantes ou corrections », s.p.

traduction ![16] Borges justifie son paradoxe sur la base de remarques sur l'essence de la langue : « Saintsbury observe que le français du XVIIIe siècle est moins adapté que l'anglais pour communiquer les "horreurs indéfinies" (la phrase est de Beckford) de l'histoire très singulière »[17].

Donc, si d'une part Mallarmé met à l'honneur l'édition de 1787 et favorise une lecture de *Vathek* en clé de « conte arabe » dans la tradition française, Borges récupère définitivement la traduction de Henley, publiée sans le blason de l'auctorialité de Beckford. De ce point de vue, Borges soutient que le *Vathek*, en tant que roman gothique, ne pouvait qu'être rédigé en anglais au XVIIIe siècle[18]. Il s'agit, encore une fois, de la question générique qui revient constamment et qui est évidente aussi à l'analyse des titres : si les titres tirés de l'anglais privilégient la simple mention *Vathek*, les titres français ont souvent recours à l'apposition *Conte arabe* – avec des exceptions notables, comme nous allons le voir.

Retraductions de *Vathek* en Italie au XXe siècle

Au début de la présente recherche et analyse des traductions italiennes de *Vathek*, nous pensions avoir affaire à deux traductions de l'anglais (celle de Giaime Pintor et celle d'Aldo Camerino) et à une du français (la dernière de Giovanni Paoletti). Dans les éditions de Pintor et Paoletti, la mention des éditions de référence était en effet explicite – Londres 1816 pour Pintor et Paris 1787 pour Paoletti, qui choisit de faire une édition bilingue français-italien. Les titres des traductions aussi correspondaient à nos conclusions sur l'approche générique : Pintor avait préféré un synthétique *Vathek*, alors que Paoletti, fidèle à la traduction et à l'interprétation française, avait choisi la voie longue du *Vathek ; Conte arabe*.

---

16. Jorge Luis Borges, « Sobre el *Vathek* de William Beckford » [1943], in *Obras completas*, vol. II, Barcelona, Emecé, 1997, p. 109 : « La [trágica historia de su califa] escribió en francés ; Henley la tradujo al inglés en 1785. El original es infiel a la traducción ».
17. *Ibid.* : « Saintsbury observa que el francés des siglo XVIII es menos apto que el inglés para comunicar los "indefinidos horrores" (la frase es de Beckford) de la singularísima historia ».
18. Cf. Bruno Waisman, « Examining the *Vathek* by William Beckford : The uncanny infidelity of the original », in *Borges and Translation : The Irreverence of the Periphery*, Lewisburg (PA), Bucknell University Press, 2005, p. 111-115.

En ce qui concerne l'édition qui se trouve chronologiquement au milieu, celle d'Aldo Camerino, la situation est plus complexe. Premièrement, Aldo Camerino est notoirement connu comme traducteur de l'anglais et de l'américain (il a traduit Joyce, Steinbeck, Stevenson, D.H. Lawrence, Wilde) ; en deuxième lieu, dans l'*Index translationum*, deux occurrences sur trois attestent que la traduction de Camerino est faite à partir de l'anglais ; ensuite, la maison d'édition Bompiani ne précise pas à partir de quelle langue la traduction est faite (la mention qui figure dans le colophon se limite à : « Titre original : *Vathek* ») ; et finalement, le critique littéraire qui s'occupe de la préface de l'édition de 1966 (republiée aussi dans l'édition de 2003) est Salvatore Rosati, lui aussi traducteur et critique spécialiste de littérature anglophone (il a notamment écrit sur Henry Miller, T.S. Eliot, Stevenson, etc.). Tout est fait pour laisser entendre que le conte est une œuvre appartenant à la littérature anglaise, surtout si l'on considère qu'en 1978 la maison Franco Maria Ricci reprend la traduction de Camerino pour son édition avec la préface de Borges, dans laquelle le poète formule son fameux paradoxe sur la traduction et sur l'infidélité de l'original.

Toutefois, en comparant quelques passages où les variantes entre les éditions française et anglaise étaient importantes, nous avons découvert que, contre toutes les apparences, la traduction d'Aldo Camerino était en réalité faite à partir de l'original français, comme le démontrent les trois exemples qui suivent, où nous avons eu recours aux italiques pour souligner les passages comparés.

> Exemple 1
> a) [Henley 1786] Being much addicted to women and the pleasure of the table, he sought by his affability, to procure agreeable companions ; and he succeeded the better as his generosity was unbounded and his indulgences unrestrained, for he was by no means scrupulous, not did he think with the Caliph Omar Ben Abdalaziz that it was necessary to make a hell of this world to enjoy Paradise in the next[19].
> b) [Paris 1787] Il étoit fort adonné aux femmes & aux plaisirs de la table. Sa générosité étoit sans bornes, & ses débauches sans retenue. Il ne croyoit pas comme Omar Ben Abdalaziz, qu'il *fallût* se faire un enfer de ce monde, pour avoir le paradis dans l'autre[20].

19. *The History of the Caliph Vathek*, printed verbatim from the 1st edition, with the original prefaces and notes by Henley, New York, James Pott & Company, 1900, p. 13-14. Dorénavant [Henley 1786].
20. *Vathek, Conte arabe*, Paris, Poinçot, 1787, p. 3-4. Dorénavant [Paris 1787].

c) [London 1816] Being much addicted to women and the pleasure of the table, *he sought by his affability, to procure agreeable companions; and he succeeded the better as his* generosity was unbounded and his indulgencies unrestrained : *for he did not think*, with the Caliph Omar Ben Abdalaziz that it was necessary to make a hell of this world to enjoy paradise in the next[21].
d) [Pintor 1946] Essendo molto proclive alle femmine e ai piaceri della tavola, *Vathek cercava con la sua affabilità di procurarsi piacevoli compagnie ; e in questo tanto meglio riusciva in quanto la sua* generosità era senza limiti e la sua indulgenza senza restrizioni : *egli non pensava infatti* come il califfo Omar Ben Abdalaziz che fosse necessario fare un inferno di questo mondo per godere il paradiso nell'altro[22].
e) [Camerino 1966] Era assai incline alle donne e ai piaceri della mensa ; *la sua* generosità era senza limiti, e le sue dissolutezze senza freno : *infatti, non credeva*, come Omar ben Abdalaziz, che si debba fare di questo mondo un inferno per ottenere il paradiso nell'altro[23].
f) [Paoletti 1996] Era assai dedito alle donne e ai piaceri della tavola. *La sua* generosità non aveva limiti, i suoi eccessi nessun ritegno. A differenza di Omar Ben Abdalaziz, *non credeva che* ci si dovesse fare di questo mondo un inferno, per ottenere il paradiso nell'altro[24].

Exemple 2
a) [Henley 1786, p. 29] The various dainties were no sooner served up than they vanished, to the great mortification of Vathek, who piqued himself on being the greatest eater alive, and at this time in particular, had an excellent appetite.
b) [Paris 1787, p. 22] Les mets disparoissoient de la table aussi-tôt qu'ils étoient servis.
c) [London 1816, p. 29] The various dainties were no sooner served up than they vanished, to the great mortification of Vathek, who piqued himself on being the greatest eater alive ; and, at this time in particular, was blessed with an excellent appetite.
d) [Pintor 1946, p. 17] Le varie pietanze non erano ancora servite che subito sparivano con grande mortificazione di Vathek, il quale si piccava di essere il piú grande mangiatore vivente e che quella volta in particolare era aiutato da un eccellente appetito.

---

21. *Vathek*, translated from the original French, 3rd edition, revised and corrected, London, Clarke, 1816, p. 2. Dorénavant [London 1816].
22. *Vathek. Vita del nono califfo della stirpe degli Abassidi*, Torino, Einaudi, 1989, p. 3. Dorénavant [Pintor 1946].
23. *Vathek e gli episodi*, Milano, Bompiani, 2003, p. 3. Dorénavant [Camerino 1966].
24. *Vathek. Racconto arabo*, Venezia, Marsilio, 1996, p. 49. Dorénavant [Paoletti 1996].

e) [Camerino 1966, p. 13] Le vivande scomparivano dalla tavola non appena servite.
f) [Paoletti 1996, p. 73] Le pietanze sparivano dalla tavola non appena servite.

Exemple 3
a) [Henley 1786, p. 40] They all gazed at each other with an air of astonishment ; and notwithstanding that the loss of veils and turbans, together with torn habits, and dust blended with sweat, presented a most laughable spectacle, yet there was not one smile to be seen.
b) [Paris 1787, p. 28] On se regardoit d'un air étonné ; & malgré le ridicule de cette scène, personne ne rit.
c) [London 1816, p. 37-38 : identique à Henley 1786]
d) [Pintor 1946, p. 22] Tutti si guardarono in faccia con aria attonita ; e benché i veli e i turbanti perduti, gli abiti stracciati e la polvere mista al sudore costituissero uno spettacolo dei piú comici, non si vide un sorriso.
e) [Camerino 1966, p. 16] Si guardarono l'un l'altro sbigottiti ; e, nonostante la scena ridicola, nessuno rise.
f) [Paoletti 1996, p. 79] Ci si guardava con aria stupita ; e, malgrado il ridicolo della scena, nessuno rise.

En analysant les exemples 1, 2 et 3, il est évident qu'Aldo Camerino a travaillé avec le français et non pas avec l'anglais, et qu'il a repris comme texte-source l'édition de Paris 1787. En ce qui concerne les trois traductions italiennes, Pintor reprend clairement l'édition de Londres 1816 et Paoletti celle de Paris 1787. Après avoir mené une recherche ultérieure sur le traducteur Aldo Camerino, nous avons découvert qu'il a aussi traduit à partir du français[25]. Certes, ses quelques traductions du français n'ont pas eu la même importance pour sa carrière : il s'est surtout affirmé comme traducteur de Wilde et Steinbeck en Italie, d'autant plus que ses traductions du français sont publiées chez de petites maisons d'édition, sauf celle de Beckford, qui demeure la traduction du conte la plus diffusée en Italie.

Exemple 4
a) [Paris 1787, p. 9] *On voyoit* des pantoufles *qui aidoient aux pieds à marcher* ; des couteaux qui coupoient sans le mouvement de la main ; des sabres qui portoient le coup au moindre geste : *le tout étoit enrichi*

---

25. Parmi les auteurs traduits par Aldo Camerino, nous citons Alfred Jarry, *Ubœ Re*, Venezia, Edizioni del Cavallino, 1945 ; Guillaume Apollinaire, *I colchici e altre poesie*, Padova, Rebellato, 1966 ; André Gide, *Paludi*, Venezia, Neri Pozza, 1946 ; Paul Éluard, *Poesie*, Venezia, Edizioni del Cavallino, 1945.

de pierres précieuses que personne ne connoissoit. Parmi toutes ces curiosités se trouvoient des sabres, dont les lames jettoient un feu éblouissant. *Le Calife voulut les avoir,* & se promettoit de déchiffrer à loisir des caractères inconnus qu'on y avoit gravés.

b) [London 1816, p. 9-10] There were slippers, which, by spontaneous springs, enabled the feet to walk ; knives, that cut without motion of the hand ; sabres, that dealt the blow at the person they were wished to strike ; *and the whole enriched with gems, that were hitherto unknown.* The sabers, especially, the blades of which, emitted a dazzling radiance, *fixed, more than all the rest, the Caliph's attention ;* who promised himself to decipher, at his leisure, the uncouth characters engraved on their sides.

c) [Pintor 1946, p. 7-8] *C'erano* pantofole che con i loro balzi spontanei facevano correre da solo il piede ; coltelli che tagliavano senza che fosse necessario muovere la mano ; sciabole che colpivano da sole la persona che si desiderava ferire ; *e tutto arricchito con gemme fino ad allora sconosciute.* Le sciabole, le cui lame emanavano un vago riflesso, *attirarono più di tutto il resto l'attenzione del califfo,* il quale si propose di decifrare a suo piacere i bizzarri caratteri che portavano incisi sul fianco.

d) [Camerino 1966, p. 6] *C'erano* pantofole *con cui i piedi camminavano da soli,* coltelli che tagliavano senza che la mano si muovesse, spade che colpivano a distanza *e ogni oggetto era adorno di pietre preziose fino ad allora sconosciute.* C'erano, fra tutte quelle curiosità, delle spade la cui lama emanava un riflesso abbagliante. *Il Califfo volle averle,* e si propose di decifrare a suo agio i caratteri sconosciuti che recavano incisi.

e) [Paoletti 1996, p. 55] *Si ammiravano* pantofole *che aiutavano il piede nella marcia* ; coltelli che tagliavano senza il movimento della mano ; sciabole che a un minimo gesto vibravano il colpo : *il tutto arricchito di pietre preziose che nessuno conosceva.* In mezzo a queste curiosità, si trovavano delle sciabole, le cui lame splendevano di una luce abbagliante. *Il Califfo le volle,* ripromettendosi di decifrare con agio certi caratteri sconosciuti che vi erano incisi.

En comparant les trois traductions italiennes dans l'exemple 4, nous ne pouvons pas exclure que Camerino ait eu recours à la traduction déjà disponible de Giaime Pintor ou à l'édition anglaise, car le traducteur n'hésite pas à prendre quelques libertés par rapport à l'édition de Paris 1787 : le « on voyait » devient « there were » en anglais, et en italien il a été traduit par Pintor et Camerino avec « c'erano » (littéralement « il y avait », donc « there were »), alors que la traduction très littérale de Paoletti maintient le « si ammiravano », ce qui constitue la traduction la plus proche de l'original français. La même situation se vérifie aussi dans le reste du passage cité – que l'on considère, par exemple, le passage des « pietre preziose fino ad allora sconosciute ».

Exemple 5
a) [Lausanne 1786, p. 55] Les flammes devinrent si violentes, & *l'acier poli* les réfléchissait avec tant de vivacité, que le Calife ne pouvant plus en supporter l'ardeur & l'éclat, se réfugia, *en grimpant*, sous l'étendard impérial.
b) [Henley 1786, p. 58] *At last* the fire became so violent, and the flames reflected from the *polished marble* so dazzling, that the Caliph, unable to withstand the heat and the blaze, effected his escape, and *clambered up* the imperial standard.
c) [Paris 1787, p. 44] Les flammes devinrent si violentes, et *le poli de l'acier* les réfléchissait avec tant de vivacité, que le Calife *ne* pouvant plus *en* supporter l'ardeur *ni* l'éclat, se réfugia, sous l'étendard impérial.
d) [London 1816, p. 58] *At last* the fire became so violent, and the flames reflected from the *polished marble* so dazzling, that the Caliph, unable to withstand the heat and the blaze, effected his escape ; and *took shelter under* the imperial standard.
e) [Pintor 1946, p. 34] *Finalmente* il fuoco divenne cosí violento e il riverbero delle fiamme *sui marmi lucidi* cosí accecante che il califfo, non potendo piú sopportare il calore e le vampe, scappò e *andò a rifugiarsi sotto* lo stendardo imperiale.
f) [Camerino 1966, p. 25] Le fiamme divennero tanto violente, e il *lucido acciaio* le rifletteva con tanta vivacità, che il Califfo, non potendo*ne* più sopportare *né* l'ardore *né* il fulgore, *si rifugiò sotto* lo stendardo imperiale.
g) [Paoletti 1996, p. 99] Le fiamme divennero a tal punto violente, e *il lucido dell'acciaio* le rifletteva con tanta vivacità, che il Califfo, incapace di sopportar*ne* di più l'ardore e la *luce accecante, si rifugiò sotto* lo stendardo imperiale.

Si nous analysons l'exemple 5[26], Henley fait une « mauvaise traduction » de l'original de Lausanne : « l'acier poli » devient le « marbre poli ». D'ailleurs, André Parreaux avait déjà remarqué la tendance créative de la traduction de Henley[27] – le style du révérend, qui a par la suite influencé toutes les éditions anglaises et les traductions reprises de la traduction anglaise, était plus baroque que le style de Beckford : Henley fait un usage plus marqué de la ponctuation, il ajoute des adverbes, il aime les structures

---

26. Il s'agit d'un exemple illustré aussi par Kenneth Graham, « Painting the Eyes of the Circassians. Samuel Henley's Mistranslations in *Vathek* », Textus, n° 18, 2005, p. 181.
27. *Ibid.*, p. 180 : « Henley's translation is a *free* translation. Almost every page offers instances of wordiness, where the original is succinct ; passives, where the original uses active structures, and inventions and infidelities that openly depart from Beckford's text ».

négatives et passives, la verbosité. Et, en effet, la variation du « marbre poli » a été reproduite dans toutes les éditions anglaises (et donc dans la traduction italienne de Giaime Pintor), alors que le passage trompeur, où le calife « se réfugia, en grimpant, sous l'étendard impérial » est corrigé, ou plutôt éclairci, dans la version de Paris 1787 et dans la version de Londres 1816 révisée par Beckford. Une autre réflexion que nous pouvons avancer sur la base de cet exemple va dans le sens de la littéralité de la dernière traduction de Paoletti, qui décide de maintenir la tournure très particulière insérée dans l'édition de Paris 1787, « le poli de l'acier ».

>Exemple 6
>a) [Lausanne 1786, p. 61-62] Babalouk s'y promenoit *tranquillement* en donnant ses ordres aux Eunuques qui mouchoient les bougies, & *peignoient les beaux cheveux des Circassiennes*.
>b) [Henley 1786, p. 63] Babalouk was *parading to and fro*, and issuing his mandates, *with great pomp* to the eunuchs, who were snuffing the lights and *painting the eyes of the Circassians*.
>c) [Paris 1787, p. 49] Babalouk s'y promenoit *d'un air tranquille* en donnant ses ordres aux eunuques qui mouchoient les bougies & *peignoient les beaux yeux des Circassiennes*.
>d) [London 1816, p. 71 : identique à Henley 1786].
>e) [Pintor 1946, p. 37] Bababalouk *si pavoneggiava avanti e indietro* tutto intento a trasmettere *con grande solennità* i suoi ordini agli eunuchi, che erano occupati a spegnere le luci e a *dipingere gli occhi delle circasse*.
>f) [Camerino 1966, p. 28] Babaluk *andava su e giù tranquillo* dando ordini agli eunuchi che smoccolavano le candele e *dipingevano i begli occhi delle Circasse*.
>g) [Paoletti 1996, p. 105] Babaluk *andava su e giù con aria tranquilla* impartendo *i suoi* ordini agli eunuchi che smoccolavano le candele e *dipingevano i begli occhi delle Circasse*.

Un autre moment fondamental de l'histoire des traductions et des retraductions de *Vathek* nous est suggéré par André Parreaux[28], comme nous pouvons l'apprécier dans l'exemple 6 : Henley fait une confusion entre les verbes « peindre » et « peigner », et entre les mots « cheveux » et « yeux ». Kenneth Graham voit dans ce *qui pro quo* une faute faite exprès par Henley

---

28. André Parreaux, *William Beckford auteur de Vathek, (1760-1844) : Étude de la création littéraire*, op. cit., p. 507.

pour pouvoir ajouter une note[29] – ce qui semble confirmé par la longueur et la complexité du paratexte que Henley ajoute à la fin de sa traduction, où il explique en détail le rituel de la peinture des yeux des Circassiennes[30]. Il s'agit d'une note extrêmement érudite, qui s'étale sur trois pages, avec des références à des textes italiens et grecs, qui font à leur tour référence à des usages cosmétiques ! Peut-être Henley ne s'était pas trompé et il faut attribuer à Beckford la confusion entre cheveux et yeux dans la hâte de l'édition de Lausanne. Par ailleurs, le recours à la troisième personne plurielle de l'imparfait des verbes « peindre » et « peigner » favorise le *qui pro quo* : « peignaient ». En effet, dans l'édition de 1787, Beckford reprend la variante de Henley et ajoute aussi une note à la fin de l'ouvrage, où, même s'il le fait de façon plus succincte, il reprend les remarques érudites de Henley.

En ce qui concerne les traductions italiennes, « l'andare su e giù » qu'Aldo Camerino emploie fait de quelque façon penser au « parading to and fro » de Henley et de l'édition de Londres 1816. Même si le reste de sa traduction est au fond proche du texte de Paris 1787 – en effet il n'ajoute pas le « with great pomp », qui figure dans le texte anglais –, peut-être Camerino avait-il à sa disposition l'édition de Pintor et choisit-il délibérément cette solution, qui lui a paru plus adaptée au texte, tout en étant plus lointaine du texte-source.

Conclusion

En analysant les trois traductions et retraductions italiennes en parallèle, nous pouvons retrouver les lignes générales proposées par Paul Bensimon dans sa présentation du numéro de *Palimpsestes* consacré à la retraduction. Dans cet article, il qualifie les premières traductions d'« introductions », qui procèdent souvent « à une naturalisation de l'œuvre étrangère »[31]. De

---

29. Cf. Kenneth Graham, « Painting the Eyes of the Circassians. Samuel Henley's Mistranslations in *Vathek* », *loc. cit.*, p. 181-182.
30. Henley 1786, p. 200-202 : « *Painting the eyes of the Circassians*. It was an ancient custom in the East, and still continues, to tinge the eyes of women, particularly those of a fair complexion, with an impalpable powder prepared chiefly from crude antinomy, and called *surmeh*. Ebni'l Motezz, in a passage translated by Sir W. Jones, hath not only ascertained its purple colour, but also likened the violet to it... ».
31. Paul Bensimon, « Présentation », *Palimpsestes*, n° 4, 1990, p. IX.

ce point de vue, la première traduction est, pour Bensimon, une « adaptation en ce qu'elle est peu respectueuse des formes textuelles de l'original »[32]. On pourrait donc dire que la retraduction n'a plus le fardeau de l'introduction de l'œuvre, même si *Vathek* a toujours besoin d'être introduit – et le paratexte, souvent présent, le démontre. En suivant ce raisonnement, la retraduction pourra donc se concentrer sur l'étrangeté du texte : Bensimon écrit en effet que le retraducteur « ne refuse pas le dépaysement culturel : mieux, il s'efforce de le créer »[33], car le lecteur est maintenant prêt à percevoir « l'exotisme » de l'œuvre.

Nous avons effectivement ce type d'évolution en ce qui concerne les trois traductions italiennes : la dernière retraduction, celle de Paoletti, est presque une traduction mot à mot, qui ne craint pas l'étrangeté du texte-source et qui n'a pas peur de la créer. Avec l'original français en regard, elle s'adresse à un lecteur capable d'apprécier le texte original – ce qui explique aussi le fait que cette traduction est de loin la moins diffusée en Italie. Au fond, on peut dire que ce parcours évolutif ne conduit pas toujours aux « grandes traductions »[34] dont parle Antoine Berman, mais qu'elle a le mérite de mettre en avant le respect philologique du texte-source.

La traduction de Camerino est celle qui a le moins vieilli par rapport aux autres, sans que l'on sache vraiment pourquoi, mais le résultat à la lecture semble tout de même évident[35]. En effet, alors que Giaime Pintor, poète et traducteur de l'Allemand, veut donner au public une œuvre qui s'apparente au conte gothique, en privilégiant la brièveté (il n'y a pas les épisodes) et l'accessibilité immédiate (il n'y a aucune note), Camerino arrive à faire une synthèse des textes, en atteignant un heureux équilibre qui, le mieux, réussit à faire parler *le* texte sous-jacent.

ILLE – Institut de Recherche en langues et littératures européennes
Université de Haute-Alsace

---

32. *Ibid.*
33. *Ibid.*
34. Antoine Berman, « La retraduction comme espace de la traduction », *Palimpsestes*, n° 4, 1990, p. 2.
35. Cf. Henri Meschonnic, *Éthique et politique du traduire*, Paris, Verdier, 2007, p. 70 : « Parce que la plupart, l'immense majorité des traductions sont des désécritures. Et c'est pourquoi on dit, sans savoir ce qu'on dit, qu'elles vieillissent ».

Les métamorphoses de Cendrillon :
Étude comparative de deux traductions anglaises
du conte de Perrault

MARTINE HENNARD DUTHEIL DE LA ROCHÈRE

Résumé
L'étude comparative de deux traductions de « Cendrillon, ou la petite pantoufle de verre » de Perrault montre comment le conte est réorienté vers la jeunesse en Angleterre à partir de projets très différents. « Cinderilla : or, The Little Glass Slipper » (1729) est considéré comme la première traduction du conte en langue anglaise. Plus près de nous, sa retraduction par Angela Carter, « Cinderella : or, The Little Glass Slipper » (1977), donne une nouvelle actualité au conte de Perrault. La première traduction illustre les conditions matérielles et l'interdiscours des traducteurs de Grub Street au début du XVIIIe siècle, tandis que la deuxième adapte le conte pour les enfants dans une perspective féministe au XXe siècle. Mon analyse s'attachera surtout à dégager les enjeux de la retraduction de Carter, qui se démarque de la traduction « classique » de Samber pour réactualiser le conte et sa morale.

Abstract
This comparative analysis of two translations of Charles Perrault's « Cendrillon ou la petite pantoufle de verre » shows how the French *conte* was adapted for children in England for different purposes. Robert Samber's « Cinderilla : or, The Little Glass Slipper » (1729) is considered as the first English translation of the tale. More recently, Angela Carter's retranslation « Cinderella : or, The Little Glass Slipper » (1977) modernizes and simplifies Perrault's tale to carry its emancipating message home. While Samber's translation reflects the working conditions of Grub Street writers, Carter retranslates the tale from a feminist perspective and goes on to rewrite it as « Ashputtle or The Mother's Ghost » (1987). While Carter borrows from Samber's early translation, she also departs from it to renew the meaning of the tale and update its moral.

> *« Ainsi une traduction n'est-elle qu'un moment d'un texte en mouvement. Elle est même l'image qu'il n'est jamais fini. Elle ne saurait l'immobiliser. »*[1]

L'étude comparative de deux traductions de « Cendrillon ou la petite pantoufle de verre » de Charles Perrault[2] montre comment le conte est réorienté vers la jeunesse en Angleterre à partir de projets très différents. « Cinderilla : or, The Little Glass Slipper », publié par Robert Samber dans *Histories, or Tales of Past Times. With Morals* en 1729, est considéré comme la première traduction du conte en langue anglaise. Plus près de nous, sa retraduction par l'écrivain britannique Angela Carter, « Cinderella : or, The Little Glass Slipper », parue dans *The Fairy Tales of Charles Perrault* en 1977, donne une nouvelle actualité au conte de Perrault. La première traduction propose un quasi-calque du conte qui illustre les conditions matérielles et l'interdiscours des traducteurs de *Grub Street*, au début du XVIIIe siècle, tandis que la deuxième adapte le conte pour les enfants dans une perspective féministe, au XXe siècle[3]. La traduction constitue en outre pour Carter la première étape d'une réécriture intitulée « Ashputtle *or* The Mother's Ghost[4] » (1987) qui témoigne de la continuité entre l'activité de traduction et la création littéraire. Mon analyse s'attachera surtout à dégager les enjeux de la (re)traduction de Carter, qui

---

1. Henri Meschonnic, *Poétique du traduire*, Paris, Verdier, 1999, p. 342.
2. Charles Perrault, *Contes* [1697], éd. Jean-Pierre Collinet, Paris, Gallimard, 1981.
3. Jusqu'au début du XIXe siècle, *Grub Street* est le nom d'une rue populaire de la Cité de Londres, où se côtoient libraires, petits éditeurs, écrivains publics, traducteurs et auteurs dans le besoin. Alexander Pope a fait la satire de ce milieu littéraire dans sa *Dunciad*. Samuel Johnson, qui vécut et travailla à *Grub Street* durant ses débuts difficiles à Londres, en donne la définition suivante dans son fameux dictionnaire : « GRUBSTREET.s. The name of a street in London, much inhabited by writers of small histories, dictionaries, and temporary poems ; whence any mean production is called grubstreet » (Samuel Johnson, *A Dictionary of the English Language*, vol. I, Heidelberg, Published by Joseph Engelmann, 1828, p. 496-497).
4. Angela Carter, « Ashputtle *or* The Mother's Ghost », in *The Virago Book of Ghost Stories*, London, Virago Press, 1987 (réédité dans *American Ghosts and Old World Wonders*, London, Vintage, 1994).

se démarque délibérément de Samber pour renouveler le sens du conte de Perrault et de sa morale[5].

Charles Sorel souligne la nécessité de la retraduction au XVIIe siècle déjà : « c'est le privilège de la traduction de pouvoir être réitérée dans tous les siècles, pour refaire les livres selon la mode qui court »[6]. L'expression *selon la mode qui court* décrit bien la fortune du conte de Perrault, qui a connu d'innombrables adaptations et traductions[7]. Bien plus, le conte en donne une illustration à travers le personnage de Cendrillon dont l'identité, masquée par un surnom moqueur, demeure mystérieuse et insaisissable. On se souvient que c'est le vêtement (et l'accessoire merveilleux) qui fait d'elle une souillon ou une princesse, comme le suggère déjà le titre du conte de Perrault, « Cendrillon *ou* la petite pantoufle de verre » (je souligne). Pour reprendre la belle formule d'Henri Meschonnic, Cendrillon devient une figure du texte en mouvement dont la véritable nature (mobile, multiple et constamment réinventée) se révèle de façon privilégiée à travers la traduction, ou plus précisément *les* (re)traductions : le conte est à l'image de son personnage emblématique, sujet à métamor-

---

5. Cet article s'inscrit dans la continuité de mes travaux sur les traductions d'Angela Carter, en particulier *Bluebeard* (Martine Hennard Dutheil de la Rochère et Ute Heidmann, « "New Wine in Old Bottles" : Angela Carter's translation of Charles Perrault's *La Barbe bleue* », *Marvels & Tales*, vol. XXIII, n° 1, 2009, p. 40-58), *Little Red Riding Hood* (Martine Hennard Dutheil de la Rochère, « Updating the politics of experience : Angela Carter's translation of Charles Perrault's *Le Petit Chaperon Rouge* », *Palimpsestes*, n° 22, 2009, p. 187-204), et *The Sleeping Beauty in the Wood* (Martine Hennard Dutheil de la Rochère, « "But marriage itself is no party" : Angela Carter's translation of Charles Perrault's *La Belle au bois dormant* or pitting the politics of experience against the Sleeping Beauty myth », *Marvels & Tales*, vol. XXIV, n° 1, 2010, p. 131-151), qui font suite à l'article de Ute Heidmann, « Comparatisme et analyse des discours : La comparaison différentielle comme méthode », *in* Jean-Michel Adam et Ute Heidmann (éds.), *Sciences du texte et analyse de discours. Enjeux d'une interdisciplinarité*, Lausanne, Études de Lettres, 2005, p. 99-116. Je remercie ici Cyrille François pour sa lecture attentive de cet article.
6. Charles Sorel, « De la traduction », in *Bibliothèque française*, Paris, 1664, ch. XI (cité dans l'argumentaire du colloque).
7. Pour un aperçu de la réception des contes de Perrault en Angleterre, cf. Gabrielle Verdier, « De ma mère l'Oye à Mother Goose : La fortune des contes de fées littéraires français en Angleterre », *in* Yves Giraud, *Contacts culturels et échanges linguistiques au XVIIe siècle en France*, Seattle, Papers on French Seventeenth Century Literature, 1997, p. 185-202 ; Claire-Lise Malarte-Feldman, « The Challenges of translating Perrault's *Contes* into English », *Marvels & Tales*, vol. XIII, n° 1, 1999, p. 184-197.

phoses et sans cesse remis au goût du jour[8]. Ainsi, les traductions anglaises du conte qui se multiplient à partir du XVIIIe siècle représentent-elles autant de moments d'un texte ouvert sur son devenir.

Considérations méthodologiques

> « Un texte ne saurait *appartenir* à aucun genre. Tout texte *participe* d'un ou de plusieurs genres, il n'y a pas de texte sans genre, il y a toujours du genre et des genres mais cette participation n'est jamais une appartenance. »[9]

Les principes et concepts clés de la comparaison différentielle élaborée par Jean-Michel Adam et Ute Heidmann dans *Le Texte littéraire : Pour une approche interdisciplinaire* (2009) s'appliquent également à l'étude des traductions, et je vais esquisser ici quelques propositions concernant plus spécifiquement la retraduction.

Adam et Heidmann considèrent le texte comme un discours qui s'inscrit dans un système de genres complexe et variable. Dans « La loi du genre », Jacques Derrida remarque déjà que chaque texte *participe* d'un (voire de plusieurs) genre(s), tout en n'*appartenant* à aucun. Ainsi, la *généricité* de chaque texte, comprise comme le lien dynamique qui met en relation un texte avec d'autres genres discursifs, se modifie et se reconfigure chaque fois que celui-ci est remis en circulation et peu à peu détaché des circonstances de son élaboration, du projet de son auteur, et du public auquel il était initialement destiné. Par exemple, le manuscrit des contes de Perrault de 1695 diffère de l'édition *princeps* de 1697 (par son titre, sa préface, sa composition, le choix de contes, l'ajout de Moralités, etc.), qui elle-même se distingue des éditions plus tardives, qu'elles soient savantes, de poche ou illustrées pour les enfants. À l'évidence, ce phénomène variationnel est encore amplifié par le phénomène de la traduction. Comme l'a bien montré Lawrence Venuti, les traductions sont profondément liées à leur moment d'émergence dans l'histoire, et elles s'élaborent en fonction des in-

---

8. On se souvient que dans le conte de Perrault, la toilette que porte Cendrillon au bal suscite l'admiration et lance aussitôt une mode auprès des dames de la cour.
9. Jacques Derrida, « La loi du genre », in *Parages*, Paris, Galilée, 1986, p. 264.

telligibilités et des intérêts de la culture d'accueil[10]. De fait, lorsque le conte de Perrault est traduit pour la première fois en anglais, puis retraduit bien plus tard par Angela Carter, il est reconfiguré dans des contextes culturels et discursifs spécifiques, et relève de démarches différentes. D'où la nécessité de considérer le texte original et ses traductions « comme autant d'énonciations singulières qui construisent chacune leurs effets de sens en se liant de façon significative à leur propre contexte socioculturel et linguistique »[11]. Ce principe méthodologique met en garde contre toute généralisation hâtive sur la nature du rapport entre le texte original et sa traduction, et entre cette première traduction et sa (ou ses) retraduction(s), en évitant de valoriser l'un(e) au détriment de l'autre.

Une fois les deux traductions anglaises situées dans leur contexte, une analyse comparative des textes permettra de montrer comment l'une et l'autre réinterprètent le conte de Perrault en fonction d'un projet et d'une visée propres. La retraduction relativement récente de Carter témoigne aussi de l'influence indirecte de celle de Samber. La mention « newly translated by Angela Carter » sur la couverture de *The Fairy Tales of Charles Perrault* montre bien que la retraduction s'élabore à partir d'un dialogue double et différentiel avec le texte-source et la (ou les) traduction(s) intermédiaire(s), chacune constituant une « proposition de sens » par rapport au conte de Perrault[12]. Ainsi, ces deux traductions nous renseignent sur le statut, le rôle et les objectifs (littéraires, commerciaux, pédagogiques etc.) du traducteur, chacune contribuant à redéfinir le sens et la valeur du conte de Perrault à leur époque respective.

L'examen des éditions successives de ces traductions met également en évidence des différences significatives qui soulignent l'importance de la *mise en livre* et des variations éditoriales : le cas de la retraduction de Carter, parue en 1977, puis en 1982, et rééditée chez Penguin en 2008, permet de mesurer l'impact de certains choix éditoriaux sur la réception moderne des contes de Perrault en Angleterre.

---

10. Lawrence Venuti, « Retranslations : The creation of value », *Bucknell Review : A Scholarly Journal of Letters, Arts and Sciences*, vol. XLVII, n° 1, 2004, p. 25.
11. Jean-Michel Adam et Ute Heidmann, *Le Texte littéraire : Pour une approche interdisciplinaire*, Bruxelles, Academia Bruylant, 2009, p. 9.
12. Cf. Ute Heidmann, « Comparatisme et analyse de discours. La comparaison différentielle comme méthode », *loc. cit.*

On comprend dès lors tout l'intérêt qu'il y a à intégrer le phénomène de la retraduction comme *tertium comparationis* de la relation entre texte-source et texte-cible, qui permet de saisir l'aspect dynamique de l'histoire d'un texte en traduction. Le modèle dominant binaire et statique de la traduction se révèle en effet inadéquat pour saisir le dialogue multiple et complexe noué par les deux traducteurs avec le texte de Perrault, mais aussi (comme chez Carter) avec la traduction intermédiaire classique de Samber, à partir de leur propre contexte historique et culturel[13].

La traduction de Robert Samber en contexte

Histories, or Tales of Past Times. With Morals. By M. Perrault. Translated into English paraît à Londres en 1729. Précédée d'une épître dédicatoire de Robert Samber, cette traduction qualifiée de « faithful and straightforward »[14] des contes de Perrault se démarque de la méthode de liberté relative par rapport à la lettre du texte prônée par John Dryden, qu'il nomme « Paraphrase, or Translation with Latitude »[15], ainsi que des principes exposés par Alexander Pope dans la préface à sa retraduction de l'*Iliade*, où il rejette ce qu'il appelle « a servile, dull adherence to the letter »[16], dans la tradition d'Horace et de saint Jérôme. Il se peut que la méthode adoptée par le premier traducteur des contes de Perrault, qui s'apparente plutôt à la métaphrase (pour reprendre la terminologie de Dryden), s'explique moins par un parti pris esthétique que par des impératifs socio-économiques. Pour la grande majorité des écrivains et traducteurs de *Grub Street*, en effet, la rapidité d'exécution est une conséquence du système de

---

13. On observe plus généralement que la plupart des traductions modernes de Perrault, y compris celle de Carter, conservent la mémoire des contes des Grimm, et qu'elles reconfigurent à partir des références culturelles du traducteur ou de la traductrice.
14. Penelope Brown, « Fairy tales, fables, and children's literature », in *The Oxford History of Literary Translation in English*, vol. III, 1660-1790, éd. Stuart Gillespie et David Hopkins, Oxford / New York, Oxford University Press, 2005, p. 349-360. Suivant Barchilon, Brown note que cette première traduction, bien que très proche du texte de Perrault, présente néanmoins quelques adaptations culturelles significatives ainsi que des morales en vers plus élaborées que celles de Perrault.
15. John Dryden, « The Preface », in *Ovid's Epistles: With His Amours*, 2nd edition, London, Printed for Jacob Tonson, 1681, s.p.
16. Alexander Pope, « Preface », in *The Iliad of Homer*, London, Printed by H. Baldwin, 1796, p. 48.

mécénat en vigueur à cette époque. Les auteurs cherchent à attirer l'attention d'une personne susceptible de financer la publication d'un ouvrage déjà réalisé, et les conditions dans lesquelles s'élaborent la majorité des traductions influencent autant le choix des textes traduits que la manière de traduire.

On connaît peu de choses de la vie et de l'œuvre de Robert Samber, sinon qu'il est l'auteur de plusieurs dizaines de traductions parfois difficiles à distinguer des œuvres de sa plume[17]. Samber ne connaîtra pas le succès de Dryden et de Pope, respectivement traducteurs de Virgile et d'Homère[18]. Le manque de notoriété oblige Samber à rejoindre les rangs des *hack writers* de *Grub Street*, et il ne retiendra même pas l'attention de Pope dans sa célèbre satire des écrivains professionnels, *The Dunciad* (1728)[19].

Conforme à la production littéraire favorisée par le mécénat, l'œuvre de Samber comprend de la poésie religieuse et pastorale, des odes et élégies, ainsi que des pièces de théâtre dans le goût de l'époque (tragédies romaines, imitations d'Horace). Si l'histoire littéraire n'a pas retenu son nom en tant qu'auteur d'une œuvre originale, Samber est pourtant une figure importante qui illustre la circulation des textes et des idées en Europe au début du XVIIIe siècle par son activité de traducteur et donc de médiateur

---

17. J.M. Blom donne des indications précieuses sur cette figure méconnue de l'histoire littéraire et culturelle européenne. Si Samber n'est pas toujours soucieux du droit d'auteur, il lui arrive d'expliciter sa démarche de traducteur. Ainsi, dans sa préface au *Courtier* de Castiglione, il critique les traductions précédentes et présente la sienne comme supérieure aux autres en soulignant qu'elle est traduite directement de l'italien : « This version is from the Italian (for I would not translate from a translation), so I hope I have given it the sense of the author : if any one shall find fault with it, let him make a better, and I shall have the satisfaction, that I have incited an abler genius than my own, and the pleasure of setting, at least, one part of the machine of literature going » (cité par J.M. Blom, « The life and works of Robert Samber (1682-± 1745) », *English Studies*, vol. LXX, n° 6, 1989, p. 518-519). On retiendra l'heureuse expression de *mettre en branle la machine de la littérature* que Samber remplira avec le succès que l'on sait.
18. La traduction des œuvres de Virgile par Dryden, publiée par souscription, est un événement national qui rapportera à son auteur la coquette somme de £ 1.400. Plus tard, Pope fera fortune avec sa traduction d'Homère (*Iliad* 1715-1720; *Odyssey* 1725-6).
19. *Ibid.*, p. 507.

culturel[20]. Il traduit du latin, de l'italien et du français plusieurs traités techniques, médicaux et (pseudo-)scientifiques (sur les eunuques, l'obstétrique et les façons de prolonger la vie), des guides de voyage, des récits pornographiques et des livres pieux, sans oublier bien sûr les célèbres contes de Perrault, qu'il introduit dans la culture anglaise et qui nous intéressent ici. Là encore, les choix de Samber paraissent dictés avant tout par des considérations pragmatiques liées au marché du livre à cette époque.

Histories, or Tales of Past Times, with Morals (1729) paraît plus de trente ans après la publication des *Histoires ou contes du temps passé. Avec des Moralités* de Perrault (1697). L'ouvrage, dédié à la Comtesse de Granville et destiné en priorité à ses enfants (« the Infant Relatives of your Ladyship », même si « those of Maturity, will also find in them uncommon Pleasure and Delight »), comprend les traductions de huit contes en prose complétées par des morales en vers sur le modèle de Perrault. Il contient également un neuvième conte, « The Discreet Princess or the Adventures of Finetta », introduit par une nouvelle dédicace adressée à Lady Mary Wortley Montagu (1689-1763), fille du Duc de Montagu, et écrivain, poète et traductrice de Marivaux. « L'Adroite Princesse, ou les Aventures de Finette » n'est pas de Perrault mais de sa nièce, Marie-Jeanne L'Héritier de Villandon, même si l'histoire éditoriale des contes entretiendra la confusion. « L'Adroite Princesse » de Melle L'Héritier paraît en 1695 dans ses *Œuvres Meslées*, qui comprend quatre *nouvelles* contemporaines de certains contes de Perrault et très proches dans leur thème. Au début du XVIIIe siècle déjà, cette *nouvelle* figure dans certaines éditions françaises

---

20. Selon Blom, la production de Samber illustre bien la façon dont les publications étrangères sont assimilées à la culture anglaise. Il observe qu'une étude approfondie des traductions anglaises du début du XVIIIe siècle serait susceptible de changer notre conception de la « République des Lettres » : « Much has been said about the frequent international contacts and exchanges of ideas between scholars and scientists during the period with which this article is concerned, and many generalisations have been made about the unprecedented opportunities for European readers to acquaint themselves with the results of scholarly and scientific investigations published abroad. In the case of Samber there are at least three instances of translations that presented themselves as native English products, so that the international dimensions were effectively obscured » (*Ibid.*, p. 520).

des *Contes* dits « de Perrault » (Desbordes 1716 et 1721)[21]. À son tour, Samber semble ajouter le conte de L'Héritier au volume pour augmenter les chances de faire financer son entreprise par une nouvelle dédicataire, et peut-être aussi en hommage à ces deux femmes écrivains modernes[22]. La véritable identité du premier traducteur des contes de Perrault est néanmoins controversée. Selon J. Saxon Childers, Guy Miège, un précepteur français, aurait réalisé cette traduction pour faciliter l'apprentissage du français par les enfants de la bonne société anglaise, le choix d'une traduction littérale s'expliquant par la visée didactique de l'ouvrage[23]. Il se peut que Samber se soit approprié cette traduction, et cela n'est peut-être pas sans conséquence sur la réception des contes français en Angleterre : bien que le nom de Perrault figure encore sur la couverture de l'édition de 1729, les contes seront bientôt considérés comme des productions anonymes issues de la culture populaire. Les folkloristes du XIXe siècle accorderont à cette idée une forme de caution intellectuelle aujourd'hui remise en question. La traduction attribuée à Samber sera réimprimée plusieurs fois, notamment dans des éditions bilingues français-anglais à vocation didactique, à partir du milieu du XVIIIe siècle[24], ce qui contribuera à façonner l'image de Perrault comme auteur de contes pour enfants en Angleterre et aux États-Unis.

Il n'est pourtant pas indifférent que Samber choisisse de traduire (ou en tout cas de publier) en anglais les contes de Perrault, œuvre résolument moderne d'un des principaux acteurs de la célèbre Querelle des Anciens et des Modernes. S'agit-il d'une « réponse » de Samber face au mépris affiché par Pope envers les écrivains professionnels de *Grub Street* dans sa

---

21. Barchilon et Pettit ne reproduisent pas le conte de Melle L'Héritier dans *The Authentic Mother Goose Fairy Tale and Nursery Rhymes*, où il est remplacé par des *nursery rhymes* de la même période (sur le modèle de l'édition des contes de Perrault par l'éditeur de livres pour enfants Francis Newbery en 1750), ce qui contribue à l'assimilation des contes de Perrault à la littérature enfantine en Angleterre (cf. Gabrielle Verdier, « De ma mère l'Oye à Mother Goose : La fortune des contes de fées littéraires français en Angleterre », *loc. cit.*, p. 194-195).
22. Voir, par exemple, les travaux de Catherine Velay-Vallantin sur Melle L'Héritier, et ceux de Lynne Long sur Lady Montagu.
23. Dans sa thèse de doctorat intitulée *Le prime traduzioni in lingua italiana (1727) ed inglese (1729) di* Histoires ou contes du temps passé. Avec des Moralités *di Charles Perrault* (Université de Lausanne, 2010), Tiziano A. Leonardi reprend et étaye cette hypothèse.
24. J.M. Blom, « The life and works of Robert Samber », *loc. cit.*, p. 520-521.

Dunciad, publiée une année auparavant ? Samber prend-il le contre-pied des traductions-adaptations des auteurs classiques préférés par Dryden et Pope ? On note que dans sa dédicace à la Comtesse de Granville, Samber se recommande même du « divin Platon » pour juger les fables d'Ésope supérieures à la poésie d'Homère (« The Divine PLATO had such a Value and Esteem for this kind of Writing, that he seems to have preferred it to Poetry itself: For though he banished HOMER his Commonwealth [*sic*], he assigned in it a very honorable Post for AESOP »). Ou s'agit-il d'une démarche purement opportuniste cherchant à capitaliser sur le succès des traductions anglaises des contes de Mme d'Aulnoy et des *Mille et une nuits* ? Quoi qu'il en soit, Samber introduit Perrault en Angleterre comme auteur de contes pour enfants et l'impact de cette première traduction sera considérable. Devenue classique, elle sera reprise sous une forme quelque peu remaniée dans le célèbre *The Blue Fairy Book* (1889) d'Andrew Lang, qui dans sa courte préface indique que « The tales of Perrault are printed from the old English version of the eighteenth century »[25], et reproduite dans le populaire *The Classic Fairy Tales* de Iona et Peter Opie (1974)[26].

La traduction d'Angela Carter en contexte

Quand Angela Carter retraduit les contes de Perrault en 1976 pour Victor Gollancz, l'écrivain féministe sait que le genre fait débat et qu'il est suspecté de perpétuer des normes et valeurs patriarcales. Les contes de « Cendrillon » et de « La Belle au Bois Dormant », en particulier, sont accusés de véhiculer des stéréotypes qui entravent les progrès sociaux prônés par le mouvement de libération des femmes[27].

Mais lorsque Carter relit les contes de Perrault en français et consulte les éditions érudites d'Andrew Lang et de Jacques Barchilon, elle prend conscience du *hiatus* qui existe entre la réception moderne et populaire des contes de Perrault et la réalité complexe et ambiguë du texte original re-

---

25. Andrew Lang (éd.), *The Blue Fairy Book* (1889), New York, Dover Publications Inc., 1965, s.p.
26. Iona et Peter Opie, *The Classic Fairy Tales*, Oxford / New York, Oxford University Press, 1974, p. 123-127.
27. Cf. Donald Haase, « Feminist fairy-tale scholarship » in *Fairy Tales and Feminism : New Approaches*, Detroit, Wayne State University Press, 2004, p. 1-36.

placé dans son contexte. Carter redécouvre une œuvre et un genre très éloignés des idées reçues sur le conte de fées (ou plus exactement le *fairy tale*) et de l'imagerie mièvre et conservatrice qui lui est attachée. Dans un article intitulé « The Better to Eat You With », elle relate son expérience en ces termes :

> The notion of the fairy-tale as a vehicle for moral instruction is not a fashionable one. I sweated out the heatwave browsing through Perrault's *Contes du temps passé* on the pretext of improving my French. What an unexpected treat to find that in this great Ur-collection – whence sprang the Sleeping Beauty, Puss in Boots, Little Red Riding Hood, Cinderella, Tom Thumb, all the heroes of pantomime – all these nursery tales are purposely dressed up as fables of the politics of experience. [...] Cut the crap about richly nurturing the imagination. *This* world is all that is to the point.[28]

À la suite de Samber, Newbery et Barchilon, Carter associe (à tort) les contes de Perrault aux *nursery tales* et y voit des *fables of the politics of experience* propres à instruire les enfants sur les dangers du monde et les moyens de les déjouer. Conformément à son projet d'actualiser la visée pédagogique et utilitaire des contes de Perrault au service de l'émancipation des filles, Carter reste proche du texte de Perrault dont elle conserve les moralités, contrairement à la plupart des éditions pour enfants jusqu'à une date récente. Elle souligne l'importance des *moral tags* : « from which children can learn, without half the pain that Cinderella or Red Riding Hood endured, the way of the world and how to come to no harm in it »[29]. Cherchant à mettre en évidence le *bon sens* qu'elle voit à l'œuvre chez l'écrivain français, Carter modernise le conte afin de lui donner une nouvelle actualité. En effet, comme elle le remarque elle-même : « Each century tends to create or re-create fairy tales after its own taste »[30].

En dépit du succès populaire et critique de l'œuvre d'Angela Carter, son activité de traductrice a été très peu étudiée jusqu'à présent. Pourtant, Jack Zipes note dans son introduction à la récente réédition de *The Fairy Tales of Charles Perrault* (2008) que cette activité correspond à un tournant

---

28. Angela Carter, « The better to eat you with » (1976), in *Shaking a Leg : Collected Journalism and Writings*, London, Vintage, 1998, p. 452-453.
29. Angela Carter, « Foreword », in *The Fairy Tales of Charles Perrault*, ill. Martin Ware, London, Gollancz, 1977, p. 17.
30. *Ibid.*

dans sa carrière[31]. Plus encore, j'avance que la traduction est pour elle un véritable laboratoire de création, sans doute parce qu'elle constitue la forme la plus intime de la lecture, comme le note Gayatri Chakravorty Spivak (voir infra). C'est donc à partir de ses traductions, puis de ses récritures des contes classiques, que Carter va contribuer à réhabiliter et renouveler le genre du *fairy tale* en Angleterre dans la deuxième moitié du XXe siècle.

La retraduction du conte lui permet ainsi de remettre au goût du jour le discours sur l'éducation des filles qui a peu à peu été effacé, voire récupéré par l'idéologie conservatrice incarnée par la *Cinderella* (1950) de Walt Disney. Quand bien même la traduction de Carter reflète une conception moderne du conte pour enfants très éloignée de celle de Perrault, la morale du conte français s'accommode fort bien des convictions féministes de sa traductrice.

Analyse comparée des traductions

« Translation is the most intimate act of reading. »[32]

La première édition de *The Fairy Tales of Charles Perrault* (1977)[33] débute par une préface qui présente la vie et l'œuvre de Perrault ainsi que la visée supposée des contes, et se termine par une bibliographie qui comprend l'édition érudite de *Perrault's Popular Tales* (1888) par Andrew Lang, celle de *Perrault's Tales of Mother Goose* (1956) par Jacques Barchilon, ainsi que le livre richement illustré de Iona et Peter Opie, *Classic Fairy Tales* (1974), qui reproduit (sans les moralités) la première traduction anglaise de Cendrillon. On note que Carter calque le titre du conte sur celui de Samber. En revanche, elle relève l'importance des moralités que les Opie n'ont pas cru bon de conserver.

---

31. Jack Zipes, « Introduction » à *The Fairy Tales of Charles Perrault*, tr. Angela Carter, London, Penguin, « Modern Classics », 2008, p. VII-XXVII.
32. Gayatri Chakravorty Spivak, « The politics of translation », *in* Lawrence Venuti (éd.), *The Translation Studies Reader*, 2nd edition, London / New York, Routledge, 2004, p. 370.
33. Les citations qui suivent sont tirées de Angela Carter, *The Fairy Tales of Charles Perrault*, *op. cit.*

Carter affirme la relative autonomie de sa traduction par rapport au texte français qu'elle adapte à son projet personnel et à son jeune public. Les filles de la marâtre de Cendrillon qui rient chez Perrault deviennent des enfants (« children », p. 83) qui pouffent (« giggled », p. 94) chez Carter. De la même manière, la traductrice n'hésite pas à simplifier la langue et à moderniser les références culturelles en substituant « aux cornettes à deux rangs et aux mouches de la bonne Faiseuse » (p. 172) une mise en beauté plus moderne: « They sent for a good hairdresser to cut and curl their hair and they bought the best cosmetics » (p. 86). Mais Carter vise surtout à restituer le projet de *worldly instruction* (Angela Carter, « The Better to Eat You With », p. 453) des contes de Perrault, qui abordent des questions liées à l'éducation des filles, à l'institution du mariage, à la séduction et à la réussite sociale. Ces préoccupations rejoignent celles de la traductrice qui cherche à son tour à transmettre une *morale utile* à ses jeunes lectrices. Si le public des contes a considérablement évolué depuis Perrault (du conte comme jeu de salon subtilement ironique et érudit adressé à des adultes sous ses dehors naïfs au *fairy tale* destiné aux enfants), en passant par Samber qui vise déjà un lectorat élargi aux enfants de sa dédicataire, Carter réactualise leur critique de l'idéologie dominante pour son jeune public.

Carter conserve le titre complet du conte de Perrault, qui est souvent réduit au nom de l'héroïne dans les éditions modernes pour les enfants. Elle reproduit même la ponctuation particulière du titre chez Samber, qui diffère de celle de Perrault[34]. Le nom de « Cendrillon » est anglicisé tout d'abord en « Cinderilla » (en italiques dans le texte de Samber), avant de se stabiliser en « Cinderella ». L'autre surnom donné à l'héroïne est « Cucendron » (ash-bottom) (p. 171), dont la première traduction atténue la « malhonnêteté » en proposant « Cinderbreech » (p. 75), adapté en « Cinderbritches » (p. 86) chez Carter. On notera que « breech » ou « britches » désigne un vêtement de travail plutôt masculin, dont Carter semble s'inspirer pour transformer les « habits » (« clothes » chez Samber) de l'héroïne en « workaday overalls » modernes. L'expression *to wear the britches* (porter la culotte) qu'évoque le surnom de « Cinderbritches » en

---

34. Dans sa récriture du conte intitulée « Ashputtle *or* the Mother's Ghost », Carter fusionnera le nom anglicisé de l'héroïne du conte des Grimm et la syntaxe particulière du titre du conte de Perrault.

anglais soulève la question de la construction d'une identité féminine qui se joue des codes vestimentaires et se réinvente selon les circonstances.

L'*incipit* du conte et la Moralité en vers sont deux moments où se formule une lecture particulière du conte de Perrault, que les deux traductions anglaises réinterprètent chacune à leur manière. La formule « Il était une fois » et l'ajout de « Moralités » en vers (souvent ironiques) à la fin du texte de Perrault sont des traits caractéristiques du conte de fées qui s'institutionnalise comme genre littéraire à la fin du XVIIe siècle. Le texte français (dans l'édition moderne de Jean-Pierre Collinet), la première traduction anglaise et la retraduction de Carter sont reproduits ci-dessous:

> *Cendrillon ou la petite pantoufle de verre. Conte*
> Il était une fois un Gentilhomme qui épousa en secondes noces une femme, la plus hautaine et la plus fière qu'on eût jamais vue. Elle avait deux filles de son humeur, et qui lui ressemblaient en toutes choses. Le Mari avait de son côté une jeune fille, mais d'une douceur et d'une bonté sans exemple ; elle tenait cela de sa Mère, qui était la meilleure personne du monde.
>
> *Cinderilla : or, the Little Glass Slipper. Tale VI*
> There was once upon a time, a gentleman who married for his second wife the proudest and most haughty woman that ever was known. She had been a widow, and had by her former husband two daughters of her own humour, who were exactly like her in all things. He had also by a former wife a young daughter, but of an unparalleled goodness and sweetness of temper, which she took from her mother, who was the best creature in the world.
>
> *Cinderella : or, The Little Glass Slipper*
> There once lived a man who married twice, and his second wife was the haughtiest and most stuck-up woman in the world. She already had two daughters of her own and her children took after her in every way. Her new husband's first wife had given him a daughter of his own before she died, but she was a lovely and sweet-natured girl, very like her own natural mother, who had been a kind and gentle woman.

Le conte de Perrault débute par la formule consacrée « *Il était une fois* un Gentilhomme » (*Contes*, p. 171), qui devient dans la traduction de 1729 : « There was *once upon a time*, a gentleman » (*The Authentic Mother Goose*, p. 73). Carter lui préfère « There *once* lived a man » (*The Fairy Tales of Charles Perrault*, p. 83). Le signal générique fort de la formule « il était une fois », restituée par son équivalent anglais dans la première traduction, est atténué dans la retraduction de Carter. Admirant chez Perrault la concision et l'économie narrative, celle-ci cherche à créer un univers familier propice à l'identification de la jeune lectrice à laquelle elle destine implicitement ses traductions. Alors que Perrault doit clairement signaler que son récit relève du merveilleux pour s'autoriser à épingler le monde bien réel de la Cour (ses hiérarchies sociales, ses cruautés, ses vanités), Carter inscrit sa traduction dans un genre désormais assimilé à la littérature enfantine, qui postule la simplicité de l'expression (monosyllabes, économie narrative, lexique élémentaire, phrases courtes) et l'effacement de la satire sociale au profit d'un message utile destiné aux enfants.

Dans le même ordre d'idées, l'usage du superlatif chez Perrault réduit les personnages à des stéréotypes sociaux : la deuxième épouse est « la femme la plus hautaine et la plus fière » (« the proudest and most haughty woman », Samber, p. 73) ; à l'inverse, la jeune fille est « d'une douceur et d'une beauté sans exemple », et elle le tient de sa mère, qui était « la meilleure personne du monde » (« of an unparalleled goodness and sweetness of temper », « the best creature in the world », Samber, p. 74). Carter emploie à son tour le superlatif pour décrire la deuxième épouse comme « the haughtiest and most stuck-up woman » (on note l'emploi du terme familier « stuck-up » pour stigmatiser la prétention). Cependant, les personnages positifs échappent à la caricature, la fille du premier lit devenant « a lovely and sweet-natured girl » et sa mère « a kind and gentle woman ». Par l'omission délibérée de « sans exemple » (« unparalleled », Samber), l'héroïne moderne n'est plus un parangon de vertu, mais une enfant charmante, « lovely », que l'on retrouve dans l'adresse aux « lovely ladies » de la Moralité. Refusant d'exalter la beauté, la douceur et la bonté du personnage féminin, la traductrice préfère insister sur le caractère aimable et la douceur *naturelle* du tempérament de l'enfant (*sweet-natured* faisant écho à *sweetness of temper* chez Samber)[35]. La retraduction du conte de Perrault té-

---

35. Au même moment, Sandra Gilbert et Susan Gubar travaillent à une étude qui deviendra un classique de la pensée féministe de la deuxième vague, *The Madwoman in the Attic*, et qui constitue un intertexte important de la réécriture de Cendrillon / Ashputtle par Carter. Cet ouvrage, qui débute par une lecture de « Blanche Neige » comme symbole de la logique patriarcale, montre comment la littérature victorienne écrite par des femmes se situe par rapport aux représentations dominantes qui réduisent les femmes à des stéréotypes exaltant la bonté, la passivité, la douceur et le goût du sacrifice, et condamnent celles qui transgressent cet idéal (Sandra Gilbert et Susan

moigne ainsi de l'attention particulière portée par Carter au discours sur les stéréotypes féminins véhiculés par les contes de fées qui divise les féministes à cette époque.

La démocratisation (et l'universalisation) du conte passe aussi par l'effacement de la critique subtile du milieu aristocratique que l'on trouve chez Perrault. La violence de classe qui s'exerce au sein de la famille recomposée se manifeste par la faute du père de Cendrillon, un « Gentilhomme » faible qui se laisse « gouverner entièrement » par sa nouvelle épouse. Nombre de lecteurs, à commencer par l'instance narrative de « Ashputtle *or* the Mother's Ghost », se sont interrogés sur l'indifférence du père face au déclassement, à l'exploitation et à la persécution de sa fille issue du premier lit. En traduisant « Gentilhomme » par « man », et à la fin du même paragraphe, en désignant la première épouse par « gentle woman », la critique implicite du comportement des aristocrates à l'égard de leurs enfants fait place à une réflexion plus actuelle sur la psychologie des personnages et sur les rapports mères-filles, sans doute sous l'influence d'« Aschenputtel » des Grimm où la mère tient un rôle central.

Le recentrement du conte autour de problématiques féminines s'observe aussi dans la grammaire et les tournures syntaxiques de la traduction de Carter : le récit s'ouvre sur le mari, sujet de la phrase défini par ce qu'il possède chez Perrault, à savoir une épouse et une fille d'un premier lit (« Il était une fois un Gentilhomme »; « Le Mari avait de son côté »). Chez Carter, il passe rapidement de sujet (« a man ») à objet (« his second wife »), jusqu'à devenir la propriété que se disputent les deux épouses (« Her new husband's first wife »). Le conflit qui oppose les deux femmes pour la « possession » d'un mari se rejoue à la génération suivante : dans la première phrase déjà, le mari est remplacé par la deuxième épouse (« his second wife »), qui devient le sujet de la deuxième phrase (« She already had two daughters of her own »). Celle-ci est remplacée à son tour par la femme du premier lit et sa fille qui lui ressemble, laquelle mettra un terme aux usurpations de la nouvelle épouse et de ses filles (« Her new husband's first wife »; « she was a lovely and sweet-natured girl, very like her own natural mother »). Alors que le conte place « a man » au centre de la première phrase, le premier paragraphe du texte de Carter se termine sur le

Gubar, *The Madwoman in the Attic : The Woman Writer and the Nineteenth-Century Imagination*, New Haven, Yale University Press, 1979).

mot « woman ». L'*incipit* introduit les personnages, leurs relations au sein de la famille et le conflit qui les oppose. Cet effort de clarification, déjà perceptible dans les ajouts de la traduction de Samber, se traduit par des structures grammaticales soulignant l'opposition entre les filles des épouses successives dans la traduction de Carter : les filles de la nouvelle épouse sont introduites par le possessif « two daughters *of her own* », alors que la première épouse « had given him a daughter *of his own* », qui oppose de façon symétrique les deux filles adoptives d'une part et la fille biologique issue du premier lit d'autre part, que renforce encore l'expression « like *her own natural* mother »[36]. Le thème de la rivalité entre deux femmes qui s'exerce par l'intermédiaire de leurs filles respectives est d'ailleurs au cœur de la récriture de Carter, où l'on peut lire le commentaire suivant :

> Although the woman is defined by her relation to him (« a rich man's wife ») the daughter is unambiguously hers, as if hers alone, and the entire drama concerns only women, takes place almost exclusively among women, is a fight between two groups of women – in the right-hand corner, Ashputtle and her mother ; in the left-hand corner, the stepmother and *her* daughters […].[37]

Mais c'est surtout dans la Moralité que se formule une interprétation du conte qui varie selon les traductions. Elle est une occasion de se positionner par rapport au discours dominant sur les qualités féminines et de prodiguer quelques conseils sur les clés du succès et (au XXe siècle) du bonheur au féminin. Chez Perrault, la première Moralité porte sur l'éducation des jeunes filles, un sujet controversé à l'époque, comme garantie de réussite sociale et d'union avantageuse :

> Moralité
> La beauté pour le sexe est un rare trésor,
>   De l'admirer jamais on ne se lasse ;
>   Mais ce qu'on nomme bonne grâce
>   Est sans prix, et vaut mieux encor.

---

36. Un autre ajout significatif concerne le sort de la première épouse. Chez Perrault, il est simplement dit : « Il était une fois un Gentilhomme qui épousa en secondes noces une femme » (Charles Perrault, *Contes, op. cit.*, p. 171). Chez Carter, la fille naît avant la mort de sa mère, « before she died » (p. 83). La traduction de Carter reflète vraisemblablement l'influence du *Märchen* plus tardif des Grimm, *Aschenputtel* (voire de *Schneewittchen*).
37. Angela Carter, « Ashputtle *or* The Mother's Ghost », *loc. cit.*, p. 110.

C'est ce qu'à Cendrillon fit avoir sa Marraine,
  En la dressant, en l'instruisant,
  Tant et si bien qu'elle en fit une Reine :
(Car ainsi sur ce Conte on va moralisant.)

Belles, ce don vaut mieux que d'être bien coiffées,
Pour engager un Cœur, pour en venir à bout,
  La bonne grâce est le vrai don des Fées ;
Sans elle on ne peut rien, avec elle, on peut tout.

Autre Moralité
C'est sans doute un grand avantage,
D'avoir de l'esprit, du courage,
De la naissance, du bon sens,
Et d'autres semblables talents,
Qu'on reçoit du Ciel en partage ;
Mais vous aurez beau les avoir,
Pour votre avancement ce seront choses vaines,
Si vous n'avez, pour les faire valoir,
Ou des parrains ou des marraines[38].

La Moralité en vers se décline en deux parties : la première place la « bonne grâce », que le dictionnaire de Furetière définit par « affabilité, amabilité, gentillesse », au-dessus de la beauté. Elle attribue surtout à la fée Marraine la réussite sociale de la jeune fille grâce à l'éducation et aux conseils qu'elle lui a prodigués (« en la dressant, en l'instruisant »). La parenthèse qui clôt le deuxième quatrain introduit toutefois une distance ironique qui met en doute la valeur de vérité de cette première morale, que la suivante développe en contredisant l'éloge convenu des talents pour affirmer cyniquement que le pouvoir et l'influence des « parrains » et « marraines » sont seuls à même de garantir le succès.

La version anglaise de 1729 propose la traduction suivante :

The MORAL
Beauty's to the sex a treasure,
  We still admire it without measure,
And never yet was any known
By still admiring weary grown.

38. Charles Perrault, *Contes*, éd. Jean-Pierre Collinet, Paris, Gallimard, « Folio Classique », 1981, p. 177-178.

> But that thing, which we call good grace,
> Exceeds by far a handsome face ;
> Its charms by far surpass's the other,
> And this was what her good godmother
> Bestowed on CINDERILLA fair,
> Whom she instructed with such care,
> And gave her such a graceful mien,
> That she became thereby a Queen.
> For thus (may ever truth prevail)
> We draw our moral from this Tale.
> This quality, fair ladies, know
> Prevails much more, you'll find it so,
> T'engage and captivate a heart,
> Than a fine head dress'd up with art ;
> 'Tis the true gift of heaven and fate,
> Without it none in any state
> Effectual any thing can do ;
> But with it all things well and true.
>
> ANOTHER
> A great advantage 'tis, no doubt, to man,
> To have wit, courage, birth, good sense and brain,
> And other such like Qualities, which we
> Receiv'd from heaven's kind hand and destiny.
> But none of these rich graces from above,
> In our advancement in the world will prove
> Of any use, if Godsires make delay,
> Or Godmothers your merit to display[39].

Cette traduction atténue la contradiction entre les deux Moralités du conte de Perrault, en éliminant la parenthèse ironique au profit d'une réaffirmation de la vérité de la première morale. Plus encore, les *Fées* dispensatrices de *la bonne grâce* garante du succès disparaissent au profit d'une christianisation du conte. Cette acculturation est caractéristique de la réception des contes français en Angleterre, dans une culture puritaine qui se méfie des contes merveilleux « païens » et rejette toute littérature considérée comme frivole[40]. Alors que « La bonne grâce est le vrai don des Fées »

---

39. Robert Samber *in* Jacques Barchilon et Henry Pettit (éds.), *The Authentic Mother Goose Fairy Tales and Nursery Rhymes*, Denver, Alan Swallow, 1960, p. 89-91.
40. Cf. Gabrielle Verdier, « De ma mère l'Oye à Mother Goose : La fortune des contes de fées littéraires français en Angleterre », *loc. cit.*, p. 185-186.

chez Perrault, les connotations de « good grace » prennent ici un tour religieux, « grace » faisant référence à la faveur divine qui désigne « in scriptural and theological language the free and unmerited favour of God (Providence, fortune, fate, destiny) » selon l'*Oxford English Dictionary*. Le sens nouveau donné au mot « grace » est confirmé par l'ajout de « fate » après « heaven » au vers 19 et de « rich graces from above » dans la deuxième moralité. L'équivalent anglais de « parrains » et « marraines » (« Godsires » et « Godmothers ») renforce encore ce déplacement vers le discours sur la grâce divine et la détermination, qui substitue à l'univers mondain du conte de Perrault l'interdiscours de l'homélie protestante, et marque ainsi l'adaptation du conte de Perrault aux pratiques discursives et aux références culturelles de l'Angleterre du début du XVIIIe siècle. Quant au discours sur la beauté féminine, on remarque que la première moralité adopte un point de vue masculin, « *We* still admire it », et que la deuxième moralité oriente le propos sur la réussite masculine (« man »), alors que le texte de Perrault est plus ambigu.

À son tour, Carter retraduit les moralités comme suit :

> Moral
> Beauty is a fine thing in a woman ; it will always be admired. But charm is beyond price and worth more, in the long run. When her godmother dressed Cinderella up and told her how to behave at the ball, she instructed her in charm. Lovely ladies, this gift is worth more than a fancy hairdo; to win a heart, to reach a happy ending, charm is the true gift of the fairies. Without it, one can achieve nothing ; with it, everything.
>
> Another moral
> It is certainly a great advantage to be intelligent, brave, well-born, sensible and have other similar talents given only by heaven. But however great may be your god-given store, they will never help you to get on in the world unless you have either a godfather or a godmother to put them to work for you[41].

Contrairement à la première traduction qui conserve une forme versifiée, la retraduction de Carter opte pour la prose et un style direct et concis adapté au message pragmatique (pour ne pas dire prosaïque) que la traductrice cherche à communiquer à ses jeunes lectrices. Ce faisant, elle s'inscrit dans la continuité du projet des contes exposé par Perrault dans

---

41. Angela Carter, *The Fairy Tales of Charles Perrault, op. cit.*, p. 95-96.

son épître dédicatoire à « Mademoiselle », à savoir de transmettre une « Morale très sensée »[42] distincte de la démarche moralisatrice qui caractérise la réception des contes en Angleterre[43]. Par ailleurs, on voit que la moralité du conte de Perrault se prête bien au point de vue féministe de Carter, car elle débute par un constat de l'admiration suscitée par la beauté féminine, mais poursuit en se démarquant de l'opinion commune. Nonobstant une erreur de traduction (*dressant* traduit par *dressed*), Carter place quant à elle le charme (« charm ») au-dessus de la beauté, de la coquetterie et des artifices (« fancy hairdo »), et par là même réintroduit la magie associée à Cendrillon et au *fairy tale*, comme d'ailleurs la convention du *happy ending* qui désigne ici le bonheur à deux plutôt que la réussite sociale. On note que l'insistance sur le charme (qui apparaît déjà chez Samber) sert à contrebalancer le culte de la beauté véhiculé par un certain usage du conte au XXe siècle. À leur manière, ces deux traductions témoignent donc de l'acclimatation culturelle du conte en Angleterre à deux moments de son histoire.

Mise en livre des traductions : variations et généricité éditoriale

> Les publications successives – auxquelles il faut ajouter les traductions responsables de la circulation internationale des textes – introduisent des modifications péritextuelles et textuelles qui conditionnent en profondeur la réception et l'interprétation des textes. Nous ajoutons donc un régime de généricité éditoriale, entendant par là toutes les instances de médiation des faits de discours.[44]

La généricité des contes de Perrault ne se transforme pas seulement d'une traduction à l'autre, mais aussi d'une édition à l'autre. La retraduction de Carter paraît pour la première fois sous le titre *The Fairy Tales of Charles*

---

42. Charles Perrault, *Contes, op. cit.*, p. 127.
43. À l'image des conteuses du temps de Perrault, Carter s'imagine volontiers en fée moderne, qui tire de son expérience matière à conseiller et « instruire » les très jeunes filles auxquelles elle destine ses traductions (cf. Martine Hennard Dutheil, « "But marriage itself is no party" : Angela Carter's translation of Charles Perrault's *La Belle au bois dormant* or pitting the politics of experience against the Sleeping Beauty myth », *loc. cit.*).
44. Jean-Michel Adam et Ute Heidmann, *Le Texte littéraire : Pour une approche interdisciplinaire, op. cit.*, p. 13.

Perrault (1977) chez Victor Gollancz dans une édition illustrée par Martin Ware, dont les gravures en noir et blanc sont fort éloignées de l'imagerie traditionnelle du conte de fées. À la suite du succès de *The Bloody Chamber and Other Stories* (1979), un recueil de nouvelles inspirées librement de certains contes classiques qui rendra Carter célèbre, une nouvelle édition intitulée *Sleeping Beauty and Other Favourite Fairy Tales* (1982) paraît en grand format, cette fois-ci illustrée en couleur par Michael Foreman[45]. Alors que l'édition de 1977 se situait délibérément en porte-à-faux de la réception « disnéifiée » des contes, la deuxième, plus conventionnelle dans ses choix éditoriaux, contribue à anonymiser le conte pour des enfants désireux de retrouver leurs « contes préférés » (le volume contient désormais deux contes de Mme de Beaumont, dont le célèbre « La Belle et la Bête »). Les stratégies éditoriales visent désormais à assurer une popularité à l'ouvrage en misant sur la renommée de Carter comme écrivain-traductrice et la réputation de Michael Foreman comme illustrateur de livres pour enfants. La récente double réédition de *The Fairy Tales of Charles Perrault* en livre de poche chez Penguin, agrémentée d'une introduction de Jack Zipes (mais sans les illustrations de Martin Ware), marque une nouvelle étape de la réception des contes de Perrault en anglais. L'une, sous le titre de *Little Red Riding Hood, Cinderella, and Other Classic Fairy Tales of Charles Perrault*, reproduit en couverture l'imagerie traditionnelle du conte avec une illustration (à dominante rouge et noire) de *Little Red Riding Hood* par John Hassall, et paraît dans la collection Penguin Classics. L'autre, qui reprend le titre de la première édition, *The Fairy Tales of Charles Perrault*, se décline en noir, rose et argent et joue sur l'iconographie *glam trash* d'une Cendrillon affranchie chaussée d'une mule en strass Dior portée sur un pied maculé de boue ou de cambouis[46]. Œuvre de l'artiste controversée Marilyn Minter et intitulée « Stepping Up » (2005), cette image remet habilement le conte de fées au goût du jour tout en rendant hommage aux contes pour adultes qui ont fait le succès d'Angela Carter. Ces rééditions simultanées des traductions de Perrault sous deux

---

45. *Sleeping Beauty and Other Favourite Fairy Tales*, tr. Angela Carter, ill. Michael Foreman, London, Gollancz, 1982.
46. *The Fairy Tales of Charles Perrault*, tr. Angela Carter, intr. Jack Zipes, London, Penguin, « Modern Classics », 2008 ; *Little Red Riding Hood, Cinderella, and Other Classic Fairy Tales of Charles Perrault*, tr. Angela Carter, intr. Jack Zipes, London, Penguin, « Penguin Classics », 2008.

habillages et pour des publics différents éclairent ainsi la réception différenciée des contes de Perrault traduits par Carter, qui s'enrichit d'une *Cinderella* contemporaine en *fashion victim* ou héroïne *camp* saisie dans l'élan de gravir les marches de la célébrité.

Université de Lausanne

Du côté de chez Proust :
(Re)traductions polonaises
d'*À la Recherche du temps perdu*

JOANNA GÓRNIKIEWICZ

Résumé
Dans le présent article, l'auteur évoque les traductions et les retraductions polonaises d'*À la Recherche du temps perdu* de Marcel Proust. La réflexion est organisée autour de deux pôles : ceux du pourquoi et du comment. Au premier niveau sont analysés les facteurs externes (liés à la sélection des livres à (ré)éditer et (re)traduire) et internes à la première traduction (influence des traductions antérieures, coexistence des traductions successives). Au second, il est question du rôle du traducteur en tant qu'acteur – récepteur, interprète de l'original, et créateur d'un texte nouveau. L'analyse comparative de deux traductions polonaises d'*Albertine disparue* a mis en évidence deux conceptions différentes de la traduction : un plus grand respect de la lettre chez Maciej Żurowski (avec comme conséquence certains effets indésirables) et une marge de liberté beaucoup plus importante chez Magdalena Tulli.

Abstract
In this paper, the author analyses the available Polish translations of Marcel Proust's *In Search of Lost Time*. Her argument is organized around two poles: why and how these (re)translations were carried out. In the first part, she examines the external factors (*i.e.* the selection of books to be reedited and retranslated) and the internal factors related to the first translation (the influence of previous translations and the coexistence of later translations). In the second part, she focuses on the role of the translator, as an actor-receiver, an interpreter of the original text and a creator of a new text. Two different approaches result from a comparative analysis of the two Polish translations of *Albertine Gone* : a deep respect of the « letter » in Maciej Żurowski (with some undesirable side-effects), and a strong desire to create a target text sounding as natural as possible in Magdalena Tulli.

Après sa parution, *À la Recherche du temps perdu* a suscité en Pologne tout un éventail d'émotions : de l'extrême admiration à une incompréhension totale, voire une haine inexplicable[1]. Ceux qui ont pu lire Proust en version originale ont cependant tous pointé du doigt les traits caractéristiques de son écriture, originale et riche, mais en même temps étrangère au génie de la langue française, au point de frôler les limites de l'acceptable. Selon Wincenty Lutosławski[2], il semblait peu probable que cet auteur pût être un jour traduit et trouver un éditeur, précisément à cause des particularités de son style, jugé quasi impossible à rendre dans une autre langue. En effet, comme le soulignait Józef Czapski, la qualité du langage est, chez ce romancier, de première importance. C'est une sorte de clé qui ouvre la porte de l'univers dépeint : « Qui voit la forme de Proust en dehors de lui ou à côté de lui, ne le voit guère »[3].

On sait aujourd'hui que Lutosławski n'était pas bon prophète. Les premières traductions de Proust datent déjà des années 1920. Il s'agit de deux extraits de *La Prisonnière*, traduits en 1923 par Henryk Elzenberg et publiés dans la revue *Przegląd Warszawski*[4]. Ces traductions, aussi bien par leur longueur que par leur caractère isolé, n'ont pu constituer qu'une première tentative de rapprochement entre l'auteur français et les lecteurs polonais. Cinq ans plus tard, Anna Iwaszkiewicz relève le défi et traduit trois nouveaux extraits provenant des trois premiers volumes : « Czerwone trzewiki księżnej » (*Le Côté des Guermantes*), « Dziewczyna o świcie » (*À l'Ombre*

---

1. Cf. Jerzy Speina, « Proust w Polsce », *Pamiętnik Literacki*, vol. LXXXIII, n° 2, 1992, p. 177-201 ; Jerzy Domgalski, *Proust w literaturze polskiej do 1945 roku*, Varsovie, IBL, 1995.
2. Wincenty Lutosławski, « Marceli Proust », *Tygodnik Wileński*, n° 5, 1925, p. 4-5.
3. Józef Czapski, « Marceli Proust », *Przegląd Współczesny*, n° 71, 1928, p. 497. Voir aussi l'article de Jean Milly dont le titre est déjà significatif : « L'œuvre d'art ne commence à exister qu'au style », *Travaux et recherches de l'UMLV*, p. 23-36, www.univmlv.fr/fr-/intranetumlv/telechargeable/dir.%20recherche/pj00304.pdf (consulté le 18/11/2009). C'est une affirmation de Proust qui se trouve dans un des cahiers préparatoires au *Temps retrouvé*, comme le fait noter Milly (p. 23). Cf. Jean Mouton, *Le Style de Marcel Proust*, Paris, Corrêa, 1948, p. 21.
4. Henryk Elzenberg, « Patrzenie na jej sen » et « Moje przebudzenie », *Przegląd Warszawski*, n° 20, 1923, p. 180-186.

des jeunes filles en fleurs), publiés dans *Droga*[5] et « Sonata fortepianowa » (*Du Côté de chez Swann*) qui paraît dans la revue *Muzyka*[6].

Comme le souligne Jerzy Domagalski[7], auteur d'un ouvrage sur la réception de Proust en Pologne, ces traductions fragmentaires n'ont pas pu satisfaire le besoin ressenti par les lecteurs polonais de confronter le mythe proustien avec l'œuvre littéraire qui était à son origine. Au contraire, elles ravivaient les émotions liées à la question : qui traduira l'ensemble d'*À la Recherche du temps perdu* ? Le candidat idéal aux yeux de tous, engagé dans la traduction d'autres cycles, s'est montré longtemps, sinon hostile et réticent, du moins hésitant et peu empressé ; il n'a entrepris la traduction qu'en 1936. Mais une fois sa décision prise, Tadeusz Boy-Żeleński, car il s'agit de lui, réalise son projet en un temps record. Entre 1936 et 1939 paraissent chez le *Towarzystwo Widawnicze Rój* les cinq premières parties du cycle[8]. Boy réussit à terminer son travail, mais le début de la Seconde Guerre mondiale empêche la publication des deux derniers volumes (*Albertine disparue* et *Le Temps retrouvé*), dont les manuscrits disparaîtront à jamais pendant l'Insurrection de Varsovie en 1944[9].

Pour pouvoir lire le cycle entier, les lecteurs polonais ont dû attendre la fin des années 1950, soit la période la plus propice (après la Seconde Guerre mondiale) pour la littérature française en Pologne[10]. Pour la première fois, les sept tomes sont publiés chez un éditeur de première impor-

---

5. *Droga*, n° 4, 1929, p. 380-389.
6. *Muzyka*, n° 3, 1929, p. 126. Sur les premières traductions cf. Joanna Górnikiewicz, « Figures des premiers traducteurs polonais de Proust », *in* Elżbieta Skibińska et Natalia Paprocka (éds.), *Romanica Wratislaviensia*, n° 59, Actes du colloque *Figure(s) du traducteur* (à paraître).
7. Jerzy Domagalski, *Proust w literaturze polskiej do 1945 roku*, p. 35-36.
8. Les traductions de Boy : *Du Côté de chez Swann* – *W stronę Swanna* (t. I-III) [1937] ; *À l'Ombre des jeunes filles en fleurs* – *W cieniu zakwitających dziewcząt* (t. I-III) [1937] ; *Le Côté des Guermantes* – *Strona Guermantes* (Première partie, t. I-II) [1938], – *Strona Guermantes* (Seconde partie, t. I-II) [1938] ; *Sodome et Gomorrhe* – *Sodoma i Gomora* (t. I-III) [1939] ; *La Prisonnière* – *Uwięziona* (t. I-II) [1939]. Cf. Jerzy Speina, « Proust w Polsce », *loc. cit.*, p. 178, note 4.
9. Cf. Barbara Winklowa, *Nad Wisłą et Nad Sekwaną, Biografia Tadeusza Boya-Żeleńskiego*, Varsovie, ISKRY, 1998, p. 190.
10. Elżbieta Skibińska, « Powieść francuska w polskich przekładach w latach 1946-2004 », in *Kuchnia tłumacza*, Cracovie, Universitas, 2008, p. 82.

tance – le PIW (Państwowy Instytut Wydawniczy)[11]. Le choix d'une œuvre à publier n'était en aucun cas dû au hasard, bien au contraire : c'était une conséquence naturelle de la politique éditoriale qui consistait d'abord à éditer, de façon systématique et ordonnée, les classiques, aussi bien polonais qu'étrangers[12]. Mais il y avait une autre raison : Irena Szymańska, qui depuis longtemps rêvait de faire éditer Proust, son auteur préféré, était à l'époque (1954-1958) rédactrice en chef des éditions PIW[13]. À la première occasion (la libéralisation de la censure), elle réalise son rêve : les cinq premiers volumes paraissent dans la traduction existante, celle de Boy et les deux derniers, forcément, dans de nouvelles traductions. *Albertine disparue* ([*La Fugitive*], VI) et *Le Temps retrouvé* (VII) ont été traduits respectivement par Maciej Żurowski (*Nie ma Albertyny*) et Julian Rogoziński (*Czas odnaleziony*). Des traducteurs différents se sont donc chargés de terminer la mission de Boy-Żeleński. Deux fortes personnalités qui avaient tout de même plusieurs points communs : ils appartenaient à la même génération, avaient une formation et des connaissances en littérature française comparables. Ces noms garantissaient une bonne qualité de la traduction et le fait d'engager deux traducteurs a sans aucun doute permis un gain de temps considérable. D'ailleurs, la maison d'édition PIW s'est toujours montrée particulièrement attentive à la qualité de ses publications, y compris à la qualité des traductions : « Chaque traduction était lue avec soin, faisait l'objet d'un compte rendu critique et, ce qui aujourd'hui paraît incroyable, était collationnée »[14].

11. Voici la chronologie de la publication des sept tomes : t. I 1956 ; t. II 1957 ; t. III-IV-V 1958 ; t. VI-VII 1960 (1960 pour le VII tome selon les catalogues imprimés du PIW et les catalogues des bibliothèques qui reçoivent l'exemplaire obligatoire. En effet, il y a deux premières éditions, celles de 1960 et de 1965).
12. Cf. Leszek Żuliński, *Foksal 17*, Varsovie, PIW, 2007, p. 185 ; Irena Szymańska, *Miałam dar zachwytu*, Varsovie, Czytelnik, 2001, p. 72.
13. Irena Szymańska, *Miałam dar zachwytu*, op. cit., p. 14, 42.
14. *Ibid.*, p. 108 (nous traduisons). Selon Hanna Wachnowska, rédacteur aux éditions PIW et « encyclopédie ambulante » sur le sujet (terme de L. Żuliński), il est fort probable (mais il n'y a aucun document qui pourrait le confirmer) que Julian Rogoziński, qui devait traduire le dernier volume, ait adapté les traductions boyennes d'*À la Recherche du temps perdu* à la nouvelle édition. En effet, il a fallu moderniser l'orthographe et, vu qu'il s'agissait d'une œuvre de grande importance, également la collationner avec l'original. C'était, comme nous l'avons déjà dit, une pratique ordinaire au PIW qui disposait de plusieurs rédactions spécialisées dans différentes littératures et dont les rédacteurs maîtrisaient les langues étrangères. Propos recueillis auprès de Hanna

Les deux derniers volumes de *La Recherche* ont été les seuls à être retraduits dans leur intégralité[15], tous les deux en 2001, encore une fois par deux traducteurs différents.

En 2001, paraît chez Prószyński i Spółka[16], dans la collection « Klasyka Powieści » [Les Classiques de la prose], le dernier volume du cycle. Le choix de l'œuvre était dicté par deux raisons : Proust s'inscrivait parfaitement dans la thématique de la collection et son œuvre n'était plus disponible sur le marché. Quant à la décision concernant la traduction, pour les cinq premiers volumes la situation était claire : la seule traduction immédiatement disponible était celle de Boy, qui présentait un avantage supplémentaire, à savoir qu'elle était libre de droits[17]. La décision d'acquérir les droits d'auteur de la traduction existante du VIe tome a eu un impact décisif sur la forme définitive du cycle : *Nie ma Albertyny* paraît en 2000 dans la traduction de Żurowski (le texte est conforme à la version de 1965), qui avait auparavant préparé sa propre version du *Temps retrouvé*, et c'est cette retraduction qui sera publiée sous le titre déjà familier pour les lecteurs polonais *Czas odnaleziony*, afin d'assurer la plus grande homogénéité possible à l'ensemble (le même style de traduction)[18].

L'histoire de la traduction du VIe tome, paru la même année chez le PIW, est étroitement liée au projet éditorial de son concurrent. Voici pourquoi : à partir de 1999, l'association Porozumienie Wydawców [Entente des éditeurs], composée de huit maisons d'édition[19] parmi lesquelles se trouvait le PIW, publie *Kanon na koniec wieku* [Le Canon pour la fin du siècle], une collection englobant vingt-cinq chefs-d'œuvre du XXe siècle, plébiscités par les lecteurs du quotidien *Rzeczpospolita*. *À la Recherche du temps perdu* est inscrit sur la liste (20e position) à côté de *La Peste* (2e) de Camus et du *Petit Prince* (21e) de Saint-Exupéry. Quand la décision de publier

---

Wachnowska, correspondance privée du 3/11/2009. Cf. Leszek Żuliński, *Foksal 17*, op. cit., p. 67-76.

15. Krystyna Rodowska a retraduit un extrait de *Du côté de chez Swann* (*W poszukiwaniu utraconego* (!) *czasu*) intitulé « Combray » ; il a été publié en 1998 dans le numéro de la *Literatura na świecie* 1-2 (p. 3-57) consacré entièrement à Proust.
16. Maison d'édition fondée en 1990.
17. Pour d'autres raisons voir l'article d'Elżbieta Skibińska dans le présent volume.
18. Informations recueillies auprès d'Elżbieta Kwiatkowska, représentante de la maison d'édition Prószyński i Spółka, correspondance privée du 26/10/2009.
19. L'accord a été signé le 19 juin 1992 par : Bellona, Rebis, Muza S.A., PIW, Znak, Wydawnictwo Dolnośląskie, Wydawnictwo Literackie, PWN.

Proust tombe, la maison Prószyński i Spółka, non-membre de l'association, est déjà engagée dans le même projet éditorial et réussit à rallier à sa cause le professeur Żurowski[20]. Le PIW, qui détenait les droits d'auteur sur la traduction du *Temps retrouvé* par Julian Rogoziński (décédé en 1980) s'est vu obligé de retraduire le VIe tome. Selon Piotr Dobrołęcki, chef du bureau du marketing de Porozumienie Wydawców, l'un des rédacteurs a eu l'idée de s'adresser à l'écrivaine Magdalena Tulli qui, suite à la découverte de la dactylographie originale d'*Albertine disparue*, envisageait depuis un certain temps d'offrir aux lecteurs polonais une nouvelle version de ce volume[21]. Ce témoignage diffère cependant de celui donné par la traductrice elle-même, qui nous a confié que, de son point de vue, le fait qu'elle ait traduit ce volume de Proust n'était dû qu'à un simple hasard. Quand (probablement en 1998), Tadeusz Pióro (à l'époque rédacteur aux éditions PIW) l'appelle et lui demande si elle aurait envie de s'en charger, cette « simple écrivaine, qui connaît par hasard des langues étrangères[22] mais sans formation philologique ni même humaniste, reste muette de surprise et croit rêver »[23]. Les bons traducteurs professionnels d'œuvres littéraires ne manquent pourtant pas ! Mais le délai est court, la rémunération peu impressionnante et la gloire incertaine – il ne s'agissait que d'un volume unique et, en plus, destiné à paraître dans une édition superfétatoire (le marché est saturé, le cycle vient de paraître chez Prószyński i Spółka, mais le PIW est obligé de publier l'ensemble du *Canon*)[24]. Magdalena Tulli, disponible à ce moment-là, accepte volontiers cette « nouvelle aventure ». Elle ne prend connaissance des documents retrouvés et de la nouvelle édition qu'au cours de son travail. Le sixième volume paraît donc chez Porozumienie Wydawców dans sa traduction, sous le titre *Utracona*.

L'existence de deux versions originales, voire davantage, ainsi que de deux titres[25], appelle quelques mots de commentaire. En 1925, la suite de

20. Maciej Żurowski, chercheur en littérature comparée et littératures européennes, était à l'époque professeur à l'Université de Varsovie.
21. Informations recueillies auprès de Piotr Dobrołęcki, conversation téléphonique du 27/10/2009.
22. Magdalena Tulli traduit également la littérature italienne (Italo Calvino).
23. Magdalena Tulli, correspondance privée du 26/11/2009. Nous traduisons toutes les citations tirées de la correspondance de Magdalena Tulli.
24. *Ibid.*
25. De 1925 à 1994, pas moins de six versions distinctes de ce volume ont vu le jour aux éditions Gallimard, tantôt sous le titre *Albertine disparue*, tantôt sous celui de *La*

La Prisonnière est publiée par les soins, entre autres, de Robert Proust[26], le frère de l'écrivain, non à partir de la dactylographie que Proust était en train de revoir juste avant sa mort, mais à partir du double vierge de cette dactylographie. Cette première version ne tient pas compte des importantes suppressions effectuées sur l'original ; par contre elle comporte quelques additions et propose un titre nouveau *Albertine disparue* (sous-titrée *Première partie de Sodome et Gomorrhe III*). Par sa forme, cette première édition répondait au vœu exprimé par Marcel Proust qui, conscient de ne pas pouvoir mener à bien son œuvre dans cette version abrégée (volume « bref et d'action dramatique »[27]), a donné des consignes relatives à sa publication au directeur de la NRF, Jacques Rivière[28]. Quant au titre, dans une lettre adressée à Gaston Gallimard, l'écrivain renonce à celui qu'il a choisi au début, *La Fugitive*, pour éviter la confusion avec la traduction par Madame de Brimont du livre de Rabindranath Tagore (paru sous le même titre en 1921)[29]. L'édition devenue classique, celle de la Pléiade (1954), a été établie à partir des manuscrits autographes (d'où les divergences par rapport au texte de 1925) par Pierre Clarac et André Ferré, et intitulée *La Fugitive*[30]. C'est sur cette version que s'appuie la première traduction polonaise connue, celle de Maciej Żurowski – *Nie ma Albertyny* (bien que l'éditeur ne le précise pas). La nouvelle traduction est faite à partir de deux éditions originales : *La Fugitive* (conforme au texte de l'édition

---

Fugitive. Maya Lavault, « L'*Albertine disparue* de J. Milly : Ni tout à fait la même, ni tout à fait une autre », *Acta Fabula*, vol. IV, n° 2, www.fabula.org/revue/cr/412.php (consulté le 26/10/2009). Cf. aussi Agnieszka Taborska, « Odkrycie "nowego" Prousta », *Literatura na świecie*, n° 10, 1990.

26. Et, de la part de la maison d'édition, par Jacques Rivière et, après sa mort, par Jean Paulhan.
27. Marcel Proust, « Lettres à la NRF », *Les Cahiers Marcel Proust*, n° 6, Paris, Gallimard, 1932, p. 153, 178, cité d'après Nathalie Mauriac, « Avant-propos » à *Albertine disparue*, Paris, Grasset, 1987, p. 17.
28. Marie Scheikévitch, *Souvenirs d'un temps disparu*, Paris, Plon, 1935, p. 166, cité d'après Nathalie Mauriac, « Avant-propos », *loc. cit.*, p. 14.
29. Cf. *Ibid.*, p. 18.
30. Ils retiennent le titre qui figure dans la correspondance de l'auteur connue à l'époque et notent que le titre *Albertine disparue* n'apparaît ni dans les manuscrits ni dans la correspondance de Proust. Cf. Maryla Laurent et Stanisław Bereś, « W poszukiwaniu zaginionej Albertyny », *Twórczość*, n° 10, 1989, p. 82 ; Claude Mauriac, « Wuj Marcel », *Twórczość*, n° 10, 1989, p. 85-91. Les éditions suivantes, tout en reprenant le même texte, retournent sans explication au titre *Albertine disparue*.

de la Pléiade) et *Albertine disparue* (d'après la rédaction de Nathalie Mauriac[31] et Étienne Wolff, publiée chez Grasset en 1987), dont le texte est conforme à la dactylographie partiellement corrigée par Marcel Proust et retrouvée en 1986 dans les archives de la nièce de l'auteur, Suzy Mante-Proust. La nouvelle édition polonaise contient aussi bien les fragments ajoutés que ceux qui ont été rayés car, comme nous l'explique la traductrice (ou l'éditeur), « Proust n'a pas rédigé le texte de façon systématique et n'a jamais vraiment terminé son travail »[32]. *Grosso modo*, nous pouvons dire que les lecteurs polonais ont ainsi obtenu le texte de la Pléiade[33] complété par les fragments ajoutés de la main de l'écrivain sur la dactylographie. Il faut souligner que la traductrice a pris soin de préciser dans les notes quels fragments ont été ajoutés ou rayés[34]. Quant à la division en alinéas, elle n'est pas homogène, respectant tantôt celle de la Pléiade, tantôt celle de Grasset[35]. Il convient aussi de préciser que, contrairement à

31. L'arrière-petite-fille de Robert Proust et petite-fille de François Mauriac.
32. Marcel Proust, *Utracona*, tr. Magdalena Tulli, Varsovie, Porozumienie Wydawców, 2001, p. 369.
33. Avec au moins une omission, précisée dans les notes, notamment celle du fragment sur l'achat envisagé d'un yacht luxueux et le suicide du futur banqueroutier, p. 70-71 (P), p. 52-53 (M.Ż.), p. 70, 370 – notes (M.T.). Dorénavant : « P » pour Pléiade – Marcel Proust, *À la Recherche du temps perdu*, tomes I-VII, 1976 ; « G » pour Grasset – Marcel Proust, *Albertine disparue*, 1987 ; « M.Ż. » pour la traduction de Maciej Żurowski – Marcel Proust, *Nie ma Albertyny*, 2000 ; « M.T. » pour celle de Magdalena Tulli – Marcel Proust, *Utracona*, 2001. Voici le commentaire de la traductrice (correspondance privée du 26/11/2009) : « J'ai inclus les passages supplémentaires là où ils devaient figurer et leur emplacement ne faisait pour moi aucun doute. J'ai enlevé un fragment, repris sous la forme presque identique à un autre endroit, à cette différence près qu'il était moins bien écrit et placé de manière moins heureuse. J'ai essayé tout simplement d'aider le texte. En guise d'exemple un détail : dans l'original, Proust plusieurs fois énumère les noms des gares des chemins de fer ; à un certain endroit, après avoir donné le premier nom, il a écrit quelque chose comme "vérifier les noms des gares". Il voulait les copier dans l'ordre juste d'un autre fragment du livre, mais il ne l'a pas fait, il a oublié. J'ai donc enlevé "vérifier les noms des gares", j'ai tout simplement vérifié les noms et je les ai ajoutés. Je pense que l'auteur aurait dit : au moins une personne lucide après tant d'années ». Voir aussi l'entretien avec Magdalena Tulli, « Milimetr nad tekstem », *Rzeczpospolita*, 15/06/2001.
34. En réalisant, bien que partiellement, le rêve d'Agnieszka Taborska, à savoir celui d'offrir aux lecteurs polonais une version complète et commentée du cycle. Cf. Agnieszka Taborska, « Odkrycie "nowego" Prousta », *loc. cit.*, p. 241.
35. Il faut dire que Maciej Żurowski, non plus, ne respecte pas toujours la division en alinéas de la Pléiade.

l'édition de la Pléiade[36], les deux versions polonaises sont divisées en quatre chapitres avec cette différence que Maciej Żurowski y ajoute des titres (I – *Smutek i zapomnienie* – Tristesse et oubli, II – *Panna de Forcheville* – Mademoiselle de Forcheville, III – *Pobyt w Wenecji* – Séjour à Venise, IV – *Nowe oblicze Roberta de Saint-Loup* – Le nouveau visage de Robert de Saint-Loup).

Le titre

Revenons au titre, car c'est ce qui frappe le lecteur polonais qui a sous les yeux la nouvelle traduction : le choix d'un titre nouveau. Nous avons vu que Proust lui-même avait hésité et, pour expliquer sa décision définitive, il avait avancé un argument purement objectif (possibilité de confusion avec une autre œuvre) lequel, pour Nathalie Mauriac, n'était qu'un prétexte. En réalité « le titre nouveau manifeste la complexité de l'univers proustien. *Albertine disparue* dit à la fois la fuite et la mort »[37] et, de plus, il s'inscrit en regard d'un sous-titre d'*À l'Ombre des jeunes filles en fleurs* : « Albertine apparaît »[38]. Selon *Le Trésor de la Langue Française* le verbe « disparaître » a deux significations générales : « cesser de paraître aux regards, d'être visible » ce qui, pour les sujets humains, doit être compris comme « s'en aller (fuir, partir, se retirer) » et « cesser d'exister », soit pour les êtres vivants « s'éteindre, mourir ». Cette polysémie résume bien l'histoire : Albertine quitte le protagoniste, elle fait ses bagages et part. Bien que l'auteur ne tarde pas à lever l'ambiguïté – la nouvelle de sa mort ne se fait pas longtemps attendre[39] – pour Marcel, conscient du sort de son amie, sa disparition sera longtemps source d'une double souffrance due,

---

36. Dans l'édition de Grasset, le texte est divisé en deux chapitres (sans titres), de longueur inégale. Dans cette édition, de même que dans celle de la Pléiade, la table des matières fait défaut. Dans d'autres volumes, les sous-titres des parties étaient au moins mentionnés dans la table des matières. Cf. Maryla Laurent et Stanisław Bereś, « W poszukiwaniu zaginionej Albertyny », *loc. cit.*, p. 82.
37. Nathalie Mauriac, « Avant-propos », *loc. cit.*, p. 18.
38. À comparer avec les remarques sur la symétrie des titres : *Du Côté de chez Swann* versus *Le Côté des Guermantes* et *La Prisonnière* versus *La Fugitive*. Cf. Maryla Laurent et Stanisław Bereś, « W poszukiwaniu zaginionej Albertyny », *loc. cit.*, p. 82.
39. Le télégramme de sa tante est cité à la page 85 (P) ; p. 111 (G), p. 64 (M.Ż.), p. 83 (M.T.).

d'une part, à l'abandon et, de l'autre, au caractère irréversible des événements. Ce verbe, comme l'a judicieusement remarqué Nathalie Mauriac, présente en plus l'avantage d'être l'antonyme du verbe de la même racine : *apparaître*, que l'on retrouve dans le dernier sous-titre du deuxième volume. Le traducteur de la première version polonaise a proposé le titre *Nie ma Albertyny*, qui renvoie, bien que de façon moins saillante, au sous-titre polonais « *Zjawia się Albertyna* » (Boy-Żeleński a donné ici l'équivalent le plus immédiat du verbe « apparaître », « zjawiać się »). « Nie ma » (antonyme de « jest ») est une forme verbale signifiant qu'une chose ou une personne est absente d'un endroit précis, ce qui nous autorise à conclure qu'il s'agit ici du résultat de « sortir » (et, dans ce cas-là, il est donc toujours possible qu'Albertine revienne), ou éventuellement, dans un contexte approprié, de celui de « s'en aller ». Certes, cette forme n'est pas sans lien avec le contexte de la mort : « Nie ma [już] Albertyny [wśród nas, wśród żywych] » ; mais, dans cet emploi, elle sera de préférence enrichie sémantiquement par l'adverbe « już » (en français « déjà », « ne... plus »), comme en français d'ailleurs – Albertine n'est plus parmi nous. Cela trouve une confirmation dans la traduction du télégramme envoyée par Mme Bontemps :

> Mon pauvre ami, notre petite Albertine n'est plus, pardonnez-moi de vous dire cette chose affreuse, vous qui l'aimiez tant (p. 85 [P], p. 111 [G]).

> Mój biedny przyjacielu, nie ma już naszej Albertynki. Proszę nie winić mnie za tę straszną wiadomość, którą przesyłam, wiedząc jak bardzo ją Pan kochał (p. 83 [M.T.]).

Il est à remarquer ici que Żurowski renonce à la traduction littérale (parfaitement possible) de la séquence « Albertine n'est plus » et évite ainsi, consciemment ou non, une allusion au titre choisi. Il parle de la mort d'Albertine de la manière la plus explicite possible :

> Mój biedny Przyjacielu, nasza Albertyna nie żyje, proszę wybaczyć, że przesyłam tę straszną wiadomość Panu, który ją tak bardo kochał (p. 64 [M.Ż.]).

« *Nie ma Albertyny* » semble donc bien évoquer le départ d'Albertine, mais ne présage en rien (ou en tout cas moins que l'original) sa mort.

Quant à la retraduction, le nouveau titre est choisi à la demande de l'éditeur qui, d'une part, voulait éviter la répétition du titre de Żurowski, partie intégrante de sa propriété d'auteur[40], et, d'autre part, pensait certainement attirer l'attention des lecteurs en distinguant son édition de celle de son concurrent, présente depuis un certain temps sur le marché. Le titre *Utracona* ne renoue nullement avec le sous-titre du second volume. Par contre, il peut être rapproché de *Uwięziona* (le titre polonais de *La Prisonnière*), car les deux mots ont la même assonance et commencent par la même voyelle. Ce titre, d'après Magdalena Tulli, ne va ni choquer ni provoquer et, qui plus est, il n'est pas trop éloigné du mot « disparue » présent dans l'original. Selon le *Słownik języka polskiego*, le verbe « utracić » (d'où le participe « utracona ») signifie « être privé de quelque chose, cesser de posséder quelque chose, perdre quelque chose »[41]. Le *Inny słownik języka polskiego* est plus précis : « *utracić* – mot plutôt savant : 1. si quelqu'un *utracił* quelque chose, cela veut dire qu'il a cessé de le posséder, 2. si quelqu'un *utracił* un parent ou un ami, cela veut dire que son parent ou son ami est mort, a été tué ou l'a quitté pour toujours »[42]. Marcel perd Albertine qui part sans prévenir, de peur d'en être empêchée par son ami[43]. Ce dernier refusera longtemps d'accepter qu'elle ne reviendra jamais mais finira par l'enterrer dans son âme. La mort de la jeune femme tue tout espoir de retrouvailles. Albertine est donc perdue pour lui (*utracona*) sur deux niveaux et le verbe polonais *utracić*[44] semble ici convenir à merveille : il est apte à rendre « ce jeu de sens » présent dans l'original (bien que la perspective soit différente : avec « disparaître » c'est Albertine qui agit (agent grammatical) et la séquence *Albertine disparue*, privée de facteurs supplémentaires d'ordre, par exemple prosodique (une intonation et un ton particuliers), doit être perçue plutôt comme le simple constat d'un fait. Avec « utracić », c'est Marcel qui a un rôle sémantique, il est le « bénéficiaire » grammatical de l'action, quoique privé et non gratifié de quelque chose…) ; de plus, aussi bien le verbe que l'adjectif (« utracona »), par leur

---

40. Magdalena Tulli, correspondance privée du 27/11/2009.
41. *Słownik języka polskiego*, éd. Mieczysław Szymczak, Varsovie, PWN, 2002.
42. *Inny słownik języka polskiego* PWN, éd. Mirosław Bańko, Varsovie, PWN, 2000.
43. P. 15 (P), p. 33 (G), p. 11 (M.Ż.), p. 13 (M. T.).
44. Voir aussi le verbe *stracić* (proximité morphologique et sémantique) : « Cesser de posséder quelque chose, être privé de quelqu'un ou de quelque chose, rester sans quelqu'un ou quelque chose » ; par exemple *stracić rodzinę*, fr. perdre sa famille (source : *Słownik języka polskiego*).

seul sémantisme, évoquent un lien émotionnel fort liant le protagoniste à sa bien-aimée.

Le style[45]

Selon Vladimir Nabokov[46], le style proustien contient trois éléments particulièrement saillants : l'abondance des métaphores (entendues au sens large, comme figures d'analogie[47]), la longueur et l'enchevêtrement de la phrase (offrant souvent un contraste frappant avec une ou des phrases d'une brièveté étonnante), l'absence d'une ligne de partage nette et précise entre les parties dialogales et descriptives.

Qu'est devenue cette forme nouvelle et compliquée dans les deux versions polonaises ? Un premier constat, qui les ramène à peu près sur le même plan, est que les traducteurs choisissent de façon plus ou moins systématique de mettre les dialogues à la ligne et les font précéder d'un tiret[48]. Deux remarques s'imposent : premièrement, il est à noter que, déjà, l'original n'est pas homogène sur ce point. Les nombreuses conversations rapportées, même celles retransmises au discours direct, sont certes de préférence intégrées dans les parties narratives sans blancs ni tirets, mais les passages « classiques » ne manquent pas[49]. Deuxièmement, les deux originaux présentent parfois des divergences plus ou moins considérables, qui s'étalent sur plusieurs plans – ceux du vocabulaire, du message transmis, de la part de l'implicite et des niveaux d'énonciation.

Par ailleurs, que font les traducteurs des fameuses phrases proustiennes, « quelquefois si longues, d'une construction si compliquée, sur-

---

45. Nous développons le sujet dans : Joanna Górnikiewicz, « En quête du style proustien dans les traductions polonaises d'*Albertine disparue* », in *En quête de sens. Mélanges en l'honneur de Marcela Świątkowska*, Cracovie, WUJ, 2010, p. 195-207.
46. Vladimir Nabokov, « The Walk by Swann's Place », in *Lectures on Literature*, New York, Harcourt Brace Jovanovich / Bruccoli Clark, 1980, tr. Zbigniew Batko, « W stronę Swanna (1913) », *Wykłady o literaturze*, Varsovie, Muza, 2000, p. 279-324.
47. Jean Mouton parle d'« image » dans *Le Style de Marcel Proust*, *op. cit.*, p. 67.
48. Par exemple: p. 32 (P), p. 51-52 (G), p. 23-24 (M.Ż.), p. 30 (M.T.). Il faut souligner qu'un tel choix de traduction n'est pas nouveau ; Tadeusz Boy-Żeleński a eu recours au même procédé. Cf. Tadeusz Boy-Żeleński, « Proust po polsku », *loc. cit.*, p. 172.
49. Comparer p. 30-32 (P), p. 49-52 (G), p. 22-24 (M.Ż.), p. 28-30 (M.T.) ; et p. 297, 299-301 (P), p. 217-220 (M.Ż.), p. 291-295 (M.T.).

chargées de parenthèses, de conjonctions et cependant toujours correctes »[50] ? Comme le souligne Jean-Yves Tadié, en reprenant les propos de Leo Spitzer, « le rythme de la phrase est l'élément déterminant directement lié à la façon dont Proust regarde le monde »[51]. Pour Jean Mouton, « la démarche naturelle de la phrase proustienne est la lenteur »[52], mais il arrive que cette lenteur cède la place à un rythme bref et haché pour traduire certaines émotions. Dans *Albertine*, le lecteur se voit confronté à un tel contraste dès le tout début du roman[53]. Cette union du fond et de la forme est-elle préservée dans la première traduction ? La réponse est positive. Żurowski s'efforce de ne pas porter atteinte à la complexité de la phrase proustienne. Sa stratégie consiste à traduire le sens, le « vouloir dire » de l'auteur, ou encore l'âme de l'œuvre, à l'aide de moyens analogues. Magdalena Tulli, par contre, refuse de copier l'outil original[54]. Elle découpe toute phrase (ou presque) trop longue et au sens trop obscur, qui aurait pu rebuter le lecteur, tantôt à la recherche d'une clarté, tantôt pour améliorer et embellir le style[55]. Ainsi sa langue n'est pas « si originale qu'il soit nécessaire de l'apprendre comme une espèce de langue étrangère, dont tous les mots nous seraient connus »[56]. Cependant ses phrases, ses constructions et ses « collocations »[57] restent conformes au génie[58] de la langue polonaise, ce qui n'est pas toujours le cas chez Żurowski.

50. Léon Pierre-Quint, *Marcel Proust, sa vie, son œuvre*, Paris, Simon Kra, 1925, p. 131. Toutefois, comme le précise Jean Mouton, des opinions opposées se faisaient également entendre : Paul Souday, par exemple, était d'avis que Proust « ignorait la grammaire et ne se préoccupait pas des fautes contre la langue » (cité par Jean Mouton, *Le Style de Marcel Proust, op. cit.*, p. 22).
51. Jean-Yves Tadié, *Lectures de Proust*, Paris, Colin, 1971, p. 298.
52. Jean Mouton, *Le Style de Marcel Proust, op. cit.*, p. 129-130.
53. P. 7 (P), p. 5 (M.Ż.), p. 5 (M.T.).
54. Magdalena Tulli, dans son entretien « Milimetr nad tekstem », dit : « La langue est un outil à l'aide duquel Proust a écrit son livre. Il ne s'agit pas de copier l'outil. Le traducteur a le sien : sa langue à lui. Qu'il bâtisse, en s'y appuyant, la même construction en conservant les significations, les nuances, les rythmes, la disposition des accents dans les phrases ». À comparer avec la stratégie de Tadeusz Boy-Żeleński (« Proust po polsku », *loc. cit.*, p. 171-172).
55. Magdalena Tulli, correspondance privée du 27/11/2009 : « Je me posais la question de savoir si je voulais qu'une telle phrase figure dans mon propre texte ».
56. Léon Pierre-Quint, *Marcel Proust sa vie, son œuvre, op. cit.*, p. 132.
57. Les « collocations » sont des « termes qui, sans être totalement liés par une syntaxe fixe, s'attirent fréquemment en discours […] il existe entre eux une force d'attraction

Cette remarque reste valable pour les éléments d'un niveau inférieur, tels les constructions syntaxiques[59] ou l'ordre des mots (dont la sauvegarde permet parfois de préserver certains effets stylistiques)[60].

Quant au vocabulaire, qu'il faut décrire au moins sommairement avant de passer aux métaphores, celui de Proust ne recherche pas l'exceptionnel[61]. Il est vaste mais contient relativement peu de termes rares. Dans certains domaines l'auteur se montre particulièrement précis (par exemple la médecine) et n'hésite pas à répéter des mots des champs sémantiques privilégiés (par exemple celui de l'amour).

En règle générale, les équivalents proposés par Żurowski sont, dans la plupart des cas, ceux qui viennent immédiatement à l'esprit, ceux qu'un dictionnaire bilingue donne en premier lieu (soulignés dans le passage ci-dessous)[62]. Souvent ils ont le même étymon (ou un étymon relativement proche) et, par conséquent, une forme semblable dans les deux langues. Voici en guise d'illustration un court fragment :

> P. 13 (P), p. 30 (G)
> Mais – et *la suite* le montrera davantage, comme bien des *épisodes* ont pu déjà l'indiquer – de ce que *l'intelligence* n'est pas *l'instrument* le plus subtil, *le plus puissant*...

    réciproque, due à l'usage » (Charlotte Schapira, *Les Stéréotypes en français : Proverbes et autres formules*, Paris, Ophyrys, 1999, p. 35).

58. Le concept de génie de la langue renferme tout ce qui est propre à une langue. En disant que le traducteur doit préserver le génie de la langue d'arrivée, nous postulons qu'il doit parler une langue correcte, naturelle (telle qu'elle serait parlée par un locuteur natif) et repousser les interférences possibles avec l'autre langue. Il doit tenir compte de son « caractère » (langue dans l'usage, « caractère intérieur ») et de sa « charpente » (son ensemble structural, « caractère extérieur ») pour employer les termes de Humboldt. Cf. Jürgen Trabant, « Du génie aux gènes des langues », in Henri Meschonnic (éd.), *Et le génie des langues ?*, Saint-Denis, Presses Universitaires de Vincennes, 2000, p. 86-87.
59. Par exemple « J'aurais été *trop heureuse* de revenir ! », p. 53 (P), p. 76 (G); « Byłabym *aż nadto szczęśliwa* wracając ! », p. 40 (M.Ż.), « Przyjechałabym *z miłą chęcią* ! », p. 53 (M.T.).
60. « [...] le seul moyen de s'en aller, c'est de *fuir*. *Fugitive* parce que reine [...] », p. 15 (P), p. 33 (G), « [...] jedynym sposobem odejścia staje się *ucieczka*. Ucieka, bo ma władzę [...] », p. 11 (M.Ż.), « *ucieczka* staje się jedynym możliwym sposobem odejścia. Władczyni-*uciekinierka* [...] », p. 13 (M.T.).
61. Jean Milly, « L'œuvre d'art ne commence à exister qu'au style », *loc. cit.*, p. 30.
62. Cf. *Grand dictionnaire français-polonais*, éds. Jan Dobraczyński *et al.*, Varsovie, Wiedza Powszechna, 1980.

Traduction M.Ż., p. 9
Ale – i *dalszy ciąg* wskaże to dobitniej, podobnie jak wiele z dotychczasowych *epizodów* już mogło za tym przemawiać – okoliczność, że *intelekt* nie jest *instrumentem* najsubtelniejszym, *najpotężniejszym*...

Traduction M.T., p. 11
Choć dalsze zdarzenia potwierdzą to, na co wskazuje już wiele z dotychczasowych *obserwacji* – że *rozum* jest *narzędziem* nieszczególnie subtelnym, niezbyt *poręcznym*...

L'emploi, certes fort probablement inconscient, d'emprunts aussi bien au latin et grec ancien (*epizod, intelekt, instrument*)[63] qu'à d'autres langues crée l'effet exactement inverse à celui prévu par l'auteur du roman : le parler « simple et discret »[64] des protagonistes proustiens est approché de celui des élites ou des personnes et groupes sociaux voulant passer pour tels[65].

Chez Żurowski les mêmes équivalents reviennent régulièrement. Magdalena Tulli puise au contraire beaucoup plus souvent dans la richesse synonymique de la langue polonaise[66] : par exemple, elle traduit le mot « souffrance »[67] par « udręka », « dotkliwy ból », « cierpienie »[68], contre le seul « cierpienie » chez Żurowski. En un mot, Żurowski respecte la lettre du texte, tandis que Tulli s'accorde, en toute conscience, une marge de liberté plus grande[69].

63. Il s'agit d'internationalismes – mots qui existent sous la même forme ou sous une forme analogue dans plusieurs langues. Cf. Jolanta Maćkiewicz, « Wyrazy międzynarodowe (internacjonalizmy) we współczesnym języku polskim », *in* Jerzy Bartmiński (éd.), *Współczesny język polski*, Lublin, Wyd. Uniwersytetu M. Curie-Skłodowskiej, 2001, p. 556-557.
64. Jean Mouton, *Le Style de Marcel Proust, op. cit.*, p. 29.
65. C'est particulièrement vrai, à une certaine époque, pour les emprunts au français – par exemple : relief, p. 286 (P) / p. 129 (G), *relief,* p. 210 (M.Ż), *płaskorzeźba*, p. 281 (M.T.) ; rapport, p. 28 (P) / p. 48 (G), *raport*, p. 21 (M.Ż.), *sprawozdanie*, p. 27 (M.T.) –, langue longtemps préférée des groupes sociaux privilégiés. Cf. Bogdan Walczak, « Kontakty polszczyzny z językami niesłowiańskimi », *in* Jerzy Bartmiński (éd.), *Współczesny język polski*, Lublin, Wyd. Uniwersytetu M. Curie-Skłodowskiej, 2001, p. 533.
66. Bien que la simple répétition d'un terme puisse être significative.
67. P. 18 (P), p. 35 (G), p. 21 (P), p. 39-40 (G).
68. P. 16, 19 (M.T.), p. 13, 15-16 (M.Ż.).
69. Cf. Magdalena Tulli, correspondance privée du 27/11/2009.

Alors que la langue de l'original reste relativement moderne[70], celle de la première traduction a partiellement vieilli. Certains mots ou expressions employés par Żurowski ont disparu (par exemple « śniadać », p. 211) ; d'autres, que nous avons jugés vieillis au cours de la lecture, en nous fiant à notre compétence de locutrice native, sont généralement qualifiés de tels par la plupart des dictionnaires monolingues polonais auxquels nous avons eu recours[71].

Pour finir, les métaphores, si chères à Proust, qui les veut à chaque fois « des créations nouvelles et complètes, ayant un caractère de nécessité »[72], sont traduites, dans la plupart des cas, littéralement dans la première traduction, ce qui peut être considéré comme une conséquence naturelle des tendances que nous avons signalées par ailleurs[73]. Magdalena Tulli, par contre, s'affranchit beaucoup plus souvent de l'emprise des mots qui pour Proust ont un double pouvoir : un pouvoir de signification et, non moins important, un pouvoir d'évocation[74]. Elle s'appuie sur ce dernier et fait une synthèse non verbale du processus de compréhension (elle en découvre le « sens »[75]). Autrement dit, pour employer le langage cognitif, elle se fie à l'image qui s'esquisse dans son esprit et propose des solutions variées : soit elle renonce à la métaphore tout en introduisant une nouvelle figure d'analogie à un autre endroit du texte, là où celle-ci faisait défaut dans l'original (« compensation »)[76], soit elle en propose une variante qui tantôt s'inscrit bien dans le style proustien (comme celle où l'épithète est un verbe « dont le pouvoir d'action renforce encore l'intensité des images »[77] :

70. Telle est aussi l'avis de Tulli dans l'entretien « Milimetr nad tekstem ».
71. Par exemple : « wyekspediowałem telegram » (p. 63, M.Ż.), contre « mój telegram został nadany » (p. 82, M.T.) pour « mon télégramme venait de partir », p. 84 (P), p. 110 (G) ; « może [panicz] być nawet bardzo kontent » (p. 64, M.Ż.) contre « powinien się panicz bardzo ucieszyć » (p. 84, M.T.) pour « Il [Monsieur] va être au contraire bien content », p. 86 (P), p. 112 (G).
72. Jean Mouton, *Le Style de Marcel Proust*, op. cit., p. 30.
73. Par exemple : « zdziwione owoce » (p. 213, M.Ż.), contre « strącone z drzew owoce » (p. 285, M.T.) pour « leurs fruits étonnés », p. 291 (P), p. 133 (G).
74. *Ibid.*, p. 22.
75. Cf. Amparo Hurtado Albir, *La Notion de fidélité en traduction*, Paris, Didier Érudition, 1990.
76. Par exemple : « skrzydła ruchomego mostu, rozsunięte na chwilę » (p. 286, M.T.), « ruchomy most, którego połowy właśnie się rozdzieliły », (p. 213, M.Ż.) pour « un pont mobile dont les deux moitiés viennent de s'écarter », p. 291 (P), p. 133 (G).
77. Jean Mouton, *Le Style de Marcel Proust*, op. cit., p. 24.

« woalka, która rozdzierała mi serce », p. 282-283) ; tantôt cette variante détonne car l'image manque de singularité et commence à faire cliché (ex. « strzelistość ostrołuku », p. 282).

Conclusion

Dans le présent article, nous avons proposé un survol de la problématique des (re)traductions polonaises d'*À la Recherche du temps perdu* organisé autour de deux pôles : celui du pourquoi et celui du comment. Au premier niveau nous avons analysé les facteurs[78] externes – liés à la sélection des livres à (ré)éditer et (re)traduire – et internes à la première traduction – influence des traductions antérieures, coexistence des traductions successives. Au second niveau, sur l'exemple de la retraduction d'*Albertine disparue*, il a été question du rôle du traducteur en tant qu'acteur-récepteur, interprète de l'original, et créateur d'un texte nouveau. En effet, comme le souligne Michel Ballard : « Une partie de la traduction se joue dans l'écriture du discours d'arrivée, dans la constitution d'un texte qui a ses propres lois, tout autant que par rapport au principe de respect du texte de départ dans la reformulation »[79]. La traduction et surtout la retraduction d'un texte requièrent un apport de créativité important de la part de son auteur, qui ne peut se charger d'une telle mission que s'il espère pouvoir proposer des « ajustements et révé-lations »[80], c'est-à-dire un texte nouveau, une autre traduction, voire une nouvelle traduction (c'est cette expression qui est souvent retenue).

Cette brève analyse comparative des principaux éléments du style proustien nous a permis de mettre en évidence les différences les plus saillantes entre les deux versions polonaises d'*Albertine disparue*, ainsi que de signaler l'existence d'autres, plus subtiles, qui se dévoilent peu à peu au cours d'une lecture attentive. Elle a fait apparaître deux conceptions de traduction qui se situent à des pôles opposés : un plus grand respect de la lettre chez Żurowski et une marge de liberté beaucoup plus importante

---

78. Cf. Elżbieta Skibińska, « La retraduction, manifestation de la subjectivité du traducteur », *Doletiana : Revista de traducciò, literatura i arts*, n° 1, 2007, p. 1-10.
79. Michel Ballard, « Créativité et traduction », *Target*, vol. IX, n° 1, 1997, p. 88.
80. Aline Schulman, « Retraduire Don Quichotte », *Cahiers internationaux de symbolisme*, n° 92-94, p. 167.

chez Tulli, qui refuse de considérer le texte littéraire comme un musée où tout est dans les vitrines et où il est interdit de toucher aux objets exposés[81]. Ainsi les lecteurs polonais ont à leur disposition deux *Albertines* différentes, voire deux Proust différents, car, comme le souligne Amparo Hurtado-Albir, « il n'existe pas de traduction fidèle unique au sens, mais toute une gamme de traductions possibles fidèles au sens […] »[82].

Université Jagellonne de Cracovie

---

81. Magdalena Tulli, correspondance privée du 27/11/2009.
82. Amparo Hurtado-Albir, *La Notion de fidélité en traduction, op. cit.*, p. 147.

Le portrait vocal de la mère dans les traductions polonaises de *L'Amant* de Marguerite Duras

JOANNA JAKUBOWSKA-CICHOŃ

Résumé
L'Amant de Marguerite Duras a été traduit en plusieurs langues très vite après sa publication en 1984. Des deux traductions polonaises, aucune ne peut être considérée comme réussie. Pour montrer le bien-fondé de cette constatation, nous procédons dans le présent article à une analyse comparative des commentaires du narrateur qui caractérisent la voix de la mère, le personnage le plus ambigu du roman. La simplicité de ces commentaires n'est qu'apparente, car le dépouillement stylistique est compensé par des procédés grammaticaux sophistiqués. Les traductrices, « insensibles » aux indications subtiles du discours narratorial, déforment le portrait vocal de la mère créé par l'original et, par conséquent, transforment l'idée générale du texte. Il est donc judicieux d'admettre que, malgré ses deux traductions polonaises, *L'Amant* en attend toujours une troisième.

Abstract
L'Amant by Marguerite Duras is a novel which was translated into several languages shortly after its publication in 1984. There are two Polish translations of Duras' novel to date, but neither of them can be considered successful. In order to prove such a statement, we compared the parts of narrative discourse which create and characterise the mother's vocal portrait, as she is one of the most ambiguous characters in the novel. The apparent simplicity of the narrator's comments is counterbalanced by the complexity of the grammatical processes involved. In the two Polish translations, the mother's vocal portrait is so distorted that it is justified to claim that *L'Amant* is still waiting for a third Polish translation.

L'*Amant* de Marguerite Duras a été publié en juillet 1984. Avec ce « livre aux millions de lecteurs, traduit en quarante langues, Marguerite Duras est passée du statut d'écrivain d'avant-garde, de figure du microcosme intellectuel parisien à celui d'auteur à succès, de phénomène mondial [...]. Le triomphe obtenu par le livre dès sa sortie atteint son comble quand le prix Goncourt lui est décerné »[1]. En Pologne, la première partie de la traduction de *L'Amant*, faite par Loda Kałuska, paraît dès décembre 1984 dans un hebdomadaire cracovien, *Życie Literackie* (« La vie littéraire »), et est continuée en feuilleton jusqu'en juillet 1985 (*Życie literackie*, n° 52-53, 1984 et n° 1-7, 1985)[2]. L'édition sous forme de volume de cette même traduction est publiée cinq ans plus tard chez Wydawnictwo Literackie [Édition littéraire]. Par la suite, deux éditeurs (WAB en 1993 et Znak en 2007) décident de rééditer la même version du roman et jusqu'à aujourd'hui, c'est elle qui constitue en Pologne le texte de référence pour les lecteurs de Duras. Dans l'ombre de ce texte « officiel » demeure une autre traduction, signée « Elżbieta », publiée en 1987 dans une édition clandestine, à présent pratiquement introuvable et disponible seulement dans quelques bibliothèques. Bien que ce texte ait été édité trois ans après la publication de l'original, il était prêt, comme l'explique Elżbieta dans l'avant-propos à sa traduction, dès décembre 1984[3]. Ainsi la Pologne, avec ses deux traductions de *L'Amant* faites à peu près en même temps et très vite après la publication de l'original, a-t-elle contribué d'une certaine manière à l'apparition de ce « phénomène mondial » né en 1984 autour du nom de Duras. Pourtant, une étude plus approfondie des deux versions polonaises du roman prouve que l'intérêt initial porté à l'œuvre n'a pas entraîné la création d'une traduction cohérente qui rendrait plus ou moins fidèlement l'esprit de l'original. On constate alors que l'un des textes durassiens les plus importants, le texte fondateur de la légende de l'auteur, apparaît dans ses traductions polonaises visiblement déformé.

1. Joëlle Pagès-Pindon, *Marguerite Duras*, Paris, Ellipses, 2001, p. 89.
2. Cf. Tomasz Stróżyński, « La réception de Marguerite Duras en Pologne », *Cahiers de L'Herne : Duras*, n° 86, 2005, p. 343.
3. Marguerite Duras, *Kochanek*, tr. Elżbieta, Siedlce, Metrum, 1987. La traduction d'Elżbieta n'a pas été commandée par une maison d'édition et découlait simplement d'une volonté très forte de faire connaître au public polonais, le plus vite possible, le chef-d'œuvre dont elle était admiratrice.

Cet article vise à montrer comment *L'Amant*, malgré ses deux traductions, reste en Pologne une belle qui demande encore à être retraduite. Dans ce but nous étudierons quelques extraits d'une importance capitale pour l'interprétation de l'œuvre, à savoir ceux qui contribuent à la création du portrait vocal de la mère, la protagoniste la plus expressive du roman, en les comparant aux passages correspondants dans les traductions polonaises. Nous proposons d'appeler portrait vocal l'ensemble des traits qui caractérisent les comportements vocaux d'un personnage (le ton employé, la fréquence de la parole, sa qualité, sa valeur pragmatique etc.) et qui contribuent à son portrait moral. Comme le remarque Gérald Prince : « Un personnage qui s'exclame et s'écrie diffère d'un personnage qui susurre et chuchote ; un personnage qui réplique, riposte et objecte se distingue d'un autre qui ne fait que répondre »[4]. Le choix de notre objet d'analyse découle de la conviction que la façon dont le narrateur introduit et décrit les paroles des personnages, en l'occurrence les paroles de la mère, peut fournir des pistes importantes pour l'interprétation du roman. Dans *L'Amant*, les commentaires du narrateur qui décrivent la voix de la mère ont une structure particulière : ils se caractérisent par un dépouillement sémantico-stylistique flagrant, car ils se restreignent très souvent à la simple mention de l'acte de parole exprimé par le verbe « dire », mais en même temps, ils ont une teneur informative considérable, car ils permettent de suggérer au lecteur le rapport entre l'état psychique de la mère et ses comportements langagiers. Le sentiment de déficit informationnel engendré par le minimalisme stylistique est compensé par la syntaxe variée, surprenante, parfois incorrecte du point de vue des règles traditionnelles de grammaire ou de style. Ainsi, l'explicite du lexique et l'implicite de la syntaxe s'équilibrent pour transmettre le portrait vocal de la mère dans toute sa complexité. Ce jeu invitant un lecteur averti à une aventure herméneutique s'avère aussi être un piège que les traductrices polonaises n'ont pas su éviter.

Avant de passer à l'analyse comparative, rappelons tout d'abord que, dans un acte de communication ordinaire, le message est transmis non seulement par la composante linguistique de l'interaction, mais aussi par les éléments para- ou extra-verbaux qui l'accompagnent, comme le ton employé, les mimiques, les gestes, les postures, etc. :

---

4. Gérald Prince, « Le discours attributif et le récit », *Poétique*, n° 35, 1978, p. 309.

> Le discours oral, on le sait, met en jeu des éléments hétérogènes qu'il est convenu de classer en verbaux / vocaux / non-verbaux / non-vocaux. Les premiers renvoient aux unités linguistiques (aux mots, aux phrases prononcées), les seconds à tout ce qui peut caractériser la voix (intonation, accentuation, rythme, tonalité…), les derniers à ce qui est mouvements, volontaires ou non, conscients ou non (tels que les gestes, les mimiques, les postures…), bref, à tout ce qui compose l'attitude des interlocuteurs. Chacun de ses éléments participe, également et simultanément, à la définition du sens de l'échange[5].

Dans le récit romanesque, les éléments vocaux et non-verbaux / non-vocaux sont transformés en signes linguistiques sous forme de commentaires du narrateur accompagnant les répliques rapportées[6]. Ils ancrent l'acte de parole dans une réalité extralinguistique plus ou moins concrète, véhiculent, d'une façon explicite ou allusive, des informations sur la dimension pragmatique de l'interaction (qui très souvent s'exprime hors du sémantisme des répliques mêmes), associent un point de vue particulier à des répliques citées, y compris les jugements personnels du narrateur. Ils constituent aussi, comme le soulignent Gérald Prince et Aleksander Wit Labuda[7], un facteur de lisibilité et de cohérence du texte. Ainsi les commentaires du narrateur jouent-ils un rôle considérable dans la gestion de l'information narrative ; leur importance ne devrait pas, selon nous, être sous-estimée dans l'étude des (re)traductions[8].

Parmi les outils de base servant à introduire les paroles des personnages dans le discours du narrateur, il y a les verbes qui informent de l'acte de parole, en l'attribuant à tel ou tel locuteur. Les verbes de parole peuvent aussi apporter plusieurs informations supplémentaires, entre autres, carac-

---

5. Danielle Coltier, « Introduction aux paroles de personnages : Fonctions et fonctionnement », *Pratiques*, n° 64, 1989, p. 78-79. Cf. Daniel Bessonat, « Paroles de personnages : Problèmes, activités d'apprentissage », *Pratiques*, n° 65, 1990, p. 7-35.
6. Il est d'usage d'appeler ces commentaires discours attributif. La plupart du temps il est néanmoins réduit aux syntagmes introducteurs de paroles citées dans le discours direct. Cf. Gérald Prince, « Le discours attributif et le récit », *loc. cit.*, p. 305-306. Dans notre analyse, nous prenons en compte les commentaires accompagnant les répliques rapportés sous toutes les formes.
7. Aleksander Wit Labuda, « Citation, commentaire et autocommentaire du narrateur », *Zagadnienia Rodzajów Literackich*, vol. XV, n° 2, 1972, p. 37-51. Cf. Gérald Prince, « Le discours attributif et le récit », *loc. cit.*, p. 312-313.
8. Cf. Elżbieta Skibińska, « Le traducteur d'un roman face au paraverbal », *Synergies Pologne*, n° 5, 2008, p. 51-65.

tériser les aspects vocaux des énoncés rapportés (verbes de type murmurer, crier, chuchoter, zézayer, etc.)[9]. Dans *L'Amant*, le dire de la mère est évoqué par les verbes « dire » ou « parler », moins fréquemment par « hurler » et « crier ». Des expressions plus développées décrivant par exemple l'intonation, le débit ou le ton de la voix n'accompagnent qu'occasionnellement ces verbes, car le narrateur ne vise pas à dépeindre les conversations avec le maximum de détails pour mieux les ancrer dans la réalité extralinguistique, mais à attirer l'attention sur l'acte de parole lui-même : le seul fait de parler, indépendamment des messages communiqués, sert à la mère de moyen d'exprimer des états affectifs. Il semble que la simplicité, sinon le minimalisme, des formules attributives devrait constituer un avantage dans le processus de traduction, ce qui n'est pas le cas. Même si les traductrices emploient souvent les verbes « powiedzieć » ou « mówić », qui rendent parfaitement les « dire » et « parler » français, elles se décident aussi à varier ce répertoire restreint en utilisant par exemple le verbe « powiadać » (exemples 1 et 2). Ce verbe, appartenant plutôt au langage soutenu à connotations bibliques, est jugé obsolète par le *Słownik języka polskiego* (*Dictionnaire de la langue polonaise*, PWN, 1982).

(1)
Ma mère a dit aussi que je travaillais bien au lycée tout en étant aussi libre [...]. (p. 88)[10]
E : Matka moja powiada, że w liceum dobrze pracowałam, mając równocześnie pełną swobodę [...]. (p. 27)[11]
K : Matka powiedziała też, że w gimnazjum, gdzie miałam swobodę, uczyłam się dobrze [...]. (p. 71)[12]

(2)
Tous, dit la mère, ils tournent autour d'elle [...]. (p. 112)
E : Wszyscy, mówi matka wszyscy kręcą się koło niej [...]. (p. 33)
K : Wszyscy oni, powiada matka, kręcą się koło niej [...]. (p. 91)

9. Cf. Françoise Rullier-Theuret, *Le Dialogue dans le roman*, Paris, Hachette, 2001, p. 14-19.
10. Marguerite Duras, *L'Amant*, Paris, Minuit, 1984. Toutes les citations françaises proviennent de cette édition.
11. L'abréviation « E » renvoie à la traduction d'Elżbieta : Marguerite Duras, *Kochanek*, tr. Elżbieta, Siedlce, Metrum, 1987. Les numéros indiquent la page de cette édition.
12. L'abréviation « K » renvoie à la traduction de Kałuska Loda : Marguerite Duras, *Kochanek*, tr. Kałuska Loda, Cracovie, Znak, 2007. Les numéros indiquent la page de cette édition.

En outre, dans certains contextes, le verbe « powiadać » peut signifier une intention de raconter ou d'annoncer quelque chose, et dans ces cas, il s'inscrit dans le paradigme de la langue conçue comme moyen de communication. Or, d'autres verbes appartenant au même paradigme (tels que « informer », « expliquer », « annoncer », « raconter », etc.) sont quasi absents du texte original, car la mère n'a presque jamais l'intention de communiquer quelque chose. Elle parle pour le seul fait de parler et de cette manière laisser échapper son ressentiment. La présence du verbe « powiadać » dans les traductions trouble donc la cohérence de l'original, obtenue grâce à un choix intentionnel des verbes de parole.

Un groupe, moins important, de segments informant de la prise de parole est constitué par les *nomina dicendi* qui, eux aussi, subissent quelques déformations dans la traduction. Dans l'exemple (3), « hurlement » est traduit par Elżbieta comme « szloch », alors que ce mot signifie « sanglot ». Dans l'exemple (4), les deux traductrices ont renoncé à la traduction littérale de la métaphore « opéra de cris ». Seule Elżbieta, tout en effaçant la métaphore, a réussi à conserver la cohérence sémantique : grâce à l'expression « teatralne krzyki » (« cris théâtraux »), elle est restée dans le champ sémantique du spectacle, renforcé par le mot « scène » qui apparaît dans la même phrase. Dans la traduction de Kałuska, le syntagme « seria okrzyków » (« série de cris ») annule la connotation scénique et prive la phrase de sa dimension ironique, voire humoristique.

(3)
Je me souviens d'un <u>hurlement</u>, d'un appel [...]. (p. 42)
E : Przypominam sobie <u>szloch</u>, wołanie [...]. (p. 14)
K : Pamiętam <u>krzyk</u>, wołanie [...]. (p. 33)

(4)
Ma mère comme en toutes circonstances accompagne la scène d'un <u>opéra de cris</u> [...]. (p. 75)
E: Matka zawsze towarzyszy scenie <u>teatralnymi krzykami</u> [...]. (p. 23)
K: Matka, jak w każdym innym przypadku, towarzyszy scenie <u>serią okrzyków</u> [...]. (p. 60)

Les commentaires du narrateur qui participent à la création du portrait vocal de la mère, tout en étant réduits lexicalement au minimum, se caractérisent aussi par l'emploi de procédés grammaticaux sophistiqués. En premier lieu, il faut signaler une grande diversité des temps verbaux avec la prédominance du présent historique, accompagné du passé composé, de l'imparfait sécant, de l'imparfait d'habitude, du futur simple et du conditionnel présent. Cette richesse temporelle introduit un jeu subtil de perspectives selon lesquelles le lecteur peut percevoir les événements racontés. Ce jeu se présente au lecteur polonais dans un miroir déformant, car très souvent les traductrices choisissent des équivalents temporels erronés, sans qu'il soit possible d'expliquer ces choix par les différences entre les systèmes linguistiques français et polonais. Le rôle du présent historique surtout y est mésestimé – dans le roman il joue un rôle particulier car il n'est pas employé en vue de dramatiser des événements, de créer un effet d'accélération ou de rapidité, mais sert à abolir le « décalage entre le passé et le moment de l'énonciation »[13]. Ainsi, les événements racontés au présent semblent constituer une réalité simultanée à l'acte de narration, et d'habitude ils coïncident avec les souvenirs dont la narratrice essaie de se débarrasser par « le rituel de l'écriture »[14], qui a le pouvoir d'exorciser le passé accablant. Souvent ce présent est rendu dans les traductions par des temps du passé, ce qui brise cette relation particulière entre l'acte de la narration et les événements racontés. L'analyse de la traduction des temps verbaux dans *L'Amant* mérite, nous semble-t-il, une étude à part ; nous nous contenterons ici d'attirer l'attention sur la situation inverse (l'exemple 1) où c'est le passé composé de l'original qui a été remplacé par le présent (dans la version d'Elżbieta : « powiada »). Ainsi le lecteur se retrouve-t-il au cœur de l'acte de communication au lieu d'assister à un événement éloigné, non seulement temporellement mais surtout « émotionnellement ».

Nous avons déjà signalé que les paroles de la mère n'ont pas un but communicatif. Un autre trait caractéristique de son dire est sa longueur excessive. Il arrive très souvent que la mère prononce des flux de parole inutiles. Ces logorrhées sont marquées, entre autres, par les répétitions de verbes. Loda Kałuska traite pourtant cette figure stylistique d'une importance majeure dans *L'Amant* (et dans l'écriture durassienne en général) avec la même « insouciance » qu'Elżbieta en égard aux temps verbaux. Dans l'exemple (5), un des trois verbes *parler* disparaît de la traduction de Kałuska :

---

13. Martin Riegel *et al.*, *Grammaire méthodique du français*, Paris, PUF, « Quadrige », 2005, p. 301.
14. Joëlle Pagès-Pindon, *Marguerite Duras*, *op. cit.*, p. 92.

(5)
La mère parle, parle. Elle parle de la prostitution éclatante et elle rit, du scandale, de cette pitrerie, de chapeau déplacé, de cette élégance sublime de l'enfant de la traversée du fleuve, et elle rit de cette chose irrésistible ici dans les colonies françaises, je parle, dit-elle, de cette peau de blanche, de cette jeune enfant qui était jusque-là cachée dans les postes de brousse et qui tout à coup arrive au grand jour et se commet dans la ville au su et à la vue de tous, avec la grande racaille milliardaire chinoise, diamant au doigt comme une jeune banquière, et elle pleure. (p. 113)
E : Matka mówi, mówi. Mówi o jawnej prostytucji i śmieje się ze skandalu, z tej komedii, z kapelusza nie na miejscu, z subtelnej elegancji dziecka, które przekracza rzekę, śmieje się z tej nieuniknionej we francuskich koloniach rzeczy, mówi, powiada o białej skórze tego dziecka, które do tej pory ukryte na placówkach zagubionych w buszu nagle pojawia się w pełnym świetle dnia, kompromituje się z chińskim hultajem w mieście, na oczach wszystkich, jak córka bankiera z diamentem na palcu i matka wybucha płaczem. (p. 33)
K : Matka mówi i mówi o jawnej prostytucji i śmieje się ze skandalu, z tej błazenady, z tego niestosownego kapelusza, z tej subtelnej elegancji dziecka w czasie przeprawy przez rzekę, i śmieje się z tej rzeczy, której tu, w koloniach francuskich, trudno się, jak powiada, oprzeć, z tej białej skóry, śmieje się z tego jeszcze dziecka ukrytego dotąd na placówkach, które nagle zjawia się w biały dzień i naraża swą reputację w mieście, zauważane i poznawane przez wszystkich, z tą miliarderską szumowiną, z diamentem na palcu niby jakaś młoda bankierowa. I płacze. (p. 91)

Cette omission, de prime abord insignifiante, entraîne en réalité un changement stylistique et surtout informationnel important. La construction de la première phrase, qui est basée sur le verbe « parler » redoublé et sans complément, met l'accent sur l'existence même de l'acte de parole ainsi que sur son caractère verbeux, dans la mesure où le contenu des paroles ne compte pas. Elle exprime aussi le pouvoir quasi hypnotisant que la mère exerce sur ses interlocutrices (les surveillantes de la pension) qui, comme nous en informe le passage précédent, « écoutent la mère passionnément ». Ce n'est que dans la deuxième phrase, avec les compléments de « parler », que les sujets abordés par la mère sont précisés. Cela permet de supposer que la narratrice rapporte seulement une partie du monologue de la mère. Tout d'abord, Kałuska, en omettant dans sa traduction une des occurrences de « parler », déforme les informations transmises par la répétition. En outre, en supprimant la frontière syntaxique entre les deux premières phrases (« matka mówi i mówi o jawnej prostytucji »), elle donne à entendre que la prostitution prétendue de la fille est l'unique objet du discours de la mère. Dans le même exemple, nous pouvons observer une modification syntaxique inverse de la traductrice, à savoir le rejet de la dernière proposition « i płacze » (« et elle pleure ») en dehors de la phrase complexe. Chez Duras, les émotions de la mère, qui accompagnent et souvent engendrent l'acte de parole, sont des émotions antithétiques qui se manifestent à travers les rires et les larmes. L'idée de cette instabilité émotionnelle est renforcée dans le récit par des procédés grammaticaux qui consistent à insérer dans la même proposition les expressions dénotant ces états affectifs opposés. Avec la traduction de Kałuska, où la phrase référant aux pleurs est syntaxiquement et visuellement séparée de la phrase informant sur l'action de parler et de rire, la réaction de la mère apparaît, à tort, plus « assagie ».

Un autre trait caractéristique du récit de paroles dans *L'Amant* est l'abolition des frontières conventionnellement établies entre les différents styles de discours rapporté. Les paroles de la mère dans la deuxième phrase de l'exemple (5) sont rapportées initialement au discours narrativisé (« la mère parle de la prostitution éclatante... »), mais le style passe sans avertissement grammatical ou typographique au discours direct dès la proposition « je parle », suivie d'une incise, « dit-elle ». Les compléments « de cette peau de blanche, de cette jeune enfant qui était jusque-là cachée dans les postes de brousse [...] en diamant au doigt comme une jeune banquière » complètent le syntagme dont le pronom (« je ») réfère à la mère. Cet effacement de frontières entre les discours est chez Duras un autre moyen de souligner le flux de parole, et en même temps, il trahit l'attitude de la narratrice qui s'adonne au « rituel de l'écriture » basé sur la spontanéité, au mépris des conventions linguistiques. Dans la perspective globale de l'œuvre, cet amalgame de styles est une des marques de la « poétique de l'osmose » exprimant l'idée d'une fusion globale : de l'extérieur et de l'intérieur, de soi et de l'autre, du plaisir et de la souffrance, de l'amour et de la mort, etc.[15] Dans la traduction de Kałuska, la proposition « je parle » disparaît (et par conséquent, le changement au discours direct aussi), et l'incise (« jak powiada ») ne sert pas à attribuer une réplique à la mère mais

---

15. Monique Pinthon, « Une poétique de l'osmose », *in* Alain Vircondelet (éd.), *Marguerite Duras, Colloque de Cerisy*, Paris, Écriture, 1994, p. 99-115.

devient une marque de connotation autonymique[16] : la narratrice fait ainsi usage et en même temps mention du mot « oprzeć » (« résister »). Dans la traduction, la suite de la phrase reste au discours narrativisé, sous la forme d'une série de compléments du verbe « śmiać się » (« rire »), doublé dans la traduction (« śmieje się z tego jeszcze dziecka ukrytego dotąd na placówkach »). Elżbieta, quant à elle, traduit les propositions « je parle, dit-elle » au moyen de deux verbes de parole à la troisième personne (« mówi, powiada »), le premier fonctionnant comme incise, le second comme verbe introducteur de discours narrativisé. Dans les deux traductions, le jeu entre les niveaux énonciatifs a été annulé et par conséquent, le sens de la phrase a été gravement déformé.

À la liste des choix injustifiés déformant la représentation de la voix de la mère dans *L'Amant*, on peut ajouter, à titre d'illustrations, quelques erreurs évidentes, commises probablement par mégarde. Dans la traduction de l'exemple (6) par Kałuska (« Głosu też nie pamiętam, czasem tylko odczuwam jej słodycz »), le pronom « jej », qui se rapporte au mot « głos » qui est du genre masculin en polonais, devrait avoir la forme masculine « jego ». Dans la traduction de l'exemple (7) par Elżbieta, l'expression « dans des crises » présente dans l'original prend en polonais une forme qui veut dire « en criant » (« krzycząc ») et le gérondif « en demandant », la forme pronominale « en se demandant » (« pytając się samej siebie »), par laquelle ce qui a été dit à voix haute dans la version originale est relégué au statut de discours intérieur de la protagoniste.

(6)
Je ne me souviens plus de la voix, sauf parfois celle de la douceur avec la fatigue du soir. Le rire, je ne l'entends plus, ni le rire, ni les cris. (p. 38)
E : Nie przypominam sobie jej głosu, chyba czasami, tylko ten czuły, który przychodził u niej wraz ze zmęczeniem wieczoru. Śmiech, już go nie słyszę, ani śmiechu, ani krzyków. (p. 13)
K : Głosu też nie pamiętam, czasem tylko odczuwam jej słodycz w wieczornym znużeniu. Nie słyszę ani śmiechu, ani krzyku. (p. 30)

---

16. « Dans la connotation autonymique, le locuteur primaire emploie le terme et le cite en même temps, il signale qu'il parle avec les mots des autres, ce qui n'est pas exactement la même chose que de rapporter leurs discours » (Michèle Perret, *L'Énonciation en grammaire du texte*, Paris, Armand Colin, 2005, p. 103).

(7)
Dans des crises ma mère se jette sur moi, [...]. Et elle pleure en demandant ce qu'elle peut faire avec ça [...]. (p. 73)
E : Krzycząc, rzuca się na mnie, [...]. Płacze, pytając się samej siebie, cóż innego pozostaje do zrobienia [...]. (p. 22)
K : W czasie tych swoich ataków matka rzuca się na mnie, [...]. I płacze, pytając, czy można zrobić coś innego [...]. (p. 59)

À partir d'une analyse comparative de *L'Amant* et de ses deux traductions polonaises, nous pouvons donc conclure que le rôle des commentaires introduisant et décrivant la voix de la mère dans le discours du narrateur n'a sans doute pas été apprécié à sa juste valeur par les traductrices. De nombreuses déformations du texte d'origine brisent la cohérence du portrait vocal de la mère et par conséquent du texte tout entier. Certaines décisions des traductrices dans le domaine des procédés stylistiques et narratifs semblent trop hâtives. On peut avoir aussi l'impression que parfois leurs choix, notamment ceux dont témoigne la traduction de Kałuska, trahissent un manque de respect pour le texte de départ, ce qui se manifeste notamment par des « corrections », voire des suppressions d'un grand nombre de répétitions. Il se peut néanmoins que certaines de ces déformations aient été inévitables dans la première approche de l'œuvre, alors qu'aucun ouvrage critique n'avait encore éclairé les méandres herméneutiques du roman. Compte tenu du laps de temps restreint qui a séparé la publication de l'original et ses traductions, on peut supposer que les traductrices n'ont pas eu la possibilité de « digérer » suffisamment ce texte, particulièrement dense. Il semble toutefois surprenant que la traduction de Kałuska, alors même qu'elle présente tant de défauts, ait connu deux rééditions, dont la dernière en 2007. La première explication qui vient à l'esprit, la plus banale, est qu'au sein de la maison d'édition Znak (et avant chez WAB et Wydawnictwo Literackie), personne n'a pris conscience de la valeur douteuse de la traduction. On peut aussi avancer des explications plus philosophiques, comme celles inspirées des théories de Berman, qui affirme que : « C'est dans l'après-coup d'une première traduction aveugle et hésitante que surgit la possibilité d'une traduction accomplie »[17]. Cette possibilité naît avec l'arrivée du *kairos*. C'est le moment favorable à la traduction, quand sous la « pulsion traduisante » d'un grand traducteur et dans un

---

17. Antoine Berman, « La retraduction comme espace de la traduction », *Palimpsestes*, n° 4, 1990, p. 5.

moment socioculturel avantageux, « il devient possible d'inscrire la signifiance d'une œuvre dans notre espace langagier »[18]. Il nous semble alors que *L'Amant* attend toujours *son* temps, *son* traducteur (ou *sa* traductrice) et *sa* troisième traduction.

Université de Wrocław

---

18. *Ibid.*

De *El camino* (1950) de Delibes à *Le*(s) *Chemin*(s), par Coindreau et Chaulet :
Un classique du roman espagnol à deux voix

FELIPE APARICIO NEVADO

Résumé
Depuis sa publication en 1950, El camino de Miguel Delibes est devenu un texte phare des lettres hispaniques contemporaines. Assez rapidement traduit en français, en 1959, par Maurice Edgar Coindreau, le roman sera retraduit en français en 1994 par l'universitaire Rudy Chaulet, qui s'occupe tout particulièrement de la veine « campagnarde » de Miguel Delibes. Si la plupart des textes classiques ont vocation à être ainsi remis au goût et à la langue du jour, il est cependant moins fréquent que le laps de temps écoulé entre une traduction et la suivante soit relativement court. Après une analyse comparative de cette double traduction, notre propos sera de nous interroger sur les motivations et les enjeux de la retraduction d'El camino et son éventuelle contribution à une redécouverte de Delibes par les nouvelles générations de lecteurs en France.

Abstract
Since its publication in 1950, Miguel Delibes' El camino has become a pivotal novel in contemporary Spanish literature. Translated into French in 1959 by Maurice Edgar Coindreau, the novel was retranslated in 1994 by professor Rudy Chaulet, who has specialized in translating Delibes' « rural » works. While most canonical foreign texts undergo regular updates to the tastes of the day, it is perhaps less frequent to have such a relatively short period of time between the first and second translation. Through a comparative analysis of the Spanish text and its two French translations, this essay investigates the motives and the extent of the retranslation process, as well as its contribution to the rediscovery of Delibes by new generations of French readers.

> *El concepto de texto definitivo no corresponde sino a la religión o al cansancio*[1].
> Jorge Luis Borges

État des lieux

L'anthropologue et traducteur d'une partie de l'œuvre de Miguel Delibes en français, Dominique Blanc, résume bien les deux étapes – traversées d'une longue éclipse – qu'a connues la réception du romancier castillan en France :

> Il est arrivé avec Delibes en France ce qui s'est passé dans d'autres pays européens. Delibes est considéré aujourd'hui comme un des classiques de la littérature espagnole du XXe siècle, mais le chemin fut long et parsemé de silences [...]. L'œuvre de Delibes a partagé le sort de la littérature espagnole contemporaine en France : bien connue et étudiée dans les cercles hispanistes universitaires, absente des librairies par manque de traductions, du moins pendant une période difficile qui a duré un quart de siècle : depuis le début des années soixante jusqu'au milieu des années quatre-vingt, on peut dire que depuis que les exilés ont compris que Franco s'était installé pour durer jusqu'au moment où les intellectuels français se sont aperçu que l'Espagne était un grand pays moderne et européen[2].

Le premier livre de Delibes publié en français fut *Sissi, mon fils adoré* (1958), une version de Jean-François Reille, professeur à la Sorbonne, préfacée par Maurice Edgar Coindreau. Suivront *Le Chemin* en 1959 et *La Feuille rouge* en 1962, traduits par Coindreau lui-même, qui rencontra Miguel Delibes à Paris en 1959 lors du Congrès pour la Liberté de la Culture. Ces traductions chez Gallimard furent saluées par la critique. Cependant, commercialement parlant, la tentative se révéla un échec[3]. Cet insuc-

---

1. Jorge Luis Borges, « Las versiones homéricas », in *Obras completas*, t. I, Barcelona, Círculo de lectores, 1992, p. 267.
2. Dominique Blanc, « Delibes en Francia », Séminaire « Miguel Delibes y el mundo », Madrid, 2003, p. 1 (consulté sur : www.dominiqueblanc.com, le 11/05/2007).
3. Cf. Dominique Blanc, « Traducción y recepción de Miguel Delibes en Francia », *in* Maria Pilar Celma Valero et José Ramón González (éds.), *Cruzando fronteras : Miguel Delibes entre lo local y lo universal*, Valladolid, Cátedra Miguel Delibes, 2010, p. 171.

cès et l'avalanche éditoriale des auteurs du « boom » latino-américain expliquent sans doute la longue parenthèse qui touche Miguel Delibes en particulier, mais aussi une bonne part des auteurs espagnols qui commencent à publier dans la seconde moitié du XXe siècle. Le romancier castillan sera redécouvert en grande partie grâce à l'adaptation filmique de l'un de ses romans les plus connus, *Les Saints innocents*. Le film homonyme de Mario Camus remporta le prix d'interprétation au Festival de Cannes en 1984. En 1985, Jacques Lang nomme Delibes Chevalier de l'Ordre des Arts et des Lettres de la République. Une première traduction d'une œuvre emblématique sort en 1988 : il s'agit de *Cinq heures avec Mario*, par Anne-Robert Monier aux éditions de La Découverte, dont la version théâtrale avait fait un triomphe en Espagne. Tout change, enfin, de manière radicale, quand les éditions Verdier décident de lancer la collection de littérature hispanique « Une autre mémoire ». Son objectif était de « récupérer des textes indisponibles et de grands auteurs oubliés en les proposant à un nouveau public français, avec de nouvelles traductions »[4]. C'est dans ce contexte qu'il convient d'aborder un roman, *El camino* (1950), qui est devenu, au fil du temps, un classique des lettres espagnoles contemporaines, également traduit en allemand, anglais, arabe, bulgare, danois, espéranto, estonien, hébreu, néerlandais, italien, japonais, portugais, russe et turc[5]. Par ailleurs, *Le Chemin* a connu ces autres formes de la traduction de l'imaginaire d'un écrivain qui sont l'adaptation au cinéma et à la télévision.

Des changements profonds dans les conditions socioculturelles d'écriture et de réception justifient, pour une large part, le besoin de retraduire ce roman qui a marqué une inflexion fondamentale dans l'évolution esthétique de Miguel Delibes. On a coutume de dire, sous forme de boutade, qu'avec *El camino* l'auteur de Valladolid trouve sa voie (et sa voix) de romancier, dans le sens où il décide d'intégrer l'oralité dans son écriture et de se débarrasser du maniérisme qui avait lesté ses trois premiers romans. Un autre élément qui doit, à nos yeux, être pris en compte, est le fait qu'*El*

---

4. Dominique Blanc, « Delibes en Francia », *loc. cit.*, p. 3.
5. Gonzalo Santonja a rappelé dans une conférence que les œuvres de Miguel Delibes « ont connu plus de 100 traductions », cité par Quico Alsedo, *El Mundo*, 15/04/2003. De fait, les livres de Miguel Delibes ont été traduits dans près d'une quarantaine de langues différentes. Consulter à ce propos le site de l'Institut Cervantes : http://moscu.cervantes.es/es/biblioteca_espanol/Miguel_Delibes/traducciones.htm (consulté le 17/1/2011).

camino soit un roman d'apprentissage, un « Bildungsroman ». L'intrigue est simple : Daniel, un adolescent heureux de sa vie en harmonie avec la nature, s'interroge, durant la nuit d'insomnie précédant son départ pour la ville, sur l'absurdité d'abandonner son destin pour une vie citadine et des études qui sont loin de l'enthousiasmer. Nous sommes persuadés que la confluence de ce thème universel et d'un style novateur ont dû jouer dans la décision de Coindreau de traduire *El camino* en 1959[6]. Souvenons-nous de ce qu'il a dit à ce propos :

> Un traducteur doit connaître ses limitations et ne pas s'attaquer à des ouvrages que lui-même n'aurait pas pu – ou, plus exactement, n'aurait pas aimé – écrire. Traduire est un acte d'amoureuse collaboration. Le traducteur et son auteur doivent interpréter sans cesse la fable de l'Aveugle et du Paralytique : je marcherai pour vous, vous y verrez pour moi[7].

Un autre aspect intéressant dans le roman de Delibes, accusé parfois à tort de passéisme, est qu'il apparaît comme le témoignage poignant d'un monde qui bascule, d'un microcosme rural et d'un mode de vie en voie de disparition. De ce fait, s'il n'y a pas une énorme distance temporelle entre la version réalisée par Coindreau en 1959 et la retraduction entamée par Rudy Chaulet 35 ans plus tard, on peut affirmer que le décalage essentiel se situe sur le plan de la réception. Ce laps de temps ne représente sans doute pas une révolution copernicienne sur le plan de l'expression. On n'y découvrira pas en conséquence la même radicalité dans la transformation de la langue que si l'on comparait, par exemple, le *Quichotte* de Louis Viardot (de 1836) avec la traduction d'Aline Schulman publiée au Seuil en 1997. Les modifications langagières ou stylistiques qu'il est possible de pister entre la version de Coindreau et celle de Chaulet tiendraient davantage des choix interprétatifs, du goût et de la manière du traducteur, que d'une nécessité absolue de renouveler en profondeur les convenances expressives de la version originale du texte. Plus que de véritable vieillissement de la traduction, et en dehors des contraintes purement éditoriales qui guident parfois une nouvelle version, il faudrait parler de nouvelle approche découlant de ce que Paul Ricœur décrit comme une « pulsion de traduction entretenue

---

6. Miguel Delibes, *Le Chemin*, tr. Maurice Edgar Coindreau, Paris, Gallimard, 1959.
7. Maurice Edgar Coindreau, *Mémoires d'un traducteur : Entretiens avec Christian Giudicelli* (1974), Paris, Gallimard, 1992, p. 137.

par l'insatisfaction à l'égard des traductions existantes »[8]. Si l'on part du constat que la traduction parfaite est inaccessible et relève de l'utopie, tout un faisceau de motifs peuvent conduire un traducteur à tenter d'améliorer la version de grands textes de notre culture. Parmi les raisons à l'origine de nouvelles tentatives, un spécialiste de la traduction et de l'édition comme Juan Manuel Ortiz – et la double casquette n'est pas anodine – évoque des « changements dans la notion de fidélité, ou dans les habitudes de lecture, un langage tombé en désuétude ou une meilleure connaissance des langues »[9]. Étant donné que nos deux traducteurs possèdent une formation équivalente (Coindreau fut le seul lauréat à l'agrégation d'espagnol en 1921, Rudy Chaulet est historien et hispaniste à l'Université de Franche-Comté), aucune des motivations que je viens citer ne semble pouvoir se détacher et s'imposer aux autres. Certains commentateurs ont mis cependant en avant les origines paysannes de Rudy Chaulet pour expliquer son penchant pour la thématique campagnarde de Miguel Delibes[10]. Par ailleurs, aucun des deux ne semble adhérer à la conception de Thomas Bernhard, selon lequel tout livre traduit est « comme un cadavre heurté par une automobile jusqu'à ce qu'il soit devenu méconnaissable »[11]. Ils ne se situent pas non plus dans ce *no man's land* du travail de traduction, très répandu à notre époque, dont l'idéal consiste à mettre en sourdine ou à faire disparaître la trace du traducteur, à rendre imperceptible dans les cas les plus extrêmes toute velléité stylistique de sa part.

Cela dit, une lecture en parallèle de la version de Coindreau et de celle de Chaulet permet au lecteur de noter, à côté de passages quasiment identiques (de bon augure pour le travail de Chaulet, qui n'aurait pas cédé aux sirènes de « la nouveauté pour la nouveauté »), un parfum d'époque dans le texte de Coindreau, ainsi qu'une volonté patente de donner toute sa place à l'oralité dans celui de Chaulet. Au final cela se traduirait, si l'on

---

8. Paul Ricœur, « Défi et bonheur de la traduction », discours tenu à l'Institut Historique Allemand le 15/04/1997, in *Sur la traduction*, Paris, Bayard, 2004, p. 15.
9. Juan Manuel Ortiz Gozalo, « La retraducción en el panorama de la literatura contemporánea », *in* Juan Jesús Zaro Vera et Francisco Ruiz Noguera (éds.), *Retraducir : una nueva mirada. La retraducción de textos literarios y audiovisuales*, Málaga, Miguel Ángel Gómez Ediciones, 2007, p. 35.
10. Cf. Dominique Blanc, « Delibes en Francia », *loc. cit.*
11. Cité par Krista Fleischmann, *Thomas Bernhard-Eine Begegnung*, Wien, Edition S, 1991, repris par Juan Manuel Ortiz Gozalo, *loc. cit.*, p. 37 : « Como el cadáver destrozado por un coche hasta resultar irreconocible ».

synthétise au possible, par une certaine mise à distance de l'original dans le premier cas et par une présence en filigrane plus ostensible du texte-source dans le second. Bien que nous n'ayons pas le temps de parcourir de longs passages, il est éclairant, afin de saisir les différences de tonalité, de sonder quelques fragments stratégiquement placés. Un peu arbitrairement, pour ainsi dire à la billebaude, nous avons choisi nos échantillons au tout début, au milieu et à la fin du roman. Nous nous limiterons ici à montrer quelques passages assez significatifs pour nous faire entrevoir le mouvement d'ensemble.

Au miroir des textes

Commençons par quelques observations sur les premières lignes de l'histoire :

> Las cosas podían haber acaecido de cualquier otra manera y, sin embargo, sucedieron así. Daniel, el Mochuelo, desde el fondo de sus once años, lamentaba el curso de los acontecimientos, aunque lo acatara como una realidad inevitable y fatal. Después de todo, que su padre aspirara a hacer de él algo más que un quesero era un hecho que honraba a su padre. Pero por lo que a él afectaba [...]. (Delibes, p. 7, 70 mots)

> Les choses auraient pu se passer différemment et néanmoins, voici comment elles se passèrent. Daniel le Hibou du fond de ses onze ans, déplorait le cours des événements bien qu'il les acceptât comme une réalité fatale et inévitable. Après tout, si son père aspirait à faire de lui un peu plus qu'un marchand de fromages, c'était un sentiment qui était tout à son honneur. Mais, pour ce qui était de lui [...]. (Coindreau, p. 7, 71 mots)

> Les choses auraient pu se passer de toute autre façon, pourtant c'est comme ça qu'elles sont arrivées. Daniel le Hibou, du haut de ses onze ans, regrettait le cours des événements, bien qu'il s'y soumît comme à une réalité fatale et inévitable. Après tout, si son père voulait faire de lui un peu plus qu'un fromager, c'était tout à son honneur. Mais quant à lui [...]. (Chaulet, p. 7, 65 mots)

Cette entrée en matière peut laisser à penser que Coindreau serait plus attentif à la littéralité du texte, tandis que Chaulet se montrerait plus fidèle à son esprit et à la modernisation du langage. Néanmoins, nous le confirmerons plus tard, cela n'est pas systématique. Que la balance penche d'un côté ou de l'autre, cela dépend plus des choix subjectifs que d'une volonté délibérée d'aller dans tel ou tel sens. L'actualisation de la langue dans la retraduction de Chaulet se manifeste, sur le plan verbal, par la préférence du passé composé au passé simple et, sur le plan lexical, par le souhait de se rapprocher d'un récit apparenté à une forme d'oralité (« regretter » au lieu de « déplorer », par exemple). Certains choix lexicaux dénotent également de la part de Chaulet un désir de rester le plus près possible du microcosme auquel réfère Miguel Delibes : c'est le cas notamment du choix du mot « fromager » plutôt que « marchand de fromages » ou, plus loin, sous la plume de Coindreau, « crémier ». Par curiosité, nous nous sommes attelés à compter le nombre de mots de chaque texte, à la manière de Vladimir Nabokov dans ses cours de littérature européenne[12], et l'avons placé sous chaque citation. Le critère quantitatif ne s'avérerait pertinent, cela va sans dire, que s'il portait sur la totalité du roman. Nous l'utiliserons néanmoins comme critère indiciaire. Voyons un autre passage éloquent :

> El que él estudiase el Bachillerato en la ciudad podía ser, a la larga, efectivamente, un progreso. Ramón, el hijo del boticario, estudiaba ya para abogado en la ciudad y cuando les visitaba, durante las vacaciones, venía empingorotado como un pavo real y les miraba a todos por encima del hombro [...] ». (Delibes, p. 7, 51 mots)

> Aller habiter en ville afin de préparer son baccalauréat pouvait, à la rigueur, être effectivement un progrès. Ramón, le fils du pharmacien, y faisait déjà son droit et, quand il revenait au village, aux vacances, il se rengorgeait comme un paon et regardait tout le monde du haut de sa grandeur [...]. (Coindreau, p. 7-8, 51 mots)

> Préparer le Baccalauréat en ville pouvait, à la longue, constituer effectivement un progrès. Ramón, le fils du pharmacien, y faisait déjà des études pour être avocat, et quand il leur rendait visite pendant les vacances, il arrivait fier comme un paon et il regardait tout le monde de haut [...]. (Chaulet, p. 7, 49 mots)

Nous constatons à nouveau que les deux versions peuvent tout à tour coller ou non à la littéralité du texte en fonction de choix ponctuels qui ne constituent en aucune manière une méthode systématique. Le plus révéla-

---

12. Leçons publiées en anglais : Vladimir Nabokov, *Lectures on Literature*, London, Weindenfeld and Nicolson, 1980 (*Littératures*, 2 vol., tr. Hélène Pasquier, Paris, Fayard, 1983/1985).

teur, sans entrer dans le détail d'une analyse syntaxique ou lexicale, c'est le fait que Coindreau fasse preuve d'une tendance à « franciser » l'original en cherchant, quand cela est possible, des équivalents en langage châtié plutôt que des correspondances littérales. Il va jusqu'à la substitution d'une expression pouvant être traduite quasiment telle quelle (« mirar por encima del hombro ») par une expression pour ainsi dire « surfaite » et très parlante mais d'un autre registre : « regarder du haut de sa grandeur », alors que Chaulet montre un parti pris pour la simplification et la proximité expressive avec l'original, ce qui exclut d'emblée la nécessité de le réécrire ou de l'embellir. Dans le même ordre d'idées, notons une préférence de Chaulet pour l'expression directe là où son prédécesseur choisit une tournure figurée pour traduire l'adjectif espagnol participial, assez populaire, « empingorotado » : « il arrivait fier » au lieu de « il se rengorgeait ». Au total, si l'on fait le décompte, 51 mots pour le texte original et celui de Coindreau et 49 pour celui de Chaulet. Ce qui dessinerait une inclination à l'économie expressive de ce dernier.

Nous allons survoler d'autres fragments de ce premier chapitre :

> [...] era ésta la primera vez que no se dormía tan pronto caía en la cama. Pero esta noche tenía muchas cosas en que pensar. [...] tomaría el rápido ascendente y se despediría del pueblo hasta las Navidades. [...] Paco, el herrero, no aspiraba a que su hijo progresase. (Delibes, p. 8, 48 mots)

> [...] c'était la première fois qu'il ne s'endormait pas dès qu'il avait la tête sur l'oreiller. Mais, cette nuit-là, il avait trop de choses à méditer. [...] il prendrait le rapide en direction du Nord et dirait adieu à son village pour jusqu'à la Noël. [...] Paco, le forgeron, n'avait nulle envie que son fils progressât. (Coindreau, p. 9, 55 mots)

> [...] c'était la première fois qu'il ne s'endormait pas à peine couché. Mais cette nuit, il avait beaucoup à penser. [...] il prendrait le rapide qui montait et il abandonnerait le village jusqu'à Noël. [...] Paco, le forgeron, n'avait pas envie que son fils progresse. (Chaulet, p. 8, 44 mots)

De nouveau, c'est Coindreau qui remporte la palme pour la quantité de mots (48, 55, 44) ; Chaulet reste à ce propos en dessous de l'original, ce qui confirme notre impression initiale de son penchant à raboter plutôt qu'à faire des fioritures. Pour faire court et ne pas alourdir le commentaire, nous nous bornerons à remarquer, de façon générale, un prurit d'embellissement chez Coindreau et une quête spéculaire, imbriquée dans sa volonté de simplification, dans la version de Chaulet. Ce point est clair sur le plan lexical : « penser » au lieu de « méditer », mais aussi et toujours, dans le domaine verbal : le présent du subjonctif « progresse » à la place de l'imparfait du subjonctif « progressât ». Chaulet évite également ces expressions qu'on pourrait à juste titre considérer vieillies et démodées, comme, par exemple, « pour jusqu'à la Noël ».

Voici un dernier passage du premier chapitre, plus empreint de littérarité que d'oralité :

> Con frecuencia el herrero trabajaba en camiseta y su pecho hercúleo subía y bajaba, al respirar, como si fuera el de un elefante herido. Esto era un hombre. Y no Ramón, el hijo del boticario, emperejilado y tieso y pálido como una muchacha mórbida y presumida. (Delibes, p. 9, 46 mots)
>
> Le forgeron travaillait fréquemment en gilet de flanelle, et sa poitrine herculéenne montait et descendait à chaque respiration comme le poitrail d'un éléphant blessé. Ça, c'était un homme ! Rien de commun avec Ramón, le fils du pharmacien, ce gommeux pâlot, guindé comme une demoiselle prétentieuse et de petite santé. (Coindreau, p. 10, 50 mots)

> Souvent le forgeron travaillait en maillot de corps et sa poitrine herculéenne montait et descendait quand il respirait, comme celle d'un éléphant blessé. Ça c'était un homme. Pas comme Ramón, le fils du pharmacien, pomponné, raide, pâle, comme une jeune fille maladive et prétentieuse. (Chaulet, p. 9, 44 mots)

Une fois de plus, on peut vérifier que le texte de Coindreau est le plus long des trois et celui de Chaulet le plus court (46, 50, 44). Le phénomène est donc plus que symptomatique. Certaines expressions doublent le nombre de mots : un cas significatif est le « Rien de commun avec », du traducteur vendéen, face au plus dépouillé « Pas comme » de Rudy Chaulet. Ce qui ressort dans la comparaison de ces extraits, si l'on s'en tient à l'essentiel, ce sont des choix terminologiques très marqués par l'usage. En ce sens, on pourrait soutenir, et il n'y a là rien de plus naturel, que la version de Coindreau témoigne des impératifs idiomatiques de son temps. Des belles expressions un peu désuètes de Coindreau, « gommeux pâlot guindé » ou « demoiselle de petite santé », nous passons aux plus actuelles « pomponné, raide, pâle » et « jeune fille maladive ». Le choix par Coindreau du syntagme « gilet de flanelle » pour traduire le mot espagnol « camiseta » paraît un peu étonnant, pour ne pas dire discutable, car le mot « franela » n'apparaît pas dans le texte de départ. On pourrait mettre cet ajout sur le compte de la description détaillée ou ornementale vers laquelle penche parfois l'expression élégante et soignée de Coindreau.

Venons-en, pour mieux étayer notre démonstration, au chapitre XII, celui où Daniel le Hibou est initié à la chasse à l'affût par son père. Pour varier un peu la perspective, nous allons nous focaliser sur la notion de « fidélité » à l'original (prise au sens que lui accorde Umberto Eco, c'est-à-dire donnant la priorité à la recréation de l'esprit du texte[13]). De ce point de vue, les deux traducteurs s'évertuent à recréer l'univers délibéen tout en collant au plus près à la lettre du texte original. Les quelques écarts que nous avons pu observer sont assez bien partagés, c'est tantôt l'un et tantôt l'autre qui prennent quelques libertés avec la forme et/ou le fond du roman de Delibes.

Prenons quelques exemples précis :

> Daniel, el Mochuelo, se alegró íntimamente de haber hecho reír a su padre, que en los últimos años andaba siempre con cara de vinagre y no se reía ni cuando los húngaros representaban comedias y hacían títeres en la plaza. (Delibes, p. 116)

> Daniel le Hibou se réjouit fort d'avoir fait rire son père qui, dans ces dernières années, avait toujours un air bourru et ne riait même pas aux spectacles de marionnettes et aux comédies que les saltimbanques donnaient sur la place. (Coindreau, p. 148)

> Daniel le Hibou se réjouit intérieurement d'avoir fait rire son père qui ces dernières années faisait toujours une tête de six pieds de long et ne riait même pas quand les Hongrois jouaient la comédie et montraient des marionnettes sur la place. (Chaulet, p. 100)

La comparaison de ces trois passages nous amène à relativiser certaines des affirmations que nous avons pu faire auparavant. Cette fois, c'est le « retraducteur » qui dépasse en longueur l'original (40 mots pour Delibes et Coindreau, 42 pour Rudy Chaulet) et fait preuve d'une recherche expressive évidente. Là où Delibes emploie « cara de vinagre », qu'on aurait pu rendre par « tête d'enterrement », Coindreau opte pour une expression plus neutre,

---

13. Umberto Eco, *Decir casi lo mismo. Experiencias de traducción* [*Dire quasi la stessa cosa : Esperienze di traduzione*, 2003], tr. Helena Lozano Millares, Barcelona, Lumen, 2008, p. 22.

« un air bourru », tandis que Chaulet préfère une autre plus imagée, « une tête de six pieds de long ». Signalons, au passage, que la traduction du mot « húngaros » ne satisfait pas totalement de la part de Coindreau, qui choisit « saltimbanques », et encore moins de la part de son émule, lequel recourt à l'adjectif « Hongrois » qui, à notre connaissance, ne traduit pas clairement le sens d'artiste ambulant (« bohémien, nomade, manouche, gitan ou tsigane ») que contient le mot espagnol. Dans le champ lexical de la cynégétique ou de la botanique, certains choix du traducteur de Verdier peuvent se révéler contestables. Voici un exemple parlant :

> – El Gran Duque es un búho gigante. Es un cebo muy bueno para matar milanos. (Delibes, p. 116)

> – Le grand duc est un hibou géant. C'est un très bon appeau pour attirer les milans. (Coindreau, p. 148)

> – Le grand-duc est un hibou géant. C'est un très bon appât pour tuer les busards. (Chaulet, p. 100)

S'il est vrai que le mot « appât » traduit *stricto sensu* le mot espagnol « cebo », surtout dans le domaine de la pêche, le choix de Coindreau du terme « appeau » semble mieux convenir au contexte cynégétique et au mode de chasse pratiquée. On pourrait aussi se demander pourquoi Chaulet utilise « busard » à la place de « milan »[14], car le texte espagnol ne spécifie pas s'il s'agit de milans blancs. Ou encore, sans vouloir épuiser les points problématiques, pour quel motif le premier traducteur évite le verbe « matar », « tuer », que le second conserve à juste titre. Deux autres cas dans les mêmes registres, cynégétique et botanique, pourront mieux nous éclairer :

> Su padre le relataba que una vez, muchos años atrás, se le escapó una pareja de perdices a Andrés, el zapatero, y criaron en el monte. Meses después, los cazadores del valle acordaron darles una batida. Se reunieron treinta y dos escopetas y quince perros. [...] Partieron del pueblo de madrugada y hasta el atardecer no dieron con las perdices. Sólo restaba la hembra con tres pollos escuálidos y hambrientos [...]. (Delibes, p. 118-119)

---

14. Plus compréhensible apparaît, dans le même chapitre, le choix de « étable » à la place de « écurie », de « lance-pierre » préféré à « fronde », de « père » au lieu de « papa » ou du mot « après-midi » plutôt que « soirée ».

> Son père lui racontait qu'un jour, il y avait de cela bien des années, un couple de perdrix s'était échappé de chez Andrés le cordonnier et s'en était allé nicher dans la montagne. Plusieurs mois après, les chasseurs de la vallée décidèrent d'aller faire une battue. [...] Ils quittèrent le village à l'aube et, à la nuit tombante, ils n'avaient pas encore vu de perdrix. Il ne restait que la mère et trois petits tout malingres et affamés [...]. (Coindreau, p. 151)
>
> Son père lui racontait qu'une fois, il y avait des années de cela, un couple de perdrix s'échappa de chez Andrés le cordonnier et se reproduisit dans les montagnes. Des mois plus tard, les chasseurs de la vallée décidèrent de faire une battue. On réunit trente-deux fusils et quinze chiens. [...]. Ils quittèrent le village à l'aube et, jusqu'au soir, ils ne virent pas une perdrix. Il ne restait que la femelle avec trois poussins maigres et affamés. (Chaulet, p. 102)

La première remarque à faire est que, comme à d'autres occasions dans le même chapitre, Coindreau « oublie », rajoute ou supprime librement une phrase ou un paragraphe complet. D'autre part, sa traduction de « hasta el atardecer no dieron con las perdices » s'avère inexacte. Ce n'est pas : « et, à la nuit tombante, ils n'avaient pas encore vu de perdrix », mais comme le note avec plus de justesse Chaulet : « et, jusqu'au soir, ils ne virent pas une perdrix ». Nous ajouterions aussi que la traduction de « pollo » par « petits » ou par « poussins » semble s'éloigner de l'esprit du texte. Quand bien même il s'agirait de la dernière nichée de l'année, faite aux alentours de mai-juin, ces oiseaux ont déjà quelques mois à l'ouverture de la chasse. De ce fait, un vocable plus précis serait « perdreau », ou le syntagme « perdreau de l'année ». Le second exemple relève de la confusion terminologique au sujet d'une plante :

> Con el alba salieron. Los helechos, a los bordes del sendero, brillaban de rocío [...]. (Delibes, p. 120)
>
> Ils partirent à l'aube. Les fougères, en bordure du sentier, étaient brillantes de rosée [...]. (Coindreau, p. 154)
>
> Ils partirent à l'aube. Les bruyères au bord du sentier brillaient sous la rosée [...]. (Chaulet, p. 103)

Laissant de côté l'entame cervantesque du passage que les deux traducteurs rendent à l'identique, on peut s'interroger sur le cheminement qui conduit de « fougères » à « bruyères ». Rien d'essentiel ne se perd ni ne se

gagne par cette modification un peu étrange. Cependant, le mot espagnol
« helecho » signifie bel et bien « fougère » et rien d'autre.

Observons, enfin, deux autres exemples beaucoup plus clairs qui dénotent, de la part de Chaulet, une interprétation approximative ou erronée de l'original plutôt qu'une volonté de renouveler la première traduction.

> Cuando su padre regresaba de sus cacerías, en los albores del otoño, Daniel, el Mochuelo, salía a recibirle a la estación. (Delibes, p. 117, 21 mots)

> Quand son père revenait de la chasse, aux approches de l'automne, Daniel le Hibou allait l'attendre à la gare. (Coindreau, p. 149, 19 mots)
> Quand son père rentrait de ses parties de chasse, dans les petits matins d'automne, Daniel le Hibou venait l'attendre à la gare. (Chaulet, p. 100, 22 mots)

De toute évidence, la traduction que donne Coindreau de l'expression « en los albores del otoño » (qui signifie « aux premiers jours de l'automne »), est beaucoup plus en adéquation avec l'original que le contresens que commet Chaulet avec ses « petits matins d'automne ». Cela ne change, bien entendu, rien de fondamental à l'histoire, mais montre que même un bon traducteur, par inattention, par méprise, ou en raison d'une lecture peu avertie, peut tomber dans le piège d'une expression qui, au premier abord, n'a rien de sorcier. « L'erreur est humaine, dit le coq en descendant de la canne », ainsi que le dit avec humour le dicton allemand.

Nous allons survoler quelques passages du dernier chapitre où les différences de tonalité sautent aux yeux.

> [...] y Daniel, el Mochuelo, comprendía que dos cosas no deben separarse nunca cuando han logrado hacerse la una al modo y medida de la otra.
> [...] No obstante, el convencimiento de una inmediata separación le desasosegaba, aliviando la fatiga de sus párpados. (Delibes, p. 214, 41 mots)

> [...] et Daniel le Hibou comprit qu'il ne faut jamais séparer deux choses qui sont parvenues à une entente absolue et mutuelle.
> [...] Néanmoins, la conscience d'une séparation immédiate l'inquiétait, augmentait la fatigue de ses paupières. (Coindreau, p. 272, 34 mots)

> [...] et Daniel le Hibou comprenait que deux choses ne doivent jamais être séparées quand l'une a réussi à se modeler à l'image de l'autre.

> [...] Cependant, la certitude d'une séparation prochaine l'inquiétait et rendait ses paupières moins lourdes. (Chaulet, p. 181, 37 mots)

Il nous semble que dans ce morceau l'expression de Coindreau : « il ne faut jamais séparer deux choses qui sont parvenues à une entente absolue et mutuelle » traduit mieux l'esprit du texte original délibéen que la version plus littérale de Chaulet. Celle-ci aurait peut-être pu être reformulée en mettant le verbe « réussir » au pluriel et en procédant à un changement dans l'ordre des mots qui rendrait mieux l'idée de réciprocité, c'est-à-dire : « deux choses ne doivent jamais être séparées quand elles ont réussi à se modeler l'une à l'image de l'autre ». La seconde partie du fragment met en évidence, en revanche, un contresens commis par Coindreau. Le verbe « aliviar » signifie « soulager ». De ce fait, « rendait ses paupières moins lourdes » (Chaulet) corrige avantageusement le « augmentait la fatigue de ses paupières ». Et s'il fallait attribuer certaines entorses ou méprises de ce type à la fatigue du traducteur, au bout de son texte comme Daniel au bout de sa nuit d'insomnie ?

Face à certains choix terminologiques, nous nous déclarerons plutôt dubitatifs. Voici un cas révélateur :

> [...] a Cuco, el factor, acababan de uniformarle con una espléndida gorra roja. (Delibes, p. 214, 12 mots)
> [...] Gros Malin, le chef de gare, venait de recevoir un uniforme avec un splendide képi rouge. (Coindreau, p. 272, 16 mots)
> [...] on venait de doter Cuco, l'employé du train, d'une splendide casquette rouge. (Chaulet, p. 182, 12 mots)

Il est ardu d'élucider si le remplacement de « képi » par « casquette » (qui, selon le *Petit Robert*, provient du diminutif allemand du mot « kappe » [« käppi »], et selon le *María Moliner*, du suisse alémanique « kaeppi »), avec l'atténuation de la connotation militaire très marquée, ne relève pas simplement de la variation étymologique. Car « casquette », à son tour, est une dérivation de l'emprunt par la langue française, au XVIe siècle, du mot espagnol « casco ». Ce qui reflète, au passage, la puissance militaire de l'Empire espagnol à l'époque. De même, le choix entre « chef de gare » ou « employé du train », n'est pas aisé puisque si effectivement le « factor » est littéralement un employé des chemins de fer, il est courant que dans un village aussi petit que celui de Daniel il fasse office également de chef de gare. Encore une question de double casquette que nous nous garderons de vouloir trancher.

En fait, tout au long de ce dernier chapitre abondent ces dilemmes expressifs liés la plupart du temps au choix entre des mots ou des tournures en fonction d'une certaine charge sémantique ou d'une connotation plus ou moins marquée par les conditions sociétales au moment de la traduction. Nous nous bornerons à signaler quelques cas éloquents à ce propos :

« [...] y el agrio olor de las encellas sucias [...] »
« Y después Pancho, el Sindiós, se irritó con el quesero porque mandaba a su hijo a un colegio de curas. El quesero no le dio pie para desahogarse [...] »
« – No somos nadie. »
« [...] a fuerza de puños y de cerebro había hecho una carrera y había triunfado. »
« Y contuvo un estremecimiento. Don José [...] ya no [...] podría llamarle "gitanón" [...] »
« Y, al pasar por la finca del Indiano [...] »
« Y cuando empezó a vestirse le invadió una sensación muy vívida y clara de que tomaba un camino distinto del que el señor le había marcado. Y lloró, al fin. » (Delibes, p. 217-220, 104 mots)

« [...] et l'âcre odeur des moules à fromage [...] »
« Ensuite, Pancho le Mécréant se fâcha contre le crémier parce qu'il envoyait son fils chez les Pères. Le crémier ne lui laissa pas le temps de dégorger sa bile [...] »
« – Nous ne sommes rien. »
« [...] à la force du poignet et du cerveau, il était arrivé à se faire une situation et avait triomphé. »
« Et il frissonna [...] Don José [...] ne pourrait plus l'appeler "grand gitan" [...] »
« Et, en passant devant la propriété de l'Indien [...] »
« Et, comme il commençait à s'habiller, il eut la sensation très nette, très claire, qu'il ne prenait pas le chemin que le Seigneur avait tracé pour lui. Alors, n'y tenant plus, il se mit enfin à pleurer. » (Coindreau, p. 273-280, 117 mots)

« [...] à l'odeur aigre des éclisses sales [...] »
« Ensuite Pancho, le Sans-Dieu, se fâcha après le fromager parce qu'il envoyait son fils dans un collège de curés. Le fromager ne lui laissa pas le temps de se défouler [...] »
« — On est peu de chose. »
« [...] à la force du poignet et du cerveau il avait fait des études et il avait réussi. »
« Il lutta contre un frisson. Don José [...] ne l'appellerait plus "espèce de gitan" [...] »
« Quand il passa près de la propriété de l'Américain [...] »

« Quand il commença à s'habiller, il fut envahi par l'impression très vive et très nette qu'il prenait un chemin différent de celui que le Seigneur lui avait tracé. Enfin, il se mit à pleurer. » (Chaulet, p. 186, 121 mots)

Conclusion

En définitive, les deux versions du roman *El camino* entretiennent un rapport à la fois empathique et conflictuel sur lequel viennent se greffer les tensions d'une langue en perpétuel mouvement. Il ne s'agit pas, pour Rudy Chaulet, en termes psychanalytiques, de « tuer le père », mais de rapprocher l'ensemble d'idiolectes du texte-source des codes et de la conscience linguistique du lecteur francophone de la fin du XXe siècle sans pour autant renoncer à l'étrangéité ou à l'exotisme du roman original. La mise en parallèle de ces exercices d'écriture toujours périlleux que sont la traduction et la retraduction, encore plus lorsque le texte traduit opte pour la trompeuse clarté d'un dépouillement stylistique modulé sur la langue parlée, montre, une nouvelle fois, à quel point l'équilibre entre les facteurs de littérarité de l'original, imbriqués par définition dans un récit qui tend à l'invisibilité de ses moyens artistiques, est difficile à atteindre. Difficulté qui met en évidence la tension dialectique entre deux éléments indissociables : la fidélité à l'esprit, au climat, à l'atmosphère, à la nature du texte, et une certaine liberté contextuelle face à sa lettre. Sans doute parce que, comme le souligne Coindreau : « un traducteur est un homme qui n'a aucun droit, il n'a que des devoirs »[15].

ILLE – Institut de Recherche en langues et littératures européennes
Université de Haute-Alsace

---

15. Maurice Edgar Coindreau, *Mémoires d'un traducteur : Entretiens avec Christian Giudicelli*, op. cit., p. 131.

Pourquoi retraduire Dino Buzzati ?

Cristina Vignali-De Poli

Résumé
Les œuvres de Dino Buzzati (1906-1972) ont connu un succès indéniable en France, notamment grâce aux premières traductions qui en ont été faites. Pourtant, plusieurs nouvelles et textes courts buzzatiens ainsi que le poème illustré *Poema a fumetti* ont déjà été retraduits. Avec quels résultats ? Le bilan sur les améliorations apportées par les retraductions faisant l'objet du *corpus* de la présente étude apparaît mitigé. Toutefois, l'utilité de retraduire Buzzati se ressent, et il est possible de continuer à étudier un style qui mérite encore, par bien des aspects, d'être dévoilé.

Abstract
The undeniable success of Dino Buzzati's works in France is mostly due to its first translations. However, many novels and short prose texts by Buzzati (1906-1972), as well as the illustrated poem *Poema a fumetti*, have already been retranslated in French. What are the achievements of such retranslations ? As far as the *corpus* of this research is concerned, improvements in retranslations are only partial. Nonetheless, the importance of retranslating Buzzati lies on the possibility it offers for a more in-depth analysis of a style which still deserves to be discovered.

Les œuvres de Dino Buzzati (1906-1972) ont connu un succès indéniable en France, entre autres grâce aux traductions qui ont été réalisées du vivant de l'auteur et après sa disparition. Mais certains textes buzzatiens, traduits à partir de la deuxième moitié du vingtième siècle, ont pourtant déjà été retraduits. Nous voudrions attirer l'attention sur le fait qu'aucun recueil de nouvelles de Buzzati n'a été entièrement retraduit jusqu'à présent, et que seules soixante-dix nouvelles environ, tirées de différents recueils, l'ont été, parfois même à plusieurs reprises. La seule œuvre buzzatienne retraduite dans son entier reste le poème illustré *Poema a fumetti* (1969)[1]. Quant aux cinq romans de l'auteur bellunais, ils n'ont jamais fait l'objet d'une retraduction.

L'étude de la traduction aide à dévoiler toute la complexité du style buzzatien, longtemps et injustement considéré par la critique comme étant platement simple[2]. Si l'analyse de la traduction comme méthode d'accès au texte littéraire nous permet de connaître davantage l'art narratif de l'auteur, la démarche comparative qui consiste à étudier les mécanismes de la traduction et de la retraduction d'un texte-source permet de multiplier les angles d'approche du texte. Cette première considération suffirait à justifier ce type d'étude, par laquelle le texte buzzatien est passé au crible d'une double confrontation avec ses textes-cible.

Une deuxième considération s'impose à propos de la nature même de la retraduction. Que peut apporter la retraduction par rapport à la traduction première ? Pour certains critiques, les retraductions successives d'un texte permettraient de s'approcher de l'idéal de vérité originelle du texte-source (Berman, Meschonnic) ; « préfaces et textes d'accompagnement donneraient à penser, pour leur part, que la raison de la version dernière est toujours la meilleure »[3]. La question qui se pose à nous est de vérifier si

---

1. Traduit d'abord sous le titre de *Poème-bulles* par Max Gallo et Antoine Ottavi (Paris, Robert Laffont, 1970), il fut ensuite retraduit par Charlotte Lataillade sous le titre d'*Orfi aux enfers* (Arles, Actes Sud, 2007).
2. Pour un historique du débat critique autour du style buzzatien, nous renvoyons à l'introduction de notre thèse de doctorat, *La Parole de l'autre. L'écriture de Dino Buzzati à l'épreuve de la traduction*, consacrée à l'étude du style buzzatien dans les traductions françaises et soutenue le 25 novembre 2009 à l'Université de Franche-Comté, en cotutelle avec l'Université de Milan. Notre travail portait non pas sur les retraductions, mais sur les traductions d'un vaste *corpus* d'œuvres en prose buzzatiennes.
3. Annie Brisset, « Retraduire ou le corps changeant de la connaissance. Sur l'historicité de la traduction », *Palimpsestes*, n° 15, 2004, p. 39-40.

la retraduction de Buzzati laisse apparaître des aspects de l'écriture buzzatienne passés inaperçus ou volontairement effacés lors de la première transposition, ou bien si au contraire la retraduction n'apporte pas de modifications majeures par rapport à la traduction première.

Nous avons étudié les récits buzzatiens tirés du recueil *Le notti difficili* (1971) et parus d'abord dans la traduction de Michel Sager, dans *Le Rêve de l'escalier* (1973), et qui ont ensuite fait l'objet d'une retraduction par Christiane et Mario Cochi, quinze ans après, en 1988. Nous avons également étudié les trente-quatre textes tirés du recueil *In quel preciso momento*, parus dans la traduction de Jacqueline Remillet dans *En ce moment précis* (1965) et ensuite retraduits par Yves Panafieu, avec la collaboration d'Anna Tarantino, lors de la transposition du recueil *Siamo spiacenti di...*, publié en français sous le titre de *Nous sommes au regret de...* (1982). Nous choisissons de nous concentrer ici sur un nombre limité d'aspects.

De Sager aux Cochi

Quinze ans seulement séparent le travail de Sager (1973) et celui des Cochi (1988), mais une attention plus poussée semble portée au lexique dans la retraduction. La collection éditoriale de la retraduction pourrait expliquer les raisons de cette attention accrue : les nouvelles retraduites par les Cochi sont en effet publiées dans la série « Bilingue » de la collection « Langues pour tous », aux éditions Pocket, qui se donne pour but de permettre à tout lecteur d'« améliorer [sa] connaissance de l'italien, en particulier dans le domaine du vocabulaire »[4] et qui se présente comme une « véritable méthode d'auto-enseignement »[5]. Malgré l'absence d'une quelconque précision concernant les motivations qui ont dicté la retraduction de nouvelles buzzatiennes dans la brève introduction au volume, la présence d'un appareil de notes explicatives, portant principalement sur des aspects lexicaux et grammaticaux du texte buzzatien – notes réalisées par les auteurs de la retraduction –, dénote une volonté de mener une réflexion sur la langue buzzatienne et de guider le lecteur, à des fins didactiques. La traduction de Sager, dans la collection « Pavillons » de Laffont, ne répond pas à ces vi-

---

4. Dino Buzzati, *Douze nouvelles / Dodici racconti* [1971], Paris, Presses Pocket, 2004, p. 5 (par la suite *DN*).
5. *Ibid.*

sées didactiques. Après étude, il nous est apparu que la retraduction des Cochi est plus respectueuse du texte-source que la première traduction, notamment au niveau lexical ; la différence de cadre éditorial pourrait expliquer, au moins en partie, ces résultats. Le choix même de la pagination dans la collection « Langues pour tous », avec le texte italien sur la page de gauche et la traduction française sur la page de droite, impose des contraintes majeures pour le traducteur.

Parmi les huit nouvelles buzzatiennes d'abord traduites par Michel Sager, puis retraduites par Mario et Christiane Cochi[6], deux nouvelles montrent plus particulièrement comment la retraduction a pu combler quelques lacunes de la traduction sagerienne, lacunes qui amenuisaient des effets de sens du texte-source.

La nouvelle intitulée « La farfalletta » constitue un premier exemple significatif des choix différents opérés par Sager et les Cochi. Par le biais de la suffixation, Buzzati parvient à atteindre un des enjeux de son écriture, qu'il formula expressément lors de ses interviews avec le critique et traducteur Yves Panafieu. L'auteur y affirme que la prolixité de la langue italienne constitue un véritable danger pour l'écrivain, qui risque d'ennuyer son lecteur[7]. Il semble que chez Buzzati cette volonté de concision se manifeste notamment par l'utilisation de suffixes, qui constituent un outil expressif synthétique. La langue française cependant ne dispose pas d'un instrument linguistique comparable au diminutif italien[8] ; cela implique une réflexion de la part du traducteur sur la valeur du diminutif italien dans le texte-source et sur les moyens de le traduire.

La nouvelle est centrée sur les métamorphoses opérées par Aldo Smith, « sous-secrétaire à l'Ordre Public », surnommé de façon significative le « Grand Bourreau » par ses adversaires. Smith arrive, à sa grande surprise, à se transformer d'abord en chauve-souris pour échapper à un passage à tabac qui lui aurait coûté la vie ; puis, afin de pouvoir entrer à nouveau dans son bureau ministériel, il implore d'être transformé en petit papillon.

---

6. Ces nouvelles portent le titre de : « Delicatezza », « Cenerentola », « Il buon nome », « Dal medico », « Vecchia auto », « La farfalletta », « Tre storie del Veneto », « L'elefantiasi ».
7. Cf. Yves Panafieu, *Un autoritratto. Dialoghi con Yves Panafieu (luglio-settembre 1971)*, Liancourt-Saint-Pierre, Y.P. éditions, 1995, p. 163-164.
8. Cf. Pierre Scavée et Pietro Intravaia, *Traité de stylistique comparée. Analyse comparative de l'italien et du français*, Bruxelles, Didier, 1979, p. 78.

Smith subit donc une deuxième métamorphose et mourra écrasé dans son bureau par son ancien collègue Fossambra ; ironie du sort car Smith, le matin même, avait laissé mourir, dans son bureau, un petit papillon qui n'arrivait pas à s'échapper.

L'usage systématique de suffixes diminutifs pour désigner les papillons du récit (« farfalletta », « animaletto », « farfallina », « bestio-lina ») rappelle la petitesse et la fragilité de Smith, qualités qui contrastent avec sa grandeur institutionnelle d'antan, et notamment avec l'idée de grandeur véhiculée par l'expression « Grand Bourreau ». De plus, l'adoption du diminutif insiste sur la fragilité du papillon, être par nature doté d'une vie éphémère. Ce jeu de contrastes permet d'une part d'évoquer la loi du talion, qui condamne Smith à mourir en situation de fragilité – fragilisé, sans doute, comme ses opposants politiques – et sous l'aspect d'un papillon, rappelant précisément le petit papillon qu'il avait laissé mourir quelques heures auparavant. Le choix du même insecte, mais aussi la réitération des diminutifs qui insiste sur le lien entre les différents papillons du récit, contribue à communiquer, sinon une circularité au sein de la nouvelle, du moins l'idée d'un rapport de cause à effet entre le comportement initial, froid et détaché, de Smith, et le dénouement final. D'autre part, l'usage des diminutifs, en soulignant la fragilité et la grâce délicate du papillon, suggère, par contraste, la froideur, voire le cynisme du protagoniste, qui ne fait que peu d'efforts pour sauver le papillon entré dans son bureau au début de la nouvelle. Plus généralement, Buzzati semble représenter ainsi le cynisme de l'être humain : celui du collègue de parti Fossambra, qui a profité de l'absence de Smith pour en prendre rapidement la place ; celui de Smith lui-même, qui, dans sa forme de papillon, décide de profiter cyniquement de quelques heures de repos aux dépens de son collègue, avant de demander une nouvelle métamorphose.

Le choix de sauvegarder dans le texte-cible l'idée communiquée par les diminutifs italiens s'impose. Dans sa transposition, nous remarquons que Michel Sager élimine les diminutifs, ne respectant qu'une seule fois la notion diminutive véhiculée par les treize occurrences de substantifs désignant les papillons de la nouvelle : les huit occurrences de « farfalletta »[9] (dont une dans le titre), ainsi que les trois occurrences de « farfallina »

---

9. Dino Buzzati, *Le notti difficili* (1971), Milano, Mondadori, 2006, p. 180-181, 184-185 (par la suite *ND*).

(*ND*, p. 180) sont toujours traduites par « papillon »[10] ; « bestiolina » (*ND*, p. 185) est traduit par « bestiole » (*Œ*, p. 1050). Seul le terme « animaletto » (*ND*, p. 180) a été traduit en respectant l'idée de petitesse et de fragilité exprimée par le diminutif italien, à travers le syntagme « petit animal » (*Œ*, p. 1047). Les Cochi, en revanche, semblent conscients des effets de sens produits par les diminutifs italiens et les traduisent par l'adjectif « petit »[11].

Par exemple, dans l'épisode de la transformation de Smith / chauve-souris en petit papillon, le narrateur suggère avec une grande concision que cette transformation a finalement eu lieu :

> Una <u>farfallina</u> colore isabella, la più adatta per mimetizzarsi sulla tenda. […] L'onorevole pipistrello si abbassa. « Ah, potessi fare cambio ! » implora. E se ne vola via, <u>graziosissimo</u>, con le sue <u>alucce</u> di seta. (*ND*, p. 184)
> Un <u>papillon</u> couleur isabella, la mieux adaptée pour la mimétisation sur le rideau. […] L'honorable chauve-souris amorce sa descente. « Ah, si je pouvais faire l'échange ! » implore-t-elle. Et s'éloigne d'un vol <u>gracieux</u>, sur ses <u>ailes</u> de soie. (*Œ*, p. 1050)
> Un <u>petit papillon</u> couleur isabella, la plus adaptée pour se camoufler sur le rideau. […] Le député-chauve-souris descend. « Ah, si je pouvais prendre sa place ! » implore-t-il. Et il s'envole, <u>tout gracieux</u>, avec ses <u>jolies petites ailes</u> de soie. (*DN*, p. 115)

Le superlatif « graziosissimo », la suffixation en -uccia (« alucce »), ainsi que l'évocation de la soie soulignant à elle seule la grâce du papillon, font écho à ce petit papillon, cette « farfallina colore isabella » aperçue par la chauve-souris (Aldo Smith) qui désire aussitôt en prendre l'apparence. Dans leur retraduction, les Cochi montrent une sensibilité plus accentuée pour ce jeu, qui permet à Buzzati de ne pas décrire la métamorphose de Smith, mais de la suggérer, en même temps qu'il en laisse entendre la rapidité.

Dans la nouvelle « Delicatezza », la rhétorique hypocrite d'un directeur de prison vis-à-vis d'un de ses condamnés à mort se traduit par le choix de

---

10. Dino Buzzati, *Dino Buzzati. Œuvres*, t. II, éd. Delphine Gachet, Paris, Robert Laffont, 2006, p. 1047, 1048, 1050 (par la suite *Œ*).
11. Dans le titre (« Le petit papillon »), ainsi que tout au long de la nouvelle : « petit papillon gris » (*DN*, p. 105) ; « petit papillon » (p. 105) ; « petit animal » (p. 105) ; « Petit papillon, petit papillon » (p. 107) ; « petit papillon » (p. 107, deux occurrences ; p. 113 ; p. 115, deux occurrences ; p. 117) ; « la petite bestiole » (p. 115).

mots à la saveur diplomatique et trompeusement rassurante, lors d'un dialogue qui présente d'emblée des caractères étrangement inquiétants. Le contexte dans lequel prend place ce dialogue est pour le moins insolite : des cigarettes, du café et des bonbons sont offerts au condamné au tout début de la discussion par des « inservienti » (*ND*, p. 104), à savoir des « factotums ». Le condamné est donc entouré, dans le bureau du directeur, de personnes qui n'ont pas forcément une fonction de gardiens. Il est évident que ces personnages participent de la stratégie de mise en confiance du condamné choisie par le directeur de la prison. Michel Sager traduit « inservienti » par « gardiens » (*Œ*, p. 1001) tandis que les Cochi préfèrent le terme d'« employés » (*DN*, p. 29) qui, tout comme le substantif italien, contribue à garder le caractère insolite de la scène.

Mais la mise en confiance du condamné passe surtout par le langage du directeur, tout en euphémismes et en non-dits, accompagnés parfois d'un significatif petit sourire diplomatique, un « sorrisetto diplomatico » (*ND*, p. 104). S'il est vrai que le terme de « mort » et le verbe « mourir » apparaissent dans son discours, on n'en remarque pas moins une tendance, chez lui, à adoucir son discours sur la mort :

> In più c'è il conforto di ritrovare, di là, congiunti ed amici già scomparsi in precedenza. (*ND*, p. 104)
> En plus il y a le réconfort de retrouver, de l'autre côté, les parents et les amis qui sont morts avant vous. (*Œ*, p. 1002)
> En plus, il y a le réconfort de retrouver, de l'autre côté, des parents et des amis déjà disparus auparavant. (*DN*, p. 33)

Sager traduit « scomparsi » par « morts », tandis que les Cochi préfèrent le terme « disparus », volontairement plus générique.

Dans son argumentation sans cesse plus rassurante aux yeux du condamné, le directeur évoque une tromperie possible après la mort, face à laquelle l'homme de foi sortirait gagnant :

> « [...] L'uomo che crede nell'aldilà muore e di là non c'è niente. Ma ciononostante il conto torna ; egli non viene, per così dire, <u>frodato</u> di nulla, non c'è stato tempo e modo per la delusione ». (*ND*, p. 105)
> « [...] L'homme qui croit en l'au-delà meurt et de l'autre côté il n'y a rien. Malgré cela, l'opération fonctionne ; il n'est, pour ainsi dire, <u>privé</u> de rien, il n'y a eu ni le temps ni la place pour la déception ». (*Œ*, p. 1003)
> « [...] L'homme qui croit dans l'au-delà meurt et, de l'autre côté, il n'y a rien. Mais, malgré tout, le compte est bon ; il n'est, en quelque sorte,

volé de rien, il n'y a eu ni le temps, ni le moyen d'être déçu ». (*DN*, p. 35)

Sager dans sa traduction du verbe « frodare » (« il n'est, pour ainsi dire, privé de rien ») efface toute allusion à la tromperie, contrairement aux Cochi qui choisissent en revanche le verbe « voler ». Cette allusion à la tromperie dans les mots du directeur entre en résonance avec la véritable tromperie organisée par le directeur lui-même à la fin de la nouvelle, lorsqu'il proposera au condamné une sorte d'expérimentation consistant à franchir une porte, au-delà de laquelle le condamné devrait trouver soit l'obscurité symbolisant la mort, soit la belle et jeune Fiorella, censée incarner la seconde vie. Il ne s'agira au bout du compte que d'une ruse pour abattre le condamné par surprise, puisqu'un homme lui tirera une balle dans la nuque dès qu'il aura franchi la porte. La retraduction des Cochi permettrait ainsi de sauvegarder une allusion à la tromperie finale présente dans le texte-source.

La retraduction adhère également davantage à la lettre et à l'esprit du texte buzzatien lorsque le narrateur évoque l'apparition de Fiorella sur scène :

> Una immagine addirittura incredibile nel carcere della morte. (*ND*, p. 106)
> Une image invraisemblable dans la prison de la mort. (Œ, p. 1003)
> Une image vraiment incroyable dans la prison de la mort. (*DN*, p. 37)

En traduisant « incredibile » par « invraisemblable », Sager rend seulement compte de l'incongruité de la présence de Fiorella dans une prison ; or, par « incredibile », le narrateur peut suggérer non seulement la surprise et l'incrédulité du condamné devant une telle apparition, mais aussi son enthousiasme, comme si un vœu était miraculeusement sur le point d'être exaucé.

Ces deux exemples de nouvelles illustrent le constat général auquel nous sommes parvenue au terme de notre étude comparée des traductions. La retraduction des Cochi permet des améliorations ponctuelles sur des nuances de sens ; il ne pouvait en être autrement puisque la transposition de Sager était à notre sens de bonne facture. On a vu cependant que les améliorations apportées par les Cochi permettent de donner au texte d'arrivée une force expressive qui se rapproche davantage du texte de départ que ne le faisait la première traduction. Ces améliorations permettent de mieux sauvegarder la cohérence textuelle dans les deux nouvelles évoquées : la traduction du diminutif dans « La farfalletta » des Cochi adhère mieux au discours buzzatien sur la fragilité de l'être humain malgré ses aspirations cyniques à la gloire ; la précision accrue des Cochi leur permet également de rendre plus efficacement la stratégie de persuasion mise en œuvre par le directeur de prison dans « Delicatezza ».

Notre recherche nous a également amenée à réfléchir sur le travail de traduction réalisé par Jacqueline Remillet, puis sur la retraduction d'Yves Panafieu. Voici un bilan de nos résultats.

De Remillet à Panafieu

Yves Panafieu justifie son travail de retraduction dans une préface à l'ouvrage *Nous sommes au regret de...* :

> Ces fragments narratifs ont fait l'objet d'une nouvelle traduction, plus proche du texte original que ne l'était la version proposée en 1965, aujourd'hui épuisée. Il est en effet des cassures de rythme, des spécificités stylistiques, des nuances grammaticales qu'il convenait de mieux restituer afin que le sens même des textes fût moins altéré[12].

Nous avons mené notre enquête en partant de ce témoignage du critique traducteur. Nos résultats confirment globalement ses propos ; il conviendrait même d'ajouter que la traduction du lexique buzzatien par Panafieu apporte de nettes améliorations au texte d'arrivée. Toutefois, ses interventions sur la traduction première manquent parfois de cohérence et n'agissent pas avec la même rigueur sur tous les aspects qu'il évoque dans sa préface.

Les « cassures de rythme »
Dans sa préface, Panafieu reproche à la traduction de Remillet une restitution insuffisamment fidèle des cassures rythmiques ; parfois, il respecte davantage le rythme de la phrase buzzatienne :

---

12. Dino Buzzati, *Nous sommes au regret de...*, Paris, Robert Laffont, 1982, p. 7-8 (par la suite *SRd*).

> Si capisce, in questo scritto c'è un simbolo, un significato arcano, un doppio senso, come volete[13].
> Qu'il y ait dans ces quelques lignes un symbole, une signification cachée, ou un double sens, comme vous voudrez, c'est évident. (Œ, p. 189)
> C'est compréhensible : dans ces lignes il y a un symbole, une signification cachée ou un double sens, comme vous voulez. (SRd, p. 130-131)

Inversement, dans d'autres cas, il rompt la fluidité d'une phrase que Buzzati avait laissée sans ponctuation interne, comme dans cet autre exemple tiré de la même nouvelle :

> Lui fiuta tuttavia per istinto che ci deve essere un'insidia. (PM, p. 235)
> Il subodore seulement par pur instinct qu'il doit y avoir là un traquenard. (Œ, p. 189)
> Il subodore toutefois, d'instinct, qu'il doit y avoir un piège. (SRd, p. 131)

Les résultats les plus probants de la retraduction de Panafieu nous semblent résider dans la traduction du style nominal buzzatien, de la ponctuation et, surtout, du lexique.

Le style nominal

Le respect du style nominal est variable dans les deux traductions, comme l'illustre la nouvelle « Acqua chiusa », où Buzzati recourt à ce style à plusieurs reprises, peut-être pour mimer, dans le discours indirect libre, les pensées du protagoniste légèrement ivre ; peut-être aussi pour suggérer un contraste soudain et bouleversant entre les bruits de la fête et le silence recueilli des toilettes où pénètre le personnage :

> Ma qui non splendori di donne e di crisopazi, non musica né danze né risa [...]. Bensì solitudine e pace come in un tempio abbandonato. (PM, p. 100)
> Mais ici, finies les splendeurs féminines, les chrysoprases, il n'y a plus ni musique, ni danses, ni rires [...]. Bien au contraire, c'est la solitude et la paix, comme dans un temple abandonné. (Œ, p. 82)

---

13. Il s'agit de la nouvelle « Il senso recondito », tirée de Dino Buzzati, *In quel preciso momento* (1950), Milano, Mondadori, 2006, p. 234 (par la suite *PM*).

> Mais ici ne resplendissent plus les femmes ni les chrysoprases ; plus de musiques, de danses et de rires [...]. Plutôt la solitude et la paix, comme dans un temple abandonné. (*SRd*, p. 97)

> Prudenza, vogliamo dire, anche con le *toilettes* dei grandi alberghi [...]. (*PM*, p. 100)
> Il faut être prudents aussi, dirons-nous, dans les toilettes des grands hôtels [...]. (*Œ*, p. 83)
> Prudence, voulons-nous dire, même à l'égard des toilettes des grands hôtels [...]. (*SRd*, p. 98)

> Troppo tardi per sottrarci e tornare intatti di là. (*PM*, p. 101)
> Il est trop tard pour nous dérober et retourner intacts d'où nous venons. (*Œ*, p. 82)
> Il est trop tard pour fuir et retourner de l'autre côté, intact. (*SRd*, p. 98)

Panafieu respecte davantage le style nominal dans cette nouvelle, mais cela n'est pas toujours le cas, comme on le voit dans ce passage de la nouvelle « Le madri incontestabili » :

> Dalla cucina la voce della mamma : « Stefano, sei tu? ». (*PM*, p. 61)
> De la cuisine la voix de la mère : « C'est toi Étienne ? [...] ». (*Œ*, p. 50)
> De la cuisine parvint la voix de la mère : « Stefano, c'est toi ? ». (*SRd*, p. 115)

La ponctuation

Nos traducteurs tendent, à des degrés divers, à enrichir la ponctuation, en ajoutant des points d'exclamation ou de suspension. Cette tendance, nettement plus accentuée chez Remillet que chez Panafieu, nuit à la sobriété de l'écriture buzzatienne et altère certains effets de sens. Cette différence entre texte-source et traductions peut s'expliquer par la perplexité du traducteur face à un trait stylistique buzzatien singulier, à savoir l'omission du point d'exclamation après des phrases exclamatives.

Dans « Acqua chiusa », récit d'une désillusion, Buzzati omet le point d'exclamation après l'interjection « ahimè » (« Ma dagli specchi ci guarda un volto insieme vecchissimo e nuovo che conosciamo, ahimè, troppo bene [...] », *PM*, p. 100), mais surtout après une phrase exclamative (« Che triste scherzo, tutto questo è successo per essere capitati qua dentro. », *PM*, p. 101). Il souligne ainsi l'abattement résigné du protagoniste. L'introduction de points d'exclamation dans la traduction de Remillet (« Mais dans les miroirs un visage à la fois très vieux et nouveau, que nous connaissons hélas ! trop bien, nous regarde [...] » ; « Quelle triste plaisanterie ! Et tout cela est arrivé parce que nous sommes entrés ici. », Œ, p. 82) communique aux phrases une expressivité marquée, voire pathétique, étrangère aux mots buzzatiens.

Le lexique

Le cas du court récit intitulé « Questioni ospedaliere » nous semble illustrer comment la retraduction de Panafieu restitue des nuances de sens du texte buzzatien qui avaient disparu dans la traduction de Remillet.

Le protagoniste de la nouvelle cherche désespérément de l'aide dans un hôpital pour sauver la personne ensanglantée qu'il porte dans ses bras. L'hôpital devient une sorte de labyrinthe où le personnel médical, respectueux du règlement et visiblement insensible à l'état critique de la patiente, rend difficile la recherche du bon service. Le personnel médical, par incompétence ou par indifférence, ne semble pas comprendre l'urgence de la situation puisqu'il dirige le protagoniste non pas vers un service d'urgences, mais vers un « padiglione Ricovero » (*PM*, p. 108), littéralement un « pavillon Admission ». L'attitude du personnel, mais aussi le syntagme « padiglione Ricovero », souligné par le ton solennel de l'infirmier qui le prononce en premier, rendent la situation absurde et cauchemardesque. La traduction de Remillet (« pavillon des urgences », Œ, p. 89) efface en grande partie l'ambiguïté. Panafieu, en revanche, traduit les deux occurrences de « padiglione Ricovero » par « pavillon des admissions » (*SRd*, p. 31-32).

La plus grande précision de Panafieu s'observe également au début de la nouvelle, où est évoquée la séparation entre l'espace de l'hôpital et l'extérieur :

> Con lei tra le braccia, tutta grondante sangue, mi infilai di corsa entro il recinto dell'ospedale passando da un cancello secondario ch'era semiaperto. (*PM*, p. 108)
> La portant dans mes bras, toute ruisselante de sang, je me précipitai en courant à l'intérieur de l'hôpital, en passant par une entrée secondaire qui était entrouverte. (Œ, p. 88)
> La portant dans mes bras, toute sanguinolente, je pénétrai au pas de course dans l'enceinte de l'hôpital, en passant par un portail secondaire qui était à demi ouvert. (*SRd*, p. 31)

Les termes de « recinto » et « cancello » marquent une séparation, soulignée d'ailleurs par un dialogue entre le protagoniste et un médecin, lequel s'obstine à demander par quel « cancello » le protagoniste a bien pu entrer, et qui s'indigne de ce que l'accès à l'hôpital soit si facile (cf. *PM*, p. 110). L'idée de séparation entre l'extérieur et l'intérieur permet de mettre l'accent sur l'absurdité du comportement des médecins et du fonctionnement de l'hôpital, comme si le narrateur voulait de cette manière marquer une frontière entre monde réel et monde fantastique ou, plus subtilement, entre monde des vivants et monde de la maladie. Si Remillet traduit certaines occurrences de « cancello » par « grille » (*Œ*, p. 89-90), en revanche, dans le passage en question, elle l'atténue en traduisant « cancello » par « entrée » et efface l'idée de séparation lorsqu'elle traduit « recinto » par « intérieur ».

Cependant, si globalement Panafieu offre une traduction qui préserve les potentialités suggestives et symboliques du texte de départ, certains écarts marginaux y sont présents alors qu'ils étaient absents de la traduction de Remillet. C'est ainsi par exemple que le syntagme « una suora, bianca, visione consolatrice » (*PM*, p. 108) – par lequel est décrite une sœur – est explicité par Panafieu (« une sœur, <u>vêtue de blanc</u>, vision consolatrice », *SRd*, p. 31) tandis qu'il est rendu littéralement par Remillet (« une sœur, <u>blanche</u>, vision consolatrice », *Œ*, p. 89). La traductrice sauvegarde ainsi la métonymie et contribue au caractère vaguement onirique du récit.

L'étude comparée des traductions de la nouvelle « Il corridoio del grande albergo » montre à nouveau comment la retraduction peut apporter des améliorations ponctuelles mais significatives. Le protagoniste, dans un hôtel luxueux, le soir, cherche à entrer dans les toilettes situées au milieu d'un couloir, mais s'en trouve empêché car, presque arrivé au but, il croise systématiquement un autre client de l'hôtel qui a les mêmes intentions que lui. Par trois fois, les deux hommes, honteux de leur besoin corporel, n'oseront pas entrer aux toilettes. La traduction de Remillet présente des imperfections absentes de la retraduction. Tout d'abord Panafieu traduit les syntagmes que Remillet avait ôtés (« sbucato dall'ombra », « per poco non ci urtammo », *PM*, p. 144). Or, ces syntagmes renforcent la suggestivité du récit : l'image du client surgissant « de l'ombre » produit un effet de surprise inquiétant, dans cette nouvelle qui prend peu à peu des allures de cauchemar ; le choc à peine évité souligne la symétrie entre les personnages, symétrie répétitive qui participe également du climat cauchemardesque de la nouvelle. Entre le protagoniste et l'autre client se crée une tension guerrière suggérée par la multiplication des allusions à la guerre, notamment l'image du terrain à guetter, dans « spiare il campo » (*PM*, p. 145) que Remillet traduit simplement par le verbe « épier » (*Œ*, p. 119), mais que Panafieu, visiblement plus conscient de l'allusion sous-jacente, rend par « surveiller le terrain » (*SRd*, p. 26). De même, le complément « Lungo il tragitto […] » (*PM*, p. 145), par lequel le narrateur suggère combien les quelques pas à faire jusqu'aux toilettes représentent une véritable épreuve, est traduit de manière très générique par Remillet (« Ce faisant, […] », *Œ*, p. 119) tandis que Panafieu, plus soucieux de sauvegarder les allusions implicites aux dangers, préfère traduire littéralement par « Au cours du trajet […] » (*SRd*, p. 27).

Conclusion

En conclusion, nous avons pu constater des améliorations dans les retraductions de notre *corpus*. La traduction seconde intervient globalement de façon positive et rend honneur à certains aspects de l'écriture buzzatienne qui n'avaient pas été suffisamment pris en compte par le premier traducteur, bien que – et cela surtout dans le cas de Panafieu et Remillet – les retraductions n'apportent pas toujours les résultats que l'on pouvait escompter. Cette étude comparative confirme que la traduction est un travail de construction en continu, un travail de réécriture qui ne peut à notre sens que nourrir la réflexion sur le style de Buzzati. Retraduire Buzzati est nécessaire avant tout pour réapprendre à le lire.

Université Nancy 2

La retraduction de textes « féministes » du début du XXᵉ siècle :
L'exemple d'*Una donna* de Sibilla Aleramo

ROTRAUD VON KULESSA

Résumé
La traduction en tant que document de la réception d'un texte littéraire peut nous éclairer sur l'horizon d'attente d'un lectorat dans un contexte culturel et temporel spécifique. Ceci vaut particulièrement pour les textes de femmes écrivains de la Belle Époque, tel quel le roman *Una donna* (1906) de l'auteure italienne Sibilla Aleramo. Ce premier roman italien de portée féministe a eu immédiatement des traductions en de multiples langues et il a été retraduit plusieurs fois au cours du siècle. Dans cette contribution, il s'agit donc de vérifier pour les traductions en français et en allemand la thèse selon laquelle toute première traduction aurait tendance à assimiler le texte de départ au contexte socio-historique de la culture d'accueil. Par ailleurs, les analyses des paratextes des retraductions et de leurs rééditions, nous instruiront sur l'impact matériel et idéologique de ce roman en ce début de XXIᵉ siècle.

Abstract
Translation as an example of literary reception can enlighten us about the readership's horizon of expectation (*Erwartungshorizont*) in specific cultural and temporal contexts. The female writers of the Belle Époque are particularly exemplary of this phenomenon. In this essay, the case of Sibilla Aleramo's 1906 novel *Una donna* is examined. This early Italian novel with a feminist reach was immediately translated in several languages and retranslated in the following years. By comparing the French and German translations, we tested the hypothesis according to which first translations tend to set the text within the socio-historical context of the target culture. Furthermore, paratextual analysis of the retranslations and their later editions are instructive of the material and ideological impact of this novel at the beginning of the 21ˢᵗ century.

La traduction comme phénomène de transfert culturel constitue un apport important à l'étude de l'histoire littéraire. En tant que document de la réception d'un texte littéraire, elle peut nous éclairer sur l'horizon d'attente d'un lectorat dans un contexte culturel et temporel spécifique. Ceci vaut particulièrement pour les textes de femmes écrivains de la Belle Époque, comme par exemple Sibilla Aleramo[1], une auteure italienne qui, en 1906, a fait publier le premier roman italien de portée féministe, intitulé *Una donna*[2], ouvrage traduit en français, en allemand, en anglais, en espagnol, en suédois, en polonais, danois et hollandais. Dans cet essai, je me suis concentrée sur les traductions françaises et allemandes. La première traduction française par Pierre-Paul Plan paraît en 1908 chez Calmann-Lévy[3]. Le texte a, depuis, fait l'objet d'une première retraduction en 1974, qui témoigne d'un regain d'intérêt pour ces textes de femmes, souvent tombés dans l'oubli entre-temps. La même traduction a été rééditée en 1980 et en 2007. Par ailleurs, il existe une deuxième retraduction, basée sur les traductions précédentes, parue aux éditions du Rocher en 2002 et rééditée en 2004.

En Allemagne, la première traduction d'*Una donna* par la traductrice Nina Knoblich avec une préface de Georg Brandes paraît également en 1908, à Berlin, aux éditions Marquardt[4]. Comme en France, une retraduction du roman a vu le jour dans les années 1970, aux éditions Neue Kritik (Frankfurt)[5], laquelle a connu, dans les deux années suivantes, trois rééditions (1977-78). Il n'y a cependant pas eu de réédition plus récente.

Dans cet essai, il s'agit donc de vérifier la thèse selon laquelle toute première traduction aurait tendance à assimiler le texte de départ au con-

---

1. Voir sur l'auteure et son œuvre : Annarita Buttafuoco et Marina Zancan (éds.), *Svelamento. Sibilla Aleramo : Una biografia intellettuale*, Milano, Feltrinelli, 1988 ; Bruna Conti et Alba Morino (éds.), *Sibilla Aleramo e il suo tempo*, Milano, Feltrinelli, 1986 ; Franco Contorbia *et al.* (éds.), *Sibilla Aleramo : Coscienza e scrittura*, Milano, Feltrinelli, 1986 ; Marina Federzoni *et al.* (éds.), *Sibilla Aleramo*, Firenze, La Nuova Italia, 1980.
2. Sibilla Aleramo, *Una donna*, Roma / Torino, Società tipografico-editrice nazionale, 1906.
3. Sibilla Aleramo, *Une femme*, tr. Pierre-Paul Plan, Paris, Calmann-Lévy, 1908.
4. Sibilla Aleramo, *Eine Frau*, tr. Nina Knoblich, intr. Georg Brandes, Berlin, Marquardt & Co. Verlagsanstalt, 1908.
5. Sibilla Aleramo, *Una donna : Geschichte einer Frau*, tr. Ulrike Körner, Frankfurt, Verlag Neue Kritik, 1977.

texte socio-historique de la culture d'accueil[6], ainsi que la thèse de Luise von Flotow, selon laquelle les textes d'écrivaines feraient souvent l'objet de procédés de censure et d'intervention de la part des traducteurs[7]. Par ailleurs, les analyses des paratextes des retraductions et de leurs rééditions nous instruiront sur l'impact matériel et idéologique de ce roman en ce début de XXIe siècle, ainsi que sur la relation entre la retraduction et les rééditions révisées de la première traduction.

Après une brève présentation du roman de Sibilla Aleramo, nous nous consacrerons à l'analyse de la première traduction française et de son contexte. Ensuite, nous regarderons les deux retraductions. Dans une perspective comparatiste, nous procéderons de la même manière pour les traductions allemandes.

Una donna de Sibilla Aleramo

L'auteure

Rina Faccio est née le 14 août 1876, à Alessandria, près de Milan[8]. Elle est l'aînée des quatre enfants d'un couple issu de la bourgeoisie. Après une enfance passée à Milan, elle déménage avec sa famille dans la région des Marches, à l'est de Rome, où le père prend la direction d'une usine de verre. Avant d'épouser, à l'âge de seize ans, un employé de son père, Ulderico Pierangeli, Rina travaille comme comptable dans l'entreprise paternelle et publie quelques articles de journaux. Le mariage se révèle très malheureux et le seul événement positif paraît être la naissance d'un fils en 1895. Mais Rina ne se fait pas à la vie de mère et de femme au foyer et tente de se suicider. Elle se réfugie alors dans l'écriture et elle contribue régulièrement à des revues politiques et féministes sur des sujets tels que les droits des femmes, la maternité etc. Vers 1899, sa réputation est telle qu'on lui propose la direction d'un nouveau journal de femmes à Milan. Mais au bout de quelque temps, son mari la force à rentrer en province. En 1902, Rina Faccio quitte sa famille pour vivre à Rome où elle tombe amoureuse de Giovanni Cena, le directeur du prestigieux journal *La Nuova Antologia*.

---

6. Paul Bensimon, « Présentation », *Palimpsestes*, n° 4, 1990, p. IX.
7. Cf. Luise von Flotow, *Translation and Gender*, Manchester / Ottawa, University of Ottawa Press, 1997.
8. Cf. note 1.

Avec la publication de son roman autobiographique, *Una donna*, en 1906, elle prend le pseudonyme de Sibilla Aleramo.

Le roman
À première vue, *Una donna* décrit la quête d'une femme qui cherche à se réaliser dans une société patriarcale et qui abandonne son fils pour vivre son accomplissement personnel. Il s'agit, certes, d'un roman à source autobiographique, mais l'auteure lui confère une dimension universelle : la narratrice à la première personne n'a pas de nom, elle est une femme qui parle au nom de toutes les femmes. Dans le récit de son enfance et de sa jeunesse domine le personnage central du père, qui donne une éducation particulièrement riche à sa fille. Le personnage de la mère, par contre, paraît comme effacé, opprimé par le père et victime de plusieurs dépressions nerveuses. On assiste donc à la représentation d'une typique famille bourgeoise italienne de la fin du XIXe siècle, avec une mère soumise, condamnée à l'inactivité, à l'étouffement de ses désirs. Et les rapports à l'intérieur de la famille peuvent être caractérisés par l'incompréhension et l'impossibilité de communiquer. Ainsi, la relation entre le père et la fille va changer radicalement quand la fille apprendra que le père trompe la mère. L'hostilité qui règne désormais entre la fille et le père sera à l'origine du mariage précipité de la narratrice. Après la naissance de son fils, elle a du mal à accepter sa condition d'épouse et de mère et, pendant l'absence de son mari, elle s'adonne à son tour à l'adultère. Découvrant cette relation extraconjugale, le mari se révèle violent et l'enferme à la maison. Pendant cette période de « séquestration », la lecture et l'écriture deviennent l'ultime secours de la narratrice. Écrivant des articles de presse, elle est appelée à Rome pour collaborer à un journal juste au moment où son mari est licencié de l'usine du beau-père. La famille déménage alors à Rome où la narratrice pourvoit aux besoins de la famille. L'expérience de la vie d'une femme qui travaille, sa relation amoureuse avec un poète, lui rendent difficile le retour au pays occasionné par le rappel de son mari à l'usine. Après une lutte intérieure épuisante, la narratrice se décide enfin à laisser son fils auprès de son mari qui refuse de le lui céder et elle continue sa vie de femme autonome. Et le roman conclut en fournissant la « raison d'être » de ce récit : expliquer au fil du récit les raisons pour lesquelles la mère est partie.

Le roman *Una donna* permet plusieurs lectures : il s'agit non seulement d'un roman à caractère autobiographique, donc autoréflexif, mais aussi d'un roman qui expose les problèmes généraux des femmes dans l'Italie de ce début du XXᵉ siècle. Il comporte ainsi une dimension universelle. De même, le roman fournit une métaréflexion complexe sur la venue à l'écriture de la narratrice-auteure.

Les traductions françaises

La première traduction et son contexte

La première traduction française d'*Una donna* a donc été faite par Pierre-Paul Plan et a paru en 1908 aux éditions Calmann-Lévy. Cette maison d'édition est connue comme instance de consécration pour les auteures, et elle est conseillée dans ses choix éditoriaux par Juliette Adam. Cette dernière s'est investie dans la lutte pour la consécration des auteures au tournant du siècle et elle joue un rôle important dans le groupe Fémina–Vie heureuse, qui a lancé le prix littéraire du même nom en 1904. Calmann-Lévy a d'ailleurs également publié les traductions des romans de Grazia Deledda et de Matilde Serao, deux autres auteures italiennes emblématiques de cette époque. Le traducteur fait partie de ce groupe d'hommes de lettres polygraphes, mais souvent restés dans l'oubli[9]. Les recherches dans le catalogue général de la BnF montrent que Pierre-Paul Plan peut surtout être considéré comme critique littéraire et historiographe. Comme le prétend James-Aloïs Parkheimer[10], qui a entrepris la troisième traduction d'*Una donna*, Pierre-Paul Plan s'est improvisé traducteur, sans avoir de solides connaissances linguistiques, seulement pour l'amour de l'ouvrage et de son auteure[11]. Ainsi, la traduction peut être caractérisée par un certain souci de fidélité. Contrairement à ce qu'on pourrait supposer en raison du caractère féministe de l'original, nous ne pouvons pas constater de phénomènes de censure, dans le sens que l'entend Luise von Flotow :

---

9. Pour le statut généralement difficile des traducteurs à l'époque cf. Christine Lombez, « Traduire la poésie européenne en France au XIXᵉ siècle : Quelques propositions en vue de l'élaboration d'un dictionnaire des traducteurs de poésie en français » *in* Christine Lombez et Rotraud von Kulessa (éds.), *De la Traduction et des transferts culturels*, Paris, L'Harmattan, 2007, p. 157-167.
10. Sibilla Aleramo, *Une femme*, tr. Pierre-Paul Plan, rév. James-Aloïs Parkheimer, Monaco / Paris, éditions du Rocher, 2002.
11. Ce qui n'était d'ailleurs pas un cas isolé à cette époque. Cf. Christine Lombez, « Traduire la poésie européenne en France au XIXᵉ siècle », *loc. cit.*, p. 160.

> « [...] many women working in "era of feminism" also faces issues of intervention and censorship in translation : When and how do politicized translators "correct" a text ? To what extent does the translator's role become overtly political ? »[12]

Il n'y a donc pas d'omissions importantes. Cependant, nous pouvons remarquer quelques petits changements d'ordre stylistique et linguistique, notamment en ce qui concerne l'emploi des temps. Ainsi, Pierre-Paul Plan a tendance à utiliser en majeure partie le présent, même si l'original recourt aux temps du passé. Une des raisons de ce procédé pourrait être de vouloir garder l'illusion d'authenticité que suggère l'ouvrage. De plus, Pierre-Paul Plan néglige les parties métaphoriques du roman, qui sont alors simplifiées. Nous ignorons si cette négligence est due à une mauvaise compréhension du texte italien, ou si elle est intentionnelle.

On peut cependant retenir que l'absence de censure de cette première traduction peut être justifiée par le contexte éditorial qui se montre plutôt favorable à la littérature de femmes et, en particulier, aux textes à dimension « féministe ». De même que Rachilde et Colette, des auteures étrangères, et notamment les romancières italiennes, profitent d'un accueil favorable auprès du public français, comme Matilde Serao et Neera.

Les retraductions
La deuxième traduction du roman paraît pour la première fois en 1974, aux éditions Des femmes. Il s'agit d'une traduction anonyme et elle est précédée d'une introduction extrêmement sommaire. Comme pour la première traduction, nous pouvons constater un certain souci de fidélité avec toutefois quelques maladresses. L'édition peu soigneuse s'inscrit à son tour dans le contexte éditorial des éditions Des femmes, qui travaille à rendre facilement accessibles des textes de femmes, à un prix abordable. Cette traduction a vu deux rééditions, en 1980 et en 2007.

La troisième traduction, une retraduction de celle de Pierre-Paul Plan, revisitée et amendée par James-Aloïs Parkheimer paraît aux éditions du Rocher en 2002, avec une réédition en 2004. Elle est précédée d'une brève introduction rappelant le contexte culturel de l'époque et contenant des

---

12. Cf. Luise von Flotow, *Translation and Gender, op. cit.*, p. 14.

remarques au sujet de la traduction. Ainsi James-Aloïs Parkheimer constate le caractère fautif de l'édition française disponible du roman.

En ce qui concerne Pierre-Paul Plan, celui-ci aurait été l'admirateur et l'ami de Sibilla Aleramo, mais comme il ne possédait que de vagues notions de la langue italienne, cette traduction contient maintes erreurs. Malgré ces remarques préliminaires, Parkheimer admet s'être inspiré de ces deux traductions antérieures pour la sienne dont il souligne la fidélité. Cependant, son édition, parue d'ailleurs dans une maison d'édition quelque peu marginale, manque également de notes et d'indications quant aux variantes et changements opérés par rapport aux traductions précédentes, ou encore par rapport aux variantes de l'original italien.

Par ailleurs, cette initiative éditoriale s'inscrit probablement dans le contexte cinématographique. En 2002 sort le film *Un viaggio chiamato amore* de Michele Placido, un film inspiré par l'échange épistolaire entre Sibilla Aleramo et Dino Campana pendant les années 1916-1918 et publié pour la première fois en 2000, aux éditions Feltrinelli. En fait, pour ce qui est des procédés d'acculturation et de censure, les traductions françaises d'*Una donna* fournissent peu de matière. Le grand nombre d'éditions modernes, même s'il s'agit d'éditions peu prestigieuses, atteste la « modernité » de l'original ainsi que l'intérêt qu'il suscite encore aujourd'hui.

Les traductions allemandes

La première traduction allemande et son contexte

De même que la première traduction française, la première traduction allemande date de 1908, mais elle a été effectuée par une femme, Nina Knoblich, une traductrice prolifique qui traduit de l'italien et du français. Cette première traduction en allemand a paru aux éditions Marquardt de Berlin et est préfacée par Georg Brandes (1842-1927), écrivain et critique littéraire danois, par ailleurs responsable de la promotion des lettres scandinaves dans la littérature européenne moderne[13]. Dans sa préface, il souligne notamment le caractère authentique du roman et sa visée féministe,

---

13. La relation personnelle de Georg Brandes avec Sibilla Aleramo est par ailleurs attestée. Cf. Jorgen Srender Clausen, « Sibilla Aleramo e Georg Brandes », *in* Franco Contorbia et al. (éds), *Sibilla Aleramo : Coscienza e scrittura*, loc. cit., p. 142-150.

tout en précisant qu'il s'agit ici d'une condition féminine spécifiquement « italienne », que ce roman s'inscrirait donc dans un contexte encore arriéré en matière de droits des femmes, un contexte qu'il décrit par « orientaliste » :

> Das Buch Sibilla Aleramo's verdient, von dem deutschen Publikum beachtet zu werden, denn es ist nicht Papier, sondern Leben. Man lernt daraus eine italienische Frauenseele kennen, die tiefer fühlt, schärfer schaut und handlungskräftiger ist, als Frauenseelen sonst, besonders in einem Lande, wo die Auffassung des weiblichen Geschlechts in und außerhalb der Ehe noch heutzutage einen Anflug von Orientalismus hat.[14]

En fait, cette traduction présente des coupures importantes (en tout il manque presque un quart du texte de départ). Ces suppressions concernent les introspections de la narratrice, parfois très longues, et le contexte culturel, notamment quand il s'agit de la différence pourtant essentielle entre l'Italie du Nord et l'Italie du Sud et la critique capitaliste que comporte cet ouvrage. Ainsi le terme « capitaliste », pourtant récurrent dans le texte d'origine, est soigneusement évité par la traductrice, car il comportait une connotation marxiste qui n'était pas bien vue dans cette Allemagne du début du XXe siècle. Ici, nous pouvons donc constater un souci d'acculturation.

Les passages consacrés au débat féministe de l'époque, notamment dans le cadre du journal de femmes à Rome, sont coupés de manière significative. Il en est de même en ce qui concerne le fonctionnement du journal pour lequel la narratrice du roman travaille. Ici, le roman nous livre en fait maints détails de la vie littéraire romaine de l'époque dont l'éditeur, ou la traductrice, suppose qu'ils n'intéressent pas le public allemand.

Les retraductions allemandes

La deuxième traduction de 1977, par Michaela Wunderle, reprend la préface de Maria Antonietta Macciocchi, parue dans l'édition italienne de 1978 chez Feltrinelli. Macciocchi, connue comme féministe et pour son engagement dans le parti communiste italien, insiste sur la critique sociale, féministe et socialiste (donc comme critique du capitalisme) du roman et se

---

14. Sibilla Aleramo, *Eine Frau, op. cit.*, p. V.

situe ainsi dans le contexte d'un féminisme militant des années 1970. Cette préface se situe par ailleurs parfaitement dans le contexte éditorial : la maison d'édition a été fondée dans le contexte de la révolte estudiantine des années '68 et poursuit une visée critique. Ainsi, cette traduction est une traduction fidèle, se référant au texte de l'édition de Feltrinelli et non pas à la traduction de Nina Knoblich, respectant ainsi la critique capitaliste du texte d'origine. Cette édition a vu en tout deux rééditions jusqu'en 1978. Il n'existe pas d'édition plus récente de ce roman en langue allemande. Ceci s'explique peut-être par le fait que cette édition a cantonné l'ouvrage dans le domaine du féminisme militant, considéré comme étant passé de mode de nos jours, voire même faisant l'objet d'une « querelle » entre la génération des féministes de l'époque '68 et la nouvelle génération.

Conclusion

L'étude des traductions et retraductions allemandes et françaises du roman dit « féministe » *Una donna* de Sibilla Aleramo démontre qu'il existe de multiples cas de figure quant au rapport entre la traduction et la retraduction d'un ouvrage d'avant-garde à son époque. Tout dépend du contexte de la réception de l'ouvrage d'origine, du champ littéraire en question et du degré d'autonomie de ce dernier par rapport au champ du pouvoir. Les choix de la traduction et les choix éditoriaux peuvent en effet constituer des choix matériels, comme nous le montre le cas français. Ou encore il peut s'agir de choix de valeurs, voire idéologiques, comme dans le cas allemand, des choix qui influent sur les conditions de réception à long terme. Dans ce cas, ces choix peuvent être considérés comme des facteurs primordiaux pour la constitution des canons littéraires.

Université d'Augsburg

Traduction et prise de sens...
Effi Briest aux mains de trois générations

FRANÇOISE WUILMART

Résumé
La première page du roman de Theodor Fontane, *Effi Briest*, est une page d'anthologie. Trois traductions françaises de ce texte se sont succédées dans un intervalle de quarante années. Seule celle d'André Coeuroy (1942) n'est pas susceptible de vieillir tandis que les deux autres (Michel Delines, 1902, et Pierre Villain, 1981), imprégnées de l'esprit et des goûts de leur époque font déjà date. Est-il possible de fournir une traduction intemporelle ? C'est ce que cette intervention tente de démontrer, à partir d'une série de critères objectifs dont la pertinence se vérifie chez André Coeuroy.

Abstract
The first page of Theodor Fontane's novel, *Effi Briest*, is an anthological page of prose. The novel was translated three times in French in 40 years. Only André Coeuroy's 1942 translation is not liable to age, whereas the other two (Michel Delines, 1902 and Pierre Villain, 1981), filled as they are with the spirit and taste of their time, already seem old. Is it possible to provide a timeless translation ? This is what this paper tries to show, drawing from a number of objective criteria, whose relevance is to be found in Coeuroy's translation.

Le vieillissement du texte original

Partons du constat généralement admis : le texte original ne vieillit pas, alors que les traductions vieillissent ; avec comme corollaire : les traductions doivent sans cesse être remises sur le métier. Première cause d'étonnement : pourquoi le texte original ne vieillit-il pas, au contraire de ses traductions ?

Cette assertion galvaudée mérite d'être nuancée : certains textes originaux vieillissent bel et bien, et d'autres pas. Mais qu'est-ce qu'un texte « vieilli » ? Car le texte en soi ne vieillit pas, au sens où il reste immuable. C'est dans le processus de réception qu'il vieillit, c'est le lecteur qui lui colle des rides. Ne faudrait-il pas parler plutôt de texte qui « date », qui fait date, du fait qu'il est essentiellement référencé à son épistémè ou à son idéologie contemporaines par exemple, ou parce qu'il a recours à des expédients stylistiques aujourd'hui émoussés et sans effet. Ce serait donc un texte en quelque sorte tourné vers lui-même et son temps, et dont les préoccupations, les affects ou les événements décrits n'interpellent plus aujourd'hui, bref un texte qui n'a plus voix au chapitre, ne suscite plus l'intérêt ou l'admiration, auquel le lecteur ne s'identifie plus, dans lequel il ne se reconnaît plus, un texte dépassé et suranné qui n'a plus valeur que de témoignage de son temps. C'est, par conséquent, un texte qui ne se survit pas à lui-même par manque d'universalité temporelle et spatiale, et qui n'interpellera pas les générations suivantes. Dans la grande dialectique transversale humaine, ce genre de texte est devenu lettre morte.

En revanche, quiconque oserait prétendre que les textes de Shakespeare, de Goethe ou de Dante ont « vieilli » se couvrirait de ridicule. Si les grands textes d'auteurs sont pour ainsi dire pérennes, c'est qu'ils continuent de concerner tout lecteur en dépit du lieu ou de l'époque à partir desquels celui-ci les lit. C'est aussi qu'en dépit du ou des cas particuliers et très localisés qu'ils mettent en scène, la portée et l'envergure de ces textes sont vastes et dépassent les frontières du temps et de l'espace. Je pense ici à François Villon ou à Rabelais dont l'humanisme intemporel n'est plus à démontrer, en dépit d'une langue qui, elle, a évolué.

Revenons au concept d'universalité qu'il faut, me semble-t-il, mettre en relation avec deux autres concepts fondateurs de tout grand texte d'auteur : la *polysémie* et l'*excédent utopique*.

Polysémique est le texte qui se prête à des interprétations diverses sans que cela ait été, au départ, dans l'intention de l'auteur. Rappelons qu'un auteur (et aucun écrivain ne m'a jamais contredite sur ce point) sait certes *comment* il écrit, il maîtrise sa plume, mais il n'est pas nécessairement conscient de tout ce que véhicule son écriture. En effet, elle véhicule souvent à l'insu de son géniteur des contenus qui lui échappent, car il écrit aussi avec son inconscient, individuel et collectif. C'est sans doute par le phénomène d'abduction qu'il fait émerger de son ego les éléments qu'il mettra en scène dans sa fiction, mais, justement, tout ce qu'il ne fait pas émerger expressément ne continue pas moins d'agir en sous-main, se manifestant malgré lui ici et là dans des connotations, des métaphores spontanées, des formules répétitives, des tournures de style, et j'en passe. C'est d'ailleurs la raison pour laquelle il ne faut jamais questionner un auteur, ou tout autre artiste, sur « ce qu'il a voulu dire », car il vous répondra que ce qu'il a voulu dire, il l'a dit là, de cette manière-là, qu'il ne peut le dire autrement, et on pourrait conclure que si vous n'avez pas compris, c'est qu'il a raté son coup. En tant que traductrice de textes de grands écrivains, il m'est souvent arrivé de mettre au jour des dimensions textuelles que l'auteur ne savait pas avoir creusées. De la même manière, certains textes de Shakespeare se sont largement prêtés à des interprétations psychanalytiques que Shakespeare bien sûr n'aurait pu conceptualiser à l'époque, et qui sont pourtant bien présentes. D'où le fait qu'on l'ait qualifié de visionnaire. Je reviendrai sur ce point crucial dans le volet consacré au vieillissement des traductions, mais pour anticiper sur ce qui va suivre, voici déjà une des questions fondamentales en matière de traduction : le traducteur doit-il mettre en évidence ces dimensions inconscientes dans sa transposition ou au contraire préserver l'ambiguïté du texte original ? J'y reviendrai.

Quant à l'*excédent utopique*, c'est un concept blochien. Le philosophe allemand Ernst Bloch (1885-1977), qui faisait partie de l'École de Francfort, est un penseur du matérialisme dialectique. Son œuvre maîtresse, que j'ai traduite en français, *Le Principe Espérance*[1], prône les idées, paradoxales en apparence, de *système ouvert* et d'*utopie concrète*. Dans sa brillante analyse des artefacts humains et des utopies qui se sont succédé tout au long de l'Histoire, il met en évidence le concept de *utopischer Ueberschuss* : l'excédent utopique, ce résidu de l'œuvre d'art, dans l'œuvre d'art, qui ne meurt pas avec son époque ou son contexte, mais est récupéré par les générations suivantes qui le font évoluer dans et par leur vision propre, et qui se transmet ainsi de siècle en siècle en gardant une certaine actualité. La pyramide égyptienne ou le temple grec, bien que conçus dans et en partie grâce à l'esclavagisme, n'évoquent plus ces fondements sociétaux et sont perçus dans ce qu'ils ont de transcendantal. Cet excédent utopique qui dépasse le projet, le dessein original et interpelle les générations suivantes, est également à l'œuvre dans le grand texte littéraire. Aussi enraciné soit-il dans son contexte médiéval, Faust ne sera jamais démodé tant que l'humain restera humain ; quant à Méphistophélès, ne nous guette-t-il pas aujourd'hui encore, dans une foule d'avatars ? Voilà donc pour les textes qui ne vieillissent pas *versus* les textes qui datent.

Ces traductions qui vieillissent

Nul ne me contredira sans doute : toute lecture est une prise de sens. George Steiner l'a très bien expliqué dans son ouvrage intitulé *Après Babel* : « comprendre c'est traduire »[2], dit-il, mais le récepteur qu'est chaque lecteur ne peut comprendre qu'avec les moyens du bord – son passé, son vécu, son contexte socioculturel, sa personnalité propre et même son horizon et ses attentes. Sa lecture ou sa compréhension est forcément réductrice, il ramène tout à lui-même, qu'il le veuille ou non, et que ce soit dans une grande ou moins grande mesure selon son degré de culture. C'est avec son œil à lui qu'il lit, avec ses sens à lui qu'il s'identifie, avec son Je complexe et circonscrit qu'il « comprend ». Et comme le lecteur évolue aussi au cours de son existence, il aura une autre prise de sens d'un même livre

---

1. Ernst Bloch, *Le Principe Espérance* [*Das Prinzip Hoffnung*, 1954-1959], tr. Françoise Wuilmart, Paris, Gallimard, « Philosophie », t. I : 1976, t. II : 1989, t. III : 1991.
2. Georges Steiner, *Après Babel* [*After Babel*, 1975], tr. Lucienne Lotringer, Paris, Albin Michel, 1978, ch. 1, p. 15 s.

lu à des intervalles plus ou moins grands. J'ai lu cinq fois *Madame Bovary*, et ce que j'y perçois – j'ai envie de dire : non seulement ce que j'y prends, mais aussi ce que j'y apporte – aujourd'hui ne ressemble plus ni de près ni de loin à la perception active que j'en avais à mes dix-huit ans. Car toute lecture est une perception active, interactive, le texte conçu par l'écrivain est livré en pâture à une foule d'individus les plus divers qui en feront ce qu'ils voudront dans une alchimie des plus complexes. Joseph Brodsky a d'ailleurs dit très justement que l'original était la somme de toutes ses traductions possibles.

La première tâche du traducteur, qui est ou devrait être le lecteur le plus ouvert et attentif qui soit, est de ne pas succomber à cette tentation réductrice de prise de sens individuelle. Son premier commandement devrait être : « la polysémie tu restitueras ». Et le second : « ton style à toi tu oublieras ». Je vois dans la lecture réductrice et l'écart par rapport à la forme et au style original les deux premières causes du vieillissement de toute traduction. Certaines traductions, en effet, trahissent la prise de sens non seulement d'un individu mais d'une époque, d'un contexte socioculturel. Cette lecture réductrice se manifestera principalement au niveau de la forme, qui, comme nous savons, détermine aussi le contenu. Prenons les traductions de Franz Kafka par Alexandre Vialatte. Je ne me rangerai pas du côté de ses admirateurs, car Vialatte se rend coupable du péché d'acclimatation. Son français bien léché est précisément par trop français et on y chercherait vainement le style pur et dur, empreint d'ironie qu'est celui de Kafka, auquel Bernard Lortholary et Georges-Arthur Goldschmidt ont en revanche rendu justice. La traduction de Vialatte est bel et bien vieillie, une belle infidèle, une vieille infidèle, on n'écrit plus ce français-là aujourd'hui et surtout, elle déforme Kafka dont l'allemand, lui, n'a pas vieilli et ne vieillira jamais, si ce n'est qu'il sera datable, puisqu'une langue vivante évolue, mais c'est là une autre histoire...

Un exemple concret : *Effi Briest* aux mains de plusieurs générations

L'auteur, Theodor Fontane, est né à Neuruppin le 30 décembre 1819 ; il est décédé le 20 septembre 1898.

Les romans de Fontane, qui s'est mis à écrire relativement tard (cinquante-neuf ans) sont nourris de l'expérience d'un homme mûr qui a observé, sceptique et souriant, la vie de ses contemporains : tout en restant très proche du monde, il sait, avec une remarquable distance, une liberté de perspectives et une constante humanité, décrire les « réalités de la vie ». Sans avoir élaboré de véritable théorie du roman, il représente ce qu'a de spécifique le « réalisme » allemand de la fin du XIXe siècle. Le choix même de ses thèmes (adultères, mariages manqués, mésalliances), le fait qu'il évite les grands sujets historiques, les controverses politiques de l'époque, l'ont fait taxer de provincialisme, alors que s'enracine là sa force particulière d'expression.

La volonté de ne pas dire l'essentiel, de ne rien analyser ni expliciter, n'empêche nullement le romancier de laisser entrevoir – à travers un milieu certes réduit, celui d'une aristocratie prussienne si figée qu'elle est déjà comme sa propre caricature – toute une réalité historique et sociale qui en dit long sur l'état d'une certaine Prusse à un moment où, politiquement, elle semblait à son zénith.

Fontane a fini par aboutir à ce « réalisme poétique » qui répond à l'exigence d'une pénétration esthétique de la réalité des faits. La recherche de la totalité, de l'action bien menée et si possible riche en péripéties significatives, cède la place à la métaphorisation symbolique des lieux et des objets.

Effi Briest appartient à la noblesse terrienne de la Marche de Brandebourg. Elle a dix-sept ans ; elle a grandi dans la liberté et l'innocence de la vie champêtre. Au cours d'une visite chez les Briest, un officier, le baron Instetten, de vingt ans son aîné, s'éprend de la très jeune fille de celle qu'il a autrefois aimée, et la demande en mariage. Flattée, ignorant encore tout de l'amour, Effi accepte ce joug conjugal. Après un long et fastidieux voyage en Italie, elle s'installe avec son époux dans un coin perdu de Poméranie et souffrira désormais d'ennui et de désœuvrement. La société noble des alentours et ses conventions demeurent insupportables à la jeune femme, habituée à la vie franche et libre de la campagne. Elle met au monde une petite fille, mais à la même époque apparaît un nouveau personnage, le commandant de la milice territoriale, von Krampas, et le destin de la jeune femme se cristallise tout à coup. Von Krampas est certes fort bel homme, mais de nombreuses aventures d'amour, une fortune insuffisante, la vie avec une femme âgée et jalouse et plusieurs enfants l'ont rendu amer et pessimiste. Une idylle s'ébauche entre Effi et Krampas ; les longues absences du mari la favorisent, et Effi glisse dans une liaison coupable qui la rend malheureuse. Les nouvelles fonctions de son mari appellent le couple à Berlin où Effi se sentira délivrée de sa faute et de son cauchemar. Cependant un hasard met entre les mains de son mari les billets que Krampas lui avait autrefois envoyés. Esclave des préjugés de son temps, Briest se bat en duel avec son ancien rival et le tue. Effi, chassée par son époux et sa propre mère, se trouve brusquement jetée hors de tout ce qui faisait sa vie. Enfin son père, le personnage le plus humain du livre, lui ouvre la vieille maison de son enfance. Là, elle retrouve le contact avec les beautés de la nature et se réconcilie avec elle-même et avec le monde. Pourtant, abandonnée et totalement rejetée par la société, elle n'a plus la force de s'accrocher à la vie, s'étiole et meurt une année plus tard, victime de son destin, qui n'a été que résignation et mélancolie.

Dans ce roman, tout se passe en sourdine, sans accents pathétiques et sans drames. Tout exprime une résignation consciente devant le destin inéluctable, les lois inexorables de la société dite « bonne », dont l'auteur dénonce les faiblesses et les erreurs. Ce roman considéré comme le chef-d'œuvre de Fontane est aussi l'un des chefs-d'œuvre de l'école réaliste allemande[3].

Le roman sera traduit une première fois en 1902, par Michel Delines[4] ; une deuxième traduction, celle d'André Coeuroy[5] paraîtra en 1942, et la dernière en date, de Pierre Villain[6], en 1981. Ces retraductions étaient-elles nécessaires ? En quoi sont-elles différentes ? Ont-elles vieilli ? Y en a-t-il une qui surpasse les autres en qualité ? Autant de questions auxquelles je vais à présent m'atteler.

Je me limiterai à l'analyse de la première page du roman, révélatrice de la suite ; il s'agit d'ailleurs en soi d'une pièce d'anthologie. Petit rappel liminaire : les *incipit* sont sans doute les morceaux les plus difficiles à traduire et bon nombre de traducteurs les gardent pour la fin, estimant que pour mieux les comprendre, il faut avoir travaillé au préalable sur tout le roman. Ce sont généralement des descriptions intenses et condensées où chaque mot pèse de tout son poids et doit donc être savamment choisi par le traducteur pour être rendu avec exactitude dans ce qu'il a

---

3. Ce résumé et cette analyse sont inspirés d'un article publié dans le *Dictionnaire des Œuvres*, t. II, Paris, Laffont-Bompiani, 1952, p. 127.
4. Theodor Fontane, *Effi Briest*, tr. Michel Delines, Berlin, Fontane & Co, 1902.
5. Theodor Fontane, *Effi Briest*, tr. André Coeuroy, Leipzig, Bernhard Tauchnitz, 1942.
6. Theodor Fontane, *Effi Briest*, tr. Pierre Villain, Paris, Robert Laffont, « Bouquins », 1981.

d'annonciateur. Généralement, ces *incipit* annoncent en effet *in nuce*, à la manière de petites monades, la teneur essentielle du texte, diluée au fil des pages.

La première page d'*Effi Briest* campe le décor, mais quel décor ? Celui de la demeure où naît et grandit la petite Effi. Un décor révélateur, symbolique : celui du conformisme rigide de sa vie prisonnière des conventions. La maison familiale enclose dans un parc, protégée comme pense l'être une société sûre de ses privilèges et repliée sur des valeurs dépassées, où le cadran solaire, nous le verrons, image du temps qui passe, de la vie aussi, sera finalement remplacé par la tombe de l'héroïne[7].

Une des sources majeures de la mauvaise qualité d'une traduction est l'absence de repérage des champs sémantiques, ou plus exactement lexicaux.

On appelle champ lexical l'ensemble des mots qui se rapportent à une même réalité et qui peuvent avoir comme points communs d'être synonymes ou d'appartenir à la même famille, au même domaine, à la même notion. Divers champs lexicaux peuvent se superposer comme autant de réseaux stylistiques. Observer et relever les mots d'un texte ou d'une œuvre pour reconstituer ces champs lexicaux dominants est une étape importante de l'analyse littéraire. Elle permet de saisir la cohésion lexicale de l'œuvre, d'en dégager le thème ou les thèmes importants. Le repérage des champs lexicaux est une étape fondamentale de la lecture attentive qui doit précéder l'acte de traduire.

---

7. Voici la première page d'*Effi Briest* : « [...] Während nach der Park- und Gartenseite hin ein rechtwinklig angebauter Seitenflügel einen breiten Schatten erst auf einen weiss und grün quadrierten Fliesengang und dann über diesen hinaus auf ein grosses, in seiner Mitte mit einer Sonnenuhr und an seinem Rande mit Canna indica und Rhabarberstauden besetztes Rondell warf. Einige zwanzig Schritte weiter, in Richtung und Lage genau dem Seitenflügel entsprechend, lief eine, ganz in kleinblättrigem Efeu stehende, nur an einer Stelle von einer kleinen weissgestrichenen Eisentür unterbrochene Kirchhofsmauer, hinter der der Hohen-Cremmener Schindelturm mit seinem blitzenden, weil neuerdings erst wieder vergoldeten Wetterhahn aufragte. Fronthaus, Seitenflügel und Kirchhofsmauer bildeten ein einen kleinen Ziergarten umschliessendes Hufeisen, an dessen offener Seite man eines Teiches mit Wassersteg und angeketteltem Boot und dicht daneben einer Schaukel gewahr wurde, deren horizontal gelegtes Brett zu Häupten und Füssen an je zwei Stricken hing – die Pfosten der Balkenlage schon etwas stief stehend ».

Dans la lecture courante et non analytique, donc superficielle, ces champs lexicaux sont certes perçus, mais souvent au niveau subliminal. Ils sont cependant déterminants dans une première approche inconsciente de la teneur profonde du texte.

Ce qui frappe d'emblée dans l'original allemand, c'est la présence d'un champ lexical très marqué, celui de la géométrie. Il n'est pas gratuit, loin s'en faut, puisqu'il symbolise, comme je l'ai précisé plus haut, le décor inflexible et rigide de la société qui entoure Effi, dans la description minutieuse de la propriété : « rechtwinklig » (à angle droit), « Seitenflügel » (aile latérale) ; « quadrierter Fliesengang » (allée de dalles carrées), « an seinem Rande » (sur le bord), « Rondell » (rond-point), « Hufeisen » (en forme de fer à cheval), et ainsi de suite jusqu'à la fin du paragraphe décrivant la demeure et ses jardins. Dans ce carcan géométriquement réglementé, un seul élément détonne : « eine Schaukel », une balançoire, avec sa planche placée à l'horizontale, « gelegtes Brett », certes, mais suspendue à deux poteaux, « schief stehend », de travers, de guingois... Cette balançoire qui se démarque de l'ensemble rigoureusement agencé annonce symboliquement la personnalité d'Effi Briest qui se démarquera de son milieu.

Il était donc impératif, primordial de repérer ce champ lexical et de le restituer en français puisqu'il est investi d'un rôle précisément sémantique.

Deuxième remarque concernant le style du texte allemand : la rigoureuse sobriété, le caractère neutre, froid, purement descriptif du paysage, que Fontane se garde bien d'investir de sentiments humains. L'ombre est simplement vaste, les rayons tombent, la rue est calme et il est midi. Un point c'est tout.

Que devient tout cela dans la première traduction, celle de Michel Delines ?

La traduction date de 1902, et « dater » reprend ici tout son sens : Delines traduit en pleine époque de l'Art Nouveau, caractérisé par les formes végétales, l'organisation asymétrique, le dynamisme des formes, l'invasion des formes décoratives par une nature luxuriante. Comme je le soulignais au début, toute lecture, et partant toute traduction, est une prise de sens par un individu et une époque. Disons que dans ce premier cas, Michel Delines baignait pleinement dans ce style Art Nouveau qu'il a imprimé au texte de Fontane, en une magistrale trahison. Certes, il a recréé un champ lexical cohérent, mais c'est le sien propre, un champ non plus sévèrement géométrique, statique et partant angoissant, mais au contraire joyeusement dynamique et vivant. On ne peut donc que parler d'incohérence textuelle dans ce texte français, où tout devient mouvant : la grande rue *s'allongeait* ; l'aile de la maison *projetait une large coulée d'ombre* ; et *versait la fraîcheur* sur un trottoir à dalles vertes ; au-dessus *s'élançait* le clocher ; un petit jardin d'agrément *allait en s'élargissant*[8].

Par ailleurs, la sobriété, la neutralité du style froidement descriptif de Fontane semble investie de l'*anima* du traducteur : « la rue était *plongée dans la sieste* du midi » (pas question de sieste chez Fontane) ; « le mur d'enclos *se dressait* et le clocher *s'élançait* » : une fois encore, il imprime un mouvement à ces éléments pourtant statiques ; « le perron offrait un *agréable abri* » ; « des fenêtres s'ouvraient toutes grandes, *voilées de vignes folles* » ; « le clocher était surmonté d'un coq *flamboyant* et tout *frais repeint* »[9].

Quant à la description, absolument capitale, de la balançoire, elle est tout bonnement escamotée. Il faut dire que la phrase allemande était plutôt alambiquée et comportait de véritables difficultés de traduction. À cela s'ajoute que Delines n'avait pas encore pu lire la « Tâche du traducteur »[10] de Walter Benjamin (qui paraîtra en 1923, et d'ailleurs, l'aurait-il lue ?) ; il en était donc encore à traiter le texte un peu à la légère, agissant comme beaucoup de ses collègues contemporains en coupant par-ci, en édulcorant ou en adaptant par-là.

Qui n'a pas connaissance de l'original n'y verra que du feu, mais n'aura qu'une piètre idée du véritable style fontanien. Voilà donc une traduction « condamnable », vieillie, et qui demandait impérativement à être remise sur le métier.

Ce fut chose faite en 1942, année où André Coeuroy s'attelle à la tâche. En pleine Seconde Guerre mondiale. Faut-il voir un lien de cause à effet entre ce contexte historique et la fidélité de Coeuroy à l'angoissante et menaçante rigueur du texte allemand ? Lisez plutôt :

---

8. Theodor Fontane, *Effi Briest*, tr. Michel Delines, *op. cit.*, p. 15.
9. *Ibid.*, p. 16.
10. Walter Benjamin, « Die Aufgabe des Übersetzers » (1923), in *Gesammelte Schriften*, vol. IV / 1, Frankfurt, Suhrkamp, 1972, p. 9-21.

> [...] Du côté du parc et du jardin, une aile latérale construite à angle droit, étendait son ombre vaste sur une allée dallée de carrés blancs et verts, puis sur un grand rond-point dont le centre était occupé par un cadran solaire et le pourtour par de la canna indica et des pieds de rhubarbe. Une vingtaine de pas plus loin, vers le côté opposé à cette aile, une couche de petites feuilles de lierre recouvrait le mur du cimetière, coupé en un seul point par une petite porte de fer peinte en blanc, derrière s'élevait le clocher de Hohen-Cremmen, dont les bardeaux étaient surmontés d'une girouette toute resplendissante de sa récente redorure. La maison donnant sur la rue, l'aile latérale et le mur du cimetière formaient un fer à cheval délimitant un petit jardin décoratif dont le côté libre laissait apercevoir un étang avec un ponton et une barque amarrée. Non loin de là, une balançoire dont la planche horizontale était suspendue par deux cordes, avec des poteaux légèrement de guingois[11].

Nous sommes bien obligés de reconnaître que tout y est : la géométrie, la neutralité descriptive, et... la balançoire de travers. C'est donc là une traduction remarquable, soucieuse d'être fidèle à la spécificité du style fontanien. La forme est respectée, ainsi que l'économie et la précision lexicales. Aucun foisonnement non plus, autre défaut du traducteur maladroit qui oublie qu'écrire une phrase plus longue que la phrase originale a souvent pour résultat d'en affaiblir l'effet produit, et en tout cas de nuire au rythme.

Alors, comment justifier la troisième traduction, celle de 1981 due à Pierre Villain ? La traduction de Coeuroy n'a pourtant pas vieilli, tout aussi peu que le texte de Fontane et pour les mêmes raisons. Que deviennent en 1981 le réseau géométrique et la neutralité descriptive ?

Il est curieux de constater que cette troisième traduction réalise une sorte de compromis entre les deux premières. Dans cette période d'après-guerre, de bien-être économique et de libéralisme, il est peut-être difficile de s'identifier au malheur et à la menace. Le texte français de Villain semble devenir naïf, guilleret, presque aussi dynamique et « bon vivant » que celui de 1902 : le soleil *inondait* de sa clarté la rue du village ; une aile du manoir [...] couvrait d'un *large manteau d'ombre* une allée ; un mur de

---

11. Theodor Fontane, *Effi Briest*, tr. André Coeuroy, *op. cit.*

cimetière, *tout habillé* de lierre à feuilles naines *courait* ; le coq-girouette, *fraîchement* redoré, *brillait de mille feux*[12], etc.

Toutes les descriptions, pures et dures, presque cliniques, de l'original se muent ici en clichés, en métaphores galvaudées, qui viendraient aisément sous la plume d'un bon écolier.

La balançoire toutefois n'est pas oubliée, mais la formulation française est néanmoins curieuse :

> Tout près de là, une balançoire dont la planche disposée à l'horizontale était suspendue des deux côtés, en haut et en bas, à deux cordes – les montants du portique penchant déjà un tantinet[13].

Pourquoi ce « déjà » ? Sans parler du mignon petit « tantinet » (« etwas » en allemand).

Pour terminer cette brève étude de l'*incipit* des trois traductions françaises, un dernier point reste à développer : l'analyse d'un autre élément responsable lui aussi des rides malencontreuses d'un texte traduit : la connotation. Le texte allemand et celui de Coeuroy, soucieux de précision objective, dénotent, sans plus ; les deux autres traductions tombent dans le piège de la connotation qui, à son tour, vient entacher l'homogénéité du texte original. Un seul exemple : la demeure décrite est une « Herrenhaus », terme que Duden définit ainsi : « Herrschaftliches Wohnhaus auf einem Gut oder Grossen Besitztum », autrement dit, une demeure appartenant à un gros propriétaire terrien. Les propriétaires en étaient donc souvent des « seigneurs », des « Herren ». Certes. Dans ce cas-ci, la famille von Briest. L'appellation « seigneur » n'est pas fausse en soi, pourtant elle évoque immanquablement la période historique de suzeraineté féodale et son panache ; le contexte social d'*Effi Briest* est la grande bourgeoisie terrienne, bien plus prosaïque. Michel Delines traduira « Herrenhaus » par « maison seigneuriale », rendant ainsi bien peu justice au contexte de ces bourgeois nantis dont seules les racines plongent peut-être dans la noblesse. Quant à Pierre Villain, il préférera le terme de « manoir », hautement connoté lui aussi ; même si le manoir est effectivement un logis

---

12. Theodor Fontane, *Effi Briest*, tr. Pierre Villain, *op. cit.*
13. *Ibid.*

seigneurial, un petit château ancien à la campagne, une gentilhommière, il évoque souvent, ne serait-ce que par sa sonorité et son emploi récurrent dans les contes fantastiques, une demeure isolée, habitée de mystère et dont on s'approche en frissonnant. André Coeuroy vise juste, une fois encore, en traduisant simplement par « maison bourgeoise ».

Conclusions

Les trois textes brièvement étudiés ne pêchent pas par manque de cohésion interne. C'est là un bon point, car le manque de cohérence textuelle est souvent la cause majeure de la faiblesse d'une traduction. Pourtant dans deux des cas, cette cohérence est une reconstruction qui dévoie purement et simplement le texte original. Pour toutes les raisons évoquées, la traduction de Michel Delines a bel et bien vieilli et méritait d'être refaite, et celle de Pierre Villain est en bonne voie de vieillissement. Celle de Coeuroy est remarquable car le génie de ce traducteur est de ne pas être tombé dans le piège de la prise de sens contextuelle, et d'avoir su y échapper grâce à une certaine littéralité lexicale et stylistique, malgré tout « cibliste » et seule garante d'une restitution de bon aloi, une reconstruction qui ne sacrifie pas à des modes et ne risque donc pas de vieillir.

Traductrice, Bruxelles

Poésie et Théâtre

Traduire la poésie :
Quelques réflexions autour de Georg Trakl

PETER SCHNYDER

Résumé
En comparant des traductions de poèmes de Georg Trakl, nous voudrions montrer que traduire la poésie n'est pas un acte neutre : il s'agit déjà d'une interprétation. Au-delà des barrières linguistiques, la poésie de Trakl présente des problèmes traductologiques que nous préciserons. Le système très artistique de ces poèmes ne peut se transmettre : la perte de la *vis poetica* est fréquente. En confrontant la traduction de Petit et Schneider à celle du poète vaudois Gustave Roud, nous verrons que le travail des deux premiers, d'inspiration structuraliste et linguistique, semble dépoétiser l'original.

Abstract
Comparing different translations of Georg Trakl's poems, we would like to show how translating poetry is never a neutral operation. On the contrary, it is always an interpretation of the poem. Beyond any linguistic boundaries, Trakl's poems bring up a few translation problems which are discussed in this essay. The artistic structure of these poems is hardly translatable, and the loss of the *vis poetica* is not rare. Comparing the translation by Petit and Schneider with the one carried out by the Swiss poet Gustave Roud, we will show how the work of our first two translators, inspired by structuralism and linguistics, seems to depoetize Trakl's poems.

Les problèmes qui concernent la traduction de poésies sont légion. Rappelons-en quelques-uns. Nous sommes en poésie. C'est un langage hautement codifié, qui recourt à des figures propres à chaque langue. La métrique, la rime, le rythme et le phrasé, les métaphores, le lexique sont autant d'éléments qui ne se laissent le plus souvent pas traduire sans recompositions ou arrangements dans la langue-cible. On a beau invoquer des théories – chaque poème est différent et il y a lieu de tenir compte de bien des éléments qui se laissent difficilement systématiser. La traduction d'un poème est donc le plus souvent un transfert complexe, car la littéralité n'est pas forcément la panacée. Au lieu de nous arrêter à ces considérations générales, nous proposons une brève étude des traductions françaises de deux poèmes du poète autrichien Georg Trakl (1887-1914), « De Profundis » (1912) et « À l'enfant Elis », qui révélera rapidement les difficultés souvent insurmontables qui existent dans le passage d'une langue à l'autre. Pour le premier poème, nous nous heurtons dès le titre à des problèmes d'hypotexte ; pour le second, à un problème de déchiffrement (autour du nom d'Elis). Mais d'abord, il faudra présenter Trakl, parler de sa réception en France, s'arrêter sur les traducteurs et sur ce que l'on peut appeler leur « projet ». On verra que la traduction parfaite n'existe pas, ne peut exister et que traduire n'est pas un acte neutre : le traducteur reflète les *doxa* de son époque ; sa vérité n'est pas forcément celle du texte. Mais nous verrons aussi la bienfaisance du traduire de la poésie et de l'importance de la retraduction.

Indépendamment des traducteurs philologues contemporains, il y a en France autour des années qui nous intéressent ici, c'est-à-dire dans la deuxième moitié du XXe siècle, un groupe non négligeable de poètes traducteurs. Sans chercher à être exhaustif, on peut citer Yves Bonnefoy, Philippe Jaccottet, André du Bouchet, Eugène Guillevic. Tous sont connus comme traducteurs confirmés et parfois comme commentateurs avertis. Plus loin d'eux, on peut s'arrêter sur un écrivain comme André Gide, traducteur occasionnel et un peu capricieux, mais non moins perspicace. On lui doit justement des notes de travail qui résument le grand dilemme (faut-il dire l'aporie ?) du problème. L'écrivain confirme la règle des théoriciens que contredit la pratique du traduire. Pendant l'été 1922, en plein travail pour son roman *Les Faux-Monnayeurs*, Gide tente de traduire un drame de Shakespeare. Or voici ce qu'il note le 14 juillet 1922, dans son *Journal* :

> J'achève de traduire, ce matin, le premier acte de *Hamlet*, et renonce à pousser plus avant. J'ai passé trois semaines sur ces quelques pages, à raison de quatre à six heures par jour. Le résultat ne me satisfait pas. La difficulté n'est jamais tout à fait vaincue, et, pour écrire du bon français, il faut quitter trop Shakespeare. [...] La traduction de Schwob, pour être exacte, est obscure, presque incompréhensible par endroits, informe, arythmique, et comme irrespirable[1].

Bel exemple de la hantise d'un traducteur par rapport à son idéal, qui était ici un certain purisme. Sans nous y arrêter[2], rappelons que l'écrivain a traduit *Hamlet* en 1944, alors que sa première tentative remonte à 1922 : si on compare les deux versions, on voit le travail de stylisation qui abandonne toute spontanéité et tend vers une banalisation expressive. Gide se fera ainsi le chantre de la litote, vertu classique. Dans un projet de lettre à André Thérive[3], il va jusqu'à regretter de ne pas avoir tenu de « Journal » lors de son travail sur *Hamlet* (qui, assure-t-il, aurait été plus intéressant que son *Journal* de tous les jours !), l'écrivain conclut sur une exigence digne d'intérêt : la nécessité d'une identification du traducteur avec l'auteur.

> [...] le traducteur doit s'oublier, écrire comme écrirait l'auteur avec lequel il faut qu'il s'identifie ; et je répète [...] ce n'est pas seulement le <u>sens</u> qu'il s'agit de rendre ; il importe de <u>ne pas traduire des mots</u>, mais des <u>phrases</u>, et d'exprimer, sans en rien perdre, pensée et <u>émotion</u>, comme l'auteur les eût exprimées s'il eût écrit directement en français, ce qui ne se peut que par une tricherie perpétuelle, par d'incessants <u>détours</u> et souvent <u>en s'éloignant beaucoup de la simple littéralité</u>[4].

---

1. André Gide, *Journal*, t. I (1887-1925), éd. Éric Marty, Paris, Gallimard, « Bibliothèque de la Pléiade », 1996, p. 1179 s.
2. Nous avons montré ailleurs la curieuse dialectique qui anime les campagnes de correction des épreuves de Gide : l'écrivain cherche une limpidité stylistique « classique » tout en accordant de l'importance à la spontanéité. Cf. Peter Schnyder, « D'une langue l'autre. André Gide traducteur : Entre théorie et pratique », *in* Martine Sagaert et Peter Schnyder (éds.), *André Gide. L'Écriture vive*, Bordeaux, Presses Universitaires de Bordeaux, « Horizons génétiques », 2008, p. 65-78.
3. Daté du 14/05/1928.
4. André Gide, « Lettre à André Thérive » (non envoyée), Paris, 14/05/1928, in *Œuvres complètes*, t. XV [1939], Paris, NRF, p. 541. Ce texte est souvent appelé « Lettre sur les traductions » ; il n'a pas été repris dans l'édition des *Essais critiques* (1999) de la Pléiade. Les mots soulignés le sont par nous.

Ce que Gide a écrit dans les années 1930 se trouve corroboré par des témoignages plus récents. Ainsi, Eugène Guillevic (1907-1997) a souligné à son tour la valeur d'éléments qui ne sont pas d'habitude porteurs de sens. À vrai dire, l'exigence de Guillevic se place dans un *entre-deux*, tout comme la poésie, une aire transitionnelle si l'on veut, et ce n'est pas un hasard si ce travail ne s'apprend pas vraiment : « Comme principe » dit-il, « je pose que seuls des poètes peuvent traduire d'autres poètes »[5]. Plus concrètement, il est d'avis que le vers français doit éviter de (re)tomber dans l'alexandrin. Devrait prévaloir, dans la traduction, le rythme tonique de l'allemand qu'il faudrait rendre par l'accent d'intensité. Il attache de l'intérêt au *e* muet mais il faut conjurer sa répétition. En prolongeant l'exigence de Gide et d'autres traducteurs, Guillevic fait donc à son tour de la musicalité la caisse de résonance d'un poème traduit. Il résume ainsi l'idéal d'un autre poète, Gustave Roud (1897-1976), qui a traduit plusieurs poètes de langue allemande, parmi lesquels Friedrich Hölderlin et Georg Trakl. À notre avis sa traduction reste la plus réussie, notamment pour Trakl, car la plus poétique.

Dans le cas du poète autrichien Georg Trakl (1887-1914), qui va nous intéresser particulièrement dans les pages qui suivent, les traductions varient passablement selon le tempérament des traducteurs, qui sont soit des philologues (Jacques Legrand, Marc Petit et Jean-Claude Schneider ; et on pourrait aussi citer Jean-Michel Palmier, Robert Rovini), soit des poètes : Eugène Guillevic, Gustave Roud (qui commence à traduire Trakl dans les années 1940, mais ne se décide pas à publier, sauf dans de petites revues locales). Tant et si bien que la première traduction de Trakl en France, celle de Petit et Schneider, se soumet de façon stricte au diktat du tournant linguistique et du structuralisme, méthodologies souvent privilégiées pour aborder les phénomènes littéraires dans les années 1960 et 1970. Or, si la licence poétique est parfois une trahison de la littéralité du texte, une transgression de la fidélité ne peut-elle pas, éventuellement, le sauver, rétablir sa poéticité ? Cette problématique a déjà fait l'objet d'autres rencontres du « Réseau thématique » et je m'en inspire ici[6]. En dehors des

---

5. « Difficultés d'une traduction », *in* Georg Trakl, *Quinze poèmes*, tr. Eugène Guillevic, ill. Étienne Lodeho, Paris, Les Cahiers d'Obsidiane, 1981, p. 7.
6. Peter Schnyder, « Traduire la poésie. L'exemple de Georg Trakl et de Paul Celan », *in* Maryla Laurent (éd.), *La Traduction de qualité ou l'essence du texte préservée*, Paris,

barrières linguistiques entre les deux langues, d'autres problèmes surviennent, à commencer par l'usage récurrent de certains adjectifs comme « leise », « sanft », « langsam », et la propension à exprimer le changement, qui est souvent un mouvement vers le bas impliquant la chute et que l'on a pu identifier à un motif cher au poète, celui de la décadence[7]. Une autre difficulté provient de la saturation sonore de son vers, de l'autocitation, d'un renvoi très sophistiqué à des mots et à des noms utilisés ailleurs, d'emprunts infiniment variés qui reprennent des éléments d'autres poèmes, sans oublier ce que Bernard Böschenstein a appelé la « poétique de la transition »[8]. La langue française y résiste en quelque sorte, tant et si bien que des expressions graduées ne se laissent pas rendre avec la même précision. La perte de la *vis poetica* est pour lors fréquente. Mais si le traducteur se laisse guider par la poéticité et accepte une éviction du clivage signifiant / signifié, pour situer son travail dans cet *entre-deux* finalement peu conceptualisable, en considérant le travail sur le *signifiant* apte à accomplir la quête du sens, ne serions-nous pas en mesure d'aboutir à une autre *image* du traducteur ? Du coup, le travail sur le signifiant, longtemps banni de la réflexion théorique, voire de la pratique de la traduction, retrouverait un certain prestige sans que soient perdus de vue les enjeux du signifié.

Mais avant de comparer les traductions françaises des deux poèmes, tournons-nous brièvement vers le poète, les études trakléennes et leur accueil en France. L'homme avait un caractère bien trempé, déterminé, mais il était peu enclin à toute activité réglée. Il a toujours essayé d'éviter Salzbourg, ville sans charme à ses yeux où régnait un esprit petit-bourgeois, étouffé par un Catholicisme décharné. Grand lecteur, il prenait à cœur sa mission d'écrire : cet « horrible travailleur » a accumulé des variantes autour de ses poèmes non pas tant pour des raisons esthétiques, que pour des raisons de quête de la vérité : si le monde est devenu sans orientation, la poésie peut aider à mieux le comprendre. Les étiquettes

---

Numilog, « Le Rocher de Calliope », 2007, p. 30-40 (voir en particulier les réflexions d'André Combes sur la notion de l'« entre-deux »).
7. Cf. note 10 les renvois aux travaux de Walter Gorgé.
8. Bernard Böschenstein, « Gustave Roud traducteur de Hölderlin et de Trakl : "Hélian" et "Patmos" », *in* Peter Schnyder (éd.), *Les Chemins de Gustave Roud*, Strasbourg, PUS, « Europes littéraires », 2004, p. 293.

n'ont pas manqué pour caractériser le poète et parfois pour le caricaturer. On a pu parler du mangeur d'opium, du frère incestueux ; on a pu aussi le sacraliser ou déformer la visée de sa poésie en exagérant les questions essentielles qu'elle soulève. On a vu en lui un digne représentant de l'art pour l'art. Longtemps, on a cherché à déterminer le jeu des couleurs, des images et des sonorités. Walther Killy, l'éditeur de la première édition scientifique de son œuvre avec Hans Szklenar[9], a pu traquer les équivalences pour assimiler, par exemple, l'adjectif « silbern » (« argenté ») à quelque chose de négatif, de coupable et/ou de sensuel. Or, nous savions depuis les travaux de Walter Gorgé que la poésie de Trakl ne renvoie pas à des référents stables, que les couleurs, entre autres éléments, résistent à toute attribution fixe : c'est le contexte qui aide à trouver le sens[10]. Car Georg Trakl comprend la poésie comme un dernier espace de liberté qu'il soustrait aux affres d'un monde devenu insupportable, dépourvu de sens. Si l'on méconnaît cet aspect, il est difficile de le comprendre et, partant, de traduire cette poésie.

Longtemps, Trakl a connu un public restreint. Depuis la publication de l'édition critique de son œuvre par Walther Killy et Hans Szklenar (1969), Trakl a conquis progressivement une place émergente parmi les poètes de langue allemande qui a abouti à la nouvelle édition, appelée « Innsbrucker Ausgabe »[11]. La recherche récente insiste justement sur l'aspect du jeu poétique, de l'autonomie du dire, libérée par rapport au monde immanent. La signification de cette poésie réside en elle : dans les réseaux de renvois subtils, les emprunts à d'autres poètes (notamment Rimbaud et Hölderlin), dans les variations multiples, accrues par les variantes qui vont souvent dans des directions opposées. Chercher à donner une signification précise au poème à partir de certains mots ou de certaines couleurs revient donc à lui faire violence. Si Trakl a constamment retravaillé ses poèmes, c'est aussi

---

9. Georg Trakl, *Dichtungen und Briefe. Historisch-kritische Ausgabe*, éd. Walther Killy et Hans Szklenar, 2 vol., Salzburg, Otto Müller Verlag, 1969.
10. Walter Gorgé, « Das Laub fällt rot vom alten Baum », *Neue Zürcher Zeitung*, 30/01/1987 : « Selon le contexte, dans lequel la couleur se situe, « bleu » peut signifier l'innocence, la pureté, l'origine, la lumière forte (« Helligkeit ») ou tendre vers un autre sens. Cf. Georg Trakl, *Auftreten und Richtung des Dekadenzmotivs im Werk Georg Trakls*, Bern, Herbert Lang, 1973.
11. Georg Trakl, Sämtliche Werke und Briefwechsel, « Innsbrucker Ausgabe », Historisch-kritische Ausgabe mit Faksimiles der handschriftlichen Texte Trakls, éd. Eberhard Sauermann et Hermann Zwerschina, Frankfurt / Basel, Stroemfeld / Roter Stern, 1995 et suiv. (4 vol. parus).

parce qu'il prétendait que l'essentiel restait incommunicable : « unsäglich » (« indicible ») reste un mot-clé de sa conception du monde et il sous-tend le projet de l'artiste. Ainsi a-t-il pu écrire à son ami Karl Roeck qu'il ne nous est pas donné « de communiquer » (« sich mitzuteilen »). Depuis l'édition de Killy et Szklenar, l'importance des variantes a été reconnue et ces dernières prises en compte : si Trakl modifie constamment ses textes, tout en se désintéressant quelque peu de ce qui est publié, c'est donc qu'il veut aboutir à une vérité et que cette vérité est celle de son poème, celle de son œuvre. Elle est nécessairement dans l'œuvre, car celle du monde est en train de se perdre. Il en résulte un retrait du dire poétique à ses origines et un culte du mystère ou de l'énigme. Les images poétiques offrent alors des réponses indirectes à ces questionnements : comme le poète, le lecteur doit les assumer et essayer de les comprendre. Elles sont ici liées à des structures proches de la musique avec son goût de la variation, le bonheur de la sensation agréable, mais aussi une prévalence de la « sonorité harmonieuse sombre »[12]. Comme on a pu le dire, Trakl ne peut pas relier les éléments de sa poésie à un chant orphique, à la manière de Hölderlin, de Novalis ou de Rilke ; sa structure de base est la rupture, le constat désillusionné d'un monde désorienté. À l'inverse de Nietzsche, Trakl ne pourra pas non plus sauver ce vide métaphysique par le recours au prestige de la culture, à la connaissance et à la création. Sa voie (qui n'est ni salut, ni confession, mais selon ses propres mots plutôt une « rémission incomplète »), c'est une recherche poétique aussi exacte que possible de ce qui se présentait à lui, monde vécu et visions à exprimer. La personne du poète doit se soumettre, même si elle participe au processus poétique, même si ce dernier prime finalement dans le sens d'un dynamisme qui ne néglige pas les effets sensuels de la chaîne des signifiants – au détriment du fond et donc des signifiés.

Heidegger se trompe peut-être lorsqu'il prétend que Trakl essayait d'écrire un seul poème : les variantes font partie de cette quête de la vérité et la nouvelle *Innsbrucker Trakl-Ausgabe*[13] est là pour nous montrer comment ce système fonctionne et en quoi il nous permet de compléter notre connaissance du poète. La reproduction en fac-similés permet de suivre la genèse d'un poème par le menu. L'édition d'Innsbruck présente ainsi un intérêt capital pour qui s'intéresse à ce poète ; aussi, diverses interpréta-

---

12. Erich Bolli, Georg Trakls « dunkler Wohllaut ». Ein Beitrag zum Verständnis seines dichterischen Sprechens, Zürich / München, Artemis Verlag, 1978.
13. Voir plus haut, note 11.

tions génétiques ont-elles été tentées avec des résultats plutôt convaincants[14]. Elle fait le point sur la vision que Trakl avait de sa poésie, sur les traits marquants de son style, et fonde son modèle éditorial sur les stratégies scripturales du poète. En même temps, elle nous apprend que dès avant les années 1980, Trakl avait été traduit en 22 langues (en 200 éditions) et que 2000 personnes ont contribué, par des livres et des articles (dans plus de 700 revues), à réfléchir sur son œuvre.

En France, Georg Trakl reste relativement peu connu d'autant plus que ses poésies confrontent tout traducteur à des problèmes qui semblent souvent insurmontables. En 1969, Adrien Finck a déclaré : « la fortune littéraire de Trakl en France est tardive »[15]. Mais depuis, il a été question du « Pariser Trakl Symposion *Frühling der Seele* » de 1987, puis du programme des concours, agrégation et capes, sans négliger le beau volume de la revue *Austriaca* « Georg Trakl : Nouvelles recherches », dans lequel Rémy Colombat et Gérald Stieg ont réuni des études qui montrent que la recherche française ne le cède en rien à celle des pays germanophones[16]. Voici le résumé de Colombat qui répond à la question « Georg Trakl est-il un poète moderne ? » :

> La réfutation violente et douloureuse de l'idéal et de l'espoir d'une délivrance spirituelle – en quelque sorte la désolidarisation du lyrisme orphique et élégiaque de ses contenus traditionnels – ne dépouille pas le lyrisme de son sens et de sa légitimité, pas plus qu'elle ne le dénature. Au contraire, elle renforce sa fonction expressive tout en attestant l'échec du projet dont il est porteur. Quant à la désorganisation du discours, elle n'est pas « moderne » par principe, *a fortiori* « déconstructive » comme la voit le post-structuralisme ; au contraire, elle suscite et accompagne le sursaut du lyrisme, produisant une tension insoutenable, sans exemple dans cette phase de l'évolution générale[17].

Même si les derniers résultats des recherches critiques n'ont pas encore eu d'effet sur la traduction, on peut observer un certain rapprochement

---

14. Cf. Georg Trakl, *Innsbrucker Ausgabe, op. cit.*, vol. I, p. 13.
15. Adrien Finck *et al.* (Équipe de recherches germaniques de l'Université de Strasbourg), « Les traductions françaises des poèmes de Georg Trakl », *Bulletin de la Faculté des Lettres de Strasbourg*, vol. XLVIII, 1969, p. 87.
16. *Austriaca : Cahiers universitaires d'information sur l'Autriche*, vol. LXV-LXVI, 2007/2008.
17. *Ibid.*, p. 32.

dans le domaine trakléen entre la recherche germanophone et la recherche française. Cela dit, il n'en reste pas moins qu'il aura fallu attendre 1964 – le cinquantenaire de la mort du poète – pour voir en librairie un seul livre en français sur Trakl[18]. Certes, Guy Lévis Mano avait donné, en 1957, un choix de poèmes, traduits par Henri Stierlin, mais cette édition est restée confidentielle. En 1972, les éditions Belfond publient l'étude de Jean-Michel Palmier, *Situation de Georg Trakl*, et Gallimard la première traduction des *Œuvres complètes* du poète, par deux jeunes germanistes, Marc Petit et Jean-Claude Schneider[19]. Ces publications ne sont pas restées sans écho, mais il suffit de parcourir la presse du moment pour se rendre compte à quel point Trakl est alors, en France, un poète inconnu, même si une vingtaine de revues ont ouvert leurs pages à des traductions[20]. Nous ne pourrons récapituler ici ni les études consacrées par la suite à l'accueil de Trakl ni les traductions, de plus en plus nombreuses, mais une lecture herméneutique ne saurait négliger les liens de la recherche, notamment universitaire, et de l'approche des *doxa* du moment[21]. Ce qui se laisse observer, c'est une adhésion, à partir des années 1970, à un pseudo-structuralisme et à des concepts de linguistique qui dévalorisent la poésie (l'incompréhension des poésies de Paul Celan est là, par exemple, pour confirmer ce phénomène). L'importance grandissante accordée au seul *signifié* se laisse observer dans un changement d'attitude des chercheurs

---

18. De Robert Rovini, dans la série « Poètes d'aujourd'hui », publié en 1964 chez Seghers, comportant une anthologie et un choix de lettres.
19. Georg Trakl, *Œuvres complètes*, éd. Marc Petit et Jean-Claude Schneider, Paris, Gallimard, « Du monde entier », 1972.
20. Cf. par exemple *Le Monde* du 19/05/1972, où l'Académicien Marcel Brion focalise ses investigations sur les aspects transgressifs : « Tout autant que l'abandon forcené à l'alcool et à la drogue, l'amour incestueux est un paradis artificiel : on y sent la brûlure de l'enfer trop proche des délices célestes » (p. 15). Mais il faut reconnaître que des revues spécialisées parlent du poète autrichien dès les années cinquante : compte rendu de l'édition des poésies *Die Dichtungen* de 1950 chez Otto Müller Verlag, Salzburg, dans *Critique* (15/01/1951, p. 552-555, par Eugène Jolas) ; comptes rendus dans *Études germaniques* (1956 : « Du nouveau sur Trakl » par Maurice Colleville) ; « Übersetzungsprobleme bei Georg Trakl in französischer Sicht », dans *Akzente*, 3ᵉ année (1956), p. 415-419 ; articles de Robert Rovini et de Jacques Legrand dans les *Cahiers du Sud*, 44ᵉ année (1958), n° 341, etc. Pour le détail, cf. Adrien Finck *et al.*, « Les traductions françaises des poèmes de Georg Trakl », *loc. cit.*, et Walter Ritzer, *Neue Trakl-Bibliographie*, Salzburg, Otto Müller Verlag, 1983.
21. Cf. Peter Schnyder, « Le poème se fait dans les signifiants. Notes sur Gustave Roud traducteur de Georg Trakl », *Colloquium Helveticum*, vol. XXVIII, 1998, p. 109-143.

évoluant autour d'Adrien Finck. Henri Meschonnic juge la traduction de Petit et Schneider trop tendue, trop exclusivement tournée vers la suprématie du sens : « [...] on y apprend ce que le texte *veut dire*. Mais il n'est plus un dire, une signifiance, un faire. C'est un énoncé »[22].

Alors que Gustave Roud n'a encore publié que quelques poèmes traduits dans des revues romandes peu connues en France, Adrien Finck et ses collègues soulignent, en 1969, son souci constant de l'intensité poétique et sa quête des *équivalences sonores*, fréquemment aboutie[23]. Dans un esprit de contradiction un peu facile, les mêmes auteurs insistent quatre années plus tard sur les difficultés techniques, notamment syntaxiques, que représente une telle traduction ! Le leitmotiv de leurs recherches devient l'échec de toute tentative d'adaptation, avec – signe du temps ? – la nécessité de *dépoétiser* l'original[24]. Ces circonstances ont été aggravées par une interprétation de Trakl selon une vision rimbaldienne. Tout bien pesé, Marc Petit et Jean-Claude Schneider n'étaient pas étrangers à cet esprit antipoétique. Les deux germanistes ont élaboré leur traduction dans un souci de *neutralité*, inspirée notamment par le recours à l'impersonnalité[25]. Or, ce « pro-

---

22. Henri Meschonnic, *Poétique du traduire*, Paris, Verdier, 1999, p. 316.
23. Adrien Finck *et al.*, « Les traductions françaises des poèmes de Georg Trakl », *op. cit.*, p. 112.
24. « Trakl en français », *Revue d'Allemagne*, vol. V, n° 3, avril-juin 1973, p. 305-381. La traduction de Petit / Schneider sert de base à ces réflexions qui insistent sur une nécessité inhérente chez Trakl de trancher face à certains problèmes de traduction.
25. Sans pouvoir entrer dans le détail, l'ancrage de cette neutralité, son attribution à l'œuvre entière, pose problème puisqu'elle se fonde sur une lettre de Trakl. Or les deux traducteurs en font leur point de départ ; cf. cet extrait : « Primauté du texte ; impersonnalité de l'écriture. La nécessité de faire converger ces deux versants appelait une traduction collective, un travail poursuivi en commun à toutes les étapes de son élaboration, en vue d'éviter à la fois les erreurs de lecture, l'affadissement involontaire de l'original et la tentation inverse de surinterpréter ; d'éliminer les tics personnels, les élégances inutiles et la recherche du bien-dire » (Georg Trakl, *Œuvres complètes*, *op. cit.*, p. 106, souligné par nous). Mais il serait injuste de ne pas renvoyer le lecteur également à la préface de M. Petit et à la note explicative sur les difficultés d'une traduction de Trakl dans l'édition en poche : Georg Trakl, *Crépuscule et déclin suivi de Sébastien en rêve*, préf. Marc Petit, tr. Marc Petit et Jean-Claude Schneider, Paris, Gallimard, « Poésie », 1990. Sur l'influence de Rimbaud sur Trakl, cf. Reinhold Grimm, « Georg Trakls Verhältnis zu Rimbaud », *Germanisch-Romanische Monatsschrift*, vol. IX, 1959, p. 288-315 ; et Bernhard Böschenstein, « Wirkungen des

gramme » n'était pas neutre : il contournait l'effort d'une traduction poétique, il ne craignait pas de *décontextualiser* le langage de la poésie : en fait, il réduisait ce dernier au langage tout court et participait ainsi à une vision « mécaniste » du monde. Du moins elle était attachée à une logique disjonctive et réductrice, favorisant l'illusion d'un idéal de langage pur[26]. Il suffit cependant de relire un volume comme *Poésie et magie* de Thomas Greene, pour se souvenir des enjeux de la poésie et pour lors de sa traduction[27]. Par ailleurs, la théorie de la traduction des années 1970 et 1980 participe aussi de cette tendance. Une exagération du principe de fidélité *littérale* (issu du tournant linguistique des sciences humaines) était répandue, aux dépens d'autres éléments du discours. Elle tentait de faire du *mot* l'assise de la traduction. C'était par ailleurs le point de départ d'une importante étude sur Gustave Roud, qui ne négligeait pas le rôle du traducteur : « L'unité de traduction n'est [...] plus l'unité de sens, le syntagme ou la phrase, mais le mot, et au-delà, la langue pure, dépassant le communicable et les limites de chaque langue »[28]. De telles prémisses devaient orienter toute l'analyse du traducteur dans une visée anti-lyrique. L'auteur suréva-

französischen Symbolismus auf die deutsche Lyrik der Jahrhundertwende », *Euphorion*, vol. LVIII, 1964, p. 375-395.
26. Mais en dehors des *mea culpa* de l'édition de poche de leur traduction, il y a lieu de mentionner aussi les « Reflexionen eines Übersetzers » : « Jedermann wird zugeben, dass man die Bewegung des Traklschen Verses nicht genau wiedergeben kann, ohne hart gegen die Regeln der französischen Grammatik zu verstossen. [...] Im Extremfall enden die Vertreter der strengen Systematik beim wortwörtlichen Nebeneinander der Verszeilen » (*Untersuchungen zum « Brenner »*, éds. Walter Methlagl *et al.*, Salzburg, Otto Müller, 1981, p. 427). Dans ce numéro figure également une étude de Jean Giraud, « Über einige Schwierigkeiten beim Übersetzen Trakls am Beispiel des Gedichts "Sonja" » (p. 410-423) qui va dans le même sens.
27. Thomas M. Greene, *Poésie et magie*, Paris, Julliard (et Collège de France), 1991.
28. Claire Jaquier, *Gustave Roud et la tentation du romantisme. Fables et figures de l'esthétique littéraire romande, 1930-1940*, Lausanne, Payot, 1987. Toutes ces positions radicales trouvent leur écho chez le « premier » Berman, *L'Épreuve de l'étranger*, Paris, Gallimard, « Les Essais », 1984, p. 185-192, auxquelles Jaquier se réfère explicitement. Il est à noter que plus de dix ans plus tard, Jaquier se montre, elle aussi, moins radicale : « Il est probable que Roud ait connu grâce aux traductions une véritable épreuve de l'étranger, qu'il n'osa cependant conduire à son terme. En effet, la plupart des poèmes traduits par Roud sont moins fidèles au texte original qu'aux exigences stylistiques propres au poète-traducteur : clarté du sens, équilibre de la phrase, lenteur et ampleur des rythmes » (Roger Francillon (éd.), *Histoire de la littérature en Suisse romande*, t. III, « De la Seconde Guerre aux années 1970 », Lausanne, Payot, « Territoires », 1998, p. 120).

luait les éléments porteurs de sens, ici érigés en critère de traduction idéale – et ce n'est pas un hasard si on reproche à Roud d'embellir le texte[29].

Avant de commenter les quatre traductions (et retraductions) de deux poèmes, « De Profundis » (automne 1912) et « An den Knaben Elis » (printemps 1913)[30], arrêtons-nous aux hypotextes nombreux. Pour « De Profundis », il s'agit bien entendu de la Bible, à commencer, pour le titre, du Psaume 130 (le chant des pèlerinages), que Rimbaud reprend dans « Mauvais sang » (*Une saison en enfer*)[31] : « *De profundis, Domine*, suis-je bête ! ». Quant au buisson d'épines (strophe 3), le parallèle avec le deuxième livre de *Moïse* s'impose (2 Mos. 3.2), sans oublier « La première communion ». Le vers « La calme orpheline glane encore quelques épis » (2ᵉ strophe, v. 2) renvoie à Ruth (2, 2 et suivants) : « Un jour, Ruth la Moabite dit à Noémi : "Permets-moi d'aller dans un champ ramasser les épis que les moissonneurs laissent derrière eux" » (*La Bible*, en français courant, éd. de 1997). Ensuite, on peut voir une allusion au Psaume 79 dans la 3ᵉ strophe : « Ils ont donné en pâture aux vautours les cadavres de tes serviteurs, aux bêtes sauvages les corps de tes fidèles » (Ps. 79, 2, *La Bible en français courant*, 1997, p. 860), sans négliger que le Rimbaud des « Délires » n'est jamais loin. On peut voir par ailleurs une allusion à Maeterlinck (*Quinze chansons*), dans le 3ᵉ vers de la 5ᵉ strophe : « S'éteignit la lumière dans ma main ». Mais on ne saurait passer sous silence les éléments tirés de Hölderlin : ainsi, dans le vers 1 : « An die Natur » /« À la nature » : « Mort et misérable comme un champ de chaumes » (« Tot und dürftig wie ein Stoppelfeld »). Dans le vers 2 : « L'essaim des feuilles d'or entoure la maison en général », dans « Enfance » (*Illuminations*, éd. Guyaux, *op. cit.*, p. 291, où se trouvent de nombreux éléments commençant par « Il y a… »). Comme on le voit, dans « De profundis », les termes comme « Stoppelfeld », « Dornenbusch », « Hain » et même « Hütte » posent problème en français. Les traductions fluctuent entre « éteule » (Roud), terme moins fréquent que « chaume » (Legrand) ou « champ de chaumes » (Guillevic), ce qui

---

29. Pour une plus ample discussion, cf. Peter Schnyder, « Le poème se fait dans les signifiants. Notes sur Gustave Roud traducteur de Georg Trakl », *Colloquium Helveticum*, *loc. cit.*
30. Les deux poèmes, avec leurs quatre traductions, sont fournis en annexe.
31. Arthur Rimbaud, *Œuvres complètes*, éd. André Guyaux, Paris, Gallimard, « Bibliothèque de la Pléiade », 2009.

n'empêcha pas Petit / Schneider de choisir « champ d'éteules ». « Dornbusch » devient « fourré d'épines » chez Roud, « buisson de ronces » chez Legrand, alors que Petit / Schneider et Guillevic se décidèrent pour « buisson d'épines ». « Hain », qui a souvent une connotation religieuse, est traduit par « forêt » (Roud), « bosquet » (Legrand), « bois » (Petit / Schneider), mais Guillevic recourt au plus biblique « hallier ». Même « Hütte » varie de traduction en traduction : « hutte » chez Roud et Petit / Schneider, mais « chaumières » chez Legrand et « cabane » chez Guillevic. Sans exagérer l'importance de ces choix, ils confèrent au poème sa connotation référentielle, son aire d'action, son atmosphère. Tous ces détails ont donc leur importance. « Ihr Schoß » rappelle ce dilemme : si on traduit « De tout son être », comme Roud, on néglige l'élément érotique, mais cette connotation l'emporte avec « son sein » (Legrand et Guillevic) – et va au-delà de l'intention. Reste alors « son cœur » (Petit / Schneider) qui est peut-être trop général... Le verbe « harren » fait aussi problème (« Und ihr Schoß harrt... ») : « Et son sein attend... » (Legrand et Guillevic) affaiblit le verbe ; « Et son cœur est avide de... » (Petit / Schneider) va trop loin. Reste Roud, qui touche le mieux : « De tout son être elle attend le divin Fiancé ». Une autre difficulté vient de « klingen » : on trouve, pour « Klangen » : « bruissaient » (Roud), « tintèrent » (Legrand), « bruirent » (Petit / Schneider) et « résonnaient » (Guillevic). « Starrend von » ouvre un autre champ de variantes : « tout pailleté de... » (Roud), « figé par » (Legrand), « roidi par » (Petit / Schneider), « pétrifié par » (Guillevic). C'est comme pour « harren » : toutes les traductions restent approximatives.

Les difficultés continuent avec « sanft », mot-clé chez Trakl, que Roud rend par « calme orpheline » (« sanfte Waise »), Legrand par « tendre orpheline », Petit / Schneider par « douce orpheline », comme Guillevic. Les images sont également difficiles à saisir : « Ihre Augen weiden rund und goldig in der Dämmerung » devient chez Roud : « Ses grands yeux couleur d'or boivent le crépuscule » ; chez Legrand : « Ses yeux ronds et dorés pâturent au crépuscule », pour « Ses yeux ronds et dorés paissent dans le crépuscule » chez Petit / Schneider, que Guillevic reprend en mettant en *enallage* : « Ses yeux paissent ronds et dorés dans le crépuscule ». Comme on a pu le dire, le mouvement offre un autre écueil et « Am Weiler vorbei » donne lieu à des variantes différentes : Roud : « Au-delà du hameau » ; Legrand : « À l'orée du hameau » ; Petit / Schneider : « Passant près du hameau » et Guillevic : « Près du hameau ». Aucune n'est la bonne... tout comme « Bei der Heimkehr » qui est rendu soit par un adverbe : « Quand ils revinrent » (Roud), soit par des locutions adverbiales : « À leur retour » (Legrand) et « Au retour » (Petit / Schneider et Guillevic).

Quant à Élis, on peut rappeler que le poème a formé primitivement un tout avec deux parties ultérieures, « Elis »[32]. La figure d'Élis n'est ni historique, ni mythique : elle est une création poétique de Trakl, comme celle de Hélian ou de Sébastien. Cette figure reste ambivalente puisqu'elle exprime l'innocence et se place ainsi en dehors du temps. Mais sa naissance provoque l'abandon de cette atemporalité et une soumission aux souffrances humaines. C'est sur cette tension antithétique que repose le cycle de « Sébastien en rêve » : des images de repos et de plénitude – soutenues par une langue aux mouvements rythmiques amples – alternent avec des images de misère, de déclin, et de mort. La chute est un motif récurrent, d'où sa nécessité de ne pas le « diluer » par la traduction. Le renversement entre l'axe ascendant et l'axe descendant peut intervenir dans une même strophe et il est intéressant d'y retrouver des allusions à Hölderlin et à Rimbaud : « Dans la poitrine d'Élis un tendre carillon tinte / Le soir venu, / Quand sa tête retombe au coussin noir » (*Élis*, 2.1)[33]. Élis renvoie aussi à un paysage chez Friedrich Hölderlin ; Elisa était une cousine aimée par Verlaine morte prématurément et un personnage, Elis Fröbom, apparaît dans des textes que Trakl a pu lire : la narration sur les carrières de Falun (*Die Bergwerke von Falun*) dont Hofmannsthal fera un drame. Si Élis ne correspond à aucune figure historiquement identifiable, il n'en reste pas moins qu'elle fait penser à des personnages bibliques ou encore mythologiques. On peut noter que selon Eduard Lachmann, Élis est déchiffré en

---

32. L'édition d'Innsbruck propose une articulation chronologique autour de « niveaux de texte » (« Textstufen »), ce qui permet une reconstitution étape par étape : le niveau 1 était ainsi composé de 14 vers qui se voient petit à petit modifiés ; à partir du niveau 3, le poème comporte 48 vers et 3 parties, par la suite, il est réduit à 29 vers et la première partie devient autonome. Il en résulte une condensation intéressante qui souligne le motif de la chute, au détriment d'éléments plus mystiques dans « An den Knaben Elis » qui forme un poème indépendant.

33. À rapprocher de « schon tönt es ihm in der Brust », *in* Friedrich Hölderlin, « Der gefesselte Strom » (« il y a déjà dans sa poitrine une résonance »), mais aussi de « Deine Brust gleicht einer Kithara ; durch deine blonden Arme zittern Glockenklänge ; dein Herz schlägt in deiner Brust », *in* Arthur Rimbaud, « Antike » (« Ta poitrine ressemble à une cithare, des tintements circulent dans tes bras blonds. Ton cœur bat dans ce ventre où dort le double sexe », « Antique », *in* A. Rimbaud, *Les Illuminations*). On notera la suppression des allusions au sexe par le traducteur allemand, K. L. Ammer, qui prenait, comme on le sait, d'autres libertés avec l'original.

tant qu'« Homme – Dieu » (à partir d'éléments hébreux « El » et « Is » ou « Isch » : Dieu et l'homme). D'autres associations sont possibles, au Christ par exemple ou à la voix de Dieu (qui, comme on l'a souvent noté, s'adresse à Moïse dans le buisson ardent, cf. 2.2), ou à la figure de Hyakinthos. Blessé par Apollon au jeu et dans le poème, son front saigne ici de manière significative. Il y a aussi l'assimilation du garçon à une jacinthe, et la critique du Christianisme dans son acception traditionnelle (avec le moine qui plonge ses doigts de cire dans le corps de l'enfant). On pourrait également évoquer Endymion, mais on sait que Trakl se sert d'éléments rencontrés ailleurs et qu'il les varie à sa guise. Une lecture possible reste une identification au poète dans sa position de médiateur qui déchiffre et transmet poétiquement un monde en déclin.

Mais comme on le voit, le motif du déclin devient « perte » chez Roud, « descente aux profondeurs » chez Legrand ; Guillevic opte pour « C'est que tu sombres » et seul Petit / Schneider donnent : « C'est là ton déclin ». L'opposition entre la perte d'un système religieux et culturel qui a pu faire sens et l'évocation d'un âge d'or est également estompée dans le dernier vers : « Das letzte Gold verfallener Sterne » aboutit à « Le dernier or des étoiles perdues » (Roud) qui ne rend pas vraiment la déchéance, ou « L'or dernier d'étoiles écroulées » (Legrand) qui confère une connotation de catastrophe extérieure, ce qui n'est pas le cas en 1913. « Le dernier or d'étoiles abîmées » (Guillevic) ne convainc pas non plus car la dimension cosmique n'est pas visée par Trakl. Reste la version de Petit / Schneider : « Le dernier or d'étoiles déchues » qui touche juste et confirme une idée selon laquelle il devrait être possible de garder le meilleur de chaque traduction pour arriver à une version « idéale ». Mais pour des questions de signature, de copyright, de droits d'auteur, nous en sommes encore loin…

D'autres éléments pourraient confirmer cette exigence : la strophe 2 permet de les résumer : pour « leise bluten », on trouve « saigner doucement » (Roud), « saigner tout bas » (Legrand), « saigner en silence » (Petit / Schneider) cependant que Guillevic ne rend même pas l'adjectif. « Uralt » (dans « Uralte Legenden ») varie entre « antique » préposé (Roud), « originelles » (Legrand), « immémoriales » (Petit / Schneider) et, préposé, « très vieilles » (Guillevic), alors que « dunkle Deutung » devient « présage obscur » (Roud et Petit / Schneider), « le sombre augure » (Legrand), que Guillevic rend par « le sens obscur », ce qui est plus clair mais éclipse l'élément allusif en jeu dans l'original.

On le voit bien : traduire un poème reste un problème de reconstitution patiente d'une émotion, d'une tonalité, d'une atmosphère avant tout. C'est le règne du signifiant, sans exclusive, car le poète reste attaché au sens du poème qu'il ne saurait être question de sacrifier. Mais il s'agit aussi de sauver le ressenti dans la perspective du poète. Nous avons ainsi profité de la démarche comparatiste (ou du moins comparative) et de l'espace théorique qui anime ce colloque pour essayer à notre tour de montrer que traduire la poésie n'est pas une activité neutre et que les choix des traducteurs expriment leur propre interprétation – ce qui est leur droit – et que, indépendamment de la tradition et de l'atmosphère culturelle du moment de l'auteur, celle du traducteur contribue à influencer ses choix. Traduire c'est choisir, mais pourquoi ne pas essayer, comme l'a formulé le poète suisse Felix Philipp Ingold[34], de profiter des traductions précédentes, de reprendre ce qui est « bon » ? La traduction de sa poésie est pour lors un défi ouvert et gratifiant. Même si elle doit nécessairement rester approximative, car elle ne parviendra pas à rendre la tonalité propre à l'original, elle est fort utile et peut constituer des *poèmes d'invitation* qui rendront ce poète plus familier en France. La retraduction reste une entreprise prometteuse, c'est une entreprise sans fin, comme bien des activités humaines qui nous permettent de progresser.

ILLE – Institut de Recherche en langues et littératures européennes
Université de Haute-Alsace

---

34. Felix Philipp Ingold, « Praxis und Kritik der literarischen Nachübersetzung », *Variations*, n° 16, 2008, qui reprend des réflexions déjà formulées ailleurs, prometteuses mais difficiles à réaliser. En attendant, qui empêcherait les amateurs de se constituer ainsi leur bibliothèque imaginaire ?

Annexe
Georg Trakl, « De profundis (II) » (1912)[35]

1. Es ist ein Stoppelfeld, in das ein schwarzer Regen fällt.
Es ist ein brauner Baum, der einsam dasteht.
Es ist ein Zischelwind, der leere Hütten umkreist.
Wie traurig dieser Abend.

Roud (1947)[36] :
Il y a une éteule où tombe une pluie noire.
Il y a un arbre qui se dresse solitaire,
Un vent qui siffle et tourne autour des huttes vides —
Tristesse de ce soir !

Legrand (1953)[37] :
Il y a un chaume sur quoi une pluie noire tombe.
Il y a un arbre brun qui se dresse là, solitaire.
Il y a le sifflement du vent qui tourbillonne
Autour des chaumières désertes.
Comme ce soir est triste.

Petit / Schneider (1972)[38] :
Il y a un champ d'éteules dans lequel tombe une pluie noire.
Il y a un arbre brun qui est là, solitaire.
Il y a un vent frouant qui cerne des huttes vides —
Comme ce soir est triste.

---

35. Georg Trakl, « De Profundis », in *Sämtliche Werke und Briefwechsel*, op. cit., vol. II : *Dichtungen Sommer 1912 bis Frühjahr 1913*, p. 111-123.
36. Georg Trakl, *Vingt-quatre poèmes* (1978), préf. et tr. Gustave Roud, Paris, La Délirante, 1996, p. 31.
37. Georg Trakl, *Poèmes majeurs*, tr. Jacques Legrand, prés. Adrien Finck, Paris, Aubier, « Domaine allemand / bilingue », 1993, p. 179 (Prépublication : *Les Cahiers du Sud*, Marseille, n° 341, 1957).
38. Georg Trakl, *Œuvres complètes*, tr. Marc Petit et Jean-Claude Schneider, Paris, Gallimard, « Du monde entier », 1972 (Réédition : Georg Trakl, *Crépuscule et déclin* suivi de *Sébastien en rêve* et autres poèmes, préf. Marc Petit, tr. Marc Petit et Jean-Claude Schneider, Paris, Gallimard, « Poésie », 1990, p. 116-117).

Guillevic (1981)[39] :
Il y a un champ de chaumes, dans lequel tombe une pluie noire.
Il y a un arbre brun qui est là, seul, debout.
Il y a un vent qui siffle et qui cerne des cabanes vides —
Comme ce soir est triste.

2. Am Weiler vorbei
Sammelt die sanfte Waise noch spärliche Ähren ein.
Ihre Augen weiden rund und goldig in der Dämmerung.
Und ihr Schoss harrt des himmlischen Bräutigams.

Roud :
Au-delà du hameau
La calme orpheline glane encore de maigres épis.
Ses grands yeux couleur d'or boivent le crépuscule ;
De tout son être elle attend le divin Fiancé.

Legrand :
À l'orée du hameau
La tendre orpheline glane encor quelques maigres épis.
Ses yeux, ronds et dorés pâturent au crépuscule
Et son sein attend l'époux céleste.

Petit / Schneider :
Passant près du hameau
La douce orpheline glane encore de rares épis.
Ses yeux ronds et dorés paissent dans le crépuscule
Et son cœur est avide de l'époux céleste.

Guillevic :
Près du hameau la douce orpheline
Ramasse encore en passant de rares épis.
Ses yeux paissent ronds et dorés dans le crépuscule
Et son sein attend le céleste fiancé.

3. Bei der Heimkehr
Fanden die Hirten den süßen Leib
Verwest im Dornenbusch

---

39. Georg Trakl, *Vingt poèmes de Georg Trakl*, tr. Eugène Guillevic, Paris, Les Cahiers d'Obsidiane, 1989 (Réédition, enrichie de cinq pièces, de : George Trakl, *Quinze poèmes*, Paris, Les Cahiers d'Obsidiane, 1981).

Roud :
Quand ils revinrent,
Les bergers trouvèrent son doux corps
Pourri dans le fourré d'épines.

Legrand :
À leur retour
Les pâtres ont trouvé le tendre corps
Pourri dans le buisson de ronces.

Petit / Schneider :
Au retour,
Les bergers trouvèrent le corps suave
Pourri dans le buisson d'épines.

Guillevic :
Au retour
Les bergers ont trouvé son tendre corps
Pourri dans le buisson d'épines.

4. Ein Schatten bin ich ferne finsteren Dörfern
Gottes Schweigen
Trank ich aus dem Brunnen des Hains.

Roud :
Je suis une ombre loin des villages obscurs.
Dans la forêt, à la source
J'ai bu le silence de Dieu.

Legrand :
Je suis une ombre loin des ténébreux villages.
Le silence de Dieu,
Je l'ai bu à la fontaine du bosquet.

Petit / Schneider :
Je suis une ombre loin d'obscurs villages.
À la source du bois j'ai bu
Le silence de Dieu.

Guillevic :
Je suis une ombre loin de sombres villages.
Le silence de Dieu
Je l'ai bu dans la fontaine du hallier.

5. Auf meine Stirn tritt kaltes Metall
Spinnen suchen mein Herz.
Es ist ein Licht, das in meinem Mund erlöscht.

Roud :
Un métal froid foule mon front.
Des araignées cherchent mon cœur.
Il y a une lumière qui s'éteint dans ma bouche.

Legrand :
Sur mon front suinte un métal froid
Des araignées cherchent mon cœur.
Il y a une lumière qui s'éteint dans ma bouche.

Petit / Schneider :
Sur mon front vient du métal froid.
Des araignées cherchent mon cœur.
Il y a une lumière qui s'éteint dans ma bouche.

Guillevic :
Sur mon front passe du métal froid.
Des araignées cherchent mon cœur.
Il y a une lumière qui s'éteint dans ma bouche.

6. Nachts fand ich mich auf einer Heide,
Starrend von Unrat und Staub der Sterne.
Im Haselgebüsch
Klangen wieder kristallne Engel.

Roud :
Je me trouvai la nuit sur une lande,
Tout pailleté de débris d'astres et de poussière d'étoiles.
Dans la coudraie
Bruissaient de nouveau des anges de cristal.

Legrand :
Je me suis retrouvé la nuit sur une lande
Figé par les ordures et la poussière d'astres.
Dans la coudraie
Tintèrent de nouveau des anges de cristal.

Petit / Schneider :
De nuit je me trouvai sur une lande
Roidi d'ordures et de poussière d'étoiles.
Dans les taillis des noisetiers
Bruirent à nouveau des anges de cristal.

Guillevic :
La nuit je me suis trouvé sur une lande,
Pétrifié par les excréments et la poussière des étoiles.
Dans le taillis de noisetier
Résonnaient à nouveau les anges de cristal.

Georg Trakl, « An den Knaben Elis » (1913)[40]

Elis, wenn die Amsel im schwarzen Wald ruft,
Dieses ist dein Untergang.
Deine Lippen trinken die Kühle des blauen Felsenquells.

Roud, « À l'enfant Élis »
Élis, l'appel du merle au cœur de la forêt
Sonne ta perte.
Tes lèvres boivent la fraîcheur à la source bleue des rochers.

Legrand, « À l'enfant Elis »
Elis, l'appel du merle dans le bois noir t'invite
À descendre aux profondeurs.
Ta lèvre boit la fraîcheur bleue de la source rocheuse.

Petit / Schneider, « À l'enfant Élis »
Élis, quand le merle appelle dans la noire forêt,
C'est là ton déclin.
Tes lèvres boivent la fraîcheur bleue des rochers.

Guillevic, « Au jeune Elis »
Elis, quand dans la profonde forêt le merle appelle,
C'est que tu sombres.
Tes lèvres boivent la fraîcheur de l'eau bleue des roches.

---

40. « An den Knaben Elis », in *Sämtliche Werke und Briefwechsel*, *op. cit.*, vol. II : Dichtungen Sommer 1912 bis Frühjahr 1913, p. 427-433.

Laß, wenn deine Stirne leise blutet
Uralte Legenden
Und dunkle Deutung des Vogelflugs.

Roud :
Souffre qu'à ton front saignent doucement
D'antiques légendes
Et le présage obscur des vols d'oiseaux.

Legrand :
Laisse, quand ton front saigne tout bas
Des légendes originelles
Et le sombre augure d'un vol d'oiseaux.

Petit / Schneider :
Laisse, quand de ton front saignent en silence,
Des légendes immémoriales
Et le présage obscur du vol des oiseaux.

Guillevic :
Laisse, quand saigne ton front,
Les très vieilles légendes
Et le sens obscur du vol de l'oiseau.

Du aber gehst mit weichen Schritten in die Nacht,
Die voll purpurner Trauben hängt,
Und du regst die Arme schöner im Blau.

Roud :
Mais tu marches à pas légers dans la nuit
Suspendue et pleine de raisins pourpres,
Et tes bras sont plus beaux qui bougent dans le bleu.

Legrand :
Mais toi, à pas moelleux tu t'en vas vers la nuit
Toute tendue de grappes pourpres
Et plus beaux sont les gestes de tes bras dans le bleu.

Petit / Schneider :
Tu vas, toi, d'un pas lisse vers la nuit
Toute chargée de raisins pourpres,
Et tu bouges les bras plus beaux dans le bleu.

Guillevic :
Toi cependant tu vas à pas doux dans la nuit
Tendue de grappes empourprées
Et tes bras dans le bleu ont des gestes plus beaux.

Ein Dornenbusch tönt,
Wo deine mondenen Augen sind.
O, wie lange bist, Elis, du verstorben.

Roud :
Un fourré de ronces chante
Où sont tes yeux couleur de lune.
Élis, oh il y a si longtemps que tu es mort.

Legrand :
Un buisson de ronces tinte
Là où sont tes yeux de lune.
Ô comme il y a longtemps, Elis, que tu es mort.

Petit / Schneider :
Un buisson d'épines sonne
Où sont tes yeux de lune.
Ô il y a si longtemps, Elis, que tu es mort.

Guillevic :
Tinte un buisson d'épines
Où sont tes yeux de lune.
Comme il y a longtemps, Elis, que tu es mort.

Dein Leib ist eine Hyazinthe,
In die ein Mönch die wächsernen Fingern taucht.
Eine schwarze Höhle ist unser Schweigen,

Roud :
Ton corps est une jacinthe
Où un moine enfonce des doigts de cire.
Notre silence est une grotte obscure,

Legrand :
Ton corps est une jacinthe
Dans laquelle un moine trempe ses doigts de cire.
Notre silence est une grotte noire

Petit / Schneider :
Ton corps est une hyacinthe
Dans laquelle un moine plonge ses doigts de cire.
Une caverne noire est notre mutisme,

Guillevic :
Ton corps est devenu jacinthe,
Un moine y plonge ses doigts de cire.
Notre silence est un trou noir

Daraus bisweilen ein sanftes Tier tritt
Und langsam die schweren Lider senkt,
Auf deine Schläfen tropft schwarzer Tau,
Das letzte Gold verfallener Sterne.

Roud :
Parfois il en sort une bête douce
Qui clôt ses lourdes paupières avec lenteur.
À tes tempes goutte une rosée noire,
Le dernier or des étoiles perdues.

Legrand :
D'où parfois surgit une tendre bête
Qui lentement abaisse ses lourdes paupières.
Sur tes tempes perle une rosée noire,
L'or dernier d'étoiles écroulées.

Petit / Schneider :
D'où sort parfois une bête douce
Et abaisse lentement ses paupières lourdes.
Sur tes tempes goutte de la rosée noire,
Le dernier or d'étoiles déchues.

Guillevic :
D'où sort de temps en temps une bête très douce
Qui laisse lourdement retomber ses paupières.
Sur les tempes tombe une rosée noire.
Le dernier or d'étoiles abîmées.

Cette *Passante* qui revient toujours :
Les joies et les chagrins de l'anthologiste

JERZY BRZOZOWSKI

Résumé
L'article retrace brièvement l'histoire des multiples retraductions de Baudelaire en Pologne, en s'appuyant sur le poème « À une passante » (*Fleurs du mal*). Ce poème a connu au moins neuf traductions : en vers libre (Rolicz-Lieder, 1903), en vers régulier (Kozłowski, Wydżga et Opęchowski, 1922-1944), en vers régulier aux rigueurs « relâchées » (Jastrun, Skibiński, et d'autres probablement, 1950-2000), vers libre cadencé (Adamski) ou non-rythmé (Niemiec), vers polonais régulier (Wroncka-Kreder, 2009). Ces tentatives répétées illustrent, d'une part, le rôle créatif des traductions quand celles-ci se trouvent au centre du polysystème (1887-1911). D'autre part, on observe une dialectique curieuse entre la traduction et les tendances dominantes de la poésie contemporaine. Les exemples étudiés semblent confirmer que les traditions traductives particulières de chaque langue-culture tendent à s'émanciper, à former un système à part.

Abstract
This paper sketches the history of the several translations of Baudelaire's poems in Polish, with a specific focus on the poem « À une passante » (*Fleurs du mal*). This poem was translated at least 9 times : in free verse (Rolicz-Lieder, 1903), in regular verse (Kozłowski, Wydżga and Opęchowski, 1922-1944), in not-so-regular verse (Jastrun, Skibiński, and others, 1950-2000), rhythmic free verse (Adamski), non-rhythmic free verse (Niemiec), and regular Polish verse (Wroncka-Kreder, 2009). These different attempts show, on the one hand, the creative role played by translation when such a practice occupies the centre of the literary polysystem (1887-1911). On the other hand, an interestingly dialectic relationship seems to emerge between translated and autochthonous poetry. The examples analysed in this essay seem to confirm that the translation traditions of any language-culture tend to emancipate themselves in order to form their own system.

Les premières traductions de Baudelaire en Pologne coïncident avec le moment où, après quelques décennies d'indifférence envers la littérature qui venait de l'extérieur, on recommence à beaucoup traduire. Cette indifférence était due, en particulier, à l'explosion des talents des grands romantiques polonais (Adam Mickiewicz, Juliusz Słowacki, Zygmunt Krasiński, Cyprian Norwid), mais avec la disparition du plus jeune de cette génération, Norwid, on retrouve le goût de traduire, notamment ce genre relativement nouveau qu'est le roman, et le romancier préféré des Polonais est, dans les années 1860, Victor Hugo[1].

Mais on traduit également les poètes. Le premier poème de Baudelaire paraît dans sa version polonaise en 1876 : il s'agit du « Jeu », et le traducteur Wiktor Gomulicki nous offre une lecture positiviste de ce poème, abusivement positiviste, comme il est aisé de le constater dans la dernière strophe (c'est nous qui soulignons) :

> Et mon cœur *s'effraya d'envier* maint pauvre homme
> Courant avec ferveur à l'abîme béant,
> Et qui, soûl de son sang, *préférerait* en somme
> La douleur à la mort et l'enfer au néant !

> Ale nagle *mnie żałość zdjęła* nad człowiekiem,
> Co duszę swoją czyni brudnych szaleństw ściekiem
> I co biegnąc przez życie z twarzą krwi ociekłą,
> Nad śmierć przekłada nędzę, a nad nicość piekło[2] !

Le fragment en italique dans la traduction veut dire : « [mon cœur] s'apitoya de voir maint pauvre homme » : une prise de distance « didactique » devient assez claire. Il est intéressant de constater qu'une seconde traduction polonaise de ce poème, publiée en 1923, paraît également abusive, pour des raisons contraires cette fois :

> I ze zgrozą pojąłem, że zazdrościć zdolnym
> Temu, co w otchłań biegnie z skwapliwością wściekłą,
> I własną krwią pijany, po życiu mozolnym
> Nad śmierć *przeniósłbym* mękę, a nad nicość piekło[3].

---

1. Cf. Jerzy Brzozowski, « Victor Hugo poète en Pologne : Histoire d'un non-amour », *in* Maryla Laurent (éd.), *L'Autre tel qu'on le traduit*, Paris, Numilog, « Le Rocher de Calliope », 2007, p. 59-65.
2. Paru dans *Kurier Codzienny*, n° 209, 1876.

La différence est d'une seule lettre, qui change tout : le traducteur Czesław Kozłowski dit « préférerais » au lieu de « préférerait », annulant la distance entre le « moi » du poème et l'objet de sa description, ce qui montre qu'à cette époque on assume déjà volontiers – trop volontiers, oserons-nous dire – la légende noire de Baudelaire[4].

On imagine donc aisément que les questions idéologiques sont celles qui pèsent le plus sur la première période de la réception des *Fleurs du mal* en Pologne[5], mais ce climat change dans la première décennie du XXe siècle : l'auteur est déjà considéré comme un classique, et la lecture dominante est symboliste, ce que reflètent notamment les choix des poèmes à traduire. Cette lecture met en relief les correspondances, les non-dits, la mélancolie, plutôt que d'aller droit aux choses, ce que Baudelaire faisait, tout de même, assez souvent.

À partir des années 1890 s'amorce un effet « boule de neige ». Après quelques traductions dans la presse des années 1880 et un premier volume assez important qui date de 1894, viennent une vingtaine de traductions éparses, puis une livraison importante (du point de vue de la qualité) en 1911, dans le volume *Liryka francuska* de Bronislawa Ostrowska. Mais en 1923 et 1926 paraissent deux éditions complètes et rivales des *Fleurs du mal*, respectivement de Czesław Kozłowski et Bogdan Wydżga. La qualité de ces traductions est très inégale, mais on y trouve des pièces très bien tournées, et il n'est pas étonnant que le volume de Wydżga soit intégralement republié dans les années 2000.

Mais un seul poème vaut parfois plus qu'un volume. C'est le cas du « Balcon », traduit de façon magistrale par Czesław Miłosz en 1936. On dira la même chose à propos de « L'Albatros » et d'« Élévation », traduits dans les années 1960 par Wisława Szymborska. Cependant, il y a toujours des téméraires qui ont l'ambition de re-traduire *Les Fleurs du mal* dans leur inté-

---

3. Czesław Jastrzębiec-Kozłowski, *Kwiaty grzechu*, Varsovie / Cracovie, Wydawnictwo J. Mortkowicza, 1923.
4. Nous prenons nos distances par rapport à cette « légende noire » polonaise dans notre présentation (*Posłowie*) de l'édition bilingue des *Fleurs du mal*, Cracovie, Wydawnictwo Literackie, 1990, 1991, 1994 (voir surtout p. 470-473).
5. Pour ce qui est de la première période de la réception des œuvres de Baudelaire en Pologne (y compris les *Petits Poèmes en Prose*, *Les Fusées*, *Les Journaux intimes*, etc.), cf. Jerzy Brzozowski, « Pierwsi polscy tłumacze Baudelaire'a », *Literatura na świecie*, n° 1-3, 1993, p. 211-250.

gralité : c'est le cas de Jan Opęchowski, qui trouve une consolation dans cette poésie pendant les années terribles de la Seconde Guerre mondiale.

Il y aura un autre téméraire cinquante ans plus tard : il s'agit du professeur Jerzy Adamski, qui livre au public une nouvelle édition quasiment complète dans les années 1990. Auparavant, et jusqu'à présent, il y en a eu d'autres, poètes chevronnés ou débutants, vedettes ou amateurs obscurs, qui ont bien voulu traduire et retraduire vers le polonais leurs poèmes préférés de Baudelaire. Tout porte à croire que le numéro un sur cette liste est le sonnet « À une passante »[6], avec ses neuf traductions polonaises publiées en un siècle, de 1903 à 2008. Il est important de dire, avant d'examiner ces traductions de près, qu'elles obéissent à une règle presque absolue dans la tradition polonaise : celle de traduire les poètes anciens en vers réguliers.

Les exceptions sont rarissimes, et il est d'autant plus intéressant de constater que la première traduction polonaise d'« À une passante », qui date de 1896 probablement, mais fut publiée en 1903, est faite en vers blancs, comme on le voit dans le premier quatrain :

> Ogłuszająca wokół mnie ulica wrzała,
> Długa, wąska, żałobą na przestrzał natchniona,
> Jedna wtem przesunęła się kołysząc pani,
> Podtrzymując spad sukni ręką okazała [...][7]

Il ne s'agit pas de vers libres, toutefois, car ils gardent toujours la mesure de 13 syllabes, avec la césure régulière 7/6, quoique dans le vers final (i.e. dans la dernière strophe) elle soit brouillée : 8 sur 5, à cause de l'usage d'une forme verbale archaïque. Le dessein polémique de Rolicz-Lieder envers les « leaders » de sa génération, qui peaufinaient des rimes rares, est patent, et confirmé par les spécialistes en la matière. Nous nous sommes permis en 1993 de tirer de l'oubli cette pièce étonnante dans l'article consacré aux premiers traducteurs polonais de Baudelaire (voir note 5). Jerzy Lisowski a trouvé le fait sensationnel et, à notre satisfaction mitigée, a décidé de l'insérer dans le

---

6. Le texte intégral d'« À une passante » est donné à la p. 301.
7. Wacław Rolicz-Lieder, *Nowe wiersze*, Varsovie, 1903. Le poème porte le titre « Spotkanie w Paryżu », et le fait qu'il s'agit d'une traduction n'est pas mentionné ! Ceci n'est d'ailleurs pas inédit à cette époque ; de même, le poème « O Sino », attribué au poète brésilien Teofilo Dias (1854-1889), n'est pas reconnu comme la traduction de la « Cloche fêlée » par l'éditeur, António Cândido. Cf. Teofilo Dias, *Poesias escolhidas*, São Paulo, Conselho Estadual de Cultura, 1965, p. 78.

3ᵉ tome de sa monumentale *Anthologie de la poésie française*. On peut comprendre ses motifs : les débuts du vers libre en Pologne ont été difficiles et tardifs, le courage de Rolicz-Lieder a donc été admirable. Pourtant, soyons clairs : malgré le courage de ce poète mineur, et considérant toute la valeur de son geste, sa traduction n'est pas, en soi, ce qu'on appelle « un beau poème ».

Force est de répéter la même opinion lorsqu'on lit la deuxième traduction en date, celle de 1923, due à Czesław Kozłowski. Elle est faite en vers réguliers impeccables. Le système des rimes suit à la ligne celui de l'original ; la césure 7/6 est régulière. Les rimes sont riches, parfois léonines – mais c'est précisément le zèle de bien rimer qui a perdu le traducteur. Le prix à payer, c'est le parfait ridicule dès le premier vers de la première strophe, là précisément où il fait la rime léonine *huknie / suknie*.

> Pomnę, krzykliwe miasto wrzawą coraz huknie...
> Słuszną, szczupłą, poważną, smutkiem i żałobą –
> Przechodzącą kobietę ujrzałem przed sobą,
> Która wytworną rączką unosiła suknie [...]⁸

Le ridicule est dû principalement à l'exagération sémantique du verbe *huknie* [tonnera], et nous nous permettons ici un jeu de mots peu raffiné : il y a en polonais un proverbe qui dit : « une cuillère de goudron gâte un tonneau de miel ». Il semble que ce soit précisément le cas ici, comme d'ailleurs dans plusieurs traductions de Kozłowski et de son rival Wydżga, dont nous citerons les quatrains et le premier tercet :

> Zgiełk, huk na ulic zbiegu w pomruk się łączyły.
> Wysoka i wysmukła, w czerni majestacie,
> Szła z ręką opuszczoną dostojnie na szacie,
> Unosząc czystość rąbka nad uliczne pyły –
>
> Gibka, chłodna, szlachetna – z gajów świętych żmija.
> Stanęła jak bogini... W bruk jakby wkopany,
> Piłem jej oczu jasność, gdzie czuć huragany –
> Słodycz, która niewoli, rozkosz, co zabija.
>
> Błyskawica... noc potem! – Przelotna piękności,
> Co krwi świeżej nalałaś w pustkę mych wnętrzności,
> Czy cię więcej nie ujrzę – aż gdy w wieczność znajdę ? [...]⁹

---

8. Czesław Jastrzębiec-Kozłowski, *op. cit.*

Lorsqu'on considère la version de Wydżga, force est de constater que, comme chez Kozłowski, la versification est impeccable. On n'y trouve toutefois rien de franchement grotesque, même s'il y a quelques passages douteux, d'ailleurs dès le premier vers – nous pensons au mot « pomruk », « un murmure » de la ville : ce qui était trop fort chez Kozłowski, ici est en fait trop faible. On reprochera à Wydżga également deux ou trois archaïsmes (« znijdę », « kędy ») qui étaient à la mode à l'époque et qui, justement par leur usage excessif dans ce temps là, semblent pénibles pour un lecteur d'aujourd'hui.

On pourrait tout de même lui faire deux reproches plus graves. La modification du premier vers du deuxième quatrain : « Agile et noble, avec sa jambe de statue », qui devient, curieusement, « [...] z gajów świętych żmija » (« une vipère des forêts sacrées »), dans un autre contexte serait peut-être une modulation bienvenue, mais pas ici, puisque chez Baudelaire, il y a deux archétypes féminins incompatibles : l'un est précisément « un serpent qui danse », figure brune, sensuelle et animale, et l'autre, blonde éthérée et angélique aux yeux bleus. Il est évident que dans ce poème, il s'agit de la blonde aux yeux bleus, même si son angélisme, ici comme ailleurs, est compliqué, voire douteux. De même, le passage du premier tercet : « Co krwi świeżej nalałaś w pustkę mych wnętrzności » (« Qui as fait couler le sang dans mes entrailles vides ») au lieu du sublime « Dont le regard m'a fait soudainement renaître » nous paraît trop naturaliste.

Les deux exemples suivants sont hautement instructifs. La version de Jan Opęchowski, datant des années 1943-1945, n'a été publiée qu'en 1990. Pourtant, Mieczysław Jastrun, qui faisait sortir en 1958 son choix des *Fleurs du mal*, la connaissait à coup sûr, puisqu'il a opté pour la publication des *Petites vieilles* du même Opęchowski, traduction d'ailleurs qui allait disparaître des trois éditions suivantes de cette anthologie : une décision bizarre et pour tout dire, injuste. De quoi s'agirait-il? Y aurait-il un malentendu entre les deux hommes, ou serait-ce simplement une manifestation de la jalousie de Jastrun ? On ne peut plus vérifier ces conjectures, les protagonistes de cette histoire n'étant plus de ce monde. Toujours est-il que la traduction d'Opęchowski, versifiée d'une façon presque impeccable, est aussi

---

9. Charles Baudelaire, « Do nieznanej », in *Kwiaty zła*, tr. Bohdan Wydżga, Varsovie / Cracovie, Gebethner i Wolff, 1926.

un beau poème polonais. Aucun reproche sérieux ne s'impose : quelques archaïsmes légers sont plutôt un « grain de beauté » qu'un défaut, ils nous rappellent que le poème a paru dans un autre temps.

La seule hypothèse plausible que nous puissions avancer est que, pour le goût de l'époque – il s'agit des années 1950 –, la traduction de Opęchowski serait paradoxalement trop « belle », trop lisse pour être convaincante. Après les futuristes, les surréalistes et d'autres avant-gardes récentes, mais surtout après le retour obligatoire du vers régulier à l'époque stalinienne qui venait de se terminer, le refus du vers régulier est plus qu'une mode, c'est peut-être un acte de liberté. Cette explication témoigne de notre bonne volonté et de notre respect envers Mieczysław Jastrun, un poète reconnu et un théoricien de la poésie brillant, dont les idées sur le rythme s'approchent de celles d'Henri Meschonnic[10].

Toujours est-il que sa traduction[11] surprend précisément par des licences rythmiques. La césure de sa première strophe est 7/6... 5/8... 7/6... 5/8, dans la deuxième c'est 5/8... 7/6... 7/6... 7/6 ; pour le premier tercet, 4/2/7... 5/8... 7/6 : tout cela, dans le vers polonais régulier, est assez difficile à digérer. Il est vrai que le nombre des accents toniques est stable, ils sont quatre, sauf le premier (5) et le dernier vers (6). Le système des rimes suit l'original de près, mais ce sont des rimes à peine suffisantes, voire pauvres (przechodzień / wschodzi). Ces licences sont caractéristiques de l'époque : la versification est relâchée pour faire ressortir la précision de l'image. C'est en principe vrai pour cette traduction, sauf pour le 3ᵉ vers du deuxième tercet : « Son œil, ciel livide » devient « W jej oku, niebie modrym » (« Son œil, ciel d'azur »), une banalité que Jastrun partage avec Opęchowski (« błękit ócz jej », « l'azur de ses yeux »), et que tous leurs prédécesseurs ont su éviter (chez Kozłowski, « jej oczu – bladych niebios », « son oeil, ciel clair » ; chez Wydżga, « jej oczu jasność », « la clarté de ses yeux » ; chez Rolicz-Lieder littéralement : « W oczu jej sinym niebie »).

Nous avons choisi, avec Maria Leśniewska, la co-responsable de l'édition bilingue de 1990, de publier la traduction de Opęchowski, car, 1° le goût a changé de nouveau et la « poétique du heurt »[12] est devenue datée,

---

10. Cf. Henri Meschonnic, *Critique du rythme*, Paris, Verdier, 1988, p. 85, 225.
11. Publiée dans : Charles Baudelaire, *Kwiaty zła*, éd. Mieczysław Jastrun, Varsovie, PIW, 1958, 1970, 1973, 1981.
12. Cf. Antoine Berman, *Pour une critique des traductions : John Donne*, Paris, Gallimard, 1995, p. 66. Nous adaptons le concept bermanien pour décrire un phénomène polonais

2° nous avons préféré donner sa chance à une traduction inédite, un point que nous considérons toujours important. Après un succès considérable de notre livre et ses rééditions consécutives de 1991 et 1994, la décennie suivante nous a réservé bien des surprises[13]. Certaines ont été désagréables : les autres éditions polonaises des *Fleurs du mal* se sont bientôt multipliées, au nombre de sept, dont six exploitant sans scrupules les vieilles traductions sans droits d'auteur.

Mais ce « festival Baudelaire » a eu également son côté positif : les retraductions. Dans le cas d'« À une passante », entre 1995 et 2008, elles sont quatre, ce qui est plutôt étonnant, et elles représentent une diversité remarquable de démarches poétiques.

La traduction de Jerzy Adamski, datant de 1995, est faite en octosyllabes trochaïques, avec suppression de la ponctuation. On admettra que le fait qu'un professeur de Littérature française retraité qui traduit Baudelaire de la sorte, dans un rythme de rap... cela n'arrive pas tous les jours :

> Wyła ulica wokół mnie
> A ona przeszła jakby nic
> W żałobie po kimś widać to
> W majestatyczną wbita czerń [...][14]

Maciej Niemiec, trois ans plus tard (1998), nous livre un morceau de prose amorphe, ou plutôt une traduction en vers libres dont le nombre de syllabes varie entre 10 et 15 :

---

des années 1950, appelé « poetyka zgrzytu », dont le représentant principal était Adam Ważyk.

13. Pour les détails, cf. Jerzy Brzozowski, « Baudelaire en Pologne 2000 », *in* Francis Claudon *et al.* (éds.), *La Modernité, mode d'emploi*, Paris, Kimé, 2005, p. 66-73.

14. *Do przechodzacej*, tr. Jerzy Adamski ; il a publié plusieurs traductions baudelairiennes dans deux livraisons de la revue *Wiadomości Kulturalne*, les numéros 15 et 52-53, 1995. Ces textes ont été repris dans un volume paru en 1998 aux éditions Ars de Varsovie.

> Wokół mnie wyła ogłuszająca ulica.
> Wysoka, szczupła, w żałobie, ból majestatyczny –
> Kobieta przeszła obok mnie; jej unosząca się
> Widzialna dłoń, odsuwająca woalkę [...]¹⁵

Cette liberté prise avec la versification devrait en théorie nous garantir une « fidélité » scrupuleuse et une précision des images, puisque le traducteur a l'ambition de calquer littéralement la structure grammaticale des phrases françaises, ce qui à première vue peut paraître intéressant. Mais il n'en est rien : « l'azur des yeux » (« Z błękitu jej oczu... ») réapparaît, avec des modifications et ajouts arbitraires dans la première (« jej unosząca się widzialna dłoń », « sa main se soulevant, visible »), deuxième et quatrième strophes.

La traduction suivante, datant de 2005, dont l'auteur est Antoni Skibiński, prouve, avant tout, que les générations d'aujourd'hui ont du mal à faire des vers réguliers. Certes, les exceptions existent, mais les cas de Radosław Okulicz-Kozaryn¹⁶ ou Wawrzyniec Rymkiewicz¹⁷ ne sont pas typiques : il s'agit dans les deux cas de professeurs universitaires et animateurs de revues littéraires, ce qui nous autorise à attendre moins d'auto-indulgence et une maîtrise du mot considérable. La versification de Skibiński est défaillante, les rimes du premier quatrain sont embrassées, et celles du second, croisées ; la césure est vacillante, les rimes riches alternent avec des assonances. Et toutefois, cette image de la femme qui apparaît dans la première strophe est capable de nous émouvoir :

> Gdym przemierzał hałasem huczącą ulicę,
> Zbliżyła się z przeciwka smukła i wysoka,
> Wyniośle kryjąc ból, co tlił się na dnie oka,
> Unosząc w dłoni wiatrem szarpaną spódnicę [...]¹⁸

---

15. Charles Baudelaire, « Do przechodzącej », tr. Macieja Niemca, *Zeszyty Literackie*, vol. LXXX, n° 4, 2002, p. 47.
16. Nous pensons à sa traduction des « Correspondances », parue dans *Czas Kultury*, n° 6-7, 1991, p. 59.
17. Warzyniec Rymkiewicz a publié cinq traductions des poèmes des *Fleurs du mal* dans la prestigieuse revue *Twórczość*, n° 9, 1993, p. 3-5.
18. Charles Baudelaire, « Do przechodzącej », tr. Antoni Skibiński, *Akant*, vol. XCVII, n° 6, 2005.

Remarquons qu'il n'y a plus de « feston » ni d' « ourlet » et qu'on ne parle pas d'une « main fastueuse », ni de « majesté » du deuil. Dans la perception du traducteur de l'an 2005, la « noblesse » n'est plus, apparemment, ce qui est susceptible de l'attirer. La distance temporelle est donc abolie : il s'agit d'une belle fille qu'on peut rencontrer de nos jours dans n'importe quelle ville d'Europe, et néanmoins, en dépit de ce changement, la situation existentielle (la sienne, celle du « moi » du poème) est la même qu'au temps de Baudelaire.

Finalement, nous allons analyser la version de Magdalena Wroncka-Kreder, une professionnelle de grande renommée, traductrice, entre autres, de Ronsard et de Racine. Sa carrière, jusqu'à la retraite, était liée avec la chaîne 2 (Culture) de la Radio Nationale Polonaise, il est donc assez naturel que, lorsqu'elle revient au métier en 2006, c'est avec deux documents sonores, *Voix des poètes*, enregistrés par un excellent acteur Andrzej Ferenc, et qui contiennent, respectivement, un choix des *Fleurs du mal* et un choix de poèmes de José Maria de Heredia.

Dès la première lecture, il nous a paru clair que la traduction d' « À une passante » de Wroncka allait remplacer celle d'Opęchowski dans une nouvelle édition des *Fleurs du mal* que nous a confiée l'équipe de la Biblioteka Narodowa (l'équivalent polonais des éditions de la Pléiade). Une inconséquence ? Non, puisque nous trouvons que la version de Wroncka est simplement la meilleure, à commencer par le fait que la traductrice n'a pas peur des yeux « ciel livide », troublants, certes, et non-orthonymiques[19]. Mais ce que nous trouvons particulièrement important, c'est le fait que la traductrice ait adopté la vieille démarche qu'on a déjà oubliée : un poème, pour être jugé publiable, doit subir l'épreuve de la lecture à haute voix. C'était la règle au temps de Baudelaire, qui insistait :

> [...] la poésie touche à la musique par une prosodie dont les racines plongent plus avant dans l'âme humaine que ne l'indique aucune théorie classique ; [...] la poésie française possède une prosodie mystérieuse et méconnue, comme les langues latine et anglaise[20].

---

19. Cf. Jean-Claude Chevalier et Marie-France Delport, *L'Horlogerie de saint Jérôme*, Paris, PUF, 1995, p. 74-75.
20. Cf. Charles Baudelaire, *Projets de préfaces*, in *Œuvres complètes*, Paris, Robert Laffont, 1980, p. 132-133.

Cette « magie évocatoire » n'est pas un vœu pieux ni un « je ne sais quoi » éphémère, elle se calcule, ne serait-ce qu'après coup. Nous allons donc procéder à une analyse rythmique de l'original et de la traduction de Magdalena Wroncka, qui suivent *in extenso* :

À une passante
La rue assourdissante autour de moi hurlait.
Longue, mince, en grand deuil, douleur majestueuse,
Une femme passa, d'une main fastueuse
Soulevant, balançant le feston et l'ourlet ;
Agile et noble, avec sa jambe de statue.
Moi, je buvais, crispé comme un extravagant,
Dans son oeil, ciel livide où germe l'ouragan,
La douceur qui fascine et le plaisir qui tue.
Un éclair... puis la nuit ! - Fugitive beauté
Dont le regard m'a fait soudainement renaître,
Ne te verrai-je plus que dans l'éternité ?
Ailleurs, bien loin d'ici ! trop tard ! jamais peut-être !
Car j'ignore où tu fuis, tu ne sais où je vais,
Ô toi que j'eusse aimée, ô toi qui le savais !

Do przechodzącej (tr. Magdalena Wroncka)
Wokoło mnie ulicy szalał huk wezbrany.
Długa, smukła, wyniosła, w żałobie głębokiej,
Przeszła - a gest królewski za każdym jej krokiem
Unosił rąbki sukien, kołysał falbany
Nad stopą wyrzeźbioną, gdy przechodniów mija.
Skurczony w sobie, piłem, szaleniec łakomy,
Z oczu jej – sinych niebios, gdzie rodzą się gromy,
Słodycz, co obezwładnia, rozkosz, co zabija.
Błysk jeden !... – i zaraz noc. Przelotna piękności,
Zdolna życie przywracać – gdzie, o jakiej porze
Znów cię ujrzę ? Dopiero za progiem wieczności,
Nie tutaj, gdzieś daleko, już nigdy, być może ?
Bo dróg naszych nie znamy, ciemność znów nastała,
Gdy mogłem ciebie kochać, gdyś o tem wiedziała !

Avant de considérer le rythme accentuel de ce poème, remarquons combien le système des rimes est savant : la rime embrassée du premier tercet « beauté / éternité » et la rime finale « vais / savais » font écho à la rime « hurlait / ourlet » du premier quatrain. Impossible donc de négliger les rimes dans la traduction, elles doivent être maintenues, et riches.

Mais il y a plus : il existe parfois chez Baudelaire une répétition des pieds rythmiques au niveau des hémistiches, et – ce qui est particulièrement intéressant – ce parallélisme semble former un système à part, complémentaire, voire concurrent de celui des rimes[21]. Voici le système rythmique de l'original (la colonne de droite) et de la traduction de M. Wroncka (la colonne de gauche) :

⌣ ⌣ ⌣ I ⌣ ⌣ ⌣II   ⌣ ⌣ ⌣I ⌣ ⌣ ⌣II
⌣ ⌣ ⌣ I ⌣⌣ ⌣I   ⌣ ⌣ ⌣I ⌣ ⌣ ⌣I
⌣ ⌣ ⌣⌣I ⌣⌣ ⌣I   ⌣ ⌣ ⌣I ⌣ ⌣ I
⌣ ⌣ ⌣ I ⌣⌣ ⌣I   ⌣⌣ ⌣⌣ I ⌣ I

⌣⌣ ⌣I ⌣ ⌣ ⌣II   ⌣ ⌣ ⌣I ⌣⌣ II
⌣ ⌣ ⌣I ⌣⌣ ⌣I   ⌣ ⌣ ⌣I ⌣⌣⌣I
⌣ ⌣ ⌣I ⌣⌣ ⌣I   ⌣⌣ ⌣⌣I ⌣⌣I
⌣ ⌣⌣ I ⌣⌣⌣II   ⌣⌣ ⌣⌣I ⌣ II

⌣I⌣⌣I⌣⌣I   ⌣⌣I⌣I⌣⌣⌣I
⌣ ⌣ ⌣⌣I ⌣⌣⌣   ⌣⌣ ⌣ I⌣⌣I
⌣ ⌣I⌣I⌣ ⌣I   ⌣ ⌣ I⌣ ⌣(⌣)⌣⌣II

⌣ ⌣ ⌣I ⌣⌣II   ⌣ ⌣ ⌣I ⌣⌣⌣II
⌣⌣ ⌣⌣ I ⌣⌣ ⌣I   ⌣⌣ ⌣⌣ I⌣ ⌣I
⌣ ⌣ ⌣ I ⌣⌣ ⌣II   ⌣ ⌣ ⌣I⌣⌣⌣II

Le système rythmique évoqué ci-dessus est ici aisément décelable dès le premier quatrain de l'original : les deuxièmes hémistiches des vers 1 et 2 suivent le mètre iambique, ceux des vers 3 et 4 sont faits d'anapestes. Ceci revient à dire que le schéma rythmique des hémistiches en question dans cette strophe est xx, yy, tandis que le schéma des rimes est abba. Un jeu pareil, qui brouille la concordance rime / rythme, apparaît dans la deuxième strophe aux rimes embrassées cddc, où les deuxièmes hémistiches se répètent en schéma vx v (presque) x.

C'est encore plus visible dans les tercets, où la discordance des rimes et des répétitions rythmiques est décisive : pour les rimes, le schéma est efe, faa, ou dans un calcul moins scrupuleux, afa faa ; pour le rythme, Øyx,

---

21. Nous avons analysé récemment ce phénomène sur l'exemple de l'« Aube spirituelle », cf. Jerzy Brzozowski, « Poeta i generał », in *Czytane w przekładzie*, Bielsko-Biała, Wydawnictwo ATH, 2009.

xyx, mais cet effet est d'autant plus intense que les vers du dernier tercet, contrairement au premier, sont rythmiquement isomorphes. Il est, dès lors, probable que pour les traductions, le fait de remarquer – ou non – cette particularité rythmique peut constituer une pierre de touche.

Avant de considérer les traductions polonaises, il faut d'abord rappeler qu'en polonais le rythme identique à celui d'un poème français est quasiment impossible : pour le français, les rythmes iambique et anapestique sont naturels, en polonais ce sont des rythmes rares et difficiles, qui exigent l'usage de mots monosyllabiques dans les cadences. Les mètres naturels en polonais sont des trochées et des amphibraques, on doit donc se rendre à l'évidence : la seule solution possible est de garder la répétition, dans certaines positions clés, des hémistiches au même rythme, pas le même toutefois que celui de l'original.

Revenons donc un instant aux tercets dans la traduction d'Opęchowski :

> Błyskawica... noc potem! Zniknęłaś, piękności,
> W której spojrzeniu mi zabłysły zorze!,
> Czyliż ujrzę cię znowu dopiero w wieczności?
>
> Gdzie indziej, stąd daleko! Późno! Nigdy może!
> Ja nie znam twojej drogi, tyś mojej nie znała,
> Ty, którą byłbym kochał, ty, coś to wiedziała!

Il faut donc constater que, pour l'essentiel, Opęchowski tombe dans le piège de la concordance rime / rythme, la répétition de ses hémistiches obéit presque exactement au système des rimes – ce qui donne à peu près le schéma xy'x yxx pour celui des rimes efe fgg, et il intensifie cet effet par l'isomorphisme rythmique des derniers vers. Nous croyons que, très probablement, c'est précisément cet effet du « trop léché », de banalité rythmique qui a pu provoquer la froideur de Jastrun, un lecteur sublime, quoiqu'un poète, dit-on aujourd'hui, à peine talentueux.

Par contre, Wroncka maintient la tension entre la rime et le rythme, presque à l'égal de Baudelaire. Dans les tercets, cela donne le schéma xyx xyx (chez Baudelaire, Øyx, xyx), pour les rimes efe fgg, ce qui, avec quelques autres détails, lui donne un net avantage sur Opęchowski.

Pour terminer ce panorama des retraductions polonaises d'« À une passante », nous croyons légitime d'insister sur la diversité des démarches et des esthétiques dont elles témoignent, un phénomène qui mériterait une réflexion à part. Mais surtout, nous croyons que ces textes, dont une partie n'a paru que dans la presse, constituent une preuve de la fascination durable, et peut-être surprenante, qu'exerce la poésie de Baudelaire sur le public polonais des années 1870 à nos jours.

Université Jagellonne de Cracovie

Dire toujours la même chose :
Quarante ans de traductions italiennes de « Cors de chasse » de Guillaume Apollinaire

FRANCA BRUERA

Résumé
Si, comme l'a dit Blanchot, « Tout traducteur vit de la différence des langues » et que « toute traduction est fondée sur cette différence tout en poursuivant le dessin pervers de la supprimer », toute retraduction serait-elle en mesure de dépasser ce rapport de dépendance ? Le *corpus* des traductions de « Cors de chasse » que nous avons choisi, semble permettre de formuler des réponses à la question. Entre 1940 et 1980 huit traductions du poème paraissent en Italie. Et c'est tout particulièrement dans la trajectoire dessinée par ces retraductions que semble pouvoir se réaliser la création d'un terrain fécond de médiation dialectique entre des différences multiples, la retraduction étant finalement l'espace privilégié de l'accomplissement (Berman) de toute forme d'hospitalité langagière (Ricœur).

Abstract
If, as Blanchot put it, « every translator lives by the difference of languages » and « every translation is based on that difference, while pursuing the perverse purpose of suppressing it », is retranslation capable of overcoming this situation ? The *corpus* of several different Italian translations of Apollinaire's « Cors de Chasse » seems to provide a few answers to this question. Between 1940 and 1980, eight translations of this poem were published in Italy. And it is especially in the trajectory drawn by these retranslations that one may find a fertile ground of dialectic mediation among multiple differences. In that sense, retranslation may finally be that privileged space of accomplishment (Berman) of all forms of linguistic hospitality (Ricœur).

> *Malheur aux faiseurs de traductions littérales,*
> *qui en traduisant chaque parole énervent le sens !*
> *Voltaire*[1]

Si, comme l'a écrit Maurice Blanchot dans le sillon de Walter Benjamin « Tout traducteur vit de la différence des langues »[2] et que « toute traduction est fondée sur cette différence tout en poursuivant, apparemment, le dessein pervers de la supprimer »[3], tout retraducteur et toute retraduction seraient-ils en mesure de dépasser ce rapport de dépendance ? Et si traduire est une « mise en œuvre de la différence »[4], retraduire serait-il en revanche une mise en œuvre de la ressemblance ? Le *corpus* des traductions d'Apollinaire sur lequel nous avons choisi de travailler apporte quelques réponses à ces questions : il permet de dépasser l'objection linguistique préjudicielle de Blanchot et il favorise une réflexion axée sur les différents degrés d'efficacité de la pratique retraductive dans son acception de lien solide entre deux langues et de dialogue fécond entre deux systèmes culturels différents.

Guillaume Apollinaire, c'est notoire, s'est exprimé dans le cadre d'un projet d'expérimentation qui s'est joué presque toujours entre des pôles apparemment contradictoires : entre culture et expérimentation, entre tradition et modernité et surtout, pour reprendre ses propres mots qu'il a employés dans « La Jolie rousse », entre la tradition et l'invention, l'ordre et l'aventure. Les mots-clés de son univers poétique et esthétique sont devenus de véritables mots de passe pour la plupart de ses traducteurs italiens ; ces derniers, sous l'égide de ces deux célèbres couples binaires et parfois détournés par des exigences de nature souvent plus herméneutique que traductologique, ont différemment contribué à la réception d'Apollinaire en Italie à partir des années 1940.

Notre étude ne prétend pas retracer l'histoire des traductions d'Apollinaire en Italie mais elle entend analyser un *corpus* de traductions

---

1. Voltaire, *Lettres philosophiques*, Lettre XVIII, « Sur la tragédie », Paris, Garnier Flammarion, 1964, p. 122.
2. Maurice Blanchot, *L'Amitié*, Paris, Gallimard, 1971, p. 70.
3. *Ibid.*
4. *Ibid.*, p. 68.

concernant l'un de ses poèmes les plus connus, « Cors de chasse ». Publié pour la première fois en 1912 dans *Les Soirées de Paris* et de nouveau publié en 1913 à l'intérieur du recueil poétique *Alcools*, le poème a connu entre les années 1940 et les années 1980 huit traductions italiennes (ci-jointes à la fin de l'étude) qui apparaissent chronologiquement au cours des années suivantes :

1943 – *Corni da caccia*, tr. Marco Lombardi (Aldo Camerino), *in* Guillaume Apollinaire, *Corni da caccia*, Venezia, Edizioni del Cavallino.
1958 – *Corni da caccia*, tr. Giorgio Caproni, in *Poesia straniera del 900*, Milano, Garzanti.
1959 – *Corni da caccia*, tr. Clemente Fusero, *in* G. Apollinaire, *Poesie*, Milano, Dall'Oglio.
1960 – *Corni da caccia*, tr. Eurialo De Michelis, *in* G. Apollinaire, *Poesie*, Milano, Nuova Accademia.
1960 – *Corni da caccia*, tr. Mauro Pasi, *in* G. Apollinaire, *Poesie*, Parma, Guanda.
1971 – *Corni da caccia*, tr. Renzo Paris, *in* G. Apollinaire, *Poesie*, Roma, Newton Compton.
1979 – *Corni da caccia*; tr. Vittorio Sereni, in *Almanacco dello Specchio*, n° 8, Milano, Mondadori.
1981 – *Corni di caccia*, tr. Guido Pagliarino, in *La speranza possibile*, Padova, Rebellato.

Cet ensemble de retraductions présente un double intérêt. Tout d'abord c'est particulièrement dans le prolongement de ce modèle de retraductions que se réalisent, semble-t-il, non seulement l'abolition de tout antagonisme avec la langue-source, mais aussi la création d'un terrain fécond de médiation dialectique entre des différences multiples ; la retraduction se présente finalement comme l'espace privilégié de l'accomplissement[5] de toute forme d'« hospitalité langagière »[6]. Ensuite, le *corpus* en question nous permet de réfléchir sur les spécificités de la retraduction. Il est possible de l'envisager comme un exercice de style *sui generis* que pratiquent des poètes ou des écrivains en général. Si, dans leur tâche de traducteurs, ils ont peut-être dit « presque la même chose » – comme

---

5. Cf. Antoine Berman, « La retraduction comme espace de la traduction », *Palimpsestes*, n° 4, 1990, p. 1-7.
6. Cf. Paul Ricœur, *Sur la traduction*, Paris, Bayard, 2004, p. 42-43.

Umberto Eco pourrait l'écrire[7] –, ils ont risqué cependant, dans leur rôle complémentaire de retraducteurs, de dire « toujours » la même chose : leurs retraductions témoignent plus d'un problème de *cultural turn*[8] inhérent à la langue et à la culture de destination, que d'un problème de traduction d'une langue-source à une langue-cible.

Les exemples de retraduction de « Cors de chasse » ici abordés ne mettent qu'en apparence en danger le rapport fondamental entre le texte-source et le texte-cible. Le terme de comparaison de ces retraductions se situe de préférence dans les rapports que les traductions précédentes ont entretenus entre elles d'un point de vue linguistique, culturel et historique. Par conséquent, les diverses versions italiennes du poème, excepté les différences linguistiques saillantes qui peuvent subsister entre elles, s'avèrent de plus en plus intéressantes. En effet elles soulignent l'importance socioculturelle du mouvement fécond qui anime et qui soutient toute retraduction, et qui fait que toute retraduction revient toujours à elle-même, puisqu'elle porte sur un processus créateur proche des procédés de la répétition et de la réécriture. Ainsi, tout en réitérant l'acte de la création, les retraductions ne feront que favoriser le mécanisme de l'acquisition par le mouvement de va-et-vient non tant entre les deux langues de création, mais plutôt entre les différentes versions de la langue d'arrivée : un phénomène riche de conséquences sur la renommée et la retombée commerciale de l'œuvre traduite.

Une première approche du *corpus* des retraductions de « Cors de chasse » montre, comme on vient de le dire, que le poème a été traduit huit fois en quarante ans. Cette donnée nous paraît d'autant plus intéressante qu'elle témoigne d'un intérêt pour Apollinaire qui se manifeste cycliquement en Italie tous les cinq ans depuis 1943. En réalité, l'aspect surprenant est que la plupart des traductions ont été réalisées dans des laps de temps très réduits : entre 1958 et 1960, par exemple, quatre traductions de « Cors de chasse » paraissent en Italie. Ce phénomène souligne sans aucun doute un procès de canonisation de l'auteur en cours et parallèlement un chan-

---

7. Umberto Eco, *Dire quasi la stessa cosa : Esperienze di traduzione*, Milano, Bompiani, 2003.
8. C'est Mary Snell-Hornby qui a parlé pour la première fois de « cultural turn » dans le domaine de la traductologie ; cf. Mary Snell-Hornby, *Translation Studies. An Integrated Approach*, Amsterdam / Philadelphia, John Benjamins, 1988 (cité par Umberto Eco, *Dire quasi la stessa cosa : Esperienze di traduzione*, op. cit., p. 162).

gement du goût de la littérature d'arrivée, voire également la nécessité pour quelques-uns de ces traducteurs, qui sont aussi des poètes, de reconnaître publiquement Apollinaire comme modèle à suivre.

Le *corpus* de « Cors de chasse » permet en outre de s'approcher du phénomène de la retraduction en le considérant avant tout comme « capacité de se recommencer » du texte, tout comme Henri Meschonnic l'a écrit dans son étude *Poétique du traduire*[9]. Cette aptitude au recommencement se reconnaît chez les écrivains qui ont inauguré une poétique nouvelle – Apollinaire, notamment – et qui ont encouragé les traducteurs à les reproduire et à les énoncer de nouveau dans une sorte de pratique traductologique de la reprise. Cette dernière ne vise pas à résoudre les problèmes de fidélité au texte-source mais elle aide à démêler les contradictions propres à toute traduction. Cela permet, à travers l'acte réitératif, de vérifier à propos de la retraduction, ce que Valéry Larbaud disait dans *Sous l'invocation de saint Jérôme*, c'est-à-dire non pas ce que les mots disent, mais ce qu'ils font[10].

Les différentes traductions d'Apollinaire attestent la possibilité de conjuguer la capacité de se recommencer du texte avec sa ré-énonciation dans une langue autre. Elles seront également en mesure de prouver l'existence d'un « espace de la traduction »[11] au sens qu'Antoine Berman a donné à cette définition, c'est-à-dire d'un espace d'accomplissement et de réalisation culturelle et historique du texte traduit. L'existence de cet espace « vivant » de reproduction du texte permet d'attribuer à la pratique de la retraduction une forte valeur métalinguistique dans la mesure où celle-ci se constitue en tant que terrain d'expérimentation censé réfléchir sur la traduction de par la traduction. Ce même espace d'accomplissement peut en outre offrir la possibilité de réfléchir sur la dimension dialectique qui anime toute pratique retraductive. Celle-ci en effet, comme le montrent les exemples choisis, semble combattre les contradictions qui sont propres à la traduction, à partir de sa propre caducité et de son propre inaccomplissement.

Pour revenir au *corpus* de « Cors de chasse » analysé, il faut préciser enfin que dans ce contexte la qualité des différentes traductions ne sera pas abordée[12]. Les études critiques portant sur quelques-unes des traductions

---

9. Henri Meschonnic, *Poétique du traduire*, Paris, Verdier, 1999, p. 53.
10. Cf. Valéry Larbaud, *Sous l'invocation de saint Jérôme*, Paris, Gallimard, 1956.
11. Cf. note 5.
12. Comme Henri Meschonnic l'a dit, la prolifération des traductions, en général, n'est pas strictement liée à la qualité du texte traduit ; un bon texte ne génère pas

les plus célèbres de « Cors de chasse » d'ailleurs ne manquent pas : il suffit de citer celles de Pier Vincenzo Mengaldo ou de Franco Fortini à l'égard de Vittorio Sereni traducteur d'Apollinaire[13]. Par conséquent, au lieu de focaliser notre attention sur le degré de fidélité de chaque traduction par rapport au texte apollinarien, notre étude visera à rapprocher et à comparer ces huit retraductions afin de comprendre le mécanisme qui en a déclenché la prolifération. Les réflexions que le poète Vittorio Sereni a écrites dans les années consacrées aux traductions d'Apollinaire sont à cet égard révélatrices, soulignant l'inexistence du problème de la fidélité ou de la littéralité, au profit d'une intelligibilité dépassant toute contrainte théorique ou méthodologique : « Le "problème" de la traduction littéraire n'a aucun intérêt pour moi, traduction littéraire – littérale ou d'art, belle infidèle ou laide, fidèle peu importe. Je ne le perçois pas comme un problème »[14], ce qui nous paraît aussi strictement lié au problème de la pratique retraductive.

Pour aborder le sujet de près, précisons que jusqu'au début des années 1940, la critique italienne a ignoré – ou par ironie du sort « mal-aimé » – Apollinaire. D'ailleurs, dans le milieu culturel italien qui s'était développé sur la sévérité et la stérilité du régime fasciste, il était presque impossible de faire connaître les écrivains étrangers les plus féconds qui avaient favorisé au début du XXe siècle toute sorte d'expérimentation artistique et langagière. Les années 1940 correspondent à l'époque où de petits groupes d'intellectuels italiens tentent de se libérer des entraves du régime et de

      nécessairement une grande traduction qui dure dans le temps, et c'est peut-être le cas de « Cors de chasse », dont les nombreuses traductions ne sont pas toutes de grande qualité : « [...] les grands textes, sont suivis d'une grande quantité de traductions médiocres – a écrit Meschonnic –, qui ne montrent que les limites de leur époque » (*Poétique du traduire, op. cit.*, p. 54).
13. Cf. Pier Vincenzo Mengaldo, « Sereni traduttore di poesia », in Vittorio Sereni, *Il Musicante di Saint-Merry*, Torino, Einaudi, 1981, p. V-XXVII ; Franco Fortini, « Gli strumenti umani » et « Il Musicante di Saint-Merry », in Vittorio Sereni, *Poesie*, Milano, Mondadori, « I Meridiani », 1995, p. XXIX-XLIV ; nous citerons aussi les travaux de pionnier menés par Pasquale Aniel Jannini dans les années 1960 et 1970, concernant la renommée d'Apollinaire en Italie, parmi lesquels, *La fortuna di Apollinaire in Italia*, Milano, Cisalpino, 1965.
14. « Non ha alcun interesse per me il "problema" della traduzione letteraria – letterale o "d'arte", bella infedele o brutta fedele che sia. Non lo sento come un problema » (Vittorio Sereni, « Premessa », in *Il Musicante di Saint-Merry, op. cit.*, p. XXXII-XXXIII). C'est nous qui traduisons.

s'émanciper du provincialisme arriéré dans lequel ils végétaient. C'est l'époque où l'éditeur Rosa e Ballo essaie d'introduire l'avant-garde internationale en Italie, où Paolo Grassi, écrivain et metteur en scène, trace le parcours d'un programme culturel affranchi des contraintes et inspiré des principes de renouvellement poétiques et esthétiques ; ce sont finalement des années vécues par des générations « sans maîtres », comme Giorgio Strehler l'a écrit à plusieurs reprises dans ses réflexions sur le théâtre : « Nous voulions avoir des maîtres. Et nous les fabriquions, parfois. Nous nous les construisions »[15].

Ce n'est qu'à partir de 1943 que quelques traductions d'auteurs étrangers – l'*Orphée* de Cocteau et quelques fragments de son *Coq et l'Arlequin*, par exemple[16] – commencent à paraître en Italie. À l'époque, les traductions représentaient notamment la conquête d'une dimension culturelle libre, audacieuse et affranchie des paramètres didactiques ou classiques que la culture contemporaine imposait[17]. Dès 1939, Lionello Fiumi, dans la revue parisienne *Dante* qu'il dirigeait[18], avait traduit quelques poèmes d'Apollinaire mais c'est Aldo Camerino qui le fait connaître aux Italiens ; il le traduit sous le nom de plume de Marco Lombardi pour des raisons de

---

15. « Noi volevamo avere dei maestri. E ce li fabbricavamo, magari. Ce li costruivamo » (Giorgio Strehler, *Per un teatro umano. Pensieri, scritti, parlati e attuati*, Milano, Feltrinelli, 1974, p. 21). C'est nous qui traduisons.
16. La pièce a été publiée pour la première fois en traduction italienne dans la revue *Spettacolo – Via Consolare*, Forlì, febbraio-marzo 1943 ; des fragments tirés du *Coq et l'Arlequin* (1918) ont paru dans la même revue au mois de décembre 1942. Nous renvoyons à notre étude : Franca Bruera, « Giorgio Strehler sotto il segno di Orfeo », in Giuseppe Sertoli *et al.* (éds.), *Comparatistica e Intertestualità. Studi di Letterature comparate in onore di Franco Marenco*, Alessandria, Dell'Orso, 2010, p. 463-480.
17. Cf. Nello Ajello, *Intellettuali e PCI, 1944-1958*, Bari, Laterza, 1979. Pour rappeler l'activité féconde de traduction au cours de ces années, il est intéressant de citer les témoignages de Cesare Pavese, selon lequel à cette époque-là : « L'Italie était isolée, calcifiée, c'était l'emblème du retour à la barbarie ; il fallait la secouer, la décongestionner, et la réexposer à tous les vents printaniers de l'Europe et du monde [...] Nous découvrîmes l'Italie en cherchant les hommes et les mots en Amérique, en France, en Russie et en Espagne » (Davide Lajolo, *Il vizio assurdo. Storia di Cesare Pavese*, Milano, Il Saggiatore, 1960, p. 158). C'est nous qui traduisons.
18. Quelques notes sur Lionello Fiumi et sur son activité de traducteur d'Apollinaire sont contenues dans Pasquale Aniel Jannini, *La fortuna di Apollinaire in Italia*, *op. cit.*, p. 147.

censure. Camerino, qui est un critique littéraire et un traducteur[19], est le premier à avoir introduit « Cors de chasse » en Italie par le biais d'une traduction qui a réduit au minimum tout élément d'altérité en fonction du respect du principe de lisibilité. Il en résulte une traduction qui néglige la plupart des éléments-clés du rythme et des sonorités du poème, en fonction d'un exercice de mot à mot. Cependant elle est assez bien réussie car elle conserve le ton et le caractère oral du texte original.

Par la suite, entre 1958 et 1959, deux traductions du poème paraissent en Italie, celles de Giorgio Caproni et de Clemente Fusero, suivies, dans les années 1960, des traductions d'Eurialo De Michelis et de Claudio Pasi. Quatre traductions entre les années 1958 et 1960, qui montrent un intérêt de plus en plus important à l'égard d'Apollinaire.

En effet, il est curieux de constater que les traductions du poème semblent augmenter au fur et à mesure que la critique – de plus en plus sévère à l'égard d'Apollinaire dans les années 1950 – en démolit l'œuvre poétique. L'on se limitera à citer les quelques mots sévères de Gianni Nicoletti qui écrivait : « En ce qui concerne l'art, chez Apollinaire on ne retrouve que très peu de talent poétique ; je dirais presque qu'il n'y en a pas, malgré la curiosité qui entoure le poète, qui n'est pas encore morte, même si elle s'est beaucoup réduite »[20]. L'article de Luigi Bartolini (l'auteur du roman *Ladri di biciclette* qui est à l'origine du célèbre film homonyme de Vittorio de Sica), en 1960, dans les pages du *Borghese*, confirme cet aspect : « Celui-ci [Apollinaire] possédait comme tous les bâtards une lubie énorme dans le corps (puisque les bâtards, nés mystérieusement, sont très dangereux et ils vivent dans l'aisance de cette condition. Tout le monde est indulgent et compatissant envers les bâtards.) Mais Apollinaire n'avait que cette lubie : de nature impure […]. Non, Apollinaire n'a jamais fait de vraie poésie. Il était intelligent, mais d'une intelligence limitée et brute »[21].

19. Parmi les traductions d'Apollinaire par Aldo Camerino, nous rappelons aussi *Il poeta assassinato* (Venezia, Edizioni del Cavallino, 1944), traduit, pour des raisons de censure, sous le pseudonyme d'Angelo Bianco.
20. « Per ciò che riguarda l'arte vera e propria, in Apollinaire di poesia ne troviamo poca ; diremmo pochissima, nonostante la curiosità che intorno a lui ancora non è morta, anche se si è molto ridotta di proporzione » (Gianni Nicoletti, *L'uomo la vita e Dio. La letteratura della ricerca*, Roma, Casini, 1956, p. 538 ; cité aussi in Pasquale Aniel Jannini, *La fortuna di Apollinaire in Italia*, *op. cit.*, p. 8). C'est nous qui traduisons.
21. « Costui possedeva, da buon bastardo, una fregola enorme nel corpo (giacché i bastardi, nati oscuri, risultano pericolosissimi ; ed inoltre godono dell'agio dovuto alla

Ces traductions de « Cors de chasse », écrites dans les mêmes années où la critique semblait dicter le testament du poète en Italie, ont toutes été réalisées par des poètes et des écrivains. Giorgio Caproni, poète et traducteur de Proust, Baudelaire, Céline, etc. ; Clemente Fusero, écrivain, biographe de Mozart, Stendhal, Rimbaud, traducteur de la poésie symboliste et de Baudelaire ; Eurialo De Michelis, poète, romancier, traducteur et Claudio Pasi, critique littéraire, musicologue et traducteur. Avec l'appui d'un groupe d'intellectuels qui, par leur activité critique, promouvaient la diffusion des œuvres d'Apollinaire en Italie – parmi lesquels Carlo Bo et Giuseppe Ravegnani[22] – ces traducteurs construisent un espace de réception de plus en plus vaste tout autour du poète et contribuent, avec leurs retraductions, à déclencher un mécanisme de ré-énonciation du texte qui produit un double effet : d'un côté l'activité de retraduction suscite un intérêt critique de plus en plus fort à l'égard d'Apollinaire et contribue à le faire connaître aussi bien à un large public qu'à la critique ; d'un autre côté, et de manière plus générale, les différentes retraductions semblent refléter dans ces années-là un système littéraire jusqu'alors particulier et limité qui s'est finalement organisé en termes globaux.

Ces quatre retraductions montrent donc que la littérature internationale et nationale parviennent enfin à cohabiter à partir des années 1960, intégrant la diversité, le pluralisme et la complexité et en s'enrichissant mutuellement. Dans cette perspective de lecture, la retraduction devient une activité qui déclenche des mécanismes d'innovation et de prolifération de genres et de modèles d'écriture à l'intérieur du système littéraire d'arrivée, tout en contribuant à décrire en même temps les mécanismes d'organisation et d'évolution des systèmes et des canons littéraires.

---

loro condizione. Tutte le persone sono, infatti, indulgenti, pietose, affezionate, innamorate dei bastardi). Ma Apollinaire non possedeva che tale fregola : di natura impura [...] No, Apollinaire non operò mai azioni di vera poesia. Era intelligente, d'una intelligenza grezza e gretta » (Luigi Bartolini, « Satire », *Il Borghese*, 26/05/1960 ; cité aussi dans Pasquale Aniel Jannini, *La fortuna di Apollinaire in Italia*, op. cit., p. 9]). C'est nous qui traduisons.

22. Giuseppe Ravegnani avait d'ailleurs entretenu avec Apollinaire un rapport épistolaire assez fécond au cours de la Première Guerre mondiale. Voir à cet égard la correspondance d'Apollinaire avec les artistes et les écrivains italiens dans : Franca Bruera (éd.), *Guillaume Apollinaire, 202 bd. Saint-Germain, Paris*, Roma, Bulzoni, 2001, vol. II, p. 205-215.

Une lecture rapide des poèmes révèle que Caproni est attiré par les sonorités du texte original qu'il reprend dans sa traduction en jouant sur les consonnes nasales. Il semble toutefois négliger le ton parlé que Camerino avait su restituer à la traduction en 1943. Il suffit d'observer, par exemple, le choix du substantif « bruito » pour traduire « bruit », ce qui satisfait le plaisir de l'oreille mais qui modifie aussi bien le ton que le registre du poème, qui se charge de tonalités archaïques et tout à fait démodées. La traduction de Fusero semble par contre se maintenir en équilibre entre celles de Camerino et de Caproni. Comme Camerino, Fusero propose une traduction linéaire et assez fidèle au texte apollinarien. Il semble pourtant subir l'influence de Caproni dans les choix traductifs de la deuxième strophe : « buvant » (« succhiando », pour Camerino) devient « sorbendo » ; « allait rêvant » (« andava sognando » pour Camerino) devient « andava pensando » ; l'aphérèse de Caproni (« ché »), redevient ce « poiché » que Camerino avait employé. Tout compte fait, cette traduction n'arrive pas à rendre l'atmosphère hallucinée que le texte apollinarien fait respirer : le choix de traduire « rêvant » par « pensando » transforme évidemment l'acte de rêver en une action rationnelle de réflexion consciente qui n'a rien à voir avec la dimension visionnaire presque baudelairienne qu'Apollinaire a voulu évoquer à l'intérieur de son poème. De même, le choix des « rimembranze » pour traduire les « souvenirs » laisse un arrière-goût anachronique au poème assez déroutant. Ce choix renvoie à une dimension poétique que l'on dirait plus léopardienne qu'apollinarienne.

La version de De Michelis est peut-être la plus surprenante, transformant « Cors de chasse » en un poème en prose où le *leitmotiv* de la nostalgie et du souvenir se métamorphose en *pathos* qui altère profondément aussi bien le fond que la forme du poème. Pour Apollinaire tout est réduit à l'essentiel dans ce poème et rien n'est pathétique ; l'amour a été épuré du *pathos* et libéré des émotions incontrôlées que De Michelis au contraire exalte par le biais de sa traduction. D'ailleurs, nous nous trouvons face à une sorte de réécriture du texte, très suggestive et beaucoup trop subjective, prévoyant la transformation du distique final en tercet et surtout, ce qui est assez étonnant, l'ajout de la ponctuation au texte poétique. En 1913, Apollinaire avait notamment décidé d'abolir la ponctuation non seulement dans « Cors de chasse », mais dans tout le recueil d'*Alcools* au profit du rythme et de la sonorité des vers. Le champ lexical choisi par De Michelis n'est pas non plus très convaincant : la traduction qui en dérive attribue à Apollinaire une certaine affectation et une complexité qui ne lui appartiennent pas.

Les années 1960 connaissent finalement une dernière traduction de « Cors de chasse », celle que Claudio Pasi publie pour les éditions Guanda. Sa retraduction du poème se distingue de la version de De Michelis qui paraît au cours de la même année (1960), puisqu'elle restitue finalement au poème la simplicité et l'intensité du chant lyrique qui le caractérise.

Les années 1970 et 1980 coïncident avec la redécouverte de la poésie apollinarienne en Italie. Dans ces années – qui manifestent d'ailleurs un grand intérêt scientifique pour le poète –, trois traductions du poème sont publiées en italien. La traduction de Vittorio Sereni demeure incontestablement la plus intéressante, ce qui a été confirmé par les nombreuses rééditions du poème qui ont suivi. C'est une traduction qui saisit profondément la nature du texte et qui donne vie à une sorte de nouveau poème apollinarien, qui surgit aussi bien grâce à la magie de la plume de Sereni, que grâce au processus d'intégration identitaire de « Cors de chasse » déclenché par les traductions précédentes. Cette traduction est précédée par celle de Renzo Paris et suivie de celle de Guido Pagliarino qui, toutes deux, ne paraissent pas récupérer l'élan lyrique de l'original, ni en respecter les rythmes et les sonorités des vers.

La traduction de Vittorio Sereni est celle qui a connu le plus de succès en Italie et qui mérite d'être considérée en tant que synthèse parfaite des différentes traductions qui l'ont précédée. Elle est d'abord parue en 1979 dans l'*Almanacco dello Specchio*, ensuite elle a été publiée en plaquette à l'intérieur du recueil *Eravamo da poco intanto nati* (1980), puis dans *Il musicante di Saint-Merry* (1981) et finalement dans le recueil *Alcools* publié chez Il Saggiatore en 1981[23], sous la direction de Sergio Zoppi. Parmi les caractéristiques qui font de la version de Sereni l'un des meilleurs exemples de retraduction du poème, il faut remarquer la capacité du traducteur-poète à rendre la musicalité voilée de mélancolie de l'original avec une sensibilité très proche de celle d'Apollinaire et une capacité de synthèse des versions précédentes sans égal, qui en évoque par-ci par-là la présence tout en gardant sa propre spécificité. Parmi les exemples les plus intéressants que l'on peut tirer de sa traduction de « Cors de chasse », on peut signaler

---

23. Les références bibliographiques des volumes dans lesquels « Cors de chasse » a paru sont les suivantes : *Almanacco dello Specchio*, n° 8, Milano, Mondadori, 1979 ; Vittorio Sereni, *Eravamo da poco intanto nati*, Milano, Scheiwiller, 1980 ; Vittorio Sereni, *Il Musicante di Saint-Merry*, Torino, Einaudi, 1981 ; Guillaume Apollinaire, *Alcools*, Milano, Il Saggiatore, 1981.

l'inversion de l'ordre des éléments constitutifs du vers, comme le début du poème le montre, là où il place le syntagme nominal « la nostra storia » à la fin du vers pour mieux en définir le sens. Au dixième vers, il reprend la même structure, tout comme d'ailleurs Fusero et De Michelis l'avaient déjà proposé dans leurs traductions. Et encore, il nous paraît important de mettre en relief la traduction du dernier vers du poème où Vittorio Sereni, en dématérialisant la mort, réussit à dépasser les tentatives des traductions précédentes, à rendre avec des tonalités automnales toutes apollinariennes le verbe « mourir » : ce « meurt », qu'il traduit avec « smuore », charge le poème du sens de « décolorer, se décolorer, pâlir ». Le choix lexical de « clamore », pour définir l'assourdissement du « bruit » est également intéressant, qui charge le mot de sens figuré, d'impressions, de fracas. L'on remarquera en dernier lieu la capacité de Vittorio Sereni de rendre ce que Marie-Jeanne Durry définissait comme la continuité affective du vers apollinarien, c'est-à-dire le jeu des sonorités basé sur la répétition des rimes en « an »[24] (« tyran », « indifférent », « buvant », « rêvant », « souvent », « vent »), qui attribuent une grande unité au vers plus que n'importe quel enchaînement logique ou plus encore que l'emploi de la ponctuation.

Finalement, si « Cors de chasse » synthétise le sens de précarité de l'existence où rien n'est à jamais, ni la douleur, ni la joie, puisque « tout passe », Vittorio Sereni a gagné le pari de tous les traducteurs dans la mesure où il a su maintenir inaltérées aussi bien les suggestions des images que les intonations du chant. Ses cors de chasse, à la semblance des cors d'Apollinaire, s'éteignent dans le vent ainsi que les souvenirs dans le temps : comme Franco Fortini l'a écrit, Sereni a été tout compte fait le traducteur qui a le mieux su capter l'esprit moderne du poème, en saisissant la passion pour l'éphémère et la mélancolie de l'éternel[25].

Les huit retraductions de « Cors de chasse » que nous avons rapidement examinées témoignent d'une pratique traductive à interpréter non tant comme moyen de connaissance et de contact entre deux cultures, mais plutôt comme méthode dynamique d'approche du texte-source mettant en relief le lien dialectique entre celui-ci et sa nouvelle identité dans une

---

24. Marie-Jeanne Durry, *Guillaume Apollinaire, Alcools*, Paris, Société d'édition d'enseignement supérieur, 1964, p. 169.
25. Franco Fortini, « Il Musicante di Saint-Merry », *loc. cit.*, p. XLI.

langue autre que le français. Le mécanisme qui a déclenché les différentes retraductions du poème a coïncidé avec une opération de réactualisation du texte déterminée par l'évolution du contexte de la langue-cible : cela s'est produit surtout autour des années 1950-60, quand quatre traductions du poème sont parues en langue italienne, c'est-à-dire lorsque les retraductions du texte ont gagné le double défi d'inscrire Apollinaire dans le panthéon des poètes et de légitimer en même temps le rôle déterminant de la traduction dans l'évolution des canons littéraires.

La période qui a suivi, c'est-à-dire les années 1960-80, a été en revanche caractérisée par une phase d'assimilation du poème. Celle-ci a prévu non seulement une attention de plus en plus forte pour le texte original, mais aussi une ouverture de « Cors de chasse » à la langue d'arrivée qui a permis de construire un véritable réseau de stratégies traductives autour du poème. D'une traduction de « Cors de chasse » à l'autre, la distance du temps qui passe, de la langue, de la culture et de ses goûts qui se transforment, émerge avec évidence, en répondant positivement à un horizon d'attente littéraire et culturel en mouvement constant. C'est ainsi que l'acte de la traduction, bien que soumis au temps chronologique et à celui de sa propre réception, tout en se confirmant en tant qu'acte inaccompli, a trouvé toutefois dans la pratique de la retraduction son véritable espace d'accomplissement.

Au-delà des liens des pratiques retraductives avec les secousses culturelles et idéologiques de leur époque, les différentes versions italiennes de « Cors de chasse» peuvent finalement permettre de réfléchir sur l'activité de retraduction comme dialectique d'expériences diverses, et de considérer le texte original non tant dans sa continuité monolithique et unitaire, mais plutôt dans sa véritable identité culturelle, qui coïncide avec l'ensemble des différentes formes d'identité résultant de sa retraduction. Un discours de continuité se fait jour alors dans la pratique de la retraduction : il commence dans une langue et continue dans la langue d'arrivée, tout en instaurant un mouvement d'errance entre une langue et l'autre qui ne va pas nécessairement dans la direction de l'identification, mais qui renvoie aussi bien à une recherche identitaire, qu'à un dialogue herméneutique entre différentes versions, comme d'ailleurs Gadamer l'a remarqué à plusieurs reprises[26].

---

26. De Hans Georg Gadamer cf. *Herméneutique et philosophie*, Paris, Beauchesne, 1999 et *Langage et vérité*, Paris, Gallimard, 1995.

Retraduction, donc, comme mouvement d'une activité qui revient toujours sur elle-même et qui « dit toujours la même chose » puisqu'elle vise la ressemblance et la permanence de par la répétition d'un modèle d'hospitalité non seulement linguistique, mais aussi éthique, socioculturel et historique. Ainsi le poète et ses traductions en langue étrangère sont soustraits à la caducité, à l'oubli, à l'incomplétude, mais ils bénéficient toutefois d'un espace de réalisation non seulement dans le temps, mais aussi au milieu d'un système de réception. C'est pourquoi la traduction, qui est une activité de recherche linguistique et culturelle, se transforme en un événement concret, qui répond à des exigences pragmatiques de collocation et de classification dans le temps, ce qui fait de la pratique de la retraduction une conséquence concrète de l'exigence d'historicisation et de redécouverte du contingent typique de la modernité.

Université de Turin

Annexe
« Cors de chasse » et ses traductions italiennes

Guillaume Apollinaire (in *Alcools*, Paris, Gallimard, 1913)

Cors de chasse
Notre histoire est noble et tragique
Comme le masque d'un tyran
Nul drame hasardeux ou magique
Aucun détail indifférent
Ne rend notre amour pathétique

Et Thomas de Quincey buvant
L'opium doux et chaste
À sa pauvre Anne allait rêvant
Passons passons puisque tout passe
Je me retournerai souvent

Les souvenirs sont cors de chasse
Dont meurt le bruit parmi le vent

Marco Lombardi
(Aldo Camerino)
(*Corni da caccia*, Venezia, Edizioni del Cavallino, 1943)

Corni da caccia
La nostra storia è nobile e tragica
Come la maschera di un tiranno
Nessun dramma rischioso o magico
Nessun particolare indifferente
Rende patetico il nostro amore

E Thomas de Quincey bevendo
L'oppio veleno dolce e casto
Sognava la sua povera Anne
Passiamo passiamo poiché tutto passa
Mi volterò sovente

I ricordi sono corni di caccia
Il cui suono muore nel vento

Giorgio Caproni
(*Antologia della Poesia straniera del '900*, éd. A. Bertolucci, Milano, Garzanti, 1958)

Corni da caccia
La nostra storia è nobile e tragica
Come la maschera d'un tiranno
Non drammi audaci o ammaliatori
Né indifferenti minuzie sanno
Render patetici i nostri amori

E Thomas de Quincey succhiando
L'oppio veleno dolce e casto
La povera Anna andava sognando
Passiam passiamo ché tutto passa
Mi volterò all'indietro spesso

Sono i ricordi corni da caccia
Il cui bruito muore nel vento

Clemente Fusero
(*Poesie*, Milano, Dall'Oglio, 1959)

Corni da caccia
La nostra storia è nobile e tragica
Come la maschera d'un tiranno
Nessun dramma rischioso o magico
Nessun particolare indifferente
Rende il nostro amore patetico

E Thomas de Quincey sorbendo
L'oppio veleno dolce e casto
Alla sua povera Anna andava pensando
Passiamo passiamo poiché tutto passa
Indietro mi volgerò sovente

Le rimembranze son corni da caccia
La cui voce si spegne in mezzo al vento

Eurialo De Michelis
(*Apollinaire*, Milano, Nuova Accademia, 1960)

Corni da caccia
La nostra storia è tragica e severa
come a un tiranno è maschera il rigore
Nessun dramma che il rischio o la magia
provochi, o un incidente purchessia,
nulla che pathos dia al nostro amore

E Thomas de Quincey quando beveva
l'oppio veleno dolce e casto, in sogni
della sua pover'Anna si perdeva
Passiamo, poiché tutto và ; la traccia
Indietro cercherò spesso nel tempo

Corni da caccia
sono i ricordi, di cui il suono muore
frammisto al vento

Mario Pasi
(*Guillaume Apollinaire*, Parma, Guanda, 1960)
Corni da caccia
La nostra storia è nobile e tragica
Come la maschera di un tiranno
Nessun dramma arrischiato o magico
Nessun dettaglio indifferente
Rende patetico il nostro amore

E Thomas de Quincey bevendo
L'oppio veleno dolce e casto
La sua piccola Anna andava sognando
Passiamo passiamo poiché tutto passa
Io mi volgerò sovente

I ricordi sono corni da caccia
Di cui muore il rumore nel vento

Renzo Paris
(*Poesie*, Roma, Newton Compton, 1971)

Corni da caccia
La nostra storia è nobile e tragica
Come la maschera d'un tiranno
Niente drammi rischiosi o magici
Nessun dettaglio indifferente
Rende il nostro amore patetico

E Thomas de Quincey mentre beveva
Il dolce e casto veleno dell'oppio
Andava sognando la sua piccola Anna
Passiamo passiamo poiché tutto passa
Spesso mi volgerò indietro

I ricordi sono corni da caccia
Il loro rumore muore nel vento

Vittorio Sereni
(*Almanacco dello specchio*, n° 8, Milano, Mondadori, 1979)

Corni da caccia
Nobile è la nostra storia e tragica
Come la maschera di un tiranno
Nessun dramma fortunoso o magico
Nessun particolare indifferente
Rende il nostro amore patetico

E Thomas de Quincey nel bere
L'oppio veleno dolce e casto
La povera Anna andava sognando
Passiamo passiamo poiché tutto passa
Indietro io mi volterò sovente

I ricordi sono corni da caccia
Il cui clamore smuore nel vento

Guido Pagliarino
(*La speranza possibile*, Padova, Rebellato, 1981)

Corni di caccia
La nostra storia nobile e tremenda
È come la celata d'un tiranno.
Nessun dramma del caso o di magia
nessun dettaglio indifferente rende
al nostro amore la malinconia.

E Thomas de Quincey che beveva
il veleno dell'oppio dolce e casto
andava in sogno all'infelice Anna.
Passiam passiamo poiché tutto passa.
E io mi volgerò sovente indietro.

Le rimembranze son corni di caccia
e ne muore la voce in mezzo al vento.

Enjeux de la retraduction dans l'œuvre de Philippe Jaccottet

ARIANE LÜTHI

Résumé

L'écriture poétique de Philippe Jaccottet et l'acte de la (re)traduction sont tous deux marqués par des tâtonnements qui rendent visible le processus du travail à l'œuvre. Le retraducteur essaie de faire entendre une voix nouvelle d'un texte connu, mais il est également lecteur du texte qu'il a écrit. Ce procédé réflexif – relecture et réécriture – correspond à l'acte de la retraduction, car en réécrivant, le poète-traducteur révèle les possibilités infinies du texte de varier, d'être différent. À partir de trois versions de « L'infinito » (1819) de Giacomo Leopardi, on verra que les œuvres peuvent être retraduites en raison de ce potentiel infini que contient tout texte littéraire, dont des aspects différents sont révélés à chaque nouvelle traduction.

Abstract

Philippe Jaccottet's poetic writing and the act of (re)translation are both marked by hesitations and other modalities of resumption that show the ongoing working process. The retranslator tries to express a new voice of a well-known text, but he is also a critical reader of his own writing. This reflexive process – rereading and rewriting – corresponds to the act of retranslation : while rewriting, the translator reveals the infinite possibilities of the text to be different, to become a variation. Three versions of Giacomo Leopardi's poem "L'infinito"/ "Infinity" (1819) indicate that literary works can be retranslated because of the infinite potential of literature – a phenomenon demonstrated by each new translation.

> « *Ob sich Übersetzungen als und wie Originale lesen lassen, ist eine alte und umstrittene Frage der Übersetzungstheorie. Der Versuch, Originale als übersetzte zu lesen, ist vielleicht neu.* »[1]

« J'ai eu de tout temps l'envie de retraduire une traduction »[2]

Philippe Jaccottet, l'un des poètes de langue française les plus commentés et traduits dans le monde, est aussi l'un de nos traducteurs les plus éminents – que l'on pense par exemple à la parution récente de sa version des *Élégies* de Rainer Maria Rilke, à sa traduction de l'*Odyssée* ou aux œuvres de Friedrich Hölderlin, Robert Musil, Giuseppe Ungaretti[3]. À partir de *La Mort à Venise* (1947), la traduction sert de gagne-pain au poète, qui traduit de l'allemand, de l'espagnol, du grec, de l'italien et du russe vers le français. La période où Jaccottet a traduit infatigablement se situe entre les années 1960 et la fin des années 1980, alors que depuis 1990 les nouvelles traductions se font plus rares[4]. Poète avant tout, mais aussi lecteur et critique, l'expérience de (re)traducteur de Jaccottet ne le cède en rien à celle d'autres auteurs ayant voué une part de leur vie à faire passer des œuvres d'une langue dans une autre[5]. On retrouve toujours cette volonté d'« effacement » guidant le travail du passeur, cette « crainte d'attirer

---

1. Hans-Jost Frey, « Übersetzen », in *Der unendliche Text*, Frankfurt, Suhrkamp, 1990, p. 25.
2. André Markowicz, « Conversation sur une traduction d'*Hamlet* », in Bernard Banoun et Irene Weber Henking (éds.), *Cahiers du CTL*, « Traduire – Retraduire », n° 49, 2007, p. 22.
3. Durant le dernier demi-siècle, Jaccottet a traduit un nombre invraisemblable de livres, textes en prose et poésie. Cf. Mathilde Vischer, *Cahiers du CTL*, « Philippe Jaccottet traducteur et poète. Une esthétique de l'effacement », n° 43, 2003, p. 11-60, mais aussi : Jean Starobinski, « Philippe Jaccottet traducteur », *in* Lenschen, Walter (éd.), *Deuxième Prix Lémanique de la traduction 1988*, Lausanne, CTL, 1990, p. 29-36, ainsi que : Jean-Louis Backès, « Traduire en poète ? », *Tra-jectoires*, n° 1, 2003, p. 81-86.
4. Cf. Mathilde Vischer, *La Traduction, du style vers la poétique : Philippe Jaccottet et Fabio Pusterla en dialogue*, Paris, Kimé, 2009, p. 318.
5. Sur un plan plus fondamental, il faudrait réfléchir à la question de savoir pourquoi tant de grands poètes se sont consacrés à cette tâche. Que l'on pense à ce qu'ont fait Baudelaire pour Poe, Nerval pour Goethe, Proust pour Ruskin, Celan pour Mandelstam, Shakespeare ou Michaux, Leyris et Ellrodt pour les poètes anglais...

l'attention du lecteur par des trouvailles ingénieuses, des ruptures de ton non nécessaires »[6]. Pourtant, Jaccottet n'est pas dupe de son exigence, lui qui écrivait en 1996 :

> Je comprends bien aussi que ma prétention à la « transparence », à servir le texte original sans interférer, est, en grande partie, une illusion, sinon une sottise. Aujourd'hui, avec le recul, je dois bien reconnaître que cette voix qui devait s'être effacée devant l'autre, tellement plus forte et légitime, de l'auteur, elle s'y entend plus ou moins clairement presque partout ; c'était, à coup sûr, inévitable. Mais, comme elle est malgré tout une voix plutôt sourde, discrète, sinon faible, je me dis qu'il a pu lui arriver de servir mieux que d'autres, plus inventives ou plus turbulentes, la voix native du poème étranger ; au moins chaque fois que celle-ci m'aura retenu parce que j'y avais deviné un exemple pour la mienne[7].

Quelle est l'importance de la retraduction dans l'œuvre du poète, traducteur et retraducteur qu'est Philippe Jaccottet ? Y décèle-t-on une nécessité de la retraduction – véritable acte de dialogue – pour l'œuvre du poète-traducteur ? L'écriture poétique de Jaccottet et son travail de (re)traduction sont tous deux marqués par des tâtonnements qui, avec d'autres modalités de la reprise, rendent visible le travail en amont (qui demeure généralement imperceptible). Le retraducteur essaie de faire entendre une voix nouvelle d'un texte connu, mais il est aussi le premier lecteur du texte qu'il a écrit ; la reformulation des propos implique une relecture critique. Ces procédés réflexifs – relecture et réécriture – correspondent à l'acte de retraduction. Le poète révèle les potentialités du texte et en montre les possibilités infinies de varier, d'être différent. Il met ainsi en lumière ce qui a lieu lors de la traduction. Comme chaque traduction appelle toutes les retraductions possibles, nous verrons que l'écriture poétique de Jaccottet représente une mise en acte du processus de (re)traduction. Dans un premier temps, il sera question de l'« écriture de la traduction » (Mathilde Vischer), qui mène dans cette œuvre (réflexive) vers une poétique de la retraduction. Le second volet abordera un exemple de retraduction : comme de nombreux autres poètes, Jaccottet a traduit « L'infinito » de

---

6. Philippe Jaccottet, « Préface » à *D'une lyre à cinq cordes, Traductions 1946-1995*, Paris, Gallimard, 1997, p. 14.
7. *Ibid.*, p. 15.

Giacomo Leopardi[8]. Une rapide comparaison permettra d'esquisser les positions de Philippe Jaccottet, Michel Orcel et Yves Bonnefoy, remarquables (re)traducteurs contemporains.

De l'« écriture de la traduction » à une poétique de la retraduction

Lorsque Mathilde Vischer parle au sujet de Jaccottet d'une « écriture de la traduction »[9], elle insiste sur le fait que cette écriture revêt les caractéristiques d'une « écriture du dialogue ». De plus, la lecture des textes de Jaccottet souligne en permanence que le langage est mouvement, mais aussi que « l'écriture est une entreprise seconde »[10]. Si l'on admet généralement qu'une traduction évolue et doit donc être périodiquement refaite en raison de ce mouvement du langage propre à la langue d'arrivée et d'actualisation par le traducteur, on oublie volontiers que la langue de départ est elle aussi en mouvement. L'écriture de Jaccottet montre ce mouvement perpétuel de toute langue en révélant que c'est l'écriture qui est déjà « entreprise seconde », et non pas la traduction ; celle-ci serait dès lors un degré second de la secondarité propre à toute écriture[11]. Les procédés réflexifs de l'écriture de Jaccottet rendent donc compte du processus interprétatif et critique à l'œuvre dans l'acte de (re)traduire[12]. Jaccottet aurait-il accepté par le biais de la (re)traduction que sa quête semble infinie, serait-ce à partir de son expérience de (re)traducteur, que cette recherche même est devenue la singularité de sa poétique ? Pour l'instant, on se con-

---

8. Sous l'impulsion d'Ungaretti, Roger Caillois propose à Jaccottet en novembre 1960 la traduction des *Canti* pour une édition complète des *Œuvres* de Leopardi dans la collection « Unesco ». Jaccottet collabore alors comme relecteur et traducteur à cette édition en langue française dirigée par Roger Caillois (Paris, Del Duca, 1964).
9. Mathilde Vischer, « La poétique de Philippe Jaccottet. Une "écriture de la traduction" », *Europe*, n° 955-956, 2008, p. 43-55 ; voir également : *La Traduction, du style vers la poétique : Philippe Jaccottet et Fabio Pusterla en dialogue*, op. cit., p. 247-315.
10. Mathilde Vischer, *La Traduction, du style vers la poétique : Philippe Jaccottet et Fabio Pusterla en dialogue*, op. cit., p. 321.
11. *Ibid.*, p. 322.
12. Mathilde Vischer le souligne : « L'acte de traduire implique une acceptation de l'imperfection, dans le mouvement même qui tend vers une perfection. Cette donnée de base contradictoire, la tension vers une perfection dans la pleine conscience de son impossibilité, reflète la position de Jaccottet » (*Ibid.*, p. 328).

tentera d'avancer que l'inachèvement propre à la traduction – et à tout langage – est l'une des conditions pour qu'il y ait retraduction réitérée.

Dès lors, qu'en est-il du rapport entre original et retraduction ? Si les œuvres sont d'une part retraduites en raison de la condition historique propre aux textes traduits, elles peuvent d'autre part l'être en raison de ce potentiel infini que contient tout texte littéraire, dont des aspects différents sont révélés à chaque nouvelle traduction. George Steiner l'a souligné : « le texte original profite des rapports et des distances multiples qui s'instaurent entre lui et ses traductions »[13]. Ainsi, le (re)traducteur peut recréer la réception d'une œuvre, par exemple, mais il va en tout cas la guider dans une certaine direction. Notre époque étant marquée par le phénomène de la retraduction, les translations[14] de Jaccottet présentent ce geste comme un moment de la rencontre, voire du partage de l'œuvre. Or, dès qu'il y a dialogue entre original et traduction, et aussi entre les diverses traductions existantes, il convient de repenser les relations entre les textes.

Celui que l'on traduit ou retraduit est toujours aussi un biais pour prendre conscience de certaines potentialités de soi-même que l'on n'avait pas encore aperçues ou osé voir[15]. Quand cet autre est Hölderlin, Mandelstam, Musil, Platon ou Rilke, (re)traduire prend inévitablement le sens d'un accroissement de soi. La traduction incite à réfléchir sur le sens même de l'acte d'écrire et de réécrire. On trouve ainsi, parmi les nombreuses notes de *La Semaison* qui concernent la translation, plusieurs réflexions sur ce qu'il incombe au (re)traducteur d'essayer de capter. Il importe de dire l'indicible, tout en sachant que tout dire ne sera jamais rien d'autre qu'une traduction approximative de ce que l'on voit, pense, sent et

---

13. George Steiner, *Après Babel* [*After Babel*, 1975], tr. Lucienne Lotringer, Paris, Albin Michel, 1998, p. 409.
14. Nous utilisons ce terme dans le sens bermanien. Comme Berman, Jaccottet est proche de Hölderlin qu'il a traduit, et il est familier avec la tradition de Friedrich Schleiermacher dans laquelle Berman se situe.
15. Ce que Jean Starobinski souligne au sujet de la traduction vaut pour toute retraduction : « Qu'est-ce que traduire, sinon se faire accueil, n'être d'abord rien qu'une oreille, attentive à une voix étrangère, puis donner à cette voix, avec les ressources de notre langue, un corps en qui survive l'inflexion première ? Toute traduction vraiment accomplie instaure une transparence, invente un nouveau langage capable de véhiculer un sens antécédent : […] l'œuvre ainsi accomplie est une médiation inventive » (Jean Starobinski, « Préface » à Philippe Jaccottet, *Poésie 1946-1967*, Paris, Gallimard, 2001, p. 15).

vit. C'est à partir d'un choix de notes tirées des trois volumes de ces carnets que l'on esquissera le cheminement de cette écriture de la traduction vers une poétique de la retraduction.

> Fleurs bleu lavande à cœur jaune, bleu violet, rose mauve, en bouquets retombants. Grandes fleurs jaunes parmi les verts sombres, leur intensité, que « soleil » traduirait mal, encore une fois. Jaune indéchiffrable, et qu'il faudrait déchiffrer, comme pour être fortifié. (S1, p. 93)[16]

Bien que le jaune soit illisible, le poète tente « encore une fois » de s'approcher de cette couleur intense en essayant de la traduire. Redisant, il retraduit. Et pourtant, il s'agit bien de saisir l'insaisissable, puisque les mots ne peuvent pas traduire la couleur perçue ; le sachant, le poète tentera néanmoins de s'en rapprocher. Jaccottet étant de ces poètes qui refusent de séparer les mots de l'expérience qu'ils révèlent, on ne s'étonne pas d'apprendre qu'en traduisant, ce n'est rien moins que son rapport au monde que le poète traducteur met en jeu[17].

Vouloir « simplement transcrire, copier » la « terre » et les « fleurs » (S1, p. 210) pose le problème d'une gageure intenable, puisque la « juste mesure » semble inaccessible :

> Sans doute y a-t-il en effet quelque chose de cela, ce lien entre arbre en fleurs et temps, rapidité du temps : ce qui prend feu par la rapidité de sa course. Mais attention à ne pas dépasser la juste mesure dans cette sorte de « traduction ». Il faut que l'allusion reste rapide et légère. Qu'on ne cesse pas de sentir l'air, les jardins, les nuages – et la merveilleuse pluie de mars, brève, inattendue, fertile. *Vite* : il y a un lien entre le mot *vite* avec cela. Et néanmoins, pas de hâte, d'agitation. Difficile. Rien de plus difficile. [...] Je me retrouve chaque printemps enfermé dans le même cercle, pris au même piège. (S1, p. 210)

---

16. Nous utiliserons les abréviations suivantes, suivies de l'indication de la page : *S1 : La Semaison, carnets 1954-1979*, Paris, Gallimard, 1984 ; *S2 : La Seconde Semaison, carnets 1980-1994*, Paris, Gallimard, 1996 ; *S3 : Carnets 1995-1998 (La Semaison, III)*, Paris, Gallimard, 2001. Cf. Ariane Lüthi, *Pratique et poétique de la note chez Georges Perros et Philippe Jaccottet*, Paris, Sandre, 2009, p. 207-302 notamment.

17. « Quelle merveille, là encore, que je n'ai jamais saisie ? Qu'est-elle ? Légèreté, fraîcheur, fragilité ? Me laisserai-je reprendre au sempiternel piétinement qui ne fait que détruire ce qu'on ne peut non plus simplement transcrire, copier ? Terre, fleurs » (S1, p. 210).

Justesse de la mesure et du ton, rapidité et légèreté, cette note sur la transposition éclaire la poétique de Jaccottet, pour qui le dire est une « traduction », une allusion. Si celle-ci doit rester « rapide et légère », c'est qu'il ne faut pas se perdre dans l'approfondissement en allant au-delà de la « juste mesure » recherchée. L'hésitation du poète entre une saisie agile et une recherche interminable et discrète se traduit à mainte reprise[18]. À ce dilemme entre deux voies d'observation, l'une marquée par la patience et son apparence simple, l'autre par l'immédiateté, Jaccottet répond par deux manières de (re)traduire : ainsi trouve-t-on d'une part ses nombreuses translations d'œuvres d'autrui, traductions réelles d'autres langues, et d'autre part les « traductions » résultant de son écoute attentive du monde, des livres, des rêves. La question qui s'impose concerne la « grâce » évoquée (*S3*, p. 87), cette faveur nécessaire à la « saisie » traduisant en mots :

> Ai-je si parfaitement saisi certaines « échappées » que j'aie le droit de ne pas poursuivre le travail de les mieux traduire ? Ou est-ce vraiment qu'elles peuvent « se dire », mais non pas « être dites », qu'elles doivent se frayer un chemin à travers moi, non pas être saisies ? (*S1*, p. 167)

Saisir de telles « échappées » signifie les traduire. Mais ce que le poète suggère, c'est qu'elles se traduisent elles-mêmes. Désirer les rendre, c'est vouloir saisir l'insaisissable, puisque les « échappées » ne se laissent pas fixer ni « dire », mais traduire, et ce, approximativement. Le dire du poète correspond alors à la traduction de la voix des choses ou des autres, qui s'expriment à travers lui et grâce à lui, le traducteur étant celui qui fait passer les mots.

Si tout « dire » apparaît chez Jaccottet comme « traduire », voire « retraduire », on insistera sur une dernière notation. Parlant du *Divan occidental-oriental* de Goethe, Jaccottet évoque à un moment donné l'image de la « décantation » (*S2*, p. 96) pour parler de son propre travail : c'est comme si le traducteur – et notamment le retraducteur – avait besoin, malgré l'intime connaissance qu'il a du texte qu'il est en train de traduire, de moments de décantation. Prise de distance et pauses réflexives sont nécessaires avant que tout soit traduit en langage. Le poète-traducteur est ainsi

---

18. Un exemple : « [...] hésitant une fois de plus comme à un carrefour dont une voie conduirait à une longue et humble et patiente recherche, l'autre obligerait à une saisie rapide qu'il faudrait une grâce pour traduire en mots » (*S3*, p. 87).

celui qui transpose l'immédiat, l'immatériel, en paroles. Alors que « traduire » tend de nos jours à se limiter au sens de « transposer dans une autre langue », aux dépens d'acceptions plus générales, le passeur jaccottien ouvre le champ à une acception plus large : s'il s'agit de « traduire la pensée », il importe particulièrement d'interpréter son écoute du monde. Cependant, le poète insiste sur le caractère intraduisible de la musique, par exemple. Traduire l'intraduisible ou saisir l'insaisissable reste un problème insoluble puisqu'il s'agirait de cueillir ce qui nous échappe en se dérobant. Le fait de pouvoir retraduire à l'infini apparaît alors comme le moyen idéal pour réfléchir à cette faille qui s'ouvre entre perception et expression.

Retraduire « L'infinito »

« L'infinito » de Leopardi ayant souvent été interprété, nous nous proposons de comparer la retraduction de Jaccottet et celles d'Yves Bonnefoy et de Michel Orcel. Voici le poème sur l'in(dé)fini où l'âme imagine ce qu'elle ne voit pas, accompagné de la traduction de Jaccottet :

L'infinito	*L'Infini*[19]
Sempre caro mi fu quest'ermo colle,	Toujours j'aimai cette hauteur déserte
E questa siepe, che da tanta parte	Et cette haie qui du plus lointain horizon
Dell'ultimo orizzonte il guardo [esclude.	Cache au regard une telle étendue.
Ma sedendo e mirando, interminati	Mais demeurant et contemplant j'invente
Spazi di là da quella, e sovrumani	Des espaces interminables au-delà, de [surhumains
Silenzi, e profondissima quiete	Silences et une si profonde
Io nel pensier mi fingo ; ove per poco	Tranquillité que pour un peu se
Il cor non si spaura. E come il vento	[troublerait
Odo stormir tra questa piante, io	Le cœur. Et percevant

19. La traduction de Jaccottet a été publiée une première fois dans les *Œuvres* de Giacomo Leopardi, Paris, Del Duca, « L'Unesco », 1964, avec une introduction d'Ungaretti. Elle a été reprise dans Leopardi, *Canti*, tr. François-Alphonse Aulard, Juliette Bertrand, Philippe Jaccottet et Georges Nicole, Paris, Gallimard, 1982, p. 68. On retrouve cette traduction dans *D'une lyre à cinq cordes*, Paris, Gallimard, 1997, p. 31. La correspondance entre Jaccottet et Ungaretti, *Correspondance 1946-1970*, Paris, Gallimard, 2008, traite souvent de Leopardi, l'un des poètes italiens les plus commentés par Ungaretti. Ungaretti a par ailleurs fait une interprétation littérale de « L'Infini », où commentaire et citations alternent de manière serrée.

[quello
Infinito silenzio a questa voce
Vo comparando : e mi sovvien l'eterno,
E le morte stagioni, e la presente
E viva, e il suon di lei. Così tra questa
Immensità s'annega il pensier mio :
E il naufragar m'è dolce in questo
                             [mare.
(Recanati, 1819)
	Le vent qui passe dans ces feuilles – ce
	                               [silence
	Infini, je le vais comparant
	À cette voix, et me souviens de l'éternel,
	Des saisons qui sont mortes et de celle
	Qui vit encor, de sa rumeur. Ainsi
	Dans tant d'immensité ma pensée
	                             [sombre,
	Et m'abîmer m'est doux en cette mer.
	
	Philippe Jaccottet (1964)

    Pourquoi un traducteur éprouve-t-il la nécessité de traduire à nouveau un texte littéraire classique, en l'occurrence l'un des poèmes les plus connus de Leopardi ? Jaccottet ne tente pas de rendre les textes originaux plus familiers et plus immédiats aux lecteurs contemporains. Comme il l'écrit dans une lettre à Gustave Roud, il importe au contraire de rendre le « ton [...] d'une grande justesse, et c'est, nous le savons ! l'essentiel »[20]. La retraduction de Jaccottet s'impose par sa transparence, son exactitude et la proximité par rapport au texte original. S'il n'a pas choisi le même mètre que Leopardi, cela est sans doute dû au fait que l'hendécasyllabe est très difficile à rendre en français[21]. Toujours est-il qu'à la souplesse de l'hendécasyllabe, vers particulièrement variable, répondent chez Jaccottet des vers de longueur variable. Qu'en est-il donc des versions de Bonnefoy et d'Orcel ?

---

20. Philippe Jaccottet et Gustave Roud, *Correspondance 1942-1976*, éd. José-Flore Tappy, Paris, Gallimard, 2002, p. 305.
21. Selon Ungaretti, il faudrait même se garder de le traduire ; ainsi écrit-il, dans sa « Difesa dell'endecasillabo » (pour *Il Mattino*, Naples, 31 mars-1er avril 1927) : « Provatevi a tradurlo [« L'infinito »] in altra lingua : non è più nulla ».

Toujours chère me fut cette colline
Solitaire ; et chère cette haie
Qui refuse au regard tant de l'ultime
Horizon de ce monde. Mais je
m'assieds,
Je laisse aller mes yeux, je façonne, en
   [esprit
Des espaces sans fin au-delà d'elle,
Des silences aussi, comme l'humain
   [en nous
N'en connaît pas, et c'est une
quiétude
Et comme alors j'entends
On ne peut plus profonde : un de ces
   [instants
Où peu s'en faut que le cœur ne
s'effraie.
Le vent bruire dans ces feuillages, je
   [compare
Ce silence infini à cette voix,
Et me revient l'éternel en mémoire
Et les saisons défuntes, et celle-ci
Qui est vivante, en sa rumeur.
Immensité
En laquelle s'abîme ma pensée,
Naufrage, mais qui m'est doux dans
   [cette mer.

Yves Bonnefoy (2000)[22]

Toujours tendre me fut ce solitaire mont,
Et cette haie qui, de tout bord ou
   [presque,
Dérobe aux yeux le lointain horizon
Mais couché là et regardant, des espaces
Sans limites au-delà d'elle, de surhumains
Silences, un calme on ne peut plus
   [profond
Je forme en mon esprit, où peu s'en faut
Que le cœur ne défaille. Et comme j'ois le
   [vent
Bruire parmi les feuilles, cet
Infini silence-là et cette voix,
Je les compare : et l'éternel, il me
   [souvient,
Et les mortes saisons, et la présente
Et vive, et son chant. Ainsi par cette
Immensité ma pensée s'engloutit :
Et dans ces eaux il m'est doux de
   [sombrer.
Michel Orcel (1995)[23]

---

22. Yves Bonnefoy, *Keats et Leopardi. Quelques traductions nouvelles*, Paris, Mercure de France, 2000, p. 43. Voir également d'Yves Bonnefoy : *L'Enseignement et l'exemple de Leopardi*, Bordeaux, William Blake and Co., 2001, ainsi que : « Traduire Leopardi » (1999), article repris dans *La Communauté des traducteurs*, Strasbourg, PUS, 2000.
23. Michel Orcel a traduit « L'infinito » une première fois dans : Giacomo Leopardi, *Poèmes et fragments*, Genève, La Dogana, 1987, p. 55. Une seconde version, légèrement modifiée, figure dans : Giacomo Leopardi, *Chants / Canti*, Paris, Aubier, 1995, poème XII, p. 55.

Contrairement à Jaccottet et Orcel, Bonnefoy n'hésite pas à être plus long que l'original, le traducteur étant alors celui qui développe ou transpose ; le but du (re)traducteur est de rendre le « plus », les possibilités de sens multiples et la profondeur du texte, il lui importe de maintenir l'ouverture, la pluralité de lectures possibles. Les conceptions des deux retraducteurs que sont Jaccottet et Bonnefoy sont dès lors plus proches que l'on pourrait penser, puisque la traduction implique une tension permanente entre proximité et distance par rapport au texte original, tension qui se retrouve dans les modalités d'écriture des deux poètes. Ce double mouvement de proximité et de distance, perceptible dans les textes en prose, dans les textes versifiés et en particulier dans les traductions de Jaccottet, reflète le mouvement réflexif, la reprise du dire caractérisant le travail du retraducteur.

Si les enjambements sont particulièrement nombreux dans « L'infinito », ils sont tout aussi présents dans la traduction de Jaccottet (et encore plus dans celle de Bonnefoy, où l'on dirait que le traducteur veut renforcer le rythme de l'original). Parmi les nombreux enjambements, le texte de Leopardi accentue les quatre exemples où adjectif et substantif sont séparés à la rime. Quant aux deux vers liminaires, ils sont isolables chez Leopardi, ce qui est suivi par Jaccottet. « L'infinito » se caractérise du reste par un nombre particulièrement élevé de termes indéfinis, souvent un nom accompagné d'un adjectif. Cette forte condensation d'indéfinis passe pour un aspect caractéristique du langage du chant, qui trouve dans ce poème une intensité et une profondeur particulièrement difficiles à rendre, notamment pour la richesse des échos sonores[24]. Alors que la traduction de Jaccottet rend bien cet aspect « chantant »[25], celle de Bonnefoy valorise l'aspect narratif du poème.

Ces trois retraductions sont très variées : Michel Orcel étant le plus proche de l'original, on est tenté de parler d'une version quasi interlinéaire ; ainsi, la ponctuation est identique à celle du poème italien, et il ne

---

24. Cf. Mathilde Vischer, *Philippe Jaccottet traducteur et poète. Une esthétique de l'effacement*, op. cit., p. 49.
25. Dans une lettre à Roud, Jaccottet écrit que « la poésie de Leopardi a quelques moments d'une musicalité vraiment *magique* qui le met au rang des plus grands », et c'est cette musicalité que le traducteur doit, à ses yeux, essayer de ne pas trop « assourdi[r] » (Philippe Jaccottet et Gustave Roud, *Correspondance 1942-1976*, op. cit., p. 321 s).

reproduit pas seulement les huit « et », mais les huit conjonctions se trouvent exactement au même endroit que chez Leopardi. Bien que la syntaxe soit maintenue au maximum, il ne s'agit bien sûr pas d'une traduction mot à mot, qui serait inutilisable, voire incompréhensible. Si l'on compare cette transposition à celle de Bonnefoy, on s'aperçoit que la version interlinéaire serait la plus grande distanciation et en même temps la plus grande approximation par rapport à l'original. C'est également ce que l'on observe chez Jaccottet, qui est lui aussi proche du texte, mais néanmoins plus autonome qu'Orcel. Ce qui est conservé dans sa traduction, c'est l'altérité, des effets étranges qui renvoient à l'original ; on se sent proche du postulat de Walter Benjamin exigeant qu'il faut préserver les « visées intentionnelles »[26] du langage et donc ne pas polir – lisser, dérider – la traduction. La version de Jaccottet relève d'un mètre moins régulier que les deux autres : le décasyllabe l'emporte, suivi du dodécasyllabe, d'autres vers comptent cependant six, huit, neuf, onze ou quatorze syllabes. Aussi les enjambements des vers 5/6 et 9/10 sont-ils renforcés par l'irrégularité rythmique ; plus encore, en multipliant les enjambements, Jaccottet accentue cette dimension primordiale du texte léopardien.

Qui compare les translations des trois premiers vers constate que ces traductions rendent la beauté musicale des vers. L'exposition montre le poète pensant, donc une situation poétique ; on assiste à une réflexion sur les limites et l'infini, l'illimité, la condition humaine. Au vers 4, seul Jaccottet maintient le double participe présent du texte original (« Ma sedendo e mirando », « Mais demeurant et contemplant ») ; il préserve ainsi ce qui paraît atypique en français, transposant cet élément italianisant dans sa traduction[27]. L'art de traduire de Jaccottet se différencie par une « neutralisation de sa subjectivité au profit de la recherche du ton poétique

---

26. « Toute parenté supra-historique entre les langues repose bien plutôt sur le fait qu'en aucune d'elles, prise comme un tout, une chose est visée, qui est la même, et qui pourtant ne peut être atteinte par aucune d'entre elles isolément, mais seulement par le tout de leurs visées intentionnelles complémentaires ; cette chose est le langage pur » (Walter Benjamin, « La tâche du traducteur », tr. Maurice de Gandillac, in *Œuvres I, Mythe et violence*, Paris, Denoël, 1971, p. 270).
27. Jaccottet est par ailleurs le seul des trois à maintenir le participe présent de « Vo comparando » (v. 11), « je le vais comparant ». De plus, il rajoute une quatrième forme du participe présent : « Et percevant / Le vent qui passe » (v. 8/9).

original »[28] : qu'il s'agisse d'une « première traduction » ou d'une retraduction, le poète évite tout choix qui risquerait d'éblouir le lecteur par des trouvailles déroutantes dans la langue d'arrivée. Alors que la retraduction de Jaccottet offre un poème particulièrement musical en français, celle d'Orcel ne donne peut-être pas un poème aussi riche du point de vue sonore, mais elle suit de manière plus précise la « lettre » du texte, respectant les nuances de rythme et de sens. Quant à Bonnefoy, en retraduisant plus personnellement et plus librement, il incite à réfléchir au rapport – ambigu, réciproque – entre original et retraduction, mais aussi au parallèle qui s'impose entre (re)traduction et création. Son exemple montre de plus que la traduction peut modifier la compréhension du texte original[29].

Ces retraductions de « L'infinito » illustrent que traduire, c'est toujours interpréter et compenser – à différents niveaux – certains éléments que l'on ne peut pas transposer dans la langue d'arrivée. Étant fondamentalement interprétation, une traduction vieillit souvent plus vite que l'original. D'une retraduction à l'autre se donnent ainsi à lire la distance du temps qui passe, les convenances qui évoluent, la langue qui se transforme, les pratiques d'écriture qui se modifient ; si elles sont plus ou moins contemporaines, c'est davantage la poétique implicite du retraducteur qui s'y dévoile. Et pourtant, le dilemme du traducteur reste toujours le même : il s'agit d'être fidèle à l'« esprit » ou à la « lettre » du texte étranger. Dans la mesure où le retraducteur est peut-être plus libre que ses précurseurs, son travail représente un point d'observation idéal pour analyser ladite « pulsion de traduire »[30]. Chez Jaccottet, la rhétorique du doute propre au piétinement et au tâtonnement implique une reprise du dire qui est liée à la prise de distance évoquée.

---

28. Cf. Mathilde Vischer, *Philippe Jaccottet traducteur et poète. Une esthétique de l'effacement*, op. cit., p. 53.
29. Voir par exemple la transposition de « sovrumani / Silenzi » (v. 5/6) : contrairement à Jaccottet et Orcel qui traduisent « sovrumani » par « surhumains », Bonnefoy assimile le texte de Leopardi à sa propre poétique, ou à une poétique « française » de notre temps. La traduction peut ainsi modifier l'original, ou du moins la compréhension que l'on en a ; le lien entre les silences et « l'humain en nous » renvoie à la psychologie moderne, alors que les « sovrumani / Silenzi » de Leopardi font davantage penser au « silence éternel de ces espaces infinis » du fameux fragment de Pascal.
30. Cf. Paul Ricœur, *Sur la traduction*, Paris, Bayard, 2004, p. 8.

Pourquoi donc retraduire « L'infinito » si tant d'autres ont déjà essayé[31] ? Certes, ce poème compte parmi les plus beaux jamais écrits, mais la raison principale est sans doute à chercher ailleurs. La traduction étant toujours approximative et non pas définitive, elle est progression dans la mesure où elle n'est jamais finie[32]. Traduire signifie retraduire car il s'agit d'interpréter et de réinterpréter, infiniment, mais aussi de recréer. Le parallèle entre traduction et création s'impose plus chez Bonnefoy que chez Jaccottet, mais chez les deux on observe un aspect *work in progress* dans l'entreprise du retraducteur. Traduire « L'Infini » se transforme dès lors en « traduire à l'infini ». Si le poème « L'infinito » est interprété en tant qu'emblème de la tâche infinie et inachevable de la traduction, c'est que l'obstacle (la « siepe ») ouvre à l'infini, à ce que la tête est capable d'imaginer. Même si la (re)traduction n'est pas une œuvre d'invention, elle a néanmoins partie liée avec la créativité : le traducteur doit choisir entre une multitude de possibilités, à lui de trancher et d'opter pour la version qui lui semble la meilleure par rapport à l'original.

Alors que la traduction est une reproduction de l'original, elle diffère d'autres formes de relations textuelles, vu qu'elle ne respecte pas le texte, mais le remplace[33]. Suivant les réflexions de George Steiner, Hans-Jost Frey ou Felix Philipp Ingold, la traduction libère l'original en s'écartant de lui, et révèle ainsi certaines de ses potentialités. En d'autres termes, le texte original atteint le statut d'un texte qui doit encore être écrit[34]. Cette idée d'une croissance du texte qui reste toujours à venir, dans l'attente des nouvelles traductions qui suivront, Ingold l'a approfondie dans un article suggestif intitulé « Praxis und Kritik der literarischen Nachübersetzung »[35]. La

---

31. Cf. Giacomo Leopardi, *Poésies*, éd. bilingue avec des illustrations de F. Desmoulin, tr. Eugène Carré, Paris, Charpentier & Cie, 1887 ; *Giacomo Leopardi*, tr. Paul Hazard, Paris, Bloud & Cie, H. Didier, 1913 ; *Leopardi : choix de textes*, tr. Mario Maurin, Paris, Seghers, « Poètes d'aujourd'hui », 1961.
32. Ce principe d'inachèvement et d'ouverture qui caractérise la traduction a été souligné par les romantiques allemands, selon qui la traduction représente une tâche inachevable. Voir également Walter Benjamin sur la langue maternelle du traducteur.
33. Cf. Hans-Jost Frey, « Übersetzen », *loc. cit.*, p. 24-25.
34. Cf. Felix Philipp Ingold, « Il exerce son ouïe ; oui, il traduit (le traducteur ; la traduction) », *La Revue de Belles-Lettres*, « Traducere », n° 3-4, 1994, p. 26.
35. Felix Philipp Ingold, « Praxis und Kritik der literarischen Nachübersetzung », *Variations*, n° 16, 2008, p. 27-41. Le choix même du terme inhabituel « post-traduction » mérite que l'on y réfléchisse.

« post-traduction » littéraire est dès lors considérée comme un travail de traduction synthétique qui, au lieu de masquer les versions préexistantes, inclut les solutions excellentes des versions antérieures et remanie les parties moins réussies. Dans la mesure où chaque post-traduction offre l'occasion d'un recyclage permanent, le post-traducteur devient co-traducteur – et non pas l'auteur d'un plagiat[36].

La traduction en tant que reproduction potentielle ou nouvelle version du texte incite à réfléchir à l'original et à sa transposition, donc à l'œuvre achevée et à sa reproduction. Le (re)traducteur choisit parmi les diverses possibilités pour mieux comprendre : interpréter, traduire, n'est-ce pas une suite indéfinie de décisions, parfois aventureuses, provoquées par le désir de retraduire ? Dès lors que dire correspond à redire et interpréter à réinterpréter, la traduction devient *naturellement* retraduction. C'est en ce sens que l'acte de traduire propre à Jaccottet devient une poétique de la retraduction reflétant la circularité de la pensée, mais aussi les doutes et tâtonnements caractérisant l'écriture hésitante de celui qui se nomme « l'ignorant ». Comme la retraduction est un acte critique, le poète-traducteur est constamment obligé de relire le texte, de redire autrement ce qui avait été formulé auparavant. Pour la traduction, cela correspond à une nécessité immanente, voire à un devoir persistant de retraduction.

Université de Strasbourg
ILLE – Institut de Recherche en langues et littératures européennes

---

36. Les frontières ténues entre cette conception de la post- ou retraduction et le plagiat exigeraient une étude à part.

André Weckmann auteur, traducteur et retraducteur de lui-même

PETER ANDRÉ BLOCH

Résumé
À l'Université de Haute-Alsace, nous avons édité en 7 tomes les poésies alsaciennes d'André Weckmann. Les textes en alsacien sont accompagnés de leurs traductions allemande et française, faites par l'auteur lui-même. Weckmann choisit le langage régional pour évoquer un monde en crise, et cherche à raviver ce matériau en esquissant une sorte de « grammaire alsacienne », où il joue avec les possibilités expressives. Dans cet article, nous nous proposons de comparer les différentes versions de ces poèmes, qui offrent un bel exemple du trilinguisme alsacien et de l'européanisme du poète.

Abstract
At the University of Haute-Alsace in Mulhouse, I edited between 2001 and 2007 the 7 volumes of André Weckmann's poems. His poems, written in the Alsatian dialect of Strasbourg, are accompanied in these volumes by their French and German translations, done by the author himself. Weckmann has developed a sort of grammar allowing him to play with a multitude of expressions and variations in a surprising, artistic way, which often hampers translatability. In this essay, I offer a comparison of the different versions of these poems, which are a wonderful example of the multilingualism of this truly European poet.

André Weckmann est un des auteurs les plus intéressants d'Alsace. Dans ses nombreuses publications en alsacien, français et allemand – romans, poésies, pièces de théâtre, essais politiques – se mirent non seulement toute l'histoire et toute la richesse culturelle de l'Alsace, mais aussi les grandes expériences et les crises que traversent les arts à notre époque post-nietzschéenne. Il s'y manifeste le besoin existentiel de décrire et de rendre transparent le monde actuel dans toute sa complexité issue de l'histoire qui fut la sienne. Cette aspiration va de pair avec la tentative de définir et de discuter ses propres moyens d'expression pour être à même d'analyser les fondements spirituels et matériels de la société de l'après-guerre en Alsace. Et ce besoin impérieux se manifeste au regard d'un renouveau culturel dû au changement conséquent de l'attitude réservée des Alsaciens vis-à-vis du patrimoine bilingue ou même trilingue de leur propre pays. Il s'agit surtout d'arriver ainsi à une nouvelle identité créatrice qui soit originale et vraie à la fois, qui témoigne de relations au passé autrefois tendues, difficiles, mais aujourd'hui surmontées, dynamiques et ouvertes à de nouvelles amitiés avec les régions et les pays voisins. Cela n'est possible que si l'on accepte et discute avec bienveillance, sans préjugés ni illusions, ce qui caractérise ses concitoyens, et si l'on a conscience que tous les hommes y ont les mêmes problèmes que dans les autres pays, que ce soit en Europe ou ailleurs, face à l'aliénation de l'homme par l'esprit de profit et de consommation, face aux problèmes générés par le progrès technique vis-à-vis d'une nature de plus en plus exploitée et, enfin, face aux préjugés envers d'autres cultures quand on ne connaît pas véritablement ses propres racines et traditions.

C'est cette exigence d'ouverture conséquente sur l'Europe qui nous a fait entreprendre à l'Université de Haute-Alsace l'édition complète et commentée des œuvres poétiques d'André Weckmann, en alsacien, mais aussi en traductions française et allemande, pour que tout lecteur puisse participer à cette ouverture au monde exemplaire de l'Alsace grâce à l'œuvre de ce grand poète. Nous avons publié sept tomes, de manière chronologique et thématique à la fois[1], pour constituer ainsi une sorte de

---

1. André Weckmann, *Édition complète des œuvres poétiques d'André Weckmann / Werkausgabe*, 7 tomes, éd. Peter André Bloch, Strasbourg, Oberlin, 2000/2001 ; Strasbourg, Hirlé, 2003/2007.

biographie poétique d'une région française, pluriculturelle de nature et exotique par son ouverture sur le monde. Il ne faut pas s'attendre à un sentimentalisme folklorique, doucereux et conservateur, célébrant un passé périmé, mais bien à une fraîcheur qui puise dans l'authenticité de la poésie de Mistral, dans la musicalité des vers de Nathan Katz et surtout dans les rythmes expressifs du jazz et des chants de gospel américains qui ont bouleversé Weckmann après sa désertion et surtout après la Libération. Né en 1924 à Steinbourg (près de Saverne), Weckmann a été incorporé de force dans la Wehrmacht en 1943, alors qu'il faisait ses études à Strasbourg, mais il a déserté en septembre 1944 pour s'engager comme chef de groupe F.F.I. de Steinbourg, secteur de Saverne, au service de la 7th US Army du 30/11/1944 au 15/02/1945. Dans sa documentation pour notre édition[2], il décrit comment – après la douloureuse époque nazie – ces nouvelles possibilités d'expression l'ont initié à sa propre écriture, à ses premières poésies diffusées sur Radio Strasbourg, à fréquenter Germain Muller dans son cabaret « Barabli », et surtout Martin Allheilig, directeur des programmes de Radio Strasbourg, qui ont apprécié que la littérature dialectale puisse ainsi sortir de son « cocon pseudo-romantique et devenir moderne tout en restant accessible au grand public »[3]. Allheilig lui commanda une cinquantaine d'émissions : des suites poétiques et des pièces radiophoniques, qui

---

Tome I : Littérature régionale et contexte international / Regionalliteratur und Internationalität : Setz di züe mr / Setz dich zu mir / assieds-toi près de moi, Strasbourg, Oberlin, 2000, 257 p.

Tome II : Découverte d'un paysage poétique / Entdeckung einer poetischen Landschaft : Hàn'r de blöje Storike gsahn / Habt ihr den blauen Storch gesehen / avez-vous vu la cigogne bleue, Strasbourg, Oberlin, 2000, 280 p.

Tome III : de schrej / le cri / der Schrei. L'engagement culturel / Das kultur-politische Engagement, Strasbourg, Oberlin, 2001, 266 p.

Tome IV : bluddi hand / nos mains nues / blosse Hände. L'engagement culturel II / Das kulturpolitische Engagement II, Strasbourg, Oberlin, 2001, 280 p.

Tome V : e Wiid vor Babylon / un saule à Babylone / eine Weide vor Babylon. D'ander Dimension. Musiques et incantations. Sprachphantasien und Abwehrstrukturen, Strasbourg, Hirlé, 2003, 240 p.

Tome VI : Elsassische Litürgie / Une Liturgie alsacienne / Eine elsässische Liturgie, Strasbourg, Hirlé, 2004, 264 p.

Tome VII : Laweslini-Liëweslini / Ligne de vie-Ligne de cœur / Lebenslinie-Herzenslinie, Strasbourg, Hirlé, 2007, 223 p.

2. André Weckmann, *op. cit.*, t. I, p. 221-224.
3. *Ibid.*, p. 225.

furent reprises régulièrement[4]. Ces succès les incitèrent à fonder ensemble (avec le compositeur André Roos, le poète Jean-Paul Gunsett et quelques autres amis) en 1962 l'Association Jean-Baptiste Weckerlin, « qui publia tout d'abord une série de chansons populaires dans des harmonisations nouvelles, puis lança, avec l'appui de Radio Strasbourg, sa collection illustrée *Petite anthologie de la poésie alsacienne*, avec versions françaises. Ces recueils, à la présentation bibliophile, furent de véritables best-sellers »[5]. La poésie alsacienne contemporaine put enfin s'épanouir, sans fausses concessions, sans suivre une esthétique folklorico-nostalgique, grâce à des collaborateurs tels que Camille Claus, Adrien Finck, Jean-Paul Gunsett, Nathan Katz, Raymond Matzen, Henri Mertz, Germain Muller, Sylvie Reff, Louis Schittly, Jean-Paul Sorg, Gustave Stoskopf, Claude Vigée, André Weckmann, Conrad Winter, Georges Zink.

Si j'ai choisi André Weckmann comme exemple, c'est qu'il me semble le plus complet. Et il répond surtout le mieux à la thématique de la retraduction, puisqu'il a non seulement écrit des poésies, mais il les a également remaniées pour être lues et comprises à la radio ; il a de plus traduit les premières séries en français pour l'édition de l'Association Weckerlin, et, pour finir, il a traduit presque toutes ses poésies – à ma demande – en français et même en allemand, le texte étant formulé par la même plume dans trois idiomes différents, en principe avec le même contenu et la même forme, de sorte qu'on peut facilement comparer les différentes versions. Lors de la préparation de cette édition, nous faisions, mes étudiants et moi-même, une première traduction interlinéaire, mais nous nous sommes bientôt sentis dépassés par la complexité de textes apparemment faciles et avons laissé ce travail énorme à l'auteur lui-même, avec qui nous nous sommes souvent entretenus de la traductibilité de textes poétiques, en compagnie d'Emma Guntz, à qui l'auteur avait confié la traduction du recueil *bluddi hand* en allemand littéraire. Je commencerai par des exemples faciles, dont les traductions allemande et française correspondent presque mot pour mot à l'original alsacien. Je choisirai ensuite des exemples de plus en plus compliqués, dans lesquels l'auteur joue avec l'expressivité phonétique et des métaphores inhérentes à son dialecte. Enfin, je proposerai des exemples en principe intraduisibles, dont l'auteur nous donne – à

---

4. *Ibid.*, p. 224-225.
5. *Ibid.*, p. 225-228.

ma demande – une traduction non poétique, en nous indiquant les raisons de l'impossibilité de traduire.

Écrire pour être compris

Weckmann décrit un monde qui tend à sa fin, en crise, déchiré entre plusieurs cultures et motivations. Chez lui, le matériau même de l'expression artistique est en dissolution. Et c'est justement ce langage régional – contesté et en partie déjà oublié – qui devient son moyen d'expression et son inspiration première ; un matériau qu'il cherche à raviver dans la perspective de quelques personnages qui parlent de leur dépassement par les contraintes du monde moderne. Mais tout d'abord il s'adresse à eux, tout bas, dans le langage qu'ils comprennent, pour toucher directement leur cœur. Et ses paroles ne posent aucun problème au traducteur :

setz di züe mr[6]	*setz dich zu mir*	assieds-toi près de moi
fröj net wer i ben	frag nicht wer ich bin	ne me demande pas qui je suis
ich fröj äu net	ich frag' auch nicht	comme je ne te demande pas
wer dü besch	wer du bist	qui tu es
wo d harkummsch	woher du kommst	d'où tu viens
wo d ànne wottsch	wohin du möchtest	où tu voudrais aller
setz de aenfàch züe mr	setz dich einfach zu mir	assieds-toi simplement près de moi

C'est une invitation à prendre place, avec de petits gestes linguistiques qui sont les mêmes dans toutes les langues du monde, une somme d'informations banales, sans indiscrétions ou insinuations quelconques. Mais qu'est-ce qui marque la vie des gens qu'il fait parler ? L'égoïsme, une majorité intolérante, leur ignorance, leur peur, leurs sensations, leur désir. À leurs yeux, tout devient absurde, labyrinthique, grotesque. C'est l'incompréhension qui les rend agressifs, têtus, chauvins. Le lecteur les entend parler, et devant ses yeux prend naissance une scène de la vie actuelle, par l'intermédiaire d'une multitude de témoins qui disent tous « moi », qui se parlent à eux-mêmes ou à des interlocuteurs dans des scènes ou situations différentes, mais semblables, et qui parlent tous de ce qui les préoccupe :

---

6. André Weckmann, *op. cit.*, t. I, p. 9.

Ordnung[7]	*Ordnung*	*L'ordre*
wàs i net versteh	was ich nicht verstehe	De ce que je ne comprends pas,
sawi s esch latz	sag ich das ist verkehrt	je dis que c'est faux
un wàs latz esch	und was verkehrt ist	et ce qui est faux
brengt mi en râsch	bringt mich in Wut	me met en rage.
un wann i en râsch ben	und wenn ich in Wut bin	Quand je suis en rage,
nemmi e hewwel	nehm ich einen Stock	je prends un bâton
un häu druf	und schlag drauf	et tape sur tout
uf àlles wàs latz esch	auf alles was verkehrt ist	ce qui pour moi est faux,
will i s net versteh	weil ich's nicht verstehe	parce que je ne le comprends pas.
ordnung müess sen	Ordnung muss sein	Il faut qu'il y ait de l'ordre.
ech màch	ich sorge dafür	Sinon, je m'en charge.

Les trois versions sont de la plume du même auteur. De prime abord, il dispose de plusieurs registres : celui de l'intimité du dialecte, où il se sent « chez lui » et dont il manie à merveille les nuances et les particularités, et celui des deux langues standard, le français et l'allemand, qu'il maîtrise de façon égale, en fin connaisseur de leur histoire et de leurs traditions littéraires – l'histoire de son pays et la sienne propre l'y aidant puissamment. Chacune des langues, qui sont des instruments de la communication et de la création artistique, met à sa disposition un vaste trésor de représentations et de souvenirs, aux ressources expressives quasiment infinies. Dans notre cas, il s'agit justement du contraire : de présenter quelqu'un qui n'est pas en véritable communication avec les autres, avec la société ; dont l'horizon est fermé, qui est sur la défensive, qui attaque tout ce qui lui est étranger. Finalement, le caractère des trois idiomes est le même, ce qui est psychologiquement évident, car il est lié à un individu qui ne se parle que par l'intermédiaire de courtes constatations qui se suivent et sont d'une logique folle, puisque chaque constatation est à l'origine d'une suite automatique. Il emploie donc partout des circonstanciels de temps et de mode pour démontrer la nature contraignante du déroulement de sa conduite : il ne réagit qu'à son ignorance, qui le maintient dans le cercle vicieux de son incompréhension, par amour de ses principes d'ordre. Le choix du dialecte souligne la réactivité de cette chaîne conséquente de constatations, l'intelligence réduite de celui qui parle en des termes qu'il répète. Les traductions doivent sentir un peu l'argot, pour arriver au même niveau simpliste que l'argumentation. La version française est un peu plus explicite,

---

7. André Weckmann, *op. cit.*, t. IV, p. 53.

pour marquer l'absurdité relationnelle entre le moi qui parle et l'ordre qui s'impose. Le poète travaille dans les trois langues avec des associations naturelles, avec des répétitions voulues, parodiques, qui dénoncent l'absurdité des arguments au moyen d'un humour ironique, pour ne pas dire sarcastique.

Écrire proche de l'oralité

L'œuvre poétique de Weckmann est comparable à un kaléidoscope dans lequel on aperçoit de petites vérités, des moments choisis, mais jamais la totalité. Il crée des miettes, de petits joyaux luisants ou des feux d'artifice qui s'éteignent lorsque quelqu'un n'a plus les moyens de les comprendre. Mais son art n'a rien à voir avec de la nostalgie. Car il parle du moment vécu, de réactions spontanées, directes, sans tabous. C'est pourquoi il emploie la langue parlée, spontanée, miroir d'un moment vécu : la langue du peuple, qui se parle mais ne s'écrit pas, puisqu'elle est normalement toujours directement liée à une situation spécifique, à un sentiment, à une attitude spontanée, sans arrière-pensée préméditée. Weckmann ne se concentre pas sur les grands moments, mais sur ce qui semble négligeable, apparemment sans importance, puisque du domaine privé, du niveau régional, local ; sur ce qui n'intéresse personne. Voici l'exemple du petit fils qui s'adresse à son grand-père qui ne parle que l'alsacien et est ainsi exclu du dialogue liturgique à l'église, ce qui fait de lui un étranger :

Bababa[8]	*Der Opa*	*Papy*
bababa schlûf nit	Schlaf nicht, Opa	Ne dors pas, mon papy :
s preddit de curé	der Pfarrer predigt	le curé prêche
a sû scheens frànzeesch	in einem so schönen	si divinement en français,
un dü dräämsch uf	Französisch,	alors que toi, tu rêves en
elsasserditsch	und du träumst auf	alsacien
	Elsässerdeutsch	
bababa schlûf nit	Schlaf nicht, Opa,	Ne dors pas, mon papy,
wann d äu emul meh	wann d äu emul meh	même si une fois de plus
kenn bresel verstehsh	kein Wörtel verstehst	tu n'y comprends goutte et
un froejsch di wàrum de dû	und dich fragst, warum du da	que tu te demandes ce que tu
[sétsch	[sitzt	[fais là.

8. André Weckmann, *op. cit.*, t. III, p. 48-49.

bababa schlûf nit, s get hit nûchem kilomêterlànge [frànzeesch a vàdderunserle uf ditsch àlsdann bababa schlùf nit.	Schlaf nicht, Opa, denn es [gibt heute nach dem kilometerlangen [Französisch ein Vaterunserle auf Deutsch Also, schlaf nicht, Opa.	Ne dors pas, mon papy : tu auras droit aujourd'hui, après un kilomètre de [français, à un tout petit Pater en [allemand Alors, mon papy, ne dors pas !

Il y a très peu de modifications d'une langue à l'autre ; elles concernent surtout le petit renforcement des contrastes : « un beau français » devient « prêcher si divinement en français » ; « et tu » devient « alors que toi, tu ». En allemand, la suite des mots est inversée à la fin, pour insister sur le personnage à qui tout s'adresse, tandis que le texte français se termine par un point d'exclamation, dans la même intention. Il s'agit d'une idylle noire qui rend hommage à tous ceux qui ont payé pour leur identité alsacienne, subissant la réduction systématique de l'emploi de l'alsacien au profit du français. Peut-être Weckmann a-t-il pensé à son père, qui s'est toujours vanté d'avoir installé en 1939 – comme télégraphiste – le téléphone du poste de commandement du colonel de Gaulle à Wangenbourg ! Dans son livret militaire français était noté « ne sait ni lire ni écrire », puisqu'il ne savait pas assez bien le français. En juin 1940, les nazis étant là, il a installé son poste de radio dans sa chambre à coucher. Il était interdit d'écouter les « radios ennemies », même la radio suisse. Il était couché par terre, avait mis des coussins sur la radio pour écouter les nouvelles. C'est ainsi qu'il est tombé par hasard sur Radio Londres BBC et a entendu l'appel du 18 juin du général de Gaulle : « Nous avons perdu une bataille, mais pas la guerre ». Il a appelé son fils, en disant : « Écoute, horich, denne kanni, s'isch d'r Deggoll : écoute, celui-là, je le connais, c'est de Gaulle »[9]. Et il est devenu gaulliste, probablement un des premiers en Alsace ! Mais après la Libération, il ne put pas obtenir de promotion parce qu'il parlait trop peu le français, et il dut quitter son emploi en 1948, un comble pour cet Alsacien dialectophone qui avait abhorré le nazisme et salué le retour de l'Alsace à la France !

9. Lettre de Weckmann du 05/12/2007.

Le problème de « l'idyllisme » alsacien

Les idylles que Weckmann esquisse sont noires, nous l'avons dit. Une grande partie de l'Alsace a été sacrifiée au commerce, transformée en argent. Les gens n'aiment-ils pas se mentir à eux-mêmes pour pouvoir profiter de la nature, de l'industrie, de l'économie ? Avec ironie et sarcasme, Weckmann se dresse contre cette mentalité de l'exploitation progressive de la nature, qui transforme le paysage en chantier et le ciel-paradis en un « mirage » pollué, qui inverse rêve et réalité, vérité et mensonge, haut et bas. En effet, il n'y a rien de plus facile que de projeter son idylle dans le ciel, avec la fumée des grandes cheminées industrielles, pour pouvoir réaliser encore plus de nouvelles constructions ici-bas : il faut garder les illusions dans ses rêves pour mieux les exploiter dans le concret :

Fata Morgana[10]

Mer blose unseri Landschaft	Wir blasen unsere Landschaft	Nous soufflons notre paysage
einfach in de Himmel	einfach in den Himmel	simplement vers le ciel
als Fata Morgana	als Fata Morgana	comme Fata Morgana
so kenne mer besser	so können wir besser	c'est ainsi que nous pouvons mieux
devun draime	davon träumen	en rêver
un no gibt's au meh	und dann gibt es auch mehr	et il nous reste encore plus de
Platz	Platz	place
do unde	hier unten	ici-bas

Mais Weckmann est aussi un grand magicien du mot qui sait créer des tableaux extraordinaires, concrets et abstraits à la fois, qui sont à même de rendre un phénomène dans toute sa plénitude, avec un minimum de moyens, en réduisant le texte à l'essentiel, qui fait appel à l'imagination créatrice qui le transforme en image. Je pense à ce petit poème de presque rien du tout, *d'blümemàtt*, exemple parfait de ce qu'on pourrait appeler « minimal art », où chaque mot, chaque syllabe, représente une touche d'un tableau quasiment parfait, vivant de petites teintes qui font ensemble un tout, parce qu'il contient non seulement le phénomène décrit en soi, en tant que notion, mais aussi ses différentes apparences dans la suite natu-

---

10. Cf. Peter André Bloch, « André Weckmann e la sua battaglia poetica per la sopravivenza della cultura alsaziana : Le probabilità di successo del plurilinguismo », in Marco Grusovin (éd.), *Il paradigma mitteleuropeo, scuole, lingue e diritti nazionali*, Gorizia, Istituto per gli incontri culturali mitteleuropei, 2004, p. 127-147.

relle de son existence. Weckmann ne fait rien d'autre ici que de brosser un tableau en paroles, à la manière d'une nature vivante (le contraire de la nature morte).

d'blüememàtt[11]	*die blumenwiese*	*le pré fleuri*
voràss gemahjt wurd	bevor gemäht wird	avant de faucher
voreb gederrt wurd	ehe gedörrt wird	et de sécher
ebàss geracht wurd	bevor gerecht wird	et de ratisser
voràss gelàde wurd	ehe geladen wird	et de charger
voreb haemgfàhre wurd	bevor eingebracht wird	et de rentrer
ebàss wenter wurd	bevor es Winter wird	avant l'hiver
nochemol	nochmals	encore une fois
d'blüememàtt	die Blumenwiese	le pré en fleurs

Il crée un tableau, d'un seul mot tout d'abord, qui se transforme en image, en une véritable vision, grâce à l'art qu'il maîtrise de dissoudre son apparence en petites actions qui représentent les étapes différentes de la même chose, qui se conditionnent et se rejoignent pour former une totalité, suivant en cela un cycle naturel, derrière lequel se révèle l'image qui se suffit à elle-même, puisqu'elle est en même temps notion et création, état et dynamisme, le désignant et le désigné dans toute sa plénitude. Il le fait à la manière de la poésie expressionniste, en rendant à chaque mot son autonomie première, par la réduction conséquente de chaque processus à sa raison temporelle, qui elle seule lui donne le sens primitif, premier. C'est ainsi que le pré fleuri devient un véritable « mirage » naturel, une apparence artificielle, mais réelle pour l'imagination du lecteur, pareille à un miroir transparent du monde vécu.

Dans la version définitive de l'édition complète, Weckmann a remplacé les traductions littérales par un bref commentaire poétique, car il n'était pas satisfait des différents essais qui n'ont pas rendu le rythme imposé par « wurd ». Mais ce qui avant tout frappe, c'est l'emploi de trois conjonctions différentes en alsacien pour exprimer « avant que » : voràss : vor dàss / voreb : vor eb / ebàss : eb dàss[12]. Lorsque j'ai demandé à Weckmann pourquoi il avait choisi de les employer toutes les trois, il répondit : « L'emploi de trois conjonctions n'est pas imposé par le contenu. Il est ici un exemple

---

11. André Weckmann, *op. cit.*, t. V, p. 36-37.
12. Cf. Ernst Martin et Hans Lienhart, *Dictionnaire du dialecte alsacien / Wörterbuch der elsässischen Mundarten (1899-1907)*, 2 vol., Berlin, Walter de Gruyter, 1974.

de la diversité sémantique (et phonétique) dialectale, et allège le texte en évitant des répétitions. Je n'ai pas donné non plus à ce poème une traduction littérale allemande : elle m'a parue trop "lourde" ». « Bevor gemäht wurde / bevor gedörrt wurde / ehe zusammengerecht wurde / bevor aufgeladen wurde / bevor heimgefahren wurde / ehe es Winter wird / noch einmal / die Blumenwiese ». En effet, bevor (comme avant que) n'a ni le rythme, ni la coloration phonétique du trio voràss / voreb / ebàss. Par ailleurs, les élisions et les ellipses propres au dialecte permettent un texte plus ramassé, plus sobre qu'en langue standard, elles en conservent la force, l'intensifient même. Je n'ai donc pas donné de traduction littérale en bon allemand (Hochdeutsch) et l'ai remplacée par un bref commentaire.

Exercices de style

L'engagement politique et humain est un aspect important de l'art de Weckmann ; le plaisir de la langue, le jeu virtuose avec toutes ses possibilités, ses contenus et ses formes, en est un autre. Weckmann esquisse une *Elsässische Grammatik* (grammaire alsacienne)[13], dans laquelle il étudie l'efficacité de son idiome dans le domaine de la communication, car il joue avec une multitude de possibilités expressives, ce qu'il illustre de façon ludique par un grand nombre de petits textes poétiques qui représentent une sorte d'*exercices de style* qui balancent entre la compréhension et le malentendu, la surprise et la perplexité artistique, derrière lesquels s'ouvre le gouffre de l'indicible et du mutisme, la perte de la compétence linguistique. Il en résulte d'extraordinaires jeux verbaux qui se suffisent à eux-mêmes, qui restent pour ainsi dire incompréhensibles, cachant dans leur développement mécanique des perspectives d'accession à une grande sagesse. Mais la compréhension se fait à un autre niveau, presque corporel. Ils créent un rythme qui illustre le jeu de cause à effet, soulignant la correspondance entre le singulier et le pluriel, aussi longtemps qu'on est d'accord. Weckmann est maître dans l'art de réduire tout à l'essentiel, arrivant ainsi à des formules qui étonnent par leur franchise, leur humour, leur chute surprenante, épigrammatique. Ce qui est apparemment identique n'est rien d'autre que le résultat de l'imitation, de l'association, d'une correspondance profonde, intime :

---

13. André Weckmann, *op. cit.*, t. V, p. 27-65.

daddsch[14]

daddsch	tätest du es	si tu le faisais
daddi	täte ich es	je le ferais
daddenr	tätet ihr es	si vous le faisiez
daddemr	täten wir es	nous le ferions
daddr	täte er es	si lui le faisait
daddese	täten sie es	ils le feraient (tous)
vàn àse	von allein	de soi
gang s dadde	ginge das Tun	le faire
nië	nie	ne se ferait jamais

L'alsacien surprend par sa brièveté, sa précision, son économie. Ce qui se dit en une seule expression, d'une densité communicative rare, se traduit en allemand par trois termes au moins : le sujet, le verbe et l'objet ; auxquels s'ajoute de surcroît en français la conjonction modale. Cela donne à cet idiome une sorte de pouvoir synthétique rare, qui pourrait devenir énigmatique, si tout n'était pas soutenu par l'intonation, le rythme et la situation contextuelle qui expriment d'une façon complémentaire les modes de l'énoncé.

Les mêmes complications se présentent à l'auteur-traducteur, quand il se met à jouer avec les sons et leurs significations, les composants des mots et leurs fonctions, qui ne correspondent guère à ceux ou celles des langues standard, ce qui exige une traduction interlinéaire qui ne répond plus du tout à l'intention humoristique, allusive, magique, expressive de l'original. Dans celui-ci, il en naît un jeu de mots qui nous fera peut-être rire, mais qui devrait en principe nous faire sursauter. Car le message est le suivant : derrière chaque parole et chaque syllabe se cache une énergie meurtrière, qui peut tuer quand elle est incontrôlée et devient autonome. Weckmann essaie d'en faire la démonstration poétique, comme le titre l'indique. Et il ne faut pas oublier que derrière le jeu des consonnes et des syllabes, il y a un petit « truc » qu'il faut savoir : c'est que l'alsacien ne distingue guère entre la consonne sourde « p » et la consonne sonore « b », ce qui crée une

---

14. André Weckmann, *op. cit.*, t. V, p. 32.

parenté apparente de mots qui se prête à ce jeu dangereux avec le feu que voici :

wàs mr àlles met bum sawe kànn[15] bumbisch bumbevoll bumbegrànàtevoll bum	was man alles mit bum sagen kann bombig voll betrunken sackvoll bum	ce qu'on peut dire avec boum du tonnerre bleu ivre mort boum
bumbjefàhne bumbumstànd bumbernickel bum	Feuerwehrfahne Bonbonstand Pumpernickel bum	drapeau de pompiers étalage de bonbons pain noir de Westphalie boum
e bumbe match e bumbe bibbel e bumbeloch bum	ein tolles Spiel eine super Frau ein Bombenloch bum	un match extraordinaire une fille du tonnerre un trou immense boum
un velobumbe wàsserbumbe wàsserstoffbumbe BUM	eine Fahrradpumpe Wasserpumpe Wasserstoffbombe BUM	une pompe à bicyclette pompe à eau bombe hydrogène BOUM

Weckmann note dans son commentaire que la phonétique et la sémantique alsaciennes résistent à toute traduction. Répondant à ma demande, il explique son intention poétique dans « Ce qu'on peut dire avec boum » : « Voyons donc tout ce qu'on peut exprimer en utilisant le composant "bum / boum" : Dans la première strophe je choisis l'adjectif *bumbisch* (en allemand bombig) = du tonnerre ; ensuite *bumbevoll* : soûl, non comme une bombe, mais comme un cochon, le superlatif étant *bumbegranatevoll*. Nous aurons dans la strophe suivante : un drapeau de pompiers, un stand à bonbons, un pumpernickel, pain noir allemand. La troisième strophe nous présente un match et une fille du tonnerre, puis un entonnoir de bombe. Finalement nous terminons par une pompe à vélos, une pompe à eau et une bombe à hydrogène, le boum final s'écrivant en lettres capitales, la si-

---

15. André Weckmann, *op. cit.*, t. V, p. 38.

gnification de la parole étant devenue la chose même, dans toute sa substance et son danger (pareil au procédé théâtral d'Ionesco dans *La Leçon*, où le couteau du professeur devient substantiel pour tuer l'élève). Le lecteur, s'il est germaniste, s'en sortira grâce aux quelques indications qui lui sont données. S'il n'est pas germaniste, nous lui dirons : qu'il ne s'agit pas d'un inventaire farfelu mais de l'utilisation par le poète de l'incapacité dialectale alsacienne de distinguer une sourde d'une sonore, ayant une nette préférence pour le b …'und aus dem Spiel wird blutiger Ernst (PAB)', c'est ainsi que le jeu devient sérieux, sanglant, meurtrier. Par ce petit défaut de prononciation, n'est-ce pas ? Les grandes catastrophes n'ont-elles pas toujours une raison presque insignifiante, frisant le ridicule, ou comme ici : le bouffon? »[16].

Protester avec humour, slam et poésie contre le danger nucléaire

Je vais terminer sur la poésie la plus connue de Weckmann, et à la fois la plus méconnue, puisque la plus énigmatique. Elle s'appelle « Chinesisch / Chinois ». Pour en comprendre le fond humoristique, sarcastique et politique, il faut savoir qu'en alsacien – comme en allemand et en français – on dit : « c'est du chinois », pour dire que c'est incompréhensible. En plus, on dit que ce « Schàng-schint-dsunn » aurait une origine chinoise. Cela a dû se passer en 1900 lors de la Guerre des Boxers menée par des troupes internationales contre des émeutiers chinois. L'Alsace étant alors Terre d'Empire depuis 1871, deux Alsaciens, Schàng et Sepp, mobilisés dans l'armée du Kaiser, se retrouvèrent ainsi à Pékin. Voici ce qui se produisit – d'après le poète ! – un matin d'août : Schàng, terminant son tour de garde devant la tente qui abritait son peloton, héla Sepp pour la relève. Celui-ci cria : « Hepp, Schàng, schint d'Sunn schun làng, saa ? » (Dis, Jean, le soleil luit-il depuis longtemps ?). Entendant cela, le feldwebel dit à ses hommes : « Ils sont vraiment doués, ces Alsaciens, à peine débarqués, ils parlent déjà le chinois ! ».

Ce poème a joué un grand rôle dans la redécouverte de la littérature dialectale ; les protestataires contre les centrales nucléaires en Suisse, en

---

16. Commentaire de Weckmann à l'auteur de cet article lors d'un entretien privé.

Allemagne du Sud et en Alsace se sont réunis pour s'opposer dans leur idiome à la pollution et la destruction progressive de leur pays. Et ils ont découvert comme langue véhicule de leur discussion le dialecte qui les réunissait tous, sans créer de différence entre les différentes souches de la population. Tout le monde parlait alémanique, avec différentes prononciations régionales, mais sur un fond linguistique historiquement commun. Il en est né une génération de chansonniers et de poètes qui ont accompagné les activités protestataires de leurs instruments, souvent la guitare, dans la tradition de Georges Brassens. André Weckmann, un des doyens du parler alsacien, était parmi eux. Il prit la parole et s'engagea, avec l'éclat du prophète et l'humour du grand guignol.

Qui ne se souvient pas des *Exercices de style* de Raymond Queneau ou des virtuoses poésies linguistiques de Ernst Jandl qu'on comprend seulement après coup, quand on a perçu leur complexité ? Le texte original vit dans une large mesure de l'humour linguistique, des relations intertextuelles, des sons et des rythmes qui renforcent la cruauté des menaces d'anéantissement de toute opposition et de toute argumentation rationnelle. Il s'agit d'un combat des forces primitives contre le droit de l'individu à la vie, que Weckmann formule avec verve, en renvoyant par sa vigueur aux démarches du régime chinois pour faire disparaître toute individualité dans un collectif amorphe, dépourvu de la force de s'émanciper, par rapport à une liberté démocratique, humaniste ! Les traductions sont plus directes, moins élaborées, presque prosaïques. Il leur manque le jeu des correspondances qui font l'effet d'une mélodie funèbre, comme l'indique la question répétée à la fin de la dernière strophe qui résonne comme des cloches qui sonnent l'heure des adieux :

Chinesisch[17]
Schàng dsunn schint schun
　　　　　　　　[làng
Schun fufzehnhundert johr
Züe làng schun schintse schàng
Mr dunke se ens chlor

Un dich dezüe dè däuwer
　　　　　　　　[schàng
Wannd witersch dgosch
　　　　　　　　[ufrisch
Gajene jede bürefàng
Àn Rhin un Ill un Brisch

Mr stecke di ene kenjelestàll
Mr verhunze dini seel äu bàll
Un kum noch emol un wétt
Un kumm noch emol un trétt

Mr stecke di ene bàbeldurm
Àtomkiëhldurm àm rhin
Dâssd klain wursch wie e roter
　　　　　　　　[wurm
Un wecke di dert in

Schàng dsunn schint schun
　　　　　　　　[làng
Schàng schint dsunn noch làng
Un wilàng gets noch e schàng
Wilàng wilàng

In Chinesisch
Schon fünfzehnhundert Jahre,
scheint dir die Sonne hier,
nun reicht es aber :
wir tunken sie ins Chlorbad

und dich dazu, dummer Schang,
wenn du weiter dein Maul
　　　　　　　　[aufreißt
gegen jede Bauernfängerei
an Rhein und Ill und Breusch.

Wir stecken dich in einen
　　　　　　　　[Kaninchenstall
und verhunzen deine Seele auch
　　　　　　　　[bald,
wenn du noch einmal aufmuckst,
wenn du noch einmal auftrittst.

In einen Babelturm stecken wir
　　　　　　　　[dich,
Atomkühlturm am Rhein, so dass
　　　　　　　　[du
klein wirst wie ein roter Wurm
und wecken dich dort ein.

Ja, wie lange wird dir die Sonne
noch scheinen, Schang ?
Und wie lange wird's dich
noch geben, sag ?

En chinois
Cela fait quinze siècles, mon
　　　　　　　　[Schang alsacien,
que le soleil couve dans ton
pays. Ça suffit maintenant :
Plongeons-le dans un bain de
　　　　　　　　[chlore

et toi de même, pauvre idiot
qui ne cesses de râler contre
　　　　　　　　[tous
les attrape-nigauds postés
le long du Rhin, de l'Ill, de la
　　　　　　　　[Bruche.

Et que ferons-nous encore :
gâcher ton âme,
t'enfermer dans
une cage à lapins,

t'enfermer dans cette tour
　　　　　　　　[de Babel
atomique sur les bords
　　　　　　　　[du Rhin
et t'y mettre en conserve,
　　　　　　　　[misérable
vermisseau que tu seras
　　　　　　　　[devenu.

Ton soleil, mon Schang,
luira-t-il encore longtemps ?
et toi, tu en as pour
combien de temps encore ?

Ouverture de l'Alsace sur le monde

À présent, on comprend peut-être pourquoi j'ai choisi de réunir et de publier ces textes importants de notre littérature régionale, pourquoi je me suis mis au service d'un auteur contemporain de la plus haute qualité mo-

---

17. André Weckmann, *op. cit.*, t. III, p. 79-80.

rale et littéraire afin de faire connaître toutes les dimensions de son art, non seulement en Alsace, mais aussi en Europe, puisqu'il lance de nombreux appels à l'entente réciproque entre les différentes régions linguistiques, minoritaires ou majoritaires, au rapprochement des uns et des autres, avec respect et tolérance. Sa vision profonde réside dans sa volonté de rendre à l'Alsace son rôle médiateur entre les différentes cultures, tout en gardant son identité propre. Cette vision sereine et sage est pour lui la conséquence définitive d'expériences douloureuses et en même temps riches et réconfortantes.

En français, Weckmann laisse de côté la deuxième strophe pour rendre le texte plus compact et plus explicite, pour qu'il y ait moins de répétitions et de mises en scène pathético-liturgiques, s'adressant surtout aux relations franco-allemandes qui lui tiennent spécialement à cœur, à côté de ses nombreuses tentatives en direction des pays aux langues minoritaires, dont il défend les intérêts dans une Europe des régions culturelles. Pour que toutes les cultures soient respectées et soutenues dans leur valeur morale et avec leur force intégratrice, pour qu'elles puissent s'ouvrir à d'autres traditions et à d'autres mentalités, tout en restant fidèles à leur propre identité. C'est pourquoi il s'est mis à notre disposition pour traduire en grande partie les textes qui sont devenus une sorte d'autobiographie poétique, partant des horreurs de la guerre pour arriver à une sorte de tendresse à l'égard d'une jeunesse qui défend ses intérêts pour se créer sa vie à elle, comme dans sa comédie *Helena*[18], où le jeune couple quitte l'Alsace pour un mythique pays amérindien et s'y met à parler le hopi, langue de l'amour et d'une nature intacte, loin d'une Europe aux traditions figées qui bloquent tout renouveau vrai et sincère, authentique, au sens propre du terme.

---

18. André Weckmann, *op. cit.*, t. VII, p. 33-77. Cf. Peter André Bloch, « André Weckmann : *"Helena" – e Trojànischs Resselspeel. Divertimento alsacien. Une pièce quadrilingue* », *in* Jeanne Benay et Jean-Marc Leveratto (éds.), *Culture et histoire des spectacles en Alsace et en Lorraine*, Berne, Peter Lang, 2005, p. 405-424.

S Büchnawele[19]	*Das Bauchnäbelchen*	*Le nombril*
mer sotte net àfurt	Warum im Kreis	Cessons de croire
em krais um de àlte	um den alten Kachelofen hocken	que nous avons
[kàcheloffe hucke	und unseren Bauchnabel	le plus beau des nombrils.
un unser büchnawele	[beschwören:	
[bschwêre :	elsässisches Bauchnäbelchen,	
büchnawele elsassisch	welches ist das schönste auf der	
welchs esch s scheenscht uf	[Welt :	
[de gànze walt ?	Unseres!	
unseres –		
	Wir sollten nie vergessen,	
mer sotte nie vergasse	dass unser kleines Land eine	
dàss unser landel e bruck	[Brücke ist,	
[esch	wo es allezeit zieht,	
was àllewil zejt	wo die Winde hindurch wehen	
wo d wend durich wahje	aus allen vier	
üs àlle viër	[Himmelsrichtungen.	
[hemmelsrechtunge		
	Elsässer sein heisst, nicht mehr	
elsasser sen haisst némmi	Verstecken spielen mit der	ne jouons plus à cache-
versteckels speele met de	[Gegenwart;	[cache
[gajewàrt	Elsässer sein heisst, nicht mehr	avec le temps présent,
elsasser sen haisst némmi	Fensterläden schliessen, um	ne fermons plus nos volets
vun drüsse	von draußen nichts mehr zu	pour ne plus entendre les
d lade züemàche fer dàss	[hören	bruits du monde
[mr nix meh heert		
	Elsässer sein heisst,	
elsasser sen haisst	die Fenster weit aufreissen,	Ouvrons toutes grandes
d fanschter gross ufrisse	so dass der Wind bei uns	nos fenêtres et
fer dàss de wend bi uns	[einkehren kann :	laissons entrer le vent
[inkehre kàn	der von Osten wie der von	d'Est comme le vent
der vun oscht wi der vun	[Westen.	d'Ouest.
[wescht		
	Elsässer sein	
elsasser sen	das heisst, eine Brücke offen	Car l'Alsace est ce pont
haisst e bruck offe hàlte	[halten,	qui relie des peuples.
vun volik zu volik.	von Volk zu Volk.	

ILLE – Institut de Recherche en langues et littératures européennes
Université de Haute-Alsace

---

19. André Weckmann, *op. cit.*, t. III, p. 74-75.

Une faillite pour l'anti-canon ?
Les trois *Cyranos* italiens

FABIO REGATTIN

Résumé
Cet article analyse les fortunes italiennes du *Cyrano de Bergerac* d'Edmond Rostand, dès la première traduction du texte (1898, par Mario Giobbe), et les raisons de la (relative) faillite de la seule traduction qui ait essayé de détrôner celle-ci (Franco Cuomo, 1981). Une troisième version (2009), par Cinzia Bigliosi Franck, fait l'objet d'une analyse moins serrée, sa portée sur le système littéraire italien restant à évaluer. Tour à tour, les motivations textuelles, ainsi que les questions liées à l'horizon d'attente des lecteurs italiens et, plus généralement, économiques et éditoriales, sont prises en compte pour fournir une représentation exhaustive de la translation littéraire du texte rostandien en Italie.

Abstract
This article analyses the Italian fortune of Edmond Rostand's *Cyrano de Bergerac*, since its first translation (1898, by Mario Giobbe), and the reasons for the (relative) failure of the only translation which tried to oust Giobbe's work (Franco Cuomo, 1981). A third version (2009), by Cinzia Bigliosi Franck, is also examined, albeit to a more limited extent, since its influence on the Italian literary system is still to be determined. One by one, textual reasons, as well as the horizon of expectations of Italian readers and, more generally, economic and editorial reasons, are dealt with in order to give a complete account of the literary translation (Berman) of the rostandian text in Italy.

> « *Il est tout à fait essentiel de distinguer deux espaces (et deux temps) de traduction : celui des premières traductions, et celui des re-traductions. Celui qui re-traduit n'a plus affaire à un seul texte, l'original, mais à deux, ou plus, ce qui dessine un espace spécifique. [...] La re-traduction a lieu pour l'original et contre ses traductions existantes.* »[1]
>
> « *Il existe des différences essentielles entre les premières traductions, qui sont des introductions, et les retraductions. La première traduction procède souvent – a souvent procédé – à une naturalisation de l'œuvre étrangère ; elle tend à réduire l'altérité de cette œuvre afin de mieux l'intégrer à une culture autre. Elle s'apparente fréquemment – s'est fréquemment apparentée – à l'adaptation en ce qu'elle est peu respectueuse des formes textuelles de l'original. La première traduction vise généralement à acclimater l'œuvre étrangère en la soumettant à des impératifs socio-culturels qui privilégient le destinataire de l'œuvre traduite.* »[2]

Lorsqu'il est question de retraduction, les citations qui ouvrent notre texte – et qu'il serait aisé de multiplier, une référence obligée étant à cet égard la distinction entre traduction-introduction et traduction-texte proposée par Henri Meschonnic[3] – établissent deux idées primordiales et, en général, partageables. Une retraduction se doit de considérer les traductions qui l'ont précédée (c'est-à-dire qu'elle n'a pas lieu dans le vide) et une première traduction ne pourra que très rarement être un texte complet, capable de transmettre l'original dans tous ses aspects.

Il est toutefois des séries traductives qui semblent ne pas se conformer à ce standard. Quelques premières traductions ne sont pas, simplement, des introductions : pour ainsi dire, elles « font texte ». Lorsqu'une telle traduction apparaît, quel devient le but des retraductions qui la suivent ? De quelle façon essayeront-elles de se singulariser par rapport à l'œuvre

---

1. Antoine Berman, *La Traduction et la lettre, ou l'auberge du lointain* [1985], Paris, Seuil, 1999, p. 105.
2. Paul Bensimon, « Présentation », *Palimpsestes*, n° 4, 1990, p. IX.
3. Cf. Henri Meschonnic, *Poétique du traduire*, Paris, Verdier, 1999.

qui les a précédées ? Arriveront-elles à la remplacer dans le système littéraire d'accueil ?

C'est une situation de ce genre que nous allons décrire, en analysant trois traductions : une introduction exceptionnelle qui, bien que vieille désormais de plus de cent ans, continue d'être lue et publiée sans cesse ; une retraduction plus récente (de la fin des années 1970) qui constitue la seule tentative de devancer le canon par une opposition explicite au travail qui l'a précédée ; enfin, une troisième traduction, toute récente, qui ne semble pas montrer une posture spécifique par rapport à ses antécédents, et se contente de fournir – sans la moindre référence aux travaux qui l'ont précédée, de façon assez paradoxale – une nouvelle version du texte. L'œuvre originale est le *Cyrano de Bergerac* d'Edmond Rostand, écrit en 1897 ; les trois versions italiennes que nous étudierons, la traduction de Mario Giobbe, celle de Franco Cuomo et celle de Cinzia Bigliosi Franck, réalisées respectivement en 1898 (première édition : Naples, Tipografo Vesuviano), en 1977 (Florence, Bulzoni) et à la fin de l'année 2009 (Milan, Feltrinelli)[4].

On le sait, *Cyrano de Bergerac* connaît en France, dès sa première représentation, un succès extraordinaire ; ceci, en l'imposant à l'attention générale, va en favoriser la traduction italienne, qui suit d'un an à peine l'œuvre originale.

Le texte italien est alors rédigé par Mario Giobbe, poète, érudit et traducteur napolitain (parmi ses travaux dans ce dernier champ il y a, notamment, d'autres textes de Rostand ainsi qu'une *Phèdre* de Racine), qui en réalise une version en vers martelliens (l'équivalent métrique de l'alexandrin français) et en rime. La traduction de Giobbe va constituer la base d'une longue série de mises en scène, commencée en 1904 avec Andrea Maggi, un des acteurs/metteurs en scène les plus réputés en Italie, à la fin du XIXe et au début du XXe siècle. Le *Cyrano* de Maggi – pendant long-

---

4. Etant donné la nature du texte en question, une délimitation de notre champ d'action nous paraît nécessaire : ainsi, nous nous contenterons d'analyser le succès éditorial des textes, en nous occupant de leurs mises en scène et des commentaires que celles-ci pourront avoir suscités seulement en relation avec les différentes traductions (en laissant donc de côté l'aspect plus proprement théâtral) ; par ailleurs, bien que le *Cyrano* original ait donné lieu à de nombreuses traductions intersémiotiques sous forme de films, nous ne prendrons pas en considération, non plus, les adaptations italiennes de ces versions.

temps l'un de ses chevaux de bataille – sera suivi par la version qu'en donnera en 1910 Gualtiero Tumiati, à son tour l'un des interprètes les plus importants des premières décennies du siècle, et par le travail de Gino Cervi (1953), un véritable succès (qui débarque même à Paris le temps de quelques représentations), et enfin d'Annibale Ninchi (1956).

L'œuvre de Rostand n'est ensuite travaillée que par de petites compagnies pendant une vingtaine d'années, avant que le metteur en scène Maurizio Scaparro ne décide, en 1977, de la reprendre. Dès le début, la position de Scaparro est très claire : « À la relecture, la traduction de Mario Giobbe nous a paru archaïque et lointaine. Nous avons lu le texte en français : les doutes ont augmenté »[5]. Les vers de Giobbe étant donc « improposables »[6], le réalisateur va commander une nouvelle traduction : c'est Franco Cuomo, romancier, journaliste et dramaturge (ses textes ont été mis en scène par Carmelo Bene, le même Scaparro ou encore, en France, Françoise Petit) qui va s'en charger. Il produit une version en prose que Scaparro va juger excellente, au-delà de ses attentes : « Nous nous sommes adressés à Franco Cuomo, pour obtenir une nouvelle traduction italienne, une version moderne, jouable : nous en avons obtenu beaucoup plus de ce qu'on aurait pu imaginer »[7]. La tournée qui va suivre connaîtra un succès extraordinaire, avec nombre de critiques élogieuses tant pour le texte que pour la mise en scène[8].

Malgré l'indéniable succès du travail de Scaparro / Cuomo au moment de sa création, les mises en scène suivantes reprennent majoritairement la version en vers de Giobbe : en 1985 le *Cyrano* de Gigi Proietti, un acteur

---

5. « Ad una rilettura, la traduzione di Mario Giobbe ci è apparsa arcaica e lontana. Abbiamo letto il testo in francese : i dubbi sono aumentati » (« Nota biobibliografica », in Franco Cuomo (éd.), *Rostand – Cirano di Bergerac, seguito da L'altro mondo o Stati e Imperi della luna di Cirano di Bergerac* [2002], Roma, Newton Compton, 2006, p. 11). Remarquons au passage que l'attitude du metteur en scène est critique *et* de la traduction de Giobbe, *et* de l'original rostandien ; nous reviendrons sur la question, pour l'instant tenons-nous en à la narration des faits. Sauf indication contraire, c'est nous qui traduisons les citations.
6. « Improponibili » (*Ibid.*).
7. « Ci siamo allora rivolti a Franco Cuomo per ottenere una nuova traduzione italiana, una versione modernamente teatrabile : è uscito più di quanto non si potesse immaginare » (*Ibid.*).
8. Cf. Anonyme, « Viaggio dentro lo spettacolo », *in* Edmond Rostand, *Cirano di Bergerac*, tr. Franco Cuomo, Firenze, La Casa Usher, 1981, p. 171-189.

très célèbre, au théâtre comme à l'écran, utilise une version en prose rythmique par Roberto Lerici, qui reprend plusieurs parties du texte de Giobbe ; la mise en scène de Marco Sciaccaluga de 1992 va aussi utiliser la première traduction du texte, tout comme celles de Griffi-Lo Monaco de 1999-2000, du Teatro dei Limoni (2002), du Teatro Minimo (2003) et, tout récemment (2009), celle de Daniele Abbado ; à notre connaissance, une seule mise en scène (Corrado d'Elia, 1999-2009) reprend la traduction de Cuomo.

La fin de l'année 2009 est importante non seulement en raison de la mise en scène d'Abbado, mais aussi en raison de la sortie d'une nouvelle traduction du texte, par Cinzia Bigliosi Franck. Ce nouveau *Cyrano* est publié par Feltrinelli, éditeur milanais parmi les plus réputés en Italie. La traduction de Bigliosi Franck, qui pour l'instant n'a bien sûr donné lieu à aucune mise en scène, est réalisée en une sorte de vers libre où, de façon asystématique, font surface des séquences en rime.

La situation actuelle voit donc la coexistence de trois traductions différentes : un premier texte, âgé de plus d'un siècle, une deuxième version qui s'y oppose résolument, rédigée il y a trente ans environ, et un troisième travail qui vient de voir le jour. Dans une situation de ce genre on devrait normalement s'attendre à voir une « traduction-introduction », la première, suivie par des « traductions-textes » qui arrivent au fur et à mesure à la supplanter par leur plus grande attention aux valeurs multiples du texte original (côté source) ou par une plus grande acceptabilité par rapport aux normes du système littéraire de leur époque (côté cible). Et en effet, lorsque la deuxième traduction voit le jour (il est encore trop tôt pour savoir quel rôle pourra jouer la troisième version), tout semble se mettre en place pour que ce schéma soit respecté. La version de Giobbe est considérée comme injouable et dépassée par le metteur en scène et par une partie de la critique (voir par exemple les textes de Lanfranco Caretti ou Achille Mango, recueillis dans le *Cirano di Bergerac* publié par La Casa Usher[9]) ; le nouveau traducteur est un écrivain et, aussi, un dramaturge réputé, qui, au théâtre, atteint le sommet de sa renommée à cette même époque ; enfin, l'accueil de la nouvelle version est triomphal en Italie (où plusieurs

---

9. Lanfranco Caretti, « La ribellione del diverso », *in* Edmond Rostand, *Cirano di Bergerac*, Firenze, La Casa Usher, 1981, p. 7-8 ; Achille Mango, « "Involontarietà" del messaggio », *Ibid.*, p. 9-11.

comptes-rendus célèbrent non seulement la mise en scène, mais aussi la traduction) et le triomphe va se répéter en France, où le *Cyrano* de Scaparro / Cuomo, bien que joué en italien, va remplir pendant plusieurs représentations le Théâtre National de Chaillot[10].

Malgré ces données, apparemment très favorables à la nouvelle version, c'est l'ancien texte de Giobbe qui continuera d'être lu, publié et mis en scène : avec trente ans de recul, il est possible d'affirmer que la tentative de Cuomo de remplacer la version canonique paraît avoir échoué. En effet, nous avons vu que les metteurs en scène préfèrent encore, à peu d'exceptions près, le texte de 1898, et il est possible d'affirmer la même chose en ce qui concerne l'édition : la traduction de Cuomo n'est publiée aujourd'hui que par un seul éditeur, Newton-Compton, alors que celle de Giobbe (nous nous limitons aux livres parus après la traduction Cuomo) est reprise par des éditeurs tels que Mondadori, Rizzoli, Rusconi et Edizioni e/o[11]. Quelles sont les causes de la faillite de cet anti-canon ? Certaines raisons sont textuelles, alors que d'autres, tout aussi pertinentes, sont extra-textuelles.

Pour ce qui est de la nouvelle version de Bigliosi Franck, bien qu'il soit encore trop tôt pour pouvoir en parler, nous pensons qu'elle ne pourra que très difficilement nuire à la primauté du texte de Giobbe (cette fois pour des raisons principalement textuelles, que nous allons voir).

Pour comprendre les causes relevant du premier genre, il est nécessaire de regarder de plus près les trois traductions italiennes. Pour ce faire, nous commencerons par deux exemples. Le premier est tiré de l'acte II, scène VIII : il s'agit de quelques vers pris de la célèbre tirade du « non, merci », qui sont assez représentatifs de l'ensemble du texte[12].

> Rostand 1897
> Non, merci ! Travailler à se construire un nom / Sur un sonnet, au lieu d'en faire d'autres ? Non, / Merci ! Ne découvrir du talent qu'aux mazettes ? / Être terrorisé par de vagues gazettes, / Et se dire sans cesse : « Oh, pourvu que je sois / Dans les petits papiers du *Mercure*

10. *Ibid.*
11. Mondadori est le principal éditeur italien et Rizzoli se place parmi les 4-5 plus importants, alors que Newton-Compton suit loin derrière.
12. Edmond Rostand, *Cyrano de Bergerac*, Paris, Pocket, 2005, p. 123.

François ? » / Non, merci ! Calculer, avoir peur, être blême, / Préférer faire une visite qu'un poème, / Rédiger des placets, se faire présenter ? / Non, merci ! non, merci ! non, merci ! Mais… chanter, / Rêver, rire, passer, être seul, être libre, / Avoir l'oeil qui regarde bien, la voix qui vibre, / Mettre, quand il vous plaît, son feutre de travers, / Pour un oui, pour un non, se battre, – ou faire un vers !

Giobbe 1898
Sudar per farsi un nome su di un picciol sonetto / anzi che scriverne altri ? Scoprire ingegno eletto / agl'incapaci, ai grulli ; alle talpe dare ali, / lasciarsi sbigottire dal romor dei giornali ? / E sempre sospirare, pregare a mani tese / pur che il mio nome appaia nel *Mercurio francese* ? / No grazie ! Calcolare, tremar tutta la vita, / far più tosto una visita che una strofa tornita, / scriver supliche, farsi qua e là presentare ? / Grazie, no ! Grazie no ! Grazie no ! Ma… cantare, / sognar sereno e gaio, libero, indipendente, / aver l'occhio sicuro e la voce possente, / mettersi quando piaccia il feltro di traverso, / per un sì, per un no, battersi o fare un verso !

Cuomo 1977
Affaticarmi per farmi un nome con un sonetto invece di scriverne degli altri ? No, grazie. Trovare intelligente un imbecille ? Essere angosciato dai giornali e vivere nella speranza di vedere il mio nome apparire sulle riviste letterarie ? No, grazie. Vivere di calcolo, ansia, paura ? Anteporre i doveri mondani alla poesia, scrivere suppliche, farmi presentare ? No, grazie. Grazie, grazie, grazie, no! Ma invece… cantare, ridere, sognare, essere indipendente, libero, guardare in faccia la gente e parlare come mi pare, mettermi – se ne ho voglia – il cappello di traverso, battermi per un sì per un no o fare un verso !

Bigliosi-Franck 2009
No, grazie ! Lavorare ad un sol sonetto / per farsi una nomea, / invece di cercare una nuova idea ? / No, grazie ! Scoprire del talento / laddove il comprendonio è lento ? / Dalle recensioni esser terrorizzato / e di continuo ripetermi l'augurio: / « Speriamo che di me parli il *Franco Mercurio* ! ». / No, grazie ! Calcolare, aver paura, / essere spaventato da chicchessia, / preferire fare una visita invece di una poesia, / redigere petizioni, rincorrere le presentazioni? / No, grazie ! No, grazie ! No, grazie ! Ma… cantare, / sognare, ridere, muoversi, esser solo, esser libero, / aver vista cristallina e voce argentina, / quando va, mettersi il cappello di traverso, / per un sì, per un no, battersi – o scrivere un verso !

La différence de traitement dans les trois traductions est évidente : Giobbe offre une version en vers conforme à l'original, en alexandrins italiens et en rime, dont l'unité de traduction paraît en général être le couplet rimé. La traduction en prose de Cuomo, quant à elle, ne se contente pas de reproduire le texte rostandien en renonçant à la contrainte du vers. En quelque sorte, le traducteur concentre son texte, le dépouille de tout ce qui est, à son avis, superflu, en ne répétant par exemple que le seul « grazie » pour rendre le triple « non merci » du texte français. Le choix de Bigliosi Franck, qui se confirme par ailleurs dans la totalité du texte, paraît assez déroutant : la traductrice produit un texte en vers libres, d'une longueur inégale, et semble aller à la ligne lorsque l'occasion pour une rime se présente spontanément (une attitude qui reste, elle aussi, asystématique). Dans ce court extrait, la longueur des vers varie de 7 à 17 syllabes, le schéma des rimes étant tout aussi arbitraire (A-BB-CC-D-EE-F-GG-hH-I-J-kK-LL)[13], et le nombre total des vers s'élève à 17 pour 14 vers dans les textes de Rostand et de Giobbe.

Le deuxième exemple est peut-être plus intéressant, puisqu'il s'agit d'une poésie « en abyme ». Nous avons repris la première strophe de la ballade que Cyrano improvise pendant le duel avec le Vicomte de Valvert (acte I, scène IV)[14].

> Rostand 1897
> Je jette avec grâce mon feutre / Je fais lentement l'abandon / Du grand manteau qui me calfeutre, / Et je tire mon espadon ; / Élégant comme Céladon, / Agile comme Scaramouche, / Je vous préviens, cher Mirmydon, / Qu'à la fin de l'envoi je touche !

> Giobbe 1898
> Ecco, ed io gitto con grazia il cappello, / poscia comodamente, pian pianino, / mi libero del mio vasto mantello / che mi attabarra, e lo spadon sguaïno. / Di Celadone più gentil, più fino / di Scaramuccia al giuoco dello stocco / vi prevengo, mio caro paladino, / che giusto in fin della licenza io tocco.

> Cuomo 1977
> Con grazia getto lontano il cappello / e piano lascio cadere il mantello / mentre sguaino dal fodero la spada / per colpirti laddove più m'aggrada. / Guardami bene : sono più leggero / di Scaramouche

---

13. Les deux couples hH et kK signalent des rimes internes : « petizioni – presentazioni », « cristallina – argentina ».
14. Edmond Rostand, *Cyrano de Bergerac, op. cit.*, p. 63.

nell'arte dello stocco. / Perciò ti avverto, povero guerriero : / Quando finisce la ballata, io tocco.

Bigliosi-Franck 2009
Lancio con grazia il cappellaccio, / abbandono con coordinazione / il gran paltò che mi ripara dall'addiaccio, / e sfilo il mio spadone ; / elegante come Celadone, / agile come Scaramuccia con lo stocco, / vi avverto, caro Mirmidone, / che alla fine del congedo, io tocco !

L'intérêt réside justement dans le traitement de la forme poétique (et une forme poétique fixe, avec ses règles propres) à l'intérieur d'un texte déjà rédigé en vers. Pour démarquer les deux moments, Rostand écrit ses vers en octosyllabes. De façon cohérente avec ce choix, Giobbe passe à l'hendécasyllabe et garde le schéma des rimes original ; Cuomo reprend l'hendécasyllabe et ne renonce pas aux rimes, en se contentant de changer leur alternance ; Bigliosi Franck, par contre, respecte le schéma des rimes (précisons qu'elle ne va pas le respecter dans les strophes suivantes de la ballade) mais encore une fois la régularité du rythme est perdue, ses vers comptant de 7 à 13 syllabes.

Bien qu'il soit difficile de dégager une stratégie traductive à partir de deux petits extraits comme ceux-ci, la différence des approches est tellement marquée qu'il est déjà possible de tirer quelques conclusions : la version de Giobbe paraît la plus « adéquate »[15], alors que celle de Cuomo, et pour se démarquer de la première traduction et – peut-être – en vue d'une meilleure jouabilité, se situe plutôt du côté de l'« acceptabilité »[16] ; quant à Bigliosi Franck, si un projet traductif il y a, il reste assez difficile à cerner.

D'autres indications ponctuelles semblent confirmer cette tendance générale : par exemple, la traduction des éléments liés à la culture de l'époque du vrai Cyrano varie considérablement selon les versions. Nous en avons un exemple dans les textes que nous avons déjà vus, avec le *Mercure François*, dont la citation est gardée par Giobbe et Bigliosi Franck (cette dernière ajoute aussi une note en bas de page), alors que Cuomo décide de se passer de la citation directe, en se contentant d'un plus neutre « revues littéraires ». Le traitement de ces éléments est systématiquement géré de cette manière : Giobbe garde la référence sans en donner une ex-

---

15. Au sens que Gideon Toury donne au terme dans : *Descriptive Translation Studies and Beyond*, Amsterdam / Philadelphia, John Benjamins, 1995, p. 57.
16. *Ibid.*

plication ; Cuomo tend si possible à la normaliser ; Bigliosi Franck la garde en proposant une note explicative.

Le traitement des jeux de mots paraît suivre un chemin assez semblable. Dans ce court extrait Christian de Neuvillette se moque – peut-être est-il le seul à en sortir vivant – du nez de Cyrano ; la provocation se poursuit déjà depuis quelque temps lorsque nous lisons la réplique suivante :

> CYRANO : Quelqu'un m'ajuste : Paf ! Et je riposte…
> CHRISTIAN : Pif ![17]

Dans ce « Pif ! » l'allusion au nez est évidente ; or, il n'y a que Giobbe qui essaie de rendre le jeu de mots, alors que Cuomo et Bigliosi Franck reprennent tel quel le « Paf ! Pif ! » de l'original (ont-ils décelé le calembour ?).

Du point de vue textuel, donc, il est possible de remarquer une sorte d'involution : la première traduction, une véritable « traduction-texte », est sourcière, elle dépayse le lecteur par ses références culturelles opaques et par la reproduction des formes et des traits stylistiques de l'original ; la deuxième traduction assume une position explicite – et opposée en tous points – par rapport à son antécédent. Il s'agit d'une traduction moins attentive aux valeurs de l'original, et plus concentrée sur le système-cible ; elle est par ailleurs souvent critique par rapport à l'original, un aspect qui ressort fortement lors de la conclusion même du texte, dans laquelle Cuomo renonce à la toute dernière réplique de Cyrano. Le « Quelque chose que sans un pli, sans une tache, / J'emporte malgré vous, / et c'est… / C'est? / Mon panache »[18] de Rostand est traduit par « Qualcosa che non ha piega né macchia, qualcosa che… qualcosa… / Che cosa ? / Qualcosa… Qualcosa che… »[19]. Pour reprendre les mots de Bensimon, nous sommes confrontés ici à une *naturalisation* de l'œuvre étrangère, à une *réduction de l'altérité*, à une *adaptation* ; à une « traduction-introduction » enfin, qui parfois devient même une réécriture (comme c'est le cas à la fin du texte). La troisième version paraît faire un pas en arrière : alors que la traduction de Cuomo assumait pleinement son rôle de retraduction, cette dernière se fait en quelque sorte dans le vide, sans que son autrice ne s'intéresse aux

---

17. Edmond Rostand, *Cyrano de Bergerac, op. cit.*, p. 130-131.
18. *Ibid.*, p. 285.
19. Franco Cuomo (éd.), *Rostand – Cirano di Bergerac, op. cit.*, p. 114.

textes qui l'ont précédée (elle cite, dans une note en bas de page, la traduction de l'adaptation du texte pour le film de 1990, par Oreste Lionello, mais elle ne fait aucune mention des travaux de Giobbe et de Cuomo). Non seulement le rapport entre traduction-introduction et traduction-texte en sort bouleversé, mais aussi le concept de retraduction. Nous nous trouvons face à un texte qui, par le refus de ses antécédents, par sa tentative de s'évader de l'« espace » de la retraduction dont parlait Berman et qui lui serait propre, « fait semblant » d'être une première traduction, et du même coup en montre toutes les caractéristiques : il manque d'uniformité ; il introduit les éléments culturels du texte auprès du public-cible par toute une série de notes en bas de page au caractère savant et ne se soucie jamais de « faire texte », se contentant de fournir une image volontairement limitée de l'original, surtout sur le plan stylistique, où le manque de projet défini est évident.

Au niveau textuel, les éléments qui ont permis à la traduction de Mario Giobbe de garder son statut canonique paraissent déjà nombreux. Ils ne sont toutefois pas les seuls, plusieurs facteurs culturels, économiques et éditoriaux devant aussi être pris en compte.

À cet effet, le premier aspect à considérer est la *durée* de la première traduction : pendant presque 80 ans Cyrano n'a parlé, en Italie, qu'à travers les mots de Mario Giobbe. Le texte a été constamment réimprimé[20], par l'éditeur napolitain Pierro jusqu'à la moitié des années 1920, et ensuite par le milanais Bietti, de 1928 jusqu'à sa faillite en 1978. Tout comme le texte, les nombreuses mises en scène dont nous avons parlé ont sûrement contribué à rendre le personnage de Cyrano indissociable des alexandrins du premier traducteur. Peut-être ce qui, plus encore que la version de Giobbe, apparaît intimement lié à l'aventure du texte rostandien en Italie

---

20. Ici une liste des traductions et des réimpressions italiennes des trois textes (sont soulignés les éditeurs qui continuent à publier le texte aujourd'hui). *Cirano di Bergerac* (tr. Mario Giobbe), Tipografo Vesuviano, 1898 ; Luigi Pierro, 1900, 1903, 1904, 1906, 1907, 1916, 1917, 1918, 1919, 1920, 1925 ; Bietti, 1928, 1931, 1935, 1938, 1942, 1943, 1944, 1945, 1951, 1952, 1953, 1954, 1956, 1958, 1960, 1962, 1964, 1966, 1978 ; Mondadori, 1985, 1990, 1991, 1992, 1993, 1996, 1997, 1998, 2002, 2006, 2007, 2009 ; G Edizioni, 1992 ; Edizioni e/o, 1993, 1999, 2003 ; Rizzoli, 2002, 2003, 2009 ; Rusconi, 2009. *Cirano di Bergerac* (tr. Franco Cuomo), Bulzoni, 1977 ; La Casa Usher, 1981 ; Newton-Compton, 1993, 1996, 2002. *Cyrano de Bergerac* (tr. Cinzia Bigliosi Franck), Feltrinelli, 2009.

est le *vers*, un aspect qui caractérise également Cyrano dans ses multiples traductions intersémiotiques (l'opéra, avec le travail de Franco Alfano dans les années 1930 ; le cinéma, surtout avec la transposition de Jean-Paul Rappeneau de 1990, mais aussi la télévision). Cela pourrait sans doute expliquer en partie l'insuccès de la traduction de Cuomo, qui par son passage à la prose sort de l'horizon d'attente du lecteur italien.

Un deuxième aspect – peut-être prépondérant dans notre cas – est lié à une double question, économique et éditoriale au sens large. *Cyrano de Bergerac* est sans aucun doute un texte intéressant pour tout éditeur : il s'agit d'un classique qui, de plus, comme nous l'avons vu, a l'avantage de s'imposer souvent à l'attention du public, par les nombreuses représentations scéniques dont il fait l'objet, mais aussi par sa présence dans d'autres médias. Cette exposition prolongée et constamment renouvelée assure des ventes qui, tout en n'étant pas exceptionnelles, restent tout au moins constantes, en faisant du livre ce qu'on appelle un *long-seller*. Or, aujourd'hui la traduction de Mario Giobbe présente un avantage tout aussi certain par rapport à ses deux concurrentes : son auteur étant décédé en 1906, selon la loi italienne sur le droit d'auteur le texte est entré, depuis la moitié des années 1970, dans le domaine public, et sa publication n'implique aucune dépense supplémentaire pour l'éditeur. Est-ce que cet aspect peut avoir joué un rôle dans le succès du texte de Giobbe ? Nous pensons que oui, et la chronologie des éditions après 1976[21] semble pouvoir confirmer ce fait (celle qui suit n'est bien sûr qu'une interprétation possible des données à disposition, mais elle a l'avantage d'expliquer la suite des réimpressions et la multiplication récente des éditeurs qui ont ajouté ce titre à leur catalogue). Jusqu'en 1978 le texte n'est publié que par l'éditeur milanais Bietti, qui toutefois, en cette même année, fait faillite. À ce moment (qui coïncide, rappelons-le, avec l'entrée de la traduction de Giobbe dans le domaine public) la tournée triomphale de Scaparro vient de commencer, et elle va durer encore quelques années ; c'est peut-être la raison pour laquelle aucun éditeur ne semble alors intéressé à reprendre le texte de Giobbe. C'est en effet la traduction de Cuomo qui est publiée, en 1977 par le florentin Bulzoni et en 1981 par La Casa Usher, une maison spécialisée dans l'édition théâtrale. Le changement de paradigme semble accompli, pendant quelques années le Cyrano italien ne s'exprimant que par la prose de la version

---

21. Voir encore la note précédente.

Cuomo / Scaparro à cause de la faillite de Bietti. Vers la moitié des années 80, toutefois – grâce aussi, peut-être, à l'avantage économique – le texte de Giobbe commencera à reparaître chez les libraires : en 1985 il sera publié par le principal éditeur italien, Mondadori ; en 1992 ce sera le tour d'un petit éditeur spécialisé dans l'édition théâtrale, G Edizioni ; le texte sera ensuite repris par Edizioni e/o en 1993, par Rizzoli en 2002 et par Rusconi en 2009. À partir de 1993, la version de Cuomo va aussi trouver sa place, notamment chez l'éditeur Newton-Compton, avec quelques réimpressions. Mais, jusqu'aujourd'hui, ce sont surtout Mondadori, Edizioni e/o et Rizzoli qui ont constamment réimprimé le texte, en contribuant ainsi à le diffuser – et à le faire connaître auprès de la quasi-totalité des nouveaux lecteurs – dans la version de Giobbe.

Dans cette situation, qui paraissait désormais stable, une troisième et nouvelle traduction vient de voir le jour, chez l'éditeur milanais Feltrinelli. Une des raisons de ce projet éditorial pourrait être la volonté de se démarquer de la foule des autres éditeurs, une « nouvelle traduction » pouvant, du moins pendant quelque temps, assurer quelques comptes-rendus ou une meilleure exposition chez les libraires (la stratégie paraît d'ailleurs avoir marché, des comptes-rendus ayant paru aux mois d'octobre et novembre 2009 dans les suppléments littéraires des deux principaux quotidiens italiens, *La Repubblica* et le *Corriere della Sera* ; dans les deux cas, toutefois, aucune mention n'est faite de la traduction, les critiques ne parlant que du texte de Rostand et de son actualité). Comme nous l'avons vu, la traduction ne semble toutefois pas à la hauteur du texte de Giobbe ; de même, il est difficile de croire que Feltrinelli puisse à lui seul mettre en difficulté des géants de l'édition tels que Mondadori ou Rizzoli. Il serait donc surprenant que le texte de Giobbe succombe à ce deuxième rival.

Lorsqu'il réalisa sa traduction, en 1898, Mario Giobbe ne pensait peut-être pas que son texte survivrait pendant tout le XXe siècle, pour entrer triomphalement dans le nouveau millénaire. Serions-nous face à un exemplaire de ces « grandes traductions qui ne vieillissent pas »[22] dont parle Antoine Berman et dont le destin serait de continuer à être lues et appréciées même après que leur langue, leur style, aient vieilli ? Répondre à une telle ques-

---

22. Antoine Berman, « La retraduction comme espace de la traduction », *Palimpsestes*, n° 4, 1990, p. 2.

tion reste en dehors de notre objectif : contentons-nous de signaler que, si pour l'instant aucune des versions qui ont suivi celle de Giobbe ne semble être en mesure de le remplacer, le futur n'en reste pas moins ouvert à d'autres traductions. Nous hasardons, en conclusion, une prévision : pour arriver à supplanter le canon, il sera nécessaire de le battre sur son propre terrain (qui est aussi le terrain du texte original), celui du vers ; c'est à l'intérieur de cette contrainte que devra voir le jour une traduction capable de faire enfin vieillir un texte qui a dépassé le siècle de vie, en donnant un nouvel élan à la suite de ses retraductions.

Université de Bologne

Ubu roi en polonais :
Traduction, adaptation et retraduction

JUSTYNA ŁUKASZEWICZ

Résumé
La plus connue des œuvres d'Alfred Jarry n'a été traduite en polonais qu'en 1935 par Tadeusz Boy-Żeleński. En 2006, Gondowicz a publié une nouvelle traduction d'*Ubu roi*, accompagnée d'abondants commentaires du traducteur. L'adaptation théâtrale du metteur en scène Korzeniewski a été publiée en 2005. La Pologne n'est plus Nulle Part, mais l'attrait de la pièce est toujours en partie lié à son actualité politique. Quand Ubu parle polonais, le Nulle Part, malgré les intentions de l'auteur, cesse d'être abstrait pour devenir allusif. L'absurde, la parodie, l'humour gras qui le caractérisent poussent les traducteurs à une grande créativité linguistique, parfois dans un esprit d'émulation explicite. L'article est une étude de l'évolution de l'approche de la pièce de Jarry, en particulier en ce qui concerne les références à la Pologne et aux traductions précédentes.

Abstract
Alfred Jarry's famous *Ubu roi* (1896) was translated into Polish only in 1935, by Tadeusz Boy-Żeleński. In 2006 Gondowicz published a new translation of the play, along with many of Jarry's other works, accompanied by a rich commentary. An adaptation by the stage-manager Korzeniewski was published in 2005. Poland is no longer a Nowhere, but the attractiveness of the play is still connected to its political actuality. When Ubu speaks Polish, the Nowhere – despite Jarry's intentions – ceases to be abstract to become allusive. The absurd humour of the play favours linguistic creativity on the part of the translators, sometimes in explicit emulation. This paper analyses the changes in the approach to the play, in particular as far as the references to Poland and to the previous translations are concerned.

Inventaire des versions

La plus connue des œuvres d'Alfred Jarry, dont l'évocation fantasmagorique de la Pologne ne cesse d'interpeller les habitants de ce pays, n'a été traduite en polonais qu'en 1935[1] et publiée en 1936[2], quarante ans après la parution d'*Ubu roi* (1896). Cette première traduction est due à Tadeusz Boy-Żeleński, historien de la littérature, critique de théâtre et traducteur talentueux et prolifique qui a signé toute une *Bibliothèque* polonaise de grandes œuvres de littérature française à travers les siècles (dont, par exemple, l'intégralité de l'œuvre de Molière). Soixante-dix ans après, en 2006, Jan Gondowicz a publié une nouvelle traduction d'*Ubu roi*, accompagnée d'*Ubu enchaîné*, *Ubu cocu*, d'une partie d'*Ubu sur la butte* et des *Almanachs du père Ubu*, ainsi que de textes de Jarry sur le théâtre, dans un volume pourvu d'abondants commentaires et de nombreuses notes du traducteur[3]. Le même Gondowicz, critique littéraire et érudit[4], a aussi traduit et commenté les *Gestes et opinions du docteur Faustroll, pataphysicien. Roman néo-scientifique* de Jarry[5], et parmi ses traductions (ou plutôt recréations) récentes, il y a celles des *Exercices de style* et des *Cent mille milliards de poèmes* de Queneau[6].

Dans les années 1977-1978, Bohdan Korzeniewski a compilé quatre drames : *Ubu roi ou les Polonais*, *Ubu cocu*, *Ubu enchaîné* et *Ubu sur la butte*. Élaborée pour le théâtre par un homme de théâtre (metteur en scène et auteur de neuf retraductions de comédies moliéresques), cette adapta-

---

1. La revue *Skamander* a publié d'abord les trois premiers actes précédés d'une note du traducteur (août 1935, p. 348-367), ensuite les deux derniers actes (septembre 1935, p. 440-453).
2. Alfred Jarry, *Ubu król czyli Polacy*, tr. Tadeusz Żeleński (Boy), Varsovie, Rój, 1936.
3. Alfred Jarry, *Teatr ojca Ubu*, traduit et commenté par Jan Gondowicz, Varsovie, CiS, 2006. Comme dans le cas de Boy, la traduction d'*Ubu roi* de Gondowicz a d'abord été publiée dans une revue (*Literatura na świecie*, 2004, n° 9-10).
4. Cf. Joanna Szczepkowska, « Jan Gondowicz między innymi », *Wysokie obcasy* (supplément à *Gazeta Wyborcza*), 24/10/2009, p. 10.
5. Alfred Jarry, *Czyny i myśli doktora Faustrolla, patafizyka. Powieść neoscjentystyczna*, traduit et commenté par Jan Gondowicz, Varsovie, Wydawnictwo małe / W.A.B., 2000.
6. Raymond Queneau, *Ćwiczenia stylistyczne*, tr. Jan Gondowicz, Izabelin, Świat Literacki, 2005 ; Raymond Queneau, *Sto tysięcy miliardów wierszy*, tr. Jan Gondowicz, Cracovie, Ha!art, 2008.

tion, récemment publiée[7], n'a jamais été jouée. Kazimierz Dejmek, qui à l'époque était directeur du théâtre où elle devait l'être (Teatr Nowy de Łódź), a, plus tard, mis en scène lui-même la pièce de Jarry dans la traduction non publiée de Bogusław Brelik (au Teatr Polski de Varsovie, en 1991). La plupart des mises en scène d'*Ubu roi* en Pologne ont utilisé le texte de Boy. La nouvelle traduction de Gondowicz a été mise en scène une fois, en 2003, à Cracovie (par Wiesław Hołdys, pour le Théâtre Mumerus). Pour l'instant, cette traduction ne s'est pas imposée au théâtre : sur deux spectacles réalisés depuis, un metteur en scène a fait confiance à Boy (Zbigniew Lisowski au Théâtre « Baj Pomorski » de Toruń, en 2005) et l'autre a recouru à une autre traduction restée inédite, celle de Jan Polewka (Laco Adamik au Teatr Śląski de Katowice, en 2008).

En marge de ce bref aperçu de la réception théâtrale d'*Ubu roi* en Pologne, il faut mentionner deux productions réalisées dans des domaines artistiques différents : un opéra et un film. *Ubu Rex* de Krzysztof Penderecki (libretto de Jerzy Jarocki d'après Jarry), opéra bouffe en deux actes, a connu depuis sa première à Munich en 1991 plusieurs réalisations en Pologne, à partir de 1993 (dont la mise en scène au Teatr Wielki de Varsovie par Krzysztof Warlikowski, en 2003). Le compositeur avait écrit la musique pour une mise en scène de cette pièce dès les années 1960 et avait commencé à travailler sur un opéra dans les années 1970, mais le projet avorta, entre autres à cause de la censure. Dans la musique d'*Ubu Rex*, Penderecki « s'inscrit dans le courant postmoderniste, enjoué, de la musique moderne qui adore le pastiche et la provocation ». Son intention explicite était de « suivre Jarry, en se moquant des autorités, de grands classiques et de lui-même », « il puise donc à pleines mains dans quatre siècles d'histoire de l'opéra », enchaînant les allusions[8]. Gondowicz, dans une des « mérditations » dont il accompagne sa traduction d'*Ubu roi*, suggère qu'il faudrait écrire un *opera gówno* ('opéra merdre'), mais il se demande aussitôt : « Comment se défaire de sa culture musicale au même degré que Jarry s'était défait de la pensée conventionnelle par le biais du drame historique ? »[9].

---

7. Alfred Jarry, *Ubu królem*, tr. Bohdan Korzeniewski, Varsovie, Czuły Barbarzyńca, 2005.
8. Piotr Kamiński, *Tysiąc i jedna opera*, t. II N-Ż, Cracovie, Polskie Wydawnictwo Muzyczne, 2008, p. 77. Sauf indication contraire, c'est nous qui traduisons du polonais.
9. Jan Gondowicz, « Merdytacja trzecia », in Alfred Jarry, *Teatr ojca Ubu, op. cit.*, p. 52-53.

Le film *Ubu Król* de Piotr Szulkin (réalisé en 2003 et diffusé en 2004) parle des « sentiments de dégoût et d'asphyxie ». L'action est située en « Fologne » qui « est un Neverland ayant les traits d'une généralisation universelle. Partout et toujours nous sommes gouvernés par des Ubus qui se succèdent les uns aux autres, […] des ignorants sans classe et sans gêne »[10].

Ces deux productions, tout comme les nombreuses réalisations théâtrales, prouvent que la pièce de Jarry continue à inspirer les professionnels du spectacle qui se sentent libres de retravailler la matière de départ. Les actualisations concernent, en définitive, la Pologne telle qu'elle est perçue par les réalisateurs.

Dans la présente étude, laissant de côté l'aspect théâtral, je me pencherai sur les textes et les paratextes des traductions publiées. Je me propose d'étudier l'évolution de l'approche de la pièce de Jarry à travers l'analyse des choix des traducteurs, en particulier en ce qui concerne les références à la Pologne et aux traductions précédentes.

« En Pologne, c'est-à-dire Nulle Part »

L'auteur lui-même a beau souligner le caractère abstrait et universel de la Pologne évoquée dans la pièce, le sous-titre *ou les Polonais* suffit pour éveiller notre curiosité, tandis que la phrase de Jarry « Quant à l'action qui va commencer, elle se passe en Pologne, c'est-à-dire Nulle Part »[11] est une allusion suffisante pour attiser nos complexes.

En présentant sa traduction, Boy affirmait qu'il ne fallait pas chercher de raisons « profondes » à ce choix concernant le lieu de l'action, la Pologne étant pour l'auteur un pays de « conte irréel »[12]. Dans un autre texte sur *Ubu roi*, il disait : « Tant pis, telle était la situation de la Pologne à la fin du XIXe siècle »[13]. Il y rappelait aussi l'hypersensibilité de ceux qui,

---

10. Łukasz Maciejewski, « *Ubu król* : Grównem po równo » (compte-rendu du film), http://film.onet.pl/9595,25698,1,recenzje.html (consulté le 24/11/2009).
11. « Discours d'Alfred Jarry prononcé à la première représentation d'*Ubu roi* », in Alfred Jarry, *Œuvres*, éd. Michel Décaudin, Paris, Robert Laffont, 2004, p. 244.
12. Tadeusz Boy-Żeleński, « Od tłumacza », *Skamander*, août 1935, p. 349.
13. Tadeusz Boy-Żeleński, « Fantastyczny żywot króla Ubu », *Wiadomości Literackie*, n° 492, 7/5/1933, p. 1.

dans les années 1920, soucieux du prestige de la Pologne, pendant « la lune de miel de la souveraineté polonaise », voyaient dans *Ubu roi* un pamphlet contre leur pays. Justement à cette époque-là, en 1927, dans la rubrique « Les étrangers sur la Pologne », Stanisław Wędkiewicz, le rédacteur en chef du mensuel *Przegląd Współczesny*, a fait paraître un texte sur *Ubu roi* intitulé « La Pologne, pays de fiction et d'utopie » qu'il conclut ainsi :

> Apparemment comique, en réalité image désespérément lugubre de l'abomination humaine, *Ubu roi*, par son titre et son contenu, est lié à la Pologne et aux Polonais. Il ne fait pas notre gloire. Le commentaire de l'auteur : « l'action se passe en Pologne, c'est-à-dire Nulle Part » révèle la misère de la réalité polonaise des dernières années du XIXe siècle où, avec la même facilité, on situait les actions grotesques sur le terrain de la Pologne inexistante ou dans les provinces anarchiques de la péninsule balkanique[14].

Ce texte – où les considérations sur la pièce de Jarry sont situées dans le contexte d'une Pologne « fantastique » au sein de la littérature d'Europe occidentale, avec des exemples tels que *La vida es sueño* de Pedro Calderón de La Barca – a été publié dans le cycle « Motifs polonais dans les commentaires d'actualité français » et il est suivi d'un compte-rendu fait par le même auteur d'un pamphlet véritable, « Voyage au pays des Polonais » (*L'Esprit*, 1927, II, p. 147-156), vulgaire et réellement offensant vis-à-vis de la nation polonaise.

Dans une situation politique très différente, en 1959, un spectacle inspiré d'*Ubu roi* et gardant le titre de la traduction de Boy est devenu « une satire de l'ensemble de l'histoire de la Pologne », qui « n'épargne aucun complexe, aucune relique »[15]. Cependant, à la fin des années 1970, la permission de jouer *Ubu roi* dans la traduction de Korzeniewski (qui, lui aussi, était attiré par l'actualité politique de la pièce) a d'abord été accordée, puis retirée. Le traducteur a commenté cette décision de la censure avec ironie :

---

14. Stanisław Wędkiewicz, « Polska – krainą fikcji i utopji », *Przegląd Współczesny*, n° 66, octobre 1927.
15. Sergiusz Sterna-Wachowiak, « Świat i teatr króla Ubu (wprowadzenie) », *in* Alfred Jarry, *Ubu król czyli Polacy*, tr. Tadeusz Boy-Żeleński, Bydgoszcz, Pomorze, 1993, p. XXII.

> On a motivé la décision en disant que la comédie n'était pas suffisamment respectueuse vis-à-vis des Polonais. Or, personne n'ignore, n'est-ce pas, qu'à l'époque actuelle, grâce à la politique judicieuse de nos ministres et de leurs supérieurs, nous jouissons d'un respect universel, voire même d'admiration[16] !

La situation politique de la Pologne a encore une fois radicalement changé, mais Sergiusz Sterna-Wachowiak, dans son introduction à l'une des éditions de la traduction de Boy, en 1993, a encore pu écrire :

> Le sous-titre *ou les Polonais* oblige malgré tout, et là où un potache de la province française pense à un Niemandsland ou un Weissnichtwo […], nous sommes hantés par la question de savoir si nous sommes très Ubu[17].

À l'occasion d'une mise en scène de l'opéra de Penderecki, Katarzyna Janowska observe que nos relations avec Ubu sont ambivalentes : « D'un côté, nous l'avons pratiquement annexé à la culture polonaise, de l'autre, nous n'avons pas toujours été sûrs de pouvoir en rire impunément »[18]. Et elle ajoute que peut-être encore aujourd'hui il y a au fond de nous l'angoisse qu'aux yeux de l'Occident, la Pologne continue à être un nulle part entre la Russie et l'Allemagne. Quant à la réception théâtrale,

> la pièce de Jarry est écrite d'une manière tellement nonchalante que les metteurs en scène peuvent la pousser dans n'importe quelle direction. La plupart des réalisateurs polonais l'ont poussée dans la direction d'allusions politiques évidentes[19].

Dans l'œuvre même de Jarry, on trouve au moins un argument en faveur de l'actualisation : une didascalie d'*Ubu sur la butte* (acte premier, scène quatre) dit : *Défilés d'actualités et texte ad libitum*. On y trouve aussi des arguments en faveur de la réécriture : l'évolution d'*Ubu roi* de produc-

---

16. Anna Kuligowska-Korzeniewska, « *Ubu królem* Bohdana Korzeniewskiego », *in* Alfred Jarry, *Ubu królem*, *op. cit.*, p. 80.
17. Sergiusz Sterna-Wachowiak, « Świat i teatr króla Ubu (wprowadzenie) », *loc. cit.*, p. XIX.
18. Katarzyna Janowska, « Witamy w kraju króla Ubu », *Polityka*, n° 39, 27/09/2003, http://www.e-teatr.pl (consulté le 12/02/2010).
19. *Ibid.*

tion « communautaire » à œuvre personnelle de Jarry, et *Ubu roi sur la butte* en tant que variante condensée et guignolesque d'*Ubu roi*.

Le titre

Sur les 27 mises en scènes polonaises d'*Ubu roi ou les Polonais* réalisées de 1965 à 2008[20], la plupart portent le titre forgé par Boy, *Ubu Król* (certaines avec le sous-titre *czyli Polacy*), une inverse l'ordre des mots (*Król Ubu*), trois enlèvent à Ubu son titre royal (*Ubu*). Une fois, en 1991, dans la traduction de Brelik évoquée plus haut, la pièce a été jouée avec le titre d'*Ubu królem* que Korzeniewski a choisi pour son texte, par opposition à celui de Boy, repris par Gondowicz.

En maintenant le choix de Boy, Gondowicz consacre ce qui est devenu canonique. Il s'en explique en disant que Boy a sans doute procédé par analogie avec *Edyp Król* (*Œdipe roi*) de Sophocle[21]. Cependant, si la plupart des traductions polonaises de cette tragédie publiées au XIXe siècle portent le titre d'*Edyp Król*, celle de Kazimierz Morawski, dès les années 1920, est publiée avec le titre *Król Edyp* (Le roi Œdipe) et c'est, semble-t-il, le seul titre des traductions publiées après la Seconde Guerre mondiale. Ainsi, l'association n'est pas sûre pour Boy et n'est plus valable pour les lecteurs d'aujourd'hui.

Gondowicz donne la préférence au titre proposé par Korzeniewski, avec l'instrumental *królem*, qui se justifie par le fait que ce n'était qu'une des aventures d'Ubu. Pourtant, Boy ne connaissait que celle-ci et, de toute façon, il s'agit de l'aventure principale. En plus, il y a des arguments d'ordre phonétique et grammatical (problème de déclinaison du titre d'*Ubu królem*). Ainsi, *Ubu Król* a gagné la partie, et le titre du film de Szulkin s'appuie sur la tradition en même temps qu'il la renforce.

---

20. Cf. http://www.e-teatr.pl (consulté le 12/02/2010).
21. Jan Gondowicz, « Komentarze », *in* Alfred Jarry, *Teatr ojca Ubu, op. cit.*, p. 112.

Les références à la Pologne

Jarry a estimé que la Pologne était un « pays assez légendaire et démembré » pour représenter ce Nulle Part dont il avait besoin pour sa pièce. Dans la « Présentation d'*Ubu roi* », il souligne : « Nous ne trouvons pas honorable de construire des pièces historiques », pour préciser : « Nulle Part est partout, et le pays où l'on se trouve, d'abord. C'est pour cette raison qu'Ubu parle français »[22]. Cependant, quand Ubu parle polonais et quand son public se trouve dans une Pologne bien réelle, le Nulle Part, malgré les intentions de l'auteur, cesse d'être abstrait pour devenir allusif.

D'après Gondowicz, Jarry, élève génial comme Rimbaud et peut-être comme lui lecteur infatigable, a pu chercher son nom dans le catalogue de la bibliothèque du lycée de Rennes et y a trouvé le *Tableau historique et chronologique des révolutions nationales de Pologne* (Paris, 1832 et éditions suivantes), écrit par Adrien Jarry de Mancy et Leonard Chodźka. Il est possible que la couleur locale vienne de là, cependant *Ubu roi* a été créé à partir des *Polonais*, pièce écrite essentiellement par Charles Morin, un condisciple de Jarry, avant que ce dernier n'intervienne dans l'histoire de l'œuvre.

Quoi qu'il en soit, les références à la Pologne sont nombreuses, à commencer par la liste des personnages où on voit plusieurs noms de rois et « toute l'armée polonaise ». « Toute l'armée russe », Nicolas Rensky, l'empereur Alexis, Michel Fédérovitch font pendant aux personnages de « Polonais », en constituant une parfaite allusion aux voisins et ennemis de toujours. Le contexte géographique est complété par l'évocation de l'Ukraine, de la Lituanie et de la Baltique. Plusieurs toponymes de la géographie polonaise (de diverses époques) sont évoqués, dont les plus emblématiques, comme la Vistule, Varsovie et Cracovie, mais aussi Dantzick, Wilna (Vilnius), Sandomir, Polock ou la Podolie auxquels, évidemment, dans toutes les traductions se substituent les équivalents polonais (à part Königsberg, absent de l'adaptation de Korzeniewski et laissé tel quel chez Boy), qui renforcent le sentiment d'identification du public polonais. Cependant, dès qu'il y a un détail en plus, l'auteur déforme les réalités. Par exemple, c'est dans la cathédrale de Varsovie que Jarry place la crypte des anciens rois de Pologne, alors que les rois polonais reposent, pour la plu-

---

22. Alfred Jarry, « Discours d'Alfred Jarry prononcé à la première représentation d'*Ubu roi* », *loc. cit.*, p. 245.

Ubu roi *en polonais* 377

part, dans les cryptes de la cathédrale de Cracovie. Dans la traduction de Gondowicz, on observe une tendance à se démarquer par rapport à Boy et Korzeniewski, par exemple dans l'emploi plus fréquent d'adjectifs dérivés de toponymes (« książę podolski » comme équivalent de « prince de Podolie », plutôt que « książę Podola »), conformément à l'usage d'ailleurs.

La couleur locale se constitue aussi d'éléments tels que la « soupe polonaise », dont on ne sait rien à part le fait que les convives ne la trouvent pas bonne et qu'elle est servie au même repas qu'une « charlotte russe ». Tout au début, on évoque « l'ordre de l'Aigle Rouge de Pologne » où le public polonais ne peut manquer de lire une allusion à l'aigle blanc des armes du pays et du principal ordre honorifique national, et d'associer la couleur rouge à la Russie et au communisme. Un autre élément reconnaissable comme polonais, mais profondément modifié par rapport à la vérité historique, c'est Stanislas Leczinski devenu paysan, en une sorte de renversement carnavalesque.

PERSONNAGES CHOISIS

Jarry	*Boy*	*Korzeniewski*	*Gondowicz*
Père Ubu	Ubu	Pan Ubu (Ubu)	Ubu (imć Ubowski)
Mère Ubu	Ubica	Pani Ubu (Ubowa)	Ubica
Le roi Venceslas	Król Wacław	Wieńczysław	Król Wacław
Boleslas	Bolesław	Bolesław	Bolesław
Ladislas	Władysław	Władysław	Władysław
Bougrelas	Byczysław	Smarkosław	Flaczysław - Flaczek, Flaczuś, Flaczunio (Rozamunda) - Flaczyszczak (Ubica) - Flaczycho, Flacław (Ubu)
le général Lascy	Generał Lacsy (*sic !*)	Generał Laski	Generał Łaski
Jean Sobieski	Jan Sobieski	–	Jan Sobieski

Comme pour le titre de la pièce, Gondowicz reprend après Boy les appellations *Ubu* et *Ubica*. *Pani Ubu* (*Ubowa*), dans la version de Korzeniewski, suit le modèle « humain » (la femme d'un tel), tandis que *Ubica* sonne plutôt comme « la femelle d'Ubu », d'après le modèle de « lew » – « lwica » (lion – lionne), alors que *Ubowski* s'aligne sur des noms de famille polonais typiques.

Quel traitement a été réservé aux prénoms et noms empruntés aux personnages historiques ? Le roi Venceslas peut faire penser aux deux souverains de la dynastie des Přemyslides qui ont régné sur la Pologne de 1300 à 1306 : Venceslas II et III. L'équivalent polonais traditionnel de ce nom est Wacław et c'est le nom utilisé dans les versions de Boy et Gondowicz. Wieńczysław, choisi par Korzeniewski (pour se démarquer par rapport à Boy ?) est un nom slave plus récent (attesté depuis le XVIIIe siècle). Boleslas et Ladislas reçoivent, dans toutes les traductions, leurs équivalents polonais traditionnels. Il s'agit en effet de deux noms slaves liés, comme Wacław et Wieńczysław, au concept de la gloire, et portés chacun par plusieurs rois de Pologne (celui de Bolesław fut porté par 45 rois et princes de la dynastie des Piast). Ils représentent donc une allusion générale, en concentré, à l'histoire de Pologne.

De manière semblable, Jean Sigismond, dont la voix affole la mère Ubu dans la crypte de la cathédrale de Varsovie (IV, 1), peut rappeler à lui seul les trois Jan (Jean) et les trois Zygmunt (Sigismond) rois de Pologne, mais l'histoire de ce pays ne connaît pas de Jean Sigismond. Dans la crypte, il y a le tombeau de Ladislas le Grand : six rois de Pologne portèrent ce prénom, mais aucun n'eut le surnom de Grand (qui fut donné à un Casimir). Sans esprit de suite, dans une autre scène (V, 7), Ubu qui *parle en dormant*, dit : « Je suis enterré à Varsovie près de Vladislas le Grand, et aussi à Cracovie près de Jean Sigismond ». Ladislas est donc devenu Vladislas et le tombeau de Jean Sigismond a été transféré à Cracovie où, dans une des cryptes royales, repose le prince portant ces deux prénoms, fils du roi de Pologne Jean II Casimir Vasa.

Deux souverains très connus, Stanisław Leszczyński et Jan Sobieski, dont les noms et prénoms, dans toutes les traductions, sont naturellement écrits à la polonaise, sont évoqués dans la pièce de manière individuelle, mais Stanislas Leczinski est ici un paysan et Sobieski n'apparaît que pour se faire assommer dans une bataille et réapparaître plus tard dans une autre scène. Pour compléter le tableau, il n'y a jamais eu de reine de Pologne du nom de Rosemonde ni de Mathias de Königsberg, présenté dans la pièce comme fondateur de la dynastie. Ainsi, Jarry brouille les pistes, en concoctant un mélange absurde de réel et d'irréel.

Bougre et merdre !

Bougrelas est le nom qui suscite le plus d'inventivité chez les traducteurs. Korzeniewski utilise comme équivalent *Smarkosław*, « le morveux glorieux », en référence au jeune âge du personnage. Gondowicz critique le choix de Boy, *Byczysław*, qui est une allusion au taureau. Le mot *bougre* a des connotations diversifiées, de « bon bougre » à « sodomite » (sens sur lequel insiste Gondowicz[23]). Il apparaît souvent dans la pièce comme interjection ou injure, proche de *merdre*. Voici ses occurrences dans le premier acte et leurs équivalents polonais, plus variés dans la version de Gondowicz :

Jarry	*Boy*	*Korzeniewski*	*Gondowicz*
Père Ubu : « Bougre de merdre, merdre de bougre, si jamais je le rencontre au coin d'un bois, il passera un mauvais quart d'heure. » (i, 1)	« Cholera grówniana, grówno cholerzane, jeśli go kiedy zdybię w ciemnym lesie, ciężka jego godzina. »	« Zasrany łajdak, łajdacki zasraniec, niechaj go tylko kiedyś dopadnę w głębi lasu, to przeżyje kiepskie pół godziny. »	« O, gówno gówienne zgówniałe, niech go tak raz a dobrze zajdę w ciemnej ulicy, czarna jego godzina. »
Père Ubu : « Bougre, que c'est mauvais. » (I, 3)	« Cholera, jakie to złe ! »	–	« Wsiamać, aleć ohyzda. »
Père Ubu : « Il n'est pas bête, ce bougre, il a deviné. » (i, 4)	« Nie jest głupi, hultaj : zgadł. »	« Wcale nie głupi, łajdak odgadł natychmiast. »	« Niegłupi ten gbur : rozgryzł mnie. »

Chez Gondowicz, Bougrelas devient *Flaczysław*, nom qui fait penser à un personnage dégonflé, sans tonus, sans vigueur. La reine, sa mère, utilise

---

23. Jan Gondowicz, « Komentarze », *loc. cit.*, p. 112.

pour s'adresser à lui une série d'hypocoristiques (Flaczuniu, Flaczku, Flaczusiu), tandis que la mère et le père Ubu emploient des néologismes plus rudes (Flaczyszczak, Flaczycho, Flacław). Au service du comique, Gondowicz exploite ainsi une ressource importante de la langue polonaise, les diminutifs et les augmentatifs.

Quant à « merdre », Boy le traduit en ajoutant un « r » à l'équivalent polonais de « merde » (*gówno*) : il obtient ainsi le néologisme *grówno*. À la recherche de l'effet phonétique semblable à celui de l'original, il double et même triple le « r » : « Grówno, grrówno, grrrówno ! » (I, 3). Korzeniewski place ailleurs le « r » ajouté (*górwno*), tandis que Gondowicz reprend le mot inventé par Boy, l'en loue et en fait un usage plus intense. En effet, à la suite de Boy qui introduit le diminutif *grówienko* et l'augmentatif *grówniszcze*, il invente une multitude de mots qui ressemblent à *grówno*. Cette néologie effrénée s'opère à partir du mot « gówno » et ses dérivés (*grówienko, grówniarz*) ou par l'ajout d'un « g » aux mots de la famille de « równo » ('de manière égale'): *grównina, grównowaga, grównia, grównocześnie, grównouprawnienie, zgrównać*. La néologie fantaisiste pousse aussi le traducteur à rendre l'injure « madame de ma merdre » par *ty grównifiko* et le mot composé « sabre à merdre » par *grównokord*. Cette prolifération de *grówno* doit, dans l'intention du traducteur, compenser la manière mécanique de parler d'Ubu[24].

Le « r » supplémentaire apparaît aussi chez Gondowicz dans l'équivalent polonais de « chandelle », dans la traduction de la fameuse expression « De par ma chandelle verte » : « Na mą zieloną świerczkę ». Si Boy s'était contenté de la traduction littérale (« Na moją zieloną świeczkę »), Korzeniewski a explicité l'allusion sexuelle et varié les équivalents, dont « Na mój zjełczały ogarek, co mi w portkach zawadza » (Par ce bout de chandelle rance qui me dérange dans mon froc).

> Dans l'ensemble du drame de Jarry la langue ne remplit pas sa fonction fondamentale. Au lieu de servir ouvertement la communication entre les personnages et secrètement celle entre la scène et le public, elle se limite à la fonction du symptôme charnel.[25]

---

24. Jan Gondowicz, « Merdytacja pierwsza », *loc. cit.*, p. 9.
25. « W całym dramacie Jarry'ego język nie spełnia swojej podstawowej funkcji. Zamiast służyć jawnie komunikacji między postaciami, a skrycie komunikacji między sceną a

Cette fonction, dans la version de Gondowicz, est remplie grâce à divers procédés. L'archaïsation, que Gondowicz critique chez Boy, ne disparaît pas complètement (*imć połowico, nie tą razą*), mais elle s'estompe pour laisser place à une cascade de néologismes « merdriques », d'injures inventées (*salcefiks*), d'expressions familières et populaires réelles ou inventées, de diminutifs et augmentatifs onomastiques et tels que *zupsko polskie* (I, 3) comme équivalent de la « soupe polonaise » (où *zupsko* fait penser à « dupsko », « gros cul »). Bref, il s'agit bien d'une langue qui dénote le manque de culture et d'élégance des personnages.

Conclusions

La traduction de Boy reste un point de référence incontournable pour ses successeurs et auprès des critiques, elle s'impose comme évidente[26] et magistrale[27].

Boy a montré la voie, Gondowicz arrive sur un terrain défriché. Boy n'a traduit qu'*Ubu król*, Gondowicz plusieurs textes de Jarry. Dès le début de sa première « mérditation », il prend position par rapport au travail de son prédécesseur. Il dit notamment que « le premier traducteur a carte blanche, le deuxième doit avoir une conception » ; mais il rappelle aussi les interprétations de Boy et présente les siennes, pour conclure que « ce nouveau visage d'Ubu ne surgit pas tout à fait de la traduction de Boy. Ainsi, une nouvelle traduction était nécessaire »[28].

Or, l'interprétation de Boy, rappelée par Gondowicz, est la suivante : il s'agit d'une satire potachique des manuels d'histoire. En effet, dans un texte publié en 1933 qui, comme le souligne Gondowicz, « pendant plus d'un demi-siècle a constitué, pour les lecteurs polonais, la source principale des connaissances relatives à la vie et à l'œuvre de l'écrivain fran-

---

widzami, ogranicza się do funkcji cielesnego symptomu » (Małgorzata Sugiera, *Potomkowie króla Ubu : Szkice o dramacie francuskim XX wieku*, Cracovie, Księgarnia Akademicka, 2002, p. 36).

26. Cf. Tomasz Cyz, « … czyli w Polsce » (compte-rendu d'*Ubu Rex* de Krzysztof Penderecki, mise en scène de Krzysztof Warlikowski, Teatr Wielki-Opera Narodowa, première le 2/10/2003), *Tygodnik Powszechny*, vol. XLIII, n° 3, http://www.teatry.art.pl /!recenzje/ubur_war/czyliw.htm (consulté le 24/11/2009).
27. Cf. Łukasz Maciejewski, « *Ubu król* : Grównem po równo », *loc. cit.*
28. Jan Gondowicz, « Merdytacja pierwsza », *loc. cit.*, p. 8.

çais »[29], Boy dit qu'il partage avec Jarry l'expérience des leçons sur « les rois romains avec les dates »[30] donnant une vision de l'histoire pleine de violence, des leçons qu'ils ont suivies à peu près en même temps, l'un à Cracovie, l'autre à Rennes (en effet, Jarry est né en 1873, Boy en 1874).

Gondowicz, qui a sur Boy l'avantage de connaître l'histoire des dernières décennies et l'héritage d'Ubu dans le théâtre, peut dire que « le père Ubu est devenu un père fondateur mythique des sociétés de la fin du XXe siècle », tout en puisant aux sources rabelaisiennes et farcesques. « Ubu n'est plus perçu aujourd'hui comme un fanatique du pouvoir paranoïaque », mais comme « un symptôme de la crise de la culture [...] un clochard à la mangeoire du pouvoir » et « En traduisant *Ubu roi*, il vaut la peine de sacrifier pas mal de choses pour libérer le rire ». Gondowicz loue Boy d'avoir eu l'ambition de la néologie avec l'objectif de pourvoir de nouvelles touches le clavier de la langue polonaise, et d'avoir plusieurs fois trouvé le ton qu'il fallait pour rendre « l'esprit roublard et périphérique »[31] qui est celui de l'esprit du temps.

La Pologne, ce n'est plus Nulle Part, cependant l'attrait de la pièce est toujours en partie lié à son actualité politique. Malgré les changements historiques d'importance capitale, des rois Ubu semblent continuer d'infester la vie politique. Conjointement, l'absurde, la parodie, l'humour gras qui caractérisent la pièce poussent les traducteurs et les adaptateurs à faire preuve d'une grande créativité linguistique, parfois dans un esprit d'émulation explicite.

La première traduction d'*Ubu roi* a bien été une introduction[32]. Cependant, il n'y a pas eu de naturalisation – procédé qui n'aurait pas été opportun dans le cas d'un original qui situe l'action en Pologne, toute fantasmagorique qu'elle soit. Le dernier traducteur fait preuve de sa connaissance des traductions antérieures et d'une volonté d'amélioration[33]. Il s'explique sur son travail, en rendant hommage à son prédécesseur, sans hésiter à montrer ses limites. En effet, il reprend le titre et le mot-clé consacrés, il

---

29. *Ibid.*, p. 8-9.
30. Tadeusz Boy-Żeleński, «Fantastyczny żywot króla Ubu», *loc. cit.*, p. 1.
31. Jan Gondowicz, « Merdytacja pierwsza », *loc. cit.*, p. 8-9.
32. Cf. Paul Bensimon, « Présentation », *Palimpsestes*, n° 4, 1990, p. IX-X.
33. Situation qui n'est pas la règle. Cf. Elżbieta Skibińska, « La retraduction, manifestation de la subjectivité du traducteur », *Doletiana. Revista de traducció, literatura i arts*, n° 1, 2007, p. 5.

loue l'invention de Boy et lui accorde d'avoir eu une conception, pour critiquer l'archaïsation et présenter sa propre conception stylistique. Il retraduit une pièce de théâtre, or le théâtre est un domaine d'adaptation par excellence, et la farce, un genre qui se prête particulièrement bien à l'adaptation. Cependant, vu l'importance, la qualité et l'érudition de ses paratextes, il traduit principalement pour la lecture.

Université de Wrocław

Enjeux sociologiques

Les littératures peu revisitées :
Le cas de la littérature polonaise

MARYLA LAURENT

Résumé

Au XXIe siècle, on constate un retard considérable dans la traduction et la connaissance des littératures de langues périphériques. Un vaste patrimoine n'est toujours pas traduit dans les langues dites centrales, et les rares livres à être réédités sont rarement retraduits. Pour le *Quo Vadis* de Sienkiewicz, la traduction de 1900 est à peine « adaptée » ; les *Mémoires* de Pasek sont publiés à l'identique et ne bénéficient pas des nouvelles approches du Baroque ; la traduction des *Envoûtés* de Gombrowicz fut traitée avec désinvolture. Parmi les « belles revisitées » de la littérature européenne au XXe siècle, les Étrangères du monde slave, balte ou finno-ougrien sont trop souvent violées ou abandonnées.

Abstract

In the 21st century, we can still notice an important delay in the retranslation from peripheral languages and literatures. An important body of works is still untranslated into the so-called central languages, and the rare books which are reissued are very seldom retranslated. This paper analyses the fate of three important Polish works in France. For Sienkiewicz's *Quo Vadis*, the French translation has only been « adapted » since 1900 ; Pasek's *Memoirs* haven't known any new French translation in the last 80 years ; and Gombrowicz's *Possessed* has been quite carelessly treated, when new unpublished fragments appeared and were included in its French translation. Among the *belles revisitées* of European literature in the 20th century, the Slavic, Baltic and Finnish *belles* are all too often violated or abandoned.

« Tout grand récit appelle tôt ou tard sa retraduction »[1], pouvions-nous lire dans le journal *Le Monde* qui consacrait un dossier aux « Textes réincarnés ». La journaliste poursuivait ainsi :

> Acclimater une œuvre à une langue étrangère est tout un art. Il faut aussi relire avec des yeux plus modernes ou plus audacieux. De nouvelles traductions permettent au public francophone de redécouvrir trois grands auteurs[2].

Le bonheur de redécouvrir Henry James, Alfred Döblin et Lewis Carroll n'atténue pourtant pas une certaine amertume. Pourquoi pareille réincarnation est-elle absente de la destinée française d'Henryk Sienkiewicz, de Witold Gombrowicz, de Tadeusz Borowski, et de tant d'autres grands écrivains ? Pourquoi des récits majeurs d'écrivains de ce qui hier (mais plus aujourd'hui) était considéré comme l'« Autre Europe » n'ont-ils pas droit à une deuxième vie ? Milan Kundera affirme que si Kafka n'avait pas écrit en allemand, sa notoriété aurait été considérablement moindre.

> Kafka n'écrivait, faut-il le rappeler, qu'en allemand et se considérait, sans aucune équivoque, comme un écrivain allemand. [...] Même si un éditeur de Prague avait réussi à publier les livres d'un hypothétique Kafka tchèque, aucun de ses compatriotes (c'est-à-dire aucun Tchèque) n'aurait eu l'autorité nécessaire pour faire connaître au monde ces textes extravagants écrits dans la langue d'un pays lointain *of which we know little*. Non, croyez-moi, personne ne connaîtrait Kafka aujourd'hui, personne, s'il avait été tchèque[3].

Un haut responsable de la culture en Europe parle de la nécessité de langues « pivots » et attend confirmation de l'intérêt à subventionner la traduction d'ouvrages conçus dans des langues qui font, encore et toujours, antichambre, alors qu'elles sont des langues officielles de l'Union européenne. Les universitaires distinguent les langues centrales des périphériques et semi-périphériques. Le raisonnement dominant semble être que l'importance intrinsèque d'une œuvre littéraire est liée à sa langue de créa-

---

1. Christine Lecerf, « "Berlin Alexanderplatz" sonne mieux à l'oreille », *Le Monde*, dossier 2, 17/07/2009.
2. *Ibid.*
3. Milan Kundera, *Le Rideau*, Paris, Gallimard, « Folio », 2005, p. 49.

tion et que, quand cette dernière apparaît comme confidentielle, la création littéraire qu'elle engendre n'apporte rien d'original ou d'intéressant à l'humanité. Mais, en ce cas, qu'est-ce que la littérature, comment la définissons-nous, qu'en attendons-nous ?

Force est de constater que le retard pris dans la traduction des littératures de langues périphériques et semi-périphériques est considérable. Dans l'Union européenne, ces littératures sont généralement celles des pays qui, depuis le XIXe siècle ont été occupés par des puissances étrangères[4]. Un vaste patrimoine n'a ainsi jamais été traduit. Par ailleurs, le public « occidental », ou en tout cas français, n'est aucunement averti de l'existence de ces richesses, ni préparé à les lire. Les programmes scolaires n'en parlent guère, les recensions dans la presse sont rares[5]. Il s'ensuit un risque de ventes faibles ; or, rares sont les éditeurs téméraires ou mécènes. Enfin, la politique linguistique de nombreux pays, dont la France, n'encourage nullement l'enseignement des langues dites « rares ». Pour certaines d'entre elles, il n'existe pas (ou presque pas) de professionnels de langue maternelle française[6] formés à traduire les grandes pages littéraires. En conséquence, les traductions restent souvent défaillantes. Dans le meilleur des cas, elles sont « reprises » et donc simplement « corrigées ». Les rares œuvres qui sont traduites à nouveau restent souvent le fait d'amateurs. Par ailleurs, il semblerait qu'une collection bilingue de La Pléiade, pour les langues parlées dans les pays qui ont rejoint en dernier l'Union européenne, ne soit pas à l'ordre du jour.

La littérature polonaise servira ici de terrain d'étude à ce phénomène aussi injuste qu'anachronique, mais on pourrait aussi se préoccuper, avec

---

4. Maryla Laurent, « La traduction comme moyen de communication interculturel », *in* Jacques Legendre, *L'Enseignement des littératures européennes*, Les Rapports du Sénat, n° 221, Paris 2007-2008, p. 47-57.
5. Cf. Maryla Laurent, « Le reflet de la littérature polonaise dans le miroir de la critique littéraire », *in* Peter Schnyder et Tania Collani (éds.), *Critique littéraire et littérature européenne. Enjeux et défis*, Paris, Orizons, 2010, p. 235-254.
6. Rédacteur scientifique chargé de la coordination des traductions vers le français, nous en avons fait la difficile expérience au moment de la publication de *Fictions européennes* (Paris, Centre National d'Études Spatiales / Observatoire de l'Espace, 2008). Certaines nouvelles ont terriblement souffert de l'inexistence de traducteur littéraire compétent de leur langue vers le français. À chaque fois, il a fallu pallier par des pis-aller.

des résultats similaires, des « Belles » tchèques, slovaques, lettones, lituaniennes ou chypriotes... Que ne les revisite-t-on mieux et plus souvent !

Le domaine polonais

Les rééditions sont rares, mais tout est relatif. En effet, comparer *Quo Vadis* de Henryk Sienkiewicz à *Alice au pays des merveilles* de Lewis Carroll par le nombre de leurs éditions françaises n'aurait guère de sens. Il n'en demeure pas moins que, depuis l'attribution du prix Nobel au romancier polonais, ce livre se trouve dans la bibliothèque virtuelle de toutes les générations d'adolescents français qui ont au programme la Rome de Néron. Entre 1971 et 2004, le roman a connu quinze rééditions, par dix éditeurs différents. Mais une seule traduction est reprise en permanence : celle de 1900. Désormais, elle est le plus souvent livrée dans une version abrégée. Les éditeurs successifs précisent que leur objectif est d'adapter le texte au jeune public.

Il convient de nous demander pourquoi les nouvelles traductions sont si rares. Nous envisagerons trois cas d'éditions nouvelles, avec un intérêt tout particulier pour le devenir de la traduction d'origine.

Henryk Sienkiewicz, *Quo Vadis*

Ce roman, au thème très européen puisqu'il évoque l'histoire des chrétiens sous Néron, paraît en polonais en 1896 et vaut à Henryk Sienkiewicz le prix Nobel de littérature en 1904. Dès 1896, des extraits sont publiés dans *Le Correspondant*[7]. En 1900, la première édition française intégrale paraît en Suisse[8]. À Paris, les éditions de la Revue Blanche publient bientôt la traduction qui sera la plus reprise et cela jusqu'à nos jours : celle de

---

7. *Quo Vadis ? Un roman sous Néron*, Fragments traduits par Mme la baronne de Baulny née Rouher, *Le Correspondant*, 25/12/1896, 10/01/1897 et 25/01/1897.
8. Henryk Sienkiewicz, *Quo Vadis ? Un roman sous Néron*, tr. Mme la baronne de Baulny née Rouher, édition illustrée, contenant 17 gravures originales, 3 cartes et 2 plans, Einsiedeln, Etablissements Benzinger et Cie, 1900, 784 p.

Kozakiewicz et Janasz[9]. La même version, mais avec l'indication « Nouvelle traduction approuvée par l'auteur, expurgée à l'usage de la jeunesse, ornée d'un portrait et d'un plan des quatorze régions de la Rome ancienne » paraît l'année suivante, par les soins de la librairie Montgredien[10]. Jusqu'en 1929, on compte vingt-deux éditions françaises, avec parfois des traductions différentes, comme celles d'Ely Halpérine-Kaminsky (« traduction nouvelle et absolument complète », Paris, Melet, 1904), de P.-A. de Roncey (« Nouvelle traduction complète d'après l'original », Tours, Deslis frères, 1904), Picard (Paris, Picard, 1907), Regor des Sennerav (Paris, Nelson, 1913), Ferenczy (Paris, Fayard, 1913), Romain Slawsky (« adaptation populaire », Paris, Rouff, 1927).

Les traductions des quarante dernières années reprennent alors celles du début du XXe siècle et, principalement, celle de Kozakiewicz et Janasz[11]. Il arrive qu'il n'y ait aucun nom de traducteur, par exemple pour l'édition de « La collection de Nobel de littérature », publiée sous le patronage de l'Académie suédoise et de la fondation Nobel, aux éditions Rombaldi en 1969. Le livre est de belle facture graphique, sur du papier de qualité, l'auteur est bien présenté, la couverture reproduit un tableau de Picasso, mais la traduction est anonyme ! Cela augure mal du respect de la qualité de l'écriture dans la traduction. Un élément important de ce qui compose

---

9. Henryk Sienkiewicz, *Quo Vadis ? Roman des temps néroniens*, tr. Bronisław Kozakiewicz et J.-L. de Janasz, illustrations de Jan Styka, Paris, 1900.
10. Simultanément, paraît une version non expurgée à la librairie Montgredien.
11. Henryk Sienkiewicz, *Quo Vadis*, tr. B. Kozakiewicz et J.-L. de Janasz, Paris, Livre de poche, 1971 ; *Quo Vadis : Roman des temps néroniens*, Seyne-sur-Mer, Diffusion F. Beauval, 1979 ; *Quo Vadis ?* [Reprod. en fac-sim.], tr. B. Kozakiewicz et J.-L. de Janasz, Paris, Gallimard, 1979 ; *Quo Vadis ?* [éd. abr.], tr. B. Kozakiewicz et J.-L. de Janasz, Paris, Hachette, 1980 ; *Quo vadis ?*, tr. Pierre Lapalme, Lausanne, Dargaud, 1982 ; *Quo Vadis*, tr. Ely Halpérine-Kaminsky, Paris, Flammarion, 1983 ; *Quo Vadis*, Paris, Gallimard, 1984 ; *Quo Vadis*, Paris, Hachette, 1985 ; *Quo Vadis ?*, tr. B. Kozakiewicz et J.-L. de Janasz, Paris, Hachette, 1988 ; *Quo Vadis ?*, tr. B. Kozakiewicz et J.-L. de Janasz, Paris, Hachette, 1990 ; *Quo vadis ?*, Montréal, Moderne, 1994 ; *Quo Vadis*, tr. B. Kozakiewicz et J.-L. de Janasz, Evry, Carrefour, 1994 ; *Quo Vadis* [éd. abr.], version de Solange de Fréminville et Anne-Laure Brisac, Paris, Hachette jeunesse, 1996 ; *Quo Vadis, roman des temps néroniens* [nouv. éd. expurgée à l'usage de la jeunesse], tr. B. Kozakiewicz et J.-L. de Janasz, Paris, Buchet-Chastel, 1998 ; *Quo Vadis, roman des temps néroniens*, version d'Avril Yves à partir de B. Kozakiewicz et J.-L. de Janasz, Paris, Librairie générale française, 2001 ; *Quo Vadis ?*, tr. B. Kozakiewicz et J.-L. de Janasz, Paris, Hachette jeunesse, 2002.

le fait littéraire est inexistant puisque le regard et le « tour » du traducteur sont occultés.

Après plus d'un siècle, *Quo Vadis* n'a donc connu aucune retraduction de qualité. La langue française a pourtant changé, l'approche du thème religieux est différente, celle de l'histoire aussi ; aujourd'hui, chacune d'elles s'exprime en d'autres mots, se conceptualise différemment. Le lecteur polonais qui ouvre au XXIe siècle *Quo Vadis* lit « autre chose » que ce que lisait celui de 1900. Le lecteur « premier » qu'est tout traducteur, lirait lui aussi « autre chose » que ce que lurent messieurs Kozakiewicz et Janasz. Enfin, la manière de traduire est différente, toutes les études traductologiques le prouvent ! La nécessité d'une « réincarnation » par la traduction apparaît comme une évidence.

Certes, les éditeurs ressentent le besoin d'« adapter le livre à un public jeune », mais nous sommes en droit de nous demander ce qui reste de la poétique du texte initial après les modifications arbitraires faites à partir de vieilles versions françaises. L'original n'est pas consulté alors que les mots ou les phrases sont changés, parfois supprimés. Le texte-cible s'éloigne sémantiquement et stylistiquement du texte-source. Il y a dans cette démarche une négation de ce qu'est l'essence même de la littérature. Les éditions successives actuelles de *Quo Vadis ?* sont-elles autre chose qu'une sorte de condensé de la narration originale ? Quelle forme de mépris inconscient autorise la certitude du monde éditorial que l'œuvre d'un Sienkiewicz ne possède pas une écriture originale, un style propre à (re)découvrir ? Pourquoi ne mériterait-elle pas autant une « réincarnation » que celle de Lewis Carroll ?

Jan Chryzostom Pasek, *Mémoires*

En 2000, les éditions Noir sur Blanc publient un auteur polonais important, Jan Chryzostom Pasek (1636-1702)[12]. Il s'agit d'une réédition de la traduction des *Mémoires* livrée par Paul Cazin en 1922 et qui reçut le prix de l'Académie française. Cette publication est intéressante à bien des égards.

---

12. Jan Chryzostom Pasek, *Mémoires*, tr. Paul Cazin, Paris, Noir sur Blanc, 2000. Les citations empruntées à cette version seront signalées : *M*.

Les *Mémoires*, ouvrage d'un hobereau polonais du XVIIᵉ siècle découvert au début du XIXᵉ siècle, sont devenus l'un des livres fondateurs d'une part notable de la littérature polonaise. Depuis les Romantiques jusqu'à certains auteurs contemporains, en passant par Witold Gombrowicz, nombreux sont les écrivains polonais qui recourent à cette stylisation très particulière, spontanée chez Jan Chryzostom Pasek, et qui se donne pour référent une structure narrative orale. Le lecteur français curieux de connaître au-delà du superficiel la littérature polonaise, y compris celle en création, ne peut que saluer avec bonheur l'accessibilité qui lui est ainsi donnée à un texte épiphanique du patrimoine polonais.

Paul Cazin (1881-1963) est considéré par les Polonais comme l'un des traducteurs majeurs de leur littérature en français. Après un noviciat chez les franciscains à Nîmes et une licence ès Lettres à la Sorbonne, il devient le précepteur des enfants d'une famille aristocratique polonaise, les Raczyński. Ainsi séjourne-t-il dans leur domaine de Rogalin dès 1905-1906. Ces grands patriotes et mécènes de l'art et des lettres lui font visiter Cracovie, Lwów, Varsovie, et l'encouragent à s'intéresser à la littérature polonaise. Paul Cazin soutient une thèse de doctorat sur la littérature polonaise à l'Université de Lwów (1932), avant une seconde thèse retardée par la Seconde Guerre mondiale à Lyon (1949). Déterminante pour son choix d'une carrière de poloniste français, sa rencontre avec les Raczyński influence également les débuts de Paul Cazin en tant que traducteur. En effet, dès 1914[13], il termine une traduction des *Mémoires* de Pasek destinée à une série éditoriale spéciale, « Œuvres polonaises ». Celle-ci est parrainée par le Comité Franco-Polonais qui milite en faveur de la renaissance de l'État polonais et se soucie de promouvoir ses chefs d'œuvres patrimoniaux.

Il n'y a nul hasard au choix de ce livre. Les *Mémoires* ont déjà une influence considérable sur la littérature polonaise, y compris lorsque Henryk Sienkiewicz donne à l'un des principaux personnages de sa *Trilogie* historique le caractère de Pasek tel qu'il s'impose à la lecture de ses souvenirs. Sentiments de liberté, de fierté nationale, de supériorité, habileté des joutes verbales, fanfaronnade, rappel des batailles gagnées, des victoires, sont au-

---

13. La guerre ne permet pas la publication qui doit attendre huit ans : *Les Mémoires de Jean-Chrysostome Pasek. Gentilhomme polonais (1656-1688)*, traduits et commentés par Paul Cazin, Paris, Les Belles Lettres, 1922.

tant de touches de bonne humeur qui évoquent la gloire passée de la *Respublica*, alors que les Polonais luttent pour se défaire de l'occupation des Trois Aigles noirs. Un autre élément explique le choix des *Mémoires*. En effet, lorsque le manuscrit de Pasek fut découvert en Pologne, son premier éditeur fut le comte Edward Raczyński, grand-père de celui qui engagea Cazin comme précepteur de ses fils. Une sorte de passation de témoin eut lieu. Cazin entendit parler de l'importance de cette découverte littéraire avant même de pouvoir la lire. Sa réception de l'œuvre en fut influencée et, de fait, décida de ce qu'il privilégia dans sa traduction, des choix qu'il opéra, de la préface et des notes qu'il rédigea. Ainsi, la facture française des *Mémoires* parue à l'aube du XXIe siècle est-elle profondément assujettie à la lecture qui en était faite au XIXe.

L'éditeur de l'an 2000 insère une note dans laquelle il justifie l'utilisation d'une traduction vieille de 86 ans pour rendre le « style de bretteur, la verve de conteur et la *vis comica* involontaire qui font de ce chef-d'œuvre une référence obligée de plusieurs générations d'écrivains et d'historiens »[14] :

> Nous avons reproduit l'intégralité du texte de Paul Cazin, préservant son choix de fragments ainsi que l'introduction, les notes et les titres de chapitres dont il est l'auteur. Seules l'orthographe et la transcription de certains noms propres ont été légèrement modifiées en conformité avec les règles en cours aujourd'hui ainsi qu'avec l'état du texte polonais considéré comme définitif. (M., p. 7)

Ce qui a changé en presque un siècle va très au-delà des règles orthographiques ou de la fixation du texte-source. Le Baroque est une époque artistique qui a été diversement appréciée et abordée. À l'évidence, un traducteur du début du XXe siècle aurait une approche fondamentalement différente d'un écrit par excellence sarmate[15]. Ce qui a avant tout changé, c'est l'intérêt nouveau accordé aux valeurs esthétiques des écrits du XVIIe. En 1821, tandis que sont fortuitement découverts les *Mémoires*, on les publie dans un journal littéraire en tant que fragments d'un ancien

---

14. *M.*, quatrième de couverture.
15. La noblesse polonaise s'inventa une légende selon laquelle elle était la descendante d'envahisseurs venus d'Asie, les Sarmates, qui auraient dominé les paysans autochtones. Le Sarmatisme se dota de divers codes culturels, artistiques et politiques très spécifiques qui firent la richesse du baroque polonais.

manuscrit anonyme. Paul Cazin commente le fait dans sa préface. Il ne parle pas de valeurs littéraires – elles ne sont pas reconnues (ni en 1821, ni en 1922) – mais insiste sur l'impact psychologique de ce vieux texte sur des lecteurs dont l'identité nationale est menacée :

> Les études historiques suivaient l'essor moderne, apportant aux cœurs des patriotes endoloris par les récents désastres, la consolation des vieilles gloires et un aliment nouveau aux imaginations. (M., p. 22)

Pour Paul Cazin, le livre de Pasek « peut servir de matériau historique » (M., p. 34). Le traducteur insiste principalement sur le fait que c'est un « document de mœurs qui nous fait mieux comprendre l'histoire » (M., p. 34). Le poloniste français est évidemment très éloigné de l'approche, apparue depuis une cinquantaine d'années, selon laquelle les écrits de Pasek, leur écriture de l'ornementation, sont une catégorie esthétique qui constitue une belle page de littérature. Bien au contraire, il réagit en lettré du XIXe siècle et assène : « ce n'est pas de la littérature, assurément qu'il faut demander à Pasek » (M., p. 28).

Dans la première édition des *Mémoires* (Poznań, 1836), le comte Edward Raczyński fait supprimer certaines pages et les bigarrures latines. Le livre ainsi ramené au goût du siècle n'en connaît qu'un succès plus phénoménal (rééditions en 1837 et 1840). La traduction française s'inscrit dans le droit fil de l'édition obérée par le comte Raczyński. En l'an 2000, l'éditeur français se sent obligé d'ajouter une note pour signaler que le texte-source n'est pas traduit dans son intégralité :

> Cazin ne fait pas figurer dans la traduction le poème qui ouvre l'ouvrage, non plus que les autres vers de Pasek, ni que divers passages jugés oiseux ou de faible intérêt. (M., p. 16, note 2)

Le non-respect du style et les coupes dans le texte sont préjudiciables à l'ensemble de l'ouvrage. On peut imaginer que l'ancien séminariste ait trouvé peu bienséant le poème en apparence très érotique, conçu comme l'éloge funèbre d'une grande histoire d'amour, mais où le cocasse fait exploser la tendresse et la sensualité dans la dernière strophe. En effet, il apparaît alors que « la tristesse de ne plus pouvoir exprimer sa virilité en la montant et en témoignant ainsi de son désir » s'adresse à un cheval tombé au champ de bataille... Une certaine forme d'humour est ainsi gommée dans la traduction, mais, au-delà, se perd la vision du monde et de l'existence humaine d'un siècle où excès verbal et pragmatisme coexistaient. Cazin donne préférence au sérieux et à une historicité que renforcent ses nombreuses notes en bas de page. Par ailleurs, le traducteur recourt à une syntaxe plus classique, plus régulière, plus brève et évidemment sans incursions latines. En cela aussi, il suit l'édition Raczyński. Il commente, non sans un certain mépris, cette spécificité du Baroque qui ne lui échappe pas, mais qu'il interprète comme l'expression des méandres d'un esprit lourd :

> On vit apparaître un genre littéraire d'une nature spéciale et entièrement indigène : la *gawęda* ou causerie historique. Ce n'était point le conte français ou italien, aux intentions satiriques et moralisatrices, c'était un récit de longue haleine, une sorte de chanson de geste en prose, où dominait l'élément inventif et que caractérisait un certain « esprit polonais », fait de jovialité un peu grosse et de sentimentalité un peu fade. (*M.*, p. 36)

Or, ce que les écrivains polonais des générations successives apprécient chez Pasek, c'est précisément son style non linéaire, celui de la « causerie ». Cette fameuse *gawęda* dont, dans son dictionnaire des termes littéraires, Michał Głowiński nous dit qu'elle est un genre littéraire construit sur un modèle de récit traditionnel très en usage.

> Elle était une prise de parole orale dans les cercles de la noblesse polonaise, lors d'un festin, au retour de la chasse. Entrée en littérature par l'expression écrite, elle conserve les qualités de spontanéité du récit oral : redites, adresses au lecteur, apparent manque de composition de l'ensemble du discours, liberté des thèmes abordés, gestes phoniques etc. La *gawęda* est une stylisation de l'oralité. Genre nobiliaire, certes, mais qui connaît également une variante populaire[16].

Paul Cazin est confronté à cette spontanéité en apparence décousue du discours et ses subtilités lui échappent. Il s'en accommode d'autant plus difficilement que les cercles élitistes polonais qu'il fréquente en France et en Pologne ont intégré les influences du classicisme « purificateur » et quelques autres « modernités » dans le cours évolutif de la langue polonaise. Pour lui, et il l'écrit sans aménité, « la langue de Pasek est puisée aux sources vives du parler populaire ». Il se trompe, puisqu'il s'agit de la langue de la moyenne noblesse, qui avait des lettres au XVIIe siècle, mais

---

16. Michał Głowiński, *Słownik terminów literackich*, Wrocław, Ossolineum, 1988, p. 63.

aussi d'une poétique différente de celle des siècles qui suivirent. L'embarras de Cazin est souvent causé par ce qui, désormais, est de nouveau considéré comme une suite de figures de style hautes en couleur, mais remarquables. Il ironise :

> Pasek lance sa phrase à la charge avec une telle furie qu'il perd la moitié en route. Sujet au singulier, attribut au pluriel, compléments égarés qui ne retrouvent plus leur verbe ; pas une proposition parfois qui tienne grammaticalement d'aplomb, mais aussi pas un mot qui ne soit le mot juste, le mot propre à la situation, au sentiment et qui ne montre jusqu'à la grimace du personnage. (*M.*, p. 34)

On ne peut s'étonner que ce traducteur, formé à l'école de la rhétorique latine et de la logique cartésienne, rassuré par ses amis polonais sur le caractère caricatural de cette langue du XVIIe, prenne des libertés dans le texte-cible. Dans la version française, les tournures latines – « Ce que les Polonais appellent *macaronisme* et qui est un plaisant entrelardement du latin et du polonais », écrit Cazin (*M.*, p. 28) – sont supprimées, comme elles l'ont été dans les éditions polonaises du XIXe siècle. Aujourd'hui, elles font partie intégrante du texte : il serait considéré comme sacrilège de les oublier, y compris dans les extraits insérés dans les manuels scolaires. Ces *macaronismes* soulignent toujours l'expression et leur importance stylistique est indiscutable.

L'édition des *Mémoires* au XXIe siècle est celle d'une traduction historique. Elle reprend le travail d'un éditeur polonais du début du XIXe siècle, celui d'un traducteur du début du XXe siècle. C'est un peu comme si l'on pensait en France que dans le domaine polonais, la connaissance des œuvres s'était à jamais figée, que l'imaginaire dont elles sont porteuses était tari. Or, Jan Chryzostom Pasek occupe désormais une tout autre place dans la littérature polonaise, et sa dimension littéraire est reconnue.

L'anachronisme de son (in)existence française pose problème. Il est intéressant de remarquer que dans l'ouvrage *Lettres Européennes*, les rédacteurs français sont embarrassés par la présentation d'un texte majeur (leur dit-on), mais dont la spécificité leur échappe. En désespoir de cause, ils reprennent la préface de Cazin :

> Pasek a composé des *Mémoires*, pleins de truculence, émaillés d'anecdotes hautes en couleur, montrant ainsi la diffusion du burlesque à travers une grande partie de l'Europe. Avec cette œuvre publiée en 1836, ce représentant du baroque sarmate est l'initiateur d'un genre lit-

téraire particulier la *gawęda* (causerie historique), qui est à l'origine du roman historique polonais du XIXᵉ siècle[17].

Ils retiennent le caractère « historique de la causerie » alors que la *gawęda*, si importante d'un point de vue intersémiotique dans la littérature polonaise postérieure, est toute autre chose. Qui plus est, ils commettent une erreur : les *Mémoires* de Pasek ne sont pas à l'origine du roman historique polonais du XIXᵉ siècle. Les traducteurs polonais des *Lettres Européennes* ont nuancé le propos, pour revenir à une plus grande exactitude remplaçant « qui est à l'origine » par « dans laquelle le roman historique puise ».

> Pasek… znalazł się u początku rozwoju szczególnego gatunku literackiego – gawędy szlacheckiej, z której *w znacznej mierze czerpie* dziewiętnastowieczna polska powieść historyczna[18].

Une réédition sans nouvelle traduction prive le lecteur étranger de toute la richesse du texte original, qui a été valorisé par des études attentives, revu sous de nouveaux éclairages, complété par d'autres découvertes textuelles. Dès lors, on ne s'étonne pas que les *Mémoires* soient passés inaperçus de la critique française à leur parution en 2000[19]. Somme toute, cette édition nous apparaît plutôt fade à la lumière des qualités que présente le Baroque pour le lecteur de notre siècle. Par ailleurs, la méconnaissance du patrimoine d'une littérature européenne aussi importante et originale que la littérature polonaise, le défaut de traductions modernes de ses œuvres de référence, rendent opaque la connaissance de cette littérature. L'absence de « réincarnation » donne l'impression que, dans l'Est européen, tout est mort.

---

17. Annick Benoit-Dusausoy et Guy Fontaine (éds.), *Lettres Européennes. Histoire de la littérature européenne*, Paris, Hachette, 1992, p. 353.
18. Annick Benoit-Dusausoy et Guy Fontaine (éds.), *Literatura Europy. Historia literatury europejskiej*, Gdańsk, Słowo / Obraz / Terytoria, 2009, p. 353.
19. Cf. Maryla Laurent, « Le reflet de la littérature polonaise dans le miroir de la critique littéraire », *loc. cit.*

Witold Gombrowicz, *Les Envoûtés*

Witold Gombrowicz déclarait qu'après son *Ferdydurke*, il avait eu envie d'écrire un « roman pour le commun ».

> Créer un bon roman pour quelque dix mille, voire cent mille grands lecteurs, est ce qui se fait habituellement, c'est banal, ennuyeux. Écrire un bon roman pour les lecteurs de bas étage, ceux qui apprécient une littérature qui, pour nous, n'appartient pas aux Belles Lettres, c'est autre chose[20] !

C'était là l'une de ces justifications réductrices auxquelles les grands auteurs recourent volontiers pour protéger d'un écran de fumée celles de leurs œuvres qui leur semblent transgresser le seuil de tolérance du milieu où ils veulent être reconnus. Dans *Les Envoûtés*, Gombrowicz se livre à un « exercice de style » extrêmement novateur. Paul Kalinine classait le roman parmi :

> Les plus évidents chefs-d'œuvre de la sombre galerie du roman d'épouvante. Fascinante rencontre de la mythologie gothique et d'une des plus fortes personnalités du roman contemporain européen.
> Le génie de Gombrowicz bouleverse et transfigure la donnée traditionnelle. Au mythe d'une féodalité assouvissant ses fantasmes et savourant ses poisons, il substitue, avec une superbe désinvolture, sa propre légende : immaturité, dédoublement, amour-haine, répulsion, possession et culpabilité.
> C'est avec les plus âpres pages des *Hauts de Hurlevent* que *Les Envoûtés* voisinent par leur farouche grandeur, et avec *Le Manuscrit trouvé à Saragosse* par leur inlassable et aérienne imagination[21].

Le premier épisode des *Envoûtés* parut le 4 juin 1939, simultanément dans un quotidien de Varsovie, *Dobry Wieczór ! Kurier Czerwony* [Bon-

---

20. Witold Gombrowicz, *Wspomnienia polskie* [*Souvenirs de Pologne*, tr. Christophe Jezewski, Dominique Autrand], Maisons-Laffitte, Institut Littéraire, 1977, p. 58 : « Stworzyć dobrą powieść dla wyższych dziesięciu tysięcy, czy nawet stu tysięcy – no, to zawsze się robi, to jest banał i nudziarstwo. Ale napisać dobrą powieść dla tego niższego, podrzędnego czytelnika, któremu smakuje nie to, co nazywamy "dobrą literaturą" ».
21. Paul Kalinine, « Préface » à Witold Gombrowicz, *Les Envoûtés*, Paris, Stock, « Points Seuil », 1977, p. 10-12.

soir ! Le Courrier du soir], et dans un journal de Kielce-Radom, *Express Poranny* [L'Express du matin].

Le romancier embarqua pour l'Argentine le 1er août 1939. La guerre éclata le 1er septembre. Gombrowicz ne revint plus jamais en Pologne. Longtemps, on crut le roman inachevé.

En 1977, *Le Monde* publia ce roman jusqu'au dernier épisode connu, celui paru le 30 septembre 1939. Les éditions Stock[22] éditèrent en parallèle la traduction d'Albert Mailles et Hélène Włodarczyk, faite à partir de l'édition polonaise reconstituée en France[23].

Le hasard voulut qu'en 1986 fussent retrouvés les numéros du *Kurier Czerwony* parus les 1er, 2 et 3 septembre 1939. Trois nouveaux épisodes des *Envoûtés*, et donc la fin du roman, réapparaissaient ainsi !

Le roman eut droit à une nouvelle édition polonaise[24], puis française[25], avec un « Épilogue », *La Fin inconnue des Envoûtés*.

Un fragment inédit de l'un des grands romanciers européens du XXe siècle est donc retrouvé. Il s'agit d'un événement d'importance, et l'on est en droit de penser que la nouvelle édition sera abordée avec sérieux par le monde éditorial. L'histoire de la traduction française fait pourtant plutôt penser à une intrigue à tiroirs. Elle serait cocasse si le préjudice qu'elle porte à une œuvre de qualité et au travail attentif des traducteurs n'était pas aussi grave.

La chance des *Envoûtés*, protégés par quelque heureux sortilège, a été que les éditeurs se sont à chaque fois adressés, fortuitement, à des universitaires, qui sont souvent des traducteurs responsables et compétents. Dans les années 1970, l'un des conseillers littéraires de la Bibliothèque cosmopolite[26] était Constantin Jeleński, un ami de Witold Gombrowicz. Il proposa

---

22. Witold Gombrowicz, *Les Envoûtés*, tr. Albert Mailles et Hélène Włodarczyk, préf. Paul Kalinine, Paris, Stock, 1977 ; réed. Paris, Stock, « Points Seuil », 1986.
23. Witold Gombrowicz, *Opętani*, Maisons-Laffitte, Institut Littéraire, 1973.
24. Witold Gombrowicz, *Opętani*, Varsovie, Res Publica, 1990.
25. Witold Gombrowicz, *Les Envoûtés*, tr. Albert Mailles, Hélène Włodarczyk et Kinga Callebat, préf. Paul Kalinine, Paris, Stock, 1996 ; réed. Paris, Gallimard, « Quarto », 1996 ; réed. Paris, Club France Loisirs, « L'autre bibliothèque », 2004.
26. Christian de Bartillat, directeur des éditions Stock depuis 1970, confie à André et Marie-Pierre Bay la constitution de la Bibliothèque cosmopolite. Cette collection, créée en 1972, a pour vocation de publier à des prix abordables les grands textes de la littérature étrangère qui ont la caractéristique d'être accessibles au grand public.

Les Envoûtés à Stock et la traduction du roman fut confiée à Albert Mailles, Maître de conférences à l'Université de Bordeaux. Un conflit survint entre le traducteur et l'éditeur. Ce dernier se tourna vers une jeune normalienne slaviste, Hélène Włodarczyk, à laquelle il demanda de terminer la traduction, mais ne permit aucune coordination de son travail avec la partie déjà traduite. L'édition de 1977 fut donc un collage des travaux indépendants de deux traducteurs.

Vingt ans plus tard, l'éditeur se tourna à nouveau vers une jeune doctorante en polonistique, à laquelle il proposa de traduire le fragment inédit. Kinga Callebat accepta le travail, mais en parla aussitôt à sa directrice de thèse qui n'était autre qu'Hélène Włodarczyk, devenue directrice des Études polonaises à la Sorbonne. Outre la traduction des pages retrouvées, les deux universitaires relurent l'ensemble du roman. Elles n'hésitèrent pas à harmoniser le style, à introduire des passages du texte-source qui étaient étrangement absents du texte-cible. Enfin, le roman de Gombrowicz avait droit à une réincarnation soignée !

Hélas ! À peine la dernière version française publiée, un universitaire polonais s'étonne auprès de Kinga Callebat de ne pas y trouver l'une des scènes majeures : celle de l'écureuil tué. Les traductrices l'ont toujours dans la version qu'elles ont enregistrée dans leur ordinateur, mais l'éditeur n'a pas trouvé pertinente la nouvelle traduction intégrale qu'elles lui ont offerte. Il a alors repris l'ancienne, et s'est contenté d'y adjoindre les feuillets de fin qui, par-là même, sont d'une facture bien différente du reste ! En français, *Les Envoûtés* est donc un roman composé de trois « collages » traductologiques avec des parties manquantes du texte-source (puisque le premier traducteur n'avait pas achevé son travail, pour des raisons que nous n'avons pas pu éclaircir).

L'éditeur a pourtant bénéficié d'une relecture de qualité, qui palliait les défaillances et apportait une nécessaire unité d'ensemble. On ne peut que s'inquiéter d'un pareil traitement d'un texte majeur, que rien ne justifie, pas même des questions financières ! Que peut-on espérer pour l'ensemble de l'œuvre de Gombrowicz, dont il est aujourd'hui établi qu'elle réclame une nouvelle traduction en français ?

Faut-il penser qu'il n'y a pas de prise de conscience suffisante de ce qu'est une traduction, de ce qu'elle exige, des risques qu'elle fait courir à un texte ? Comment un directeur de collection ou, dans le cas présent, deux responsables d'éditions à dix ans d'écart, peuvent-ils confier trois séquences d'un roman à trois traducteurs différents sans s'inquiéter de la lecture spécifique de chacun et de l'unité interne de l'œuvre ? Enfin, pourquoi ne pas tenir compte du fait qu'à la fin du XXe siècle, le style, l'écriture, l'alchimie de Gombrowicz ont été étudiés et que ce savoir est précieux pour la traduction ?

Pareil état de choses intervient-il de manière rémanente pour les littératures de pays longtemps coupés de la libre circulation des hommes et des idées par le Rideau de fer parce qu'il n'existe pas de lobby suffisant pour réagir à ces « mauvais traitements » ? Quand offrira-t-on à ce patrimoine littéraire vivant la version française qu'il mérite ?

Qui songerait à contester que l'interprétation d'un *Prélude* de Chopin est différente selon la personne qui se trouve au piano ? La variation dépend de l'âge, de la formation, du talent du musicien et de tant d'autres choses encore comme l'époque ou l'acoustique du lieu. Or, avec la littérature polonaise, tout se passe comme si une traduction unique suffisait à jamais. Peu importe l'éclairage du texte qui change avec la connaissance qu'apportent les études littéraires ; la connaissance de la langue et des techniques innovantes de sa transposition vers une autre ne servent alors à rien ; aucune attention n'est prêtée à la sensibilité du lecteur, y compris à celle de ce lecteur très particulier qu'est le traducteur. Et que dire des temps qui changent !

Loin d'être des « réincarnations », les éditions françaises nouvelles sont le résultat de ravaudages : une mise au goût de la jeunesse par de distantes adaptations pour Sienkiewicz ; un ajustement orthographique de l'onomastique pour Pasek malgré un total revirement dans la compréhension des *Mémoires* ; un collage sans souci d'harmonie pour Gombrowicz. Il arrive aussi, comme ce fut le cas du *Monde de pierre* de Tadeusz Borowski, que soient ajoutées des corrections stylistiques grossières à un corps de texte initialement mal traduit.

La motivation à retraduire les œuvres majeures du Centre Est européen est pratiquement inexistante. Les processus de « naturalisation » se sont sans doute mal passés. Les traductions défaillantes ont en cela une responsabilité certaine, tout comme l'absence d'une critique littéraire française pertinente ou d'une préparation introductive dans les cursus scolaires. Néanmoins, il n'est pas à exclure que le peu d'intérêt des locuteurs de langues dites centrales pour les littératures de langues périphériques soit aussi l'expression inconsciente d'une volonté de domination. Une forme anachronique d'impérialisme au siècle où le respect de l'Autre se veut de mise – officiellement. Les faits semblent malheureusement hurler : à quoi bon actualiser des textes de l'Europe marginale, leur trouver de meilleures traductions, veiller à leur restituer leur intégralité et leur cohésion interne ? Cette littérature n'a-t-elle pas déjà tout dit ?

Parmi les Belles revisitées de la littérature européenne au XXe siècle, les romans ou la poésie du monde slave ou balte font plutôt figure de sauvageonnes violées et abandonnées.

CECILLE – Centre d'études
en civilisations, langues et littératures étrangères
Université Charles de Gaulle, Lille 3

« C'est la faute à... Boy » :
Les traductions « canoniques »
sont-elles un obstacle à la retraduction ?

ELŻBIETA SKIBIŃSKA

Résumé
Tadeusz Żeleński (1874-1941), connu sous le pseudonyme de Boy, a traduit en polonais cent vingt-cinq œuvres d'une quarantaine d'auteurs français, de toutes les époques, depuis la *Chanson de Roland* jusqu'à Gide et Proust. Les fruits de cette extraordinaire et gigantesque entreprise, ayant pris la forme de la collection dite Bibliothèque de Boy, sont devenus, dans le champ littéraire polonais, un *corpus* canonique. Les techniques utilisées par Boy ont suscité une grande admiration et ont souvent servi de référence pour parler de la qualité de la traduction. Même si, avec le développement de la traductologie, on constate que les solutions de Boy ne correspondent pas toujours à ce que l'on appellerait aujourd'hui une « bonne traduction », ses traductions sont rééditées, et les tentatives de retraduction sont extrêmement rares. L'étude cherche les raisons de cette situation.

Abstract
Tadeusz Żeleński (1874-1941), also known as Boy, translated 125 French literary works from 40 different writers into Polish, ranging from the *Song of Roland* to Gide and Proust. The results of such extraordinary, titanic work have been gathered in a collection called « The Library of Boy », and have become a canonical *corpus* in the field of Polish literature. Boy's techniques have often been admired and considered a reference in the art of translation. However, when analysed from the perspective of contemporary translation studies, Boy's translation solutions do not always fit into what we would consider today to be « good translations ». Nevertheless, his translations of French literature are steadily reprinted and very few attempts at re-translating the same works have been made. In this paper, we will analyse the reasons behind this situation.

« Une manière de Protée »[1] : médecin, mais aussi écrivain, historien des littératures polonaise et française, critique littéraire et théâtral, chroniqueur, personnage public parmi les plus appréciés et les plus contestés de l'entre-deux-guerres, Tadeusz Żeleński (1874-1941), connu sous le pseudonyme de Boy, dans l'imaginaire collectif polonais est surtout le traducteur de la littérature française.

Entre novembre 1900 et mars 1901, un séjour à Paris qui devait lui permettre d'approfondir ses connaissances en médecine, fut pour lui le temps d'un apprentissage de la littérature française. Auparavant déjà, Żeleński en était admirateur : « J'ai été sous le charme de la pensée française presque avant de la connaître ; le son de la langue française, la vue d'un livre français avaient pour moi, enfant, quelque chose de fascinant », nous confie-t-il dans ses « confessions »[2], et il poursuit, à propos de son séjour parisien : « c'est là, sur les quais, que j'ai suivi, en quelque façon, le cours de la littérature française »[3]. Les lettres françaises sont devenues sa passion ou son « domaine » : il s'y est fait sa place par la traduction. En effet, tout en exerçant la médecine (jusqu'en 1919, date de sa retraite), il a commencé à publier ses traductions de deux auteurs français : Balzac (*Physiologie du mariage*, 1909 ; *Petites misères de la vie conjugale*, 1910) et Molière (*Œuvres complètes*, 1912). C'est à cette époque aussi que lui est venue l'idée d'introduire dans la culture polonaise un *corpus* représentatif d'œuvres littéraires ou philosophiques françaises ; pendant la guerre de 1914-1918, ce projet est devenu celui d'une « bibliothèque » de traductions de la littérature française qui prit le nom de « Bibliothèque de Boy »[4].

Cette extraordinaire et gigantesque collection réunit les traductions de cent vingt-cinq œuvres d'une quarantaine d'auteurs français de toutes les époques, depuis la *Chanson de Roland* jusqu'à Gide et Proust (qui représentaient à cette époque les dernières nouveautés littéraires fran-

1. Paroles empruntées à Franck Louis Schoell, ami de la Pologne, traducteur de la littérature polonaise (dans F.L. Schoell, « Enfant terrible de la Pologne : Boy », *Les Cahiers de Varsovie*, n° 4, 1975, p. 11).
2. Tadeusz-Boy Żeleński, « Mes confessions », *Les Cahiers de Varsovie*, n° 4, 1975, p. 49.
3. *Ibid.*, p. 53.
4. Sur la Bibliothèque de Boy, cf. Joanna Żurowska, « La "Bibliothèque de Boy" : Origine et fonctions », *in* Stanislaw Jakóbczyk (éd.), *Transfert des cultures par le biais des traductions littéraires*, Bruxelles / Paris, AIMAV / Didier Erudition, 1999, p. 21-34. Cf. aussi Maciej Żurowski, « Boy centenaire », *Les Cahiers de Varsovie*, n° 4, 1975, p. 107-126.

çaises), toutes fruits de l'effort d'un seul personnage. Un personnage et une personnalité : en effet, la vision spécifique et très personnelle que le traducteur avait de la littérature française – « gauloise », comme il aimait la nommer, ce que nous rappelle Tomasz Stróżynski[5] – se manifeste non seulement dans sa sélection des œuvres à traduire, mais aussi, et surtout, par les techniques adoptées dans la traduction. Elle intervient aussi dans les préfaces ou les avant-propos dont il accompagnait ses traductions et qui, réunis dans les volumes de *Mózg i płeć* [Le Cerveau et le Sexe, 1926-1928] et de *Szkice o literaturze francuskiej* [Études sur la littérature française], forment une sorte de cours d'histoire de la littérature française très personnel. Tout ceci concourt à l'émergence d'un phénomène insolite : dans le champ littéraire polonais, le *corpus* canonique français est marqué du sceau de la personnalité – et de la subjectivité – d'un individu : on lit le *Tristan et Yseut* de Boy, le Rabelais de Boy, le Diderot de Boy, le Balzac de Boy. En effet, lorsqu'un lecteur polonais ignorant la langue française (mais en fait, c'est vrai aussi pour ceux qui la connaissent) souhaite découvrir les œuvres des auteurs français anciens tels que Villon, Montaigne, Laclos, Prévost, Voltaire, Montesquieu ou Diderot, il les lit, ou plus exactement, il est obligé de les lire dans les traductions de Boy, sans cesse rééditées, toujours inscrites aux catalogues des maisons d'édition.

La richesse des moyens linguistiques mis en œuvre par le traducteur, souvent soulignée avec admiration[6], fait que les traductions de Boy sont généralement considérées comme parfaites. Au point de conduire à un cercle vicieux : elles sont considérées comme parfaites précisément parce qu'elles sont de lui, parce qu'elles sont signées « Boy ». Dans la conscience collec-

---

5. Tomasz Stróżynski, « Dialectique de la familiarité et de l'altérité dans les traductions de Boy-Żeleński », *in* Maryla Laurent (éd.), *L'Autre tel qu'on le traduit*, Paris, Numilog, « Le Rocher de Calliope », 2006, p. 114-126.
6. Franck Louis Schoell, « Enfant terrible de la Pologne : Boy », *loc. cit.*, p. 23 : « Pour lui, traduire un ouvrage, c'est communiquer avec son auteur, c'est étudier, ou pour mieux dire, déguster la pensée, la sensibilité d'un grand esprit, afin de les recréer au mieux dans un langage nouveau, dans ce parler polonais dont il sait user en virtuose. Certes, dans son Villon, dans son Rabelais polonais, l'érudit pourrait lui chercher chicane pour le sens donné à telle expression. Mais la belle affaire ! Ce sont, pour tout dire, d'admirables traductions ; j'en ai eu tout récemment encore le sentiment très net lorsque, feuilletant les premières pages de sa récente traduction de la *Vie de Henri Brulard* par Stendhal, je me laissai entraîner à lire ce Brulard polonais jusqu'à la dernière page ». Cf. Wacław Borowy, « Boy jako tłumacz » [*Przegląd Warszawski*, 1922], in *Studia i szkice literackie*, t. II, Varsovie, PIW, 1983, p. 229-330.

tive du public polonais, Boy n'est pas *un* traducteur, il est *le* traducteur par excellence.

Observons cependant à quelle époque Boy a travaillé à ses traductions : les *Liaisons dangereuses* (*Niebezpieczne związki*) de Laclos, en 1912 ; la *Vie des dames galantes* (*Żywoty pań swawolnych*) de Brantôme, en 1914 ; *Jacques le fataliste* (*Kubuś Fatalista*) de Diderot, en 1915 ; *Gargantua* et *Pantagruel* (*Gargantua i Pantagruel*) de Rabelais, en 1915 ; les *Essais* (*Próby*) de Montaigne, en 1917 ; le *Grand testament* (*Wielki Testament*) de Villon, en 1917 ; *Paul et Virginie* de Bernardin de Saint-Pierre, en 1918 ; les *Lettres persanes* (*Listy perskie*) de Montesquieu, en 1918, pour ne citer que quelques-unes des œuvres qui ouvrent la liste de la « Bibliothèque de Boy ». Signalons aussi que la première traduction de Boy, la *Physiologie du mariage* (*Fizjologia małżeństwa*) de Balzac, date de 1909 (ce qui permet de constater que l'activité du célèbre traducteur remonte à un siècle tout rond), et que la dernière date de 1941. En observant ainsi les dates de quelques traductions des chefs-d'œuvre de la littérature française mentionnées ci-dessus, on s'aperçoit qu'elles remontent donc à près d'un siècle. Depuis l'époque de Boy, aucune tentative de retraduction n'a été entreprise. En outre, dans plusieurs cas, c'est aussi la traduction de Boy qui a clôturé la série de traductions d'une même œuvre ; car il n'a pas toujours été le premier ni le seul à traduire un auteur : il existe en effet plusieurs traductions polonaises de *Manon Lescaut*, *Paul et Virginie*, *Candide*, des *Lettres persanes* ou de certains romans de Balzac. Mais les lecteurs et les éditeurs ne connaissent (ou ne reconnaissent) plus aujourd'hui que les traductions de Boy, et les versions antérieures, travaux d'autres traducteurs, n'intéressent plus que les historiens de la littérature ou quelques rares traductologues.

Comment expliquer cette situation ? Devrait-on croire que les traductions faites par un traducteur « consacré » constituent un obstacle à la retraduction ? Pourtant, la réflexion sur la traduction et la retraduction apporte des arguments contraires.

*

Un volet de cette réflexion touche la nature même de la première traduction ; en effet, c'est elle qui fait naître l'original : un texte ne devient un « original » que lorsqu'il est traduit. Mais cet original, qui est unique, peut toujours être retraduit. Ainsi, la première traduction non seulement « crée » l'original, mais elle ouvre aussi la possibilité de nouvelles traductions, elle constitue le début d'une chaîne potentielle ; un trait essentiel des traductions est donc la multiplicité et la répétitivité : chaque traduction « existe » dans une série, potentielle ou réelle, mais toujours ouverte, de traductions[7].

Ce caractère ouvert et potentiel des (re)traductions amène à s'interroger sur les raisons pour lesquelles certaines œuvres ne sont traduites qu'une seule fois, alors que pour d'autres, une série de traductions prend corps.

La réflexion théorique apporte de nombreuses réponses à cette question (on peut voir à ce propos l'article d'Yves Gambier, dans le présent volume). Une des plus fréquentes souligne le « vieillissement » de la traduction existante et la nécessité de réactualiser le texte traduit pour répondre aux besoins d'un nouveau public : « refaire les livres selon la mode qui court », comme le voulait Sorel[8]. En effet, l'évolution des langues et des conventions littéraires, celle de l'histoire et des idéologies, l'enrichissement des connaissances sur l'œuvre originale, son auteur, son écriture, mais aussi la transformation des normes régissant la traduction façonnent à nouveau les attentes du public. La retraduction serait ainsi une conséquence de l'évolution de la langue-culture d'accueil[9].

Un autre facteur poussant à la retraduction serait un facteur « éditorial » ou « commercial » : il se résume dans la constatation de Georges Garnier selon lequel il y a des œuvres que toute maison d'édition veut avoir dans son catalogue et dont elle commande une nouvelle traduction[10]. Cette commande peut être motivée par diverses raisons, telle l'impossibilité d'acquérir les droits de publication de la traduction existante[11] ou une opi-

---

7. Edward Balcerzan, « Poetyka przekładu artystycznego », in *Oprócz głosu. Szkice krytycznoliterackie*, Varsovie, PIW, 1971, p. 234.
8. Charles Sorel, « De la traduction », in *Bibliothèque française*, Paris, 1664, ch. XI. Cité d'après Michel Ballard, *De Cicéron à Benjamin. Traducteurs, traductions, réflexions*, Lille, Presses Universitaires de Lille, 1992, p. 264.
9. Sur l'évolution du système d'accueil, voir aussi : Xu Jianzhong, « Retranslation : Necessary or Unnecessary ? », *Babel*, vol. XLIX, n° 3, p. 193-194.
10. Georges Garnier, *Linguistique et traduction*, Caen, Paradigme, 1985, p. 28.
11. On peut citer comme exemple le cas des traductions polonaises du *Petit Prince* analysé par Natalia Paprocka dans ce volume. Voir aussi : Danica Seleskovitch, « Le dilemme terminologique de la retraduction », *Traduire*, n° 175, 1998, p. 23-24.

nion critique émise sur la qualité de celle-ci (auquel cas, la retraduction serait censée apporter de meilleurs résultats).

Mais la raison avancée le plus souvent est liée à l'idée de la « défaillance originelle » qui pèse sur la première traduction[12], et celle de « l'amélioration » à laquelle aspirent les traductions successives, que partagent de nombreux auteurs[13].

Un autre facteur enfin, très important pour notre propos (et qui pourrait être relié à l'idée du « deuil de la traduction parfaite » dont parle Paul Ricœur[14]), serait une envie de donner sa propre interprétation de l'original. Comme le dit Irina Mavrodin :

> Ce n'est pas toujours parce qu'une traduction existante est mauvaise ou désuète qu'on désire retraduire : ce peut être tout simplement parce que, en tant que traducteur, on interprète autrement le texte, comme un metteur en scène propose un nouveau spectacle, un exécutant musical une nouvelle interprétation d'un morceau[15].

---

12. Antoine Berman l'explique ainsi : « Toute traduction est défaillante, c'est-à-dire entropique, quels que soient ses principes. Ce qui veut dire : toute traduction est marquée par de la "non-traduction". Et les premières traductions sont celles qui sont le plus frappées par la non-traduction. Tout se passe comme si les forces anti-traductives qui provoquent la défaillance étaient, ici, toutes puissantes. [...] La retraduction surgit de la nécessité non certes de supprimer, mais au moins de réduire la défaillance originelle » (« La retraduction comme espace de la traduction », *Palimpsestes*, n° 4, 1990, p. 5).
13. Danica Seleskovitch, « Le dilemme terminologique de la retraduction », *loc. cit.*, p. 22 : « Il y a beaucoup d'aspects qui doivent être pris en considération, qui expliquent que l'on retraduise mais je crois que l'amélioration de la qualité d'une traduction [...] est certainement un des facteurs les plus importants dans la nécessité de retraduire ». Et Xu Jianzhong, « Retranslation : Necessary or Unnecessary ? », *loc. cit.*, p. 193 : « Literary retranslation is an artistic recreation and should surpass the former translation(s) because any translated version of the original cannot be perfect. Retranslation is a necessity because of the translator's desire to surpass. The successive retranslations represent the translator's perseveringly striving for artistic perfection. It is because of this persevering strife that makes the translated version of literary works, especially famous works, better and better ».
14. Paul Ricœur, « Cultures, du deuil à la traduction », *Le Monde*, 24/05/2004.
15. Irina Mavrodin, « Retraduire Dickens », table ronde, *Actes des Septièmes assises de la traduction littéraire (Arles 1990)*, Arles, Actes Sud / ATLAS, 1991, p. 77. Sur l'importance du facteur que constitue l'interprétation individuelle inscrite par chaque traducteur dans sa traduction cf. Stefania Skwarczyńska, *Przekład i jego miejsce w literaturze i w*

On pourrait évoquer aussi l'opinion de Stanisław Barańczak, théoricien et praticien de la traduction :

> La prétention qui transparaît dans ma décision de m'attaquer à une nouvelle traduction, je peux la masquer derrière une intention d'enrichissement littéraire par la mienne qui viendra la compléter ou la contredire à travers mon interprétation de traducteur, et cette dernière ne sera peut-être pas meilleure, mais elle jettera un éclairage nouveau sur le sens de l'original[16].

On peut enfin rappeler l'opinion de Jerzy Paszek et Grażyna Wilk qui vont jusqu'à postuler la création de séries de traductions :

> Pour une œuvre littéraire mondialement célèbre, il faut appliquer le principe de faire coexister plusieurs bonnes traductions. L'idéal serait que chacune de ces traductions laisse transparaître une autre facette importante de la structure de l'original[17].

Indépendamment des raisons qui président à l'apparition d'une série de traductions, l'existence de celle-ci devrait être, au moins intuitivement, ressentie comme positive, voire nécessaire : chaque nouvel apport devrait être perçu comme un « mieux », un rapprochement par rapport aux attentes du public, et même, à travers cette forme de « repêchage » de ce que les versions antérieures auraient omis, un texte plus proche de l'original. Pour en revenir à notre question initiale, ces réflexions théoriques nous amènent à l'argument que les traductions consacrées, même celles d'un traducteur consacré, ne devraient pas constituer un frein à la retraduction :

---

kulturze narodowej (Na przykładzie Hamleta *w wersji Józefa Paszkowskiego), in* Stefan Żółkiewski et Maryla Hopfinger (éds.), *O współczesnej kulturze literackiej*, t. I, Wrocław, Ossolineum, 1973, p. 296.

16. Barańczak parle aussi d'une autre motivation du retraducteur, que l'on peut résumer en quatre mots : « Je peux faire mieux » ; « c'est dans ces quelques mots que se cache l'une des réponses, sans doute la plus authentique, à la question de savoir pourquoi on traduit un poème qui a déjà été traduit par un autre » (Stanisław Barańczak, « Mały, lecz maksymalistyczny manifest translatologiczny », in *Ocalone w tłumaczeniu*, Poznań, Wydawnictwo a5, 1992, p. 14). Sauf indication contraire, nous traduisons les citations du polonais.

17. Jerzy Paszek et Grażyna Wilk, « Incipit *Eugeniusza Oniegina* po polsku. Szkic komparatystyczno-ludyczny », in *Przekład artystyczny*, t. II, Katowice, UŚ, 1991, p. 29.

ne disons pas simplement qu'on *peut* retraduire la littérature française après Boy, disons qu'il *faut* le faire.

Mais, nous l'avons vu, les lecteurs comme les éditeurs polonais continuent de ne jurer que par les traductions de Boy. Comme si, en matière de traduction de littérature française ancienne, on ne *pouvait* pas traduire après Boy (dans les deux sens : on ne « peut » pas et on ne « doit » pas). Comme si ces traductions échappaient aux lois générales, et en particulier au phénomène de la mortalité évoqué par Jean-René Ladmiral dans ce volume.

À la lumière des réflexions théoriques citées, nous voici donc face à une situation étonnante, une situation contradictoire par rapport aux conclusions qu'on en a tirées. Pourquoi ?

*

Dans les années 1970, Itamar Even-Zohar a remarqué que, dans les littératures dites périphériques (or la littérature polonaise semble en faire partie), lorsqu'il manque certains éléments au répertoire et que leur absence se fait subitement sentir, le manque peut être partiellement ou complètement comblé par de la littérature traduite[18].

Mais ce qu'Even-Zohar a dit, Boy l'avait déjà conçu un demi-siècle plus tôt, comme le suggère ce passage de l'introduction qui ouvre son anthologie de la littérature française (*Antologia literatury francuskiej*, 1921) :

> Nous Polonais avons vécu privés de liberté tout le siècle dernier, et, avant cela, nous avons eu droit à deux siècles d'obscurantisme quasi absolu. Tant d'accès à la réflexion nous ont été fermés, tant de domaines de la vie de l'esprit ont été mutilés chez nous ! Les carences de notre univers intellectuel sont de loin plus importantes que de tout autre. La littérature contemporaine ne peut doter l'esprit de véritable culture, elle est par trop le reflet du moment présent, elle comporte trop de composantes éphémères, elle manque de densité. Plusieurs siècles sont nécessaires pour mitonner un bouillon de culture qui nourrisse la réflexion. Il nous faut donc nous tourner vers la France pour y trouver ce qui nous manque. Tout comme elle est notre alliée naturelle en politique,

---

18. Itamar Even-Zohar, « The position of translated literature within the literary polysystem », *Poetics Today*, vol. XI, n° 1 (special issue), 1990, p. 40-42.

elle est notre formatrice confirmée en réflexion. Nous avons de merveilleux écrivains romantiques, faisons des auteurs français nos classiques[19] !

Les dernières phrases peuvent être prises pour une réalisation pratique qui précède de quelques décennies l'observation du théoricien.

On pourrait dire que le dessein de Boy a pris corps et que les écrivains français sont devenus des classiques polonais. Évoquons à ce propos la fameuse phrase de Jan Błoński : « En traduisant, Boy a écrit un grand fragment de l'histoire de la littérature polonaise qui manquait »[20]. On pourrait admettre que ce « fragment d'histoire de la littérature polonaise » ne peut être traduit à nouveau, ne peut se voir « corrigé », tout comme on ne peut reprendre une œuvre originale. Surtout si cette œuvre est due, comme le dit aussi Błoński, à « un styliste extraordinaire, un magicien, presque un enchanteur », « un champion, un marathonien de la traduction » qui a réussi à négocier « presque tous les virages de la course dans un style inimitable »[21].

En raison du nombre de traductions publiées (en grande partie d'ailleurs par lui-même), de la qualité qui leur est attribuée, Boy est un phénomène exceptionnel. Pour les Polonais, dans le domaine de la traduction, il est devenu « une valeur immuable », le modèle du traducteur, un

---

19. Tadeusz Żeleński, *Antologii literatury francuskiej, Pisma*, t. XIV, Varsovie, PIW, 1958, p. 43-44 : « Żyliśmy jeden wiek w niewoli ; dwa poprzednie bez mała w głębokiej ciemnocie. Zatamowano nam tyle źródeł myśli, okaleczono tyle dziedzin ducha, brak nam mnóstwa, mnóstwa rzeczy bardziej jeszcze w sferze intelektualnej niż jakiejkolwiek innej. Żadna literatura współczesna nie da prawdziwej kultury umysłu : zanadto jest odbiciem chwili, za wiele ma elementów mijania, za mało jest gęsta. Na pożywny bulion myśli trzeba wieków. Zwróćmy się tedy do Francji po to, czego nam nie staje : jest to, jak nasz naturalna sojuszniczka w polityce, tak i nasza wypróbowana nauczycielka w myśleniu. Mamy własnych wspaniałych romantyków ; uczyńmy sobie z pisarzy francuskich swoich klasyków ». Traduction de la citation par Maryla Laurent.
20. Jan Błoński, « Szekspir przekładu », *in* Tadeusz Żeleński, *Antologia literatury francuskiej*, p. 9. Maciej Żurowski, « Boy centenaire », *loc. cit.*, p. 115-116 : « C'est le style qui fait le grand traducteur et pour s'en assurer il suffit d'ouvrir *Gargantua et Pantagruel*, n'importe quel conte de Voltaire ou roman de Balzac dans ces traductions qui appartiennent à notre patrimoine national au même titre que la meilleure prose de nos grands écrivains ».
21. *Ibid.*, p. 7, 11.

traducteur « consacré »[22]. Cette consécration mène à un autre phénomène : comme l'observe Andrzej Siemek, la position de Boy est à l'origine d'une stupéfiante disproportion entre, d'une part, son œuvre proprement dite et le rang qu'il occupe, et, d'autre part, le petit nombre d'études qui lui sont consacrées[23]. Même si celui-ci a augmenté ces dernières années, la constatation demeure d'actualité.

Pourtant, comme le montrent les travaux de Siemek sur les traductions de Laclos et de Diderot par Boy, l'étude de ses traductions de même que leur modernisation ou actualisation semblent non seulement justifiées, mais aussi indispensables. Ceci, parce que l'état des connaissances sur la littérature française et sur les œuvres traduites par Boy a beaucoup évolué au cours du siècle écoulé, mais aussi parce que les normes de traduction et les attentes du public polonais ont également changé (et il ne s'agit pas uniquement ici de l'évolution de la langue polonaise, aujourd'hui différente de ce qu'elle était il y a cent ans). Une autre raison, peut-être majeure, est qu'une lecture attentive mettant en regard les originaux et les traductions laisse apparaître la forte personnalité et la grande subjectivité de Boy (parfois extrême, à la limite de la désinvolture). Siemek lui-même l'a perçu :

> Lorsque j'ai préparé mon édition des *Liaisons dangereuses* de Laclos, il y a quelques années, j'ai comparé toute la traduction de Boy avec l'original. J'avoue que ce fut un choc. Il ne s'agit pas de la façon dont il a traduit cette œuvre, mais plutôt de ce qu'il n'a pas traduit. Boy a complètement ignoré plusieurs lettres, il a entièrement supprimé la « Préface du rédacteur » mystificatrice qui fait pourtant partie intégrante du texte, et il a supprimé une grande partie des notes en bas de page qui établissent avec cette préface un jeu subtil ; pire encore : il arrive que dans ce texte prétendument traduit, il manque des phrases, des paragraphes, des pages entières[24] !

J'ai moi-aussi constaté la chose à plusieurs reprises. Par exemple, lorsque j'ai recherché des citations dans la version polonaise de la *Comédie humaine* (les *Illusions perdues*), il m'est arrivé de ne pas les trouver, car les paragraphes qui m'étaient nécessaires n'avaient simplement pas été tra-

---

22. Andrzej Siemek le compare à un monument : « [Boy] zakrzepł jako translatorski pomnik » (« Dumając nad Boyem : Przekład jako wizja obowiązkowa », *Literatura na Świecie*, n° 12, 1999, p. 238).
23. *Ibid.*
24. *Ibid.*, p. 237-238.

duits. La comparaison de la traduction de *Jacques le Fataliste* avec son original, lors de la préparation de son édition critique pour la « Biblioteka Narodowa »[25] (collection que l'on pourrait comparer à celle de la « Pléiade »), a mis en évidence des lacunes et des contresens. Les premières, il est vrai, étaient parfois dues au texte même dont le traducteur se servit pour sa traduction – édition de Jules Assézat de 1875 ; or, la préparation de l'édition de la « BN » est basée sur une édition utilisant le manuscrit dit de Leningrad[26]. Mais les déformations du sens étaient parfois dues à un choix conscient relevant du projet du traducteur, c'est-à-dire des principes stratégiques qu'il a adoptés dans son travail, et dont on retrouve la trace, dans une certaine mesure, dans son introduction à *Kubuś Fatalista*. On peut y découvrir que Boy a interprété cette œuvre de Diderot comme « un roman plein d'énergie, de rires, de joie de vivre, d'ironie, d'amusement »[27] ; les moyens qu'il a adoptés résultent ainsi de la stratégie qu'il a appliquée à d'autres traductions de l'époque (notamment à celles de Molière ou Rabelais) : l'humour et la verve de Boy s'y manifestent par sa plume très expressive. Une autre tendance visible dans la traduction est d'expliciter ce qui, dans l'original, était seulement suggéré. De cette manière, le traducteur libère le lecteur de la nécessité d'une « coopération interprétative », comme l'appelle Umberto Eco, inscrite par Diderot dans son œuvre. Par ces opérations, le lecteur polonais reçoit un texte aux propriétés différentes de celles de l'original[28].

Son projet de traduction (au sens bermanien) du *Grand Testament* de Villon amène Boy à de semblables omissions et oublis. En préparant une explication de texte de la *Ballade que Villon feit à la requeste de sa mere pour prier Nostre-Dame* (dans la traduction de Boy), j'ai pu observer combien, en adoptant comme dominante la forme de la balade et en assujettissant ses autres traits à ses rimes et son rythme, il a privé le lecteur polonais

---

25. Denis Diderot, *Kubuś Fatalista i jego pan*, tr. Tadeusz Żeleński (Boy), éd. Elżbieta Skibińska-Cieńska et Marcin Cieński, Wrocław / Varsovie / Cracovie, Ossolineum, 1997.
26. Denis Diderot, *Jacques le Fataliste et son maître*, éd. Simone Lecointre et Jean Le Galliot, Génève, Droz, 1977.
27. Marcin Cieński, « Wstęp », in Denis Diderot, *Jacques le Fataliste et son maître*, *op. cit.*, p. CXLVII.
28. Sur la traduction de *Jacques le Fataliste*, cf. Andrzej Siemek, « Invention et traduction : Autour des versions polonaises de Diderot », in Anne-Marie Chouillet (éd.), *Colloque international Diderot*, 4-11/7/1984, Paris, Aux Amateurs des Livres, 1988.

de certaines images importantes présentes dans l'original (par exemple, l'évocation des scènes paradisiaques peintes sur les murs de l'église). Anna Drzewicka comme Tomasz Stróżyński constatent des écarts similaires par rapport à l'original dans leurs analyses de certaines des traductions de Boy[29].

Mais, à ce jour, ces remarques demeurent sans effets pratiques (hormis les compléments apportés à la version polonaise des *Liaisons dangereuses* dans son édition élaborée par Siemek, ou les explications présentées dans l'édition de *Kubuś Fatalista* pour la « BN »). Et nous en revenons donc à notre question initiale : peut-on traduire après Boy ? Après tout ce que nous venons de voir, il semblerait indiqué de répondre que oui, on le peut certainement, et que, même, il faudrait le faire. Pas pour remplacer les traductions de Boy, mais pour montrer au lecteur polonais un autre visage de la littérature française (reste à savoir s'il sera plus juste), ou tout au moins de quelques-unes de ses œuvres. Et par « autre », on entendra : non marqué par l'interprétation personnelle de Boy (à la fois perceptible dans ses traductions et dans ses préfaces rassemblées dans les *Szkice*...). Mais alors, pourquoi ne retraduit-on pas ? Ou, pour le dire autrement, pourquoi semble-t-il toujours qu'on ne puisse pas retraduire après Boy ?

Andrzej Siemek apporte une réponse à cette question quand il parle de « l'impossibilité de contourner le monument »[30]. J'ai moi aussi donné, implicitement, cette réponse à l'occasion de l'édition de *Kubuś Fatalista...* pour la « BN » : l'idée même d'une nouvelle traduction semblait impossible à envisager. À l'évidence, Siemek, le spécialiste confirmé, comme la jeune chercheuse que j'étais alors, étions pareillement conditionnés par l'approche traditionnelle polonaise de ce secteur de littérature française en traduction de Boy, ou encore impressionnés par la valeur canonique de ses traductions et le caractère intouchable du traducteur consacré.

---

29. Anna Drzewicka, « François Villon i dwóch Franciszków Wilonów », *in* Maria Filipowicz-Rudek et Jadwiga Konieczna-Twardzikowa (éds.), *Między oryginałem a przekładem*, Cracovie, Universitas, p. 47-58 ; Tomasz Stróżyński, « Rabelais spolszczony. Rzecz o przekładzie Boya », *Ibid.*, p. 59-74.
30. Andrzej Siemek, « Dumając nad Boyem : Przekład jako wizja obowiązkowa », *loc. cit.*, p. 243 : « Niemożność przeskoczenia lub obejścia pomnika ».

Plus de dix ans après mes aventures avec *Kubuś Fatalista* et après le texte de Siemek, peut-être parce que la première décennie de ce nouveau siècle et millénaire s'est terminée, mais peut-être aussi parce que les vingt dernières années ont considérablement enrichi nos connaissances sur les relations interculturelles qui se font par la traduction, la question de la pertinence de continuer à vénérer les traductions de Boy et son image du Traducteur revient avec force. Il faudrait la poser aussi, et peut-être même surtout, à ceux qui contribuent matériellement à perpétuer cette image : aux éditeurs et aux traducteurs qu'ils emploient. Alors, notre question de départ pourrait être formulée autrement : existe-t-il aujourd'hui des traducteurs et des éditeurs susceptibles de relever le défi et changer le canon de l'ancienne littérature française dans la traduction polonaise ?

Cela impliquerait certainement un grand risque et un grand effort, financier également. Une nouvelle traduction, ou de nouvelles traductions représenteraient en effet un gros investissement plus que probablement non rentable (puisqu'on peut aussi continuer à diffuser les anciennes traductions sans grand risque qu'elles ne se vendent pas). Pour les traducteurs, cela impliquerait un effort bien plus grand que de traduire les œuvres modernes d'Amélie Nothomb, Michel Houellebecq ou même Raymond Queneau. Car indépendamment de leur aptitude à manier la plume, ils auraient aussi besoin de se plonger dans des études historiques sur l'œuvre à traduire. Et sans doute aussi leur faudrait-il cette passion, ou pulsion (pour rappeler Berman), qui animait Boy.

Université de Wrocław

Le Petit Prince
et ses douze (re)traductions polonaises

Natalia Paprocka

Résumé
Le Petit Prince a été traduit en polonais 12 fois en 62 ans. La question qui se pose est de savoir ce qui a pu motiver l'émergence de tant de retraductions en si peu de temps. L'analyse des données bibliométriques permet de distinguer trois facteurs : (1) le changement de la situation sur le marché éditorial polonais après 1989, (2) l'inscription du livre sur la liste ministérielle des « lectures scolaires obligatoires », (3) l'entrée en vigueur, en 1994, de la nouvelle loi sur les droits d'auteur qui a prolongé la durée de protection légale des droits d'auteur à 50 ans. C'est aussi un facteur juridique qui a mis fin à cette série de retraductions : en 2000, les dits droits d'auteur des œuvres de Saint-Exupéry ont été restaurés suite au prolongement de la durée de protection à 70 ans.

Abstract
Le Petit Prince has been translated into Polish 12 times in 62 years. The question which could be asked is why so many retranslations were carried out in such a short time. The analysis of bibliometric data offers three possible reasons : (1) changes in the Polish publishing market after 1989 ; (2) inclusion in the ministerial list of books to be read by all Polish students ; (3) enforcement in 1994 of a new copyright law extending legal protection to 50 years. It was another legal factor which stopped this series of re-translations : in 2000, copyright on Saint-Exupéry's works was restored after its extension to 70 years.

Il existe des livres qui sont traduits en davantage de langues que d'autres. Il en existe aussi qui sont retraduits plus volontiers que d'autres. *Le Petit Prince* (1943), conte poétique et philosophique sous l'apparence d'un conte pour enfants, est à la fois l'un et l'autre. En effet, il a été traduit en plus de cent quatre-vingts langues[1] ; il est aussi l'un de ces ouvrages que l'on a fréquemment retraduit dans plusieurs langues : en serbe, en espagnol, en turc, en persan (farsi), en vietnamien, en grec[2] et, *last but not least*, en polonais. Il constitue ainsi un bel exemple de « belle revisitée » de la littérature européenne aux XXe et XXIe siècles.

En polonais, *Le Petit Prince* a été « revisité » douze fois en soixante-deux ans. Au vu de ces données, on peut se demander ce qui a pu motiver l'émergence de tant de retraductions en si peu de temps. Dans notre article, nous allons essayer de répondre à cette question.

En général, les facteurs qui motivent l'apparition de nouvelles traductions – ils ont été remarqués par plusieurs traductologues et résumés par Elżbieta Skibińska[3] – peuvent être soit externes à la nature de la première traduction, soit internes à celle-ci. Parmi les premiers, on peut énumérer :

le facteur « historique » : le vieillissement de la première traduction engendre la volonté de réactualiser le texte pour un public nouveau ;

le facteur « éditorial » ou « commercial » : la volonté des maisons d'édition d'avoir un même titre dans leur catalogue.

Pour les facteurs internes à la première traduction, on distingue d'habitude les suivants :

le facteur du « retour au texte-source », la première traduction étant, selon certains traductologues, très (trop) assimilatrice et réduisant les spécificités culturelles et linguistiques ;

le facteur de l'« amélioration », les traductions ultérieures se rapprochant de plus en plus de l'idéal.

---

1. Anne-Solange Noble, « Préface » à Antoine de Saint-Exupéry, *Le Petit Prince*, Paris, Gallimard, 1993.
2. Selon le site http://www.petit-prince.at (consulté le 10/12/2010), il y a au moins 13 traductions serbes, 10 traductions espagnoles, 8 traductions turques, 7 traductions persanes (en farsi) et 6 traductions vietnamiennes. Selon Maria Papadima, il y a 21 traductions grecques (*Τα πολλαπλά κάτοπτρα της μετάφρασης*, Athènes, Ypsilon, 2010).
3. Elżbieta Skibińska, « Autour de la retraduction. Sur l'exemple des traductions françaises de *Pan Tadeusz* », *Verbum Analecta Neolatina*, vol. VIII, n° 2, p. 392.

Pour vérifier lequel de ces facteurs a pu entrer en jeu dans le cas des retraductions polonaises du *Petit Prince*, nous proposons d'observer d'abord la fréquence de parution des traductions polonaises et de leurs rééditions.

Le Petit Prince a eu plusieurs éditions polonaises. Pour en établir la liste, nous avons recouru à plusieurs sources :

- la bibliographie de la littérature traduite en langue polonaise[4] ;
- la bibliographie littéraire polonaise[5] ;
- les catalogues de la Bibliothèque nationale de Varsovie, ceux des bibliothèques universitaires et municipales des plus grandes villes polonaises ;
- dans le cas des éditions plus récentes, nous avons aussi utilisé les sites internet des librairies et des éditeurs ;
- nous avons aussi pris en considération, avec les précautions d'usage, les informations contenues sur les sites d'amateurs du *Petit Prince*[6].

La liste ainsi établie compte 94 éditions, mais il se peut qu'elle ne soit pas encore exhaustive, car certaines rééditions ont été publiées à tirage très limité par de petits, voire de micro-éditeurs qui ne se sont pas souciés d'envoyer des exemplaires aux bibliothèques. Elles se sont donc épuisées pratiquement sans laisser de traces.

La première traduction polonaise, celle de Marta Malicka, a été publiée en 1947, quatre ans après la publication de l'original à New York (1943). Il faut souligner que le polonais a été la troisième langue de publication du *Petit Prince*, après l'anglais et le français et avant l'italien et l'allemand[7]. La maison d'édition qui l'a publié, *Płomienie*, a (probablement) existé jusqu'en

---

4. Stanisław Bębenek *et al.* (éds.), *Bibliografia literatury tłumaczonej na język polski. 1945-1976*, vol. I, Varsovie, Czytelnik, 1977 ; *Bibliografia literatury tłumaczonej na język polski. 1945-1976*, vol. II, Varsovie, Czytelnik, 1978 ; *Bibliografia literatury tłumaczonej na język polski. 1977-1980*, vol. III, Varsovie, Czytelnik, 1983.
5. *Polska bibliografia literacka*, http://pbl.ibl.poznan.pl/ (consulté le 10/12/2010).
6. Cf. http://www.fotodesignerin.de/prinz/polnisch.html ; http://www.patoche.org/lepetitprince ; http://www.petit-prince.at ; http://www.malyksiaze.net/pl/polskie-wydania-ksiazki.html#okladki (consultés le 13/12/2010).
7. Selon les informations du site : http://www.lepetitprince.net/sub_ochibo/historyE.html (consulté le 13/12/2010).

1949. La traduction de Malicka n'a donc pas pu être rééditée chez cet éditeur et n'a été republiée que dans les années 1990.

Onze ans après cette première traduction, en 1958, vient la traduction de Jan Szwykowski, publiée par Pax, maison d'édition catholique existant depuis 1949. Cette traduction est par la suite rééditée systématiquement par Pax jusqu'à l'an 2000.

En 1961, au moment où la traduction de Szwykowski est rééditée pour la première fois par Pax, une troisième traduction, celle de Wiera et Zbigniew Bieńkowski, est publiée par PIW (Państwowy Instytut Wydawniczy). Elle ne sera plus jamais reprise par la suite.

Après cette édition, pendant vingt-deux ans (1962-1984), Pax garde le monopole de la publication du *Petit Prince* en Pologne, la traduction de Szwykowski étant, pendant cette période, la seule présente sur le marché. C'est ainsi qu'elle acquiert le statut de traduction « canonique ».

Dès la deuxième moitié des années 1980, d'autres éditeurs commencent à publier la traduction de Szwykowski. Ce sont Wydawnictwo Polskiego Towarzystwa Wydawców Książek (1985), Arcanum (1990, 1991, 1993, 1994), KAW (1991), Juka (1991, 1993), Grupa Wydawnicza « Słowo » (1996), Świat Książki (1996), Porozumienie Wydawców (2001), De Agostini Polska : Altaya Polska (2002). En 1999, la maison Muza édite également son premier *Petit Prince*.

Dix ans plus tard, dans les années 1990, la traduction de Szwykowski cesse d'être la seule sur le marché. En effet, neuf retraductions apparaissent l'une après l'autre entre 1994 et 2002. En 1994, la retraduction de Marta Cywińska est publiée par KAW Białystok (Krajowa Agencja Wydawnicza) et rééditée trois fois. Un an plus tard, en 1995, trois retraductions voient le jour : celle de Janina Karczmarewicz-Fedorowska chez Kama, rééditée (probablement) six fois ; celle d'Anna Trznadel-Szczepanek chez Nasza Księgarnia, rééditée quatre fois, et celle d'Ewa Łozińska-Małkiewicz publiée sept fois par Algo. La même année, la maison d'édition Siedmioróg publie l'ancienne traduction de Malicka (1947) et la réédite cinq fois. En 1996, Piotr Drzymała retraduit l'œuvre pour la maison d'édition *Idem* (aucune réédition) et en 1998, Barbara Przybyłowska, pour Philip Wilson Warsaw (PWW). En 1999, l'avant-dernière retraduction, celle de Halina Kozioł, est publiée et rééditée une fois par Zielona Sowa. La retraduction de Zofia Barchanowska, publiée en 2002 par Agencja Artystyczna PROSPERO, clôt la série (cette édition est bilingue). Au milieu des années 1990, paraît aussi la retraduction de Mirosława Dębska, mais il est impossible d'établir la date de sa première édition, car son éditeur, Wydawnictwo Klasyka, ne l'a indiquée ni pour cette publication ni pour ses deux rééditions. Les dates que nous signalons sont donc approximatives.

Le tableau ci-dessous présente les dates des premières éditions de chaque traduction et la liste des éditeurs qui les ont publiées, ainsi que le nombre total d'éditions :

Traducteur	An	Éditeur	N° éds.
Marta Malicka	1947	Płomienie (1947) Siedmioróg (1995, 1996, 1997, 1998, 1999, 2000)	7
Jan Szwykowski	1958	Pax (1958, 1961, 1967, 1968, 1969, 1970, 1970, 1971, 1972, 1976, 1981, 1988, 1990, 1990, 1991, 1992, 1993, 1994, 1996, 1998, 2000) ; Muza (1999, 2001, 2001, 2003, 2003, 2003, 2004, 2004, 2004, 2005, 2005, 2006, 2006, 2007, 2008, 2009, 2009) ; Arcanum / Arcanus (1990, 1991, 1992, 1994) ; Juka (1991, 1993) ; Wydaw. Polskiego Towarzystwa Wydawców Książek (1985) ; KAW (1991) ; Grupa Wydawnicza Słowo (1996) ; Świat Książki (1996) ; Porozumienie Wydawców (2001) ; De Agostini : Altaya Polska (2002)	51
Wiera et Zbigniew Bieńkowscy	1961	PIW (1961)	1
Marta Cywińska	1994	KAW (1994, 1995, 1997, 1997, 1998, 2000)	6
Janina Karczmarewicz-Fedorowska	1995	Kama (1995, 1996, 1996, 1996, 1997, 1997, 1997)	7
Anna Trznadel-Szczepanek	1995	Nasza Księgarnia (1995, 1996, 1997, 1998, 1999, 2000)	5
Ewa Łozińska-Małkiewicz	1995	Algo (1995, 1997, 1998, 1999, 1999, 2000, 2005, 2005)	8
Mirosława Dębska	1995 ?	Wydawnictwo « Klasyka » (1995 ?, 1998 ?, 2000 ?)	3
Piotr Drzymała	1996	Idem (1996)	1
Barbara Przybyłowska	1998	Wydawnictwo Philip Wilson Warsaw (1998, 1999)	2
Halina Kozioł	1999	Zielona Sowa (1999, 2000)	2
Zofia Barchanowska	2002	Agencja Artystyczna PROSPERO (2002)	1
Total :			94

En observant les données, on remarque facilement que tous les traducteurs, sauf deux, ont été associés à un éditeur unique. Seules les traductions de Malicka et de Szwykowski ont été publiées par plus d'un éditeur.

La fréquence des parutions du *Petit Prince* dans toutes les traductions et chez tous les éditeurs peut aussi être représentée graphiquement :

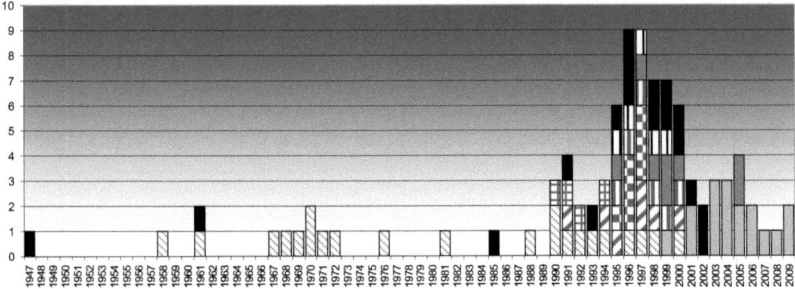

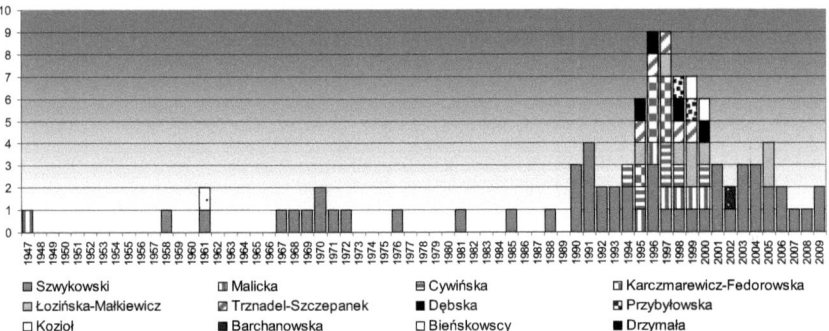

Quand on analyse les données bibliométriques sur l'axe de temps dans ces deux schémas, quatre choses sautent aux yeux :

1. tout d'abord, une accélération inédite du nombre et de la fréquence des éditions du *Petit Prince* dès le début des années 1990 ;

2. l'intérêt des éditeurs autres que Pax pour *Le Petit Prince* dans la traduction de Szwykowski, de 1990 à 1994 ;

3. l'augmentation rapide du nombre de retraductions du livre dès 1994 ;

4. la baisse des traductions publiées et des éditeurs publiant le *Petit Prince* après l'an 2000. En effet, après cette date, le nombre d'éditeurs dimi-

nue pour se limiter finalement à Muza et à Szwykowski en tant que traducteur.

Essayons d'expliquer d'abord les trois augmentations (points 1-3). Il faut, à notre avis, distinguer trois facteurs indissociablement liés :

1. Le premier facteur a été le changement de situation du marché éditorial polonais après 1989. En effet, l'activité éditoriale en Pologne est demeurée, jusqu'à cette date, comme en léthargie à cause des contraintes idéologiques imposées par le régime communiste. C'était un système entièrement centralisé et dirigé par l'Etat. Le marché éditorial n'a redémarré, très dynamiquement d'ailleurs, que dans les années qui ont suivi la « Table ronde ». Conformément aux lois du marché libre, des milliers de nouvelles maisons d'édition polonaises sont apparues et des éditeurs étrangers ont soit créé des filiales en Pologne (Harlequin Enterprises, Egmont, Bertelsmann Media, etc.), soit investi dans les maisons d'édition polonaises (LCHG dans le PWN)[8]. Pour illustrer l'ampleur des changements, il suffit de dire qu'en 1989, les éditeurs actifs, à savoir ceux qui publient au moins un livre par an, étaient au nombre de 47, alors qu'en 1998, ce chiffre est passé à 1927. Comme le souligne Elżbieta Skibińska : « Cette prolifération de maisons d'édition et un extrême morcellement de l'espace éditorial sera le trait constant de toute la période 1989-2007 »[9]. Après une crise profonde mais passagère dans les années 1992-1995, commence une période de régularisation du marché éditorial, celui-ci étant toujours très dynamique[10].

Les éditeurs qui ont publié *Le Petit Prince* dans ces années turbulentes étaient dans la plupart des cas de nouvelles maisons, aussi bien polonaises qu'à capital étranger, fondées juste après la libéralisation du marché éditorial. On peut énumérer par exemple Siedmioróg (fondé en 1990), Juka-91 (fondé en 1991), PWW (Philips Wilson Warsaw) (fondé en 1992), Świat Książki (fondé en 1994, marque la plus connue du groupe Bertelsmann Media en Pologne), Zielona Sowa (fondé en 1995) ou Kama (fondé en 1996).

---

8. Cf. Łukasz Gołębiewski, *Rynek książki w Polsce 2002*, Varsovie, Biblioteka Analiz, 2002, p. 32 ; *Rynek książki w Polsce. Edycja '98*, Varsovie, Magazyn Literacki i Biblioteka Analiz, 1998, p. 15.
9. Elżbieta Skibińska, « La place des traductions sur le marché éditorial polonais après 1989 », *in* Gisèle Sapiro (éd.), *Les Contradictions de la globalisation éditoriale*, Paris, Nouveau Monde, 2009, p. 340.
10. Łukasz Gołębiewski, *Rynek książki w Polsce. Edycja '98, op. cit.*, p. 11-12.

Tous ces nouveaux éditeurs qui ont traversé la crise ont été en quête de rentabilité et, pour cette raison, ont eu un grand besoin de livres susceptibles de se vendre bien et facilement. En Pologne, les livres qui répondent à ces critères sont, entre autres, ceux qui sont inscrits sur la liste ministérielle des « lectures scolaires », les œuvres que chaque élève doit lire obligatoirement à un moment donné de sa scolarité.

2. Et c'est ainsi qu'intervient le deuxième facteur stimulant l'augmentation du nombre d'éditions et de retraductions polonaises du *Petit Prince*. En effet, ce livre apparaît dans les écoles polonaises en 1982 en tant que lecture dite « facultative ». Trois ans plus tard, des extraits doivent en être lus obligatoirement, et enfin, en 1987, il devient « lecture scolaire obligatoire » au sens strict[11].

Grâce à sa présence sur la liste ministérielle qui en garantit la vente, *Le Petit Prince* devient donc alléchant pour les éditeurs. La preuve que, pour une partie d'entre eux, *Le Petit Prince* n'a été qu'une « lecture scolaire » se trouve dans les noms des collections dont le livre fait partie : 23 livres édités après 1987 font partie de collections reprenant explicitement des « lectures scolaires » (*Lektura Szkolna : klasa 8* – NK, *Lektury Szkolne z Opracowaniem* – Kama, etc.), ce qui est indiqué sur les couvertures. Il faut d'ailleurs souligner que beaucoup d'éditeurs du *Petit Prince* se spécialisaient dans l'édition des « lectures scolaires » à prix modique. On peut énumérer par exemple Siedmioróg, Kama, Zielona Sowa ou PWW (Philips Wilson Warsaw).

Cependant – et ceci est très important – jusqu'en 1994, c'est toujours la traduction de Szwykowski qui est éditée, les retraductions ne commençant à foisonner qu'après cette date. Pourquoi ?

3. C'est ainsi que nous en arrivons au troisième facteur, celui qui aura un impact direct sur l'augmentation du nombre des retraductions polonaises du *Petit Prince*. Ce facteur est l'entrée en vigueur, en mai 1994, de la nouvelle loi sur les droits d'auteur et droits voisins (*Ustawa o prawie autorskim i prawach pokrewnych*). Son entrée a été importante pour deux raisons.

---

11. Cf. Anna Franaszek, *Od Bieruta do Herlinga-Grudzińskiego : Wykaz lektur szkolnych w Polsce w latach 1946-1999*, Varsovie, Instytut Książki i Czytelnictwa, Biblioteka Narodowa, 2006, p. 206.

3.1. Tout d'abord, comme le souligne Anna Moc, cette nouvelle législation élargit considérablement le droit moral et les droits matériels (patrimoniaux) de l'auteur, y compris ceux du traducteur, au détriment des éditeurs soumis à la responsabilité pénale pour toute transgression de ces droits[12]. Les modifications les plus importantes du point de vue de notre sujet sont les suivantes :

- les éditeurs sont obligés de verser au Fonds de Promotion de la Création artistique (*Fundusz Promocji Twórczości*) instauré par cette loi, de 5% à 8% des revenus bruts de la vente d'exemplaires d'œuvres dont la durée de protection des droits d'auteur a expiré (art. 40)[13], et ceci s'applique aussi aux traductions ;

- les héritiers des droits ont une possibilité de réclamer une augmentation de leur rémunération « en cas de disproportion manifeste entre la rémunération du créateur et les recettes [...] tirées de l'exploitation de son œuvre »[14] (art. 44-48) ; ils peuvent aussi porter l'affaire devant les tribunaux en cas de transgression du droit moral de l'auteur[15] (art. 78) et réclamer une gratification supplémentaire pour eux-mêmes ou pour le Fonds[16] (art. 79-80).

Comme on peut le voir, la nouvelle loi implique des coûts élevés pour les éditeurs qui veulent rééditer une traduction connue d'une œuvre de littérature étrangère. Il n'est plus rentable de rééditer les traductions anciennes, il vaut donc mieux en commander de nouvelles. Anna Moc (en 1997) a ainsi résumé ce choix :

> Il est moins cher [pour l'éditeur] de publier une nouvelle traduction d'un livre, après avoir signé un nouveau contrat de droits d'auteur, que

---

12. « Obowiązująca od 1994 r. nowa *Ustawa o prawie autorskim i prawach pokrewnych* [...] w znaczący sposób poszerza osobiste i majątkowe prawa autorskie, a w tym również i prawa tłumacza, na niekorzyść wydawców podlegających odpowiedzialności karnej za naruszenie tych praw » (Anna Moc, « Nowe polskie prawo autorskie a kolejne tłumaczenia na naszym rynku wydawniczym, czyli przygody Pinocchia lub Pinokia », in Maria Filipowicz-Rudek *et al.* (éds.), *Między oryginałem a przekładem*, t. III, « Czy zawód tłumacza jest w pogardzie ? », Cracovie, Universitas, 1997, p. 181).
13. Le texte entier de la loi : Łukasz Gołębiewski, *Rynek książki w Polsce. Edycja '98*, p. 180-205 (extrait cité, p. 187).
14. *Ibid.*, p. 188.
15. *Ibid.*, p. 194.
16. *Ibid.*, p. 194-195.

de satisfaire à tous les paragraphes qui protègent les droits du créateur. La vision des héritiers qui le poursuivent et des procès qui traînent indéfiniment est ainsi éloignée, et le danger de commettre un plagiat retombe sur le traducteur[17].

3.2. Le deuxième point important de la nouvelle loi est le prolongement de la durée de protection légale des droits d'auteur jusqu'à cinquante ans (art. 36)[18]. Cette durée se limitait, selon la loi polonaise précédente de 1976, à vingt-cinq ans seulement[19]. Heureusement pour les éditeurs souhaitant publier *Le Petit Prince*, cette nouvelle période de protection de cinquante ans a de toute façon expiré un an après l'entrée en vigueur de la nouvelle loi sur les droits d'auteur. Rien n'empêchait donc les éditeurs de commander et de publier de nouvelles retraductions.

Bien sûr, même avant l'entrée en vigueur de la nouvelle loi, les droits d'auteur du *Petit Prince* appartenaient, selon la législation en vigueur à l'époque, au domaine public. Mais à part la retraduction faite par les Bieńkowski en 1961, pendant vingt ans aucune autre retraduction n'était parue. Il a fallu d'abord que la situation du marché éditorial change, puis que *Le Petit Prince* devienne une lecture scolaire obligatoire, et enfin, que la loi change pour que les éditeurs commencent à commander de nouvelles retraductions au lieu de rééditer celles qui existaient déjà.

Il reste encore à expliquer la raison de la chute brutale du nombre d'éditeurs publiant *Le Petit Prince* et de traductions éditées après l'an 2000. Pourquoi, finalement, ne reste-t-il que Muza comme éditeur et Szwykowski comme traducteur ?

Il faut rappeler ici que suite à la nécessité d'harmoniser la législation polonaise avec celle de l'Union européenne et, dans ce cas précis, avec la

---

17. « Taniej bowiem kosztuje [wydawcę] wydanie książki w nowym tłumaczeniu, przy zawarciu nowej umowy w myśl prawa autorskiego, niż zadośćuczynienie wszystkim paragrafom chroniącym prawa twórcy. Widmo ścigających go spadkobierców i ciągnących się w nieskończoność rozpraw sądowych zostaje w ten sposób oddalone, a z niebezpieczeństwem popełnienia plagiatu niech się zmaga tłumacz » (Anna Moc, « Nowe polskie prawo autorskie a kolejne tłumaczenia na naszym rynku wydawniczym, czyli przygody Pinocchia lub Pinokia », *loc. cit.*, p. 182).
18. Łukasz Gołębiewski, *Rynek książki w Polsce. Edycja '98*, *op. cit.*, p. 187.
19. Joanna Hetman, « Sprawy *Małego Księcia* ciąg dalszy », *Biblioteka Analiz*, n° 12, 2005, p. 25.

directive 93/98/CEE du Conseil du 29 octobre 1993 relative à l'harmonisation de la durée de protection du droit d'auteur et de certains droits voisins, on a prolongé, en l'an 2000, la durée de protection des droits d'auteur jusqu'à soixante-dix ans après sa mort.

Depuis 1944, année de la mort d'Antoine de Saint-Exupéry, ces soixante-dix ans ne se sont pas encore écoulés. Dès lors, les droits d'auteur de ses œuvres ont été restaurés. La date d'expiration de la nouvelle période de protection ainsi définie est le 31 décembre 2015[20]. Ce n'est qu'après cette date que les œuvres de l'auteur français retomberont dans le domaine public et pourront être utilisées librement par tous.

En attendant, depuis le 22 juillet 2000, on ne peut plus publier en Pologne les livres d'Antoine de Saint-Exupéry, y compris *Le Petit Prince*, sans l'accord du titulaire des droits de ses œuvres, la société des éditions Gallimard de Paris.

Comme on peut le voir sur les schémas, la plupart des éditeurs se sont soumis à la nouvelle loi, ce qui explique les baisses en l'an 2000. C'est justement cette année-là qu'ont été publiées les dernières rééditions du *Petit Prince* par des maisons d'édition telles que Pax (traduction de Szwykowski), Nasza Księgarnia, Kama, KAW, Wydawnictwo Klasyka et Zielona Sowa (disposant de leurs propres traductions).

Le 26 mars 2001, la maison d'édition Muza a signé avec Gallimard un contrat de licence exclusive pour la publication du *Petit Prince* en langue polonaise. Cette licence englobe les droits au texte, aux illustrations et à la couverture. Muza est aussi obligée d'assurer la « sécurité de l'œuvre », ce qui veut dire qu'elle doit porter l'affaire devant les tribunaux en cas de transgression des droits d'auteur[21].

Après avoir signé ce contrat avec Gallimard, Muza est le seul éditeur qui a le droit de publier *Le Petit Prince* en Pologne, mais il peut aussi accorder ce droit à un tiers, comme cela a été le cas pour les maisons d'édition De Agostini et Altaya qui ont édité conjointement le livre dans leur collection *Arcydzieła Literatury Współczesnej* (Les chefs-d'œuvre de la littérature contemporaine), en 2002.

---

20. *Ibid.*
21. « Jeszcze w sprawie *Małego Księcia* », déclaration d'Anna Staniszewska, conseillère juridique pour la Direction générale Muza S.A., *Biblioteka Analiz*, n° 26, 2005, p. 8.

Mais il y a aussi eu des éditeurs pour lesquels il a été difficile d'accepter la perte de droits sur un ouvrage qui se vendait si bien. La maison d'édition Siedmioróg ne s'y est conformée qu'après un procès intenté en 2001 et terminé un an plus tard. Dans son jugement, le tribunal a reconnu les droits de Muza sur l'œuvre d'Antoine de Saint-Exupéry et a imposé à Siedmioróg de mettre fin à ses atteintes aux droits d'auteur.

Une autre maison d'édition, Algo, a longtemps résisté. Pendant le procès, son directeur Jerzy Kapica a expliqué que sa maison disposait de sa propre traduction sur laquelle elle avait les pleins droits et qu'elle pouvait donc, comme le maintenait Kapica, éditer légalement *Le Petit Prince*. Cependant, la traduction propriété d'Algo est une « œuvre seconde », ce qui veut dire que son utilisation est soumise à l'autorisation du créateur de l'œuvre originale (loi dépendante), à l'exception du cas où les droits d'auteur ont expiré. Dans le cas du *Petit Prince*, cela signifie qu'un éditeur titulaire de droits de traduction ne peut pas, jusqu'à la fin de l'an 2015, jouir de ses droits sans autorisation du titulaire des droits d'auteur de l'œuvre originale, à savoir Muza[22].

Néanmoins, le tribunal polonais a jugé que le directeur d'Algo pouvait être convaincu de la légalité de ses actes, d'autant plus que cette conviction a été confirmée par l'opinion d'un expert en droits d'auteur[23]. La question de la date exacte de restauration des droits jusqu'à 70 ans après leur expiration après 50 ans a également posé problème, car, conformément à l'article 2 alinéa 5 de la nouvelle loi du 9 juin 2000, il a fallu appliquer la nouvelle période de protection prolongée des œuvres de citoyens de pays étrangers vivant à l'étranger sous condition de réciprocité[24]. Et il semble que, dans le cas du *Petit Prince*, cette condition de réciprocité n'ait été remplie qu'au moment de l'entrée de la Pologne dans l'Union européenne, c'est-à-dire le 1er mai 2004.

L'affaire a donc été classée et Jerzy Kapica, dans le périodique *Biblioteka Analiz* (Bibliothèque des analyses), a déclaré avec émotion que sa maison d'édition Algo « a publié, publie et publiera *Le Petit Prince* dans la nouvelle traduction d'Ewa Łozińska-Małkiewicz de manière entièrement légale

---

22. Joanna Hetman, « Sprawy *Małego Księcia* ciąg dalszy », *loc. cit.*, p. 26.
23. Joanna Hetman, « *Mały Książę* uniewinniony », *Biblioteka Analiz*, n° 4, 2006, p. 14.
24. Joanna Hetman, « *Mały Książę* uniewinniony », *Biblioteka Analiz*, n° 6, 2006, p. 24.

[…] »[25]. Et conformément à ce qu'il a annoncé, aujourd'hui, on peut acheter en Pologne *Le Petit Prince* édité par Muza, mais aussi celui publié par Algo.

Pour résumer, on peut dire que l'apparition de la série de retraductions en un temps restreint a été, dans la deuxième moitié des années 1990, « un phénomène typiquement polonais »[26], qui a touché, comme l'a dit Anna Moc :

> avant tout la littérature que lisait la jeunesse depuis des années ou celle qui figurait sur la liste des lectures scolaires, c'est-à-dire, d'un point de vue économique, […] celle qui se vendait facilement et rapidement[27].

Ainsi, dans les années qui ont suivi l'entrée en vigueur de la nouvelle loi sur les droits d'auteur, on a retraduit plusieurs fois, par exemple, *Anne... la maison aux pignons verts*, *Pinocchio*[28], les contes de Perrault, ceux des frères Grimm et, bien évidemment, *Le Petit Prince*.

Dans le cas de ce dernier livre, ce sont aussi les facteurs juridiques, ayant un impact direct sur l'économie, qui ont mis fin à cette longue série de retraductions. Reste la question de savoir si, après 2015, quand les œuvres d'Antoine de Saint-Exupéry entreront dans le domaine public, les traductions dont les droits sont « en hibernation » actuellement réapparaîtront sur le marché ? Ou peut-être en commandera-t-on d'autres encore ? On le saura bientôt.

Après avoir montré la réalité peut-être un peu décevante des motivations de parution des retraductions, ajoutons encore un facteur, moins « économique » cette fois, et relevant davantage de la méthode réfléchie de retraduire, qui est signalée par Marta Cywińska, une des traductrices du *Petit Prince* des années 1990. Dans sa préface, elle se réfère à la traduction qui a précédé la sienne, à savoir à celle de Szwykowski :

---

25. « Algo wydawało, wydaje i będzie wydawało *Małego Księcia* w nowym przekładzie pani Ewy Łozińskiej-Małkiewicz całkowicie legalnie […] », la déclaration de Jerzy Kapica, « Algo wygrało z Muzą *Małego Księcia* ! », *Biblioteka Analiz*, n° 24, 2005, p. 25.
26. Anna Moc, « Nowe polskie prawo autorskie a kolejne tłumaczenia na naszym rynku wydawniczym, czyli przygody Pinocchia lub Pinokia », *loc. cit.*, p. 181.
27. « Dotyczy to przede wszystkim literatury od lat czytywanej powszechnie przez młodzież lub też należącej do kanonu lektur szkolnych, a więc z punktu widzenia ekonomicznego […] łatwo, jak i szybko sprzedającej się » (*Ibid.*).
28. Outre le texte d'Anna Moc, voir aussi à propos des traductions de Pinocchio : Justyna Łukaszewicz, « Motywy kulinarne w *Pinocchiu* i jego polskich wersjach », *Pamiętnik Literacki*, vol. XCV, Cahier 3, 2004, p. 191-216.

> [...] certains stéréotypes, noms ou expressions de la « traduction connue » fonctionnent dans la langue de tous les jours. Le célèbre « Dessine-moi un mouton », « Je suis responsable de ma rose » ou « S'il te plaît... apprivoise-moi » reviennent dans notre mémoire, pas uniquement à l'occasion d'une nouvelle lecture approfondie du *Petit Prince*[29].

La traductrice explique qu'à son avis « la nouvelle traduction peut être [...] un dialogue avec les stéréotypes dictés par le type d'imagination du traducteur précédent »[30], parmi lesquels elle énumère la tendance de Szwykowski à éviter les diminutifs qu'elle, au contraire, accepte volontiers.

En voulant préciser en quoi sa traduction diffère de sa « sœur aînée », Cywińska explique :

> Mon *Petit Prince* est plutôt pour adultes et parle d'adultes, et tous les diminutifs définissent l'habitant de la planète. Si certaines expressions d'une langue contemporaine désordonnée apparaissent, c'est pour convaincre de la dépoétisation du monde des adultes [...][31].

On voit donc s'esquisser l'idée de changer le lecteur visé et, en plus, celle de « réactualiser » la traduction (rappelons que la précédente datait, à ce moment-là, de 36 ans). Cette pensée devient plus nette encore dans la réédition de la traduction de Cywińska en 1997, où la préface de la traductrice a été remplacée par celle de l'éditeur. Celui-ci déclare clairement :

> Notre *Petit Prince* est très contemporain : son Désert est le monde de vastes HLM, des déchetteries ou des accessoires de tous les jours[32].

---

29. « [...] Pewne stereotypy, nazwy, czy zwroty zaczerpnięte z tzw. "znanego przekładu" funkcjonują w języku potocznym. Słynne "Narysuj mi baranka", "Jestem odpowiedzialny za różę" czy "Proszę, oswój mnie" powracają w naszej pamięci nie tylko przy okazji kolejnej wnikliwej lektury *Małego Księcia* » (Marta Cywińska, « Od tłumacza », in Antoine de Saint-Exupéry, *Mały Książę*, Białystok, Krajowa Agencja Wydawnicza, 1994, p. 5).
30. « Nowy przekład może być [...] dialogiem ze stereotypami, podyktowanymi przez typ wyobraźni poprzedniego tłumacza » (*Ibid.*).
31. « Mój *Mały Książę* jest bardziej dla dorosłych i o dorosłych, a wszelkie zdrobnienia definiują przybysza z planety. Jeśli pojawiają się w tekście zwroty ze współczesnego, bałaganiarskiego języka codziennego, to po to, by przekonać o odpoetyzowaniu świata dorosłych [...]. » (*Ibid.*).
32. Antoine de Saint-Exupéry, *Mały Książę*, tr. Marta Cywińska, Białystok, Krajowa Agencja Wydawnicza, 1997, p. 4.

Cependant, il faut l'avouer, dans cette inondation de motivations pragmatiques, juridico-économiques, cette approche consciente de la retraduction ne constitue qu'une rare exception. Dans les autres éditions, on ne trouvera aucun paratexte des traducteurs, aucune trace de dialogue avec leurs prédécesseurs ni de reconnaissance de leur existence.

Dans cette situation, il est donc difficile de parler du facteur d'« amélioration », en raison duquel chaque retraduction constituerait un pas en avant vers l'idéal. Pour l'exclure de manière définitive, il faudrait bien évidemment comparer toutes les douze traductions polonaises du *Petit Prince*. Néanmoins, des analyses détaillées des traductions du livre proposées par Urszula Dąmbska-Prokop[33], Joanna Górnikiewicz[34] ou Brigitte Gautier[35] semblent confirmer cette supposition préliminaire.

Il est aussi justifié de se demander en quoi consistent les différences entre les retraductions de cette série. Sont-elles pertinentes ou se limitent-elles à de petites corrections et modifications insignifiantes ? Ces retraductions ne consisteraient-elles pas, pour citer encore une fois Anna Moc (qui a analysé les retraductions polonaises de *Pinocchio*), « à saisir habilement les solutions les plus réussies et les plus proches à la fois de l'original, et à remplacer par elles certaines idées peut-être surannées »[36] des premières traductions ?

Université de Wrocław

---

33. Urszula Dąmbska-Prokop, « Tłumaczenie sposobów nawiązania w *Małym Księciu* », *in* Maria Filipowicz-Rudek *et al.* (éds.), *Między oryginałem a przekładem III. Czy zawód tłumacza jest w pogardzie ?*, *loc. cit.*, p. 105-114 ; Urszula Dąmbska-Prokop, *Śladami tłumacza. Szkice*, Częstochowa, Edukator-Viridis, 1997, p. 65-76.
34. Joanna Górnikiewicz, « Stylistyczna wartość opozycji francuskich czasów passé simple / passé composé na przykładzie *Małego Księcia* Antoine'a de Saint Exupéry'ego – perspektywa traduktologiczna », *in* Maria Filipowicz-Rudek et Jerzy Brzozowski (éds.), *Między oryginałem a przekładem*, vol. XIV, Cracovie, Księgarnia Akademicka, 2008, p. 195-223.
35. Brigitte Gautier, « Les traductions anglaise et polonaise du *Petit Prince* de Saint-Exupéry comme expressions d'un imaginaire propre », *in* Elżbieta Skibińska (éd.), *Traduction pour la jeunesse face à l'Altérité*, Wrocław, Dolnośląskie Wydawnictwo Edukacyjne, 2001, p. 83-92.
36. Anna Moc, « Nowe polskie prawo autorskie a kolejne tłumaczenia na naszym rynku wydawniczym, czyli przygody Pinocchia lub Pinokia », *loc. cit.*, p. 188.

La retraduction active du *Don Quijote* en France au XXe siècle :
« Jamás llegarán al punto que tienen en su primer nacimiento »

ANA PANO ALAMÁN

Résumé
Les retraductions chronologiquement et culturellement rapprochées entretiennent une relation dynamique qui peut apporter de nombreuses informations sur les stratégies des traducteurs et sur la nouvelle proposition d'une œuvre classique de la part des maisons d'édition. En adoptant cette approche, nous avons cartographié le terrain des retraductions actives françaises du *Don Quijote* au XXe siècle pour voir comment on a lu et adapté cet ouvrage en France et déterminer le rôle des éditeurs, des traducteurs et des figures du monde académique dans la genèse de ces retraductions.

Abstract
Translations which are chronologically and culturally close with one another maintain a dynamic relation which can provide useful insights into the strategies employed by translators and publishers when undertaking new versions of the same text. Adopting this approach, we have mapped the active French retranslations of *Don Quixote* in the 20th century, in order to show how Cervantes' masterpiece has been adapted and read in France, and to identify the role of publishers, translators and the academic world in the genesis of these new translations.

En suivant Antoine Berman, il est possible de considérer la retraduction, d'une part, comme le résultat d'un effort de rapprochement littéraire, c'est-à-dire d'un retour à la source qui viserait à remédier à la défaillance ou au « non-traduire » des traductions précédentes d'un même texte ; et, d'autre part, comme une réponse au besoin de réactualisation du texte face à des normes linguistiques, littéraires et esthétiques qui évoluent dans la culture d'accueil[1]. Entre ces deux mouvements, sourcier et cibliste, il arrive parfois que l'on assiste à la parution quasi simultanée de retraductions d'une œuvre. Dans ce cas, déterminer les raisons de l'existence de traductions chronologiquement rapprochées nous oblige en quelque sorte à réviser l'approche que nous venons d'énoncer, à l'aide de nouveaux concepts et méthodes.

Selon Yves Gambier, ces versions concomitantes se situent, généralement, dans des « moments aigus » qui correspondent à des périodes historiques de « moindre résistance, ou de plus grande ouverture de la langue-culture d'accueil »[2]. En effet, si elles se situent dans des périodes de grand intérêt vis-à-vis du texte-source, il sera nécessaire de délimiter les causes, à la fois textuelles et extratextuelles, d'une telle situation dans la culture d'arrivée. En ce sens, au-delà des conditions proprement historiques, il nous semble que le rôle des traducteurs, des éditeurs et même des figures du monde académique est fondamental dans l'impulsion de nouvelles traductions dans le même espace linguistique, culturel et temporel, voire dans la mise en place de mécanismes d'ouverture, notamment envers les classiques.

Pour approfondir cette question en rapport avec les retraductions françaises du *Don Quichotte* au XXe siècle, nous faisons ici appel à la notion de « retraduction active », proposée par Anthony Pym dans le cadre de sa méthode historique. Cette notion souligne les rapports dynamiques qu'entretiennent les retraductions d'un même texte et permet d'interroger les causes de la retraduction non pas du côté de l'évolution des normes de la culture d'accueil – approche plus pertinente dans le cas des retraductions passives ou chronologiquement distantes – mais dans l'« entourage » des

---

1. Antoine Berman, « La retraduction comme espace de la traduction », *Palimpsestes*, n° 4, 1990, p. 1-8.
2. Yves Gambier, « La retraduction, retour et détour », *Meta*, vol. XXXIX, n° 3, 1990, p. 416.

traducteurs, des éditeurs, des lecteurs et des politiques interculturelles[3]. Dans cette perspective, nous avons procédé à l'analyse comparée des préfaces, des introductions et des notices accompagnant les traductions françaises du *Don Quichotte*, afin d'identifier les enjeux de chaque projet traductologique et les stratégies de traduction à l'œuvre[4]. Ainsi, nous avons essayé de répondre à des questions concernant les positions des traducteurs et des éditeurs qui, dans une culture cible donnée, semblent revendiquer la « vérité »[5] de leur traduction, en fonction des publics qu'ils visent et d'une certaine idée de lisibilité[6] ou d'accessibilité au texte.

---

3. Pym établit la différence entre retraductions passives et retraductions actives dans ces termes: « Two or more passive retranslations would [...] tend to provide information about historical changes in the target culture [...], such a procedure can only affirm the general hypothesis that target-culture norms determine translation strategies. The comparative analysis of active retranslations, however, tends to locate causes far closer to the translator, especially in the entourage of patrons, publishers, readers and intercultural politics [...]. The study of active retranslations would thus seem to be better positioned to yield insights into the nature and workings of translation itself, into its own special range of disturbances, without blindly surrendering causality to target-culture norms » (Anthony Pym, *Method in Translation History*, Manchester, St. Jerome, 1998, p. 82-83).
4. En effet, celles-ci permettent de considérer « la complexité du contexte, que ce soit en termes des normes esthétiques auxquelles se réfère chaque traducteur, comme en termes des codes politiques et idéologiques qu'il exploite, et cela, selon le ou les publics qu'il vise » (Marie-Alice Belle, « Sur la retraduction de Virgile en Angleterre au XVIIe siècle : Les enjeux politiques et esthétiques de *L'Enéide* de John Ogilby [1654] », *Études Épistémè*, n° 12, 2007, p. 49-82 : 57).
5. À propos de ce concept, voir Clara Foz sur la traduction anglaise de *Don Quijote*, réalisée par Burton Raffel : « Sa position de (re)traducteur lui fait même un peu perdre de vue la dimension historique de tout acte de retraduction pour revendiquer la "vérité" de sa traduction [...] les positions peuvent différer entre un Ilan Stavans qui se livre à une prise de possession, un détournement et un brouillage du texte et le "retour" obligé vers un texte sacralisé tel que revendiqué par Burton Raffel » (Clara Foz, « (Re)traduction(s) et (re)présentation(s) : Première et dernière sortie du *Quijote* en français », *Cadernos de Traduçao*, n° 11, 2003, p. 47).
6. Nous suivons ici l'hypothèse de Marc Charron, pour qui la lisibilité ou l'accessibilité d'un même texte en retraduction présente des « différends » ou des éléments de complémentarité en fonction du type de lectorat (Marc Charron, « De la question de la lisibilité des traductions françaises du *Don Quijote* », in Yves Gambier *et al.* (éds.), *Doubts and Directions in Translation Studies*, Amsterdam / Philadelphia, John Benjamins, 2004, p. 311-321).

1. Deux moments aigus de retraduction du *Quijote* en France

Entre 1909 et 2009, le *Don Quijote* a connu en France deux moments aigus de retraduction[7]. Le premier, autour des années 1930, voit la publication de trois traductions et d'une révision des premières traductions du *Don Quichotte* datant du XVIIe siècle :

> (1923-1927) *L'Ingénieux hidalgo Don Quichotte de la Manche*, tr. Xavier de Cardaillac et Jean Labarthe, Toulouse, Privat, nouvelle traduction annotée ; rééd. 1929-31.

> (1929) *L'Ingénieux hidalgo Don Quichotte de la Manche*, tr. Jean Babelon, Paris, La Cité des Livres ; rééd. 1973.

> (1934) *L'Ingénieux hidalgo Don Quichotte de la Manche. Nouvelles exemplaires*, tr. et intr. Jean Cassou (révision des traductions de César Oudin et François de Rosset), Paris, Gallimard, « Bibliothèque de la Pléiade » ; rééd. 1940 ; réimp. 1949 ; rééd. 1988, 1996, 1998.

> (1935) *Don Quichotte de la Manche*, tr. Francis de Miomandre, Paris, Livre de Poche ; rééd. 1957, préf. Henry de Montherlant, 1962.

Quant au deuxième moment, il se produit à cheval entre le XXe et le XXIe siècle, sur une période d'environ dix ans qui voit l'apparition des versions suivantes :

> (1997) *L'Ingénieux hidalgo Don Quichotte de la Manche*, tr. et intr. Aline Schulman, préf. Jean-Claude Chevalier, Paris, Seuil, 2 vol. ; rééd. 2001.

> (2001) *« Don Quichotte » précédé de « La Galatée ». Œuvres romanesques complètes I*, dir. Jean Canavaggio, tr. Jean Canavaggio, (avec la collaboration de Claude Allaigre, Michel Moner, Jean-Marc Pelorson), Paris, Gallimard, « Bibliothèque de la Pléiade » ; rééd. 2005.

> (2008) *Œuvres. Don Quichotte. Nouvelles exemplaires*, tr. et intr. Jean-Raymond Fanlo, Paris, Livre de Poche, « La Pochothèque ».

---

7. Les données bibliographiques sur les traductions françaises du *Don Quichotte* citées dans cet article sont extraites de : Ana Pano Alamán et Enrique García Vercher, *Los avatares del* Quijote *en Europa. Un estudio bibliográfico sobre las traducciones europeas de la novela*, Madrid, Cátedra, 2010.

Nous allons tout d'abord nous concentrer sur le curieux projet de restauration réalisé par Jean Cassou, opération qui semble marquer le passage d'un moment à l'autre. Cassou, écrivain, critique d'art et traducteur, né à Bilbao et engagé plus tard dans le mouvement de la Résistance, décide de reprendre les traductions dites historiques de César Oudin, pour la première partie, et de François de Rosset[8], pour la deuxième, et de les adapter pour un public contemporain. L'archaïsme de ces textes, dit Cassou dans son introduction, impose une révision profonde : la traduction d'Oudin étant trop littérale, elle se plie excessivement devant la langue espagnole ; quant à celle de Rosset, c'est la méthode qui est en cause, le traducteur ayant adapté trop librement de nombreux fragments. En effet, dans son étude sur le *Don Quichotte* en France, publiée en 1931, Maurice Bardon insiste sur les défauts de ces premières traductions ; néanmoins, il rappelle que leur succès fut « très honorable »[9]. Pour justifier donc la révision et la réédition de ces textes datés, Cassou reprend le jugement équitable de Bardon et, en soulignant leur validité, affirme vouloir reprendre l'essence d'une version dont le langage simple et le ton non affecté seraient préférables au style pompeux des traducteurs du XVIIIe siècle. Ainsi, sans les nommer, il fait allusion à Filleau de Saint-Martin et à Jean-Pierre Claris de Florian, dont les belles infidèles, constamment rééditées[10], auraient obscurci le travail des premiers traducteurs. Cassou se limitera donc à corriger

---

8. (1614) *Don Quixote de la Manche*, tr. César Oudin, Paris, Jean Fouët ; (1618) *Seconde Partie de l'Histoire de l'ingénieux et redoutable chevalier Don Quixote de la Manche*, tr. François de Rosset, Paris, Veuve Jacques de Clou & Denis Moreau. Ces traductions seront publiées ensemble à partir de 1639 ; rééd. 1650-52, 1884.
9. Après une analyse approfondie des deux traductions, Bardon conclut : « La traduction de Rosset, continuant et achevant celle d'Oudin, connut, elle aussi, un succès très honorable. Plusieurs rééditions en furent données aux dates successives de 1622, 1639, 1646, 1665. Aux trois dernières dates, la traduction d'Oudin la précède et elles font corps l'une avec l'autre. Une réédition de l'ensemble sera enfin donnée beaucoup plus tard, presque de nos jours, en 1884, par Emile Gebhart » (Maurice Bardon, *« Don Quichotte » en France au XVIIe et au XVIIIe siècles. 1605-1815*, Paris, Champion, 1931, p. 53).
10. (1678) *Histoire de l'admirable Don Quichotte de la Manche*, tr. et adapt. François Filleau de Saint-Martin, Paris, Claude Barbin (4 vol.). *Continuation*: t. V (1695) et t. VI (1713); rééd. 1700, 1711, 1713, 1722, 1733, 1738, 1741, 1757, 1768, 1771, 1773, 1777, 1781, 1798, 1824, 1826-27, 1830, 1836, 1839, 1845, 1847, 1850, 1856, 1860.
(1799) *Don Quichotte de la Manche*, tr. Jean-Pierre Claris De Florian (texte abrégé), Paris, Didot L'Aîné-Deterville ; rééd. 1800, 1802, 1808, 1809, 1810, 1812, 1820, 1835, 1845, 1847, 1877, 1887, 1894, 1900, 1902, 1993.

certains excès de la langue d'Oudin et de Rosset en coupant, « ça et là, les périodes, en supprimant quelques articulations trop visibles, quelques copules trop mécaniques, et, pour notre goût de l'aisance, véritablement superfétatoires »[11].

Pour ce travail, Cassou affirme avoir utilisé, tout d'abord, la traduction de Louis Viardot (1836-1837), qui aurait « de l'agrément et de la vivacité »[12]; ensuite la version des intellectuels et érudits Jean Labarthe et Xavier de Cardaillac, traduction dont l'accent « franchement méridional met en relief tout le côté pittoresque de l'original » et placée sous le signe de Francisco Rodríguez Marín, le « plus illustre exégète actuel de Cervantès »[13] ; enfin, la traduction de Jean Babelon, qui résout toutes les difficultés dans le texte sans besoin d'appareil critique et avec « une parfaite élégance, un art et une intelligence achevés »[14].

À propos des traductions de cette première période, Moner note que les traductions de Labarthe et de Cardaillac, de l'hispaniste Babelon et de l'écrivain Miomandre ont eu un certain prestige pour les cervantistes français parce qu'elles ont été réalisées avec de nouveaux critères éditoriaux et en respectant le sens littéral[15]. Toutefois, la révision de Cassou des premières traductions françaises semble les dépasser : même s'il n'a pas réussi à accomplir une révision en profondeur, sa réintroduction du classique à travers le premier texte français paraît être légitimée du moment que l'on

---

11. Jean Cassou, « Introduction » à *L'Ingénieux hidalgo Don Quichotte de la Manche. Nouvelles exemplaires*, op. cit., p. 13.
12. *Ibid.*, p. 14.
13. À propos de Rodríguez Marín, Cassou s'exprime ainsi : « c'est l'un des plus érudits et, sans doute, le plus illustre exégète actuel de Cervantes, esprit lui-même plein de sel et de bonhomie » (*Ibid.*).
14. *Ibid.*
15. Selon Moner : « En los primeros decenios del siglo XX fue cuando se realizaron traducciones con nuevos criterios editoriales, más rigurosos, por lo general, y con mayores exigencias en cuanto al sentido literal. Cabe destacar entre ellas, las de Jean Labarthe y Xavier Cardaillac (1923-1927), Jean Babelon (1929) y Francis de Miomandre (1935), que gozaron en su tiempo de cierto prestigio entre los cervantistas y contribuyeron – con fortunas y méritos diversos – a poner *El Quijote* al alcance de los lectores galos, aunque a todas esas traducciones se adelantó la que realizó Jean Cassou (1949) para la prestigiosa colección "La Pléiade" » (Michel Moner, « La recepción de *Don Quijote* en Francia », in *El español en el mundo: Anuario del Instituto Cervantes*, 2004, http://cvc.cervantes.es/lengua/anuario/anuario_04/moner/-default.htm [consulté le 15/11/2009]).

glisse dans la réception une distance linguistique et culturelle qui agit comme « effet de réel »[16], redonnant au roman une saveur du passé et à sa version archaïsante un double bénéfice esthétique et philologique.

Le début de la deuxième période active de retraductions du *Don Quichotte* en France se situe en 1997, année de la publication de la traduction d'Aline Schulman. Les éditions du Seuil souhaitent une traduction « moderne »[17] du roman de Cervantès et proposent à la traductrice d'auteurs contemporains comme Juan Goytisolo ou Severo Sarduy, de la réaliser. Sa mission, telle que Schulman la décrit dans son introduction, serait celle d'offrir une nouvelle traduction plus proche de la sensibilité du lecteur. À cette fin, il est nécessaire de reproduire l'effet de plaisir immédiat de l'oralité du texte ou, autrement dit, de traduire « par l'oreille et pour l'oreille. Pour une oreille d'à présent », comme l'affirme Jean-Claude Chevalier dans la préface de la même édition[18]. Ainsi, Schulman réélabore la syntaxe et la ponctuation pour alléger le texte en le modernisant et, lorsqu'elle éprouve des hésitations devant le chef-d'œuvre, elle recourt aux traductions antérieures, car elles sont, « chacune à leur manière, la résolution »[19]. Il s'agit notamment des traductions de Viardot et de Miomandre : « les plus lues dans les dernières années »[20], surtout dans les collections de poche. En effet, ces versions similaires du point de vue de la démarche, feront l'objet de diverses rééditions : seule la traduction de Viardot connaîtra au moins sept nouvelles éditions en France et en Suisse francophone entre 1938 et 1996[21], ce qui témoigne du succès d'une version qui, après de nombreuses adaptations, proposait un texte accessible au grand public et rapportait en France un *Don Quichotte* « sérieux » dont le Romantisme allemand avait sanctionné la valeur universelle.

---

16. Cf. Robin Lefere, « La traduction archaïsante : Cervantes d'après M. Molho », *Meta*, vol. XXXIX, n° 1, 1994, p. 247.
17. Aline Schulman, « Traduire le Don Quichotte aujourd'hui », in Miguel de Cervantes, *L'Ingénieux hidalgo Don Quichotte de la Manche*, Paris, Seuil, t. I, 1997, p. 17.
18. Jean-Claude Chevalier, « Préface – Nouvelle sortie de Don Quichotte » à Miguel de Cervantes, *L'Ingénieux hidalgo Don Quichotte de la Manche*, Paris, Seuil, t. I, p. 11.
19. Aline Schulman, « Traduire le Don Quichotte aujourd'hui », *loc. cit.*, p. 27.
20. Aline Schulman, « Retraduire Don Quichotte », *Cahiers internationaux de symbolisme*, vol. XCII-XCIV, 1999, p. 159-167.
21. (1836-1837) *L'Ingénieux hidalgo Don Quichotte de la Manche*, tr. Louis Viardot, Paris, J.J. Dubochet et Cie. ; rééd. 1863, 1869, 1926-27, 1938, 1947, 1951, 1962, 1968, 1996.

Quatre ans après la publication de la version de Schulman, Gallimard fait paraître en 2001 une nouvelle traduction du roman, réalisée par les cervantistes et professeurs universitaires Canavaggio, Allaigre et Moner. Le but de cette version, déclaré dans l'introduction de Canavaggio, est de satisfaire ceux qui auraient souhaité une traduction accessible et ceux qui attendaient une nouvelle édition érudite. Accompagnée d'un appareil critique pourtant « discret »[22], elle tient compte des travaux et des études les plus récents sur l'œuvre, son auteur et son siècle. Ainsi, les notes au *Don Quichotte* sont, nous avertit Canavaggio, redevables des éclaircissements que procure l'édition coordonnée par le cervantiste espagnol Francisco Rico[23], édition très riche « qui fait désormais autorité » et dont l'équipe de traducteurs dirigée par Canavaggio est la première « en France à l'avoir prise pour base »[24].

Il est intéressant de noter ici comment la nouvelle mise à jour du classique espagnol, et donc le renouvellement du texte original, semble justifier une nouvelle traduction-introduction en France qui offrirait au lecteur, aux portes du XXIe siècle, une lisibilité « autre que *segmentée* »[25] du texte, fondée sur un équilibre difficile entre la rigueur scientifique du travail universitaire et le besoin de présenter un texte agréable sans archaïsmes. Car l'objectif est double : d'une part, respecter « la spécificité de textes qui [...], ont acquis une patine dont on ne saurait les dépouiller » ; d'autre part, se garder autant que possible « d'une transposition archaïsante [...], que d'une version dans le goût d'aujourd'hui, [...], soumise aux caprices de la mode »[26], et cela dans le cadre d'une opération de rajeunissement discret, conforme à l'esprit de la Pléiade.

À propos de ses devanciers, Canavaggio affirme que Viardot a su conférer à sa traduction un allant qui entraîne encore le lecteur d'aujourd'hui,

---

22. Jean Canavaggio, « Note sur la présente édition », *Œuvres romanesques complètes I*, Paris, Gallimard, « Bibliothèque de la Pléiade », 2001, p. LXXVI.
23. Miguel de Cervantes Saavedra, *Don Quijote de la Mancha*, éd. Francisco Rico, Barcelona, Instituto Cervantes, « Crítica », 1998, 2 vol.
24. Jean Canavaggio, « Note sur la présente édition », *loc. cit.*, p. LXXVI.
25. Où la traduction serait jugée accessible « tantôt par l'ensemble des lecteurs d'aujourd'hui, tantôt par les lecteurs experts seulement » (Marc Charron, « De la question de la lisibilité des traductions françaises du *Don Quijote* », *loc. cit.*, p. 316).
26. Jean Canavaggio, « Note sur la présente édition », *loc. cit.*, p. LXXIV.

mais qu'il prend d'assez larges libertés avec l'original[27]. Le texte de Labarthe et de Cardaillac est « généralement plat », malgré ses expressions « pittoresques empruntées à l'occitan »[28]. De leur côté, Miomandre et Schulman auraient retrouvé l'esprit de l'original dans une version plus rigoureuse que celle qu'avait conçue Viardot, mais, comme celui-ci, ils sacrifient « l'ample mouvement des séquences narratives originelles »[29]. En ce sens et en allusion ouverte aux stratégies adoptées par Schulman vis-à-vis de la syntaxe, Canavaggio insiste sur le fait que sa version garde, « sans ruptures arbitraires, le mouvement [...] sinueux des périodes espagnoles »[30]. En outre, elle maintient les répétitions, marque d'une véritable esthétique, sans prétendre imposer au texte un rythme qui n'est pas le sien et « sans que l'on retranche à toute force, pour vouloir aller droit aux faits, subordonnants et coordonnants, épithètes et synonymes »[31].

Canavaggio répond ainsi à Chevalier, qui dans la préface de la traduction de Schulman défendait précisément la nécessité d'« aller droit aux faits » sans tenir compte des artifices, ce qui sans doute allait « indigner les exégètes »[32], et à Schulman, qui dans son introduction affirme avoir brisé, découpé et « peut-être » dénaturé le texte pour organiser la phrase et lui donner un rythme qui « s'accorde avec le mode de signifier d'aujourd'hui »[33]. Enfin, l'oralité, selon Canavaggio, est chez Cervantès une reconstruction stylistique. Transposer les dialogues dans la langue littéraire actuelle, parlée telle qu'au théâtre et non dans la rue, selon les mots précis de Schulman, risquerait de compromettre l'« indispensable distance »[34] que le lecteur devrait garder face à une œuvre classique.

La traduction de Schulman contribue sans doute à renouveler la réception de l'œuvre en France. Cependant, pour Moner, l'absence d'appareil

---

27. Nous sommes du même avis de Charron lorsqu'il affirme qu'ici : « C'est comme si Canavaggio établissait, sans toutefois le reconnaître explicitement, un rapport inversement proportionnel entre la résistance au temps qui s'écoule et le degré de liberté prise avec le texte à traduire » (Marc Charron, « De la question de la lisibilité des traductions françaises du *Don Quijote* », *loc. cit.*, p. 314).
28. Jean Canavaggio, « Note sur la présente édition », *loc. cit.*, p. LXXII.
29. *Ibid.*
30. *Ibid.*, p. LXXIV.
31. *Ibid.*
32. Jean-Claude Chevalier, « Nouvelle sortie de *Don Quichotte* », *loc. cit.*, p. 13-14.
33. Aline Schulman, « Traduire le *Don Quichotte* aujourd'hui », *loc. cit.*, p. 24.
34. Jean Canavaggio, « Note sur la présente édition », *loc. cit.*, p. LXXIV.

critique aligne cette version sur celles de Viardot et de Babelon et se rapporte à une idée qui n'appartiendrait pas au marché éditorial français ; une idée selon laquelle le public et les maisons d'édition, ne s'intéressant qu'au pur divertissement, seraient allergiques « à tout ce qui sent l'érudition et le travail universitaire »[35]. Quoi qu'il en soit, pour Moner, Schulman réussit bien à intégrer les contributions de la critique dans sa version « amène et élégante », même si elle contient des infidélités qui seraient propres au projet modernisant dans lequel elle s'inscrit. Car, on l'a vu, le projet « librement archaïsant »[36] de Canavaggio, Allaigre et Moner vise à rapprocher ce texte ancien du lecteur moderne, voire à permettre à ce lecteur de remonter vers des faits de langue et des codes « qu'il redécouvre ou même découvre »[37], et qui composent cette patine dont on ne saurait dépouiller le *Don Quichotte*.

Or, si le projet de Schulman refuse le jeu de l'historicisme puisque, comme le dit Chevalier, ce n'est pas pour donner à connaître « les mouvements d'une philosophie du passé »[38] que la traduction a été faite, la traductrice ne poursuit pas non plus l'actualisation à tout prix[39]. En effet, Schulman insiste sur une rhétorique de l'oralité pour se rapprocher du lecteur actuel, mais, si elle choisit d'exclure les expressions entrées dans le français après 1650, c'est aussi pour respecter l'original, à travers une rela-

35. Moner s'exprime dans ces termes: « La que sí, en cambio, contribuyó a renovar la recepción del texto cervantino en Francia fue la traducción de Aline Schulman (1997), publicada sin notas, ni aparato crítico. El concepto, nada nuevo (si se compara con traducciones anteriores, y especialmente con las de Viardot o de Babelon), corresponde al parecer a una demanda del público (¿ y de las casas editoriales ?), que no es propia del mercado francés del libro, sino que refleja, al parecer, las preocupaciones hedonistas de un lectorado al que se supone cada vez más ávido de solaz y recreo, y fuertemente alérgico a todo lo que huela a erudición y trabajo universitario » (Michel Moner, « La recepción de *Don Quijote* en France », *loc. cit.*, s.p.).
36. Selon Lefere, la traduction « librement archaïsante » présenterait plusieurs états de langue – d'ici l'équilibre recherché –, avec un état généralement dominant, marqué dans ce cas par le respect des faits de langue et des codes du classique (Robin Lefere, « La traduction archaïsante : Cervantes d'après M. Molho », *loc. cit.*, p. 243).
37. Jean Canavaggio, « Note sur la présente édition », *loc. cit.*, p. LXXV.
38. Jean-Claude Chevalier, « Nouvelle sortie de *Don Quichotte* », *loc. cit.*, p. 14.
39. Comme le note Foz, « tout en refusant le jeu de l'historicisme (faire ressentir la distance temporelle pouvant exister entre le temps dans lequel est inscrit le lecteur contemporain et celui de Cervantès) », Schulman « ne revendique pas pour autant l'actualisation à outrance » (Clara Foz, « (Re)traduction(s) et (re)présentation(s) : Première et dernière sortie du *Quijote* en français », *loc. cit.*, p. 47).

tion qui dépasserait « la philologie par homologie »[40] des versions où le souci philologique l'emporterait sur une accessibilité plus large au texte.

La dernière traduction du *Don Quichotte*, parue en France en 2008 par les soins du professeur universitaire et spécialiste en littérature espagnole, Jean-Raymond Fanlo, se présente en un seul volume qui contient une introduction de 117 pages. Le but de cette traduction est de revenir à l'original à travers une réinterprétation du texte. Fanlo suit ainsi la critique :

> [...] Anthony Close [*The Romantic Approach to "Don Quixote"*, 1978] a attaqué les moulins à vent de la « conception romantique du *Quichotte* », puis des conceptions modernes, au nom d'un retour à l'œuvre qu'a voulue Cervantès et qu'ont lue ses contemporains. Pour lui, ce mythe de la littérature qu'est aujourd'hui le *Quichotte* n'est pas conforme au projet de Cervantès. Opposition classique entre ce que voit le lecteur à partir de son propre horizon de lecture, et ce qu'aurait voulu l'auteur[41].

Ce retour passe donc par une reprise du texte ancien, la ponctuation d'origine étant, pour Fanlo, le point de départ nécessaire de la traduction. Dans les chapitres de son introduction, intitulés à la manière des épisodes de l'œuvre « Chapitre XV : Que *Don Quichotte* a été traduit d'après une édition antique », « Chapitre XVII : Où le traducteur, à l'instar du Maure Cid Hamet Benengeli jurant comme catholique chrétien, jure que cette véridique traduction est véridique [...] » et « Chapitre XVIII : Où le traducteur passe aux aveux », Fanlo dit avoir utilisé les toutes premières éditions (1605-1615), sans pour autant rejeter les plus récentes (celles de Rico, 1998, et de Gaos, 1987), pour respecter la typographie et la ponctuation originales, que les dernières éditions auraient transformées pour des raisons de lisibilité. Quant au procédé employé, Fanlo affirme d'emblée avoir voulu respecter *Don Quichotte*, et note que sa fidélité se fonde sur une attention particulière aux mots, car « la précision dans les mots est particulièrement indispensable lorsqu'ils touchent à l'invention romanesque, à la comédie, à la perspicacité »[42].

---

40. Aline Schulman, « Traduire le *Don Quichotte* aujourd'hui », *loc. cit.*, p. 24.
41. Jean-Raymond Fanlo, « Introduction » à *Don Quichotte*, Paris, Livre de Poche, chap. IV, « Que l'*Ingénieux Don Quichotte* est un livre illustre et fameux », p. 25.
42. *Ibid.*, p. 102.

En se référant à Schulman, il soutient avoir proscrit notamment les archaïsmes « qu'ajoutent gratuitement toutes les traductions, ainsi que les adaptations qui prétendent "dépoussiérer" le texte »[43], puisqu'il n'est pas utile, dit-il en reprenant les mots respectivement de Canavaggio et de Schulman, « d'engluer de simples mots de Cervantès sous des couches de *patine* antiquaire, ni de mettre à Don Quichotte une perruque XVIIIe siècle sous prétexte de rendre l'effet qu'il serait censé *produire aujourd'hui* »[44].

Pour Fanlo, il faut rester simple en respectant les mots de Cervantès lorsqu'il veut « faire simple »[45]. En ce sens, il avoue qu'il n'était pas possible de faire un décalque du texte. En effet, pour le lecteur moderne, la syntaxe complexe du roman et son ironie subtile sont difficiles, c'est pourquoi, pour lui redonner plus de « lisibilité »[46], Fanlo recourt à des aménagements, notamment dans la ponctuation, qui a été démultipliée pour respecter les accents, les « attaques et les relances » de l'original. Comme le notait déjà Schulman, le problème le plus important reste celui de la syntaxe. Fanlo coupe « souvent » des phrases complexes aux lourdes subordonnées et resserre les articulations en déliant les liens syntaxiques ; toutefois, il respecte les répétitions – proscrites, dit-il, dans le goût classique et dans les traductions françaises –, propres à une syntaxe paratactique qui se veut orale. Car, pour lui, c'est « l'effet produit sur le lecteur de 1605 ou de 1615 qu'il semble important de donner au lecteur d'aujourd'hui », afin de restituer « le dynamisme que les modes de diction et de lecture du XVIIe siècle ajoutaient sans doute au texte […] »[47].

2. Double mouvement philologique / modernisant

Le bref chemin que nous venons de parcourir nous a permis d'illustrer « la nécessaire tension entre des traductions qui se contredisent tout en se répondant les unes les autres »[48] en nous aidant à dresser un premier bilan

---

43. *Ibid.*, p. 107.
44. *Ibid.*, nous soulignons.
45. *Ibid.*, p. 108.
46. *Ibid.*
47. *Ibid.*, p. 117.
48. Marc Charron, « De la question de la lisibilité des traductions françaises du *Don Quijote* », *loc. cit.*, p. 317.

sur la retraduction active du *Don Quichotte* en France au XXe siècle. Dans un tableau qui resterait à développer en creusant des paramètres sur la vie et l'œuvre de chacun des traducteurs, le contexte socio-politique et culturel des traductions et des aspects du marché tels que les droits d'auteur ou le projet éditorial de mise en livre (voir Pléiade *vs* Pochothèque), nous pourrions situer les versions de Cardaillac et de Labarthe, la révision de Cassou, la traduction coordonnée par Canavaggio et la traduction de Fanlo, dans un *continuum* érudit-philologique, qui dialogue avec un deuxième *continuum* modernisant constitué par les versions de Babelon, Miomandre et Schulman[49].

Soutenus par le Cervantisme espagnol et français, les premiers insistent sur la retraduction comme retour, comme réinterprétation du *sens* et de la *forme* de la source, visant ainsi à remédier à la défaillance, dans le sens bermanien, des traductions précédentes et à préserver, face à des projets modernisants, une lisibilité édifiée sur une stylistique et sur des références historiques et culturelles dont le lecteur ne peut plus se passer[50]. Pourtant, si le projet philologique de Cassou s'inscrit bien dans un retour à la source pour remédier, au moins dans la surface, aux toutes premières traductions, il ne se pose pas forcément contre les versions existantes. Aucune mention n'est faite dans son introduction aux possibles erreurs de ses récents devanciers ; bien au contraire, il exprime sa reconnaissance envers de « précieux » auxiliaires.

À l'inverse, l'équipe dirigée par Canavaggio, et Fanlo lui-même, prennent une distance nette par rapport aux traductions qui les précèdent dans ce *continuum*. Ainsi, pour l'équipe de la Pléiade, la version de Cardaillac et de Labarthe est une tentative « louable » de restituer l'original au mot près, mais elle repose sur le critère inapplicable du décalque. Et même Cassou, dont les traductions révisées « retrouvaient, grâce à lui, une seconde vie »[51],

---

49. Charron note comment malgré l'intention avouée de Canavaggio de rendre sa traduction accessible au lecteur contemporain, il ne se situe pas dans le « champ modernisant » (*Ibid.*, p. 314). Au concept de *champ* nous préférons celui de *continuum*, car celui-ci permet d'envisager l'idée de variation ou de « différend » à l'intérieur de chaque pôle et dans une perspective diachronique.
50. Voir à cet égard le chapitre XIX de l'introduction de Fanlo, intitulée très significativement : « Humble supplique au lecteur oisif pour qu'il lise aussi les notes de bas de page » (p. 121).
51. Jean Canavaggio, « Note sur la présente édition », *loc. cit.*, p. LXXI.

ne réussit pas à conférer au texte un « allant qui entraîne le lecteur »[52]. Pour Fanlo, Canavaggio tient une position indiscutable – celle de respecter le style de Cervantès –, mais elle est aussi peu tenable dans la mesure où l'effet produit s'éloigne souvent du style naturel et sans emphase « que prône l'ami éclairé du Prologue de 1605 »[53].

De façon significative, aucun d'entre eux ne mentionne le projet de Babelon, car ceci s'inscrirait, avec ceux de Miomandre et de Schulman, dans le *continuum* opposé qui, sur le fil rouge entamé par Viardot, choisit une option qui pose au premier plan la question d'une accessibilité au texte la plus large possible. Il s'agit de projets de réactualisation qui, sans occulter forcément le temps, visent à respecter un pacte implicite entre le traducteur et son lecteur potentiel, sans vouloir remédier, du moins de manière explicite, aux défauts d'autres versions.

Quant aux conditions historiques, les normes esthétiques et les codes idéologiques auxquels se rattache chaque projet, nous pouvons avancer un certain nombre d'hypothèses sur la base des propos recueillis. D'une part, la genèse des traductions françaises parues aux alentours des années 1930 semble répondre à un regain d'intérêt pour Cervantès, qui fait suite à d'importantes études critiques sorties en Espagne depuis le début du siècle. Il s'agit notamment des essais d'Unamuno (1905), Azorín (1905), Ortega y Gasset (1914), Madariaga (1926) et Maeztu (1929), ainsi que des éditions critiques qui, comme celle de Rodríguez Marín, ouvrent la voie à de nouvelles métamorphoses du texte-source. Cet élan exégète impulse en France une plus grande ouverture vis-à-vis d'un récit dont l'interprétation allégorique se marie bien avec de nouvelles traductions érudites. Dans

---

52. À ce propos, Charron note que Canavaggio est « moins sévère à l'endroit des traductions plus *modernisantes* de *Don Quijote*, que ce soit d'abord celle de Viardot, mais surtout d'autres traductions du XXe siècle, comme celle de Francis de Miomandre (1935) et d'Aline Schulman (1997) » (Marc Charron, « De la question de la lisibilité des traductions françaises du *Don Quijote* », *loc. cit.*, p. 315). Cette affirmation paraît aller dans le même sens que notre hypothèse de l'existence de deux *continuums* dans lesquels nous observons des écarts entre des projets similaires mais concurrents. Dans le pôle des retraductions philologiques, le projet éditorial et le type de lectorat visé sont semblables, cela peut expliquer pourquoi Canavaggio, pour justifier cette version « différente » et légitimer la « lisibilité autre que *segmentée* » de son projet, prend plus de distance à l'égard des traductions philologiques ou archaïsantes de la première période active.
53. Jean-Raymond Fanlo, « Introduction », *loc. cit.*, p. 116.

cette période instable – période de l'entre-deux-guerres et de l'avant-scène de la Guerre civile espagnole –, la figure mythique de Don Quichotte devient emblématique d'une Espagne et d'une Europe sans repères[54].

D'autre part, l'on ne saurait nier l'importance du 400e anniversaire de la publication de la première partie du *Don Quichotte* (1605-2005), dans la décision de proposer au public français de nouvelles traductions qui, vers la fin du XXe siècle, relancent l'intérêt autour du classique cervantin. La version de Schulman vise, semble-t-il, à prendre le relais de Viardot pour redonner au lecteur, aux portes de notre siècle, un récit vivant qui, jouant l'alternative aux projets philologiques, n'aurait pas besoin de notes pour être lu. Allaigre, Canavaggio et Moner semblent vouloir, les premiers, commémorer cette date en se rattachant à un vaste projet universitaire de rajeunissement du texte, qui s'appuie sur une nouvelle édition critique du texte-source, celle de Rico, et consolide ainsi le lien existant entre les cervantistes espagnols et français. Le projet de Fanlo paraît faire suite à cette célébration, mais pour offrir, cette fois-ci, une édition érudite en livre de poche.

3. Stratégies de traduction

Les stratégies de traduction adoptées dans l'un ou l'autre pôle présentent, au fur et à mesure que le temps avance, des différences qui s'expliquent par l'évolution : du contexte historique, des rapports entre les deux langues-cultures, des lectures interprétatives du texte-source, et du concept de lisibilité même. Quant à ce dernier aspect, chaque traducteur semble dire sa vérité du texte en fonction d'une idée différente de lisibilité du récit ainsi que du type de lecteur envisagé. En fonction du lecteur visé – soit qu'on exige de lui un regard particulier envers un ouvrage classique, soit

---

54. « L'avènement du XXe siècle inaugure une nouvelle étape dans les métamorphoses de *Don Quichotte*. Il ne s'agit plus d'une rupture avec les représentations formées par les romantiques ; ses héritiers, sans la récuser, l'intègrent dans un spectre plus large. [...] On observe également, à l'échelle de l'Europe et même au-delà des mers, une curiosité sans précédent, voire une véritable passion pour le destin d'un héros dont le caractère emblématique s'affirme avec force [...]. Dans un monde confronté à une crise générale des valeurs où s'ébranlent les vieilles certitudes, l'œuvre se trouve investie d'une pluralité de sens » (Jean Canavaggio, *Don Quichotte, du livre au mythe : Quatre siècles d'errance*, Paris, Fayard, 2005, p. 167).

qu'il doive commencer cette histoire d'aventures pour ne plus la lâcher –, on choisit le respect des phrases sinueuses inhérentes, dit-on, à Cervantès, ou bien le recours au rythme d'une grammaire vivante. Deux approches, dont une analyse comparative et non prescriptive des traductions permet d'en observer les déclinaisons au niveau des choix linguistiques et stylistiques.

Par exemple, si l'on regarde de près le fragment, reproduit ci-dessous, du passage sur l'enquête que le curé et le barbier font dans la bibliothèque de l'ingénieux gentilhomme (chapitre VI, Première partie), l'on observe des différences subtiles, ou ce que Charron appelle des « éléments de complémentarité », entre les versions d'un même *continuum*, et des différences substantielles entre les versions appartenant à l'un ou l'autre. Dans ce cas, il s'agit des écarts qui se manifestent notamment au niveau de la syntaxe et qui se fondent sur le maintien ou l'abandon graduels de certaines structures ou constructions de l'original, soit pour garder la patine du classique soit pour aller droit aux faits.

> [À propos de l'*Orlando furioso*, de Ludovico Ariosto, et de sa traduction vers l'espagnol, le curé dit] « [...] y aquí le perdonáramos al señor capitán que no le hubiera traído a España y hecho castellano; que le quitó mucho de su natural valor, y lo mesmo harán todos aquellos que los libros de verso quisieren volver en otra lengua; que, por mucho cuidado que pongan y habilidad que muestren, jamás llegarán al punto que ellos tienen en su primer nacimiento [...] » (1605, éd. Rico 1998, p. 81).

> *Continuum* philologique
> Labarthe et de Cardaillac (1923-1927) :
> « [...] à ce propos nous aurions facilement pardonné à monsieur le capitaine, son traducteur*, de ne pas avoir donné à l'Espagne, ni mis en castillan, ce poème-là ; il lui enleva beaucoup de son mérite naturel, et ils feront de même tous ceux qui voudront traduire les ouvrages en vers dans une autre langue car, si grands que soient le soin qu'ils y apportent et le talent qu'ils y déploient, jamais ils n'arriveront au point de perfection que ces livres de poésie ont dans l'original » (p. 96).
> * Jerónimo de Urrea

> Oudin, rév. Cassou (1934) :
> « [...] et aussi, se fût bien passé le seigneur capitaine⁹ de l'apporter en Espagne et le faire castillan, parce qu'il lui a beaucoup ôté de sa grâce naturelle, et de même en feront tous ceux qui voudront traduire des livres de vers en une autre langue : car, quelque soin qu'ils y apportent

et tant habiles soient-ils, jamais ils n'atteindront au point qu'ils ont en leur première naissance » (p. 102-103, éd. 1988).
[9] Le capitaine Don Jerónimo de Urrea, qui traduisit en vers médiocres l'*Orlando furioso* (1556) [note de J. Cassou].

Canavaggio, Moner et Allaigre (2001) :
« [...] et nous pardonnerions ainsi au seigneur capitaine de ne pas l'avoir apporté en Espagne et fait castillan ; car il lui a ôté beaucoup de son mérite naturel, et ainsi feront tous ceux qui voudront faire passer les livres de vers en une autre langue[17] ; quelque soin qu'ils y apportent et quelque habileté qu'ils montrent, jamais ils n'atteindront au point de perfection qu'ils ont eu à leur naissance » (p. 439).
[17] Le curé juge ici sévèrement la traduction espagnole la plus répandue du poème, celle du capitaine Jerónimo de Urrea (Anvers, 1549). Le *Roland furieux* fut à nouveau traduit au XVIe siècle par Hernando de Alcocer (Tolède, 1550), et par Diego Vázquez de Contreras (Madrid, 1585). Plus généralement, le digne ecclésiastique énonce sur les traductions des « livres de vers » un point de vue qu'émettra à son tour Don Quichotte, en le nuançant, en II, LXII, lors de sa visite d'une imprimerie à Barcelone (voir p. 1358).

Fanlo (2008) :
« Ici nous pardonnerions au seigneur capitaine[4] s'il ne l'avait pas apporté en Espagne et fait castillan, en lui ôtant beaucoup de sa valeur originale. Et c'est ce que feront tous ceux qui voudront tourner en une autre langue les livres de poésie : quelque soin qu'ils prennent et quelque habileté dont ils fassent preuve, jamais ils n'atteindront à la hauteur où ils se placent à leur première naissance » (p. 177).
[4] Le capitaine Jerónimo Jiménez de Urrea, premier traducteur de l'*Orlando* (1586).

Continuum modernisant
Babelon (1929) :
« [...] et mieux eût valu que ne l'entendit pas davantage un certain capitaine, qui ne nous l'aurait pas apporté en Espagne pour le faire castillan, car il lui a bien enlevé de sa valeur native, et autant en feront tous ceux qui voudront faire passer les ouvrages en vers dans une autre langue : quelque soin qu'ils mettent, et quelque habileté qu'ils montrent, jamais ils ne les conduiront au point de perfection qu'ils atteignent en leur première naissance » (p. 83, éd. 1973).

Miomandre (1935) :
« [...] nous serions très obligés à M. le Capitaine[1] de ne pas l'avoir apporté en Espagne, et traduit en castillan, car il lui a beaucoup ôté de sa valeur propre et c'est ce qui arrivera pour tous les livres de vers que l'on

voudra traduire. On ne peut jamais, en effet, quelque soin et quelque habileté qu'on y apporte, leur redonner <u>l'aspect qu'ils ont dans l'original</u> » (p. 49, éd. 1962).
[1] Don Iéronimo de Urrea.

Schulman (1997) :
« [...] et il aurait mieux valu pour nous tous qu'<u>un certain capitaine que je ne nommerai point</u> ne l'eût pas apporté en Espagne et traduit en castillan, car il lui a ôté une grande partie de <u>sa valeur</u>, comme c'est le cas pour tous les livres que l'on fait passer d'une langue dans une autre : malgré tout le soin que le traducteur y porte et toute l'habileté qu'il y déploie, jamais il ne pourra <u>restituer la perfection de l'œuvre originale</u> » (p. 90).

Dans les traductions du premier pôle, plus attentives à l'écriture et à l'histoire de la langue, il est possible de trouver des conjonctions subordonnantes qui alternent dans les versions des différentes époques. Par contre, la tendance dans les traductions du deuxième pôle est de remplacer les conjonctions par des signes de ponctuation, qui coupent les propositions, simplifiant la syntaxe à mesure que le temps passe. Le choix des structures moins complexes manifeste une préférence pour l'oralité, pour un ton moins formel, plus proche, semble-t-il, d'un public non expert.

En outre, dans toutes les traductions, se produit un mouvement d'explicitation / implicitation progressive par rapport à l'original, selon que l'on se situe dans l'un ou l'autre axe. Dans le premier, l'on observe des mécanismes d'explicitation-amplification dans le paratexte, notamment dans des notes explicatives ou, plus rarement, dans le texte (« monsieur le capitaine, *son traducteur* », dans la version de Labarthe et Cardaillac) ; dans le deuxième, la préférence, dans le texte, aux références historiques et culturelles – notamment dans les cas de Miomandre ou de Schulman – passe par une sorte d'implicitation qui exclut des éclaircissements (voir le choix « un certain capitaine *que je ne nommerai point* », opéré par Schulman). Plus précisément, au niveau sémantique, il est intéressant de noter comment ce processus se traduit par des écarts de sens qui dépassent la simple explication due à une possible incompréhension ou à un manque de référence culturelle de la part du lecteur. Certains mots et expressions, soulignés ici dans le texte, semblent ajouter à la traduction des significations que l'on ne retrouve pas, du moins de manière explicite, dans le texte de départ et qui véhiculent trois idées, probablement acquises tout au long du XXe siècle, sur la figure du traducteur, le statut de l'œuvre originale et le processus de traduction. Ce choix semble relever d'une surinterprétation – ou « valeur augmentée » – des traductions à partir des significations multiples d'un texte classique comme celui-ci, la traduction étant, dans cette perspective, une « zone d'augmentation potentielle » de sens[55].

Ainsi, les notes en bas de page, insérées dans les versions du premier *continuum*, fournissent, en particulier dans le *Don Quichotte* de l'équipe de la Pléiade, un grand nombre d'informations sur le traducteur et sur la réception de la traduction du *Orlando Furioso*, qui contiennent des renvois à d'autres parties du texte. Quant au *natural valor*, l'on observe dans le premier pôle une alternance de substantifs (« mérite », « grâce »), connotés positivement par rapport à « valeur », en apparence plus neutre, qui sera repris plus tard par Fanlo. Dans les versions du pôle modernisant, ce sont par contre les adjectifs qui changent (« propre », « native »), et l'on peut se demander s'il s'agit d'une simple variation de style ou bien du renforcement, par des qualificatifs plus précis, de l'idée de valeur intrinsèque à l'œuvre originale face à une valeur autre de ses traductions, idée qui serait implicite chez Cervantès mais qui sera explicitée dans les diverses traductions. Seule Schulman enlève l'adjectif du moment que « sa valeur » paraît être suffisamment précis. Enfin, toutes les traductions, à l'exception des versions de Miomandre, de Fanlo, ainsi que de la traduction révisée par Cassou, ajoutent le mot « perfection » au « punto que tienen en su primer nacimiento » de l'original, c'est-à-dire, l'état de l'œuvre lorsqu'elle est créée par son auteur. Labarthe, Cardaillac et Babelon amplifient le texte avec « point de perfection », tandis que Schulman explicite davantage par le syntagme moderne « restituer la perfection de l'œuvre originale ». Seul Cassou maintient le « point » de la version d'Oudin. Quant à Miomandre, il le remplace par « aspect », dont le sens d'apparence ou de forme semble limiter l'idée d'un état atteint par l'original bien que le verbe « redonner » laisse supposer un retour à une forme originelle. Fanlo se rattache encore à l'idée de perfection à travers le mot « hauteur », qui élargit encore le sens d'un état élevé et presque inaccessible du texte-source.

---

55. Cf. Marc Charron, « Otras razones para leer *Don Quijote*, otras maneras de leer *Don Quijote*: La traducción como valor aumentado », *Hispanista*, vol. XXIV, 2006, p. 1-11.

4. Conclusion

Cette rapide analyse nous a permis de jeter un premier regard sur les stratégies adoptées en suivant le double mouvement philologique / modernisant qui caractérise la retraduction active du *Don Quichotte* en France au XXᵉ siècle. Sans doute, une étude systématique de la totalité de l'œuvre et de ses traductions devrait permettre d'approfondir cette piste pour déterminer le degré de lisibilité ou d'accessibilité des traductions en rapport notamment avec, d'une part, les dispositifs de mise en livre et le paratexte et, d'autre part, les aspects syntaxiques, les dialogues et le vocabulaire. Méritent également une attention particulière les mécanismes d'interprétation de l'œuvre de la part des traducteurs qui, sur la base de codes culturels et idéologiques précis, tendent à une explicitation-amplification du sens. Comme le dit Schulman[56], l'on n'a pas fini de gloser sur ce chevalier errant, c'est pourquoi de nouvelles lectures, et donc de nouvelles traductions visant à restituer le point de perfection de l'original – s'il y en a un – sont encore possibles.

Université de Bologne

---

56. Aline Schulman, « Retraduire Don Quichotte », *loc. cit.*, p. 167.

Pour conclure

Bibliographie sur la retraduction

ENRICO MONTI

Cette bibliographie offre un choix critique des contributions sur la retraduction que nous avons jugées importantes, à différents titres, pour l'analyse de cette thématique. Sans prétendre à l'exhaustivité, elle veut proposer aux lecteurs un état de l'art des études sur la retraduction, dans l'espoir de pouvoir servir de référence pour les études futures des traductologues et spécialistes en littérature comparée.

La présente bibliographie reflète l'approche de ce volume : elle privilégie les études qui portent sur la retraduction dans le domaine littéraire européeen des XXe-XXIe siècles. Nous avons pris le parti de limiter notre *corpus* aux essais parus dans des revues scientifiques ou des volumes consacrés à cette thématique, en laissant délibérement de côté les préfaces et les postfaces des nouvelles traductions littéraires, tout comme les comptes-rendus de ces traductions (ou, plus généralement, les articles de presse) qui abordent, plus ou moins directement, la thématique de la retraduction.

Dans le cas de volumes collectifs ou numéro de revues consacrés specifiquement à la retraduction (signalés par un astérisque), nous ne citons pas en détail les études qui y sont contenues, mais le lecteur trouvera dans la notice bibliographique la liste complète des contributeurs.

Université de Bologne
ILLE – Institut de Recherche en langues et littératures européennes

Actes des Septièmes assises de la traduction littéraire (Arles 1990), Arles, Actes Sud / ATLAS, 1991 [en particulier les tables rondes : « Proust traduit et retraduit » (p. 21-51) et « Retraduire Dickens » (p. 57-80)].

Ballard, Michel, « In search of the foreign : A study of three English translations of Camus's *L'Étranger* », *in* Myriam Salama-Carr (éd.), *On Translating French Literature and Film II*, Amsterdam, Rodopi, 2000, p. 19-38.

*Banoun, Bernard et Irène Weber Henking (éds.), *Cahiers du CTL*, « Traduire – Retraduire », n° 49, 2007 [textes de : B. Banoun, A. Markowicz, J.-P Lefebvre, É. Athenot, H. Henry, V. Brjusov].

Bassnett, Susan, « Adventures across time : Translational transformations », *in* Myriam Salama-Carr (éd.), *On Translating French Literature and Film II*, Amsterdam, Rodopi, 2000, p. 155-170.

*Bensimon, Paul et Didier Coupaye (éds.), *Palimpsestes*, « Retraduire », n° 4, 1990, 90 p. + 50 p. annexe [textes de : P. Bensimon, A. Berman, A.-F. Benhamou, M. Gresset, A. Topia, L. Rodriguez].

*Bensimon, Paul et Didier Coupaye (éds.), *Palimpsestes*, « Pourquoi donc retraduire ? », n° 15, 2004, 212 p. + 102 p. annexe [textes de : H. Meschonnic, A. Himy, A. Brisset, S. Muller, G. Wall, M. Morel, A.-L. Milne, N. Mauberret, A. Topia, F. Pitavy, M. Oustinoff, J. Kaplansky].

Berman, Antoine, « John Donne : Traductions et retraductions », in *Pour une critique des traductions : John Donne*, Paris, Gallimard, 1995.

Brownlie, Siobhan, « Narrative theory and retranslation theory », *Across Languages and Cultures*, vol. VII, n° 2, 2006, p. 145-170.

Cachin, Marie-Françoise, « Une option éditoriale : La retraduction, ou pourquoi retraduire ? », in *La Traduction*, Paris, éditions Cercle de la Libraire, 2007, p. 78-81.

Caws, Mary Ann, « Retranslation, and its surrealist delights », *Translation & Literature*, vol. XII, n° 1, Spring 2003, p. 159-165.

Chesterman, Andrew, « A causal model for translation studies », in Maeve Olohan (éd.), *Intercultural Faultlines. Research Models in Translation Studies 1 : Textual and Cognitive Aspects*, Manchester, St. Jerome, 2000, p. 15-27.

Collombat, Isabelle, « Le XXIe siècle : L'âge de la retraduction », *Translations Studies in the New Millenium : An International Journal of Translation and Interpreting*, vol. II, 2004, p. 1-15.

Desmidt, Isabelle, « (Re)translation revisited », *Meta : Journal des traducteurs / Translators' Journal*, vol. LIV, n° 4, 2009, p. 669-682.

Du-Nour, Miryam, « Retranslation of children's books as evidence of changes of norms », *Target*, vol. VII, n° 2, 1995, p. 327-346.
Foz, Clara et María Sierra Córdoba Serrano, « Dynamique historique des (re)traductions du Quijote en français : Questions méthodologiques et premiers résultats », *Meta : Journal des traducteurs / Translators' Journal*, vol. L, n° 3, 2005, p. 1042-1050.
Gambier, Yves, « La retraduction, retour et détour », *Meta : Journal des traducteurs / Translators' Journal*, vol. XXXIX, n° 3, 1994, p. 413-417.
Gambier, Yves, « Working with relay : An old story and a new challenge », in Luis Pérez-González (éd.), *Speaking in Tongues : Language Across Contexts and Users*, Valencia, PUV, 2003, p. 47-66.
Jianzhong, Xu, « Retranslation : Necessary or unnecessary ? », *Babel*, vol. XLIX, n° 3, 2003, p. 193-202.
*Kahn, Robert et Catriona Seth (éds.), *La Retraduction*, Rouen, Publications des Universités de Rouen et du Havre, 2010 [essais de R. Kahn et C. Seth, Y. Chevrel, J. Bollack, Ph. Marty, J.-P. Cléro, C. Seth, K. Barck, M. Sagnol, C. Lechevalier, J.-M- Déprats, A. Ferry, D. Mortier, J. Canavaggio, J.-L. Backès, L. Hewson, D. Jardez, R. Kahn, A.-R. Hermetet, Th. Samoyault, P. Brunet, G. Bianciotto, B. Vilgrain, F. Weinmann, Fl. Bancaud, L. Arnoux-Farnoux].
Kujamäki, Pekka, « Finnish comet in German skies : Translation, retranslation and norms », *Target*, vol. XIII, n° 1, 2001, p. 45-70.
Léger, Benoit, « "Une frisure nouvelle donnée à une antique perruque" : La retraduction des *Voyages de Gulliver* de Furne et Fournier (1838) », *Tradução e Comunicação*, n° 16, 2007, p. 26-37.
Meschonnic, Henri, « Traduire, c'est retraduire : La Bible », in *Poétique du traduire*, Paris, Verdier, 1999, p. 436-444.
Meschonnic, Henri, « Pourquoi je retraduis la Bible », in *Éthique et politique du traduire*, Paris, Verdier, 2007, p. 133-140.
*Milton, John et Marie-Helène Torres (éds.), *Caderno de tradução*, « Tradução, Retradução e Adaptação », vol. I, n° 11, 2003 [textes de : K. Koskinen et O. Paloposki, C. Foz, J. St. André, I. Oseki Dépré, M. Marín Dòmine, S. Aaltonen, Ch. Zurbach, L. Maia Amorim, J. Milton, M.-H. Catherine Torres, E. Plourde].
O'Driscoll, Kieran, *Retranslation Through the Centuries : Jules Verne in English*, Bern, Peter Lang, 2011.
Paloposki, Outi et Kaisa Koskinen, « A thousand and one translations : Revisiting retranslation », *in* Gyde Hansen *et al.* (éds.), *Claims,*

Changes and Challenges in Translation Studies, Amsterdam / Philadelphia, John Benjamins, 2004, p. 27-38.

Paloposki, Outi et Kaisa Koskinen, « Reprocessing texts : The fine line between retranslating and revising », *Across Languages and Cultures*, vol. XI, n° 1, 2010, p. 29-49.

Paloposki, Outi et Kaisa Koskinen, « Retranslation », *in* Yves Gambier et Luc van Doorslaer (éds.), *Handbook of Translation Studies*, vol. I, Amsterdam / Philadelphia, John Benjamins, 2010, p. 294-298.

Pierini, Patrizia, « La ritraduzione in prospettiva teorica e pratica », in *L'atto del tradurre. Aspetti teorici e pratici della traduzione*, Roma, Bulzoni, 1999, p. 51-72.

Pym, Anthony, *Method in Translation History*, Manchester, St. Jerome, 1998, p. 79 s.

Schnyder, Peter, « André Gide, traducteur d'Hamlet : Une apostille », *in* Raymonde Robert (éd.), *Texte et théâtralité*, Nancy, Presses Universitaires de Nancy, 2000, p. 53-66.

Schulman, Aline, « Retraduire *Don Quichotte* », *Cahiers internationaux de symbolisme*, vol. XCII-XCIV, 1999, p. 159-167.

Seleskovitch, Danica, « Le dilemme terminologique de la retraduction », *Traduire*, n° 175, 1998, p. 17-27.

Skibińska, Elżbieta, « Autour de la retraduction. Sur l'exemple des traductions françaises de *Pan Tadeusz* », *Verbum Analecta Neolatina*, vol. VIII, n° 2, 2006, p. 391-406.

Skibińska, Elżbieta, « La retraduction, manifestation de la subjectivité du traducteur », *Doletiana. Revista de traducció, literatura i arts*, n° 1, 2007, p. 1-10, http://www.fti.uab.cat/doletiana/1Documents/1Skibinska.pdf (consulté le 28/9/2011).

Susam-Sarajeva, Şebnem, « Multiple-entry visa to travelling theory : Retranslations of literary and cultural theories », *Target*, vol. xv, n° 1, 2003, p. 1-36.

Tahir Gürçağlar, Şehnaz, « Retranslation », *in* Mona Baker et Gabriela Saldanha (éds.), *Routledge Encyclopedia of Translation Studies*, 2nd edition, London / New York, Routledge, 2008, p. 233-236.

Traduire, n° 218, « De traduction en retraduction », 2008 [essais de : V. de Pizzol, J.-P. Lefebvre, A.-M. Ozanam, Th. Ménissier, V. Cossy, S. Protin, N. Froeliger].

Vanderschelden, Isabelle, « Why retranslate the French classics ? », *in* Myriam Salama-Carr (éd.), *On Translating French Literature and Film II*, Amsterdam, Rodopi, 2000, p. 1-18.

Vanderschelden, Isabelle, « Retranslation », in Olive Classe (éd.), *Encyclopedia of Literary Translation into English*, vol. II, London / Chicago, Fitzroy Dearborn, 2000, p. 1154-1156.

Venuti, Lawrence, « Retranslations : The creation of value », *Bucknell Review : A Scholarly Journal of Letters, Arts and Sciences*, vol. XLVII, n° 1, 2004, p. 25-38.

Venuti, Lawrence, « Translation, interpretation, canon formation », in Alexandra Lianeri et Vanda Zajko (éds.), *Translation and the Classic*, Oxford, Oxford University Press, 2008, p. 27-51.

Vida, Raluca Anamaria, « Retraduction et idéologie traductive. Le cas de Mallarmé en roumain », in *Annales Universitatis Apulensis, Series Philologica*, t. I, Universitatea « 1 Decembrie 1918 » Alba Iulia, 2005, 14 p.

*Zaro Vera, Juan Jesús et Francisco Ruiz Noguera (éds.), *Retraducir : una nueva mirada. La retraduccion de textos literarios y audiovisuales*, Málaga, Miguel Ángel Gómez Ediciones, 2007 [textes de : J. J. Zaro Vera, J. M. Ortiz Gozalo, F. Chaume Varela, J. Peláez, S. Peña et M. Vega Martín, A. Luque, M. M. Enríquez Aranda, A. Rodríguez Monroy, D. Marín Hernández, F. Ruiz Noguera, J.M. Aguilar Río, R. Arias Doblas, J. Fontcuberta, M. Fournari, M. Rodríguez Espinosa, J.R. Díaz Fernández, M.Á. González Campos, S. Muñoz Valdivieso].

Les auteurs :
Notices bio-bibliographiques

FELIPE APARICIO NEVADO est Maître de conférences en Études ibériques à l'Université de Haute-Alsace. Agrégé de langue espagnole et spécialiste du roman espagnol contemporain, il a consacré une monographie au romancier Miguel Delibes, *Miguel Delibes : Un chasseur d'histoires* (Paris, Publibook Université, 2010). Ses travaux portent sur la verbalisation / expression artistique du primitivisme et de l'instinct, en particulier la représentation de l'univers cynégétique dans la littérature, le cinéma, la peinture, la photographie, etc. Il travaille également sur les interactions entre roman et cinéma et, à ce titre, il collabore au projet « Entre el papel y la pantalla » du CSIC de Madrid (Centro Superior de Investigaciones Científicas) et à un ouvrage à paraître sur les tendances actuelles du roman ibérique et ses rapports à l'image.

VÉRONIQUE BÉGHAIN est Professeur à l'Université Michel de Montaigne / Bordeaux 3. Ancienne élève de l'École Normale Supérieure de la rue d'Ulm, elle est l'auteur de *John Cheever* (Paris, Belin, 2000) et *Les Aventures de Mao en Amérique* (Paris, PUF, 2008). Elle a traduit pour les éditions Gallimard, Le Rouergue, Actes Sud, PUF, Ombres (Oscar Wilde, Robert Graves, Delmore Schwartz, Rivka Galchen, Charlotte Brontë, etc.). Elle co-dirige le Master 2 professionnel « Métiers de la traduction littéraire » de l'Université Bordeaux 3 depuis 2002.

PETER ANDRÉ BLOCH est Professeur émérite à l'Université de Haute-Alsace à Mulhouse. Il est responsable de la Maison de Nietzsche et des Colloques Nietzsche à Sils-Maria. Il compte de nombreuses publications sur les littératures des différents pays de langue allemande, sur la littérature européenne contemporaine et sur des thèmes de littérature comparée et d'histoire de l'art, en particulier sur la littérature en Suisse romande et en Alsace, Nietzsche, Dürrenmatt, Frisch et sur la littérature suisse face aux courants fascistes et fondamentalistes du XXe siècle.

Franca Bruera est Professeur associé de Littérature française à l'Université de Turin (Italie). Spécialiste de littérature française du XXe siècle, elle a orienté ses recherches autour de la poésie à l'époque des avant-gardes, travaillé sur Apollinaire et analysé ses rapports de collaboration avec l'avant-garde italienne. Elle a approfondi l'étude des réécritures des mythes antiques dans la première moitié du XXe siècle et examiné la dramaturgie de l'absurde. Elle a travaillé autour du roman et du théâtre contemporain et focalisé son attention de critique et de traducteur sur la poésie libanaise d'expression française.

Jerzy Brzozowski est Professeur de Littérature comparée et de traductologie de l'Université Jagellonne de Cracovie (Pologne), fondateur du Département de Traductologie de l'Institut de Philologie Romane (2004) et de la Chaire Vergílio Ferreira de l'Instituto Camões. Il dirige les travaux de l'équipe de Cracovie sur la traduction comme moyen de communication interculturelle ; dans ce cadre, il a été éditeur des volumes collectifs *Le Génie de la langue* (Cracovie, Wydawnictwo UJ, 2003) ; *Traduire la ville* (Cracovie, Wydawnictwo UJ, 2006) ; *Traduire le paraverbal* (numéro spécial de *Synergies* Pologne, 2008). Il est également l'auteur de plusieurs articles consacrés à la poésie française (Charles Baudelaire, Victor Hugo, Paul Verlaine, Yves Bonnefoy), aux problèmes de l'altérité culturelle, ainsi qu'à la théorie et à la pratique de la traduction (en polonais, français et portugais).

Tania Collani est Maître de conférences à l'Université de Haute-Alsace. Docteur ès Lettres de l'Université de Bologne, elle s'occupe de critique de la littérature européenne, du surréalisme, des avant-gardes littéraires, d'espace et idéologie en littérature. Elle est spécialiste de l'œuvre de Robert Desnos et de celle de René Crevel. Elle a publié plusieurs articles sur le dadaïsme, le futurisme et le surréalisme et l'ouvrage *Le Merveilleux dans la prose surréaliste européenne* (Paris, Hermann, 2010).

YVES GAMBIER est Professeur au Centre de Traduction et d'Interprétation de l'Université de Turku (Finlande). Depuis 1990, il consacre une partie de ses activités à la traduction audiovisuelle. Ses travaux (près de 180 publications, dont près d'une vingtaine d'ouvrages édités ou co-édités) portent aussi sur la théorisation en traduction, la socio-terminologie et l'analyse du discours de spécialité. Il est membre de divers groupes pour promouvoir la formation et la recherche doctorale en traduction. Il est éditeur général de la Benjamins Translation Library et membre de plusieurs comités de rédaction.

JOANNA GÓRNIKIEWICZ est Maître de conférences à l'Institut de Philologie Romane de l'Université Jagellonne de Cracovie (Pologne). Elle a obtenu son diplôme de Docteur ès Lettres en 2002, avec une thèse sur *Le Social dans la traduction*, après un DES en linguistique, à l'Université de Genève (1998), et un DES en linguistique, à l'Université Jagellonne de Cracovie (1997). Ses recherches portent notamment sur les systèmes temporels français et polonais (dans une perspective comparative et traductologique), sur la syntaxe du français et sur les théories de l'énonciation. Elle a publié plusieurs articles portant sur la traduction et la linguistique comparée franco-polonaise.

MARTINE HENNARD DUTHEIL DE LA ROCHÈRE enseigne la Littérature anglaise moderne et comparée (Section d'anglais et Centre CLE) à l'Université de Lausanne (Suisse), où elle a été vice-doyenne de la Faculté des Lettres de 2007 à 2010. Ses recherches et publications portent sur la littérature d'expression anglaise du XIXe au XXIe siècles, la tradition européenne des contes de fées et la traduction littéraire. Auteure de *Origin and Originality in Rushdie's Fiction* (1997), elle a co-édité *After Satan : Essays in Honour of Neil Forsyth* (2010) et contribué à plusieurs ouvrages, dont *Critical Essays on Salman Rushdie* (2002), *The Seeming and the Seen* (2006) et *Fairy Tales Reimagined* (2009). Ses articles ont paru dans MFS, *Dickens Quarterly, Dickens Studies Annual, College Literature*, EJES, *Conradiana, The Conradian, Marvels & Tales* et *Palimpsestes*. Ses projets en cours sont une co-édition des actes du colloque *From Fata to Fairies*, une étude sur la traduction des contes de Perrault par Angela Carter et un ouvrage sur les contes de fées contemporains.

BERNARD HŒPFFNER, traducteur de Gilbert Sorrentino, Robert Coover, Toby Olson, James Joyce, Mark Twain, Robert Burton, Thomas Browne, Samuel Beckett, George Orwell, Seamus Heaney, William Shakespeare, Philip Sidney, Herman Melville, Mervyn Peake, Lewis Carroll, Elizabeth Bishop, H.D., Jacques Roubaud, Guy Davenport, Coleman Dowell, etc.

ANDRÉ HURST, ancien Recteur de l'Université de Genève (Suisse), est un helléniste de renommée internationale. Il a publié des traductions du théâtre de Ménandre, une édition critique d'*Alexandra* de Lycophron, ainsi que deux des trois volumes du *Codex des Visions*, résultat de son travail sur le Papyrus Bodmer. Il a aussi dirigé plusieurs ouvrages collectifs, parmi lesquels on rappellera *Les Codex des Visions* (2002) et *La Mythologie et l'Odyssée* (2002). En 2006 il a créé la fondation « World Knowledge Dialogue » pour promouvoir l'échange international et interdisciplinaire dans le domaine de la recherche.

JOANNA JAKUBOWSKA-CICHOŃ est Maître de conférences à l'Institut d'Études Romanes de l'Université de Wrocław (Pologne), où elle enseigne la théorie de la littérature et la littérature française contemporaine. Elle mène des recherches sur le discours rapporté dans le roman contemporain et elle a consacré plusieurs publications à la présentation des paroles de personnages dans l'œuvre durassienne : par exemple *Mowa przytaczana w narracjach Marguerite Duras* [Le discours rapporté dans les narrations de Marguerite Duras] (Cracovie, Universitas, 2010) et « Du cri au silence : Les voix des personnages dans *Un Barrage contre le Pacifique* et *L'Amant* de Marguerite Duras » (*Romanica Wratislaviensia*, vol. LVI, Wrocław, 2009, p. 85-97).

ROTRAUD VON KULESSA est Professeur de Littératures française et italienne à l'Université d'Augsburg (Allemagne). En 1997, a paru sa thèse sur les *Lettres d'une Péruvienne* de Françoise de Grafigny aux éditions Metzler. Elle a également dirigé les volumes collectifs *Études Féminines / Gender studies en littérature en France et en Allemagne* (Freiburg, Frankreich-Zentrum, 2004) et, avec Christine Lombez, *La Traduction et les transferts culturels* (Paris, L'Harmattan, 2007). En 2011 elle a publié sa thèse d'habilitation *Entre la reconnaissance et l'exclusion. La position de l'autrice dans le champ littéraire en France et en Italie à l'époque 1900* (Paris, Honoré Champion, 2011).

JEAN-RENÉ LADMIRAL est Professeur émérite de l'Université de Paris 10 et directeur du CRATIL (Centre de Recherche Appliquée sur la Traduction, l'Interprétation et le Langage) à l'ISIT. Docteur en philosophie, traducteur des philosophes allemands et surtout traductologue, il est l'auteur de *Traduire : Théorèmes pour la traduction* (1979), l'un des textes fondateurs de la discipline. Il a publié de nombreux articles dans le domaine de la traductologie et, en juin 2010, son œuvre a fait l'objet d'un colloque international à l'Université de Paris-Sorbonne intitulé *Jean-René Ladmiral : Une œuvre en mouvement*.

MARYLA LAURENT est Professeur à l'Université Charles de Gaulle / Lille 3, membre du Centre d'Études en Civilisations, Langues et Littératures Étrangères (CECILLE EA 4074), du Centre d'Études de l'Europe Médiane (CEEM EA 2521). Elle a fait des études de Lettres (Agrégation, 1979) et d'Ethnologie (Paris 7), publié notamment *Traduction littéraire et littératures européennes. La littérature française en traduction* (2010) ; *La Traduction de qualité ou l'essence du texte préservée* (2007) ; *L'Autre tel qu'on le traduit* (2006). Membre actif de l'association « Les Lettres Européennes » dont elle a été la présidente (1998-2008), elle est également traductrice d'essayistes, de romanciers et de poètes polonais.

ARIANE LÜTHI, Docteur ès Lettres de l'Université de Zurich, enseigne à Strasbourg. Elle a publié *Pratique et poétique de la note chez Georges Perros et Philippe Jaccottet* (Paris, éditions du Sandre, 2009) et collaboré à *Place au public. Les spectateurs du théâtre contemporain* (Genève, MetisPresses, 2008). Ses recherches actuelles portent sur l'écriture fragmentaire et sur l'œuvre de Joseph Joubert. Membre du comité de rédaction de la revue *Variations* et co-éditrice des numéros 15 / 2007 (*Discontinuité*), 16 / 2008 (*Translatio*), 17 / 2009 (*Matière du langage*) et 18 / 2010 (*Énigmes*), elle collabore également aux revues ALKEMIE, CCP, *entwürfe*, *Europe* et à la *Revue de Belles-Lettres*.

JUSTYNA ŁUKASZEWICZ est Docteur habilité à diriger des recherches et Maître de conférences à l'Institut d'Études Romanes de l'Université de Wrocław (Pologne). Ses travaux de recherche se situent dans les domaines de la littérature comparée, du théâtre au XVIIIe siècle et de la traductologie.

Elle a publié un livre sur la réception de l'œuvre de Goldoni dans la Pologne du siècle des Lumières (1997) et un autre sur les drames de Franciszek Zabłocki et leurs traductions et adaptations (2006). Elle-même traductrice, elle s'intéresse aussi aux traductions contemporaines du français et de l'italien, ainsi qu'aux traductions du polonais vers ces langues. Elle a notamment publié des travaux sur les traductions polonaises de *Pinocchio*.

ENRICO MONTI est chercheur postdoctoral en Langue anglaise et traduction à l'Université de Bologne (Italie). Docteur ès Lettres de l'Université de Bologne en 2007 et postdoctorant auprès de l'Institut de Recherche en langues et littératures européennes (ILLE) à l'Université de Haute-Alsace en 2007/2008, il travaille actuellement à un projet sur la métaphore et la traduction. Parmi ces publications : « Translating the Metaphors We Live By » (*EJES* 13:2, 2009), la codirection du numéro 4 de la revue *RiLUnE* sur « Traduction et tradition ? Parcours dans le polysystème littéraire européen » (2006), et quelques traductions littéraires de l'anglais vers l'italien.

CHIARA MONTINI est traductrice et chercheuse en littérature comparée. Elle travaille sur l'autotraduction, la traduction et le multilinguisme. Elle a publié, entre autres, *Per il centenario di Samuel Beckett*, numéro spécial de la revue *Testo a fronte* (2006) et *La Bataille du soliloque. Genèse de la poétique bilingue de Samuel Beckett* (2007). Elle traduit actuellement *Mercier et Camier* de Samuel Beckett en italien (à paraître chez Einaudi).

ANA PANO ALAMÁN est Maître de conférences en Langue espagnole et traduction à l'Université de Bologne. Docteur en Littératures de l'Europe Unie (Université de Bologne, 2006), elle travaille sur l'histoire de la traduction et l'analyse du discours politique, médiatique et littéraire. Dans le cadre de ses recherches, elle a publié les ouvrages : *Los avatares del* Quijote *en Europa* (Cátedra, 2010, en collaboration avec E. García Vercher) et *Dialogar en la Red. La lengua española en chats, e-mails, foros y blogs* (Peter Lang, 2008) ; ainsi que plusieurs articles dont « El discurso periodístico, ¿ espacio de mediación ? » (2010), « Desafíos para la traducción automática en lengua española: combinación de métodos y ontologías » (2009), « Pragmática y gramáticas en España y en Italia » (2008).

IDA PORFIDO a travaillé sur la folie chez Rabelais, la presse révolutionnaire de la seconde moitié du XIXe siècle et le croisement entre discours sociopolitique et genres littéraires chez Vallès. Récemment, elle a focalisé son attention sur l'actualité narrative française, étudiant des romans centrés sur la période de l'Occupation nazie en France, aussi bien que sur les problèmes propres à la traduction littéraire. Elle a publié en italien des œuvres d'auteurs classiques (Perrault, Zola, Mirbeau, Flaubert) et contemporains (pour le théâtre, P. Sales, J. Pommerat, O. Cadiot et M. NDiaye, pour le roman, A. Bertina).

FABIO REGATTIN, Docteur en Traductologie et Maître de conférences en Langue française et traduction à l'Université de Bologne (Italie), travaille comme traducteur littéraire et théâtral. Il s'intéresse à la traduction des jeux de mots, à la traduction pour le théâtre et aux rapports entre traduction et évolution. Il a publié quelques articles et un livre, *Le Jeu des mots. Réflexions sur la traduction des jeux linguistiques* (Bologne, Emil, 2009).

NATALIA PAPROCKA est Maître de conférences à l'Institut d'Études Romanes de l'Université de Wrocław (Pologne) ; elle enseigne la linguistique, la grammaire descriptive, la traductologie et la traduction du français au polonais. Elle a consacré plusieurs publications aux problèmes de la qualité en traduction et de son évaluation (notamment *Erreurs en traduction pragmatique du français en polonais : Identifier, évaluer, prévenir*, Leksem, Łask, 2005), ainsi qu'à d'autres questions liées à la traduction. Actuellement, elle s'occupe des traductions polonaises de littérature de jeunesse française dans les années 1900-2010.

PETER SCHNYDER est Professeur à l'Université de Haute-Alsace, où il dirige l'Institut de Recherche en langues et littératures européennes (ILLE). Spécialiste de la poésie française et francophone du XXe siècle, il a également publié des livres et des articles sur André Gide et son temps, récemment *André Gide, l'écriture vive* (avec Martine Sagaert, Bordeaux, PUB, 2008). Aux éditions Orizons (Paris), il dirige la collection « Universités ». Voir, pour la biographie complète : www.peterschnyder.fr.

ELŻBIETA SKIBIŃSKA, romaniste et poloniste, est Professeur à l'Université de Wrocław (Pologne). Elle a publié *Les Équivalents des prépositions temporelles françaises dans la traduction polonaise* (1991) ; *Przekład a kultura. Elementy kulturowe we francuskich tłumaczeniach « Pana Tadeusza »* (1999) ; *Kuchnia tłumacza. Studia o polsko-francuskich relacjach przekładowych* (2008), ainsi que de nombreux travaux portant sur la linguistique comparée (français-polonais) et sur la traduction (dans une approche culturelle et linguistique). Elle dirige les travaux de l'équipe travaillant sur la traduction comme moyen de communication interculturelle ; dans ce cadre, elle a édité entre autres : *Traduction pour la jeunesse face à l'altérité* (2001) ; *Język – Stereotyp – Przekład* (2002) ; *Gombrowicz i tłumacze* (2004) ; *Konwicki i tłumacze* (2006) ; *Przypisy tłumacza* (2009).

CRISTINA VIGNALI, ATER d'Italien à l'Université Nancy 2, a soutenu en 2009 une thèse de doctorat sur le style de Dino Buzzati et sur les enjeux de la traduction de la prose buzzatienne : *La Parole de l'autre. L'écriture de Dino Buzzati à l'épreuve de la traduction* (Bern, Peter Lang, 2011). Elle a publié plusieurs articles sur l'œuvre en prose de Buzzati (« Les fonctions symboliques de la porte dans l'œuvre de Dino Buzzati » ; « Bruits, sons et musique comme éléments de la symbolique buzzatienne » ; « Le poids de l'enfance dans les récits de Dino Buzzati ») et d'autres sont en cours de publication (« L'altérité insaisissable : *Ego* et figure maternelle chez Dino Buzzati »).

FRANÇOISE WUILMART est germaniste, sortie de l'Université Libre de Bruxelles en 1965. Professeur de Traduction (allemand-français) à l'Institut Supérieur de Traducteurs et Interprètes (ISTI) jusqu'en juillet 2007, elle a fondé et dirige le Centre européen de traduction littéraire (CETL), le Collège européen des traducteurs littéraires de Seneffe (CTLS) et est coordinatrice du DESS en traduction littéraire de l'ISTI. Elle a traduit de nombreux romans et essais (de l'allemand, du néerlandais et de l'anglais), principalement pour les éditions Gallimard et Actes Sud. Elle a obtenu plusieurs grands prix, dont le prix européen Aristeïon (1993) pour ses traductions du philosophe allemand Ernst Bloch (*Das Prinzip Hoffnung*) et le prix Gérard de Nerval pour ses traductions des romans-essais du juif autrichien Jean Améry, publiés chez Actes Sud. Elle a publié une trentaine d'articles de traductologie dans les grandes revues spécialisées.

Index des noms

Abbado, Daniele 359
Adam, Juliette 245
Adamski, Jerzy 291, 294, 298
Adorno, Theodor 135
Aleramo, Sibilla (Rina Faccio) 24, 241-245, 247-249, 482
Alfano, Giancarlo 133
Alfano, Gianfranco 129, 131
Alighieri, Dante 16, 252, 311
Allaigre, Claude 438, 442, 444, 449, 451
Amyot, Jacques 41
Andersen, Hans Christian 51
Aparicio Nevado, Felipe 24, 211, 482
Apollinaire, Guillaume 25, 151, 305-317, 319-320, 464, 482
Ariosto, Ludovico 450
Artaud, Antonin 114
Assézat, Jules 415
Aubert, Jacques 109, 110
Augustin (saint) 52, 107
Azorín 448
Babelon, Jean 438, 440, 444, 447, 448, 451, 453
Baccara, Gaston 86-90, 92, 93, 95, 96, 99-102
Backès, Jean-Louis 13, 322, 459
Balzac, Honoré de 116, 406-408, 413
Barańczak, Stanisław 411
Barchanowska, Zofia 422, 423
Bardon, Maurice 439
Bartolini, Luigi 312, 313
Bataille, Georges 114, 468

Baudelaire, Charles 14, 25, 41, 57, 114, 115, 291-294, 296-300, 302, 304, 313, 322, 464
Beauvoir, Simone de 56, 62
Beckett, Samuel 24, 114, 127-137, 144, 466, 468, 482
Beckford, William 24, 141-148, 151, 153-155, 482
Béghain, Véronique 24, 85, 88-90, 92, 93, 95-101, 481
Bene, Carmelo 358
Benjamin, Walter 57, 64, 260, 306, 332, 334, 409
Bensimon, Paul 10, 20, 29, 30, 44, 45, 155, 243, 356, 364, 382, 458
Berman, Antoine 7, 10, 20, 29, 33, 38, 41, 44, 45, 49, 54, 55, 57, 58, 60, 61, 64-66, 98, 156, 209, 228, 277, 297, 305, 307, 309, 325, 355, 356, 365, 367, 410, 417, 436, 458
Bernard de Chartres 111
Bernardin de Saint-Pierre, Jacques-Henri 408
Bhabha, Homi 57
Bieńkowski, Wiera et Zbigniew 422, 428
Bigliosi Franck, Cinzia 355, 357, 359-365
Bilous, Daniel 40
Blanc, Dominique 212, 213, 215
Blanchot, Maurice 305, 306
Blei, Franz 145
Bloch, Ernst 253, 254, 470
Bloch, Peter André 2, 25, 253, 254, 337, 338, 345, 353, 470, 483
Błoński, Jan 413

472 *Index des noms*

Bloom, Harold 130
Bo, Carlo 65, 301, 313
Boileau, Nicolas 77
Bonnefoy, Yves 114, 268, 324, 328-334, 464
Borges, Jorge Luis 142, 147-149, 212
Borowski, Tadeusz 388, 402
Böschenstein, Bernard 271, 276
Bouchet, André du 268
Bourdieu, Pierre 58
Brandes, Georg 242, 247
Brantôme 408
Brelik, Bogusław 371, 375
Brimont, Madame de 187
Brodsky, Joseph 106, 255
Brontë, Charlotte 24, 52, 85-102, 463, 481
Browne, Thomas 108, 111, 466
Bruera, Franca 25, 305, 311, 313, 482
Brzozowski, Jerzy 14, 25, 291-293, 298, 302, 433, 482
Bué, Henry 51
Buffarini, Luigi 135
Burns, Robert 87
Burton, Robert 111, 437, 466
Bury, Laurent 51
Buzzati, Dino 24, 227-232, 235-237, 240, 470, 482
Byron, George (Lord) 142
Cacoyannis, Michel 78
Cajander, Paavo 65
Calderón de La Barca, Pedro 373
Callebat, Kinga 400, 401
Calvino, Italo 114, 130, 186
Camerino, Aldo (Marco Lombardi) 141, 142, 147-156, 307, 311, 312, 314
Campana, Dino 247
Campos, Haroldo de 37, 461
Camus, Albert 4, 18, 185, 213, 458
Camus, Mario 213
Canavaggio, Jean 438, 442-444, 446-449, 451, 459
Caproni, Giorgio 307, 312-314
Cardaillac, Xavier de 438, 440, 443, 447, 450, 452, 453
Caretti, Lanfranco 359
Carnero, Guillermo 146
Carroll, Lewis 60, 114, 388, 390, 392, 466

Cassou, Jean 438-440, 447, 450, 451, 453
Cavafy, Constantin 34
Céline, Louis-Ferdinand 35, 313
Cena, Giovanni 243
Cervi, Gino 358
César, Jules 69, 438, 439
Chateaubriand, François-René de 41
Chaulet, Rudy 211, 214-224, 226, 482
Chebel, Malek 52
Chevalier, Jean-Claude 122, 123, 300, 438, 441, 443, 444
Chodźka, Leonard 376
Chopin, Frédéric 402
Clarac, Pierre 187
Cochi, Christiane et Mario 229, 230, 232-234
Cocteau, Jean 311
Coeuroy, André 251, 257, 260-263
Cohen, John Michael 18
Coindreau, Maurice Edgar 108, 211, 212, 214-226, 482
Coleridge, Samuel Taylor 111
Colette 246
Collani, Tania 4, 12, 20, 24, 141, 389, 482
Collombat, Isabelle 13, 14, 458
Colombat, Rémy 274
Conan Doyle, Arthur 52
Coover, Robert 112, 466
Courtot, Claude 50
Cuomo, Franco 355, 357, 358, 360-366
Curtius, Ernst Robert 13
Cusin, Michel 109
Cywińska, Marta 422, 423, 431, 432
Czapski, Józef 182
Dąmbska-Prokop, Urszula 433
Darwin, Charles 52
De Michelis, Eurialo 307, 312-316
Dębska, Mirosława 422, 423
Defoe, Daniel 52
Dejmek, Kazimierz 371
Deledda, Grazia 245
Deleuze, Gilles 111
Delibes, Miguel 24, 211-225, 463, 482
Delines, Michel 251, 257, 259, 260, 262, 263
Delport, Marie-France 122, 123, 300
Descartes, René 52

Index des noms 473

Dethurens, Pascal 13
Détienne, Marcel 72
Dickens, Charles 52, 63, 111, 410, 458, 465
Diderot, Denis 32, 407, 408, 414, 415
Didier, Béatrice 13
Döblin, Alfred 51, 388
Dobrołęcki, Piotr 186
Doizelet, Sylvie 110
Domagalski, Jerzy 183
Dostoïevski, Fédor 20, 51, 63, 107
Drzewicka, Anna 416
Drzymała, Piotr 422, 423
Duras, Marguerite 24, 199, 200, 203, 205, 207, 466, 482
Durastanti, Sylvie 124, 125
Durry, Marie-Jeanne 316
Eco, Umberto 16, 102, 116, 220, 308, 415
Einaudi, Giulio 114
Elżbieta 200, 204, 205, 208
Elzenberg, Henryk 182
Empédocle 79, 80
Estella, Diego de 111
Euripide 78, 79, 80
Even-Zohar, Itamar 58, 412
Fanlo, Jean-Raymond 51, 438, 445-449, 451, 453
Faulkner, William 51, 108
Ferenc, Andrzej 300
Ferenczy, J. 391
Ferré, André 187
Filleau de Saint-Martin, François 439
Finck, Adrien 274-276, 283, 340
Fitch, Brian T. 134
Fiumi, Lionello 311
Flaubert, Gustave 24, 113, 115-126, 469, 481
Florian, Jean-Pierre Claris de 439
Flotow, Luise von 62, 243, 245, 246
Fontaine, Charles 11
Fontane, Theodor 24, 251, 255-257, 259-262
Fortini, Franco 310, 316
Foz, Clara 51, 437, 444, 459
France, Peter 98
Frasca, Gabriele 128, 129, 136, 137
Freud, Sigmund 34, 35, 44, 52
Frey, Hans-Jost 322, 334

Fruttero, Carlo 130-133, 135
Fusero, Clemente 307, 312-314, 316
Gadamer, Hans Georg 11, 317
Gallimard, Gaston 187
Gambier, Yves 10, 11, 12, 20, 21, 24, 31, 38, 49, 52, 53, 61, 409, 436, 437, 459, 460, 481
Garnier, Georges 409
Gautier, Brigitte 433
George, Stefan 41
Gide, André 15, 114, 151, 268-270, 405, 406, 460, 469
Gilbert, Stuart 4, 106, 112, 171, 466
Ginzburg, Natalia 114
Giobbe, Mario 355, 357-367
Głowiński, Michał 396
Goethe, Johann Wolfgang von 20, 32, 55, 252, 322, 327
Goldschmidt, Georges-Arthur 255
Goldsmith, Oliver 60
Gombrowicz, Witold 387- 402, 470
Gomulicki, Wiktor 292
Gondowicz, Jan 369-371, 375-382
Gorgé, Walter 271, 272
Górnikiewicz, Joanna 24, 181, 183, 192, 433, 482
Goytisolo, Juan 441
Graham, Kenneth 142, 153-155
Grass, Gunther 21, 52
Grassi, Paolo 311
Greene, Thomas 277
Grimm (frères) 162, 169, 172, 173, 276, 431
Gueullette, Thomas 143
Guillevic, Eugène 268, 270, 278, 279, 281, 284-290
Guntz, Emma 340
Halpérine-Kaminsky, Ely 391
Hammett, Dashiell 52
Hegel, Georg Wilhelm Friedrich 36, 63
Heidegger, Martin 41, 42, 273
Henley, Samuel 143-145, 147-151, 153-155
Heredia, José Maria de 300
Hœpffner, Bernard 23, 24, 105, 110, 111, 481
Hölderlin, Friedrich 270-272, 278, 280, 322, 325

Hołdys, Wiesław 371
Homère 75, 80, 109, 111, 163, 166
Houellebecq, Michel 417
Hugo, Victor 292, 464
Hurst, André 24, 67, 69, 74, 481
Hurtado-Albir Amparo 198
Ingold, Felix Philipp 282, 334
Iwaszkiewicz, Anna 182
Jaccottet, Philippe 25, 268, 321-329, 331-335, 467, 483
Jakobson, Roman 68
Jakubowska-Cichoń, Joanna 24, 199, 482
James, Henry 388
Janasz, J.-L. de 391, 392
Jandl, Ernst 351
Janowska, Katarzyna 374
Jarocki, Jerzy 371
Jarry, Adrien de Mancy 376
Jarry, Alfred 25, 151, 369-382
Jastrun, Mieczysław 291, 296, 297, 303
Jeleński, Constantin 400
Jérôme (saint) 41, 108, 123, 124, 162, 300, 309
Joyce, James 19, 24, 51, 105-109, 111, 114, 149, 466
Joyce, Stephen 107, 108
Kafka, Franz 107, 255, 388
Kalinine, Paul 399, 400
Kałuska, Loda 200, 203-209
Kant, Emmanuel 37, 43
Kapica, Jerzy 430, 431
Karczmarewicz-Fedorowska, Janina 422, 423
Kazantzakīs, Nikos 15
Killy, Walther 272
Kivi, Alexis 65
Knoblich, Nina 242, 247, 249
Kober, Alice 69
Korzeniewski, Bohdan 369-371, 373, 375-380
Koskinen, Kaisa 14, 18, 20, 60, 61, 62, 459, 460
Kozakiewicz, Bronisław 391, 392
Kozioł, Halina 422, 423
Kozłowski, Czesław 291, 293, 295-297
Krasiński, Zygmunt 292
Kujamäki, Pekka 65, 459

Kulessa, Rotraud von 24, 241, 245, 482
Kundera, Milan 50, 388
Labarthe, Jean 438, 440, 443, 447, 450, 452, 453
Labuda, Aleksander Wit 202
Lachmann, Eduard 280
Laclos, Choderlos de 407, 408, 414
Ladmiral, Jean-René 11, 12, 15, 22-24, 29, 33-36, 39, 42, 45, 98, 412, 467, 481
Lägerlof, Selma 51
Landolfi, Tommaso 129, 130, 132
Lang, Jacques 213
Laplanche, Jean 35, 44
Larbaud, Valery 106, 108, 124, 309
Launay, Marc B. de 35, 37
Laurent, Maryla 25, 187, 189, 270, 292, 389, 398, 407, 413
Lawrence, David Herbert 149
Lecercle, Jean-Jacques 91
Lefebvre, Jean-Pierre 18, 22
Legrand, Jacques 270, 275, 278, 279, 281, 283-290
Lerici, Roberto 359
Leśniewska, Maria 297
Lévis Mano, Guy 275
Lévi-Strauss, Claude 58
Leyris, Pierre 108, 322
Lim, Soonjeung 51
Lionello, Oreste 365
Lisowski, Zbigniew 294, 371
Loisy, Albine 86
Lortholary, Bernard 255
Louis XIV 77
Łozińska-Małkiewicz, Ewa 422, 423, 430
Łukaszewicz, Justyna 369, 431, 483
Lüthi, Ariane 321, 326, 482
Lutosławski, Wincenty 182
Macciocchi, Maria Antonietta 248
Madariaga, Salvador de 448
Maeztu, Ramiro de 448
Maggi, Andrea 357
Magrelli, Valerio 114
Mailles, Albert 400, 401
Malicka, Marta 421-424
Mallarmé, Stéphane 114, 142, 145-148, 461
Mandelstam, Ossip 322, 325

Index des noms

Mango, Achille — 359
Mante-Proust, Suzy — 188
Masson, Jean-Yves — 30, 35
Mattia-Viviès, Monique De — 91, 94, 96
Maturin, Charles Robert — 143
Mauriac, Nathalie — 187-189
Mavrodin, Irina — 63, 410
Melville, Herman — 52, 111, 466
Mengaldo, Pier Vincenzo — 310
Meschonnic, Henri — 13, 17, 21, 22, 34, 41, 44, 45, 98, 142, 156, 158, 159, 194, 228, 276, 297, 309, 356, 458, 459
Michalski, Freddy — 107
Mickiewicz, Adam — 292
Miller, Henry — 149
Miłosz, Czesław — 293
Milton, John — 41, 87, 459
Miomandre, Francis de — 438, 440, 441, 443, 447, 448, 451-453
Moc, Anna — 427, 428, 431, 433
Molière — 53, 370, 406, 415
Moner, Michel — 438, 440, 442-444, 449, 451
Monier, Anne-Robert — 213
Montaigne, Michel de — 407, 408, 463
Montesquieu — 143, 407, 408
Montherlant, Henry de — 438
Monti, Enrico — 8, 9, 30, 35, 457, 481, 483
Montini, Chiara — 24, 127, 131, 134, 482
Morawski, Kazimierz — 375
Morel, Auguste — 105-109, 112, 458
Morin, Charles — 376
Mouton, Jean — 182, 192, 193, 195, 196
Mozart, Wolfgang Amadeus — 313
Musil, Robert — 322, 325
Nabokov, Ivan — 18
Nabokov, Vladimir — 144, 192, 217
Neera (Anna Zuccari) — 246
Nicoletti, Gianni — 312
Niemiec, Maciej — 298
Ninchi, Annibale — 358
Norwid, Cyprian — 292
Nothomb, Amélie — 417
Novalis — 273
Okulicz-Kozaryn, Radosław — 299
Opęchowski, Jan — 291, 294, 296, 297, 300, 303, 304
Orcel, Michel — 324, 328-331, 333

Ortega y Gasset, José — 448
Ortiz, Juan Manuel — 215, 461
Ostrowska, Bronisława — 293
Oudin, César — 438, 439, 450, 454
Oustinoff, Michaël — 144, 458
Ovide — 11, 41
Pagliarino, Guido — 307, 315
Palmier, Jean-Michel — 270, 275
Paloposki, Outi — 14, 18, 20, 60-62, 459, 460
Panafieu, Yves — 229, 230, 235-240
Pano Alamán, Ana — 14, 25, 435, 438, 483
Paoletti, Giovanni — 141, 142, 147, 148, 150-154, 156
Paprocka, Natalia — 14, 19, 25, 183, 409, 419, 483
Paris, Renzo — 307, 315, 320
Parkheimer, James-Aloïs — 245-247
Parreaux, André — 142, 144, 145, 153, 154
Parry, Milman — 71
Pasek, Jan Chryzostom — 387, 392, 393, 395-398, 402
Pasi, Mauro — 307, 312, 313, 315
Paszek, Jerzy — 411
Pavese, Cesare — 115, 311
Pégon, Claire — 94
Pelorson, Jean-Marc — 438
Penderecki, Krzysztof — 371, 374, 381
Penna, Sandro — 114
Perrault, Charles — 17, 157-162, 164-178, 431, 465, 469, 482
Petit, Françoise — 358
Petit, Marc — 267, 270, 275-277, 279, 280, 283-290
Philonenko, Alexis — 37
Piaget, Jean — 81
Picht, Robert — 145
Pintor, Giaime — 141, 142, 147, 148, 150-156
Pióro, Tadeusz — 186
Placido, Michele — 247
Plan, Pierre-Paul — 242, 245-247
Platon — 72, 73, 166, 325
Plutarque — 41, 73
Polewka, Jan — 371
Porfido, Ida — 24, 113, 118, 124, 126, 481
Pound, Ezra — 13, 15, 41, 112, 114
Prévost, Antoine François — 407

476   *Index des noms*

Prince, Gérald 201, 202
Proietti, Gigi 358
Proust, Marcel 22, 47, 59, 115-117, 124, 181-189, 192-196, 198, 313, 322, 405, 406, 458, 482
Proust, Robert 187, 188
Przybyłowska, Barbara 422, 423
Pym, Anthony 56, 63, 65, 436, 437, 460
Queneau, Raymond 112, 351, 370, 417
Rabelais, François 252, 407, 408, 415, 416, 469
Rachilde (Marguerite Vallette-Eymery) 246
Racine, Jean 77, 300, 357
Raczyński, Edward 393-396
Radcliffe, Ann 143
Raleigh, Walter 106
Rappeneau, Jean-Paul 366
Ravegnani, Giuseppe 313
Regattin, Fabio 20, 25, 355, 483
Regor des Sennerav 391
Reille, Jean-François 212
Remillet, Jacqueline 229, 235, 237-240
Rico, Francisco 442
Ricœur, Paul 55, 127, 128, 214, 215, 305, 307, 333, 410
Rilke, Rainer Maria 12, 19, 36, 273, 322, 325
Rimbaud, Arthur 272, 276, 278, 280, 313, 376
Rivière, Jacques 187
Rodríguez Marín, Francisco 440, 448
Roeck, Karl 273
Rogoziński, Julian 184, 186
Rolicz-Lieder, Wacław 291, 294, 297
Romano, Lalla (Graziella) 113, 115, 117-119, 121, 481
Ronsard, Pierre de 38, 300
Rosati, Salvatore 147, 149
Rose, Danis 107
Rosier, Laurence 91, 98, 103
Rosset, François de 438, 439
Rossi, Jean-Baptiste (Sébastien Japrisot) 108
Rostand, Edmond 25, 355, 357-360, 362-364, 367
Roubaud, Jacques 112, 466
Roud, Gustave 267, 270, 271, 275-279, 281, 283-290, 329, 331
Rovini, Robert 270, 275
Rymkiewicz, Wawrzyniec 299
Sagan, Carl 79
Sager, Michel 229, 230, 231, 233, 234
Saint-Exupéry, Antoine de 14, 185, 419, 420, 429-433
Samoyaut, Tiphaine 109
Sapphô 36, 75-77, 80
Sartre, Jean-Paul 78, 79
Saumont, Annie 108
Scaliger, Joseph Justus 106
Scaparro, Maurizio 358, 360, 366
Schlanger, Judith 136
Schneider, Jean-Claude 267, 270, 275-277, 279, 280, 283-290
Schnyder, Peter 8, 15, 25, 267, 269-271, 275, 278, 389, 460, 481, 482
Schopenhauer, Arthur 52
Schulman, Aline 197, 214, 438, 441-449, 452-454, 460
Sciaccaluga, Marco 359
Serao, Matilde 245, 246
Sereni, Vittorio 307, 310, 315, 316
Shakespeare, William 16, 52, 65, 86-89, 111, 252, 253, 268, 269, 322, 466
Siemek, Andrzej 414-417
Sienkiewicz, Henryk 387-393, 402
Skibińska, Elżbieta 20, 23, 25, 183, 185, 197, 202, 382, 405, 415, 420, 425, 433, 460, 483
Skibiński, Antoni 291, 299
Slawsky, Romain 391
Słowacki, Juliusz 292
Snell-Hornby, Mary 308
Socrate 73
Soldati, Mario 115
Sophocle 375
Sorel, Charles 159, 409
Sorrentino, Gilbert 112, 466
Spitzer, Leo 193
Steinbeck, John 149, 151
Steiner, George 106, 111, 254, 325, 334
Stendhal 51, 313, 407
Sterna-Wachowiak, Sergiusz 373, 374
Sterne, Laurence 52, 281, 286, 290

Stevenson, Robert Louis 149
Stieg, Gérald 274
Stierlin, Henri 275
Strehler, Giorgio 311
Stróżynski, Tomasz 407
Szávai, János 13
Szklenar, Hans 272
Szulkin, Piotr 372, 375
Szwykowski, Jan 422-426, 428, 429, 431, 432
Szymańska, Irena 184
Szymborska, Wisława 293
Tadeusz Żeleński (Boy) 65, 183, 184, 190, 192, 193, 369, 370, 372, 373, 382, 405-407, 413, 415
Tadié, Jean-Yves 193
Tagliaferri, Aldo 128, 131, 133, 135, 136
Tagore, Rabindranath 187
Tanizaki, Jun'ichirō 36
Tarantino, Anna 229
Telford, Brian 86
Thérive, André 269
Toury, Gideon 17, 143, 363
Trakl, Georg 15, 25, 267, 268, 27-284, 287, 482
Trznadel-Szczepanek, Anna 422, 423
Tulli, Magdalena 181, 186, 188, 191, 193, 195, 196, 198
Tumiati, Gualtiero 358
Twain, Mark 112, 466
Unamuno, Miguel de 448
Ungaretti, Giuseppe 322, 324, 328, 329
Valéry, Paul 39, 114, 124, 309

Vaysse, Jean-Marie 37
Ventris, Michael 69
Venuti, Lawrence 19, 54, 160, 161, 168, 461
Verlaine, Paul 114, 280, 464
Verne, Julius 51, 459
Vialatte, Alexandre 107, 255
Viardot, Louis 214, 440-442, 444, 448, 449
Vignali-De Poli, Cristina 20, 24, 227, 482
Villain, Pierre 251, 257, 261-263
Villemin, R. 86
Villon, François 252, 407, 408, 415, 416
Vischer, Mathilde 322-324, 331, 333
Vittorini, Elio 15
Voltaire 306, 407, 413
Walpole, Horace 143
Warlikowski, Krzysztof 371, 381
Weckmann, André 25, 337-354, 483
Wędkiewicz, Stanisław 373
Wilde, Oscar 149, 151, 463
Wilk, Grażyna 411
Włodarczyk, Hélène 400, 401
Wolff, Étienne 188, 296
Woolf, Viriginia 19, 52
Wroncka-Kreder, Magdalena 291, 300
Wuilmart, Françoise 24, 251, 254, 482
Wunderle, Michaela 248
Wydżga, Bogdan 291, 293, 295-297
Yourcenar, Marguerite 34
Zoppi, Sergio 315
Żurowski, Maciej 181, 184-191, 193-197, 406, 413

Table des matières

ENRICO MONTI ET PETER SCHNYDER
  Avant-propos — 7
ENRICO MONTI
  Introduction : La retraduction, un état des lieux — 9

Théorie et histoire de la retraduction

JEAN-RENÉ LADMIRAL
  Nous autres traductions, nous savons
  maintenant que nous sommes mortelles... — 29
YVES GAMBIER
  La retraduction : Ambiguïtés et défis — 49
ANDRÉ HURST
  Les langues et les lettres anciennes face au monde moderne :
  Une question de « traduction » ? — 67

Retraducteurs à l'œuvre

VÉRONIQUE BÉGHAIN
  « A dress of French gray » :
  Retraduire *Villette* de Charlotte Brontë, au risque du grisonnement — 85
BERNARD HŒPFFNER
  Les errances d'*Ulysse*, ou *Ulysses* Astray — 105
IDA PORFIDO
  Lalla Romano traductrice de Flaubert :
  Un cas particulier de retraduction — 113
CHIARA MONTINI
  Influences néfastes : Le « cas Beckett » et la retraduction nécessaire — 127

Roman et nouvelle

Tania Collani
   La traduction d'une retraduction :
   Le *Vathek* de William Beckford au XXe siècle   141

Martine Hennard Dutheil de la Rochère
   Les métamorphoses de Cendrillon :
   Étude comparative de deux traductions anglaises du conte de Perrault   157

Joanna Górnikiewicz
   Du côté de chez Proust :
   (Re)traductions polonaises d'*À la Recherche du temps perdu*   181

Joanna Jakubowska-Cichoń
   Le portrait vocal de la mère
   dans les traductions polonaises de *L'Amant* de Marguerite Duras   199

Felipe Aparicio Nevado
   De *El camino* (1950) de Delibes à *Le(s) Chemin(s)*, par Coindreau et Chaulet :
   Un classique du roman espagnol à deux voix   211

Cristina Vignali-De Poli
   Pourquoi retraduire Dino Buzzati ?   227

Rotraud von Kulessa
   La retraduction de textes « féministes » du début du XXe siècle :
   L'exemple d'*Una donna* de Sibilla Aleramo   241

Françoise Wuilmart
   Traduction et prise de sens… *Effi Briest* aux mains de trois générations   251

Poésie et théâtre

Peter Schnyder
   Traduire la poésie : Quelques réflexions autour de Georg Trakl   267

Jerzy Brzozowski
   Cette *Passante* qui revient toujours :
   Les joies et les chagrins de l'anthologiste   291

Franca Bruera
   Dire toujours la même chose : Quarante ans de traductions italiennes de
   « Cors de chasse » de Guillaume Apollinaire   305

Ariane Lüthi
   Enjeux de la retraduction dans l'œuvre de Philippe Jaccottet   321

Peter André Bloch
   André Weckmann auteur, traducteur et retraducteur de lui-même   337

Fabio Regattin
   Une faillite pour l'anti-canon ? Les trois *Cyranos* italiens   355

Justyna Łukaszewicz
   Ubu roi en polonais : Traduction, adaptation et retraduction   369

Enjeux sociologiques

MARYLA LAURENT
   Les littératures peu revisitées : Le cas de la littérature polonaise   387
ELŻBIETA SKIBIŃSKA
   « C'est la faute à... Boy » :
   Les traductions « canoniques » sont-elles un obstacle à la retraduction ?   405
NATALIA PAPROCKA
   Le Petit Prince et ses douze (re)traductions polonaises   419
ANA PANO ALAMÁN
   La retraduction active du *Don Quijote* en France au XXe siècle :
   « Jamás llegarán al punto que tienen en su primer nacimiento »   435

Pour conclure

ENRICO MONTI
   Bibliographie sur la retraduction   457

Les auteurs : Notices bio-bibliographiques   463
Index des noms   471
Table des matières   479